北京市教育委员会文件选编

2014

北京市教育委员会办公室　编

华艺出版社

2015年·北京

编辑说明

一、为全面贯彻党的教育方针，依法治教，实现教育管理的科学化、规范化，北京市教育委员会办公室于1996年开始编辑《北京市教育委员会文件选编》，并逐年出版。该书是一部面向北京市教育管理机构、北京地区各级各类学校及教育事业单位的资料性工具书，也是图书馆、资料室收藏的综合性文献资料。

二、《北京市教育委员会文件选编》(2014) 编辑工作遵循重要性、指导性和实用性原则，共收录2014年1月1日至12月31日的各类教育工作文件200余份。

三、该书收录的文件以下行文件为主，对于部分上行文件根据需要也作了必要的收录，并附有上级或主管单位的批复或复函。

四、为方便读者使用，该书对于国务院、教育部以及北京市人大常委会、北京市人民政府及有关部门当年颁发的有关教育工作文献也作必要的收录。

五、该书采用分门别类和“先级后类”的编辑体例，设有 26 个大类。每一大类中的文件以发文时间为序排列，个别重要文件置于该类文件前。

六、该书在编辑过程中，对原文的标题和公文格式作了必要的修订和调整，省略了发文印章等。

七、该书设有分类目录和文件目录。为方便读者使用，在附录中设有文件字拼音索引。

2015 年 6 月

分 类 目 录

文件目录

行政规范

综　　合

法制建设

学前教育

基础教育

高等教育

职业与成人教育

学习型城市建设

民办教育

德　育

体育·卫生

科技与艺术教育

校外教育

教育研究·教材

科　　研

招生·考试

学生管理

教育信息化

人事·机构

财　　务

学校后勤

安全·保卫

监察·审计

交流合作

教育督导

语言文字

行政规范

北京市教育委员会文件选编

（2014）

北京市教育委员会

关于印发《北京市属高等学校提高人才培养质量建设项目管理办法（试行）》的通知

京教高〔2014〕1号

各市属高等学校：

《北京市属高等学校提高人才培养质量建设项目管理办法（试行）》已经2013年市教委第12次主任办公会审议通过，现印发给你们，本办法自2014年2月6日起实施，请遵照执行。

2014年1月6日

北京市属高等学校提高人才培养质量建设项目管理办法（试行）

第一章 总 则

第一条 为贯彻实施国家和北京市高等教育发展战略，巩固拓展“质量工程”和“创新工程”建设成果，提升北京高等学校人才培养质量，规范和加强提高人才培养质量建设项目（以下简称“人才培养项目”）管理，确保项目建设取得实效，依据教育部《关于全面提高高等教育质量的若干意见》（教高〔2012〕4号）、教育部财政部《关于“十二五”期间实施“高等学校本科教学质量与教学改革工程”的意见》（教高〔2011〕6号）、市教委《关于进一步提高北京高等学校人才培养质量的若干意见》（京教高〔2012〕26号）以及有关法律法规，制定本办法。

第二条 人才培养项目建设以促进北京高等学校人才培养工作为目标，坚持“育人为本，突破创新；丰富内涵，共享资源；分类发展，彰显特色；提高质量，服务社会”的基本原则，以提高教育质量、促进学生发展为中心，进一步确立人才培养在高等学校中的中心地位，加大教学投入，推动教育教学改革和人才培养模式创新，加强教学基本建设，优化教学管理，提高人才培养质量。

第三条 本办法适用于北京市属普通高等学校。

第二章 建设内容

第四条 本办法所称人才培养项目包括专业建设、本科生培养、研究生培养、高职学生培养、国际交流合作、教师教学促进、教学资源建设与共享、就业指导与创业教育发展等八个方面建设内容。

第五条 专业建设项目指支持高校分层次、分类别地开展专业建设，优化专业结构，加强专业内涵建设，推动专业综合改革，提高教育质量与办学效益的项目。主要包括专业群建设项目、专业调整与特色专业建设项目、专业综合改革项目。

第六条 本科生培养项目指在教学内容、课程体系、人才培养模式、实践教学等方面对本科生综合素质和创新能力培养有积极作用的项目。主要包括本科课程改革项目、实践教学改革项目、大学生科研训练项目、大学生学科竞赛项目、人才培养模式创新试验项目、教学改革促进项目。

第七条 研究生培养项目指支持研究生参加各种学术组织和学术活动，着力培养研究生解决实际问题能力的项目。主要包括研究生培养模式改革与课程体系建设项目、产学研联合研究生培养基地建设、研究生创新活动项目、优博评选项目。

第八条 高职学生培养项目以促进高职院校培养高素质技能型人才为目标，通过提升院校办学条件，深化人才培养模式改革，推动校企深入合作，不断提高人才培养的针对性和有效性。主要包括高职实训基地建设项目、高职人才培养模式改革项目、高职学生技能竞赛项目、教学改革促进项目。

第九条 国际交流合作项目指鼓励和支持北京高校与世界一流大学开展广泛深入的交流与合作的项目。主要包括国内外联合培养本科生项目、国内外联合研究生培养基地建设、国内外合作办学项目、来华留学奖学金项目、境外学习奖学金项目。

第十条 教师教学促进项目指充分发挥知名教授、团队传帮带作用，吸引教师积极投入教育教学改革和人才培养工作，提升教师队伍整体水平的项目。主要包括教学名师建设项目、优秀教学团队建设项目、研究生导师队伍建设项目、教师教学发展中心建设项目、校外名师讲学项目。

第十一条 教学资源建设与共享项目指通过优质教学资源的共

建共享，推动教学共同体建设，并促进优秀文化成果在高校乃至全社会的推介，实现区域内的资源整合、优化配置、协调发展的项目。主要包括数字化教学资源建设项目、教学资源共享平台项目、精品教材建设项目、教学质量保障建设项目、文献资源建设项目、高校博物馆联盟项目。

第十二条 就业指导与创业教育发展项目是指通过支持北京高校就业中心、创业教育中心建设，打造就业特色工作品牌，进一步加强高校在大学生职业发展与就业指导、就业服务和创业教育等方面的工作，持续提升北京高校毕业生就业工作水平的项目。主要包括北京高校“就业特色工作”建设项目、创业教育示范中心建设项目。

第三章 项目组织管理

第十三条 人才培养项目实行市教委、高等学校和项目负责人三级管理。

第十四条 市教委联合相关部门负责制定实施规划、经费分配预算、实施方案以及相关管理制度建设，负责项目全过程绩效管理，并对项目建设过程中的重大问题进行决策。

第十五条 高等学校负责对项目的规划、实施、管理和检查，并按照要求组织项目的申报、论证、项目预算、管理与验收，科学合理使用建设资金，接受教育、财政、审计、监察等部门对项目实施过程和结果进行监控、检查和审计。

第十六条 项目负责人具体落实项目的建设任务，全面负责组织项目的实施，并合理安排项目经费，及时做好项目总结、验收以及宣传展示推广项目建设成果等工作。

第四章 项目申报立项

第十七条 人才培养项目分立项评审类和立项备案类项目两

类。

评审立项类项目是指市教委提出人才培养项目的工作要求，由各高等学校提出申请，经市教委组织评审后正式批准的项目。主要包括：专业综合改革、实践教学改革、人才培养模式创新试验、研究生培养模式改革与课程体系建设、产学研联合研究生培养基地建设、国内外联合研究生培养基地建设、优博评选、国内外合作办学、教学名师建设、优秀教学团队建设、研究生导师队伍建设、教师教学发展中心建设、精品教材建设、北京高校“就业特色工作”建设、创业教育示范中心建设等项目。

备案立项类项目指高等学校结合已有的建设基础，根据市教委相关项目申报方案，自行确定具体项目内容、完成建设任务、达到建设目标的项目。主要包括以下几个方面：专业群建设、专业调整与特色专业建设、本科课程综合改革、大学生科研训练、大学生学科竞赛、教学改革促进、研究生创新学术活动、高职实训基地建设、高职人才培养模式改革、高职学生技能竞赛、国内外联合培养本科生、来华留学奖学金、境外学习奖学金、国内外合作办学项目、校外名师讲学、数字化教学资源建设、教学资源共享平台、教学质量保障建设、文献资源建设、高校博物馆联盟等项目。

第十八条 项目申报条件和立项程序如下：

（一）评审立项类项目

1. 申报评审立项类项目需符合以下条件：

（1）符合市教委人才培养工作规划及相关专项工作要求；

（2）目标明确，内容详实，计划可行。

2. 申报立项程序

（1）市教委发布工作通知；

（2）各高等学校根据市教委通知要求申报项目；

（3）市教委组织项目评审并以文件形式将项目名单下达至项目所在学校；

（4）项目所在学校组织填报项目经费申报书；

(5) 经市财政局审定项目经费方案后，批准立项实施。

(二) 备案立项类项目

1. 备案立项类项目申报条件：

(1) 符合学校定位和发展规划；

(2) 具有项目建设规划周期和年度工作计划；

(3) 年度建设内容和实施计划详细，可执行；

(4) 立项项目必须绩效目标明确。

2. 申报程序：

(1) 市教委根据年度工作要求发布项目申报方案；

(2) 学校根据方案组织项目负责人填写项目申报书并对各项目进行项目论证；

(3) 经市财政局审定项目经费方案后立项实施。

第五章　项目实施

第十九条　人才培养项目实行学校统一领导下的项目负责人负责制。

第二十条　项目负责人负责项目的具体实施、协调、经费使用，并及时向所在学校提交项目年度进展报告、项目中期进展报告、项目总结报告等。

项目负责人需满足以下条件：

1. 为项目所在学校在职人员；

2. 具有较高的学术造诣与先进的教育思想观念；

3. 具有良好的团队协作能力和较好的组织管理能力。

第二十一条　项目所在学校应有专门机构负责本单位项目的规划、论证、管理等工作，并加强对项目的统筹及监督，确保项目建设进度、建设经费和预期目标。

项目所在学校作为项目承担单位，对项目任务完成和实施效果负责，主要职责为：

1. 负责项目经费管理，为项目组织实施提供条件保障；

2. 负责对项目执行中形成的国有资产和研究成果管理；

3. 协调处理项目执行过程中出现的问题，包括审查项目计划任务书（项目申报书）、调整方案以及项目其他上报材料；

4. 接受市教委的指导、检查和验收。

第二十二条 项目计划任务书（批准的项目申报书）是项目实施的主要依据，项目计划任务书应报市教委备案。

第二十三条 项目实行重大事项报告制度。人才培养项目建设目标、内容、进度安排及项目负责人不得随意调整。项目实施过程中如确需调整或变更的，项目所在学校应按程序向市教委报告并提交书面申请。

第二十四条 项目实行年度报告制度。项目负责人年底前应对年度计划执行情况进行检查和总结，并报项目所在学校管理部门，经学校审核后向市教委报学校提高人才培养质量项目年度工作总结。

第二十五条 项目实行责任追究制度。

（一）在项目实施过程中，出现玩忽职守、以权谋私、弄虚作假等行为的管理人员，一经查实，视情节轻重给予教育批评，或由纪检监察部门依照有关规定对其给予行政（纪律）处分；

（二）对于在项目申请、评审、执行和验收过程中发现的弄虚作假、徇私舞弊、剽窃他人科技成果等不端行为，以及违规操作或因主观原因未能完成计划任务并造成损失的单位或个人，一经查实，视情节轻重给予通报批评、终止项目任务并追回专项经费、一定时间内不得申请市教委人才培养项目相关项目等处理。构成违纪的，由纪检部门依照有关规定对其给予行政（纪律）处分；

（三）对不按时上报年度报告材料或信息，以及不按规定接受监督检查的项目，市教委可以采取缓拨、减拨、停拨经费等措施，要求项目单位限期整改。整改不力的项目，视情节分别给予通报批评，追回已拨付经费，一定时间内不得申请市教委人才培养项目相关项目等处理。

第六章 项目检查与验收

第二十六条 人才培养项目由市教委和项目所在学校分别在项目建设过程中和完成后进行检查和验收。

第二十七条 项目建设情况检查指在项目建设过程中的随机检查和年度检查。项目所在学校负责项目年度检查，可采用项目组填报项目年度进展报告，也可实地检查。年度检查结束后须将学校年度检查总结材料报市教委备案。

检查的主要内容是：

1. 项目进展情况；

2. 资金的使用情况；

3. 项目建设中的主要问题和改进措施。对于在检查中发现的组织实施不力或自行调整建设内容的，市教委有权调整或终止项目建设计划的执行。

第二十八条 项目建设周期根据各类项目要求确定，一般为1至3年。建设期满须接受验收。

项目所在学校负责备案立项类项目的验收，可采用项目单位报送项目结题验收报告或实地验收的方式进行，验收完将项目验收材料报市教委备案。

市教委负责评审立项类项目验收，项目组填写项目结题验收总结报告，并附相关材料，经所在学校主管部门审核后报市教委。市教委可视情况采取实地验收或专家审核的方式进行验收。

项目验收的主要依据为项目计划任务书、项目计划任务书调整方案和项目结题验收总结报告等。

项目验收的主要内容是：

1. 建设目标和任务的实现情况；

2. 实施效果，取得的标志性成果以及经验分析，对项目实施效果的评价，按照项目类型有所侧重；

3. 项目管理情况；

4. 资金使用情况。

第二十九条 项目验收结果将由市教委在系统内予以公布。

第七章 成果管理

第三十条 人才培养项目实施过程中产生的成果归项目所在学校所有，学校应按照有关知识产权保护的法律、法规进行规范管理。

第三十一条 项目单位应建立项目科学数据库、项目报告档案，按照市教委有关数据共享的要求和项目信息管理规定要求，按时上报项目有关数据。

第三十二条 项目实施形成的成果，包括论文、专著、专利、软件、数据库、研究报告等，均应标注资助项目名称。

第八章 附 则

第三十三条 《北京市属高等学校提高人才培养质量建设项目经费管理办法》另行制定。

第三十四条 本办法自 2014 年 2 月 6 日起实施。《北京高等学校市级质量工程项目管理办法》（京教财〔2008〕37 号）同时废止。本办法发布前已经启动实施的项目继续执行，项目管理参照本办法执行。

第三十五条 本办法由市教委、市财政局负责解释和修订。

北京市教育委员会

关于在义务教育阶段推行中小学生课外活动计划的通知

京教体艺〔2014〕2号

各区县教委：

为全面贯彻党的十八届三中全会精神，切实减轻中小学生课业负担，满足学生全面发展和个性化需求，全面提升我市中小学生综合素质，根据《中共中央关于全面深化改革若干重大问题的决定》中“强化体育课和课外锻炼，促进青少年身心健康、体魄强健。改进美育教学，提高学生审美和人文素养”的要求，经市教委2013年第19次主任办公会研究决定，在我市义务教育阶段推行中小学生课外活动计划。现将有关要求通知如下：

一、目标任务

（一）通过在全市中小学义务教育阶段推行课外活动计划，实施教育部在义务教育阶段体育、艺术“2＋1项目”工程，培养我市中小学生在体育、艺术、科技等方面的兴趣和素养，进一步推进中小学生素质教育的全面实施。

（二）全面提高我市中小学生体质健康水平，不断提高《国家学生体质健康标准》达标率，中小学生逐步掌握至少两项体育技能。

（三）提升我市中小学生人文、艺术和科学素养，为学生终身发展和整体素质提高奠定良好基础。

（四）增强学生社会责任感、创新精神和实践能力，培养德智体美全面发展的社会主义建设者和接班人。

二、工作原则

（一）按照“政府主导、社会支持、学校组织、学生自愿”的原则，提倡通过政府“购买社会服务”的形式，开展体育、文艺、科普等形式多样的社团活动。

（二）遵循面向全体学生的原则，惠及义务教育阶段的中小学生，为满足学生个性发展的需求提供必要的条件和保障，促进学生健康快乐成长。

（三）坚持统筹协调的原则，与学校特色发展相结合，与课内外、校内外教育相结合、与素质提升工程和社会大课堂相结合。

（四）坚持资源共享的原则，区县通过统筹本区域校内外体育、艺术、科技场馆，以及各类资源，通过“学区联合”等形式，在发展本区域特色项目的基础上，协调引领学校开展活动。

三、实施办法

（一）时间安排

各区县、学校可在星期一至星期五 15：30 至 17：00 的课外时间安排活动，每周不少于 3 天，每天不低于 1 小时，具体时间安排由区县与学校自行制定。

（二）课外活动辅导教师的构成

1. 符合学校开展活动需求的高等学校、具有资质的民办教育机构的教师；

2. 体育俱乐部、少年宫、科技馆等校外机构的教练员及教师；

3. 具有专业特长的各类人才，例如运动员、教练员、艺术家、科学家等各领域的专业人才；

4. 符合条件的志愿者等。

（三）活动内容与形式

课外活动安排应形式多样，丰富多彩。活动内容与形式应与课程方案设置、学生综合实践活动，以及“每天锻炼一小时”有机结合。具体活动形式及内容包括：

1. 组织学校或学区范围的活动和比赛

各区县可参照市级体育、艺术、科技比赛活动内容，组织班级、学校或学区范围的各类活动和比赛。

2. 开展“科学家进校园”“体育明星进校园”“艺术家进校园”等系列活动

通过与科学家、运动员、艺术家的近距离接触，培养学生在体育、艺术、科技等方面的兴趣。

3. 开设各类社团活动

创造条件让学生广泛参与各类体育比赛，艺术培训、艺术实践、观看演出，以及科技培训、体验等活动，培养学生的实践能力，提高各项技能水平。

四、职责要求

（一）由市教委牵头，联合市体育局、市文化局、市科协等相关委办局宏观指导、建立机制、投入经费、搭建平台，充分发挥区县和学校的积极性，指导各区县、学校大力推进本计划的实施。

（二）各区县教委牵头，统筹协调区体育局、区文化局、区科协等相关委办局，根据本区县实际情况及特色发展需要，因地制宜，制定本区县课外活动计划及实施方案，并报市教委备案。各区县要精心设计，认真组织实施，在本区域内合理统筹资源，建立校外教育兼职教师资源库，鼓励区县建立学区和区域特色联盟，实现资源共享。

（三）各学校要成立课外活动工作小组。按照市教委和所在区县的要求，自行制定本校课外活动计划的具体方案，并向家长公布。学校负责课外活动计划的具体实施，要充分利用校内教师的优势及特长，担任组织管理、协助授课等辅助性工作。

（四）各区县和学校要建立完善的校外人员聘用制度，可采取区县或学区与校外教育机构、学校与校外兼职教师签订相关协议的方式开展工作。

（五）各区县结合中小学实际研究制定实施方案，并于2014年2月20日前报市教委体卫艺处备案。

五、经费使用

（一）拨款方式

市财政按照义务教育阶段实际在校生人数，城区生均每年400元，远郊区县生均每年500元标准将经费拨至各区县，由区县统筹安排使用。

（二）使用范围

经费使用主要用于学生体育、艺术、科技等活动。包括外聘教师费用、场地租用费、低值易耗品购置费，以及购买社会服务产生的费用等。

（三）经费管理

各区县、学校要严格按照市教委和市财政局制定的《北京市中小学生课外活动计划资金使用管理办法》（另行下发）和财务制度支出，专款专用，不得截留、挤占和挪用，努力提高资金使用效益。

六、安全保障

各区县、学校要树立“安全第一”的指导思想，加强安全教育和管理工作，建立课外活动安全管理制度。各学校要做好活动安全预案，有效利用校方责任保险和校方无过失责任保险，保障课外活动的顺利实施。要明确课外活动辅导教师的聘任程序和法律责任，依法守法，确保安全。

七、督导检查

为确保中小学生课外活动计划落到实处，学校要因地制宜制定详细的工作规划、活动计划，并科学设置开展活动的项目。各区县要定期进行检查，并将检查结果上报市教委备案。市教委将对各区县和学校开展情况进行检查督导，并将此项工作纳入督导范围，全程跟踪，检查实效。

八、舆论宣传

宣传部门要积极做好课外活动计划的宣传工作，努力营造良好的舆论环境，引导社会和家长积极配合此项工作的开展，确保此项工作顺利推进。

2014 年 1 月 14 日

北京市教育委员会

关于做好 2014 年高级中等学校考试招生工作的意见

京教计〔2014〕2 号

各区县教委，有关委办局（总公司）教育处：

按照《北京市“十二五”时期教育改革和发展规划》确定的教育发展任务和目标，积极探索实施高中阶段教育招生考试改革，现就做好 2014 年本市高级中等学校考试招生工作提出如下意见。

一、指导思想

认真贯彻落实十八大和十八届三中全会精神，统筹我市人民群众接受普通高中教育的需求和首都经济社会发展对职业技术人才的需求，促进普通高中教育与中等职业教育协调发展；统筹规划区域教育资源，积极推动普通高中多样化发展和现代职业教育体系建设；以促进教育公平、提高教育质量为出发点，稳步推进考试招生制度改革，保证招生工作规范有序进行，维护人民群众切身利益，促进首都和谐社会建设。

二、关于招生计划编制和招生政策

（一）2014年本市各类高级中等学校招生规模为8.6万人，其中普通高中招生规模约5.24万人，中等职业教育招生规模约3.36万人。中等职业教育招生规模中，五年制高等职业教育招生规模0.5万人，普通中等专业学校招生规模1.4万人，职业高中招生规模0.7万人，技工学校招生规模0.76万人。

（二）高级中等学校招生计划的编制按市、区县两级管理权限和工作程序进行。市教委负责对全市各类高级中等学校招生计划的宏观管理、统筹和指导；市教委、市发展改革委联合下达五年制高职和中专学校招生计划；市人力社保局负责安排技工学校分学校招生计划；区县教委负责安排本区县普通高中和职业高中分学校招生计划。各类学校招生计划需经市及区县教育部门或相关部门审核后以文件形式下达，并刊登招生简章。

（三）普通高中招生要统筹安排，适度规模。公办普通高中计划要依据《北京市中小学校办学条件标准》（京教策〔2005〕8号），每班不超过45人。各区县要加强高中阶段教育资源的统筹规划和布局结构调整，逐步提高示范高中招收初中毕业生的比例，从而扩大优质教育资源的覆盖程度，进一步满足人民群众日益增长的对于优质教育的需求。

（四）从2014年起，我市全面取消普通高中招收择校生。同时，各区县要加强对普通高中中外合作办学项目、体育、艺术、科技特长生招生项目、特色高中改革试验项目的管理，不得随意增加项目招生规模和变更项目招生方式，并逐年减少体育、艺术、科技特长生的招生比例。

（五）为进一步促进义务教育均衡，2014年在首都功能核心区和城市功能拓展区开展优质高中部分招生计划分配工作（以下简称“名额分配”），东城区、西城区、朝阳区、海淀区、丰台区和石景山区等六个区以优质高中为单位，将本校2014年统一招生计划的

30％分配到区域内初中校。

城市发展新区和生态涵养区（门头沟区、昌平区、大兴区、房山区、通州区、顺义区、怀柔区、平谷区、燕山地区、密云县和延庆县）可根据本区县实际情况，参照首都功能核心区和城市功能拓展区“名额分配”的分配比例和招生办法执行。

（六）优质高中教育资源比较充裕的区县可适当编制跨区县招生计划，跨区县招生计划重点向优质高中教育资源比较短缺的区县倾斜。除示范高中外的其它普通高中原则上不安排跨区县招生计划。民办高中可在全市招生，并根据学校实际情况可以不分区县计划指标。经市教委批准招收体育、艺术、科技特长生和部分特色高中改革试验项目的普通高中，按照批复文件精神，可在全市范围招生。提前招生学校（专业）、普通中等专业学校、技工学校和获得“国家级、省部级重点中等职业学校”称号的职业高中可根据学校办学实际在全市范围内招生，不对各区县分配计划指标。

（七）为促进我市现代职业教育体系建设，2014 年我市继续开展“3＋2”中高职衔接试点工作，并进一步扩大试点的规模和范围。

（八）按照《北京市人民政府办公厅关于转发市教委等四部门制订的〈进城务工人员随迁子女接受义务教育后在京参加升学考试工作方案〉的通知》（京政办发〔2012〕62 号）精神，认真做好进城务工人员随迁子女报考我市中等职业学校的资格审查工作。在规定时间内提出升学申请且通过资格审核的随迁子女考生，可以参加 2014 年北京市中等职业学校的考试录取。

（九）在部分中等职业学校继续开展招收未升学的应、往届高中毕业生进行中等职业教育试点工作，我市将统一面向社会公布招生学校和招生专业。请各试点学校从社会人才需求、学生特点和就业需要出发，确定好招生专业，并有针对性地开展职业教育。

（十）各区县招生计划管理部门负责编制普通高中和职业高中分学校的招生计划，市人力社保局编制技工学校的分学校招生计划，各普通中等专业学校根据市教委下达的招生计划建议规模编制分省分专业招生计划。请各相关部门和学校将编制的招生计划落实情况于2014年2月28日前报市教委。

三、关于考试工作

2014年本市继续将初中毕业会考和高级中等学校招生考试分开进行。所有高级中等学校招收的学生必须参加2014年北京市高级中等学校招生考试。

（一）高级中等学校招生文化课考试由北京教育考试院统一命题。文化课考试科目为语文、数学、外语、物理和化学。其中，语文、数学、外语满分均为120分，物理满分为100分，化学满分为80分。

（二）2014年体育考试成绩满分40分，按照市教委相关文件执行。

（三）高级中等学校招生文化课考试日期为2014年6月24日至26日，具体时间由北京教育考试院另行通知。

四、关于评卷工作

2014年北京市高级中等学校招生考试坚持“统一命题、统一制卷、统一考试、分区县评卷”的原则并继续采取网上评卷方式，评卷工作由各区县负责组织实施。各区县教委要高度重视，加强对本区县评卷工作的组织领导和管理，统一协调安排评卷教师和服务人员，从资金设备、技术保障等多方面给予支持，确保2014年全市网上评卷工作的顺利进行。

五、关于招生录取

2014年高级中等学校招生录取分为提前招生录取、“名额分配”录取和统一招生录取三个阶段进行录取。

（一）提前招生录取。经市教委批准的普通高中美术班、中外合作办学项目和特色高中改革试验项目等按照批复文件的精神，可参加提前招生录取。未经批准，任何普通高中不得擅自进行提前招生录取。中等职业学校按照本校专业设置和招生要求，可将本校招生总规模的30％列入提前招生。

（二）“名额分配”录取。全市所有参加“名额分配”录取的考生须参加2014年高级中等学校招生考试。“名额分配”具体志愿填报和录取办法按北京教育考试院相关文件执行。

（三）统一招生录取。按照考试成绩，从高分到低分，依照志愿顺序，择优录取。凡被提前招生录取和“名额分配”录取的考生，不再参加统一招生录取。

（四）在统一招生录取结束后，未完成招生计划的各类高级中等学校可按照市中招办规定的程序进行补录工作。补录只录取参加全市高级中等学校招生考试且未被任何学校录取的考生。

（五）招收未升学应、往届高中毕业生进行中等职业教育试点具体招生录取工作按照有关文件执行。

（六）2014年北京市军人子女教育优待办法继续按照2013年政策执行。

六、加强中考中招工作的领导与管理

（一）教育公平是社会公平的重要基础。高级中等学校考试招生工作涉及广大人民群众的切身利益，各有关部门和学校要深入贯彻落实十八届三中全会精神，统筹兼顾高中阶段各类学校的发展，切实加强对中考中招工作的领导，精心组织、严格程序、严肃纪律，确保中考中招工作平稳顺利进行。

（二）市教委将继续加强对全市各类高级中等学校招生计划的宏观管理、统筹和指导，切实加大信息公开力度。各区县和招生学校要维护招生计划的严肃性，不得擅自调整招生计划和变更招生方式，严格依照北京教育考试院中招办备案后的新生名册为新生建立学籍，有关部门将以招生简章和市教委的批文为依据进行监督检查。

（三）各区县要本着对人民群众和教育事业高度负责的精神，加强对所属招生学校和初中学校的管理，认真做好中考中招及学籍管理工作，维护广大考生的权益。

各高级中等学校要按照招生工作有关规定，实事求是地做好招生宣传工作，引导考生从首都经济社会发展和个人实际出发，合理选择升学目标。严禁各高级中等学校违规提前到初中校进行各种招生及宣传活动。对于违规招生、影响招生秩序的学校，经查证核实后在全市进行通报，情节严重的按照有关规定严肃处理。

各初中学校要规范办学行为，鼓励学生积极参加中考；尊重学生的志愿选择，杜绝出现强迫或代替学生填报志愿的情况。

2014 年 2 月 17 日

北京市教育委员会

关于做好 2014 年高中阶段招收体育艺术科技特长生工作的通知

京教体艺〔2014〕5 号

各区县教委：

为全面贯彻党的十八届三中全会精神，落实《中共中央关于全面深化改革若干重大问题的决定》中“强化体育课和课外锻炼，促进青少年身心健康、体魄强健。改进美育教学，提高学生审美和人文素养”的要求，进一步推进素质教育，促进学生全面发展，同时，规范、完善本市高中阶段招收体育、艺术、科技特长生的工作，经市教委 2014 年第 4 次主任办公会研究，现就 2014 年招收特长生工作的有关事宜通知如下：

一、可招收特长生学校

具有招收特长生资格的学校包括三类：

（一）体育类：含北京奥林匹克教育学校体育后备人才培养基

地学校、国家级和市级体育传统项目学校。

（二）艺术类：含北京市学生金帆艺术团承办学校、北京市中小学艺术教育特色学校。

（三）科技类：含北京金鹏科技团承办学校、北京市中小学科技教育示范学校。

可在高中阶段招收体育、艺术、科技特长生学校名单见附件。

二、招生范围

（一）市级招生范围

北京奥林匹克教育学校体育后备人才培养基地学校、国家级和市级体育传统项目学校、北京市学生金帆艺术团承办学校、北京金鹏科技团承办学校可面向全市招收特长生；

（二）区级招生范围

北京奥林匹克教育学校体育后备人才培养基地学校（2所）、北京市中小学艺术教育特色学校、北京市中小学科技教育示范学校可在本区县范围内招生。

三、招生指标

具有招收特长生资格的学校，招收体育、艺术、科技其中一类项目的学校，特长生计划不得超过本校当年招生计划总数的5%；招收两类项目的学校不得超过本校当年招生计划总数的10%，招收三类项目的学校不得超过本校当年招生计划总数的15%。

四、工作程序

（一）体育特长生

1. 学校测试

各招收学校自行组织体育专项测试和文化课摸底考试，进行特长生的选拔。测试后，学校按照当年上报《北京市高级中等学校招生简章》招生人数1∶1的比例确认本校招收体育特长生人数，并将测试合格学生名单在校内公示一周。

2. 市级统一测试

体育特长生须通过全市统一测试。市级统一测试工作由北京教育考试院负责组织实施，具体报名办法、报名时间及测试时间、地点、测试标准另行通知。

（1）考生报名及资格审查

经招收学校测试合格，考生持学校下发的市级统一测试报名表进行报名。资格审查合格者，方可参加市级统一测试。

（2）市级体育专项测试项目

测试项目包括田径、足球、篮球、排球、棒球、垒球、游泳、乒乓球、跆拳道、武术、手球、健美操、艺术体操、射击、射箭、定向越野16个项目。

（3）结果公示

北京教育考试院将测试结果在北京教育考试院网站上公示一周且无异议后上报市教委，并将结果正式下发至各区县招办。学生根据测试结果填报中考报考志愿。

（二）艺术、科技特长生

1. 市教委统一制定艺术、科技特长生的测试标准和要求，各区县负责具体组织实施。

2. 区县要制定本区县艺术、科技特长生测试工作方案，方案包括测试时间、地点、测试项目、组织机构、安全预案等内容。4月15日前，各区县将测试工作方案上报我委体卫艺处。

3. 各区县根据北京教育考试院安排的测试时间组织测试。测试期间，市教委将组织专项检查。

4. 测试结束后各区县将测试合格学生审查表上报市教委，由市教委成立审核小组对测试合格学生进行资格审查，并将审查合格名单在市教委网站公示一周，公示无异议者，由市教委颁发艺术、科技测试合格证书，作为学校录取艺术、科技特长生的依据。

五、工作要求

（一）各区县要加强对特长生测试、选拔工作的科学化和规范化管理，确保组织实施严密。

（二）特长生选拔要坚持公平、公正、公开的原则，认真为符合报考条件的学生办理相关手续，防止漏报。

（三）各学校要严谨、周密地组织好本校的测试工作，同时，做好各项安全保障工作，制定应急预案，确保测试工作有序进行。

附件：1. 可面向全市招生的学校名单

2. 可面向本区县招生的学校名单

2014 年 3 月 20 日

附件 1

可面向全市招生的学校名单

一、体育类

区县	学校	类别	项目
东城区	北京景山学校	奥林匹克基地校 国家级传统校	排球游泳
	北京市东直门中学	奥林匹克基地校 国家级传统校	田径篮球
	北京汇文中学	奥林匹克基地校 国家级传统校	田径游泳
	北京市第二十二中学	国家级传统校	篮球乒乓球武术定向
	北京市第一七一中学	国家级传统校	田径篮球排球游泳
	北京市第十一中学	市级传统校	篮球
	北京市第一六六中学	市级传统校	田径篮球
	北京市第二十五中学	市级传统校	篮球乒乓球
	北京市第二十七中学	市级传统校	排球
	北京市第五十中学	市级传统校	田径篮球

续表1

区县	学校	类别	项目
	北京市第五十四中学	市级传统校	足球
	北京市第五十五中学	市级传统校	田径健美操排球
	北京市第五中学	市级传统校 奥林匹克基地校（筹备）	田径篮球乒乓球
	北京市第六十五中学	市级传统校	田径排球
	北京市第二中学	市级传统校	乒乓球篮球健美操
	北京市崇文门中学	市级传统校	田径
	北京市第一中学	市级传统校	田径
	北京市广渠门中学	市级传统校	篮球排球乒乓球
	北京市龙潭中学	市级传统校	篮球
西城区	北京市第八中学	奥林匹克基地校 国家级传统校	田径游泳
西城区	北京师范大学附属实验中学	奥林匹克基地校 国家级传统校	排球田径游泳
西城区	北京市第四中学	奥林匹克基地校 国家级传统校	田径篮球游泳
西城区	北京市第六十六中学	奥林匹克基地校 市级传统校	田径乒乓球
西城区	北京市育才学校	奥林匹克基地校 市级传统校	篮球棒球垒球手球定向越野
西城区	北京市回民学校	奥林匹克基地校 市级传统校	田径足球
西城区	北京师范大学第二附属中学	奥林匹克基地校 市级传统校	排球
西城区	北京市第一五九中学	市级传统校	田径游泳足球
西城区	北京市第四十四中学	市级传统校	篮球乒乓球

续表 2

区县	学校	类别	项目
	北京市第三十五中学	市级传统校 奥林匹克基地校(筹备)	篮球
	北京市铁路第二中学	市级传统校	排球
	北京市第十五中学	市级传统校	田径篮球
	北京师范大学附属中学	市级传统校	田径篮球
朝阳区	北京市第八十中学	奥林匹克基地校 国家级传统校	田径
	清华大学附属中学朝阳学校	市级传统校	排球
	北京第二外国语学院附属中学	市级传统校	田径
	北京市第九十四中学	市级传统校	田径
	北京市陈经纶中学	市级传统校	田径篮球游泳健美操棒球
	北京工业大学附属中学	市级传统校 奥林匹克基地校(筹备)	田径篮球排球武术
	东北师范大学附属中学朝阳学校	市级传统校	篮球
	北京市三里屯一中	市级传统校 奥林匹克基地校(筹备)	足球
	北京市第十七中学	市级传统校	射箭
海淀区	北京市第一零一中学	奥林匹克基地校 国家级传统校	田径排球健美操
	清华大学附属中学	奥林匹克基地校 国家级传统校	田径篮球射击
	中国人民大学附属中学	奥林匹克基地校 国家级传统校	足球田径健美操篮球游泳乒乓球武术

续表 3

区县	学校	类别	项目
	北京市育英学校	奥林匹克基地校 国家级传统校	游泳篮球
	北京市八一中学	奥林匹克基地校 市级传统校	田径足球武术健美操定向运动
	北京市第二十中学	奥林匹克基地校 市级传统校	田径健美操
	北京市中关村中学	奥林匹克基地校 市级传统校	田径篮球武术
	北京理工大学附属中学	国家级传统校 奥林匹克基地校(筹备)	田径排球棒球垒球
	首都师范大学附属中学	市级传统校	篮球
	北京农业大学附属中学	市级传统校	田径
	北方交通大学附属中学	市级传统校 奥林匹克基地校(筹备)	田径篮球棒球垒球羽毛球定向运动
	北京市六一中学	市级传统校	武术
	首都师范大学附属育新学校	市级传统校	棒球网球
	北京市第十九中学	市级传统校	垒球手球定向运动
	北京市立新学校	市级传统校	游泳
	北京市第四十七中学	市级传统校 奥林匹克基地校(筹备)	田径足球
	北京市知春里中学	市级传统校	垒球
	北京航空航天大学附属中学	市级传统校 奥林匹克基地校(筹备)	排球
	北京市海淀实验中学	市级传统校	篮球

续表 4

区县	学校	类别	项目
丰台区	北京市第十二中学	奥林匹克基地校 国家级传统校	田径排球棒球
	北京市第十八中学	市级传统校	田径篮球乒乓球
	北京市第十中学	市级传统校	田径足球
	北京市大成学校	市级传统校	棒球
	北京市丰台区实验学校	市级传统校	田径棒球垒球
	北京市首都师范大学附属丽泽中学	市级传统校	田径篮球跆拳道
	北京市丰台区东铁匠营第一中学	市级传统校	篮球排球跆拳道
石景山区	北京市第九中学	奥林匹克基地校 国家级传统校	田径篮球艺术体操
	北京市苹果园中学	市级传统校	田径排球
	北京市京源学校	市级传统校	田径足球
	北京师范大学励耘实验学校	市级传统校	排球
门头沟区	北京市大峪中学	市级传统校	田径
	首都师范大学附属中学永定分校	市级传统校	田径
房山区	北京师范大学良乡附属中学	市级传统校	田径篮球
	北京市房山区周口店中学	市级传统校	田径
通州区	北京市通州区潞河中学	奥林匹克基地校 国家级传统校	田径篮球游泳
	北京市通州区运河中学	市级传统校	田径篮球
	北京市通州区第二中学	市级传统校	田径篮球

续表 5

区县	学校	类别	项目
	北京市通州区第三中学	市级传统校	足球篮球排球
顺义区	北京市顺义区第一中学	奥林匹克基地校 国家级传统校	田径篮球
	北京市顺义牛栏山第一中学	奥林匹克基地校 市级传统校	田径篮球羽毛球
	北京市顺义区第二中学	市级传统校	田径篮球
	北京市顺义区杨镇第一中学	奥林匹克基地校 市级传统校	田径篮球乒乓球
	北京市顺义区第九中学	市级传统校	田径篮球
昌平区	北京市昌平区第二中学	奥林匹克基地校 国家级传统校	田径
	北京市昌平区前锋学校	市级传统校	田径
	北京市昌平区第一中学	市级传统校	足球篮球
	首都师范大学附属回龙观育新学校	市级传统校	排球武术
大兴区	北京市大兴区第一中学	奥林匹克基地校 市级传统校	田径游泳
	北京市第二中学亦庄学校	市级传统校 奥林匹克基地校（筹备）	跆拳道
	北京师范大学大兴附属中学	市级传统校	田径
	北京市大兴区兴华中学	市级传统校	田径
怀柔区	北京市怀柔区第一中学	奥林匹克基地校 市级传统校	田径篮球
	北京市怀柔区第二中学	市级传统校	田径
	北京市怀柔区第四中学	市级传统校	田径

续表 6

区县	学校	类别	项目
平谷区	北京市平谷中学	市级传统校	田径篮球健美操
	北京市平谷区第六中学	市级传统校	田径
密云县	密云县第二中学	奥林匹克基地校 国家级传统校	田径篮球
延庆县	延庆县第五中学	市级传统校	田径篮球
	延庆县第一中学	市级传统校	田径足球

二、艺术类

区县	学校	
东城区 12 所	北京市第二中学	北京市第五中学
	北京市第一七一中学	北京市第六十五中学
	北京市第二十七中学	北京市第一六六中学
	北京市第二十二中学	北京市东直门中学
	北京汇文中学	北京景山学校
	北京市广渠门中学	北京市第一零九中学
西城区 10 所	北京市第四中学	北京市第三十五中学
	北京市第八中学	北京市回民学校
	北京育才学校	北京市第十五中学
	北京市第六十六中学	北京师范大学附属实验中学
	北京师范大学亚太实验学校	北京师范大学附属中学
朝阳区 3 所	北京市第八十中学	北京市日坛中学
	北京市陈经纶中学	
海淀区 13 所	清华大学附属中学	中国人民大学附属中学
	北京市第一零一中学	北京市十一学校

续表 7

区县	学校	
	北京市八一中学	北京市第十九中学
	北京市中关村中学	北京市育英学校
	北京市育英中学	北方交通大学附属中学
	北京理工大学附属中学	北京市第五十七中学
	海淀区教师进修学校附属实验学校	
丰台区 2所	北京市第十二中学	北京市丰台区丰台第二中学
石景山区 1所	北京市第九中学	
通州区 1所	北京市通州区潞河中学	
昌平区 1所	北京市昌平区第二中学	

三、科技类

区县	学校	
东城区 7所	北京市第二中学	北京市第五中学
	北京景山学校	北京市第一六六中学
	北京市第六十五中学	北京汇文中学
	北京市广渠门中学	
西城区 7所	北京市第四中学	北京市第八中学
	北京师范大学附属实验中学	北京师范大学第二附属中学
	北京市第十五中学	北京市育才学校
	北京市第一六一中学	

续表 8

区县	学校	
朝阳区 3 所	北京市第八十中学	北京市陈经纶中学
	北京工业大学附属中学	
海淀区 5 所	中国人民大学附属中学	北京市第一零一中学
	北京市八一中学	北方交通大学附属中学
	北京市中关村中学	
丰台区 2 所	北京市第十二中学	北京市第十八中学
石景山区 1 所	北京市京源学校	
顺义区 1 所	北京市顺义牛栏山第一中学	
大兴区 1 所	北京师范大学大兴附属中学	
怀柔区 1 所	北京市怀柔区第一中学	
平谷区 1 所	北京市平谷区黄松峪中学	

附件 2

面向本区县招生的学校名单

一、体育类

区县	学校	类别	项目
朝阳区	北京市日坛中学	奥林匹克基地校（筹备）	羽毛球

续表1

区县	学校	类别	项目
昌平区	北京市昌平区前锋学校	奥林匹克基地校（筹备）	跆拳道

二、艺术类

区县	学校	
东城区 5所	北京市第五十五中学	北京市第五十中学
	北京市第二十五中学	北京市第十一中学
	北京市第九十六中学	
西城区 8所	北京师范大学第二附属中学	北京市第一五九中学
	北京市第三中学	北京市第四十三中学
	北京市华夏女子中学	北京市第一五六中学
	北京市第一六一中学	北京市西城外国语学校
朝阳区 6所	北京信息工程学院附属中学	北京工业大学附属中学
	清华大学附属中学朝阳学校	北京市和平街第一中学
	北京青年政治学院附属中学	中国人民大学附属中学朝阳学校
海淀区 8所	北京大学附属中学	北京师范大学第三附属中学
	北京市第二十中学	首都师范大学第二附属中学
	北京市立新学校	首都师范大学附属中学
	首都师范大学附属育新学校	北京市陶行知中学
丰台区 3所	北京市第十八中学	北京市大成学校
	首都师范大学附属丽泽中学	
石景山区 4所	北京市京源学校	北京市苹果园中学
	北京景山学校远洋分校	北京师范大学励耘实验学校

续表 2

区县	学校	
门头沟区 4 所	北京市大峪中学	首都师范大学附属中学永定分校
	北京市三家店铁路中学	北京市育园中学
房山区 1 所	北京师范大学良乡附属中学	
通州区 2 所	北京市通州区第四中学	北京市通州区第二中学
顺义区 2 所	北京市顺义区第一中学	北京市顺义区杨镇第一中学
昌平区 3 所	北京市昌平实验中学	北京市昌平区沙河中学
	北京市昌平区前锋学校	
大兴区 1 所	北京市大兴区第一中学	
怀柔区 3 所	首都师范大学附属红螺寺中学	北京市怀柔区第三中学
	北京市怀柔区第二中学	
平谷区 3 所	北京市平谷区第四中学	北京师范大学附属平谷中学
	北京市平谷区黄松峪中学	
密云县 1 所	北京市密云县第二中学	
延庆县 2 所	北京市延庆县第一中学	北京市延庆县第五中学

三、科技类

区县	学校	
东城区 6 所	北京市第二十二中学	北京市东直门中学
	北京市第一七一中学	北京市第五十五中学
	北京市第十一中学	北京市第二十五中学

续表 3

区县	学校	
西城区 9 所	北京师范大学附属中学	北京市第十三中学
	北京市西城外国语学校	北京市铁路第二中学
	北京市第三十五中学	北京市第六十三中学
	北京市第六十六中学	北京市第十四中学
	北京市第一五六中学	
朝阳区 3 所	清华大学附属中学朝阳学校	北京市和平街第一中学
	北京市日坛中学	
海淀区 13 所	清华大学附属中学	清华大学附属中学永丰分校
	北京市育英学校	北京航空航天大学附属中学
	北京市温泉第二中学	北京理工大学附属中学
	北京市第二十中学	北京市第十九中学
	北京市十一学校	北京市第五十七中学
	北京农业大学附属中学	首都师范大学附属中学
	北京科技大学附属中学	
丰台区 5 所	北京市丰台区丰台第二中学	北京市首都师范大学附属丽泽中学
	北京市云岗中学	首都医科大学附属中学
	北京市航天中学	
石景山区 2 所	北京市古城中学	北京市苹果园中学
门头沟区 1 所	北京市大峪中学	
房山区 2 所	北京师范大学良乡附属中学	首都师范大学附属房山中学
通州区 2 所	北京市通州区潞河中学	北京市通州区第二中学

续表 4

区县	学校	
顺义区 2 所	北京市顺义区第一中学	北京市顺义区杨镇第一中学
昌平区 4 所	北京市昌平区第二中学	北京市昌平区前锋学校
	北京市昌平实验中学	北京市昌平区南口学校
大兴区 6 所	北京市大兴区第三中学	北京市大兴区第五中学
	北京市大兴区第八中学	北京市大兴区第一中学
	北京市第二中学亦庄学校	北京市大兴区魏善庄中学
平谷区 2 所	北京市平谷中学	北京市平谷区第七中学
密云县 2 所	首都师范大学附属密云中学	北京市密云县第二中学
延庆县 2 所	延庆县第一中学	延庆县第二中学

北京市教育委员会

关于做好 2014 年初中毕业升学体育考试工作的通知

京教体艺〔2014〕6 号

各区县教委：

为贯彻落实十八届三中全会精神，深化教育领域综合改革，强化体育课和课外锻炼，全面实施《北京市推进中小学校体育工作三年行动计划（2013～2015 年）》和《北京市教育委员会关于做好 2014 年高级中等学校考试招生工作的意见》（京教计〔2014〕2 号），进一步加强对本市初中毕业升学体育考试（以下简称“体育考试”）工作的监督与管理，确保体育考试“公开、公正、公平”，营造让考生和家长放心的体育考试氛围，经市教委 2014 年第 4 次主任办公会审定，现将做好 2014 年体育考试工作的有关事宜通知如下：

一、提高对初中毕业升学体育考试工作重要性的认识

体育考试是《学校体育工作条例》的规定考试，对促进教育公平，提高体育与健康课程教学质量，引导学生全面发展具有重要的作用；同时，体育考试是升学考试，关系到学校、学生和家庭的切身利益，关系到社会的安全稳定。各区县教委和考试部门要高度重视，把做好体育考试工作作为贯彻落实《中共中央关于全面深化改革若干重大问题的决定》，强化体育课和课外锻炼，促进青少年身心健康、体魄强健的具体举措，从思想上强化对体育考试工作重要性的认识，认真落实各项工作要求，确保考试工作万无一失。

二、加强对初中毕业升学体育考试工作的组织和领导

（一）高度重视体育考试各项工作。各区县要高度重视体育考试的组织和实施工作，要成立由教委主管领导负责的体育考试领导小组和考务办公室，其成员由区县教委相关科室、区县考试管理部门、教学研究部门以及纪检监察部门共同组成。区县教委有关业务科室要配合区县考试管理部门做好现场体育考试的相关保障和监察工作。区县体育考试领导小组和考务办公室要认真制定考试工作的组织实施方案，完善考场管理办法；提高安全防范意识，建立安全保障措施，消除安全隐患。各区县教委要从保障学生身体健康的角度出发，提前做好应对雾霾等恶劣天气的应急预案。

（二）加强现场体育考试的组织与管理。体育现场考试的组织与管理职责由考试管理部门承担。区县教委要加强领导，考试管理部门要认真组织，教研部门和有关单位要积极配合并参与体育考试工作；各部门要明确分工，落实责任，通力合作，切实加强现场考试的组织与领导，确保本市体育考试工作的公平、公正，确保体育考试的平稳进行和师生安全，圆满完成现场体育考试的各项工作。

（三）规范考务人员资格和考场布置标准。各区县在选派考务员时，要严格执行有关资质要求，逐步建立一支相对稳定的体育考试组织与管理队伍，提高体育考试的专业化水平。各区县要结合自身工作实际，对考务员和辖区内初三体育任课教师进行统一培训，明确考试各项流程和考生技术动作规范标准。要积极探索标准化体育考场建设，提高体育考试的严肃性和公信力。严格执行免考和缓考的申请程序和标准，采取有效措施加强对免考和缓考考生的管理。

（四）制定完善的初中毕业升学体育考试实施方案。各区县应根据全市的统一要求，结合本区县的实际情况，尽快制定详细的2014年现场体育考试和过程性考核实施方案，于4月18日（星期五）前分别报市教委体卫艺处和市考试院中招办备案。

三、加大对初中毕业升学体育考试工作的监督和检查力度

（一）加强对现场体育考试的监督与检查。各区县要充分考虑体育考试组织管理工作的复杂性，规范考试程序，强化考试监督机制建设，并成立体育考试纪律监督检查小组，对体育考试工作全程进行监督。市教委将成立由市考试院、市教科院共同参与的北京市体育考试纪律监督巡视组，加强对区县体育考试工作的检查和监督，坚决杜绝舞弊行为的发生，确保体育考试平稳运行。

（二）加强对过程性考核的监管。过程性考核继续按照“分层管理、分工负责、责任到人、违规必究”的原则进行管理，区县教委要加大对体育过程性考核的监督和检查力度，要求辖区内学校严格执行统一的考核内容和标准，采取有效措施，确保过程性考核结果真实、可信、公正、透明。

四、今后两年体育考试调整方向

2015至2016年，本市体育考试将逐步提高考试项目的选择性，并依据《国家学生体质健康标准》适当调整考试项目标准，尽可能使用仪器设备进行量评项目的测试。2017年体育考试将依据我市中考改革方案和教育部相关政策进行相应的调整。

2015年全市统一采用智能仪器设备对男生1000米跑和女生800米跑进行测试。2016年在篮球运球项目测试的基础上，增加足球运球和排球垫球两个项目，考生可从足篮排项目中任选一项进行考试；现场体育考试的量评项目，将使用仪器设备进行测试。

各区县要提前做好各项准备工作，添置体育考试智能化器材，加大宣传力度，使考生及家长早知道、早准备；市区将适时组织体育考务人员专项培训，掌握新增考试项目的标准和办法。

附件：2014年北京市初中毕业升学体育考试方案

2014年3月20日

附件

2014年北京市初中毕业升学体育考试方案

一、考试的意义和目的

初中毕业升学体育考试是高级中等学校招生考试科目之一，旨在督促学校全面贯彻党的教育方针，保质保量上好体育课，落实学生每天一小时校园体育活动时间，提高学生体质健康水平；引导学生积极参加体育锻炼，掌握几项运动技能，达到《义务教育体育与健康课程标准》（2011年版）运动技能领域（水平四）规定的评价标准和《国家学生体质健康标准》的基本要求，培养学生终身锻炼的良好习惯，促进学生德智体美全面发展。

二、考试的原则和要求

体育考试要体现“公开、公正、公平”的原则，有利于鼓励学生积极参加体育锻炼并养成良好的习惯，有利于体育课堂教学质量和效果的提高，有利于加强体育课的规范管理。

现场考试必须按照全市“四统一”原则进行，即统一考试项目、统一成绩评定标准、统一考试规程和统一考试时间。

为了保证考试的公平，杜绝舞弊行为的发生，所有考生都必须经过考场外和考场内两次检录方可进入考试程序。两次检录后，必须将学生的考试成绩登记表按要求进行密封，在进行学生成绩登录时方可拆封。市教委、考试院和教科院将在考试巡视期间进行监督检查。

三、考试的内容和项目

体育考试以《义务教育体育与健康课程标准》（2011 年版）运动技能领域（水平四）规定的相关内容和《国家学生体质健康标准》中身体素质和运动能力测试内容为基本范围。具体为：耐力（男生：1000 米，女生：800 米）、力量（男生：引体向上或原地正面掷实心球，女生：仰卧起坐或原地正面掷实心球）和技能（篮球运球绕标志物）。男生的必考项目为 1000 米和篮球运球绕标志物 20 米往返，限选项目为引体向上、原地正面掷实心球；女生的必考项目为 800 米和篮球运球绕标志物 20 米往返，限选项目为仰卧起坐、原地正面掷实心球。考生可从限选项目中选择 1 项。

四、考试成绩的评定

（一）普通考生的成绩评定

体育考试各单项成绩满分为 10 分，考生各考试项目的成绩评定标准见附录 1 和附录 2，三个项目成绩之和与学生的过程性考核成绩一起计入升学考试的总成绩。

现场考试和过程性考试均保留原始成绩，不单独进行“四舍五入”的处理。考试结束后，两者相加，按照“四舍五入”的原则处理，作为学生本年度体育考试的最终成绩。

（二）免考及缓考的申请和成绩评定

由于体育考试的特殊性，允许学生申请免考和缓考。各区县要严格执行免考和缓考的办理规定，控制免考和缓考考生的比例。

免考办理程序为：学生持相关证明，填写《2014 年初中毕业升学体育现场考试免考申请表》，经家长签署意见、学校初审盖章、区县中小学卫生保健所确认后，由学校报区县体育考试考务办公室审定。

根据学生申请免考的原因，其成绩评定办法如下：

第一类：因残疾丧失运动能力而不能参加体育考试的免考学生，应当凭市残联颁发的残疾证书办理免考体育的相关手续，现场考试应当以满分 30 分记录；过程性考核的计分办法按照《北京市初中体育过程性考核方案》中的规定，根据学生参加体育活动的时间给予过程性考核 10 分（满分）至 6 分（60%）的分数评定。

第二类：在初中阶段因病不宜参加剧烈运动的长期免修体育课的学生，不能参加考试，其考试考核成绩按照体育总分 40 分的 60%（24 分）记分。

第三类：因临时伤病不能参加现场体育考试的学生，其体育成绩由两部分合计组成：一是按现场考试成绩满分 30 分的 60%即 18 分记分，二是过程性考核成绩（与正常学生的计分办法相同）。

女生特殊生理期或考生因临时伤病等原因，不能在规定时间参加现场体育考试者，可以申请缓考。

第一，在考试开始前申请缓考者，办理要求如下：女生特殊生理期间，填写《2014 年初中毕业升学体育现场考试缓考申请表》，缓考考生、学校医务人员和学校负责人均须签字，经区县体育考试领导小组负责人签字同意；因伤病原因申请缓考的考生，办理程序同上，但必须出具县级及以上医疗部门诊断证明。

第二，经两次检录进入考场后申请缓考者，办理要求如下：女生特殊生理期，填写《2014 年初中毕业升学体育现场考试缓考申请表》，缓考考生、考试现场医务人员和学校负责人均须签字，经区县体育考试领导小组负责人签字同意；伤病原因申请缓考的考生，办理程序和要求同上。

区县考试管理部门需在统一体育考试后，将本区县缓考人员名单、缓考的时间和地点上报考试院。缓考应当在区县统一体育考试后的第二周集中进行，并严格按照统一体育考试的组织与管理要求进行。

在规定时间内仍不能参加缓考的学生，按免考第三类学生处理。

（三）其他特殊情况的考生成绩与评定

既不符合免考条件，也不能按照普通考生的成绩评定办法进行成绩评定的考生，其成绩评定办法参照京教体美〔2010〕19 号文件有关要求执行。

五、考试的组织和实施

为保证考试工作的顺利实施，各区县在考试领导小组和考务办公室的组织和领导下，考试现场设总考务长 1 人；考务长和工作人员数量由区县根据有关要求和实际情况设置。

区县体育考试领导小组和区县考务办公室选派的总考务长、考务长、发令员、计时员、丈量员和计数员必须具备以下两个条件：一是教育系统内在职人员；二是具有中华人民共和国教师资格证（体育与健康学科）。

各区县要进一步严肃体育考试的考风考纪，坚决杜绝违纪、舞弊行为的发生。

（一）考试方式

由各区县统一组织实施，集中测试，当场向考生公布成绩。

（二）考试时间

为强化体育课和课外锻炼，确保学生的校园体育活动时间，促进学生健康成长，现场体育考试必须在学生毕业当年的 5 月份进行，具体时间由区县选定。同一区县的考生必须在区县统一规定的考试时间内进行考试，每名考生的全部项目必须在一个单元内（半天内）连续完成。

如遇恶劣天气等特殊情况，由区县考试领导小组决定是否中断考试。由于上述原因中断考试，不能在一个单元内考完3个项目的考生，经考务办公室批准，可在当天考完。如当天不能考完，已经考试的项目成绩无效，其补考时间另行安排。

（三）考试顺序

男生1000米和女生800米是考生最后进行的考试项目；其他项目的考试顺序由区县统一自行安排。

（四）考试场地和器材

考试的场地应在封闭的、有6条以上环形跑道的400米田径场上进行，器材除本文件有明确的规定外，应符合初三年级的体育教学标准。考前必须对场地器材的安全性和准确性进行检查。

（五）考试规则

1. 1000米和800米

（1）场地器材规格及设置要求

考试的场地应在封闭的、有6条以上环形跑道的400米田径场上进行，考试所需的标志线清晰，起点线和终点线应该设置明显的标志。考试所用的器材（秒表等）应符合田径竞赛规则要求。考试前，考务员必须对场地标准和器材的准确性进行检查。在耐久跑的起点和终点必须设置摄像装置，拍摄各组考生的起跑和终点冲刺情况，以备考生对自己的成绩存在争议时查取。

（2）考务员组成及职责分工

耐久跑考评组每组应设考务长1人，发令员1人，计时员2人，记录员1人；考务长应合理安排考试进程并处理考试过程中与考试结果公平性相关的各种事宜，监督记录员准确记录考生成绩，确定考生该项考试的成绩，向考生宣读考试成绩；发令员负责组织考生及时准确地集结在起跑位置并正确发令；计时员负责准确判定和记取考生的成绩，并对考生成绩进行逐一唱读；记录员唱读、记录成绩，并根据考试标准进行评分。

(3) 考试操作规范及要求

考务员负责将考生按小组带至起点，考务长逐一核对考生号码，确认准确无误后进入考试程序。

发令员发令后，两名计时员分别单独计时，考生跑完全程时计时员停表，记录考生的实际成绩；考生在考试过程中无犯规现象，记录成绩有效；考生的成绩以记取的较次成绩为准；考生在考试过程中有犯规现象，考试成绩无效，考生该项考试无成绩。

考生跑完全程，按秒表的分、秒记录成绩，不足1秒不计入成绩。

每个考生只有一次考试机会，每组考生人数不超过15人；考生应采用站立式起跑，弧形起跑线出发，起跑口令发出前越过起跑线为犯规。起跑后不分跑道。跑程中不得踏进跑道左侧跑道线，不得推、拉、阻挡他人跑进，不得由他人带跑，同时遵循右侧超越的田径规则。

(4) 考生以下行为属于犯规行为

发令前，身体的任何部位触及或越过起跑线；

跑进中踏进跑道左侧跑道线；

跑进中推、拉、阻挡他人跑进；

跑进中由他人领跑，或借助他人的力量跑进。

2. 篮球运球往返

(1) 场地器材规格及设置要求

测试场地需设置在篮球场内或者平整的塑胶场地上，具体设置要求如下：

考试场地长20米，宽7米。起点线前5米处开始设置标志杆，共设5排，每排2根；各排标志杆之间相距3米，同排的两根标志杆底座中心点之间相距1米，距同侧边线3米。设置方式如图所示：

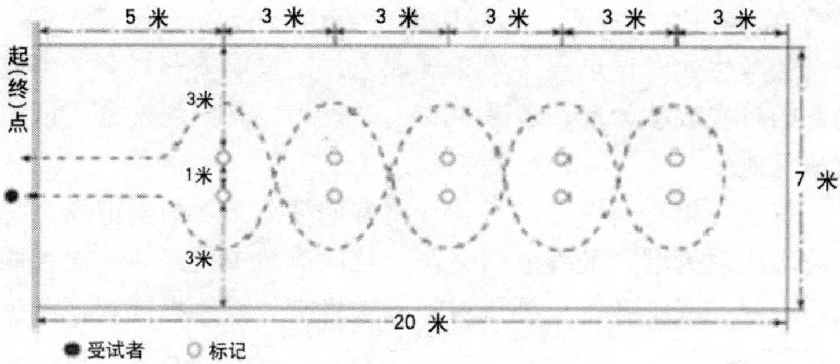

场地设置示意图（“---”为运球路线）

测试器材包括秒表、发令哨、30 米卷尺、标志杆 10 根（杆高不低于 1.2 米）、篮球。其中，篮球的规格为 6 号（其重量为 510～567g，周长为 724～737mm）；秒表必须是经国家认证认可监督管理委员会批准的相关认证机构认证合格的产品。

（2）考务员组成及职责分工

每个篮球考试场地应设置考务长 1 人，发令员 1 人，计时员 2 人，记录员 1 人；考务长负责检查场地器材，监督考试过程，处理考试过程中各种与考试结果公平性相关的事宜，监督记录员准确记录考生成绩，向考生宣读考试成绩；发令员负责发令并检查报告犯规情况；计时员负责判定、唱读考生成绩；记录员唱读、记录成绩，并根据考试标准进行评分。

（3）考试操作规范及要求

考务员负责组织并将考生带至考试场地，考务长安排考生做熟悉场地的运球练习，每位考生至少有 1 次练习机会，具体由区县统一作出规定。练习结束后进入正式考试程序。

考生听到发令员报号时，持球站立在起（终）点线后，发令员发令后，考生两脚方可移动，并按图中箭头所示方向运球依次过杆。运球过程中，若考生暂时失去对球的控制，但球未出测试场地，考生可自行捡回，在对球失去控制处继续运球，计时不停表。

发令员发令后，两名计时员分别单独计时，考生与球均返回起

（终）点线时方可停表，计时结束。

若考生在考试过程中无犯规现象，记录成绩有效，考生成绩以记取的较次成绩为准；若考生在考试过程中有犯规现象，该次考试成绩无效。

每名考生有两次考试机会，所有成绩都必须如实记取，每次都以较次成绩为准，最终成绩为两次较次成绩中较好的一次；两次考试均犯规无成绩者，只可再增加一次机会；仍然犯规者，考生该项成绩为零。

测试成绩以秒为单位记录，精确到小数点后 1 位（0.1 秒），小数点后第 2 位数非“0”时进 1。

（4）考生以下行为属于犯规行为

出发时抢跑；

运球过程中双手同时触球；

运球高度超过考生肩部；

膝盖以下身体部位触球；

“翻腕”等其他规则不允许的违例行为；

漏绕标志杆；

碰倒标志杆；

考试期间，人或球出测试区域；

通过终点时人球分离（考生到达终点的瞬间，必须单手或双手触球）。

3. 原地正面掷实心球

（1）场地器材规格及设置要求

在坚实、平坦的地面上进行。投掷区宽度 4 米，长度不少于 20 米，并有明显的区域标志线。场地中应设置 6 分、7 分、8 分、9 分和 10 分的标识线，标识线长度至少与投掷区同宽，使考生和考务员能够做出清晰的判断。

考试用球的重量为 2kg，表面材质为橡胶。

（2）考务员组成及职责分工

每个考试场地应设置考务长1人，丈量员2人，记录员1人；考务长处理考试过程中与考试结果公平性相关的各种事宜，监督记录员准确记录考生成绩，向考生宣读考试成绩；丈量员负责观察实心球着地点，丈量远度，并准确唱读考生成绩；记录员唱读、记录成绩，并根据考试标准进行评分。

(3) 考试操作规范及要求

考务员将考生带至考试场地，考务长安排考生做熟悉场地的考前投掷练习，每位考生至少有1次练习机会，具体由区县统一规定。练习结束后进入正式考试程序。

考试开始后，考生站在投掷线后，两脚前后或左右开立，身体面对投掷方向，双手举球至头上方，稍后仰，原地用力把球向前方掷出；球出手前，考生的双脚均不能移动；球出手的同时，一脚可以向前迈一步，但不得触碰或越过投掷线。

每人投掷3次，每次球落地后，丈量员须做出标记；3次投掷结束后，丈量并记录考生的最好成绩。丈量距离为投掷线后沿至球着地点后沿之间的垂直距离。记录以米为单位，取一位小数。

犯规者当次成绩无效。三次均无成绩者，只能增加一次投掷机会，仍然犯规者，考生该项成绩为零。

(4) 考生以下行为属于犯规行为

投掷过程中，身体任何部位触及投掷线或投掷线前地面；

球出手前有助跑动作；

投掷过程中双脚同时离地。

4. 引体向上

(1) 场地器材规格及设置要求

在高单杠上进行，考试所用器材应符合《中华人民共和国国家标准》(GB/T19851.1—2005) 和 (GB/T19851.2—2005) 中关于初中生用单杠的规格要求；根据实际情况，可分别设置高度不同的场地，供考生选择；单杠下的地面材质铺设必须充分考虑考生落地时的安全性，可选用松软的沙子、体操垫等。根据区县实际情况，可向考生提供防滑的镁粉，供考生选择使用；也可不予提供，但同一区县必须统一要求。

（2）考务员组成及职责分工

每个考试场地应设置考务长1人，计数员1人，记录员1人；考务长处理考试过程中与考试结果公平性相关的各种事宜，监督记录员准确记录考生成绩，向考生宣读考试成绩；计数员负责判定考生成绩并进行唱读；记录员唱读、记录成绩，并根据考试标准进行评分。

（3）考试操作规范及要求

考务员将考生带至考试场地，考务长逐一核对考生号码，确认无误后进入考试程序。

考生听到考务员报号后，走到杠下跳起，双手正握杠，直臂悬垂，身体呈静止状态后，开始做第一次引体向上的动作；屈臂向上引体至下颏超过横杠上沿，恢复直臂悬垂后为完成一次；动作未达到此规格者，不计次数；双手握杠开始，到双手离杠为考试结束。考生的成绩按成功完成的引体次数计取。每个考生只有一次考试机会。

（4）考生的犯规行为

没有从静止动作开始考试；

两次动作之间，手臂没有充分伸直；

动作完成时，下颏未超过杠面。

引体向上的考试过程中，出现犯规行为者，不计取犯规时的次数，但考生可以继续进行考试。

5. 一分钟仰卧起坐

（1）场地器材规格及设置要求

考试场地设在平整的地面上，考生在大体操垫上完成考试，计数员坐在体操垫的侧面，在同一组考生中，每位计数员只负责一位考生的判罚工作。

考试使用的大体操垫应符合以下规格要求：

第一、大小：长 2 米、宽 1 米、厚 0.1 米；

第二、材料：泡沫塑料和泡沫乳胶，采用帆布或人造革外皮。

（2）考务员组成及职责分工

每个考试场地应设置考务长 1 人，计数员人数与考生人数一致，记录员 1 人，以上人员由女教师组成；考务长处理考试过程中与考试结果公平性相关的各种事宜，监督记录员准确记录考生成绩，向考生宣读考试成绩；计数员负责判定并准确唱读考生成绩；记录员唱读、记录成绩，并根据考试标准进行评分。

（3）考试操作规范及要求

考生身体仰卧在垫上，双手五指交叉贴于头后，同时，两臂打开，手背及手臂均触垫；双脚放置在垫上，两腿屈膝（两膝可稍分开），大小腿呈直角；一人双手压住考生脚背。起坐时，双肘必须触及两膝；仰卧时，贴于头后的两手背及肩胛骨必须触垫。按一分钟内完成的次数计取成绩。考生只有一次考试机会。

（4）考生以下行为属于犯规行为

起坐时，双肘未触及两膝；

仰卧时，手背及肩胛骨未触垫；

考试过程中，臀部离垫。

考试过程中，出现犯规行为者，犯规时所做的仰卧起坐不计数，但考生可以继续进行考试。

六、考生须知

（一）不得携带任何通讯工具进入考场。

（二）参加体育考试应穿着运动装、运动鞋，但鞋底不得有铁钉、胶钉或塑料钉。

（三）考前应做好充分的准备活动，考试后应做好整理活动。

（四）考生要认真遵守考场纪律和考试规则。尊重并服从引导员、考务员的指挥和判定。

（五）考试成绩当场公布，考生对考试成绩有疑问，应立即向引导员提出，以便及时查询。

（六）女生特殊生理期及生病受伤的考生，应及时按要求办理缓考手续，并按区县考务办公室安排的时间参加缓考。

（七）因伤病不能按规定参加考试的学生和残疾学生应在考试前按有关规定办理免考手续。

（八）考生（和家长）要注意考试前的身体状况，保证不带病、不带伤参加考试，避免出现伤害事故。

（九）体育考试是一次性考试，没有补考。三个项目都考完的考生，不能申请参加缓考。

（十）若考生对考务工作有意见，应通过学校向区县考务办公室反映；对于考试中存在的舞弊行为，考生有权直接向区县或市体育考试领导小组举报、申述。

（十一）考生填写的各类表格由市教育考试院统一发布。

（十二）遵守考试部门制定的其他有关规定。

七、考务员须知

（一）现场体育考试考场为封闭考场，无专门证件、未经批准不能进入考场。

（二）在考场内，不能携带任何能与外界进行沟通的通讯工具。

（三）遵守考试部门制定的其他有关规定。

附录：1.2014 年初中毕业升学体育现场考试成绩标准（男）

2.2014 年初中毕业升学体育现场考试成绩标准（女）

附录1

2014年初中毕业升学
体育现场考试成绩标准（男）

1000米（分/秒）	篮球障碍运球（秒）	引体向上（次）	掷实心球（米）	分数
3′37″	11.9	13	10.0	10
3′40″	12.3	12	9.4	9.5
3′46″	12.9	11	8.6	9.0
3′52″	13.3	10	8.1	8.5
4′03″	14.0	9	7.8	8.0
4′13″	14.4	8	7.6	7.5
4′23″	15.0	7	7.4	7.0
4′36″	16.1	6	6.9	6.5
4′49″	16.8	5	6.6	6.0
4′52″	17.2	4	6.4	5.5
4′57″	17.5		6.0	5.0
5′03″	18.0	3	5.7	4.5
5′08″	18.6		5.4	4.0
5′13″	19.1	2	5.1	3.5
5′18″	19.7		4.8	3.0
5′21″	20.3		4.5	2.5
5′26″	21.4	1	4.1	2.0
5′29″	22.5		3.7	1.5
5′31″	23.6		3.3	1.0
5′33″	24.5		3.0	0.5

附录 2

2014 年初中毕业升学
体育现场考试成绩标准（女）

800 米（分/秒）	篮球障碍运球（秒）	仰卧起坐（次/分钟）	掷实心球（米）	分数
3′24″	13.3	49	7.6	10
3′27″	13.8	47	7.4	9.5
3′30″	14.5	44	7.2	9.0
3′34″	15.1	42	7.0	8.5
3′42″	15.9	40	6.8	8.0
3′49″	16.4	37	6.6	7.5
3′55″	17.1	34	6.4	7.0
4′03″	18.2	30	6.0	6.5
4′12″	19.1	27	5.6	6.0
4′20″	19.6	26	5.5	5.5
4′25″	20.1	25	5.4	5.0
4′28″	20.6	24	5.3	4.5
4′32″	21.0	23	5.1	4.0
4′36″	21.5	22	4.9	3.5
4′40″	22.0	21	4.5	3.0
4′45″	22.5	20	4.3	2.5
4′50″	23.0	19	4.0	2.0
4′55″	23.8	18	3.8	1.5
4′58″	24.9	17	3.7	1.0
5′03″	25.8	16	3.6	0.5

北京市教育委员会

关于2014年义务教育阶段入学工作的意见

京教基二〔2014〕10号

各区县教委，燕山教委：

根据《教育部关于进一步做好小学升入初中免试就近入学工作的实施意见》（教基一〔2014〕1号）、《教育部办公厅关于进一步做好重点大城市义务教育免试就近入学工作的通知》（教基一厅〔2014〕1号）等有关要求，为依法保障本市适龄儿童少年接受义务教育权益，经市政府批准，现就2014年本市义务教育阶段入学工作提出如下意见，请各区县结合实际认真贯彻执行。

一、指导思想

2014年本市义务教育阶段入学工作，要全面贯彻党的教育方针，深入贯彻落实党的十八大、十八届三中全会精神，依据相关法律法规要求，落实《国务院关于深入推进义务教育均衡发展的意见》（国发〔2012〕48号），深化义务教育领域综合改革，大力促进教育公平，统筹城乡义务教育资源均衡配置，全面实施素质教育，努力提高义务教育质量和学校办学水平，着力完善义务教育入学规则，积极推行学区制和九年一贯对口招生，保持政策的连续性和稳定性，确保本市义务教育阶段入学各项工作有效推进。

二、工作原则

（一）坚持政府统筹，将义务教育阶段入学工作作为政府行为予以保障。

（二）坚持区县为主，组织实施本区县义务教育阶段入学工作。

（三）坚持免试、就近，确保适龄儿童少年接受义务教育。

（四）坚持程序规范，把义务教育阶段入学工作作为规范办学的重要环节，做到公平、公正、公开。

三、入学条件及工作要求

（一）坚持免试就近入学。凡年满 6 周岁（2008 年 8 月 31 日以前出生）的本市户籍适龄儿童均须按区县教委划定的学校服务片参加学龄人口信息采集，免试就近入学。

完成小学教育的学生，应当进入初中继续接受并完成义务教育。各区县教委要在市教委统筹指导下，根据适龄学生人数、学校分布、所在学区、学校规模、交通状况等因素，进行单校划片或多校划片。单校划片学校采用对口直升方式招生，即一所初中对口接收片区内所有小学毕业生入学。多校划片学校，先征求入学志愿，对报名人数少于招生人数的初中，学生直接入学；对报名人数超过招生人数的初中，以随机派位的方式确定学生。随机派位工作由区县教委统一组织，邀请相关单位和家长代表参与。

全市使用统一的小学和初中入学服务系统，将每一个学生入学途径和方式全程记录，教育行政部门依据权限进行查询和监控。各区县要公布学校的服务片区。

（二）做好非本市户籍适龄儿童少年入学工作。持有区县教委开具的《台胞子女就读批准书》、全国博士后管理部门开具的《博士后研究人员子女介绍信》及其父（或母）的《进站函》、部队师（旅）级政治部开具的随军家属证明及现役军人证件、区县侨务部门开具的《华侨子女来京接受义务教育证明信》等证明的适龄儿童少年按本市户籍对待。

非本市户籍的适龄儿童少年，因父母或其他法定监护人在本市工作或居住，需要在本市接受义务教育的，由其父母或其他法定监护人持本人在京务工就业证明、在京实际住所居住证明、全家户口簿、在京暂住证、户籍所在地街道办事处或乡镇人民政府出具的在当地没有监护条件的证明等相关材料，到居住地所在街道办事处或乡镇人民政府审核，通过审核后参加学龄人口信息采集，并到居住地所在区县教委确定的学校联系就读；学校接收有困难的，可申请居住地所在区县教委协调解决。各区县按照北京市非本市户籍适龄儿童少年接受义务教育证明证件材料审核指导要求，结合实际制定实施细则。各区县应建立非本市户籍适龄儿童少年接受义务教育证明证件材料联网审核机制。

（三）进一步规范特长生入学工作。除市教委批准的可招收体育、艺术和科技特长生的学校原则上面向本区县招收特长生以外，其他学校一律不得以特长生的名义招收学生。招生学校要向社会公布特长生招生计划。

（四）凡属区县以上人民政府人才引进计划的海外归国人员、各类引进人才的子女入学，按相关规定，由区县教委协调解决。

对持有烈士子女、台籍学生、华侨子女、现役军人子女、全国劳动模范子女身份证明的学生，按相关规定，在同等条件下给予照顾。

民办学校、寄宿学校等其他入学由区县教委根据市教委有关文件精神制定具体入学方案。

（五）实行计划管理。2014 年起义务教育阶段入学实行计划管理。各区县要加强入学需求前瞻预测，按照学龄人口数量、小学毕业生数量和中小学校办学规模等制定小学、初中招生计划并报市教委备案。各学校未经批准不得擅自调整招生计划。

（六）加强学籍管理。北京市中小学管理信息系统将依据小学和初中入学服务系统建立新生学籍。

（七）杜绝违规操作。各区县教委严格执行市教委统一规定的时间表和入学工作程序；坚决治理乱收费；坚决禁止公办学校单独或与社会培训机构联合或委托举办各类以选拔生源为目的的培训班；坚决禁止学校私自招生；坚决禁止在义务教育阶段入学工作中组织任何形式的考试、测试和面试选拔学生，严禁将各种竞赛成绩、奖励证书作为入学依据；坚决禁止初中校违规在小学非毕业年级提前招生。认真接受群众监督，认真对待群众来信来访，依法严肃处理违规违纪事件。对违规违纪事件在依法处理前要及时通报。

各区县教委要加强对本区县义务教育学校入学工作的指导、监督和检查，会同乡镇人民政府、街道办事处组织和督促适龄儿童少年在新学年开学时入校就读，防止义务教育阶段学生辍学。

市教委和市政府教育督导室将继续对义务教育阶段入学工作开展重点督导检查。

（八）各区县教委要依据本意见精神制定本区县义务教育阶段入学工作实施细则，报区县政府批准后向社会公布实施。及时公布当年义务教育学校（含民办）学校性质、办学规模、经费来源、招生计划及接收学生的结果等信息。做好入学工作宣传，加大对区域内义务教育均衡发展和学校质量提升、特色建设等方面的宣传力度。

本意见自 2014 年 5 月 1 日起实施。

附件：北京市 2014 年义务教育阶段入学工作时间表

2014 年 4 月 18 日

附件

北京市 2014 年义务教育阶段入学工作时间表

时间	工作内容
5 月 1 日	启动小学和初中入学服务系统

续表

时间	工作内容
5月4～5日	区县教委受理回户口所在区县和到家庭实际居住地所在区县初中入学申请、审核、登记工作
5月10～11日（六、日）	准予招收特长生的学校受理小学毕业年级学生报名
5月17～18日（六、日）	对报名的小学毕业年级体育、艺术和科技特长生进行特长测试
5月25日（日）	寄宿制等其他入学完成录取
5月31日	小学入学信息采集截止
6月14～15日（六、日）	小学审核入学信息
6月20日前（五）	初中校向区县招生部门上报学校新生名单
6月27～28日（五、六）	各区县招生部门办理回户口所在区县或家庭实际居住地学生档案交接事宜
7月1日前（二）	区县教委将各初中校新生名单审核下发
7月4日开始（五）	各中小学（含接收小学毕业生的特殊教育学校）发放新生《入学通知书》
9月1日	生成小学和初中学生学籍信息
9月15日前	生成小学和初中学生学籍

北京市教育委员会

关于做好2014年初中入学招收体育艺术科技特长生工作的通知

京教体艺〔2014〕10号

各区县教委：

为深化教育领域综合改革，落实《教育部办公厅关于进一步做好重点大城市义务教育免试就近入学工作的通知》（教基一厅〔2014〕1号）以及《北京市教育委员会关于2014年义务教育阶段入学工作的意见》（京教基二〔2014〕10号），规范我市初中入学阶段招收体育、艺术、科技特长生工作，经市教委2014年第5次主任办公会议审议通过，现就2014年招收特长生有关工作要求通知如下：

一、可招收特长生学校

（一）体育类：北京奥林匹克教育学校体育后备人才培养基地、国家级体育传统项目学校、北京市体育传统项目学校；

（二）艺术类：北京市学生金帆艺术团、北京市中小学艺术教育特色学校；

（三）科技类：北京金鹏科技团、北京市中小学科技教育示范学校。

学校名单见附件1至附件3。

二、招生范围

初中可招收体育、艺术和科技特长生的学校，原则上面向本区县进行招生。可招收体育类特长生的学校要严格按照所批准的项目进行招生。

三、工作要求

（一）落实文件，领会精神

各区县要严格贯彻落实《教育部办公厅关于进一步做好重点大城市义务教育免试就近入学工作的通知》（教基一厅〔2014〕1号），《北京市教育委员会关于2014年义务教育阶段入学工作的意见》（京教基二〔2014〕10号）精神，进一步规范义务教育阶段体育、艺术和科技特长生的招生工作。

根据教育部“逐步减少特长生招生学校和招生比例，到2016年经省级教育行政部门批准招收特长生的初中学校所招收的特长生比例应降到5%以内”的文件要求，我市将逐步减少特长生招生学校和招生比例。2014年义务教育阶段招收特长生的初中学校所招收的特长生比例要低于2013年，具体比例由区县教委依据教育部和市教委文件精神自行确定。

（二）明确标准，制定方案

各区县要加强对义务教育阶段特长生招生工作科学化和规范化管理，统一制定测试标准及负责组织实施，严禁在义务教育阶段入学工作中组织任何形式的文化课考试，严禁将各种竞赛成绩、奖励证书作为入学主要依据。

各区县要制定本区县体育、艺术和科技特长生测试工作方案，方案包括招生学校、每所学校招生计划数及项目、测试时间、测试地点、程序等内容。4月30日前，各区县向我委体卫艺处报送测试工作方案（加盖区县教委公章）一式1份，同时报送电子版。

（三）规范程序，严谨操作

要在市教委规定的统一测试时间（2014年5月17日至18日）内开展体育、艺术和科技特长生分项目测试，坚持公平、公正和公开。

区县教委或考试中心要在官方网站公示如下内容：1. 义务教育阶段招收特长生的政策和各学校招生计划、项目、名额；2. 测试结果，包括入学登记号、姓名、性别、小学所在学校、测试项目、拟录取初中学校等。公示期均不少于5日。

附件：1.2014 年初中阶段招收体育特长生学校名单
2.2014 年初中阶段招收艺术特长生学校名单
3.2014 年初中阶段招收科技特长生学校名单

2014 年 4 月 23 日

附件 1

2014 年初中阶段招收体育特长生学校名单

区县	学校	项目
东城区	北京景山学校	排球游泳
	北京市东直门中学	田径篮球
	北京汇文中学	田径游泳
	北京市第二十二中学	篮球乒乓球武术定向
	北京市第一七一中学	田径篮球排球游泳
	北京市第六十五中学	田径排球
	北京市东城区崇文门中学	田径
	北京市第一中学	田径
	北京市广渠门中学	篮球排球乒乓球

续表1

区县	学校	项目
	北京市龙潭中学	篮球
	北京市文汇中学	田径
	北京市第一一四中学	跆拳道
	北京市第十一中学	篮球
	北京市第一六六中学	田径篮球
	北京市第二十五中学	篮球乒乓球
	北京市第二十七中学	排球
	北京市第二中学分校	篮球乒乓球
	北京市第五十中学	田径篮球
	北京市第五十四中学	足球
	北京市第五十五中学	田径排球健美操
	北京市第五中分校	田径篮球乒乓球武术
西城区	北京市第八中学	田径游泳
	北京师范大学附属实验中学	排球田径游泳
	北京市第四中学	田径篮球游泳
	北京市回民学校	田径足球
	北京市第十五中学	田径篮球
	北京师范大学附属中学	田径篮球
	北京市育才学校	篮球棒球垒球手球定向越野
	北京师范大学亚太实验学校	游泳
	北京市第三十五中学	篮球
	北京市铁路第二中学	排球
	北京市第六十六中学	田径乒乓球

续表 2

区县	学校	项目
	北京市第一五九中学	田径游泳足球
	北京市第四十四中学	篮球乒乓球
	北京师范大学附属第二中学（三帆中学）	排球
朝阳区	北京市第九十四中学	田径
	北京市第八十中学	田径
	北京市陈经纶中学	田径篮球游泳健美操棒球
	北京工业大学附属中学	田径篮球排球武术
	首都师范大学附属实验学校	篮球
	北京第二外国语学院附属中学	田径
	东北师范大学附属中学朝阳学校	篮球
	北京市第十七中学	射箭
	北京市三里屯一中	足球
	清华大学附属中学朝阳学校	排球
海淀区	北京市第一零一中学	田径排球健美操
	清华大学附属中学	田径篮球射击
	中国人民大学附属中学	足球田径健美操篮球游泳乒乓球武术
	北京市育英学校	游泳篮球
	北京市立新学校	游泳
	北京市知春里中学	垒球
	北京市海淀实验中学	篮球
	北京市第二十中学	田径健美操

续表 3

区县	学校	项目
	首都师范大学附属中学	篮球
	北京理工大学附属中学	田径排球棒球垒球
	首都师范大学附属育新学校	棒球网球
	北京市中关村中学	田径篮球武术
	北京农业大学附属中学	田径
	北京市八一中学	田径足球武术健美操定向运动
	北方交通大学附属中学	田径篮球棒球垒球羽毛球定向运动
	北京市六一中学	武术
	北京市第四十七中学	田径足球
	北京航空航天大学附属中学	排球
	北京市第十九中学	垒球手球定向运动
丰台区	北京市第十二中学	田径排球棒球
	北京市第十八中学	田径篮球乒乓球
	北京市第十中学	田径足球
	北京市大成学校	棒球
	北京市丰台区实验学校	田径棒球垒球
	首都师范大学附属丽泽中学	田径篮球跆拳道
	北京市赵登禹学校	田径
	北京市丰台区东铁营第一中学	篮球排球跆拳道
石景山区	北京市第九中学	田径篮球艺术体操
	北京市杨庄中学	田径

续表 4

区县	学校	项目
	北京市苹果园中学	田径排球
	北京市京源学校	田径足球
	北京师范大学励耘实验学校	排球
通州区	北京市通州区潞河中学	田径篮球游泳
	北京市通州区第六中学	田径
	北京市通州区运河中学	田径篮球
	北京市通州区第二中学	田径篮球
	北京市通州区第三中学	足球篮球排球
昌平区	北京市昌平区第二中学	田径
	北京市昌平区前锋学校	田径跆拳道
	北京市昌平区第一中学	足球篮球
	首都师范大学附属回龙观育新学校	排球武术
	北京市昌平区第五中学	田径足球
	北京市昌平区百善学校	篮球健美操
	北京少林武术学校	武术跆拳道
门头沟区	北京市门头沟区新桥路中学	足球健美操
	北京市大峪中学分校	田径篮球武术
	首都师范大学附属中学永定分校	田径
房山区	北京市房山区周口店中学	田径
顺义区	北京市顺义区第二中学	田径篮球
	北京市顺义区仁和中学	田径

续表 5

区县	学校	项目
	北京市顺义区杨镇第二中学	田径篮球乒乓球
	北京市牛栏山一中实验学校	田径篮球羽毛球
大兴区	北京市第十四中学大兴安定分校	田径足球武术
	北京二中亦庄学校	跆拳道
	北京市大兴区第七中学	田径
	北京市大兴区第一中学	田径游泳
	北京市大兴区兴华中学	田径
	北京师范大学大兴附属中学	田径
怀柔区	北京市怀柔区第四中学	田径
密云县	密云县第五中学	田径

附件 2

2014 年初中阶段招收艺术特长生学校名单

东城区

北京市第二十二中学
北京市第一七一中学
北京市第二十七中学
北京市东直门中学
北京市第六十五中学
北京景山学校
北京市第一六六中学
北京市汇文中学
北京市广渠门中学
北京市第一零九中学
北京市第二中学分校
北京市第五十中学
北京市第五中学分校

北京市第五十五中学
北京市第二十五中学
北京市第九十六中学
北京市第十一中学
北京市文汇中学

西城区

北京市第四中学
北京市第六十六中学
北京市第八中学
北京市育才学校
北京市第十五中学
北京市回民学校
北京市第三十五中学
北京师范大学附属中学
北京师范大学附属实验中学
北京市第一五六中学
北京师范大学第二附属中学
北京市第一六一中学
北京市第三中学
北京市第四十三中学
北京市华夏女子中学
北京市第一五九中学
北京师范大学亚太实验学校
北京市西城外国语学校

朝阳区

北京市第八十中学
清华大学附属中学朝阳学校
北京市陈经纶中学
北京市和平街第一中学
北京市日坛中学
中国人民大学附属中学朝阳学校
北京市陈经纶中学分校
北京市朝阳区望京实验学校
北京工业大学附属中学
北京青年政治学院附属中学
北京信息工程学院附属中学
北京市第八十中学管庄分校
首都师范大学附属实验学校

海淀区

清华大学附属中学
北京市第一零一中学
北方交通大学附属中学
中国人民大学附属中学
北京市十一学校
首都师范大学附属中学
北京市第十九中学
北京市育英中学
北京市八一中学
北京市第五十七中学
北京市中关村中学
北京大学附属中学
北京市育英学校
北京市立新学校
北京理工大学附属中学
北京市第二十中学
北京师范大学第三附属中学
首都师范大学第二附属中学

首都师范大学附属育新学校
北京市陶行知中学
北京市海淀区教师进修学校附属实验学校

丰台区

北京市第十二中学
北京市第十八中学
北京市丰台区丰台第二中学
北京市太平桥中学
北京市赵登禹学校
北京市大成学校
北京市芳星园中学
首都师范大学附属丽泽中学

石景山区

北京市第九中学
北京市苹果园中学
北京师范大学励耘实验学校
北京市石景山区实验中学
北京市同文中学
北京景山学校远洋分校
北京市京源学校

门头沟区

北京市大峪中学分校
北京市大峪中学
北京市门头沟区育新学校
首都师范大学附属中学永定分校
北京市三家店铁路中学
北京市门头沟区新桥路中学

大兴区

北京市大兴区第七中学
北京市大兴区德茂中学
北京市大兴区第一中学

房山区（含燕山）

北京市房山区房山第五中学
北京市房山区良乡行宫园学校
北京市房山区良乡第二中学

顺义区

北京市顺义区第三中学
北京市顺义区第八中学
北京市牛栏山一中实验学校

通州区

通州区潞河中学
北京市通州区第二中学
北京市通州区第四中学
北京市通州区第六中学
北京市育才学校通州分校

昌平区

北京市昌平区回龙观中学
北京市昌平区前锋学校
北京市昌平区沙河中学
北京市昌平实验中学
北京市昌平区第二中学

平谷区

北京市平谷区第四中学
北京市平谷区黄松峪中学
北京市平谷区第三中学
北京绿谷小香玉艺术学校

北京师范大学附属平谷中学

怀柔区

北京市怀柔区第五中学

北京市怀柔区第三中学

密云县

北京市密云县第六中学

延庆县

北京市延庆县第四中学

附件3

2014年初中阶段招收科技特长生学校名单

东城区

北京市第一六六中学

北京汇文中学

北京景山学校

北京市文汇中学

北京市第六十五中学

北京市广渠门中学

北京市第五十五中学

北京市第二十二中学

北京市第一七一中学

北京市第五中学分校

北京市东直门中学

北京市第十一中学

北京市第二十五中学

北京市第二中学分校

西城区

北京市第四中学

北京师范大学附属中学

北京市第一六一中学

北京市第十五中学

北京市第八中学

北京市第十三中学

北京师范大学附属实验中学

北京市第三十五中学

北京师范大学第二附属中学

北京市西城外国语学校

北京市铁路第二中学

北京市第十四中学

北京市第六十三中学

北京市育才学校

北京市第六十六中学

北京市第八十中学

北京市和平街第一中学

北京市陈经伦中学

清华大学附属中学朝阳学校

首都师范大学附属实验学校

北京市日坛中学
北京工业大学附属中学
北京市望京实验学校

海淀区

北京市中关村中学
北京市第十九中学
中国人民大学附属中学
北京市第二十中学
北京市第一零一中学
北京市第五十七中学
北方交通大学附属中学
北京市十一学校
北京市八一中学
清华大学附属中学
清华大学附属中学永丰分校
北京航空航天大学附属中学
北京农业大学附属中学
北京理工大学附属中学
北京科技大学附属中学
北京市温泉第二中学
北京市育英学校
首都师范大学附属中学
北京市上地实验学校

丰台区

北京市第十八中学
北京市丰台区丰台第二中学
北京市第十二中学
北京市云岗中学
北京市航天中学
首都师范大学附属丽泽中学
首都医科大学附属中学
丰台区东铁匠营第二中学

石景山区

北京市京源学校
北京市石景山区石景山中学
北京市石景山区实验中学
北京市古城中学
北京市苹果园中学
北京市同文中学

通州区

北京市通州区潞河中学
北京市通州区第二中学
北京市通州区第六中学
北京市通州区梨园中学
北京市通州区台湖学校
北京市通州区牛堡屯中学
北京市育才学校通州分校

顺义区

北京市顺义区北石槽中学
北京市牛栏山一中实验学校

昌平区

北京市昌平区第二中学
北京市昌平区前锋学校
北京市昌平区第五中学
北京市昌平实验中学
北京市昌平区南口学校

大兴区

北京师范大学大兴附属中学

北京市大兴区第七中学
北京市大兴区第三中学
北京市大兴区第五中学
北京市大兴区第八中学
北京市第二中学亦庄学校
北京市大兴区第一中学
北京市大兴区魏善庄中学
北京市大兴区大辛庄中学

房山区（含燕山）

北京市房山第四中学
北京市房山区第五中学
首都师范大学附属房山中学

门头沟区

北京市大峪中学

平谷区

北京市平谷区黄松峪中学
北京市平谷区第七中学
北京市平谷区第三中学
北京市平谷区第二中学

密云县

北京市密云水库中学

延庆县

北京市延庆县第二中学
北京市延庆县第四中学

北京市教育委员会
北京市人民政府教育督导室

关于进一步规范义务教育阶段教学行为的意见

京教基一〔2014〕4号

各区县教委：

市教委、市政府教育督导室《关于切实减轻中小学生过重课业负担的通知》（京教基一〔2013〕2号）施行以来，我市中小学减负工作取得了积极成效，但仍然存在不规范的教学行为，应进一步加大工作力度。为贯彻党的十八届三中全会和市委十一届四次全会精神，深化教育综合改革，标本兼治减轻学生课业负担，结合教育部《关于开展义务教育阶段学校“减负万里行·第2季”活动的通知》（教基一厅函〔2014〕13号）要求，经市教委2014年第6次主任办公会研究，现就进一步规范义务教育阶段教学行为提出如下意见：

一、规范教学管理

1. 严格执行国家和北京市课程计划，开齐课程，开足课时。确保中小学生每天1小时体育锻炼时间并保证实效，不得挤占体育、音乐、美术、综合实践活动等课程时间。

2. 严格依照课程标准教学，保证课堂教学质量，不得随意提高课程教学难度。

3. 合理安排教学进度，确保完成教学任务，关注每一名学生的学习需求，不得按部分提前自学学生的学习程度加快教学进度，禁止“课堂内容课外补”。

4. 在达到国家课程标准、符合相关政策要求的前提下，积极开展课程改革，整合优化三级课程，自主开展特色课程建设，拓展学生发展平台，增强课程的适应性、综合性和选择性。

5. 尊重学生主体地位，注重因材施教，开展个性化教学。创新教学方式，探索适应学生身心特点和符合课程标准要求的有效教学模式。倡导自主、合作、探究等多种学习方式，满足学生的个性化学习需求，增强教学的科学性、针对性和实效性。

二、规范作业教辅

6. 严格控制家庭作业总量，切实保证学生的休息与睡眠时间。小学低年级不留家庭作业，小学中高年级以及初中家庭作业要坚持“少留、精选、分层”原则。寄宿制学校要按照保证小学生每天睡眠时间不少于10小时、初中学生不少于9小时的要求安排作息。

7. 科学确定作业形式与内容，倡导探究式、体验式作业，引导学生参加有利于激发求知欲、好奇心，发展兴趣特长，有利于培养学生社会责任感、创新精神和实践能力的体验活动，不得布置简单重复性和惩罚性作业。

8. 提高作业的针对性和实效性，根据学生学习实际，分层布置作业，调动学生的积极性和主动性，开展“学生选择作业、老师批改指导”的自主作业实践探索。

9. 教师应当对布置的家庭作业全部认真批改、及时反馈。不得给学生家长布置作业或让学生家长代为评改作业。

10. 规范教辅材料选用，凡确属教育教学所需的课堂练习、同步练习、寒暑假作业、考试试卷及复习资料等，学校应当免费提供，市、区县不统一推荐中小学教辅材料。

三、规范考试测试

11. 依据课程标准，科学、合理确定考试的内容和难度，不得随意提高考查、考试难度。

12. 合理运用考试结果，充分发挥考试评价对学生学习、教师教学的诊断、改进、发展性功能，不得以考试成绩给学生、教师排名。

13. 不得组织以选拔生源为目的的考试、测试。初中学校不得以任何形式、任何理由组织面向小学生的面试、测试和考试。学校不得组织学生参加社会团体或民办机构举办的等级证书考试和学科竞赛活动。

14. 减少教育行政部门主导的统一测试，取消各级教育行政部门、教研部门等组织的各类等级证书考试和学科竞赛活动。

15. 深化考试命题改革，探索适应课程标准要求的学生学业水平考核内容和方法，突出考查主干知识和核心能力，注重试题素材与生活实践的紧密结合。探索多样化的考查、考试方式和结果呈现形式，减轻学生的心理压力和考试负担。

16. 建立义务教育教学质量基本标准，完善义务教育阶段教学质量分析与评价反馈体系，进一步加强教学过程的监控与指导，引导学校有针对性地改进教学方式，提高教学效益。健全中小学生课业负担监测和公告制度。

四、规范评价评选

17. 教育行政部门不得给学校下达升学指标，不得以考试成绩或升学率作为对学校奖惩的主要依据。

18. 减少教育行政部门、教科研部门等对学校的考核评比，严禁对学校进行各级各类排名。禁止公办中小学参与任何组织（或个人）举办的针对学校的各种评选排名。

19. 严格控制教育行政部门、教科研部门组织的面向义务教育阶段学生的评优、推优等活动。规范并减少学校对学生的评优、评选，不得对班级、学生进行排名。

20. 积极推进中小学教育质量综合评价改革，全面、科学、公正地评价学校的教育教学质量。健全完善中小学生综合素质评价制度和信息平台，促进学生全面健康成长，促进学校提高育人质量。

本意见自 2014 年 4 月 30 日施行。

2014 年 4 月 30 日

北京市教育委员会

关于印发北京市中小学校学生学籍管理办法的通知

京教基二〔2014〕4号

各区县教委：

《北京市中小学校学生学籍管理办法》（京教基〔2010〕17号）自2010年5月24日施行以来，对完善本市中小学校学生学籍管理制度，规范学籍管理工作，维护学校正常教育教学秩序发挥了重要作用。为落实教育部《中小学生学籍管理办法》（教基一〔2013〕7号）要求，提高基础教育科学管理水平，市教委在认真总结调研、广泛征求意见的基础上，修订了《北京市中小学校学生学籍管理办法》，已经市教委2013年第18次主任办公会讨论通过，现印发给你们，请遵照执行。

2014年5月6日

北京市中小学校学生学籍管理办法

第一章 总 则

第一条 为规范中小学生学籍管理，提高基础教育科学管理水平，维护学校正常教育教学秩序，依法保障适龄儿童、少年接受教育权益，根据《中华人民共和国义务教育法》、《北京市实施〈中华人民共和国义务教育法〉办法》、教育部《中小学生学籍管理办法》，制定本办法。

第二条 本办法适用于本市行政区域内中小学校学生的学籍管理工作，主要包括学制、入学注册、学籍变动和信息安全等。本办法所指“中小学校”，包括小学、初中、普通高中、特殊教育学校和专门教育学校。

第三条 本市中小学生学籍实行分级负责、市级统筹、区县管理、学校实施的管理体制。学籍总量依据当年中小学校招生计划确定，学籍建立及变动情况由区县教育行政部门审核，报市教育行政部门备案。

第四条 本市中小学生学籍管理采用信息化方式。市教育行政部门负责建立全市统一的中小学管理信息系统，并与全国中小学生学籍信息管理系统进行对接。本市中小学生电子学籍管理办法由市教育行政部门另行制定。

第二章 学 制

第五条 本市实施九年义务教育，原则上小学学制为6年，初中学制为3年。分别为一年级、二年级、三年级、四年级、五年级、六年级和七年级、八年级、九年级。

第六条 本市高中阶段学制原则上为3年。分别为高一年级、高二年级和高三年级。

第七条 经市教育行政部门同意，各区县可根据实际，在条件具备的学校适当开展学制改革实验。

第三章 入学与注册

第八条 本市中小学各学段招生实行计划管理。中小学校应严格按照教育行政部门制定的招生计划、招生办法接收学生。

义务教育阶段学校招生计划由区县教育行政部门制定，报市教育行政部门备案。普通高中招生计划由市教育行政部门制定各区县招生规模总量，区县教育行政部门制定区域内各高中学校招生计划并报市教育行政部门备案。

第九条 本市义务教育阶段适龄儿童、少年实行免试入学。凡年满六周岁的本市户籍儿童，其父母或其他法定监护人应当送其入小学接受义务教育；完成小学教育的，其父母或其他法定监护人应当送其入初中继续接受并完成义务教育。

小学、初中入学手续按照市和区县教育行政部门当年的入学规定办理。

第十条 本市户籍适龄儿童因身体状况需要延缓入学的，其父母或其他法定监护人应持区县级以上医院（必要时由区县教育行政部门指定医院）开具的相关证明，在新学年开学后10个工作日内向区县教育行政部门提出书面申请。

缓学期限一般为一学年。缓学期满仍不能就学的，应当重新提出缓学申请。

第十一条 本市户籍适龄残疾儿童、少年可到特殊教育学校登记入学，具有接受普通教育能力的可申请到普通中小学校随班就读。

到特殊教育学校登记入学的，其父母或其他法定监护人还应到其户籍或居住地所在区县教育行政部门确定的义务教育学校登记信息，同时具有特殊教育学校学籍和户籍或居住地就近入学学校学籍。

第十二条 非本市户籍的适龄儿童、少年，因父母或其他法定监护人在本市工作或者居住需要在本市接受义务教育的，由其父母或其他法定监护人按照市和区县教育行政部门当年的招生规定办理入学手续。

第十三条 本市户籍初中毕业生须通过北京市高级中等学校招生考试录取后办理普通高中入学手续。

第十四条 持有下列证明的，按本市户籍学生对待：

（一）区县人力社保部门开具的《原北京下乡青年子女身份证明》；

（二）区县教育行政部门开具的《台胞子女就读批准书》；

（三）全国博士后管理部门开具的《博士后研究人员子女介绍信》及其父或母的《进站函》；

（四）部队师（旅）级政治部开具的随军家属证明及现役军人证件；

（五）区县侨务部门开具的《华侨子女来京接受义务教育证明信》；

（六）乡镇人民政府或街道办事处开具的《子女关系证明信》及其父（或母）本市常住户籍登记卡；

（七）市人力社保部门为其父（或母）签发的《北京市工作居住证》；

（八）其他符合国家和本市有关政策规定的证明。

第十五条 入学新生应按照规定时间到学校办理入学注册手续。因特殊情况不能按期注册，其父母或其他法定监护人应当持有关证明，在新学期开学后5个工作日内到学校办理延期注册手续。

接受九年义务教育的新生因故不能按期到学校办理入学注册又未办理延期注册手续的，由学校督促其入学，督促无效的由学生户籍所在地或居住地的乡镇人民政府或街道办事处责令其父母或其他法定监护人送学生入学。

高中新生未按期到录取学校办理入学注册又未办理延期注册手续的，除不可抗力等正当事由外，视为自动放弃入学资格。

第十六条 新生办理入学注册手续后，学校应当在新学期开学后10个工作日内为其建立学籍档案。普通高中应按照教育行政部门要求为新生建立个人档案。

北京市中小学管理信息系统根据各学段招生入学系统确认的入学结果生成新生学籍信息，按照全国中小学生学籍信息管理系统规则生成学籍号，一人一号，终身不变。

第十七条 学生学籍档案内容包括：

（一）学籍基础信息及信息变动情况；

（二）学籍信息证明材料（户籍证明、转学申请、休学申请等）；

（三）综合素质发展报告（含学业考试信息、体育运动技能与艺术特长、参加社区服务和社会实践情况等）；

（四）体质健康测试及健康体检信息、预防接种信息等；

（五）在校期间的获奖信息；

（六）享受资助信息。

学籍基础信息按国务院教育行政部门统一制订格式采集。

第四章 考 勤

第十八条 学校应当建立学生考勤制度。考勤按出勤、迟到、早退、病假、事假、旷课等项目记录。

第十九条 因故不能到校上课或不能参加学校其它教育教学活动的学生，应当履行请假手续。对无正当理由未履行请假手续的缺勤学生，按旷课处理，并及时通知其父母或其他法定监护人。对旷课和经常迟到、早退的学生，学校应当向其父母或其他法定监护人及时了解情况，配合其监护人对学生进行教育，帮助其改正。义务教育阶段学生连续旷课一周仍不到校上课的，学校要告知其户籍所在地或居住地乡镇人民政府或街道办事处，由乡镇人民政府或街道办事处责令学生父母或其他法定监护人送学生到校上课，严禁出现辍学现象。

第二十条 在校学生应当于每学期开学后5个工作日内，到校办理报到注册手续。无正当理由未能按期报到注册又未履行请假手续的，按旷课处理。

第五章 转 学

第二十一条 本市户籍义务教育阶段学生符合下列条件之一的，可申请在本市内转学：

（一）学生户籍随父母或其他法定监护人户籍在市内迁移，新户籍所在地不在原就读学校服务范围的；

（二）学生随父母或其他法定监护人实际居住地在市内变更，变更后的居住地不在原就读学校服务范围的；

（三）其他特殊原因确需转学的。

第二十二条 本市户籍义务教育阶段学生在本市内转学的，持户籍、居住地变更等相关证明材料，向就读学校提出申请，学校发给学生转学联系表，学生持联系表到拟转入学校联系，转入校同意并签章后，回到原就读学校确认。经转出和转入区县教育行政部门审核后，予以办理转学手续及学籍信息变更，并报市教育行政部门备案。学校接收有困难的，区县教育行政部门协调解决。

对转入的学生，学校应当按其原就读年级安排插班。必要时可按其学业水平安排年级。

第二十三条 学生户籍由其他省、自治区、直辖市迁入本市的，从境外到本市落户的，有本市户籍在其他省、自治区、直辖市就读的，需转入或转回本市义务教育阶段就读，可参照第二十二条规定办理转学手续。

第二十四条 非本市户籍义务教育阶段学生转入到本市的，应参照非本市户籍义务教育阶段入学规定提供相应的证明、证件，到居住地所在区县教育行政部门确定的学校联系就读。经区县教育行政部门审核后，予以办理转学手续，并报市教育行政部门备案。学校接收有困难的，区县教育行政部门协调解决。

对转入的学生，学校应当按其原就读年级安排插班。必要时可按其学业水平安排年级。

第二十五条 本市普通高中学生原则上不予转学。确有特殊原因的，本着公平、公正、公开的原则，可在教学水平相当的同类学校之间申请转学。经区县教育行政部门审核、报市教育行政部门备案后，予以办理转学手续及学籍信息变更。高中阶段不同类别的学校之间转学，参照办理。

学生户籍由其他省、自治区、直辖市迁入本市的，从境外到本市落户的，有本市户籍在其他省、自治区、直辖市就读的，需转入或转回本市普通高中阶段就读，参照前款规定办理。同时，应提供原就读普通高中录取证明、已修高中阶段学业证明等相关材料。

第二十六条 在本市就读的学生转出到外省市的，需学生本人及其父母或其他法定监护人向就读学校提出申请，并提供接收学校的相关证明，经就读学校同意，由区县教育行政部门审核后，予以办理转学手续。学校应为转往外省市学生申请毕业证书提供学业考核证明。

第二十七条 对于有严重不良行为或依法免予刑事处罚，判处非监禁刑罚，判处刑罚宣告缓刑、假释的学生，学校和其父母或其他法定监护人应当互相配合加以教育；对无力管教或者管教无效的，应当依据及时制止的原则，由学生父母或其他法定监护人或学校申请，报区县教育行政部门备案，安排入专门学校（原工读学校）就读。

在专门学校学习的学生，其学籍由原学校保留。学生表现明显进步、并确实改正缺点的，本人提出申请，报区县教育行政部门备案，可安排回原学校继续学习。

对于在校期间因刑事犯罪，被判处拘役、有期徒刑以上刑罚的，在刑满释放后仍未满 18 周岁且符合就学条件的，教育行政部门和相关学校应当采取措施帮助其做好就学工作。

第二十八条 根据有关规定经批准招收儿童、青少年进行文艺、体育等专业训练的社会组织，从本市中小学校选调学生进行专业训练的，应当按照有关规定到教育行政部门办理相应手续。

第二十九条 转学应在寒、暑假放假前一周或开学后一周内提出申请。转学手续办理一般不超过 10 个工作日。转学学生须随转相关学籍信息和档案，实行“籍随人走”。

第三十条 下列情形，不予转学：

（一）中小学起始年级的第一学期及毕业年级，不予办理转入手续。

（二）义务教育阶段学校不能以任何形式强迫学生转学。

（三）学生在受处分期间，不予办理转学手续。

（四）其他无正当理由的。

第六章 休学、复学

第三十一条 学生有下列情况之一者，可以休学：

（一）因病经诊断，需停课治疗休养占一学期总学时三分之一以上的；

（二）学生在一学期内连续请假（包括病、事假）时间超过一学期总学时三分之一仍不能到校上课的；

（三）因其他原因，需要休学的。

第三十二条 因病假办理休学手续须由学生父母或其他法定监护人持区县级以上医院（必要时由区县教育行政部门指定医院）开具的诊断证明，因事假办理休学手续由学生父母或其他法定监护人持相关证明，向学校提交书面申请，经学校同意，发给休学证明。

第三十三条 休学期限不超过一年。学生休学期间保留学籍，不能办理转学手续。休学期满仍不能复学的，应当由学生父母或其他法定监护人持区县级以上医院（必要时由区县教育行政部门指定医院）诊断证明或其他相关证明向学校申请延长休学期，经学校同意，可继续休学。

第三十四条 学生休学期满或休学期间要求复学的，由学生父母或其他法定监护人向学校提出申请，因病休学的还应当提交区县级以上医院（必要时由区县教育行政部门指定医院）认定治愈或认定可以正常学习的证明，经学校核准，即可复学。

学生休学期满，未提出延期休学申请，又不复学的，按旷课处理；义务教育阶段学校应当及时督促学生复学，督促无效的由学生户籍所在地或居住地乡镇人民政府或街道办事处责令其父母或其他法定监护人送学生复学。

学校对准予复学的学生，按其实际学业水平安排年级。

第七章 退 学

第三十五条 义务教育阶段学生年满十八周岁，不宜在校继续学习的，应办理退学手续。

高中学生有下列情形之一的，应当予以办理退学手续：

（一）多次留级且年龄超过二十周岁，不宜在校继续学习的；

（二）一学期内连续旷课超过十五天或累计旷课四十五天，学校与学生父母或其他法定监护人多次联系帮助教育无效的；

（三）休学期满，经学校与学生父母或其他法定监护人联系仍未复学或超过复学时间一个月以上仍不办理继续休学申请的；

（四）学生本人及其父母或其他法定监护人申请退学的。

第三十六条 符合义务教育阶段学生退学条件的，由学校填写退学申请表，经学生户籍所在地或居住地乡镇人民政府或街道办事处复核后，报区县教育行政部门备案，由学校出具退学通知书送交本人。

符合高中学生退学条件的，由学校或本人填写退学申请表，报区县教育行政部门备案，准予退学。学校出具退学通知书送交本人。

第八章　毕业、结业、肄业

第三十七条　学生在校学习期间，其升级、留级、跳级按照教育行政部门关于学业成绩管理等有关规定执行，并在学籍档案中进行相应处理。

第三十八条　学生在学校规定年限内，修完教育教学计划规定内容，并达到毕业要求，准予毕业。学校编制毕业生名册，义务教育阶段报区县教育行政部门备案后，发给毕业证书；普通高中阶段经区县教育行政部门确认，报市教育行政部门备案后，发给毕业证书。

学生学习期满，未达到毕业要求，又不符合留级条件的，准予结业。由学校发给结业证书。

送专门学校学习的学生毕（结）业，由保留其学籍的学校颁发毕（结）业证书。

退学学生和其他未完成学业终止学籍的学生，由学校发给其肄业证书。

第三十九条　初中学生毕（结）业后，学校应将未升入高级中等学校的学生毕（结）业材料，按规定时间移交给学生户籍所在地的人力资源和社会保障部门。

高中学生毕（结）业后，学校应将未升入高等院校的学生档案，按规定时间移交给学生户籍所在地的人力资源和社会保障部门。

退学和其他未完成学业终止学籍学生离校时，由学校将其材料和档案移交给学生户籍所在地的人力资源和社会保障部门。

第四十条 毕业证书、结业证书、肄业证书规格式样，由市教育行政部门统一制定。普通高中毕业、结业、肄业证书须由区县教育行政部门验印。

毕业证书要有统一字号，义务教育阶段由区县教育行政部门制定，普通高中阶段由市教育行政部门制定。

学生毕业、结业、肄业证书遗失，可向原证书颁发学校提出书面申请。经学校核实后，由区县教育行政部门出具学历证明。

第九章 管理职责与信息安全

第四十一条 市教育行政部门设立中小学生学籍管理办公室，统筹指导、监督、检查本行政区域内中小学生学籍管理工作。区县教育行政部门确定责任部门，统一管理辖区内中小学生学籍工作。中小学校具体负责学籍信息建立和日常学籍管理工作。

各级教育行政部门和学校应设学籍管理员，专人负责学籍管理工作。

第四十二条 区县教育行政部门和学校应按照市教育行政部门有关规定，及时采集、复核、更新和上报学生相关信息，确保学生基本信息和学籍变动信息准确、学籍变动手续完备。

第四十三条 各级教育行政部门和学校要建立严格的保密制度。非经学籍主管部门书面批准，学籍信息一律不得向外提供，严防学籍信息外泄和滥用。

第四十四条 各级教育行政部门和学校违反本办法的规定，有下列情形之一的，由主管部门责令改正；情节严重的，依法追究主管人员和相关人员责任：

（一）不为已接收符合条件学生建立学籍档案的；

（二）以虚假信息建立学籍或学籍档案的；

（三）不及时把学籍变动信息纳入学籍档案的；

（四）不及时报告义务教育阶段学生辍学情况的；

（五）接收学生不为其办理转学手续的；

（六）不按规定为学生转接学籍档案的；

（七）泄露或非法使用学生学籍信息的；

（八）违反本办法规定的其他行为。

第十章　附　则

第四十五条　学校的外籍学生和港澳台学生学籍管理，参照本办法执行。

第四十六条　关于学生的考核评价、奖励处分、体质测试、健康检查等办法由市教育行政部门另行规定。

第四十七条　依据本学籍管理办法，各区县教育行政部门应制定或完善学籍管理办法实施细则，报市教育行政部门备案。

第四十八条　本办法由北京市教育委员会负责解释。

第四十九条　本办法自 2014 年 6 月 10 日起施行。《北京市中小学校学生学籍管理办法》（京教基〔2010〕17 号）及《北京市教育委员会关于〈北京市中小学校学生学籍管理办法〉实施中有关事项的通知》（京教基二〔2011〕1 号）同时废止。

北 京 市 教 育 委 员 会
北京市发展和改革委员会
北 京 市 财 政 局
北 京 市 审 计 局
北京市新闻出版广电局

关于2014年北京市进一步规范教育收费工作的意见

京教办〔2014〕11号

各区县教委、燕山教委，各区县发展改革委、财政局、审计局、文委，各高等学校，各有关单位：

根据教育部等五部门《关于2014年规范教育收费治理教育乱收费工作的实施意见》（教办〔2014〕6号），经北京市治理教育乱收费局际联席会议研究，现就2014年北京市进一步规范教育收费工作提出如下意见：

一、主要任务

进一步巩固多年来取得的治理成果，继续严格落实各项收费政策和管理措施。重点抓好以下任务：

（一）严格治理义务教育阶段择校乱收费

严格执行市教委《关于2014年义务教育阶段入学工作的意见》（京教基二〔2014〕10号），坚持义务教育阶段免试就近入学，全面启用小学入学服务系统和初中入学服务系统，严格信息采集和学籍管理。

教育行政部门、有关单位和学校不得以任何名义收取与学生入学挂钩的款（物），坚决查处以捐资助学、借读等任何名义变相择校乱收费行为，切实解决“以钱择校”问题。坚决禁止学校私自招生，坚决禁止初中校违规在小学非毕业年级提前招生。教育行政部门和公办学校均不得采取或者变相采取考试、测试、面试等形式选拔学生，不得将各种竞赛成绩、奥数考试成绩、奖励、证书等作为学生入学的依据，不得单独或和社会培训机构联合举办以选拔生源为目的的奥数班、“占坑班”等各类培训班，坚决杜绝“以分择生”的行为。抵制招生过程中打招呼、递条子等不正之风，坚决拒绝说情请托、权学交易等“以权入学”不良行为。逐步减少特长生招生学校和招生比例，除市教委批准的可招收体育、艺术和科技特长生的学校原则上面向本区县招收特长生以外，其他学校一律不得以特长生的名义招收学生并收取费用；招生学校要向社会公布特长生招生计划。

（二）坚决治理中小学补课乱收费

严格执行国家课程计划和课程标准，切实减轻学生课业负担，坚决治理“课堂内容课外补”、学校组织参与有偿补课、教师在社会培训机构对学生有偿补课、学校通过社会培训机构变相开展有偿补课、以家长委员会等形式组织有偿补课等问题。学校、教研机构、校外培训机构等不得在课余时间、双休日、寒暑假和其他法定节假日组织在校中小学生集体补课或上新课并收取费用；严禁公办中小学教职工在校外教育机构兼职、组织或参与有偿补课；严禁公办中小学通过家长委员会组织学生补课收费；公办中小学不得违反国有资产出租出借管理规定，向校外培训机构提供补课场所和设施等。

（三）坚决治理公办高中违规招生及乱收费行为

严格执行《市教委关于做好2014年高级中等学校考试招生工作的意见》（京教计〔2014〕2号），从2014年起，我市全面取消普通高中招收择校生，同时停止公办高中择校生收费（收费编码173005004），有关学校应按照规定到价格主管部门办理《收费许可证》变更手续。

加强对普通高中中外合作办学项目、体育、艺术、科技特长生招生项目、特色高中改革试验项目的管理，不得随意增加项目招生规模和变更项目招生方式；严禁各区县和招生学校擅自调整招生计划和变更招生方式；严禁以借读生的名义高收费。

加强普通高中涉外办学收费行为监管。经批准的普通高中举办中外合作办学项目，其收费项目和标准按照《中外合作办学条例》及其实施办法有关规定执行。公办普通高中单方面引进国际课程，以课程改革实验班等名义办学的，所需费用纳入学校办学经费，不得向学生收取本市统一规定的高中学费以外的任何费用。

（四）进一步规范高校招生及收费行为

继续巩固高校“点招”问题治理成果。市（区、县）、各高校招生考试部门负责人要签署承诺书，向社会公开承诺“零点招”。高校预留招生计划的使用原则、办法、标准和录取结果要向社会公开。

加强自主招生及其他特殊类型招生监管。要加强对高校招生管理制度的完备性、廉洁性、合法性及其执行情况检查，重点检查招生考试收费、考务安全保密、集体决策以及信息公开等方面制度建设及执行情况。严厉打击泄露试题、考前辅导、面试请托、违规录取等暗箱操作、徇私舞弊、以权谋私以及乱收费等违法违纪行为，确保考试招生公平公正。

加强招生执法监察，市教委监察处会同招生考试部门对高校招生工作进行专项检查，把高校向社会公开的录取分数线作为新生学籍电子注册的重要依据。对于违规录取的学生，一律不予电子学籍注册；已经注册学籍的，要坚决予以取消。对于违规高校，给予核减招生计划、暂停或取消招生资格等处理，并严肃追究相关责任人的责任。加大对硕士学位研究生招生考试执法监察工作力度。

2014 年秋季学期起，高等学校向所有纳入全国研究生招生计划的新入学研究生收取学费，收费标准按市发展改革委、市财政局、市教委《关于北京地区研究生教育学费标准等有关问题的通知》（京发改〔2013〕2587 号）执行。

（五）加强对幼儿园收费行为的监管

幼儿园除可按规定向幼儿家长收取保育教育费、住宿费和代办服务性收费外，不得向幼儿家长收取其他任何费用。在正常工作时间内，幼儿园不得以开办实验班、特色班、兴趣班、课后培训班和亲子班等特色教育为名乱收费，不得以任何名义向幼儿家长收取与入园挂钩的赞助费、捐资助学费、建校费、教育成本补偿费等费用。幼儿园不得收取书本费。

二、主要措施和要求

（一）强化责任机制，形成治理工作合力

各有关部门要高度重视规范教育收费工作，坚持“谁主管、谁负责”和“管行业必须管行风”的原则。完善治理工作责任制，健全责任落实和倒查追责的有效机制，把治理工作责任层层落实到行政部门和各级各类学校。业务主管部门要承担起治理工作的主体责任，加强职责范围内工作的监管。教育纪检监察部门要负起监督责任，加强监督检查和组织协调，督促业务主管部门及时纠正教育领域存在的突出问题。各级各类学校校长是规范教育收费第一责任人，要依法办学，规范收费。继续发挥市区两级治理教育乱收费局际联席会议和高校相应治理机构的作用，定期研究、会商、解决治理工作中遇到的突出问题，进一步形成治理工作的合力。

（二）加强财务管理，严格财经纪律

任何部门和学校不得自行设立收费项目，制定或调整收费标准，扩大收费范围。进一步规范服务性收费和代收费的管理，严格执行市教委等三部门印发的《北京市公办学校代收费、服务性收费管理办法》（京教财〔2010〕29号）。

对未纳入中小学和高等学校代收费项目目录、幼儿园代办服务性收费项目的费用，学校或幼儿园一律不得代收。义务教育阶段不得收取军训服装费、伙食费，高中学校不得收取军训服装费和伙食费之外与军训有关的任何费用；代收学生儿童大病医疗保险费必须按代收费管理要求及时入学校财务账，不得私自存放或直接交社保中心；学校、幼儿园不得代办学生、幼儿商业保险，也不得为商业机构入校、入园办理商业保险、“校讯通”等提供便利条件。学校、幼儿园及保健所不得将社会机构引进学校、幼儿园对学生、幼儿进行有偿检查和治疗。

禁止将教育教学活动、教学管理范围内的事项纳入服务性收费和代收费。不得将图书馆查询和电子阅览费、午休管理服务费、课后看护费、自行车看管费等作为服务性收费和代收费事项。加强学校食堂的财务管理，严禁与学生伙食无关的费用从伙食费中列支。

（三）加强监督检查，加大案件查办和责任追究力度

通过经常性检查、专项检查、重点督查、直接查办等多种形式，加大督促检查和指导力度。以中小学学籍信息管理系统为手段，逐区县、逐校开展择校乱收费问题的排查。继续开展全市性的春秋两季规范教育收费的专项检查，对教育部、市纪委的督办件进行重点督查，对群众关注、反映强烈、媒体曝光的乱收费问题进行直接查办。

对于违规收费行为，由价格主管部门依据相关法规处理，能退还学生的，要全额退还，确实无法退还的，收缴财政，并予以罚款。对相关责任人，由纪检监察部门根据《中国共产党纪律处分条例》《行政机关公务员处分条例》有关规定，给予党政纪处分，对典型案件要通过新闻媒体实名曝光。

对于中小学校、教师补课乱收费行为，依据《教师法》《中小学教师违反职业道德行为处理办法》等法律法规，严肃追究相关教师、学校以及教育行政部门领导的责任，并一律进行公开实名曝光。对出现“点招”问题，要严肃追究高校校长、市级招生考试部门负责人的直接责任，以及市级教育行政部门负责人的主要领导责任。

（四）严明工作纪律，加强治理工作队伍建设

市、区（县）、高校治理工作部门要自觉维护国家政策的严肃性和权威性，敢于动真碰硬、真抓严管，克服地方和部门保护主义、本位主义，对于妥协通融、避重就轻、包庇隐瞒，导致教育乱

收费问题易发多发、屡禁不止的，要进行严肃问责。各级要加强对治理工作人员的专项培训，着力提高履职尽责能力，不断提升规范教育收费治理教育乱收费工作科学化、专业化水平。

各区县、各单位、各学校要认真贯彻执行上述意见和教育部等五部门《关于2014年规范教育收费治理教育乱收费工作的实施意见》，并切实抓好各项治理任务和措施的落实。

本意见自发布之日起施行。

附件：教育部等五部门关于2014年规范教育收费治理教育乱收费工作的实施意见（教办〔2014〕6号）

2014年6月6日

附件

教育部
国家发展改革委
财政部
审计署
国家新闻出版广电总局

关于2014年规范教育收费治理教育乱收费工作的实施意见

教办〔2014〕6号

各省、自治区、直辖市教育厅（教委）、发展改革委、物价局、财政厅（局）、审计厅（局）、新闻出版广电局，新疆生产建设兵团教育局、发展改革委、财务局、审计局、新闻出版广电局，有关部门（单位）教育司（局），教育部直属各高等学校：

为认真贯彻落实党的十八大、十八届三中全会和十八届中央纪委第三次全会精神，按照国务院第二次廉政工作会议的部署，完善规范教育收费治理教育乱收费工作机制，不断规范办学行为，促进教育公平公正，切实解决教育收费中群众反映强烈的突出问题，保障教育领域综合改革顺利进行，现就做好 2014 年工作提出如下意见。

一、主要任务

（一）集中治理中小学补课乱收费

各地要统一思想、提高认识，把治理中小学补课乱收费与切实减轻学生课业负担、深入实施素质教育、全面实现立德树人根本任务有机结合，将其纳入重要议事日程。教育部将在全国范围集中开展专项整治，各地要以省（区、市）为单位统筹制订治理工作方案，作出统一部署。2014 年要把“课堂内容课外补”、学校组织参与有偿补课、教师在社会培训机构对学生有偿补课、学校通过社会培训机构变相开展有偿补课、以家长委员会等形式组织有偿补课等问题作为治理工作重点。

各级教育行政部门要将治理补课乱收费纳入教育专项督导和责任督学挂牌督导，作为对学校办学行为考核的重要内容，加强日常监管；要按照教育部有关规定，结合本地实际，抓紧制定出台标本兼治的治理措施。要将治理补课乱收费作为教育收费春季、秋季专项检查重点内容，开展全面清查；抓住寒暑假等关键节点，集中开展专项整治行动。凡是检查发现的问题，依据《教师法》《中小学教师违反职业道德行为处理办法》等法律法规，严肃追究相关教师、学校以及教育行政部门领导的责任，并一律进行公开实名曝光。

（二）强化高校违规招生及乱收费治理

深入推进高校招生“阳光工程”，继续巩固高校“点招”问题治理成果。各省（区、市）和高校要向社会公开承诺决不降低标准违规指名录取学生。高校预留招生计划的使用原则、办法、标准和录取结果要向社会公开。凡出现“点招”问题，要严肃追究高校校长、省级招生考试部门负责人的直接责任，省级教育行政部门负责人的主要领导责任，以及省级招生考试委员会负责人的重要领导责任。

加强自主招生及其他特殊类型招生监管。要加强对高校招生管理制度的完备性、廉洁性、合法性及其执行情况检查，重点检查考务安全保密、集体决策以及信息公开等方面制度建设及执行情况。要加强招生过程和招生结果的监督检查，在各试点高校自查自纠的基础上，招生主管部门要组织开展自主招生专项检查。严厉打击泄露试题、考前辅导、面试请托、违规录取等暗箱操作、徇私舞弊、以权谋私以及乱收费等违法违纪行为，确保考试招生公平公正。

建立高校招生检查制度。教育纪检监察部门要会同招生考试部门，组织专家对高校招生工作进行随机抽查，抽查高校比例原则上不低于10%。对于违规录取的学生，一律不予电子学籍注册；已经注册学籍的，要坚决予以取消。对于违规高校，给予核减招生计划、暂停或取消招生资格等处理，并严肃追究相关责任人的责任。

（三）深化义务教育阶段择校乱收费和中小学教辅材料散滥问题治理

各地要认真贯彻落实《教育部关于进一步做好小学升入初中免试就近入学工作的实施意见》（教基一〔2014〕1号）、《教育部办公厅关于进一步做好重点大城市义务教育免试就近入学工作的通知》（教基一厅〔2014〕1号）和《教育部关于明确义务教育阶段民办学校招生有关问题的意见》（教政法函〔2013〕15号）要求，将免试就近入学政策执行情况纳入教育综合督导，作为教育行政部门、学校负责人业绩考核的重要指标。要以中小学生学籍信息管理系统为手段，逐县（区）、逐校开展择校乱收费问题排查，力争2014年秋季就近入学比例达到90%以上。

严禁地方政府、有关单位和学校以任何名义收取与入学挂钩的费用，坚决查处以捐资助学、借读等任何名义变相择校乱收费行为，切实解决“以钱择校”问题。地方各级教育行政部门和公办、民办学校均不得采取考试方式选拔学生，不得举办或参与举办各种培训班选拔生源，坚决杜绝“以分择生”的行为。逐步减少特长生招生学校和招生比例，各省级教育行政部门不得新增审批体育、艺术、科技等特长生招生学校。抵制招生过程中打招呼、递条子等不正之风，坚决拒绝说情请托、权学交易等“以权入学”不良行为。择校生不得享受优质高中到校指标。

各地要严格按照《教育部新闻出版总署国家发展改革委国务院纠风办关于加强中小学教辅材料使用管理工作的通知》（教基二〔2012〕1号）、《国家发展改革委新闻出版总署教育部关于加强中小学教辅材料价格监管的通知》（发改价格〔2012〕975号）和《新闻出版总署关于进一步加强中小学教辅材料出版发行管理的通知》（新出政发〔2011〕12号）要求，进一步完善教辅材料管理新机制，及时出台或更新教辅材料推荐目录。坚决查处评议、选用过程中的地方保护主义、徇私舞弊等违规违纪行为，以及虚报印张、豪华印刷、侵权盗版、违背自愿原则强制订购等侵害群众利益的问题。

（四）加强普通高中招生及收费行为监管

各地要尽快出台普通高中生均财政公用经费拨款标准，合理制定普通高中学费标准，为普通高中教育健康发展提供保障。严格执行公办普通高中招收择校生政策，进一步压缩“三限”招生比例。2014年，每所学校招收择校生的比例最高不得超过本校当年招收高中学生计划数（不含择校生数）的10%，为全面取消普通高中择校生打下坚实基础。严禁在择校生外以借读生、自费生、复读生等名义高收费招收学生。

加强普通高中涉外办学收费行为监管。普通高中举办中外合作办学项目和机构，由省级教育行政部门批准，并经教育部备案；其收费项目和标准按照《中外合作办学条例》及其实施办法有关规定执行。公办普通高中单方面引进国际课程，以课程改革实验班等名义举办“国际班”“国际部”的，所需费用纳入学校办学经费成本核算，不得向学生收取额外费用。

（五）规范普通高等学校收费行为

各地要按照属地化管理原则，因地制宜建立健全高等学校收费标准动态调整机制，落实和完善家庭经济困难学生资助政策，建立合理的教育培养成本分担机制。在调整高校收费标准时，要综合考虑当地经济发展水平、居民经济承受能力等，认真履行成本监审、听证、公示等程序，严格执行国家有关学费占年生均教育培养成本比例最高不得超过25%的规定。各省（区、市）要规范民办高校的收费标准，民办高校收费严格按照相关规定执行。对于违反国家规定调整收费标准，或因程序不规范、信息不公开等因素引起严重社会影响和后果的，将对有关责任部门进行严肃问责。

要认真落实《国家发展改革委财政部教育部关于加强研究生教育学费标准管理及有关问题的通知》（发改价格〔2013〕887号）要求，结合本地实际出台研究生教育收费政策。研究生培养单位必须在招生简章中明确全日制或非全日制学习方式和收费标准，切实落实《国务院学位委员会教育部国家发展改革委关于进一步加强在职人员攻读硕士专业学位和授予同等学力人员硕士、博士学位管理工作的意见》（学位〔2013〕36号）要求，不得举办课程进修班，经批准在办的课程进修班不得再行招收新学员，待已招收学员完成全部课程学习后即行终止。

（六）加强对民生工程资金使用情况的监督检查

各地要认真落实国务院关于加强对民生资金使用情况监督检查的要求，重点加强对义务教育经费保障、中职学生资助、营养改善计划等涉及教育的民生资金使用情况的监管。各级教育、财政等部门要加强财务管理，坚持阳光操作，开展督导评估；审计部门要强化审计监督，保证专款专用，提高资金使用效益。要运用信息技术加强受助学生信息管理，加快建设涵盖学前至研究生的学生资助信息管理系统，与各级各类学生学籍信息库有效对接。以中小学生学籍管理系统建设为契机，集中开展受助学生信息专项清理核查，把民生资金真正惠及急需资助的困难群体。加大对民生资金使用过程中违规违纪行为的查处力度，对虚报套取、克扣冒领、贪污挪用、延缓发放等行为，要从严查处、严肃问责、公开通报。

（七）进一步清理规范教育收费项目和收费标准

各地要严格落实国家对教育收费项目和收费标准的管理规定，严禁越权设立教育收费项目，严禁违规制定收费标准。各地现行的收费项目及收费标准与国家教育收费政策不一致的，应尽快废止或修订，清理后保留的收费项目、标准及依据要主动向社会公示，通过发放收费政策一览表、宣传手册等方式，方便群众查询和监督。要严格各级各类学校服务性收费和代收费项目审批，禁止将教育教学活动、教学管理范围内的事项纳入服务性收费和代收费。不得将图书馆查询和电子阅览费、午休管理服务费、课后看护费、自行车看管费等作为服务性收费和代收费事项。

二、工作要求

（一）加强组织领导，完善治理工作责任落实机制。要坚持“谁主管、谁负责”和“管行业必须管行风”的原则，完善治理工作责任制，健全责任落实和倒查追责的有效机制，把治理工作责任层层落实到行政部门和各级各类学校。业务主管部门要承担起治理工作的主体责任，加强职责范围内工作的监管。教育纪检监察部门要负起监督责任，加强监督检查和组织协调，督促业务主管部门及时纠正教育领域存在的突出问题。联席会议各成员单位要进一步完善定期会商、信息发布、督查督办、公开通报及约谈机制，形成责任明晰、协作联动、互相促进的治理工作格局。

（二）加大监督检查力度，严肃查处教育乱收费行为。要继续保持治理教育乱收费的高压态势，把规范教育收费治理教育乱收费工作作为各级政府教育督导评估的重要内容。要抓住春季和秋季开学时收费的“高峰期”和乱收费的“多发期”，开展教育收费专项检查，对发现的问题要严肃追究责任，督促整改到位。各级治理部门要高度重视信访办理工作，对群众反映的每一件举报都要落实查办和督办责任。要加大对重点信访举报的直查直办力度，一经查实，除对相关责任人进行严肃处理外，要指名道姓公开曝光。

（三）严明工作纪律，加强治理工作队伍建设。各级治理工作部门要自觉维护国家政策的严肃性和权威性，敢于动真碰硬、真抓严管，克服地方和部门保护主义、本位主义，对于妥协通融、避重就轻、包庇隐瞒，导致教育乱收费问题易发多发、屡禁不止的，要进行严肃问责。各地要结合年度治理工作任务，以国家教育收费政策和治理工作业务为重点，逐级开展面向治理工作人员的专项培训，着力提高履职尽责能力，不断提升规范教育收费治理教育乱收费工作科学化、专业化水平。

2014 年 4 月 16 日

北京市教育委员会
北京市人力资源和社会保障局
北京市财政局

关于印发建立我市中小学教师绩效奖励激励机制实施方案及配套文件的通知

京教人〔2014〕10 号

各区县教委、人力社保局、财政局：

为贯彻落实《北京市中长期教育改革和发展规划纲要（2010～

2020年)》关于“建立提高教师地位和待遇的保障机制。提高教师的社会地位，不断改善教师的工作、学习和生活条件，关心教师身心健康，增强教师职业的吸引力”的要求，进一步加强教师队伍建设，不断提升教师社会地位，吸引优秀人才从教，经市政府同意，自2014年起，我市建立中小学教师绩效奖励激励机制。

现将《关于建立我市中小学教师绩效奖励激励机制的实施方案》及《北京市中小学教师绩效奖励激励机制项目管理办法》印发给你们，请遵照执行。

2014年6月27日

关于建立我市中小学教师绩效奖励激励机制的实施方案

为不断加强中小学教师队伍建设，逐步提升教师社会地位，吸引优秀人才乐于从教、终生从教，经市政府同意，制定本方案。

一、指导思想

适应中小学教育教学改革的需要，坚持全面实施素质教育，丰富校内各项活动，扩大学校办学自主权。通过加强市级教育经费统筹管理，调整绩效工资额度，建立绩效奖励激励机制，逐步构建符合教育教学和教师成长规律、导向明确、标准科学、体系完善的教师绩效考核评价制度，充分调动校长和教师工作的积极性，促进教育均衡发展和学校内涵发展，不断提高教育公共服务水平。

二、实施范围

市、区县教育系统所属中小学的正式在编教职工。

三、实施时间

从2014年1月1日起开始实施。

四、经费来源

在现有绩效工资实施基础上，按照各区县学生数量、教师数量及生师比等因素，确定绩效奖励激励机制所需资金总量。由市人力社保局调整各区县教师绩效工资总额；为支持教育领域综合改革，2014年经费由市级财政给予支持。

五、实施内容

绩效奖励激励机制增加的资金主要用于支持集团化、学区化办学和办学特色学校以及教师在小学课后班管理和中学社团活动辅导、中小学生个性化学习辅导、教育教学改革、教师交流与支教等工作中的奖励。

各区县教委会同区县财政部门、人力社保部门根据学校的规模、承担教育改革发展的任务和取得的成效等，制定年度经费分配原则及各学校额度，报市教委后，按照相关政策和经费管理要求及时将经费拨付相关学校。各学校要根据资金使用范围和下达的经费额度，按照本校教师承担相应工作任务和完成任务质量的情况，坚持示范引领和激励导向，体现绩效工资分配的原则和要求，制定分配方案，报区县教委同意后实施。

六、工作要求

（一）建立绩效奖励激励机制，是为了进一步调动教师积极性，扩大学校办学自主权。各区县、学校要结合本区县、学校实际情况认真贯彻落实，可根据区县实际情况制定相应办法，切实发挥激励作用。

（二）此次绩效奖励激励机制资金不得平均发放，要按照“多劳多得，优绩优酬”的原则，重点向承担教育改革发展任务重，为促进教育均衡发展、提高学生综合素质付出努力的一线教师、骨干教师和做出突出成绩的教师倾斜，鼓励教师全身心投入到教书育人工作中，引导教师不断提高自身素质和教育教学能力。

（三）市教委与有关部门制定教师绩效奖励激励机制项目管理

办法，各区县要指导学校依据国家和北京市有关绩效工资管理的要求，按年度制定合理的分配方案和考核办法，并检查落实情况；及时了解情况，对出现的问题及时上报，切实加强对教师绩效工资的管理。市教委、市人力社保局、市财政局将采取相应的措施对使用情况进行监管。

（四）各单位要高度重视，加强领导，精心组织，严肃纪律，认真把握实施过程的各个环节，确保工作平稳顺利进行。要做好政策解释工作，在实施过程中遇到问题要及时与有关部门进行沟通。

北京市中小学教师绩效奖励激励机制项目管理办法

第一章 总则

第一条 为加强对北京市中小学教师绩效奖励激励机制管理，提高经费使用效益，真正发挥绩效奖励的激励导向作用，特制定本办法。

第二条 本办法适用于市、区县教育系统所属中小学。市教委所属学校方案制定参照所在区县方案执行。

第三条 建立北京市中小学教师绩效奖励激励机制，旨在适应中小学教育教学改革的需要，坚持全面实施素质教育，丰富校内各项活动，扩大学校办学自主权。逐步构建符合教育教学和教师成长规律、导向明确、标准科学、体系完善的教师绩效考核评价制度，充分调动校长和教师工作的积极性，促进教育均衡发展和学校内涵发展，不断提高教育公共服务水平。

第四条 绩效奖励激励机制增加的资金主要用于支持集团化、学区化办学和办学特色学校以及教师组织中小学生课外活动计划、课后班管理、教育教学改革等的奖励。

第二章 组织与管理

第五条 市教委与市人力社保局、市财政局密切配合，共同协商，推进落实。市教委在现有绩效工资实施基础上，按照各区县学生数量、教师数量及生师比等因素，确定绩效奖励激励机制所需资金总量。市教委在征求相关部门意见的基础上负责审核各区县的经费分配办法，市人力社保局负责调整各区县绩效工资总额，财政部门给予经费支持。

第六条 各区县教委会同区县人力社保局、财政局，根据学校的规模、承担教育改革发展的任务和取得的成效等，制定年度分配原则及各学校经费额度，报市教委后，按照相关政策和经费管理要求及时将经费拨付相关学校，并加强对学校经费使用的管理。区县财政局会同区县教委做好资金的使用监管。

第七条 各学校要根据资金使用范围和经费额度，按照本校教师承担相应工作任务和完成任务质量的情况，坚持示范引领和激励导向，体现绩效工资分配的原则和要求，制定分配方案，报区县教委同意后实施。

第八条 每年年底区县教委将上年度项目实施的总体情况、资金使用和管理情况以书面形式报市教委、市人力社保局、市财政局备案。

第三章 经费预算管理

第九条 2014 年，建立教师绩效奖励激励机制所需经费由市级财政给予支持。2014 年试点，为以后年度改革的进一步推进总结经验。以后年度经费保障机制根据绩效奖励机制推进情况和财政体制改革情况另行研究。

第十条 市教委根据年度项目实施方案，编制项目预算，经财政部门审核后下达预算。

第十一条 各区县教委、财政和学校要建立健全经费管理制度，严格执行国家和北京市有关财务管理规定。

第十二条 学校要加强项目经费的管理，经费主要用于因开展中小学生课外活动计划、小学课后班管理、中小学社团活动辅导、中小学生个性化学习辅导、教育教学改革、教师交流与支教等发生的学校教师的绩效奖励等。要确保专款专用，不得平均分配，提高资金使用效益，确实体现“多劳多得、优绩优酬”的激励作用。

第十三条 各区县教委、财政要加强对项目经费使用情况的跟踪监测，及时反馈项目实施中出现的资金管理问题。

第四章 监督检查

第十四条 市教委将此项工作纳入对区县的绩效评价。

第十五条 市教委、市人力社保局和市财政局适时对区县和中小学校的项目执行情况进行检查或抽查，加强对奖励激励机制增加资金使用情况的监管。重点检查分配方案执行情况、资金使用效益、取得的成效等内容。

第十六条 对于弄虚作假、截留、挪用、挤占项目经费等违反财经纪律的行为，财政部门会同相关部门依据有关法律、法规处理，依法追究相关责任人的行政责任；构成犯罪的，依法追究刑事责任。

第五章 附则

第十七条 本办法由市教委、市人力社保局、市财政局按照各自职责分工解释。

第十八条 本办法自 2014 年 1 月 1 日起施行。

中共北京市委教育工作委员会
北 京 市 教 育 委 员 会

关于印发《北京市属高等学校学风建设实施细则（暂行）》的通知

京教研〔2014〕10号

各有关市属高等学校：

为切实加强北京市属高等学校的学风建设工作，根据教育部《关于切实加强和改进高等学校学风建设的实施意见》（教技〔2011〕1号）要求，结合市属高校实际情况，市委教育工委市教委制定了《北京市属高等学校学风建设实施细则（暂行）》，已经市教委2014年第10次主任办公会审议通过，现印发给你们，请遵照执行。

2014年9月4日

北京市属高等学校学风建设实施细则（暂行）

第一条 为切实加强和规范北京市属高等学校（以下简称“高校”）学风建设，倡导严谨的学术风气，营造良好的学术氛围，促进北京地区高等教育事业的健康持续发展，根据教育部《关于切实加强和改进高等学校学风建设的实施意见》（教技〔2011〕1号），结合市属高校实际，制定本细则。本细则适用于北京市属全日制普通高等学校，规范高校教师、专职科研人员和学生的学术研究和教育教学活动。

第二条 学风是大学精神的集中体现，是教书育人的本质要求，是高等学校的立校之本，发展之魂。优良学风是提高教育教学质量的根本保证。能否营造一个优良学风环境，关系到高等教育的科学发展。

第三条 高校学风建设要坚持标本兼治、综合治理的原则。坚持教育和治理相结合，把端正学术风气、加强学术道德建设纳入高校学风建设的整体工作之中。要坚持教育引导、制度规范、监督约束、查处警示，努力培养求真务实、勇于创新、严谨自律的治学态度和科学精神，建立并完善弘扬优良学风的长效机制。

第四条 完善学风建设目标责任制度。高校是学风建设的责任主体，高校要建立相应的工作机构和工作机制，负责本校学风建设工作和学术不端行为查处。高校主要领导是学风建设的第一责任人，要切实担负起加强学风建设的责任。市教委将把学风建设作为一项重要高校考核指标，并实行问责制度。各高校要定期对本单位的学风建设进行自查自纠。

第五条 各高校应规范学术不端行为的调查程序，对于各类学术不端行为调查应公开公正，调查结果向当事人公布，并报市教委学风建设工作领导小组办公室备案。对查实的学术不端行为应严肃处理，依据有关法律法规和调查结论，结合学术不端行为的性质和情节轻重，对学术不端行为分别给予批评教育、警告、撤职、调离岗位直至开除等行政处分，触犯国家法律的，移送司法机关处理；对查实的学生学术不端行为，按有关学位、学籍规定处理。

第六条 建立学术道德和学术规范教育制度。坚持把教育作为加强学风和学术道德建设的基础。高校要把学术道德和学术规范教育纳入教师岗位培训范畴和职业培训体系，纳入行政管理人员学习范畴，纳入本专科学生和研究生教学之中。培养师生的学术道德自觉性，形成学术道德和学术规范教育的长效机制。

第七条 建立和完善学术诚信制度。逐步建立教师的学术信用档案，高校要将教师的学术道德规范的履行情况纳入年度考核之中，在科研工作者参与的项目申报、奖励评选、职称评聘、导师遴选以及其他科研活动中，实行学术诚信承诺制度以及学术成果公示制度。

第八条 建立学风建设奖励和惩处制度。高校对模范遵守学术规范、严谨治学的典型事例要广泛宣传，进行表彰；对违反学术道德的行为，要依据相关制度，实行学术道德一票否决制，以促进学术道德和学风建设的经常化、规范化、制度化。

第九条 建立科学合理的以质量为导向的科研评价考核机制。要防止片面地将学术项目、学术成果、学术奖励和物质报酬、职称评定、职务晋升挂钩，要把学术道德作为教师考评的重要内容，按照学术发展和科学研究的规律，逐步建立一套有效促进和形成优良学风的评价体系。

第十条 高校科研工作者要坚持实事求是的精神，反对弄虚作假，坚决抵制学术不端行为。学术不端行为包括：抄袭、剽窃、侵吞他人学术成果；篡改他人学术成果；伪造或者篡改数据、文献，捏造事实；伪造注释；未参加创作，在他人学术成果上署名；未经他人许可，不当使用他人署名；其他学术不端行为。

第十一条　高校要建立健全学术监督机制和惩处政策，使学风建设做到有章可循。对举报人、证人提供必要的保护，举报人和被举报人双方都有义务配合调查。对恶意或不负责任的举报人要进行相应的教育、警示、处理，直至追究法律责任。

第十二条　建立高等学校学风建设工作专项检查制度。各高校要在本单位网站上开辟学风建设专栏，发布学风建设的实施情况，公布学风建设的年度报告，公开学术不端行为的调查处理结果。

第十三条　本细则由市委教育工委和市教委负责解释。

第十四条　本细则自发布之日起施行。

北京市教育委员会

关于印发《北京市中小学教师资格定期注册制度实施细则（试行）》的通知

京教人〔2014〕12 号

各区县教委、燕山教委，各相关单位：

经教育部同意，我市将于 2016 年开展定期注册制度试点工作。根据国家教育体制改革试点工作总体部署和《教育部办公厅关于开展中小学教师资格定期注册制度试点工作的通知》（教师厅〔2011〕3 号），市教委制定了《北京市中小学教师资格定期注册制度实施细则（试行）》，已经市教委2014年第5次主任办公会审议通过，现印发给你们，自2016年1月1日起施行，请遵照执行。

2014年10月16日

北京市中小学教师资格定期注册制度实施细则（试行）

第一章　总　则

第一条　为完善并严格实施教师资格制度，健全教师管理体制，建设高素质专业化教师队伍，提高教书育人的能力和水平，根据《国家中长期教育改革和发展规划纲要（2010～2020年）》《北京市中长期教育改革和发展规划纲要（2010～2020年）》和教育部《中小学教师资格定期注册暂行办法》，制定本实施细则。

第二条　教师资格定期注册是对教师入职后从教资格的定期核查。中小学教师资格实行5年一周期的定期注册。定期注册不合格或逾期不注册的人员，不得从事教育教学工作。

第三条　中小学教师资格定期注册的对象为本市公办普通中小学、中等职业学校和幼儿园在编在岗教师（以下简称“教师”）。

第四条　教师资格定期注册应与教师人事管理工作紧密结合，将严格教师考核和促进教师专业发展作为重要的工作目标。定期注册应坚持以人为本、科学规范和公开公平公正原则，客观体现教师职业道德、业务水平和工作业绩情况。

第五条　市教委主管北京市教师资格定期注册工作，北京市教师资格认定事务中心协助市教委负责具体事务性工作。

各区县教委按照管理权限，负责本区域教师资格定期注册的组织、管理、监督和实施。

第二章 注册条件

第六条 申请首次注册的，应当具备下列条件：

（一）具有与任教岗位相应的教师资格；

（二）聘用为中小学在编在岗教师；

（三）试用期满且考核合格；

（四）完成北京市中小学（幼儿园）新任教师培训。

第七条 满足下列条件的，定期注册合格：

（一）遵守国家法律法规和《中小学教师职业道德规范》，达到市、区教育行政部门规定的师德考核评价标准，有良好的师德表现；

（二）每个注册有效期内年度考核均为合格以上等次；

（三）每个注册有效期内完成不少于市、区教育行政部门规定的 360 学时的培训；

（四）身心健康，胜任教育教学工作。

第八条 有下列情形之一的，应暂缓注册：

（一）注册有效期内未完成市、区教育行政部门规定的教师培训学时；

（二）未经所在学校或市、区教育行政部门批准的进修、培训、学术交流、病休、产假等情形，中止教育教学和教育管理工作一学期以上；

（三）一个注册周期内任何一年年度考核不合格。

暂缓注册者达到定期注册条件后，可重新申请定期注册。

第九条 有下列情形之一的，注册不合格：

（一）违反《中小学教师职业道德规范》和师德考核评价标准，影响恶劣；

（二）一个定期注册周期内连续两年以上（含两年）年度考核

不合格；

（三）依法被撤销或丧失教师资格。

第十条 注册有效期内依法被撤销或丧失教师资格者，注册有效期自动终止。

第三章 注册程序

第十一条 取得教师资格，初次聘用为教师的，经过北京市中小学（幼儿园）新任教师培训合格，在试用期满考核合格之日起60日内，申请首次注册。经首次注册后，每5年应在定期注册有效期满前60日内申请下一次定期注册。定期注册实行网上申请。

第十二条 教师资格定期注册须由本人申请，所在学校集体办理，按照行政隶属关系或所在地域报区县教委审核注册。

第十三条 申请教师资格定期注册，应当提交下列材料：

（一）《教师资格定期注册申请表》一式2份；

（二）《教师资格证书》；

（三）聘用合同；

（四）所在学校出具的师德表现证明；

（五）5年的各年度考核证明；

（六）教育行政部门认可的教师培训证明；

（七）教育行政部门根据当地实际要求提供的其他材料。

申请首次注册的，应当提交上述（一）、（二）、（四）、（七）项材料，同时提交试用期考核合格证明和北京市中小学（幼儿园）新任教师培训合格证书。对于本实施细则实施之日前已获得教师资格证书的中小学在编在岗教师，无需提供完成北京市中小学（幼儿园）新任教师培训的证明。

暂缓注册后重新申请教师资格定期注册的人员，须由所在单位向区县教委提交第七条中规定的暂缓注册情形改正补齐的有关证明。

第十四条 中小学（幼儿园）教师向任教学校（园）所在地的

区县教委申请定期注册。

中小学（幼儿园）为本校（园）教师集体办理定期注册相关手续。

第十五条 区县教委在受理注册申请终止之日起 90 个工作日内，对申请人提交的材料进行初审，提出注册结论的建议，并在区县教委网站公示 7 日，无异议后报市教委；市教委对区县注册初审意见进行终审，并在全国中小学教师资格定期注册管理信息系统中填报注册结论及有关信息。

第十六条 区县教委对申请人提交的材料进行审核，对材料不完整的，应退回申请人所在学校，并要求申请人在期限内补齐材料，逾期未补齐材料的，不予注册；审核合格的，准予注册。对不符合规定条件的，不予注册并说明理由。

第十七条 区县教委将申请人的《教师资格定期注册申请表》一份存入其个人人事档案，一份归档保存。同时在申请人《教师资格证书》附页上标明注册结论，通过注册的注明注册日期和有效期限。

第四章 罚 则

第十八条 申请人隐瞒有关情况或提供虚假材料申请教师资格注册的，视情况暂缓注册或注册不合格；已经注册的，应当撤销注册。

第十九条 所在学校未按期如实提供申请人定期注册证明材料的，所在区县教委应当责令改正，对直接负责的主管人员和其他直接责任人依法给予行政处分。

第二十条 区县教委实施定期注册工作，有下列情形之一的，由市教委责令改正，对直接负责的主管人员或者其他直接责任人员依法给予行政处分：

（一）对不符合教师定期注册条件者准予定期注册的；

（二）对符合教师定期注册条件者不予定期注册的。

第二十一条 注册范围内的教师无故逾期不申请定期注册，按照注册不合格处理。

第五章 附 则

第二十二条 教师资格定期注册申请人对定期注册结果有异议的，可依法提出申诉或者行政复议。

第二十三条 本细则自 2016 年 1 月 1 日起施行。

第二十四条 本细则由市教委负责解释。

北京市教育委员会

关于北京市中小学教师资格考试改革试点工作的意见

京教人〔2014〕13 号

各区县教委、燕山教委，各相关单位：

根据教育部《关于开展中小学和幼儿园教师资格考试改革试点的指导意见》（教师函〔2011〕6 号）和《教育部关于印发〈中小学教师资格考试暂行办法〉〈中小学教师资格定期注册暂行办法〉的通知》（教师〔2013〕9 号）精神，结合本市中小学和幼儿园教师队伍建设实际，经市教委 2014 年第 5 次主任办公会研究，现就北京市中小学教师资格考试改革试点工作提出如下意见。

一、指导思想和目标

在国家教育体制改革试点总体要求下，以建设高素质中小学和幼儿园教师队伍为宗旨，以促进教师专业化发展为导向，通过中小学教师资格考试改革试点，完善并严格实施教师职业准入制度，严把教师职业入口关，努力吸引优秀人才从教，不断提升教师队伍整体素质。

通过中小学教师资格考试改革试点工作，建立国家教师资格考试标准，改进考试内容，强化职业道德、心理素养、教育教学能力和教师专业发展潜质，改革考试形式，加强考试管理，完善考试评价，引导教师教育改革，逐步形成“国标、省考”的教师准入制度。

二、考试的原则与范围

教师资格考试实行全国统一考试。考试坚持育人导向、能力导向、实践导向和专业化导向，坚持科学、公平、安全、规范的原则。

参加教师资格考试合格是教师职业准入的前提条件。申请幼儿园、小学、初级中学、普通高级中学、中等职业学校教师和中等职业学校实习指导教师资格的人员须分别参加相应类别的教师资格考试。

三、报考条件

（一）符合以下基本条件的人员，可以报名参加教师资格考试：

1. 具有中华人民共和国国籍；

2. 遵守宪法和法律，热爱教育事业，具有良好的思想品德；

3. 符合申请认定教师资格的体检标准；

4. 符合《教师法》规定的学历要求。

普通高等学校在校三年级以上学生，可凭学校出具的在籍学习证明报考。

（二）申请人应在户籍或人事关系所在地报名参加教师资格考试。普通高等学校在校生可在就读学校所在地报名参加教师资格考试。

（三）教师资格考试改革试点工作启动前已入学的全日制普通

高等师范类专业学生，可持毕业证书直接申请认定相应的教师资格，申请第二种类的教师资格须参加教师资格考试。试点工作启动后入学的师范类专业学生，申请中小学教师资格应参加教师资格考试。

（四）被撤销教师资格的，5 年内不得报名参加考试；受到剥夺政治权利，或故意犯罪受到有期徒刑以上刑事处罚的，不得报名参加考试。曾参加教师资格考试有作弊行为的，按照《国家教育考试违规处理办法》的相关规定执行。

四、考试内容与形式

教师资格考试包括笔试和面试两部分。

（一）笔试

笔试主要考查申请人从事教师职业所应具备的教育理念、职业道德、法律法规知识、科学文化素养、阅读理解、语言表达、逻辑推理和信息处理等基本能力；教育教学、学生指导和班级管理的基本知识；拟任教学科领域的基本知识，教学设计实施评价的知识和方法，运用所学知识分析和解决教育教学实际问题的能力。

笔试主要采用纸笔考试方式进行。幼儿园教师资格考试笔试科目为《综合素质》和《保教知识与能力》2 个科目；小学教师资格考试笔试科目为《综合素质》和《教育教学知识与能力》2 个科目；初级中学、普通高级中学教师和中等职业学校文化课教师资格考试笔试科目为《综合素质》《教育知识与能力》和《学科知识与教学能力》3 个科目；中等职业学校专业课教师和实习指导教师资格考试笔试科目为普通高级中学的《综合素质》和《教育知识与能力》2 个科目，学科知识与教学能力的测试主要结合面试进行考查，必要时进行笔试。

（二）面试

面试主要考查申请人的职业认知、心理素质、仪表仪态、言语表达、思维品质等教师基本素养和教学设计、教学实施、教学评价等教学基本技能。

面试采取结构化面试、情境模拟等方式，包括抽题、备课（活动设计）、回答规定问题、试讲（演示）、答辩（陈述）、评分等环节。

（三）成绩查询及有效期

国家确定笔试成绩合格线，市教委确定面试成绩合格线。

考生在笔试和面试成绩公布后，可通过教师资格考试网站查询本人的考试成绩。考生如对本人的考试成绩有异议，可在考试成绩公布后 10 个工作日内向相关部门提出复核申请。

笔试单科成绩有效期为 2 年。笔试和面试均合格者由教育部考试中心（教育部教师资格考试中心）颁发教师资格考试合格证明。教师资格考试合格证明有效期为 3 年。教师资格考试合格证明是考生申请认定教师资格的必备条件。

考生笔试各科成绩合格并在有效期内的，方可报名参加面试。

五、考试组织和实施

（一）笔试一般在每年 3 月和 11 月各举行一次，面试一般在每年 5 月和 12 月各举行一次。由教育部考试中心发布统一考试标准、统一考试大纲、统一考试时间。市教委、北京教育考试院和北京教育学院将适时在官方网站公布考试时间及相关要求。

市教委网站：http：//www.bjedu.gov.cn

北京教育考试院网站：http：//www.bjeea.cn

北京市教师资格网：http：//www.bjtcc.org.cn

（二）市教委全面负责北京市教师资格考试工作。北京教育考试院、北京教育学院分别负责笔试与面试的考务组织和有关考务工作的实施落实。

（三）北京教育考试院按照教育部的《中小学教师资格考试考务工作规定》组织实施笔试考务工作；北京教育学院按照《中小学教师资格考试面试工作规定》制定面试实施细则，组织实施面试工作。

（四）北京教育考试院和北京教育学院分别使用教师资格考试

考务管理信息系统进行笔试和面试的报名受理、考点设置、考场编排等考务管理工作。

（五）笔试和面试考生通过教师资格考试网站进行报名后，需携带教师资格考试规定的相关材料，到指定考点进行报名审核，并现场确认报考信息。

（六）北京教育考试院和北京教育学院分别组织开展本市笔试和面试考务相关人员的安全保密教育和考务流程培训工作。

（七）面试一般按学科分组进行。每个考评组由不少于3名考官组成，设主考官1名。

（八）面试考官由高校专家、中小学和幼儿园优秀教师、教研机构专家等组成。面试考官须具备以下条件：

1. 熟悉教师资格考试相关政策；

2. 具有良好的职业道德，公道正派，身体健康；

3. 具有扎实的专业知识、较强的分析概括能力、判断能力和语言表达能力；

4. 从事相关专业教学或研究工作5年以上，一般应具有副高级及以上专业技术职务（职称）；

5. 参加省级或国家级教师资格考试机构组织的培训并获得证书。

（十）北京教育考试院和北京教育学院根据《中小学教师资格考试应急处置预案实施办法（试行）》处置和应对考试期间的突发事件。

（十一）对试题命制、考务管理、监考等考试相关人员发生的违规行为按照《保守国家秘密法》《国家教育考试违规处理办法》进行处罚。情节严重、构成犯罪的，由司法机关依法追究刑事责任。

（十二）对考生违规行为按照《国家教育考试违规处理办法》认定和处理。

高等师范院校应积极参与和承担中小学教师资格考试改革试点

的有关工作。

六、组织管理

（一）北京市成立由市教委、北京教育考试院和北京教育学院组成的北京市教师资格考试改革试点工作领导小组，负责北京市中小学教师资格考试改革的推进与指导。

（二）北京教育考试院、北京教育学院应成立工作领导小组，指定专门机构具体承担笔试和面试的考务组织和实施工作，主要职责：

1. 制定本市考务管理具体措施；

2. 组织本市考务工作；

3. 组织笔试、面试考官及考务工作人员培训；

4. 管理、指导、监督本市各考区工作；

5. 负责本市教师资格考试安全保密工作。

（三）教师资格考试费用按照财政部和国家发展改革委《关于同意收取教师资格考试考务费等有关问题的通知》（财综〔2012〕41 号）规定收取，具体由市教委公布。

（四）各级教育行政部门及教师资格考试机构不得组织教师资格考试培训。

本意见自 2015 年 9 月 1 日起施行。如遇国家政策调整，以国家相关政策为准。

附件：北京市教育委员会关于中小学教师资格考试改革前参加考试的部分人员过渡的办法

2014 年 10 月 16 日

附件

北京市教育委员会关于中小学教师资格考试改革前参加考试的部分人员过渡的办法

按照国家教育体制改革试点工作总体部署，北京市将于 2015 年下半年启动中小学（含幼儿园）教师资格考试改革工作。

改革后的中小学教师资格考试由教育部制定考试科目、考试标准和各科考试大纲。考试分为笔试和面试两个部分。笔试各科成绩合格者，方可参加面试。笔试、面试均合格的人员，方可申请教师资格认定。

在改革之前，本市有部分人员已经参加了市教委组织的申请教师资格认定教育学（幼儿教育学）和教育心理学（幼儿心理学）两门课程考试，并已获得其中一门及以上课程的合格成绩证书。根据实际情况，这部分人员采用过渡办法。

一、过渡对象

改革之前，参加市教委组织的申请教师资格认定教育学（幼儿教育学）、教育心理学（幼儿心理学）两门课程考试，持有其中一门及以上课程合格成绩证书的人员（自 2016 年起毕业的本科和专科毕业生除外）。

二、过渡方式与期限

（一）持有两门课程考试合格成绩证书，未参加教师资格认定教育教学能力测试或参加教师资格认定教育教学能力测试环节未通过者，在 2015 年下半年仍可按照改革前的认定办法申请认定。

（二）持有一门课程考试合格成绩证书者，在 2015 年下半年将给予另一门课程一次补考机会，补考的形式同改革之前。补考通过后，在 2015 年下半年申请教师资格认定，认定办法同改革之前。

（三）本过渡办法只在 2015 年下半年有效。自 2016 年起，中小学和幼儿园教师资格的考试和认定工作一律按照教育部的改革要求执行。

三、其他

过渡对象可以选择参加过渡办法，也可以选择参加改革后的考试与认定办法。选择参加改革后的考试与认定办法的人员，不再适用过渡办法。

自 2016 年起毕业的本科和专科毕业生必须参加改革后的教师资格考试，不适用本过渡办法。

北京市教育委员会

关于印发北京市基础教育部分学科教学改进意见的通知

京教基二〔2014〕22 号

各区县教委、各有关单位：

为贯彻落实党的十八届三中全会精神，深化教育领域综合改革，解决基础教育学科教育教学中存在的深层次问题，市教委组织制定了《北京市中小学语文学科教学改进意见》、《北京市中小学英语学科教学改进意见》、《北京市初中科学类学科教学改进意见》（以下简称《改进意见》）。现印发给你们，并提出如下要求，请结合实际认真贯彻落实。

一、认真领会和把握《改进意见》的基本要求

（一）强调依据课程标准开展教学

课程标准是指导、规范教学行为的基本根据，是明确课程定位、确定教学目标、规范教学进度、开展教学评价的首要标准。要切实防止教学“抢跑”，不培养“超学儿童”。特别是小学阶段语文、英语学科要严格坚持“基于课程标准开展教学”，强调学业基础、扩大知识面，不得赶进度、增难度。

（二）培育和践行社会主义核心价值观

在语文教学中增加优秀传统文化如古诗词、汉字书法、楹联等内容，引导学生广泛阅读古今文学名著，传承优秀传统文化。在初一、初二年级开设系列科学活动，结合学生日常生活中的科学问题，组织学生开展小实验、小制作、小课题，解决好科学类学科教学的小初衔接问题，培养学生全面的科学素养。

（三）构建开放性的教与学模式

加强学科教学内容与社会、自然的联系，让学生学习鲜活的知识和技能。在语文写作教学中指导学生表达真情实感，用“微写作”形式解决实际问题。在英语教学中加大听说练习比重，为学生提供外籍教师辅导等。学校要组织学生走出校门，中小学校各学科平均应有不低于10％的课时用于开展校内外综合实践活动课程。

（四）鼓励运用多样化教学方式

要采用多样化教学方式，丰富课堂教学的实现形式，倡导“玩中学”、“做中学”，为学生提供丰富的体验、合作、探究类的学习活动。支持走班、走校以及网络在线的个性化学习，加强与社会教育机构的合作，通过购买服务，市、区县两级共同推动整合博物馆、科技馆、大学实验室和图书馆等社会资源，在市、区县、学校网站上为学生提供综合实践活动菜单式服务。

（五）关注教育教学评价改革

强调构建多元化、发展性的评价体系，要求基于课程标准进行学业评价，防止不正确的评价引导教学超课标“抢跑”。小学阶段禁止统考、统测，只记录学习习惯的养成以及参与社会活动、文体活动等学生成长情况。初中阶段开始完整记录学业成绩，开展学生学业评价。物理、化学学科将学生初中三年参与开放性科学实践活动的成绩纳入中考考试评价体系。充分利用科学的评价方式发现教师教学和学生学习的薄弱环节，推动教与学改进，促进学生能力发展。

二、切实保障《改进意见》的严格落实

（一）加强组织领导。各区县教委要制定本区县落实方案，并根据《改进意见》逐校指导学校结合实际制定落实方案，因地制宜抓好落实。在落实《改进意见》中，要给予学校充分的办学自主权。

（二）加强宣传学习。利用区县、学校组织的各类培训，准确传达《改进意见》精神。

（三）加强经费保障。加大经费保障力度，整合资源，统筹力量，确保各项措施落到实处。

（四）开展督促检查。各区县、学校要结合实际创造性落实《改进意见》，市教委、市政府教育督导室将定期组织督导检查。

本意见自 2014 年 11 月 27 日起实施。

2014 年 10 月 27 日

北京市中小学语文学科教学改进意见

为充分发挥语文学科在立德树人方面的重要作用，落实培育和践行社会主义核心价值观要求，更好地推进全市中小学语文教育教学内涵发展和质量提升，有效解决当前语文教学中优秀传统文化内容彰显不足、经典文学作品阅读量不够、作文教学程式化、语文教学与其他学科以及社会实践整合不够充分等方面的深层次问题，现就改进中小学语文教学提出以下意见。

一、严格按照课程标准组织教学，加强学段间衔接

第一条　小学 1～2 年级重点关注学生正确掌握拼音、笔顺、握笔姿势等基础内容。3～4 年级培养学生独立识字能力，初步学会默读、略读，乐于与他人交流阅读感受。5～6 年级重点培养学生从文字材料中获取和处理信息的初步能力。

第二条　初中加强词句的理解和使用，强化学生语文阅读和写作的基本能力。高中突出基础性和选择性，全面提高读写能力、独立思考和批判性思维能力。

二、传承经典，把中华传统文化经典、革命历史题材作为语文阅读和写作教学的基本素材

第三条　在教学中重视对国学经典文化的学习，重视历史文化的熏陶，加强与革命传统教育的结合，使学生了解中华文化的悠久历史，增强民族文化自信和价值观自信，使语文教学成为涵养社会主义核心价值观的重要源泉之一。

第四条　小学重点培养学生热爱中华优秀传统文化的感情。可以通过讲故事、阅读连环画等形式，了解中华传统文化的丰富多彩，了解重大历史事件和革命英雄人物事迹。为学生精选蒙学读物和古诗词等优秀国学经典，通过熟读成诵，提高学生对中华优秀传统文化的认知程度。

第五条　初中积极引导学生认识我国统一多民族国家的历史文化传统。通过与课内古诗文相关联的作家、作品，增加学生国学经典的阅读数量。为学生推荐表现中国人民为了解放事业前赴后继、英勇斗争的革命历史作品，有效对学生开展革命传统教育。

第六条　高中积极引导学生感悟中华优秀传统文化的精神内涵。可以采用专题学习的形式，加深学生对中华璀璨国学文化、悠久历史文化的了解，教育学生弘扬民族精神，传承民族文化，发扬传统美德。可以基于校本课程，选择经典国学作品以及重要革命文献，有重点地指导学生进行研读。

三、切实加强学科思想、经验培养，在运用中学习语文

第七条　重视汉字书写、书法、楹联等中华优秀传统文化内容的学习。小学低年级通过活泼的教学形式培养学生学习语文的浓厚兴趣。中、高年级培养学生掌握语言应用规律，引导学生关注语言应用的实际效果。

第八条　初中要聚焦语言运用，引导学生掌握随文学习的基本词汇、语法知识、常用的修辞方法，体会实际运用效果。要重视听说读写的结合，加强语文学习与生活实际应用的联系。

第九条　高中鼓励学生养成独立思考、反思批判的习惯，课堂上提倡以相互交流和思想碰撞为特征的多重对话，注重在实践中提高学生运用语言文字的水平。

四、积极拓展阅读视野，提升阅读能力

第十条　小学1～2年级通过讲故事、游戏、诵读、角色扮演等形式培养学生的阅读兴趣和习惯。3～4年级指导学生读懂单篇文章，理解重点内容。5～6年级注意篇章整体阅读，品读重点段落，基本理解作品内涵。

第十一条　初中扩大学生阅读视野，提升学生的思维品质。提倡整体阅读、主题阅读、比较阅读，读懂一般科技类和说明类文章。高中引导学生研读文本，品味优秀作品，感受作品的思想和艺术魅力，发展想象力和审美能力。提倡专题阅读、比较阅读，读懂社科类和评论类文章。

五、不断丰富阅读资源，加强方法指导

第十二条　小学1～2年级精选适宜的启蒙读物，采用诵读、讲述和背诵等形式进行学习。3～4年级推荐不同文体的单篇短文、优秀传统文化读物。5～6年级推荐并配备中、长篇文章及适宜的多体裁文学名著。小学阶段每天安排一定时间组织学生独立阅读，着力培养阅读习惯。

第十三条　初中每学年阅读3部以上经典文学名著，高中每学年阅读5部以上文学名著及其他读物。教师要注重阅读方式和方法的指导，引导学生提升阅读品位，增加文化积淀，丰富精神世界。

六、有效加强学生写作能力培养

第十四条　小学培养学生细心观察社会生活、乐于表达内心思想。1～2 年级训练学生文字表达意思清楚、通顺规范。3～4 年级引导学生尝试运用积累的语言素材，注重写作的条理性。5～6 年级指导学生根据写作目的构建文章框架，做到较为熟练准确地表达真情实感。

第十五条　初中培养学生乐于表达、善于表达，鼓励以日记、随笔等形式积累写作素材。引导学生多角度观察生活，丰富情感体验，积极运用多种表达方式反映生活。要培养学生的思辨能力、口头表达能力，以及适应现实生活需要的实用类文章的写作能力。

第十六条　高中培养学生的观察能力、想象能力和表达能力，指导学生运用“微写作”等形式反映、分析和解决实际问题。鼓励教师当面批改学生习作。提倡写作教学与阅读教学的结合，实现相互促进。

七、扎实推进教与学方式转变，倡导开放学习

第十七条　积极拓展、整合教学资源，促进语文和其他学科教学的衔接。提倡把历史、地理、政治等学科内容作为语文学习的依托和背景，加强学习过程的开放性、体验性和实践性，构建满足学生个性需求的语文教与学方式。

第十八条　加强教学和社会实践的联系，将不低于 10％的课时用于以语文应用为主的综合实践活动，发展听说读写能力。鼓励学校和资源单位合作研发校本课程，走进中小学生社会大课堂实践基地，引进高校及研究机构优质语文教学资源，多渠道补充教育教学资源。

第十九条　支持设立学生读书俱乐部、辩论俱乐部、写作俱乐部等各类语文社团，充分发挥学生的积极性和主动性，跨年级、跨校常态化开展活动。鼓励社会单位和个人参与中小学语文教育教学，整合校内外资源，构建开放性语文学习模式。

第二十条　充分发挥信息技术优势，推动各类语文主题俱乐部

开展网上交流，利用网络系统记录俱乐部活动过程、积累活动成果。中学生活动成果记入学业评价档案，纳入综合素质评价。

八、不断深化学习评价方式改革

第二十一条　对每一个小学生的成长作个性化动态记录。初中开始完整记录学业成绩，突出评价学生的语言运用能力、独立思考能力等语文综合素养。中、高考语文试卷中增大古诗文、现代文阅读量，增加优秀传统文化内容考查，适当增加主观题的比例，设置“可选择性”作文命题。

北京市中小学英语学科教学改进意见

为更好地推进中小学英语学科教学内涵发展和质量提升，有效解决当前英语教学中学生综合语言运用能力不强、各学段教学衔接不够紧密、评价方式单一等深层次问题，现就改进英语学科教学提出以下意见。

一、严格按照课程标准组织教学

第一条　小学阶段严格按照课程标准一级、二级目标的要求进行教学，一年级坚持“零起点教学”，六年级毕业达到二级目标的要求，禁止统考统测。初中阶段严格按照三级、四级、五级目标的要求进行教学，九年级毕业时达到五级目标的要求。普通高中按照六级、七级目标的要求进行教学，高中阶段各类测试不得超过七级目标要求。

二、有效落实各学段教学重点

第二条　小学英语教学注重激发学生学习兴趣，培养学生语言感知能力，形成良好的语音语调和大胆开口说话的习惯。小学低年级侧重听说训练，能看懂简单教学节目、进行简单交际。小学中高年级适当增加读写训练，能读懂简单故事、短文，能写出简短语句。

第三条　初中英语教学要引导学生在小学基础上巩固辨音能力、模仿能力、记忆能力和语言基础知识，发展语言基本技能，初步形成综合语言运用能力。关注学生英语学习信心的培养，把握教学难度和进度，使学生获得英语学习的成就感。

第四条　高中英语教学要进一步发展学生综合语言运用能力，着重提高学生用英语交流表达、获取信息、处理信息、分析问题和解决问题的能力。鼓励学生尝试运用英语进行思维，为学生进一步发展创造条件。

三、积极培养学生英语运用能力的发展

第五条　小学阶段要引导学生通过模仿、体验、参与等活动感知语言、内化语言，发展学生听说技能。小学毕业时能运用英语进行简单交流，会唱英语儿童歌谣。

第六条　初中阶段重点培养学生英语听说能力。引导学生通过体验、实践、运用等活动提升语言能力。关注学生英语阅读兴趣和能力培养，保证一定的英语课外阅读量。

第七条　高中阶段注重发展学生的综合语言运用能力，使其能够围绕熟悉话题进行交流。进一步培养学生阅读和写作实践能力，使其能读懂供高中学生阅读的原著简写本及英语报刊、英语用户手册等，能写通知、邀请函等应用文。

四、切实转变学科教与学方式

第八条　加强英语学习的开放性和实践性，将学科不低于10％的课时用于学生走进社会。利用网络向学生推送趣味英语学习资源。鼓励学生通过模仿、体验、实践、探究等活动提高英语表达和交流能力。要用好广播电视、有声读物、英文歌曲、影视作品、网络等英语学习资源，特别为农村学校补充绘本故事、有声读物、歌曲童谣、影视作品等形式的英语学习资源。

第九条　小学阶段要设计贴近生活、时代的教学方式，广泛开展讲故事、课本剧、观看英语节目、英语文化节、歌曲演唱等活动，鼓励学校引进外籍教师教学、参与国际交流活动。

第十条 初中阶段要广泛开展英语角、英语阅读活动、听说园地、戏剧表演、英语演讲等活动，有条件的学校可以进一步拓宽语言应用实践渠道。学校增加图书馆英语图书报刊数量，丰富英语学习资源。

第十一条 高中阶段要用好外籍教师和国际学校资源，广泛开展英文校园电台、歌曲演唱、英语辩论、英语沙龙等活动，鼓励学生参与与英语相关的志愿者活动，有条件的学校可以参与有组织的国际学生交流活动。

五、科学设计个性化作业

第十二条 要为学生科学设计个性化作业。可以采用涂色、配图、歌曲演唱、对话表演、海报制作等形式增加作业的趣味性、应用性。作业形式兼顾口头与书面，使学生拥有自主选择作业内容、形式的空间。教师要适当增加作业面批次数，及时批改作业、反馈作业情况。

六、积极推进学习评价改革

第十三条 要围绕综合语言运用能力发展建立学业评价体系。建立体现学生发展的个性化学习档案机制，小学以激励学习兴趣和信心为主，全面记录学生参与学习活动的情况；初中开始完整记录学业成绩，对学生发展情况进行评价。

第十四条 中考按照课程标准五级目标的要求命题，高中毕业考试不超过课程标准七级目标的要求命题。中高考强化对学生英语听说能力的考查，不过分强调对语法知识的考查，考察学生通过“泛读”、“速读”，从阅读材料中获取、分析信息答题的能力以及初步的英语实用写作能力。

北京市初中科学类学科教学改进意见

为更好地推进初中物理、化学、生物、地理等科学类学科教育教学内涵发展和质量提升，切实解决科学类学科教学方式单一、实验教学薄弱、学生缺乏想象力和创造力等深层次问题，现就改进初中科学类学科教学提出以下意见。

一、严格按照课程标准组织教学

第一条　严格按照课程标准组织教学，准确把握学科本质，合理确定教学目标，科学安排教学进度，不得随意增加教学难度、减少实验课时。

二、切实加强学段衔接和学科整合

第二条　选择综合性主题，整合物理、化学、生物、地理等学科知识内容和能力培养，采用观察、实验、制作、参观、调查等活动方式，引导学生体验科学与生活的联系，体验科学方法的应用。

第三条　物理、化学学科，在初一年级整合校本课程，每周1课时开展比较系统的科学活动，渗透理化生地等学科知识和能力培养。在初二年级开展每月1～2课时的开放实验指导课，指导学生开展小实验、小制作等科学活动，重点提高学生的实验探究能力。

三、有效加强课堂教学与社会实践的联系

第四条　强调在实践中学习科学知识。充分利用学生日常生活中的科学问题，组织学生开展探究学习活动，激发学生的想象力和创造力，保护和激发学生的好奇心和求知欲，为学生创设独立思考和实践的机会。

第五条　加强实验教学，确保完成课程标准中规定的学生必做实验，指导学生在探究、应用过程中体会概念之间的联系，深化认识和理解。

第六条　鼓励和引导学生走出课堂，将科学类学科不低于

10%的课时用于开放性科学实践活动。依托CMIS系统和信息技术手段，对学生参加开放性科学实践活动情况进行记录、评价和反馈。

第七条 丰富科学类学科教学的实施形式，倡导“玩中学”“做中学”，市、区县、学校研制开放性科学实践活动的主题、标准和机制，为学生提供丰富的体验、合作、探究类的学习活动，由学生自主选择。

第八条 加强与社会教育机构的合作，通过购买服务，市、区县两级共同推动整合利用博物馆、科技馆、大学实验室和图书馆等社会资源。依托北京数字学校、高中开放式重点实验室以及翱翔计划、雏鹰计划提供的各类课程资源，在市、区县、学校网站上为学生提供综合实践活动菜单式服务，提供丰富的“实验”学习资源选择。同时，加强教育教学配套资源建设。

第九条 开放性科学实践活动要具有一定的水平，符合教育部门规定的质量标准，要覆盖到所有类型初中学校。开放性科学实践活动可安排在周末进行，要加强和规范开放性科学实践活动的管理，保证参加活动师生的安全。

四、科学设计个性化科学作业

第十条 丰富作业形式、增强作业趣味性，兼顾书面作业与实践类作业，为学生提供作业内容和形式的自主选择机会。

五、积极推进学习评价改革

第十一条 围绕学生科学素养、实践能力和创新精神的发展建立学业评价体系，建立体现学生发展的个性化学习档案，全面记录学生参与学习活动的情况。

第十二条 学生初中三年参与开放性科学实践活动的考核情况纳入中考评价体系，按一定比例折算计入中考物理、化学学科成绩。

北京市教育委员会

关于印发北京市教育系统食品安全快速检测设备使用管理办法（试行）的通知

京教勤〔2014〕6号

各区县教委，各高等学校、中等专业学校：

《北京市教育系统食品安全快速检测设备使用管理办法（试行）》已经市教委2014年第16次主任办公会审议通过，自2014年12月20日起施行。现印发给你们，请遵照执行。

2014年11月15日

北京市教育系统食品安全快速检测设备使用管理办法（试行）

第一章 总 则

第一条 为有效防控学校食品安全隐患，提高学校食品卫生管理水平，加强全市学校配备的数字化食品安全快速检测设备（以下简称“检测设备”）的管理，协助政府有关部门采集食品安全相关数据，根据《中华人民共和国食品安全法》《北京市食品安全条例》等法律法规，制定本办法。

第二条 本办法适用于市教委为学校配备的检测设备的使用、维护等管理工作。

第二章 管理机构及职责

第三条 市教委负责全市教育系统检测设备的统筹监管和政策制定；指导学校做好检测结果的食品安全预警，协调有关突发事件处置。

第四条 各区县教委指定其食品安全主管部门负责本区县检测设备的管理使用等有关统筹协调工作。区县教委指定的业务部门（中小学保健所、中心校等）为检测单位，设置专人和资金保障，按要求做好检测设备的日常管理、维护和使用工作，按北京市教育系统食品安全中心检测室（设于中国农业大学食品科学与营养工程学院）下达任务对辖区中小学幼儿园食品安全项目进行抽检和上传检测数据，并做好相关风险控制和突发事件处置。

第五条 北京学校后勤事务中心按照市教委的要求负责做好全市教育系统检测设备及试剂的配备；负责检测设备全系统使用情况的日常监管和检查；负责检测网络的整体维护和开展相关培训等工作；参与协调有关突发事件处置工作。

第六条 各高校、中等专业学校等检测单位按要求做好检测设备的日常管理、维护和使用工作，按中心检测室下达的检测任务对本校食堂食品安全项目进行检测并上传数据，并做好相关风险控制和突发事件处置。

第七条 北京市教育系统食品安全中心检测室（以下简称“中心检测室”）根据要求制定全市教育系统食品安全检测任务，并向各终端检测单位下达年度检测任务；收集、统计、汇总、分析全市教育系统各级各类学校上传的检测数据，并按有关部门要求提供并上传数据；配合市教委对各终端检测单位不定期抽检；完成学校食品安全检测技术有关支撑工作；参与对终端检测人员开展营养与食品安全等培训。

第八条 检测设备的中标厂商应按合同要求完成检测设备及相关配套检测试剂的生产、送货、安装，检测网络平台的建设、维护和正常运转，系统的升级维护等售后服务和培训工作。

第三章 日常管理及使用

第九条 各检测单位要将检测设备统一纳入本单位固定资产管理；指定专人负责检测设备的日常检测及使用维护工作，明确实操人员岗位职责。

第十条 各检测单位的检测设备实操人员要严格履行本岗位工作职责，负责检测设备的安全操作、维护保养和检测试剂、化验药品的安全保管，配合中心检测室完成抽检取样工作，并按要求完成中心检测室下达的常规检测任务，实时上报检测数据。按要求参加市教委和中心检测室举办的培训。对发现的可能存在的食品安全隐患及时报告本单位食品安全负责人处置，做好使用、维护记录，不得擅自修改记录。

第十一条 各检测单位要为检测设备配备必要的运行保障设施、环境条件和网络安全保障。要有足够检测设备平稳运行和开展检测工作的空间面积，至少保证三平方米，设有固定的操作台、电源、上下水管道、存放试剂冰箱、中心温度计和通风设施，并具备上传检测数据的网络条件，符合设备要求的温度湿度等环境条件。检测设备周围应保持整洁，不得堆放易燃、易爆、剧毒和强腐蚀性等物品，严防各类事故发生。

第十二条 各检测单位要按要求完成中心检测室下达的检测任务，包括检测种类和检测数量，做好样品备份，做到检测数据实时上传，并配合做好中心检测室的不定期抽检工作。在完成检测任务的基础上，各单位可根据自身需要对食堂食品安全状况进行检测。

第十三条 各检测单位要做好数据的保密工作，不得对外发布检测数据等相关信息，确保检测数据安全。

第十四条 各检测单位要做好食堂食品安全风险防控工作，建立相应的应急处置机制，完善相关预案和响应流程，对检测数据异常的，各单位视具体情况，可向中心检测室申请复检。复检确定存在安全问题的，学校应按照应急预案做好问题食品的处置，记录台账并上报当地教育行政部门和食品药品监管部门。

第十五条 各单位要按照本办法做好检测设备的维护和使用，包括配套检测试剂的配备，确保检测设备正常运转和发挥效用。

第十六条 对检测设备进行维修应由生产厂家完成，各检测单位应留存相关记录并进行归档，不得擅自拆装修理。

第十七条 对需要报废的检测设备，由各使用单位按固定资产相关文件规定的审批程序和报批权限办理，同时报北京学校后勤事务中心备案。

第十八条 各检测单位对检测设备及试剂的接收、调配、使用、维护、维修等相关环节要建立台账进行登记，做到可追溯。因检测单位操作不当或者其他未尽到妥善保存义务等造成检测设备损毁的，由检测单位重新购置同类型检测设备。

第十九条 对不按规定使用检测设备的，检测数据不报、瞒报、漏报的，未对风险食品采取防控措施的检测单位，市教委将责令其限期整改，对拒不整改或整改不力的，将在全市教育系统中通报。

第四章 附 则

第二十条 各检测单位要结合本单位实际情况，制定相关使用管理办法的实施细则。

北京市教育委员会

关于实施教育部《小学管理规程》的意见

京教基一〔2014〕13号

各区县教委：

为深入贯彻教育部2010年新修订的《小学管理规程》（以下简称《规程》），推进依法治教，规范办学行为，提高教育质量，根据《规程》的规定，结合我市小学教育实际，经市教委2014年第14次主任办公会研究，现就北京市实施《小学管理规程》提出以下意见。

一、充分认识《规程》对小学教育发展的重要意义

（一）贯彻落实《规程》是推进依法治校的必然要求

《规程》是国家规范小学内部管理的基本行政规章，是《中华人民共和国教育法》、《中华人民共和国义务教育法》、《中华人民共和国教师法》等有关教育法律、法规在小学工作中的具体体现，是国家对小学工作的最基本要求，具有基础性、系统性和全面性。《规程》的实施对于全面推进依法治教具有重要意义。

（二）贯彻落实《规程》是深化教育改革的重要内容

当前，首都正在深化基础教育领域综合改革，深入推进管办评分离，完善学校内部治理结构是其中重点之一。《规程》是管好学校、办好学校、评好学校的重要依据，《规程》的实施对于完善现代学校制度具有重要意义。

（三）贯彻落实《规程》是规范办学行为的基本体现

《规程》涉及小学管理的各个方面，明确了学校管理中各个环节和参与者的行为规范，《规程》的实施不仅对于教育工作者规范办学行为具有重要作用，对于保障教育者和受教育者的权益也具有重要意义。

二、进一步明确贯彻《规程》的指导思想

（一）坚持依法治教

从贯彻《中华人民共和国教育法》《中华人民共和国义务教育法》《中华人民共和国教师法》《北京市实施〈义务教育法〉办法》、教育部《全面推进依法治教实施纲要》（教政法〔2012〕9号）等法律法规和政策文件的高度，抓好《规程》的实施。

（二）坚持规范管理

要把《规程》的贯彻实施落实到提高小学办学水平和效益上来，落实到提升小学育人质量上来，落实到提高基本公共教育服务水平上来。

（三）坚持实事求是

既要根据教育部的总体要求，适应全面实施素质教育的需要，全面落实《规程》的各项要求，又要结合首都教育综合改革形势和小学教育发展工作实际，突出工作重点，加强对薄弱环节的管理。

三、准确把握《规程》有关条款的具体实施要求

（一）准确把握《规程》的适用范围。主要适用于城市小学、农村完小。农村完小以下的学校可参照执行。

（二）准确把握教育部对《规程》的修订要求。根据2006年修订的《义务教育法》、2008年修订的《北京市实施〈义务教育法〉办法》，做好《规程》第十条、第十二条的贯彻落实工作。

（三）小学的修业年限一般为6年。经市教委同意，各区县可根据实际，在条件具备的学校适当开展学制改革实验。区县、学校可结合实际，开展九年一贯制实验。

（四）坚持免试就近原则做好小学入学工作。坚持政府统筹，规范入学程序，依法保障适龄儿童少年接受义务教育的权益。积极推行学区制和九年一贯对口招生。具体实施办法由各区县教委根据市教委当年发布的义务教育阶段入学工作意见，结合区县工作实际制定。

（五）小学要按《中华人民共和国未成年人保护法》、《中华人民共和国义务教育法》及《北京市实施〈义务教育法〉办法》有关规定接纳残疾儿童入学，入学年龄可根据其残疾程度适当放宽。本市户籍适龄儿童因身体状况需要延缓入学的，按照学籍管理文件的规定向区县教委提出申请、办理缓学手续。

（六）依法保障随迁子女接受义务教育。结合北京市城市发展规划，依法保障符合条件的来京务工人员随迁子女平等接受义务教育。坚持“以输入地政府管理为主、以全日制公办中小学为主”的原则，将常住人口全部纳入区域教育发展规划，将随迁子女教育全部纳入财政保障范围。

（七）小学教学班额按照北京市中小学校办学条件标准要求设置，小学每班学生人数原则上不超过 40 人。今后一定时期内，生源激增、入学矛盾比较突出的地区，可适当放宽，但每班不得超过 45 人。

（八）小学的学制、入学注册、学籍变动和信息安全等关涉学籍的问题严格按照教育部《中小学生学籍管理办法》（教基一〔2013〕7 号）和《北京市中小学校学生学籍管理办法》（京教基二〔2014〕4 号）执行，学籍建立及变动情况由区县教委审核，报市教委备案。

（九）小学原则上不得留级。学生及其家长主动提出、确有需要的可以留级，具体操作按照教育行政部门关于学业成绩管理等有关规定执行，并在学籍档案中进行相应处理。学校要积极做好学习困难学生的辅导、帮扶和干预工作，做到因材施教，平等对待每位学生，促进学生全面发展、健康成长。

（十）学校要积极培育和践行社会主义核心价值观，教育引导学生把社会主义核心价值观内化为精神追求、外化为自觉行动。坚持培育和践行社会主义核心价值观与中华优秀传统文化教育相结合，贯彻落实教育部《完善中华优秀传统文化教育指导纲要》（教社科〔2014〕3号），引导学生增强民族文化自信和价值观自信。坚持课堂教育与实践教育相结合，充分利用市、区县社会大课堂资源，加强学生实践体验活动载体和平台建设，着力强化学生实践体验，引导学生在认知理解基础上自觉践行社会主义核心价值观。

（十一）严格执行国家和北京市义务教育课程计划。依照课程标准设置课程、开展教学。确保中小学生每天1小时体育锻炼时间并保证质量。积极开展课程改革，整合优化三级课程，拓展学生发展平台，增强学校课程的适应性、综合性和选择性。

（十二）规范小学教学用书管理。严格按照教育部和市教委关于中小学教科书选用办法的规定，由各区县教科书选用委员会研究决定，统一从当年审定、对外公布的用书目录选用教材。学校不得向学生推销用书目录以外的教学用书、学习资料。选用实验教材的学校须经区县教委批准后，由市教委备案，按照教育部和市教委关于做好义务教育课程标准实验教材选用工作有关规定执行。

（十三）小学要落实教育部和北京市有关减轻学生课业负担、规范教学行为和学科教学改进等文件精神，深化综合改革，着力规范教学管理、作业教辅、考试测试、评价评选等教学行为，把减负落实到教育教学各个环节，不断提高育人质量。

（十四）积极推进小学评价改革。坚持科学的教育质量观，贯彻落实教育部《关于推进中小学教育质量综合评价改革的意见》（教基二〔2013〕2号），改进评价的内容、方式和手段，遵循学生身心发展规律和教育教学规律，积极探索以学生发展为核心、适应新课程标准、体现素质教育要求的小学教育质量评价制度。组织做好小学生综合素质评价，促进小学生全面而有个性的发展。

（十五）严格规范竞赛工作管理。取消各级教育行政部门、教研部门等组织的各类等级证书考试和学科竞赛活动，严禁将各种竞赛成绩、奖励证书作为入学主要依据。同时，鼓励学生全面发展、培养兴趣、发展特长，学校要积极创造条件，组织开展好课外活动和社会实践活动。

（十六）完善学校内部治理体系。按照教育部《全面推进依法治校实施纲要》（教政法〔2012〕9号）要求，推动学校依法治校、自主办学、民主管理。健全和完善小学内部管理制度，加快推进学校章程建设，健全家长教师协会或家长委员会机构，推进现代学校制度建设，完善学校内部治理体系，保障校长、干部和教师以及学生的合法权利。

（十七）严格按照校历做好学期工作安排。小学不得随意停课，如遇重大疫情、极端天气等特殊情况必须停课的，根据北京市和本区县应急预案，视预警等级采取相关措施做好应急工作。学校遇有特殊情况必须停课或确需调整校历安排的，按照《规程》第二十五条要求执行，停课1天以上、3天以内的须经区县人民政府批准。

（十八）小学要重视与学前教育和初中教育的衔接。坚持育人为本，适应教育规律和学生身心发展规律，加强人才培养的系统性、整体性和协同性。抓住环境认知、学习活动、管理方式、心理调适等关键环节，积极做好小学、初中学段衔接，做好小学入学和毕业教育。除农村偏远地区外，小学原则上不得举办学前班，防止学前教育小学化倾向。

四、认真做好《规程》的贯彻落实

（一）组织开展《规程》的学习和宣传

各区县和学校要充分认识《规程》在小学教育管理中的地位和作用。组织校长和教师开展培训，引导干部教师加强政策法规的学习，增强依法治教、科学管理的意识，增强规范办学和全面育人的意识，增强贯彻教育方针政策的自觉性。

（二）重视推进《规程》的贯彻和实施

各区县要结合实际，制定或修订本区县关于本意见的实施细则。做好贯彻实施工作，将其纳入工作计划，列入常规工作，充分运用《规程》加强对小学工作的规范管理。指导学校根据《规程》要求修订和完善学校的有关管理制度。

（三）做好《规程》落实的自查和总结

区县要根据当地实际，针对不同地区不同类型学校，分类指导，总结和梳理《规程》贯彻实施中遇到的问题、经验，并适时组织开展《规程》实施情况自查，并加强经验的宣传和推广，整体提高小学育人质量和办学水平。

本意见自2014年12月19日起施行。市教委《关于印发〈北京市实施〈小学管理规程〉的意见（试行）〉的通知》（京教基〔1997〕061号）废止。

各区县要结合实际认真贯彻落实，实施中如有问题和建议，及时向市教委基础教育一处反馈。

2014年11月19日

北京市教育委员会

关于印发北京市学生金帆艺术团和北京市学生金鹏科技团管理办法的通知

京教体艺〔2014〕22号

各区县教委：

《北京市学生金帆艺术团管理办法》、《北京市学生金鹏科技团管理办法》已经市教委 2014 年第 13 次主任办公会审议通过，现印发给你们，请遵照执行。

2014 年 12 月 4 日

北京市学生金帆艺术团管理办法

第一章 总 则

第一条 根据党的教育方针和十八届三中全会精神，按照《学校艺术教育工作规程》（教育部令第 13 号）和《北京市中长期教育改革和发展规划纲要（2010～2020 年）》相关要求，为促进北京市学生金帆艺术团的建设和发展，提高学生审美和人文素养，制定本办法。

第二条 北京市学生金帆艺术团是北京学生活动管理中心负责管理的北京市中小学生艺术团队，简称“金帆团”，由器乐、声乐、舞蹈、戏剧等分团组成。经评审认定后，由市教委命名。

第三条 金帆团以“立德树人”为根本任务，以“向真、向美、向善、向上”为宗旨，以“全面育人、引领示范、追求卓越”为目标，以“扬起理想风帆，驶向成才彼岸”为理念。培育“持之以恒、拼搏创新、奋进攀登”的金帆精神，彰显“公平、优质、创新、开放”的首都现代教育体系特色，塑造具有中国风范和北京品质的金帆文化。在培育和践行社会主义核心价值观、提高学生审美和人文素养、展示艺术教育成果、推动学校文化建设、传承优秀文化、建设精神家园、开阔国际视野等方面发挥引领和示范作用。

第二章 组织管理

第四条 市教委宏观指导金帆团工作，研究制定金帆团的发展方向，以及相关方针和政策。

第五条 北京学生活动管理中心承担管理金帆团的职责，下设金帆团秘书处、工作指导委员会、专家指导委员会和业务指导委员会。

（一）金帆团秘书处负责金帆团的日常管理工作。

（二）工作指导委员会由市、区县教委及学校行政管理人员组成，负责研究制定金帆团的规划和指导金帆团的建设。

（三）专家指导委员会由艺术家、学者和教研人员组成，负责指导和推动金帆团的专业发展。

（四）业务指导委员会由专业教师和教研人员组成，负责金帆团的专业拓展和研修活动。

第六条 区县教委负责管理辖区内的金帆团，保障金帆团的建设和发展。

第七条 金帆团承办学校应建立各分团组织机构、健全管理机制、制定管理制度。团长由校级领导担任，对承办工作全面负责。具备条件的分团应建立家长委员会和学生自主管理委员会，共同参与管理。

第八条 金帆团按艺术项目实行项目总监负责制，项目总监人选由秘书处提名产生并负责管理。

第三章 验收评审

第九条 北京学生活动管理中心每三年对金帆团进行验收和评审。

第十条 申报承办金帆团的学校须具有北京市中小学艺术教育特色学校称号。原承办学校已承办的项目成绩突出，且符合相关条件，可申请新增项目。

第十一条 申请承办金帆团的学校或新增项目的承办学校，需向区县教委提交申请报告，区县教委初审合格后报秘书处进行资格审核，经专家组考察评审后报市教委，对合格的学校予以命名。

第十二条 由市教委命名的金帆团承办学校，要按要求接受验收评审。验收不合格的，取消金帆团承办学校资格。

第四章 支持保障

第十三条 市教委向市财政申请专项经费对金帆团给予补贴，专款专用。区县教委每年要安排专项经费，对学校金帆团训练、演出、交流、设施设备等予以保障和支持。不得强制或变相要求学生自费购买、更换乐器、服装、道具等装备。

第十四条 承办学校要为金帆团配备具有较强业务知识和能力、能胜任工作的本校在职、在编专业教师负责教学和管理工作，确保教师参加专业进修培训、业务研究，并享受应有的待遇。

第十五条 承办学校要建立科学、合理的团员招收机制和制度。按照自愿参与的原则，面向全体学生招收热爱艺术、品学兼优、学有所长的团员。并对团员注册登记、建立档案、颁发团员证。

第十六条 承办学校要为金帆团提供满足开展日常活动、符合专业要求的场地及设备（施），并制定相应的管理制度。

第十七条 承办学校可向具有资质的社会团体、机构购买专业服务或聘请德艺双馨的专业人员参与金帆团的教学和辅导工作，并支付合理报酬。

第五章 工作要求

第十八条 承办学校要大力倡导立美为先，育人为本，防止学校艺术教育出现特殊化、技术化和功利化的倾向。遵循“以普及促进提高，以提高带动普及”的原则，尊重学生的兴趣爱好，满足个性化发展的需求，关注学生全面发展，从而促进承办学校艺术教育水平的整体提升。

第十九条 承办学校要结合承办的项目不断改进美育教学，强化中华优秀传统文化教育，开展艺术课程建设。

第二十条 承办学校要加强金帆团文化建设，将金帆精神和金帆文化融入学校的文化建设中。

第二十一条 承办学校要采取建立联盟、结对帮扶等多种形式，发挥金帆团的辐射带动作用，提升北京市学校艺术教育的整体发展水平。

第二十二条 金帆团要坚持弘扬中华优秀传统文化与学习借鉴国外优秀文化成果相结合。增加中华优秀传统文化内容比重，高度重视培育学生的民族自信心、自豪感。

第二十三条 金帆团每年都要举办专场演出，积极参加金帆日、北京市学生艺术节等艺术实践及社会公益活动。

第二十四条 金帆团要规范使用金帆团名称、团旗、团徽。

第二十五条 金帆团严禁参与任何形式的商业性活动，不得组织学生参加社会艺术考级，训练、演出不得影响学校的教育教学秩序。

第二十六条 鼓励金帆团赴国内外进行交流、演出、比赛等艺术活动，出访手续严格按照相关要求办理。

第二十七条 金帆团组织活动时要制定相关预案，对学生进行安全教育，按规定为学生购买保险。

第六章 其 他

第二十八条 市、区县教委及承办学校要建立表彰制度，对在国内外活动中取得优异成绩、贡献突出的金帆团给予奖励；对金帆团优秀的教师和团员给予表彰。

第二十九条 对违反本办法的金帆团承办学校，视情节轻重，将采取限期责令改正等措施，直至取消承办资格。

第七章 附则

第三十条 区县教委根据本办法制定区县实施细则。

第三十一条 市教委对本办法具有最终解释权。《北京市学生金帆艺术团管理办法（暂行）》（京教体美〔2005〕18号）同时废止。

第三十二条 本办法自2015年1月1日起施行。

北京市学生金鹏科技团管理办法

第一章 总 则

第一条 根据党的教育方针以及《全民科学素质行动计划纲要（2006～2010～2020年）》《北京市中长期教育改革和发展规划纲要（2010～2020年）》，为加强和深化素质教育，促进北京市学生金鹏科技团的建设和发展，制定本办法。

第二条 北京市学生金鹏科技团是由北京学生活动管理中心负责管理的北京市中小学生科技团队，简称“金鹏团”，由机器人、模型、生命科学、天文、地球与环境、电子与信息等项目分团和校外分团组成。经评审认定后，由市教委命名。

第三条 金鹏团以“立德树人”为根本任务，以“培育和践行社会主义核心价值观，全面提升学生科学素质、培养专业后备人才”为宗旨，坚持“锐意进取、知行合一”的理念，培育“脚踏实地、搏击长空”的金鹏精神，在培养学生专业志趣、强化学校办学特色、展示北京科技教育成果等方面发挥引领与示范作用。

第二章 组织管理

第四条 市教委宏观指导金鹏团工作，研究制定金鹏团的发展方向，以及方针和政策。

第五条 北京学生活动管理中心承担管理金鹏团的职责，下设金鹏团秘书处、工作指导委员会、专家指导委员会和业务指导委员会。

（一）金鹏团秘书处负责金鹏团的日常管理工作。

（二）工作指导委员会由市、区县教委及承办单位行政管理人员组成，负责研究制定金鹏团的规划和指导金鹏团的建设。

（三）专家指导委员会由科技专家、科技教育专家与科技骨干教师等组成，负责研究、指导、推动金鹏团的能力建设和专业发展。

（四）业务指导委员会由专业教师和教研人员组成，负责金鹏团的专业拓展和研修活动。

第六条 区县教委负责管理辖区内金鹏团，保障金鹏团的建设及发展。

第七条 承办单位要建立各金鹏分团组织机构、健全管理机制、制定管理制度。团长由校级领导担任，对承办工作全面负责。具备条件的分团要建立家长委员会和学生自主管理委员会，共同参与管理。

第三章 评审认定

第八条 北京学生活动管理中心每三年对金鹏团进行验收和评审。

第九条 申报承办金鹏团的单位（校外教育机构申报金鹏团另行规定）须具有北京市中小学科技教育示范学校称号。原承办单位已承办的项目成绩突出，且符合相关条件，可申请新增项目。

第十条 申请承办金鹏团的单位，须向本区县教委提交申办报告。区县教委初审合格后报金鹏团秘书处进行资格审核。经专家组考察评审后报市教委，对合格的学校予以命名。

第四章 支持保障

第十一条 市教委向市财政申请专项经费对金鹏团给予补贴，

专款专用；区县教委要安排专项经费，支持辖区内金鹏分团开展学习、实践和交流活动。

第十二条 承办单位要吸纳品学兼优、对承办项目有兴趣爱好、学有所长的学生加入金鹏团成为团员，注册登记，颁发团员证。团员人数应达到承办项目所规定的数量，每年新吸收的团员人数应不少于团员总人数的30%。金鹏团应建立人才培养梯队，完善相关管理机制。

第十三条 承办单位要为金鹏团配备具有较强业务知识和能力、能胜任工作的本单位教师负责教学和管理工作，确保教师参加专业进修培训、业务研究活动，并享受相应的待遇。

第十四条 承办单位可向具有资质的社会团体、机构购买专业服务或聘请德才兼备的专业人员参与金鹏团的教学和辅导工作，并支付合理报酬。

第十五条 承办单位要为金鹏团提供必要的场地和设备（施），并制订相应的管理制度。

第五章 工作要求

第十六条 承办单位要加强金鹏文化建设，将金鹏精神和金鹏文化融入到学校的文化建设中，形成“学科学，爱科学，用科学”的科技教育氛围。

第十七条 金鹏团要坚持普及与提高相结合的原则。尊重学生的兴趣爱好，满足个性化需求，为全体学生搭建学习、交流、展示的平台。

第十八条 金鹏团要结合承办的项目，研发并开设校本课程，完善课程体系建设。

第十九条 金鹏团要积极参加北京市学生科技节、科技周、全国科普日活动及国内外的科技竞赛、展示交流活动，有计划地组织科技实践活动及社会公益活动。

第二十条 金鹏团工作的档案资料由专人负责收集和管理。

第二十一条 金鹏团要积极承办市、区级科技教育活动，通过建立项目联盟、“手拉手”学校等多种形式，发挥辐射带动作用。

第二十二条 金鹏团开展活动时要制定相关预案，对学生进行安全教育，按规定为学生购买保险。

第二十三条 金鹏团要严格规范使用金鹏团的名称、团徽、团旗、团员证等。

第二十四条 鼓励金鹏团赴国内外进行比赛或交流等科技活动，出访手续严格按照相关要求办理。

第六章 其他

第二十五条 市、区县教委及承办单位要建立保障制度，对在国内外活动中取得优异成绩、贡献突出的金鹏团给予奖励；对金鹏团优秀的教师和团员给予表彰。

第二十六条 对违反本办法的金鹏团承办单位，视情节轻重，将采取限期责令改正等措施，直至取消承办资格。

第七章 附 则

第二十七条 区县教委根据本办法制定实施细则。

第二十八条 市教委对本办法具有解释权。《北京金鹏科技团管理办法》（试行）（京教体美〔2006〕10 号）同时废止。

第二十九条 本办法自 2015 年 1 月 1 日实施。

综　合

中共北京市委教育工作委员会
北　京　市　教　育　委　员　会
北京市人民政府教育督导室

关于印发 2014 年工作要点的通知

京教工〔2014〕5 号

各区县委教育工委、区县教委、区县政府教育督导室，各高等学校，各直管直属单位：

现将市委教育工委、市教委、市政府教育督导室《2014 年工作要点》印发给你们，请结合实际，认真贯彻落实。

2014 年 2 月 8 日

中共北京市委教育工作委员会
北　京　市　教　育　委　员　会
北京市人民政府教育督导室
2014 年工作要点

2014 年全市教育工作的总体要求是：全面贯彻落实党的十八大、十八届三中全会精神，深入贯彻落实教育中长期规划纲要，按照市委十一届三次、四次全会部署，解放思想、改革创新，统筹兼顾、突出重点，凝心聚力、狠抓落实，以立德树人为根本任务，深化教育综合改革，大力促进教育公平，全面提高教育质量，加强和改进教育系统党的建设，进一步提升首都教育现代化水平，使教育改革和发展的成果更多更公平地惠及人民群众，为推进首都可持续发展提供人才支持和智力支撑。

一、加强教育系统党的建设，为深化教育综合改革提供坚强保证

1. 认真学习贯彻党的十八届三中全会、习近平总书记一系列重要讲话和市十一届三次、四次全会精神。紧密结合教育系统实际，深入学习领会教育事业发展面临的新形势新任务新要求，加强党委理论中心组学习，组织开展主题报告、专家讲座、专题培训和师生宣讲等系列学习宣传活动，切实把广大干部师生的思想和行动统一到中央和市委的精神和部署上来。

2. 加强思想政治工作。贯彻落实全国宣传思想工作会议和全国高校党建工作会议精神，深入推进中国特色社会主义理论宣传教育，培育践行社会主义核心价值观。深入推进高校青年教师思想政治工作，实施思想引领工程，开展“中国精神”主题教育实践活动，举办“部长进校园”、“理论名家讲堂”等系列活动。加强高校党外人士的培养培训。

3. 加强党的组织建设。全面落实《北京高校党的建设2013～2017工作规划》，加强高校领导班子建设，提高领导干部的思想政治素质和推动学校科学发展的能力。完成第七次党建和思想政治工作先进普通高等学校评选，培育和推广高校服务型党组织建设品牌活动，推进学生党员先锋工程，建设党员和积极分子教育平台。加强离退休干部党支部建设。发挥好关心下一代工作委员会在大学生党建工作中的作用。指导中小学开展好党的群众路线教育实践活动。

4. 加强党风廉政建设。加强党的纪律建设，持之以恒纠正

"四风"。落实党风廉政建设责任制检查考核与监督机制。加强党风廉政宣传教育和廉政文化建设。深化廉政风险防控管理，加强对权力运行的制约和监督。加大案件查办力度。切实加强教育行风建设，开展专项检查，严格落实义务教育阶段招生工作纪律要求，继续开展教育乱收费专项治理工作。加大对高校招生工作的执法监察力度。加强领导干部经济责任审计，加大对预算执行与财务收支、基建修缮工程项目、科研经费等的审计力度。

5. 全力维护首都教育系统安全稳定。落实教育重大决策社会稳定风险评估机制。继续深入推进"平安校园"创建工作，完成30所高校的入校检查验收工作。切实做好重大活动、重点时段、重点领域的安保维稳工作。定期组织开展各级各类学校及周边突出问题隐患排查整治工作，稳步解决一批重点矛盾和突出问题。加大信访矛盾排查化解力度，做好群众来信来访工作。

二、深化教育综合改革，持续增强首都教育发展活力

6. 加强教育综合改革顶层设计。研究起草深化教育综合改革的实施意见，围绕制约首都教育可持续发展的重大问题和人民群众关心的教育热点难点问题，统筹推进教育综合改革，把改革创新贯穿到教育工作的方方面面，以改革促进公平，以改革提高质量，以改革增强活力，为实现首都教育现代化提供制度保障和政策支撑。

7. 探索推进管办评分离。进一步明确市、区县两级政府教育管理权责，加大教育统筹力度。加快转变政府教育管理职能，更多地运用法律法规、政策、标准、公共财政、信息服务等手段，完善教育管理体制和工作机制。规范行政审批，减少行政干预，做好重大决策合法性审查、教育行政救济等工作。深入推进依法治校，建立健全学校、幼儿园规章制度，完善学校内部治理结构，落实和扩大学校办学自主权。启动市属高校章程核准工作。探索委托社会组织开展教育评估监测。

8. 推进考试招生入学制度改革。在高考成绩、学业水平考试、综合素质评价三位一体的框架下，以中高考命题改革为切入点，制定实施2014～2016年中考中招改革、高考高招改革框架方案。改革优质高中招生名额分配到区域内初中的办法，分配比例提高到30%。坚持义务教育免试就近入学，推广学区制和九年一贯对口入学，完善义务教育阶段入学登记系统。规范特长生招生。加快推进职业院校分类招考，扩大高职学校自主招生改革试点。完善中小学电子学籍管理系统。

9. 完善教育经费保障和管理机制。增强市级教育经费统筹能力，优化投入结构，增加软性投入。加大对远郊区县及薄弱地区教育事业支持力度。完善教育拨款政策和投入机制，完善内部审计制度，强化经费监督，加强资产管理，全面推进预算绩效管理，切实提高经费使用效益。建立与研究生培养机制改革相适应的经费保障制度。

10. 引导民办教育健康发展。健全政府补贴、政府购买服务、助学贷款等制度，鼓励社会力量兴办有特色、高水平的教育，充分发挥民办教育在扩大和优化教育服务供给等方面的作用。加大民办教育分类指导和分类管理力度，继续实施民办教育发展促进项目，引导民办非学历高等教育机构向职业培训、继续教育转型。坚持开展民办高校招生简章备案与招生宣传监测，加强评估与年检。

11. 扩大首都教育对外交流与合作。继续推进《留学北京行动计划》实施。做好高水平中外合作办学项目的创新试点，引进优质教育资源，提高办学水平和质量。开展留学中介服务机构评估。加强孔子学院（课堂）质量建设，促进境外办学。修改外籍人员子女学校、留学中介机构、外国留学生工作的有关规定。做好教育对口支援和帮扶工作。

三、推进人才培养模式改革，全面提升学生综合素质

12. 加强青少年思想道德教育。加强社会主义核心价值观教育，以新中国成立65周年、亚太经合组织领导人非正式会议在京召开等为契机，深入开展“中国梦”主题教育，广泛开展志愿服务活动，形成爱学习、爱劳动、爱祖国活动的有效形式和长效机制。

加强大学生思想政治教育，实施网络思想政治工作创新工程，健全大学生成长发展的指导服务体系。落实中小学德育行动计划，出台《中小学社会主义核心价值教育指导意见》。深入推进学校文化建设示范校创建和综合素质提升工程。加强和改进职业学校学生职业道德教育。全面推广模拟法庭等教育形式，提升青少年法律素养。

13. 促进青少年身心健康成长。按照教育部《普通高等学校体育工作基本标准》，制定实施《加强北京高校体育工作的指导意见》。继续实施《北京市推进中小学校体育工作三年行动计划》，开展区县学校体育工作评估。继续开展阳光体育运动，加快配置体育设施设备，强化体育课和课外锻炼，保证每天一小时校园体育活动。加强健康监测与健康教育，增加学生健康体检项目。强化学生心理素质教育与危机预防。

14. 提升青少年科技人文素养。贯彻落实《学校艺术教育工作规程》，推动各级各类学校改进美育教学。通过政府购买服务等方式，全面推行中小学课外活动计划。推进中华优秀文化传承学校建设。落实农村地区器乐进课堂，补充农村学校艺术学科师资。全面落实《北京市校外教育机构办学条件标准》和乡镇校外活动站建设三年计划，建设47家市级校外教育活动站。开展海洋国土观教育年活动和北京市中小学国防教育示范学校建设工作。

15. 深化教学改革。整体优化基础教育三级课程体系，丰富课程教材配套资源；构建智慧课堂，提高课堂实效；以改进中小学英语学科教学为突破口，深化学科教学改革。加强高校专业建设和实践创新教育。支持市属高校集中精力打造若干优势特色专业，开展创新创业教育。试点开展高校本科教学工作审核评估。分类推进研究生培养模式改革。实行订单式培养、顶岗实习等多样化培养模式，加强中职优质特色课程建设。

16. 切实减轻中小学生课业负担。全面落实教育部和本市“减负”规定，标本兼治，促进科学系统减负。科学确定作业内容和形式，减少教育行政部门主导的统一测试，大幅减少义务教育阶段学校考试次数。完善有利于素质教育实施的评价制度和机制，加强减负工作宣传和督导，加强学生减负工作的常态化监管。

四、不断完善首都教育体系，整体提高教育发展质量

17. 继续扩大学前教育资源。科学预测入园人数，继续加大学前教育投入，制定落实第二期学前教育三年行动计划。加强村办园和城镇地区幼儿教育社区游戏活动服务中心建设。扶持300余所市级社区早期教育示范基地，深化0～3岁早期教育试点工作。贯彻《幼儿园教育指导纲要》和《3～6岁儿童学习与发展指南》，推进幼儿园课程建设，加大园长教师队伍培养培训力度。实施“移动课堂、家长学院”项目，对学前儿童家庭教育开展免费指导。

18. 促进义务教育优质均衡发展。做好迎接国家对本市各区县义务教育均衡发展的评估验收工作。加快推进城乡中小学建设工程，基本完成中小学建设三年行动计划，支持一般校特别是尚未达标学校建设，支持城市功能拓展区、发展新区和生态涵养区中小学校建设，支持城乡一体化学校建设。完善校长教师交流机制，深化年级部制、学区深度联盟等试点，推进北京数字学校建设，多种途径增加优质教育资源。引导学校更加关注公共服务、育人质量、文化品质、教育生态，提升教育品质。

19. 推动普通高中多样化发展。制定实施《促进北京市高中多样化发展指导意见》和《高中办学条件标准细则》。支持25所市级特色高中建设，推进高中创新条件支撑工程，提高高中多样化发展保障水平。支持20所左右高中开放式重点实验室建设。扩大高中自主课程建设实验学校范围，深入推进“遨游计划”。实施民族教育学校建设工程，全面改善办学条件。在普通高中增加职业技术教育内容。

20. 加快现代职业教育体系建设。贯彻落实全国职业教育工作会议精神，深化产教融合、校企合作，构建现代职业教育体系，培养高素质劳动者和技能型人才。实施高水平技术应用人才培养计划，扩大“3+2”中高职衔接改革试点，开展本科层次职业教育改革试点。制定推动集团化办学的指导意见，建设一批区域、行业、企业职教集团。加强职业教育基础能力建设。

21. 推动高校协作发展。制定实施高等教育协作发展计划，深化部属高校与市属高校合作共建，试点开展北京学院建设。支持高校间自主性联盟建设，鼓励不同高校相同相近专业开展交流合作，全面推动首都高等教育一体化发展。加快推进高教园区、部分高校新校区建设，基本完成市属高校三年建设实施规划。

22. 提高高校创新服务能力。加强北京实验室建设和 2011 协同创新中心培育工作，促进以高校为主体、需求为导向、产学研深度融合的创新体系建设。深化学科、科研基础条件与平台建设，培育高水平科研力量。开展市属高校科技成果转化管理制度改革，支持一批重大科研项目建设和成果转化。整合高校人文社会科学创新资源，构建多学科交叉研究平台，发挥高校智库作用。

23. 推进学习型城市建设。继续推动学习型区县和学习型组织创建工作，扶持示范性学习品牌和基地建设，建设一批“市民学习中心”。推动学习服务网络联盟建设，升级打造北京学习资源网。开展学习成果认证试验，探索普通高校、高职院校、成人高校之间学分转换，拓宽终身学习通道。推动学习型城市建设立法调研。

24. 打造高素质专业化教师队伍。贯彻落实高校教师师德规范和中小学加强师德建设的意见。继续实施市属高校人才引进和培养三年行动计划。推进职业院校教师素质提高工程。继续实施名师和名校长发展工程。深化“祥云行动”和“国内访学”项目，启动小学教师基本功培训展示，完成初中教师基本功培训展示。实施“农村教师素质提升工程”，开展农村小学科教师全市统一选聘。加强教师队伍人才库建设。深化人事制度改革，做好绩效工资实施和中小学教师职称制度改革。

五、努力促进教育公平，切实增强教育公共服务能力

25. 保障特殊人群受教育的权利。坚持“两为主”，进一步规范入学登记和管理，探索政府购买服务等多种途径，做好随迁子女接受义务教育工作。研究随迁子女接受义务教育后在京参加升学考试的实施办法。继续实施融合行动计划，开展特殊教育学校办学条件达标和示范性资源教室建设，重点建设30个学前特殊教育资源教室。坚持“助困奖优”结合，落实各级各类教育资助，保证家庭经济困难学生完成学业。

26. 积极促进大学毕业生就业创业。实施大学生职业发展与就业指导课程提升项目，加强大学生学业辅导，加大就业工作队伍培训力度。鼓励大学生积极参加创业教育和创业实践活动。完善毕业生就业状况反馈机制，指导高校编制发布毕业生就业质量年度报告，完善就业与招生、人才培养的联动机制。建设北京地区高校毕业生智能综合服务平台，实施区域性行业性毕业生就业市场建设项目。

27. 提升学校后勤服务能力。持续推进高校食堂、公寓、物业三个标准化建设，完善标准和激励机制，组织标准化验收。支持高校食堂“农校对接”直供基地建设，继续实施高校学生食堂价格平抑资金。建设全市教育系统节能减排数据监控平台，实施学校能耗统计报送制度。加强中小学校食堂建设，提高学生营养餐管理服务水平。

28. 创新教育公共服务方式。深入推进教育教学与信息技术深度融合，倡导移动学习、泛在学习，推动构建贯穿学校、家庭、社会的数字化育人环境。集约推进中小学数字校园实验项目建设。启动父母学院工程，推广班级家长教师协会，办好网上家长学校。贴近学生和学生家长对教育信息的需求，利用微博、微信等新媒体互动交流，了解社情民意，宣传教育政策，传播科学教育理念。

29. 加强语言文字工作。贯彻习近平总书记“讲好中国故事、传播好中国声音”的指示精神，深入落实语言文字规划纲要。加强中小学书法文化教学，推进高校普通话水平测试，开展中小学教师普通话水平提升培训，扩大汉字应用水平测试试点规模。做好语言文字规范化示范创建工作，推广行业领域语言文化建设标准。完成北京语言文化资源普查。开展语言产业经济贡献度重大项目研究。

30. 进一步加强机关和直属单位建设。积极落实群众路线教育实践活动整改方案，建立和完善作风建设和密切联系群众的长效机制。推进科学、民主、依法决策，落实重大行政事项决策征求意见、风险评估和督查制度。加强干部培训和交流，建设高素质干部队伍。加强直属单位建设。积极推进政务公开、信息公开，做好教育热线等服务咨询工作。

六、强化教育督导，积极促进首都教育健康发展

31. 积极推进教育督导体制机制建设。落实国家《教育督导条例》，加快推进教育督导立法调研。健全完善教育督导结果公报与公示、教育督导限期整改与回访等制度，逐步建立教育督导与教育决策、执行衔接顺畅、统筹有力的工作机制。做好第十届北京市督学换届工作，组织召开第七次全市教育督导工作会议。

32. 积极构建现代教育督导体系。继续开展教育法律法规执行情况的督导检查。完成对区县政府全面实施素质教育工作的综合督导评价。开展中小学建设三年行动计划、中小学体育工作、高中教育多样化发展、示范性职业学校建设、职业教育实训基地建设等专项督导检查；开展学前教育、特殊教育、校外教育、民办高等教育和区县教育督导工作等专项督导评价。启动中小学校诊断性督导评价试点，开展终身学习服务体系等督导调研。对全市义务教育发展、中小学生课业负担、中小学生综合素质等进行督导监测。

33. 积极推进教育督导专业化建设。加强北京市教育督导与教育质量评价研究中心和北京市督学研修中心建设，推进教育督导评价理论和工具研究。推进督学队伍专业化建设，建立督学任职资格制度，建立完善督学选拔聘任与培训、督学责任区与中小学校责任督学挂牌督导制度。加快推进教育督导信息化。继续做好区县教育满意度入户调查。召开 2014 北京教育督导与评价研讨会。

北京市教育委员会办公室

关于印发2014～2015学年度各级各类学校校历的通知

京教办发〔2014〕1号

各区县教委，各普通高等学校、普通中等职业学校、成人学校：

现将2014～2015学年度北京市各级各类学校校历印发给你们，请结合本地区、本学校实际情况执行。

一、普通中小学、职业高中（职业中专）

第一学期：

2014年9月1日（星期一）开学；

2015年1月30日（星期五）结束本学期工作，共21周零5天；

2015年1月31日（星期六）至2月28日（星期六）放寒假，共4周。

第二学期：

2015年3月1日（星期日）开学；

2015年7月11日（星期六）结束本学期工作，共19周；

2015年7月12日（星期日）至8月31日（星期一）放暑假，共7周零2天。

二、北京市校外教育机构

第一学期：

2014年9月1日（星期一）至2015年1月11日（星期日）活动19周；2015年1月12日（星期一）至2015年1月25日（星期日）放寒假2周；

2015年1月26日（星期一）至2015年2月15日（星期日）活动3周；2015年2月16日（星期一）至2015年3月1日（星期日）放寒假2周。

第二学期：

2015年3月2日（星期一）至2015年6月7日（星期日）活动14周；2015年6月8日（星期一）至2015年7月7日（星期二）放暑假4周零2天；

2015年7月8日（星期三）至2015年8月18日（星期二）活动6周；2015年8月19日（星期三）至2015年9月8日（星期二）放暑假3周。

三、各区县教委和市、区县教学指导部门要结合各自实际，调整并指导中小学校安排好2014～2015学年度教育教学活动。

四、各普通中等职业学校、成人高等学校、成人中等职业学校可根据教育部有关规定和主管部门要求，结合本校实际制定校历或参照上述日期执行。

五、各普通高等学校可根据教育部有关规定，结合本校实际制定校历。

附件：1. 北京市中小学2014～2015学年度第一学期校历

2. 北京市中小学2014～2015学年度第二学期校历

2014年4月14日

附件 1

北京市中小学 2014～2015 学年度第一学期校历

星期/月日/周次	一	二	三	四	五	六	日	说明
1	1/9	2	3	4	5	6	7	一、2014 年 9 月 1 日开学。 二、本学期自 2014 年 9 月 1 日至 2015 年 1 月 31 日，共 21 周零 5 天。 三、2015 年 1 月 31 日至 2 月 28 日放寒假，共 4 周。
2	8	9	10	11	12	13	14	
3	15	16	17	18	19	20	21	
4	22	23	24	25	26	27	28	
5	29	30	1/10	2	3	4	5	
6	6	7	8	9	10	11	12	
7	13	14	15	16	17	18	19	
8	20	21	22	23	24	25	26	
9	27	28	29	30	31	1/11	2	
10	3	4	5	6	7	8	9	
11	10	11	12	13	14	15	16	
12	17	18	19	20	21	22	23	
13	24	25	26	27	28	29	30	
14	1/12	2	3	4	5	6	7	
15	8	9	10	11	12	13	14	
16	15	16	17	18	19	20	21	
17	22	23	24	25	26	27	28	
18	29	30	31	1/1	2	3	4	
19	5	6	7	8	9	10	11	
20	12	13	14	15	16	17	18	
21	19	20	21	22	23	24	25	
22	26	27	28	29	30			

附件 2

北京市中小学 2014～2015 学年度 第二学期校历

周次 \ 星期 月 日	一	二	三	四	五	六	日	说明
1							1/3	一、2015 年 3 月 1 日开学。 二、本学期自 2015 年 3 月 1 日至 7 月 11 日，共 19 周。 三、2015 年 7 月 12 日至 8 月 31 日放暑假，共 7 周零 2 天。
2	2	3	4	5	6	7	8	
3	9	10	11	12	13	14	15	
4	16	17	18	19	20	21	22	
5	23	24	25	26	27	28	29	
6	30	31	1/4	2	3	4	5	
7	6	7	8	9	10	11	12	
8	13	14	15	16	17	18	19	
9	20	21	22	23	24	25	26	
10	27	28	29	30	1/5	2	3	
11	4	5	6	7	8	9	10	
12	11	12	13	14	15	16	17	
13	18	19	20	21	22	23	24	
14	25	26	27	28	29	30	31	
15	1/6	2	3	4	5	6	7	
16	8	9	10	11	12	13	14	
17	15	16	17	18	19	20	21	
18	22	23	24	25	26	27	28	
19	29	30	1/7	2	3	4	5	
20	6	7	8	9	10	11		

北京市教育委员会办公室

关于转发市政府防汛抗旱指挥部办公室《2014年防汛宣传工作方案》的通知

京教基一办〔2014〕3号

各区县教委、燕山教委：

现将北京市人民政府防汛抗旱指挥部办公室文件《关于印发2014年防汛宣传工作方案的通知》转发给你们，并提出如下要求，请一并贯彻落实：

一、各区县教委要结合落实安全教育的相关课程内容，在近期组织中小学校开展一次集中的防汛避险宣传教育活动，指导师生掌握基本的防汛安全自护技能，落实好安全教育要求。

二、山区寄宿制学校、半山区学校以及处于积水区域或河道周边的学校必须进行一次全员的应急疏散演练活动。

三、各区县教委要在7月10日前将组织中小学开展防汛宣传教育、防汛应急疏散演练宣传教育工作总结及图片，及时报送市教委防汛指挥部办公室。

2014年5月22日

附件 1

2014 年防汛宣传工作方案

2014 年防汛宣传活动主题为“关爱生命、远离洪水、人人参与、安全度汛”各级防汛指挥部围绕主题宣传普及防汛减灾知识，提高公众防汛减灾意识和避险自救能力。

一、工作目标

围绕“关爱生命、远离洪水、人人参与、安全度汛”的主题，充分利用各种媒体，采取开设专栏专题、播放公益广告、组织主题活动等方式，做到防汛减灾知识进单位、进学校、进景区、进村庄、进社区、进家庭；到广场、到街道、到户、到人。

二、市指挥部活动安排

（一）开展“三位一体”的防汛宣传活动

与北京电视台共同策划制作防汛公益宣传片三部、平面广告三张、宣传口号三句，汛期集中在电视、移动电视、楼宇联播网、候车亭灯箱和广播电台集中投放，开展“三位一体”的防汛宣传活动。

（二）“5.12”主题宣传活

围绕“关爱生命、远离洪水、人人参与、安全度汛”的主题，联合区县，相关单位开展防汛宣传主题活动，选取 2 个区县（城区、郊区各 1 个）开展广场主题宣传活动。

（三）防汛宣传周活动

6 月 1 日～10 日为防汛宣传周。召开新闻通报会，向社会通报天气形势分析、汛前准备工作情况等；主动邀请北京电视台、北京广播电台以及北京日报、北京晚报、网站等新闻媒体共同策划，宣传报道 2014 年防汛工作动态；在楼宇联播网、公交车移动电视、地铁移动电视播放防汛公益宣传片，在候车亭灯箱投放防汛宣传平面广告，形成全方位、多媒体、多角度覆盖的宣传效果。

（四）第二届防汛知识绘画大赛

与团市委、少工委联合，由北京少年报承办，在全市小学生中继续普及防汛避险知识，5 月上旬启动第二届防汛知识绘画大赛，在《北京少年报》上设活动专版，向全市小学生征集绘画作品，评选出优秀作品刊登，并于主汛期举行颁奖会。

（五）主汛期宣传活动

召开新闻通报会，通报汛期工作动态及主汛期防汛准备情况；集中投放防汛避险知识。

三、各级防汛指挥部宣传活动安排及要求

各区县、各专项分指、各流域指挥部及相关防汛指挥部要结合各自防汛工作职责和重点，汛前认真制定防汛宣传工作方案，明确宣传内容和工作计划，突出宣传重点，针对防汛重点部位和重点人群，结合“上汛日”、防汛宣传周、主汛期等重要时间节点组织广场宣讲、科普咨询、避险演练等形式多样的主题宣传活动，利用电视、广播以及报纸等媒体广泛宣传防汛知识，报道防汛工作动态，充分营造良好社会舆论氛围。

住建分指重点宣传危旧房屋、在建工地等防汛抢险避险等知识；交通分指重点宣传立交桥区、地铁站、高速公路等防汛避险知识；地下管线分指重点宣传供水、供电、供气等管线防汛应急抢险知识；地质灾害分指重点宣传山洪泥石流、采空区群众避险知识；旅游分指重点宣传旅游景区游人避险知识。

各委办局、集团公司防汛指挥部充分发挥各自职能，开展防灾减灾宣传，增强避险能力。

市教委要完成本市各中小学校开展一次防汛避险知识课，覆盖到每个班级、每名学生，并采取播放防汛知识宣传片等多种形式进行宣传教育。

市安监局负责宣传尾矿库、采矿区、采空区、危险化学品等重点厂矿企业防汛工作动态；加强对尾矿库、采矿区、采空区、危险化学品等重点厂矿企业职工和周边群众汛期安全防护知识的宣传。

市民防局负责宣传人防工程防汛工作动态；加强人防设施人员避险知识的宣传。

市农委负责宣传山区泥石流易发区农户搬迁工作动态。

公交、地铁、铁路运输等主管单位，要通过大屏幕、主题宣传活动等开展防汛避险知识宣传普及活动。

各流域指挥部结合洪水预报预警，重点宣传洪水调度、应急抢险，群众避险自救知识。

在防汛宣传周期间，各指挥部要积极配合市防指组织的专题采访报道活动及新闻通报会。各防汛指挥部要在市属、区县、行业各媒体集中开展防汛安全知识普及活动，组织防汛广场宣传活动及重点部位防汛避险演习。

四、工作要求

（一）加强组织领导。各区县、各部门要高度重视防汛宣传工作，把这项工作纳入常态化管理，各区县、各部门主要领导是本地区、本行业防汛宣传工作的第一责任人，对本地区、本行业宣传工作负总责，分管领导要具体负责、亲自抓，并明确专人负责防汛宣传工作。

（二）突出宣传重点。各区县、各部门要结合各自实际，制定本地区、本部门的防汛宣传计划，按照汛前、汛期、汛后三个阶段，汛前重点宣传各项防汛备汛措施和防汛减灾知识；汛期重点宣传防汛抢险工作动态，开展应急抢险、避险转移等演练活动；汛后重点宣传先进经验和有效做法，并做好宣传工作总结。

（三）创新宣传形式。各指挥部结合上汛日、防汛宣传周、主汛期等重要时间节点，组织广场活动、科普咨询、避险演练等主题宣传活动，各单位至少组织一次大型宣传活动，各区县要组织每个社区、村开展一次防汛避险演练。

充分利用广播、电视、报刊、网络、短信等媒体。采取开设专栏专题、播放公益广告、发放科普读物及宣传品等群众喜闻乐见的方式，全方位、多角度地做好防汛减灾宣传工作。

（四）建立新闻发言人制度。各区县、各部门要设立防汛新闻发言人，明确新闻发布权限、发布程序、发布内容和发布方式等。市指挥部定时召开上汛、主汛期新闻通报会，相关市指挥部成员单位和集团、公司参加新闻通报，并适时以新闻发布会、接受记者采访、发放新闻通稿等形式发布防汛重要事件有关信息。各区县防汛指挥部根据实际需要及时准确发布汛情信息和工作动态。

（五）加强宣传信息报送。各区县、各部门要加强防汛减灾宣传信息的报送，及时将防汛减灾宣传工作取得的进展和阶段性成果报送至市防汛办公室。

（六）加大经费投入。各区县、各部门要把防汛减灾宣传经费列入财政预算，稳定经费渠道，保障宣传工作所需资金。

（七）加强业务培训。各区县、各部门要加强宣传队伍能力建设，加强对新闻发言人和宣传工作人员的培训，提高业务水平和专业素质。

北京市教育委员会

关于修订《北京市教育委员会空气重污染应急预案（试行）》的通知

京教办〔2014〕22号

各区县教委：

为应对空气重污染，保护中小学生及幼儿园儿童身体健康，根据《北京市空气重污染应急预案（试行）》、《北京市空气重污染应急指挥部办公室关于北京市教育委员会修订应急预案的意见》及有关规定要求，结合空气重污染应急工作实际，市教委2014年第3次主任办公会对《北京市教育委员会空气重污染应急预案（试行）》进行了修订。

现将修订后的《北京市教育委员会空气重污染应急预案（试行）》印发给你们，请遵照执行。

2014年9月15日

北京市教育委员会
空气重污染应急预案（试行）

一、适用范围

本预案适用于本市辖区内所有中小学校及幼儿园（含中等职业学校、外籍人员子女学校、驻华使馆学校、校外活动机构）。

二、预警分级

本市将空气重污染分为四个预警响应级别，由轻到重顺序依次为预警四级（蓝色）、预警三级（黄色）、预警二级（橙色）、预警一级（红色）。

预警一级（红色）为最高级别。

三、应急措施

（一）预警四级（蓝色）

小学、幼儿园减少户外活动。

（二）预警三级（黄色）

小学、幼儿园避免户外活动；中学减少体育课等户外活动。

（三）预警二级（橙色）

小学、幼儿园停止户外活动；中学停止室外体育课、早操、课间操、课外体育活动、业余训练；停止校级、区县级、市级组织的体育考试和运动会，并延期举行。在持续橙色预警期间，允许中小学校根据区域空气质量状况和学生、家长的要求，经市、区县教委批准后弹性安排教学活动。

（四）预警一级（红色）

中小学、幼儿园停课，停止露天体育比赛活动。停课期间，中小学、幼儿园应按照“停课不停学”的原则，通过网络、通讯等途径与家长和学生保持联系，提出可参考的合理化学习建议；教师要合理调整教学方式，灵活安排学习内容，指导学生充分利用北京数字学校、北京市中小学数字德育网等网络平台和数字化资源开展自主学习。提示家长在家对孩子进行生活和安全教育。

四、预警发布与解除

市教委成立空气重污染应急领导小组（以下简称“领导小组”），下设办公室负责日常工作。领导小组办公室设在市教委办公室。

领导小组办公室接收市空气重污染应急专项指挥部预警发布与解除指令后，报领导小组副组长、组长，并按照领导小组要求，通过市教委门户网站、信息安全传输平台、电话传真等方式向区县教育行政部门发布与解除预警信息。区县教育行政部门负责组织辖区内中小学、幼儿园（含职业高中、外籍人员子女学校、驻华使馆学校、校外活动机构）启动或解除预警响应预案。

五、工作要求

（一）加强组织领导

各成员单位要高度重视空气重污染应急工作，从切实保护中小学生和幼儿园儿童身体健康的实际出发，加强对此项工作的领导，各区县教委要成立空气重污染应急工作领导小组，建立健全工作制度，研究制定科学可行的应急预案，保证此项工作落到实处。

（二）严格落实责任

空气重污染应急工作社会影响面广，责任重大，各成员单位要根据空气重污染应急工作需要抓好各项任务落实，明确职责分工，保证任务到位、责任到位、人员到位，确保万无一失。

（三）加强宣传教育

各成员单位要加强对此项工作的宣传教育，使全体干部师生及家长了解空气重污染应急预案内容，掌握一定的防护知识与技能；加强对舆情的引导，及时做好网络舆情的应对工作。

（四）加强信息报送

各成员单位要加强应急值班，保证通讯联络畅通，及时接收和报送信息，在每次预警发布与解除1小时内按规定上报落实情况。

附件：1. 北京市教育委员会空气重污染应急领导小组及办公室成员名单（略）

2. 北京市教育委员会空气重污染应急职责分工

附件2

北京市教育委员会空气重污染应急职责分工

一、市教委职责

（一）办公室

负责接收市空气重污染应急专项指挥部预警发布与解除指令；负责组织发布与解除预警信息；负责信息报送及有关协调工作。

（二）宣教处

负责与市宣传部门联系，通过公众媒体和教育政务微博发布预警信息，分析有关舆情，并做好宣传应对工作。

（三）体育卫生与艺术教育处

负责指导区县、学校、校外活动机构制定减少户外活动、停止体育课及比赛活动预警响应预案；负责全市中小学有关户外室外活动、体育课、早操、课间操、业余训练、体育考试和运动会应对安排的预警响应，提出预警信息发布内容；负责收集反馈有关信息。预警指令下达后，负责全面监督检查中小学、校外活动机构应急预案启动及应急响应措施的落实情况，并及时向领导小组办公室反馈。

（四）基础教育一处、基础教育二处

负责指导区县及中小学校制定停课预警响应预案；负责全市中小学停课应对安排的预警响应，提出预警信息发布内容；负责协调处理群众和媒体举报事项并收集反馈有关信息。预警指令下达后，基教一处负责监督检查东城、西城、朝阳、海淀、丰台、石景山区教委应急预案启动及应急响应措施的落实情况，并及时向领导小组办公室反馈；基教二处负责门头沟、房山、通州、顺义、昌平、大兴、平谷、怀柔、密云、延庆、燕山地区教委及北京市盲人学校、北京西藏中学应急预案启动及应急响应措施的落实情况，并及时向领导小组办公室反馈。

（五）学前教育处

负责指导区县及幼儿园制定停园预警响应预案；负责全市幼儿园停园应对安排的预警响应，提出预警信息发布内容；负责协调处理群众和媒体举报事项并收集反馈有关信息。预警指令下达后，负责全面监督检查幼儿园应急预案启动及应急响应措施的落实情况，并及时向领导小组办公室反馈。

（六）职业教育与成人教育处

负责指导中等专业学校制定预警响应预案；负责中等专业学校预警响应，提出预警信息发布内容；负责协调处理群众和媒体举报事项并收集反馈有关信息。预警指令下达后，负责监督检查全市中等专业学校（含市教委直属中等专业学校）应急预案启动及应急响应措施的落实情况，并及时向领导小组办公室反馈。

（七）国际合作与交流处

负责指导外籍人员子女学校、驻华使馆学校制定预警响应预案；负责外籍人员子女学校、驻华使馆学校预警响应，提出预警信息发布内容；负责协调处理群众和媒体举报事项并收集反馈有关信息。预警指令下达后，负责监督检查外籍人员子女学校、驻华使馆学校应急预案启动及应急响应措施的落实情况，并及时向领导小组办公室反馈。

（八）北京教育科学研究院基教研中心、北京教育网络和信息中心

负责在市教委门户网站、北京数字学校同步发布有关预警信息；制定空气重污染红色预警时学校停课的应对措施，通过北京数

字学校网站推送中小学同步课程，指导学生在家开展自主学习，保证中小学生“停课不停学”。

二、区县教委职责

（一）区县教委应根据《北京市教育委员空气重污染应急预案（试行）》制定分预案，指导所属中小学校及幼儿园（含中等职业学校、外籍人员子女学校、驻华使馆学校、校外活动机构）做好预案制定工作，确保预案的可操作性，并在接到预警指令后组织实施。

（二）区县教委应在预警响应期间督促检查所属中小学校及幼儿园（含中等职业学校、外籍人员子女学校、驻华使馆学校、校外活动机构）预案的落实情况，统筹协调停课后课程调整和本级组织的学生体育竞赛、体育考试延期调整等工作，努力降低因天气情况对学生学习和锻炼的影响。

（三）区县教委应在预警响应期间确保主管领导、主责部门负责人 24 小时通讯畅通，并及时收集汇总有关情况上报市教委。

三、中小学校及幼儿园（含中等职业学校、外籍人员子女学校、驻华使馆学校、校外活动机构）职责

（一）中小学校及幼儿园（含中等职业学校、外籍人员子女学校、驻华使馆学校、校外活动机构）应在区县教委指导下，制定空气重污染应急预案，并在接到预警指令后启动实施。

（二）中小学校及幼儿园（含中等职业学校、外籍人员子女学校、驻华使馆学校、校外活动机构）应根据预警级别减少或停止学生户外运动，组织学生在室内上好体育课或开展体育活动，并通过布置家庭体育作业指导学生开展体育锻炼。

（三）中小学校及幼儿园（含中等职业学校、外籍人员子女学校、驻华使馆学校、校外活动机构）应在停课期间，及时通过校园网、班级博客、校讯通、手机短信平台等形式，为家长提供学生在线学习指导，并提示家长控制学生上网时间，做好学生看护工作，保证学生在家安全。

（四）中小学校及幼儿园（含中等职业学校、外籍人员子女学校校、驻华使馆学校、校外活动机构）应在预警响应期间确保领导干部、教师24小时通讯畅通，注意了解掌握有关情况并及时上报区县教委。

北京市教育委员会

转发教育部关于信息公开工作有关文件的通知

京教函〔2014〕502号

各区县教委，市属各高等学校：

现将教育部《关于公布〈高等学校信息公开事项清单〉的通知》（教办函〔2014〕23号，以下简称《清单》）、教育部办公厅《关于做好高校信息公开工作年度报告工作的通知》（教办厅函〔2014〕55号）、教育部《关于推进中小学信息公开工作的意见》（教办〔2010〕15号）转发给你们，结合我市实际提出如下要求，请一并遵照执行。

一、市属各高等学校要严格按照教育部《清单》所列事项制定落实方案，并尽快在学校网站信息公开专栏予以公开。

二、市属高等学校信息公开年度报告应按教育部要求于每年10月31日准时向社会公布，并将加盖学校公章的纸质版报市教委政府信息公开工作办公室备案。

三、各区县教委请将本机关实施政府信息公开工作以来的整体工作情况（基本情况、存在问题及改进措施）以及所属中小学校信息公开工作情况，于10月31日前报市教委政府信息公开工作办公室。

四、请各区县教委、市属各高等学校结合信息公开工作实际，提出加强教育系统信息公开工作的意见和建议，同上述材料一并报市教委政府信息公开工作办公室。

市教委将适时开展教育信息公开工作调研和相关督查工作。

2014年10月20日

教育部

关于公布《高等学校信息公开事项清单》的通知

教办函〔2014〕23号

各省、自治区、直辖市教育厅（教委），各计划单列市教育局，新疆生产建设兵团教育局，有关部门（单位）教育司（局），部属各高等学校：

为进一步推进高校信息公开工作，扩大社会监督，提高教育工作透明度，根据《中华人民共和国政府信息公开条例》《高等学校信息公开办法》，我部研究制定了《高等学校信息公开事项清单》（以下简称清单）。现予公布，并就有关事项通知如下。

一、确保信息真实及时。各高校要把清单实施工作作为完善内部治理、接受社会监督的重要内容，对清单所列各项信息公开的真实性、及时性负责，切实保障人民群众的知情权、参与权和监督权。公民、法人或者其它组织有证据证明公开的信息不准确的，高校应当及时予以更正；对公开的信息有疑问的，可以申请向高校查询。

二、建立即时公开制度。各高校应当在清单信息制作完成或获取后 20 个工作日内公开，信息内容发生变更的，应当在变更后 20 个工作日内予以更新。各事项公开的具体要求，遵照清单“有关文件”栏目所列文件的规定执行。各高校可在清单基础上进一步扩大公开范围，细化公开内容。教育部还将根据最新政策要求对清单进行动态更新。

三、完善年度报告制度。各高校应当编制学校上一学年信息公开工作年度报告，对清单所列信息的公开情况逐条详细说明。年度报告应当于每年 10 月底前向社会公布，并报送所在地省级教育行政部门和上级主管部门备案。

四、构建统一公开平台。2014 年 10 月底前，部属高校应当在学校门户网站开设信息公开专栏，统一公布清单各项内容。应充分利用新闻发布会及微博、微信等新媒体方式，及时公开信息，加强信息解读，回应社会关切。教育部将在部门户网站集中添加教育部直属高校信息公开专栏链接，为社会公众查询提供统一入口。

五、加强公开监督检查。要根据《高等学校信息公开办法》要求，高校监察部门会同组织、宣传、人事等机构及师生员工代表，对清单实施开展监督检查，省级教育行政部门负责本行政区域内高校日常监督检查，监督检查的结果要向社会公开。对于不按要求公开、不及时更新、发布虚假信息的，由省级教育行政部门责令改正；情节严重的，予以通报批评，并依法追究相关人员责任。教育部将引入第三方对教育部直属高校落实情况开展评估，并适时组织督查，评估和督查情况将向社会公开。

教育部直属高校要制定落实细化方案，明确清单各事项的公开时间、责任机构和责任人。地方高校和有关部门所属高校根据各省级教育部门和主管部门（单位）教育司（局）要求做好清单落实工作。

附件：高等学校信息公开事项清单

2014 年 7 月 25 日

附件

高等学校信息公开事项清单

（共 10 大类 50 条）

<table>
<tr><th>类别</th><th>公开事项</th><th>有关文件</th><th>指导司局</th></tr>
<tr><td rowspan="6">基本信息
（6 项）</td><td>（1）办学规模、校级领导班子简介及分工、学校机构设置、学科情况、专业情况、各类在校生情况、教师和专业技术人员数量等办学基本情况</td><td rowspan="2">《高等学校信息公开办法》（教育部令第 29 号）
《高等学校章程制定暂行办法》（教育部令第 31 号）</td><td rowspan="2">办公厅
政法司</td></tr>
<tr><td>（2）学校章程及制定的各项规章制度</td></tr>
<tr><td>（3）教职工代表大会相关制度、工作报告</td><td>《学校教职工代表大会规定》（教育部令第 32 号）</td><td rowspan="2">政法司</td></tr>
<tr><td>（4）学术委员会相关制度、年度报告</td><td>《高等学校学术委员会规程》（教育部令第 35 号）</td></tr>
<tr><td>（5）学校发展规划、年度工作计划及重点工作安排</td><td>《高等学校信息公开办法》（教育部令第 29 号）</td><td>规划司</td></tr>
<tr><td>（6）信息公开年度报告</td><td>《教育部办公厅关于做好 2012～2013 学年度高校信息公开年度报告工作的通知》（教办厅函〔2013〕48 号）</td><td>办公厅</td></tr>
<tr><td rowspan="2">招生考试信息
（8 项）</td><td>（7）招生章程及特殊类型招生办法，分批次、分科类招生计划</td><td rowspan="2">《国务院办公厅关于印发当前政府信息公开重点工作安排的通知》（国办发〔2013〕73 号）
《高等学校信息公开办法》（教育部令第 29 号）</td><td rowspan="2">学生司
规划司</td></tr>
<tr><td>（8）保送、自主选拔录取、高水平运动员和艺术特长生招生等特殊类型招生入选考生资格及测试结果</td></tr>
</table>

续表 1

类别	公开事项	有关文件	指导司局
	(9) 考生个人录取信息查询渠道和办法，分批次、分科类录取人数和录取最低分	《教育部关于进一步推进高校招生信息公开工作的通知》（教学函〔2013〕9 号） 《普通高等学校招生违规行为处理暂行办法》（教育部令第 36 号）	
	(10) 招生咨询及考生申诉渠道，新生复查期间有关举报、调查及处理结果		
	(11) 研究生招生简章、招生专业目录、复试录取办法，各院（系、所）或学科、专业招收研究生人数	《教育部关于做好 2014 年全国硕士学位研究生招生工作的通知》（教学〔2013〕12 号） 《教育部办公厅关于做好 2014 年硕士学位研究生招生考试执法监督工作的通知》（教监厅〔2013〕2 号）	
	(12) 参加研究生复试的考生成绩		
	(13) 拟录取研究生名单		
	(14) 研究生招生咨询及申诉渠道		
财务、资产及收费信息（7 项）	(15) 财务、资产管理制度	《高等学校信息公开办法》（教育部令第 29 号）	财务司
	(16) 受捐赠财产的使用与管理情况		
	(17) 校办企业资产、负债、国有资产保值增值等信息		
	(18) 仪器设备、图书、药品等物资设备采购和重大基建工程的招投标		

续表 2

<table>
<tr><th>类别</th><th>公开事项</th><th>有关文件</th><th>指导司局</th></tr>
<tr><td rowspan="3"></td><td>(19) 收支预算总表、收入预算表、支出预算表、财政拨款支出预算表</td><td rowspan="2">《国务院办公厅关于印发当前政府信息公开重点工作安排的通知》(国办发〔2013〕73 号)
《高等学校信息公开办法》(教育部令第 29 号)
《教育部关于做好高等学校财务信息公开工作的通知》(教财〔2012〕4 号)
《教育部关于进一步做好高等学校财务信息公开工作的通知》(教财函〔2013〕96 号)</td><td rowspan="3"></td></tr>
<tr><td>(20) 收支决算总表、收入决算表、支出决算表、财政拨款支出决算表</td></tr>
<tr><td>(21) 收费项目、收费依据、收费标准及投诉方式</td><td>《高等学校信息公开办法》(教育部令第 29 号)</td></tr>
<tr><td rowspan="5">人事师资信息(5 项)</td><td>(22) 校级领导干部社会兼职情况</td><td rowspan="2">《中共教育部党组关于进一步加强直属高校学校领导班子建设的若干意见》(教党〔2013〕39 号)
《中共教育部党组关于进一步加强直属高校党员领导干部兼职管理的通知》(教党〔2011〕22 号)</td><td rowspan="2">人事司
教师司</td></tr>
<tr><td>(23) 校级领导干部因公出国(境)情况</td></tr>
<tr><td>(24) 岗位设置管理与聘用办法</td><td rowspan="3">《高等学校信息公开办法》(教育部令第 29 号)
《党政领导干部选拔任用工作条例》
《事业单位公开招聘人员暂行规定》(人事部令第 6 号)</td><td rowspan="3"></td></tr>
<tr><td>(25) 校内中层干部任免、人员招聘信息</td></tr>
<tr><td>(26) 教职工争议解决办法</td></tr>
</table>

续表 3

<table>
<tr><th>类别</th><th>公开事项</th><th>有关文件</th><th>指导司局</th></tr>
<tr><td rowspan="9">教学质量信息（9 项）</td><td>（27）本科生占全日制在校生总数的比例、教师数量及结构</td><td rowspan="4">《国家中长期教育改革和发展规划纲要（2010～2020 年）》
《教育部办公厅关于普通高等学校编制发布 2012 年〈本科教学质量报告〉的通知》（教高厅函〔2013〕33 号）</td><td rowspan="4">高教司</td></tr>
<tr><td>（28）专业设置、当年新增专业、停招专业名单</td></tr>
<tr><td>（29）全校开设课程总门数、实践教学学分占总学分比例、选修课学分占总学分比例</td></tr>
<tr><td>（30）主讲本科课程的教授占教授总数的比例、教授授本科课程占课程总门次数的比例</td></tr>
<tr><td>（31）促进毕业生就业的政策措施和指导服务</td><td rowspan="3">《高等学校信息公开办法》（教育部令第 29 号）
《教育部办公厅关于编制发布高校毕业生就业质量年度报告的通知》（教学厅函〔2013〕25 号）</td><td rowspan="3">学生司</td></tr>
<tr><td>（32）毕业生的规模、结构、就业率、就业流向</td></tr>
<tr><td>（33）高校毕业生就业质量年度报告</td></tr>
<tr><td>（34）艺术教育发展年度报告</td><td>《学校艺术教育工作规程》（教育部令 13 号）
《教育部关于推进学校艺术教育发展的若干意见》（教体艺〔2014〕1 号）</td><td>体卫艺司</td></tr>
<tr><td>（35）本科教学质量报告</td><td>《教育部办公厅关于普通高等学校编制发布 2012 年〈本科教学质量报告〉的通知》（教高厅函〔2013〕33 号）</td><td>高教司</td></tr>
</table>

续表 4

<table>
<tr><th>类别</th><th>公开事项</th><th>有关文件</th><th>指导司局</th></tr>
<tr><td rowspan="4">学生管理服务信息（4 项）</td><td>（36）学籍管理办法</td><td rowspan="2">《高等学校信息公开办法》（教育部令第 29 号）</td><td rowspan="4">学生司
财务司</td></tr>
<tr><td>（37）学生奖学金、助学金、学费减免、助学贷款、勤工俭学的申请与管理规定</td></tr>
<tr><td>（38）学生奖励处罚办法</td><td>《普通高等学校学生管理规定》（教育部令第 21 号）</td></tr>
<tr><td>（39）学生申诉办法</td><td>《高等学校信息公开办法》（教育部令第 29 号）</td></tr>
<tr><td rowspan="3">学风建设信息（3 项）</td><td>（40）学风建设机构</td><td rowspan="3">《教育部关于切实加强和改进高等学校学风建设的实施意见》（教技〔2011〕1 号）</td><td rowspan="3">社科司
科技司</td></tr>
<tr><td>（41）学术规范制度</td></tr>
<tr><td>（42）学术不端行为查处机制</td></tr>
<tr><td rowspan="4">学位、学科信息（4 项）</td><td>（43）授予博士、硕士、学士学位的基本要求</td><td rowspan="4">《高等学校信息公开办法》（教育部令第 29 号）
《关于进一步加强在职人员攻读硕士专业学位和授予同等学力人员硕士、博士学位管理工作的意见》（学位〔2013〕36 号）
《关于开展增列硕士专业学位授权点审核工作的通知》（学位〔2013〕37 号）
《关于委托部分学位授予单位自行审核博士学位授权一级学科点和硕士学位授权一级学科点的通知》（学位〔2010〕18 号）
《关于发布〈国务院学位委员会关于授予具有研究生毕业同等学力人员硕士、博士学位的规定〉的通知》（学位〔1998〕54 号）
《关于启用“全国同等学力人员申请硕士学位管理工作信息平台”的通知》（学位办〔2011〕70 号）</td><td rowspan="4">研究生司</td></tr>
<tr><td>（44）拟授予硕士、博士学位同等学力人员资格审查和学力水平认定</td></tr>
<tr><td>（45）新增硕士、博士学位授权学科或专业学位授权点审核办法</td></tr>
<tr><td>（46）拟新增学位授权学科或专业学位授权点的申报及论证材料</td></tr>
</table>

续表 5

类别	公开事项	有关文件	指导司局
对外交流与合作信息（2 项）	（47）中外合作办学情况	《高等学校接受外国留学生管理规定》（教育部令第 9 号） 《教育部关于进一步加强高等学校中外合作办学质量保障工作的意见》（教外办学〔2013〕91 号）	国际司
	（48）来华留学生管理相关规定		
其他（2 项）	（49）巡视组反馈意见，落实反馈意见整改情况	《中共中央关于印发〈中国共产党巡视工作条例（试行）〉的通知》（中发〔2009〕7 号） 《中共教育部党组关于进一步加强和改进巡视工作的意见》（教党〔2013〕3 号）	巡视办
	（50）自然灾害等突发事件的应急处理预案、预警信息和处置情况，涉及学校的重大事件的调查和处理情况	《高等学校信息公开办法》（教育部令第 29 号）	办公厅

教育部办公厅

关于做好高校信息公开工作年度报告工作的通知

教办厅函〔2014〕55 号

各省、自治区、直辖市教育厅（教委），各计划单列市教育局，新疆生产建设兵团教育局，有关部门（单位）教育司（局），部属各高等学校：

为深入贯彻落实《政府信息公开条例》，根据《高等学校信息公开办法》（教育部令第 29 号，以下简称《办法》）和《教育部关于公布〈高等学校信息公开事项清单〉的通知》（教办函〔2014〕23 号），以下简称《清单》）要求，做好高校信息公开工作年度报告工作，进一步深化高校信息公开，扩大社会监督，提高教育工作透明度，现将有关要求通知如下：

一、各高校要进一步提高对信息公开工作重要性认识，将编制和公布年度报告作为落实《清单》的重要内容和推动信息公开工作的重要抓手，认真及时地做好年度报告的编制和公布工作，方便群众全面了解相关信息。

二、年度报告应包括下列内容：

（一）概述（主要反映本学年度学校信息公开工作开展的总体情况）；

（二）主动公开情况（主要反映通过学校网站、校报校刊、新闻发布会、微博、微信等形式主动向校内和社会公开信息的情况及相关统计数据，特别是通过信息公开专栏向社会公开《清单》所列事项的情况）；

（三）依申请公开和不予公开的情况（主要反映学校受理、答复师生和公众信息公开申请的情况以及依申请公开的收费、减免情况及相关统计数据）；

（四）对信息公开的评议情况（主要反映本校师生员工和社会公众对学校信息公开工作进行的评价情况）；

（五）因学校信息公开工作受到举报的情况；

（六）信息公开工作主要经验、存在问题和改进措施；

（七）其他需要报告的事项。

三、年度报告应对《清单》所列事项的公开情况逐条说明，其中高校招生、财务、人事等人民群众广泛关注的重点领域信息要详细说明公开情况和特色做法。

四、年度报告的编制应注重内容的丰富性和条理性，数据资料的真实性和完整性，确保信息真实及时。报告中统计数据的时间为上一年9月1日至当年8月31日。

五、年度报告应于每年10月31日前在学校网站首页信息公开专栏向社会公布。部属各高校需将报告纸质版（加盖学校公章）和电子版报送教育部备案。其他高校需报学校所在地省级教育行政部门和主管部门备案。

六、各省级教育行政部门负责组织本地高校年度报告工作，对各高校信息公开工作开展督查，并于每年11月30日前将上一学年本地高校信息公开工作总体情况报送教育部备案。教育部将适时组织相关督查。

2014年10月8日

教育部
关于推进中小学信息公开工作的意见

教办〔2010〕15号

各省、自治区、直辖市教育厅（教委），新疆生产建设兵团教育局：

为推动各地普通中小学、中等职业学校和特殊教育学校等教育机构（以下简称中小学）的信息公开工作，保障公民、法人和其他组织依法获取学校信息，加强和改进学校管理，促进依法治校，根据《教育法》、《义务教育法》、《职业教育法》和《政府信息公开条例》（以下简称《条例》）等法律法规和国家有关规定，结合中小学实际，特提出以下意见：

一、充分认识推进中小学信息公开工作的重要意义

全面推进中小学信息公开，是贯彻落实《条例》、全面推进教育系统公共企事业单位信息公开的必然要求，是深化校务公开、促进依法治校、提高管理水平的重要举措，是接受群众监督、提高教育工作透明度的迫切需要，也是保障师生员工和社会公众的知情权、参与权、表达权和监督权，努力构建和谐校园，办好人民满意教育的重要内容。我国中小学数量众多，地域区域特征明显，其教育教学等工作与人民群众切身利益息息相关。做好中小学的信息公开工作，关系到中小学的教育教学质量和管理水平，关系到人民群众对教育工作的满意度，关系到教育系统信息公开工作的整体成效。各地中小学要切实提高对信息公开重要意义的认识，牢固树立依法公开的观念，不断增强做好信息公开工作的责任感和紧迫感。地方各级教育行政部门要积极开展宣传和培训活动，加强对中小学信息公开工作的组织领导和监督检查，把信息公开作为一项长期工作抓出成效。

二、准确把握中小学信息公开工作的基本要求

（一）认真贯彻信息公开的基本原则。中小学在办学或提供社会公共服务过程中制作或获取的以一定形式记录、保存的信息，要按照法律法规和有关规定，结合本意见的要求，在相应的范围内公开。

中小学公开信息要坚持公平、公正、便民的原则，体现及时、准确、规范的要求，努力将信息公开与日常教育教学有机结合起来，进一步规范学校管理，提高办事效率，提供优质服务。

（二）建立健全信息公开的制度机制。中小学要建立健全信息公开的制度规范，确保信息公开各项工作有章可循。

——要建立中小学信息公开工作责任制。中小学校长作为信息公开工作第一责任人，要加强对本校信息公开工作的领导。要落实专人或机构承担信息公开的各项具体工作，结合学校实际，采取多种有效措施，努力提高信息公开的制度化、规范化水平。

——要建立信息公开保密审查机制。凡涉及国家秘密、个人隐私或公开可能危及校园安全稳定的信息，中小学不得公开。但是经个人同意公开或学校认为不公开可能会对公共利益造成影响的个人隐私等信息，可以予以公开。中小学在信息公开工作中发现不利于校园安全稳定的虚假或者不完整信息，要在职责范围内及时发布准确的信息或报请上级主管部门予以澄清。

——要建立信息主动公开工作机制。制作信息时或者获取信息后，要及时明确该信息是否应公开。确定公开的，要明确信息的名称、生成日期、公开受众等；确定不予公开的，要说明理由；难以确定是否公开的，要及时报请上级主管部门审定。

——要建立信息依申请公开工作机制。本校教职工因自身教学、科研、生活等特殊需要，本校学生家长因行使子女监护权的有关需要，向中小学申请获取相关信息时，中小学要及时予以答复。不能按要求提供信息的，要为他们了解相关情况提供便利。对于社会公众向学校提出的建议、咨询等，中小学要认真予以回复。

（三）认真做好重要信息的主动公开工作。按照法律法规和国家有关规定，中小学要重点主动公开下列信息：

1. 学校基本情况，包括历史沿革、办学性质、办学地点、办学规模、办学基本条件、机构职能、联系方式等；

2. 学校现行规章制度以及办事流程；

3. 学校发展规划、年度工作计划及其执行情况；

4. 学校招生的计划、范围、对象，学生学籍管理规定和评优奖励办法，非义务教育阶段学校的报考条件、录取办法，奖学金、助学贷款、助学金、勤工俭学和学费减免的申请条件、审批程序和结果；

5. 学校收费的类别、项目、标准、依据、范围、计费单位和批准机关以及监督电话；

6. 学校教学科研工作的有关规定，教学与科研成果评选，课程设置方案与教学计划及执行情况；

7. 学校教职工招聘、职称评聘、职务晋升、评优的条件、程序、结果及争议解决办法，绩效考核及绩效工资分配办法，教师培训等师资建设情况；

8. 学校数量较多的物资采购、基本建设与维修、房产承包与租赁等的招投标结果及实际执行情况；

9. 学校经费收支情况，学校资产和受赠物的管理使用情况；

10. 学生住宿、用餐、组织活动等服务事项及安全管理情况，自然灾害、传染病等涉及师生安全的突发公共事件应急预案及处置情况；

11. 其他应当主动公开的情况。

（四）积极探索信息公开的有效形式。中小学公开信息要优先利用学校网站。尚不具备单独设立学校网站条件的，要通过上级主管部门的网站公开信息。要综合利用校长信箱、公告栏、电子显示屏、校内广播电视等载体，增强公开实效。

中小学要将与学生有关的基本制度规定进行汇总，在新生入学报到时发放，或通过召开家长会、发送书面通知、信函等方式将重要信息告知学生家长。

对涉及师生员工切身利益的重大事项，要通过校务委员会、教职工代表大会、全体教职工大会、学生家长会等形式听取意见。

三、切实加强中小学信息公开工作的组织领导

（五）建立健全信息公开的管理体制。国务院教育行政部门负责指导、监督全国中小学信息公开工作。地方各级教育行政部门负责统筹推进、协调、监督本行政区域内中小学的信息公开工作。

（六）不断完善信息公开的保障措施。地方各级教育行政部门要根据《条例》和本意见制定中小学信息公开工作的实施细则或办法，科学界定教育行政部门和中小学在实施信息公开工作过程中各自应负的职责。要加强组织领导，开展分类指导，做好推进义务教育均衡发展、加强义务教育教师队伍建设、减轻中小学生课业负担、遏制中小学择校和乱收费、提高普通高中学生综合素质、强化职业教育基础能力建设等社会普遍关注的信息的公开，逐步规范中小学信息公开的范围、内容和程序。

要在部门网站上开设“中小学信息公开专栏”，指导所辖中小学及时公开信息，积极为中小学开展信息公开工作创造条件。要将信息公开工作所需经费纳入年度预算，保障有关工作正常进行。要将中小学开展信息公开工作情况纳入本部门信息公开工作年度报告中，及时向社会公布。

（七）认真履行信息公开的监管职责。地方各级教育行政部门要协调相关机构在各自职责范围内对中小学信息公开工作进行监督检查和考核。有条件的地方可以聘请人大代表、政协委员、学生家长、教师等人员对本地中小学信息公开工作进行评议，以适当形式公布评议结果，并以此完善制度、改进工作。地方各级教育督导机构要将中小学开展信息公开工作的情况作为教育督导的重要内容。

地方各级教育行政部门要及时处理公民、法人或其他组织对中小学信息公开工作的举报，并告知举报人处理结果。要及时纠正中小学不履行信息公开义务、公开不应当公开的信息等错误情形，必要时对直接负责的主管人员和其他直接责任人员给予处分。

地方各级教育行政部门和中小学要及时总结信息公开工作的好经验、好做法。对信息公开工作中反映的问题及建议，要及时报告。

2010 年 12 月 25 日

北京市教育委员会

关于开展第三批百年学校挂牌活动的通知

京教函〔2014〕531号

各区县教委：

为进一步发掘“百年学校”教育历史，推动校园文化建设，市教委决定开展第三批“百年学校”挂牌活动。现将有关事项通知如下：

一、活动名称与主题

（一）名称：“百年学校”挂牌活动

（二）主题：发扬传统凝练特色引领示范

二、组织机构

（一）主办单位：北京教育志编纂委员会

（二）承办单位：北京教育志编纂委员会办公室

（三）专家评议委员会：北京教育志编纂委员会办公室邀请相关专家5至7人组成。

三、挂牌学校范围及标准

北京行政区划内满足如下基本条件的中小学均可参加评选：

（一）历史：至2015年，学校实行近现代学制具有百年历史，发展脉络清晰可考，办学具有传承性。

（二）传承：学校重视校史资料整理和研究，积极开展校志、年鉴、大事记的编写工作，最好设有校史馆或校史展览室。

（三）特色：学校传承优良办学传统，有独特的办学特色，获得同行认可。

（四）影响：获得社会认同和好评，具有示范和引领作用，具有可持续发展能力。

四、评选程序

（一）申报提名（2014 年 11 月）

学校向所在区县教委申报，区县教委确定推荐名单后向北京教育志编纂委员会办公室申报，并按要求提交有关材料。北京教育志编纂委员会办公室初审（无名额限制）后确定提名。

（二）综合审议（2014 年 12 月）

专家评议委员会采取审阅材料、实地考察等方式进行综合评审，提出候选名单。

（三）确定入选学校（2014 年 12 月）

北京教育志编纂委员会审议确定第三批挂牌学校名单。

（四）宣传入选学校，举行挂牌仪式（2015 年 1 月）

通过展板、宣传折页、视频等形式宣传第三批“百年学校”办学传统、特色和成果。举行现场挂牌仪式并为所有入选学校颁发“百年学校”铭牌。

（五）后续工作

北京教育志编纂委员会指导“百年学校”开展年鉴、校志编写研究以及校史馆或校史陈列室建设工作，并给予一定经费支持；支持拍摄以历史文化传承为特色的《故学巡礼》专题片；组织编写“百年学校”学术著作及画册。

五、材料申报

11 月 27 日前，申报区县向北京教育志编纂委员会办公室报送以下资料：

（一）候选学校推荐表（附件 1）一式 2 份。

（二）候选学校发展概览（附件 2）一式 1 份。

（三）候选学校历史照片和校园文化照片（电子版）。

（四）候选学校学校宣传片（以现有宣传片为主）。

（五）候选学校校史校志研究整理成果。

（六）推荐表、学校发展概览、照片电子版文件，请刻录在光盘上一并报送。

附件：1.“百年学校”候选学校推荐表（略）

2.“百年学校”候选学校发展概览撰写要求（略）

2014 年 11 月 3 日

北京市教育委员会

关于印发政府信息公开办法的通知

京教办〔2014〕26 号

各处室，市教委直属单位：

根据《北京市政府信息公开规定》（市政府令第 257 号）和有关法律、法规规定，结合我委信息公开工作实际，我们制定了《北京市教育委员会政府信息公开办法》，现印发给你们，请遵照执行。

2014 年 12 月 31 日

北京市教育委员会政府信息公开办法

第一章　总　则

第一条　根据《中华人民共和国政府信息公开条例》（国务院令第 492 号，以下简称《条例》）、《北京市政府信息公开规定》（市政府令第 257 号，以下简称《规定》）和其他有关法律、法规规定，结合本机关工作实际，制定本办法。

第二条　本办法所称政府信息，是指本机关在履行职责过程中制作或者获取的，以一定形式记录、保存的信息。

第三条　本机关成立市教委政府信息公开工作领导小组（以下简称“领导小组”），加强对本机关政府信息公开和本市教育系统信息公开工作的组织领导。

领导小组下设政府信息公开工作办公室，具体负责本机关政府信息公开的日常工作。主要职责是：

（一）制定本机关政府信息公开工作的相关规章制度，建立健全相应的工作机制。

（二）承办本机关政府信息公开具体事宜，维护和更新公开的政府信息；组织编制《北京市教育委员会政府信息公开指南》、《北京市教育委员会政府信息公开目录》，撰写发布《北京市教育委员会政府信息公开年度报告》。

（三）承担市教委政府信息公开保密审查小组日常工作，组织对拟公开的政府信息进行保密审查。

（四）依法受理公民、法人或者其他组织直接向本机关提出的公开政府信息的申请。

（五）协调宣传等有关部门及相关单位对舆情信息进行监测，澄清社会上涉及教育的、可能扰乱社会管理秩序、影响社会稳定的虚假或者不完整信息。

（六）推进、指导、协调、监督检查教育系统公共服务信息公开工作；组织人员培训。

（七）会同法制、监察、干部、人事部门对本机关各处室政府信息公开、教育系统信息公开的实施情况进行监督、检查、评估、考核。

（八）本机关规定的与政府信息公开有关的其他职责。

第四条 本机关各处室主要负责人承担本处室政府信息公开的组织领导责任，指定专人负责本处室有关政府信息公开的具体工作。

第五条 本机关政府信息公开工作坚持依法、公正、公平、便民、及时、准确的原则，提供优质服务，改进工作作风，提高办事效率。

第六条 本机关建立健全政府信息公开保密审查机制，明确保密审查程序和责任。依照《中华人民共和国保守国家秘密法》以及其他法律、法规和国家有关规定对拟公开的政府信息进行保密审查。

对政府信息不能确定是否涉及国家秘密时，应当依照法律、法规和国家有关规定报有关主管部门或者同级保密工作部门确定。

符合下列情形之一的政府信息，不予公开：

（一）根据《中华人民共和国保守国家秘密法》等法律、法规和国家有关规定，涉及国家秘密的；

（二）根据《中华人民共和国反不正当竞争法》等法律、法规和国家有关规定，涉及不为公众所知悉、能给权利人带来经济利益、具有实用性并经权利人采取保密措施的技术信息和经营信息的；

（三）根据相关法律、法规和国家有关规定，涉及他人身份、通讯、健康、婚姻、家庭、财产状况等个人隐私信息的；

（四）根据法律、法规和国家有关规定，其他不予公开的。

本机关公开涉及商业秘密、个人隐私的政府信息应当依照本办法第二十三条的规定执行。

第七条 本机关在制作政府信息时，应当确定该政府信息是否公开。对不公开的政府信息，应当注明理由。

本机关建立不公开的政府信息动态管理机制，对符合公开要求的政府信息依法公开。

第八条 本机关各处室发现影响或者可能影响社会稳定、扰乱社会秩序的涉及教育的虚假或者不完整信息，应当在职责范围内协调有关媒体，通过市教委新闻发布会、市教委网站、市教委政务微博微信、广播、电视、报刊等方式和渠道，及时发布准确的政府信息予以澄清。

第九条 本机关发布政府信息涉及其他行政机关的，应当与有关行政机关进行书面沟通、确认，保证发布的政府信息准确一致。

本机关参与多个行政机关共同制作的政府信息，由各参与制作的行政机关负责公开。

第十条 本机关公开政府信息，不得危及国家安全、公共安全、经济安全和社会稳定。

第二章 主动公开

第十一条 除依照《条例》和国家有关规定主动公开政府信息外，根据本机关工作实际，本机关主动公开的政府信息包括：教育法律法规规章、组织机构情况、本机关单独制发或与相关单位联合制发的文件、行政许可事项、行政处罚事项、事业规划、专项计划、重要会议、面向社会的领导干部公开选拔和公务员招录以及履行职责过程中形成的相关信息，其中重点公开以下政府信息：

（一）本市教育发展的规划、方针、政策，重要工作部署及实施情况，年度工作计划和总结；

（二）本市教育事业年度统计、教育经费执行情况公告；

（三）年度财政预算决算、“三公经费”和行政经费信息；

（四）义务教育入学、招生、考试、收费、资助等与广大人民群众切身利益密切相关的重要事项的政策；

（五）教育系统重大突发公共事件的应对信息；

（六）本机关对与公众利益密切相关的教育机构进行监督管理信息、警示信息和良好信息；

（七）法律、行政法规、规章规定应当公开和本机关决定公开的其他政府信息。

第十二条 属于主动公开范围的政府信息，信息所属处室应当在该信息形成后15个工作日内予以公开。因特殊原因不能及时公开的，应向市教委政府信息公开工作办公室说明原因。法律、法规对政府信息公开的期限另有规定的，从其规定。

公开的政府信息内容发生变更的，信息所属处室应当自变更之日起15个工作日内通过市教委政府信息公开工作办公室进行更新。

第十三条 本机关编制、公布政府信息公开指南和政府信息公开目录，并及时更新。

本机关政府信息公开指南包括信息的分类、编排体系、获取方式，政府信息公开工作机构的名称和联系方式，政府信息公开申请的办理程序，权利救济途径等内容。

本机关政府信息公开目录包括信息的索引、名称、内容概述、生成日期等内容。

第十四条 本机关通过下列渠道公开政府信息：

（一）本机关网站；

（二）北京市教育委员会政报；

（三）新闻发布会；

（四）报纸、广播、电视；

（五）本机关综合行政服务大厅；

（六）本机关政务微博微信；

（七）其他方式和渠道。

本机关采取便于公众知晓的方式公开信息。

第十五条 本机关通过市教委网站及时公开、更新政府信息，并提供信息检索、查阅、下载等服务。

第十六条 本机关设置政府信息查阅场所，配备相应的设施、设备，为公民、法人或者其他组织获取政府信息提供便利。

本机关按照规定时限向市政府信息公开大厅、市档案馆、首都图书馆移送主动公开的行政规范性文件纸质文本，方便公民、法人或者其他组织到上述部门查阅。

第十七条 本机关设置政府信息公开咨询电话、或者通过市非紧急救助中心服务中心教育分中心，为公民、法人或者其他社会组织提供咨询服务。

第三章 依申请公开

第十八条 本机关公布受理政府信息公开申请的办公地址、办公时间、联系电话、传真号码、电子邮箱、举报电话等，方便公民、法人和其他组织申请。

申请公开政府信息的公民存在阅读困难或者视听障碍的，本机关应当为其提供必要的帮助。

第十九条 申请人向本机关申请获取政府信息，应当采用书面形式（包括数据电文形式）；采取书面形式确有困难的，可以当面口头提出，由本机关政府信息公开工作办公室代为填写政府信息公开申请，并由申请人签字、捺印或者盖章确认。

本机关为申请人提供政府信息公开申请书格式文本；申请人也可以采取其他书面形式向本机关提出申请。

第二十条 政府信息公开申请应当包括下列内容：

（一）申请人以及代理人、代表人的姓名或者名称、证件名称和号码、电话和通讯地址等有效联系方式；

（二）申请公开的政府信息的内容描述，包括能够指向特定政府信息的文件名称、文号或者其他详尽、准确的特征描述；

（三）获取政府信息的方式以及提供政府信息的形式要求；

（四）受理机关名称。

申请人委托代理人提出政府信息公开申请的，应当提供委托代理证明材料。

5 人以上（含 5 人）共同申请同一政府信息，可以推选 1 至 5 名代表提交申请，并提供推举证明材料。

本机关收到申请人公开政府信息的申请后，应当出具登记回执。

第二十一条 本机关政府信息公开工作办公室收到政府信息公开申请，能够当场答复的，应当当场予以答复。不能当场答复的，转交有关处室办理并应当自收到申请之日起 15 个工作日内予以答复；如需延长答复期限的，应当经本机关政府信息公开工作办公室负责人同意，并书面告知申请人，延长答复的期限最长不得超过 15 个工作日。

因不可抗力或者其他法定事由本机关不能在规定期限内答复申请人或者向申请人提供政府信息的，期限中止。中止时间不计算在前款规定期限内，障碍消除后期限恢复计算。期限的中止和恢复，本机关应当向申请人书面说明情况。

第二十二条 申请人要求撤回政府信息公开申请的，本机关应当准许，并登记备案。

申请人向本机关同时申请两项以上政府信息的，根据便民原则本机关可以分别答复或者合并答复。

第二十三条 本机关认为申请公开的政府信息涉及商业秘密或者个人隐私，公开后可能损害第三方合法权益的，应当书面形式征求第三方的意见；第三方不同意公开的，本机关将不予公开。但是，本机关认为不公开可能对公共利益造成重大影响的，应当予以公开。第三方不同意公开，本机关决定公开的，应当在书面告知第三方后公开。

征求第三方意见所需时间不计算在第二十一条第一款规定的期限内。

第二十四条　本机关政府信息公开工作办公室负责受理公民、法人和其他组织向本机关提出的政府信息公开申请，并按照以下情况分别作出书面答复：

（一）申请公开的政府信息已主动公开的，应当告知申请人获取该政府信息的方式和途径；

（二）申请公开的政府信息属于可以公开的，应当向申请人公开；本机关或者第三方对政府信息的使用范围有特殊要求的，本机关应当与申请人约定，申请人签字确认后，按照约定使用公开的政府信息；

（三）申请公开的政府信息中含有不应当公开的内容，但是能够作区分处理的，应当向申请人提供可以公开的信息内容；对不公开的部分，应当说明理由；

（四）申请公开的政府信息属于不予公开范围的，应当告知申请人并说明理由；

（五）申请公开的政府信息属于本机关在日常工作中制作或者获取的内部管理信息或者处于本机关讨论、研究或者审查中的过程性信息，应当告知申请人不属于应当公开的政府信息；

（六）申请公开的政府信息所涉事项属于本机关公开范围，但本机关未制作、未获取，或者未以一定形式记录、保存的，应当告知申请人申请的信息不存在并说明理由；

（七）申请公开的政府信息所涉事项不属于本机关公开范围或者属于本机关公布由具体工作部门公开的，应当告知申请人，对能够确定该政府信息公开部门的，应当告知申请人该部门的名称、联系方式；

（八）申请内容不明确的，应当告知申请人作出更改、补充。

（九）同一申请人向本机关就同一政府信息重复提出公开申请的，本机关已经依法答复的，可以告知申请人不重复办理。

第二十五条　本机关对下列申请事项应当分别按照以下方式处理：

（一）申请内容为咨询、信访、举报等事项，不属于政府信息公开申请范围的，应当告知申请人通过相应渠道提出，对能够确定负责该事项的部门的，告知申请人该部门的名称、联系方式；

（二）申请内容属于行政程序中的当事人、利害关系人查阅案卷材料的，应当告知申请人按照相关法律、法规的规定办理；

（三）申请公开的政府信息已经移交市档案馆的，应该告知申请人按照有关档案管理的法律、行政法规和国家有关规定办理。

第二十六条 本机关向申请人提供的政府信息应当是未经汇总、加工、分析或者重新制作的政府信息。

本机关依申请公开政府信息，应当按照申请人要求的形式予以提供；无法按照申请人要求的形式提供的，可以通过安排申请人查阅相关资料、提供复制件或者其他适当形式提供。

第二十七条 本机关对以下情况进行记录，并留存相关材料：

（一）申请人没有提供有效联系方式，致使本机关无法向申请人提供书面答复的；

（二）征求第三方意见，无法与第三方取得联系或者未收到其回复意见的；

（三）申请办理中的其他特殊情形。

第二十八条 多人就同一政府信息向本机关提出公开申请，本机关同意公开，且该政府信息可以为公众知晓的，本机关可以决定将该政府信息纳入主动公开范围。

本机关对申请公开的政府信息决定予以公开的，申请人可以建议本机关将该信息纳入主动公开范围。

第二十九条 公民、法人或者其他组织有证据证明本机关提供的与其自身相关的政府信息记录不准确的，有权要求本机关予以更正。

本机关有权更正的，应当及时予以更正；无权更正的，应当转送有权更正的行政机关处理，并告知申请人。法律、法规、规章对信息更正有特殊程序规定的，从其规定。

第三十条 按照市发展改革委、市财政局《北京市依申请提供政府信息收费办法（试行）》有关规定，本机关依申请提供政府信息，将收取实际发生的检索、复制、邮寄等成本费用，收取的费用纳入本机关财政管理。

农村五保供养对象、城乡居民最低生活保障对象以及领取国家抚恤补助的优抚对象，经本人申请，凭民政部门颁发的相关证件，受理机关可以免收相关费用。

第四章 监督和保障

第三十一条 本机关每年 3 月 31 日前向社会公布政府信息公开工作年度报告。政府信息公开工作年度报告包括以下内容：

（一）本机关政府信息公开组织机构、制度建设、渠道场所、教育培训等年度工作开展情况；

（二）本机关主动公开政府信息的情况；

（三）本机关依申请公开政府信息和不予公开政府信息的情况；

（四）因政府信息公开申请行政复议、提起行政诉讼的情况；

（五）政府信息公开的收费以及免除费用的情况；

（六）政府信息公开工作存在的主要问题及改进情况；

（七）其他需要报告的事项。

第三十二条 本机关办公室会同法制、监察、干部、人事部门负责政府信息公开年度考核工作。

第三十三条 本机关政府信息公开工作自觉接受公民、法人和其他组织的监督，采取适当方式征求意见和建议，对于合理的意见和建议本机关将予以采纳。

第三十四条 公民、法人和其他组织认为本机关不依法履行政府信息公开义务的，可以向上级行政机关、监察机关或者政府信息公开工作主管部门举报。

公民、法人或者其他组织认为行政机关在政府信息公开工作中的具体行政行为侵犯其合法权益的，可以依法申请行政复议或者提起行政诉讼。对在行政复议和行政诉讼中发现的政府信息公开工作相关问题本机关将及时纠正。

第三十五条 违反本办法规定，有下列情况之一的，由上级机关、监察部门责令改正；情节严重的，对处室直接负责的主管人员和其他直接责任人员依法给予处分；构成犯罪的，依法追究刑事责任：

（一）不依法履行政府信息公开义务的；

（二）不及时更新公开的政府信息内容、政府信息公开指南和政府信息公开目录的；

（三）违反规定收取费用的；

（四）通过其他组织、个人以有偿服务方式提供政府信息的；

（五）公开不应当公开的政府信息的；

（六）违反《条例》、《规定》和本办法规定的其他行为。

第五章 附 则

第三十六条 法律、法规授权的具有管理公共事务职能的直属事业单位公开政府信息适用本规定，并应根据本单位实际制定实施细则或补充规定。

第三十七条 本机关直属事业单位在提供社会公共服务过程中制作、获取的信息的公开参照本办法执行，并应根据本单位实际制定实施细则或补充规定。

第三十八条 本机关政府信息公开工作办公室对教育系统公共信息公开工作进行指导、协调和监督。

第三十九条 本办法自2015年1月1日起施行，2009年2月9日印发的《北京市教育委员会实施政府信息公开办法（试行）》（京教办〔2009〕1号）同时废止。

法制建设

北京市教育委员会文件选编

（2014）

中共北京市委教育工作委员会
北 京 市 教 育 委 员 会
北京市人民政府教育督导室

关于印发北京市市属高校章程建设计划（2014～2015年）的通知

京教工〔2014〕12号

各市属高等学校：

为进一步落实本市高等学校章程建设工作，明确市属高校制定和报送章程的工作要求，根据《高等教育法》、教育部《高等学校章程制定暂行办法》等相关规定，市委教育工委、市教委、市政府教育督导室制定了《北京市市属高校章程建设计划（2014～2015年）》，已经市委教育工委委员会2014年第3次会议审议通过，现印发给你们，请结合实际，认真贯彻落实。

2014年3月10日

北京市市属高校章程建设计划
（2014～2015年）

根据《高等教育法》、教育部《高等学校章程制定暂行办法》等相关规定，就市属高校制定和报送章程以及高校章程核准工作制定本计划。

一、总体思路与目标

贯彻落实党的十八大、十八届三中全会精神，全面落实国家和北京市中长期教育改革和发展规划纲要要求，根据国家相关教育法律法规，分期分批推进北京市属高等学校章程建设，并以此为契机进一步深化教育体制改革，加快转变政府教育管理职能，完善高校内部治理结构，落实和扩大高校办学自主权，构建中国特色现代大学制度，促进高校办出特色争创一流，加快推进高等教育现代化进程。

到2015年底，市政府及其有关部门、区县政府及其有关部门举办的53所高等学校（含14所独立设置的成人高校），分批全部完成章程制定和核准工作。

市属普通本科高等学校原则上应于2014年12月底前完成章程制定，市属普通专科（高职）院校原则上应于2015年3月底前完成章程制定，其他市属高等学校至迟应于2015年7月底前完成章程制定。

新设立的高等学校，应按照《高等教育法》的有关规定向审批机关提交章程。高等学校章程确需修改的，应当依照教育部《高等学校章程制定暂行办法》的规定组织修订，并依法报北京市属高等学校章程建设领导小组（以下简称章程建设领导小组）核准。经核准后的章程修订案，高校应予重新发布。

二、具体时间安排

（一）2014年7月底前，北京第二外国语学院、北京信息科技大学、北京工业大学、首都经济贸易大学、北京农业职业学院等5所章程建设试点高校完成章程起草，报送核准。2014年9月，章程建设领导小组完成上述高校章程的核准与发布工作。

（二）2014年9月底前，北京建筑大学、北京服装学院、北京联合大学、首都医科大学、中国戏曲学院、北方工业大学、北京工商大学、北京舞蹈学院、首都师范大学、首都体育学院、北京农学院等11所学校的章程完成起草，报送核准。2014年12月，章程建设领导小组完成上述高校章程的核准与发布工作。

（三）2014年12月底前，中国音乐学院、首钢工学院、北京电影学院、北京物资学院、北京警察学院、北京石油化工学院、北京印刷学院等7所学校的章程完成起草，报送核准。2015年3月，章程建设领导小组完成上述高校章程的核准与发布工作。

（四）2015年3月底前，北京财贸职业学院、北京电子科技职业学院、北京经济管理职业学院、北京劳动保障职业学院、北京青年政治学院、北京社会管理职业学院、北京信息职业技术学院、北京政法职业学院、北京体育职业学院、北京戏曲艺术职业学院、北京工业职业技术学院、北京交通运输职业学院、北京现代职业技术学院、北京交通职业技术学院、北京京北职业技术学院、北京卫生职业学院等16所学校的章程完成起草，报送核准。2015年7月底前，章程建设领导小组完成上述高校章程的核准与发布工作。

（五）2015年7月底前，北京开放大学、北京教育学院、北京市海淀区职工大学、北京市东城区职工业余大学、北京市东城区职工大学、北京宣武红旗业余大学、北京市石景山区业余大学、北京市朝阳区职工大学、北京医药集团职工大学、北京市建设职工大学、北京市总工会职工大学、北京市丰台区职工大学、北京市西城经济科学大学、首都联合职工大学等14所高校的章程完成起草，报送核准。2015年12月，章程建设领导小组完成上述高校章程的核准与发布工作。

三、核准工作流程

建立北京市属高等学校章程建设联席会议制度，在市委、市政府的领导下，落实国家和北京市关于高校章程建设的工作部署和要求，统筹协调高校章程建设工作的重大事项。联席会议由市委教育工委、市教委、市政府教育督导室、市发展改革委、市财政局、市人力社保局、市编办、市政府法制办、市教育工会等相关单位组成，市教委主任担任联席会议召集人。

北京市属高等学校章程建设领导小组负责本市高校章程制定的组织、协调、指导和审定工作。领导小组聘请有关专家成立市属高等学校章程核准专家咨询委员会，负责对提交核准的市属高等学校章程提出评议意见。领导小组下设办公室，负责高校章程的初审工作。

经过初审后的章程，由专家咨询委员会采取书面评议和会议集中评议相结合的方式，开展核准评议工作。根据评议需要，领导小组办公室可组织专家到学校实地调研。市政府、区县政府有关部门举办的高等学校，报送核准前学校应充分征求主管部门意见。

市属高等学校申请核准章程，应当同时提交核准申请书、章程核准稿，对章程起草过程、重点内容、主要特点和制度创新等的说明，举办者或主管部门的意见以及其他有关证明材料。专家咨询委员会召开会议集中评议高校章程的，如有需要，被评议高校的主要负责人应当到会做出说明、回应提问。

经评议，专家咨询委员会对提请核准的高校章程原则同意但提出修改意见的，由章程建设领导小组办公室及时反馈给高校，高校应逐条予以回应并做出说明。高等学校确有不同意见的，应向领导小组办公室报告说明，由章程建设领导小组作出决定。

高校修改后的章程核准稿通过市教委网站公开征求意见，并提交章程建设领导小组和章程建设联席会议制度审议。通过后，由章程建设领导小组行文批复学校。

四、工作要求

（一）各市属高等学校要进一步加强组织领导，确保按时高质量完成章程建设任务。各高校要认真学习和落实教育部《高等学校章程制定暂行办法》的规定，按照《北京市属高等学校章程建设工作实施方案》（京教工〔2012〕64号）的工作要求，围绕办出特色、争创一流的办学目标，健全章程建设工作机制，按照本计划确定的时间表，明确起草阶段各环节工作进度，合理安排教职工代表大会讨论、校长办公会议审议和学校党委会讨论审定等工作流程，注重加强与章程建设领导小组办公室的意见沟通，确保章程内容和起草程序符合规范要求，按照规定时限报送核准。

（二）市教委等有关部门要加强对高校章程建设工作的调研指导。要结合职能转变、简政放权和落实高校办学自主权的改革要求，以章程建设为契机，进一步推动高校健全完善内部治理结构和自主管理、自我约束的机制，深入推进管办评分离，落实和扩大高校办学自主权，明确主管部门与高校之间权利义务和管理职权的边界。结合市属高校章程建设实际，就章程建设的进展与问题进行深入调研，加强沟通和交流。充分发挥教育、法律领域专家、学者的咨询作用，对市属高校章程制定工作提供必要的工作支持。及时组织市属高校之间开展经验交流、培训研讨和成果展示，进一步总结提炼市属高校章程在结构框架、内容表述、制度创新方面的特色，在学习借鉴的基础上持续提高市属高校章程建设质量。

（三）加强章程核准后的执行机制建设。市教委及有关主管部门会同高校建立、健全章程执行机制，形成高校依据章程自主办学、主管部门对章程执行情况进行监督并作为实施管理依据的新格局。各市属高校要健全校内章程监督机制，依据章程统一规章制度、健全组织机构、规范管理职能、完善民主监督机制。章程执行情况要形成年度报告或者作为学校年度工作报告的内容之一，向教职工代表大会以及主管部门报告。

中共北京市委教育工作委员会
北京市教育委员会
北京市人民政府教育督导室

关于印发2014年北京教育系统法制宣传教育工作要点的通知

京教工〔2014〕13号

各区县委教育工委、区县教委、区县政府教育督导室，各高等学校，各直属单位，各处室：

现将中共北京市委教育工作委员会、北京市教育委员会、北京市人民政府教育督导室《2014年北京教育系统法制宣传教育工作要点》印发给你们，请结合实际，认真贯彻执行。

2014年3月14日

2014年北京教育系统法制宣传教育工作要点

2014年北京教育系统法制宣传教育工作的总体要求是：深入学习贯彻党的十八大、十八届三中全会和市委十一届三次、四次全会精神，紧紧围绕教育中长期规划纲要和两委中心工作，贯彻落实教育系统“六五”普法规划，以立德树人为根本任务，以青少年学生和领导干部为重点，坚持法制教育与思想道德教育相结合，宣传教育、示范引领、实践养成相统一，引导教育系统广大师生员工积极践行社会主义核心价值观，进一步提升法治素养，进一步弘扬法治文化，推进法制宣传教育工作取得新发展。

一、加强中小学生公民意识教育

认真贯彻教育部、司法部等五部门联合印发的《关于进一步加强青少年学生法制教育的若干意见》，始终坚持把社会主义法治理念贯穿于中小学法制教育全过程，以宪法意识和公民意识教育为重点，坚持规则教育、习惯养成与法制实践相结合，切实让法治理念入脑、入心。落实《品德与社会》、《思想品德》、《思想政治》中的法制教育内容，保证法制教育时间。编发《中小学模拟法庭教育指导手册》，指导全市中小学落实模拟法庭主题教育任务，组织全市中小学模拟法庭教育优秀课例推选，强化学生崇法守法意识。组织开展“学法律、助成长”法制教育活动，增强从小树立规则意识、平等意识和权责统一观念。以“宪法进课堂”为重点，开展“青春船长法治启航”优秀课件展评及成果推广。

二、提高大学生运用法律知识分析、解决实际问题的意识和能力

各高校要开好《思想道德修养与法律基础》课程，同时通过开设法制选修课、组织法治讲座、开展案例研讨等形式，切实增强实践性教学环节的教育效果。推进法学专业教育教学改革，继续组织好大学生模拟法庭大赛等法治教育实践，培养学生法治精神和协作意识。依托团委、学生社团吸纳高校法学专业师生发挥学业专长，深入中小学、社区、农村开展“青春船长法治启航”等多种形式法律志愿服务，促进学以致用，用以促学，学用相长。

三、提升职业学校学生法律意识和法治素养

坚持文化育人，把法制教育融入“文明风采”竞赛等活动中，丰富职业学校法治实践教育形式，提升中职学生法治素养和职业素养。认真落实《职业道德与法律》中法律教育内容，会同实习单位有针对性地做好实习学生法制教育。整合教检、教法合作资源，加大预防未成年人犯罪、劳动合同、劳动保护、安全生产等方面法律法规知识的学习宣传，进一步为职业学校师生提供法律服务。

四、强化各级领导干部法治观念和法治思维

认真落实《两委一室领导干部学法用法制度》，制定两委一室机关领导干部年度学法计划，组织宪法精神和宪法意识、用法治思维指导法治实践等专题学法。将依法治校能力提升系列内容列入高校正职、新任校级干部等培训中，不断增强领导干部依法决策、依法管理的能力和意识。严格落实高校党委理论中心组学习、定期学法制度，年内各级各类学校举办中层以上领导干部法制讲座不得少于2次。

五、提升公务员依法行政能力

坚持实施教育系统公务员“六五”法律培训制度。围绕推进法治机关建设，通过观摩模拟法庭、旁听案件庭审、观看教学光盘等形式，组织好教育系统公务员依法行政第三期培训班。坚持教育系统行政执法人员培训制度。以行政许可、执法监督、行政处罚等方面法律法规知识为重点，做好新增人员资格考试和资格认定后的继续教育工作。

六、加强教师依法执教能力建设

切实加强教师法制教育，完成“十二五”全市每位中小学教师《教师职业理想与道德》公共必修课的学习培训任务，组织全市中小学教师法律知识竞赛，全面推进中小学教师全员法制培训。立足课堂教学和学生成长规律，以学习宣传《教师法》、《未成年人保护法》、教育部《中小学教师违反职业道德行为处理办法》等为重点，继续组织中小学法制教育骨干教师第二期培训。区县相关部门要将本辖区教师参与培训、竞赛等市级法制教育培训，统一纳入“十二五”时期教师继续教育学时。立足《思想道德修养与法律基础》教学改革，开展高校青年教师精彩教案、精彩课件推广展示。围绕

“平安校园”建设，组织民办高校保卫干部、辅导员依法施教能力培训。

七、不断创新法治教育方式

探索多样化的法制教育方式，把法制教育列入中小学综合素质提升工程、课后活动计划，依托学生兴趣小组和社团开展法制教育。引导广大学生积极参与第二届全市青少年法治文艺大赛，营造快乐学法氛围。开展北京大学生第二届法治微电影征集，引导高校学生围绕自身求学求职、择业择友等身边涉法故事编创法治作品。利用学校安全教育日、禁毒日、“12·4”、成人仪式等时机，组织法制夏令营、法制教育主题班队会、实践教育现场会等实践性、趣味性的活动，丰富青少年法制教育形式。

八、丰富青少年法制教育资源

继续发挥《法治与校园》特聘专家、学生小记者、市法治文化建设示范校等编写力量，加大对文明、和谐、公正、法治、诚信、友善等理念的宣传。调整北京青少年法制宣传教育资源网栏目设置，收集优秀法制教育课例，开发制作青少年喜闻乐见的法制教育资源。发挥教育系统首批全市法治文化建设示范基地、北京数字学校、北京数字德育网等教育辐射功效，积极开辟第二课堂。

九、提高法制宣传教育工作科学化水平

依托高校、科研机构法学优势资源和专业力量，组织“六五”普法工作调研，提升法制教育的科学化水平。开展北京大学生法制宣传教育工作现状与对策研究，总结“六五”大学生普法工作成果，提炼符合大学生成长成才的普法教育模式。开展中小学教师法制教育现状研究，总结教师依法从教整体状况，摸排薄弱环节，了解教师学法需求，探寻教师法制教育的新举措。

十、充分发挥法制宣传教育工作在依法治教中的基础性作用

各单位要切实加强对法制宣传教育工作的组织领导，为全面落实“六五”普法任务提供组织保障、经费保障。各级教育行政部门要认真落实《市政府关于加强法治政府建设的实施意见》，积极参与法治示范单位创建，健全行政决策程序，规范行政执法行为，强化行政监督和问责。各校要以提升师生员工法律素养为前提，以章程建设为带动，全面推进依法治校，完善学校内部治理结构，为落实学校办学自主权奠定基础。

北京市教育委员会

关于印发2014年教育法治工作要点的通知

京教策〔2014〕4号

各区县教委，各高等学校，各直属单位，各处室：

为全面推进北京教育系统依法行政、依法治教工作，市教委制定了《北京市教育委员会2014年法治工作要点》。现印发给你们，请紧密结合工作实际，认真抓好贯彻落实。

2014年3月17日

北京市教育委员会 2014年教育法治工作要点

2014年教育法治工作的总体要求是：全面贯彻落实党的十八大、十八届三中全会和市委十一届四次全会精神，认真落实国家和本市法治工作的要求和部署，紧密围绕两委一室中心工作，着力提高制度建设质量，着力增强工作规范化水平，全面协调推进依法治教工作，为推动首都教育科学发展、办好人民满意教育提供可靠的法制保障。

1. 加大法制教育培训力度。落实领导干部学法制度，结合实际制定机关领导干部年度学法计划，深入学习以宪法为核心的中国特色社会主义法律体系以及教育法律法规，坚持年度组织集中学法不少于4次，举办法制讲座不少于2次，提升行政决策的科学化、民主化和法治化水平。积极落实依法行政轮训计划，组织教育系统依法治教第三期培训班，进一步提升教育行政机关干部运用法治思维和法治方式深化教育领域综合改革、推动教育科学发展、维护和谐稳定的能力。加强执法队伍能力建设，组织教育行政执法人员专题培训班。

2. 积极做好教育立法调研。组织开展《北京市终身学习促进条例》立法调研，完成《北京市终身学习促进条例》立法研究课题工作。结合国家学前教育立法进展和我市学前教育工作实际，进一步推动开展《北京市学前教育条例》修订调研。落实《教育督导条例》，研究明确地方政府督导职责，适时启动《北京市教育督导条例》立法调研工作。

3. 进一步加强规范性文件合法性审查和备案监督。落实《北京市人民政府办公厅关于健全市政府重大行政决策和行政规范性文件合法性审查工作机制的通知》，拟以市政府或市政府办公厅名义印发的政策措施和拟提请市政府会议审议的政策措施等行政规范性文件，须经市政府法制办进行合法性审查。修改《市教委行政规范性文件备案管理办法》，健全规范性文件备案监督管理机制，强化处室责任意识，严格按照工作流程制发规范性文件。按照市政府工作部署，适时开展地方性法规、规章和规范性文件的清理工作。

4. 清理规范教育行政审批项目。认真贯彻落实市政府“加快、简化、下放、取消、协调”十字方针要求，切实转变政府教育管理职能，改进优化管理方式，进一步明确细化教育行政许可和非许可审批事项条件标准，完成相关文件的制定、废止或修订工作，推进教育行政审批标准化、规范化建设。完善审批工作程序和文书，做好审批权调整后的衔接配合，本着有利于事业发展、方便申请人的原则，稳妥有序做好许可审批事项的受理和办理，进一步提高行政工作效率。

5. 落实完善行政执法责任制。依法履行行政执法职责，修订市教委行政执法事项和依据，加大对教育违法行为的查处力度，及时纠正、处罚各种违反教育法律法规的行为。会同有关部门加大对非法办学、民办学校违规办学、留学中介违规经营等行为的查处力度，注重行政执法内外部统筹协调。市和区县教委进一步规范执法程序和文书，认真落实行政处罚案卷评查制度。

6. 加强法制工作规范化建设。进一步规范申诉、复议案件办理程序，研究制定《学生申诉、教师申诉工作程序若干规定》，修订《北京市教育委员会行政诉讼应诉工作若干规定（试行）》和《北京市教育委员会行政复议工作程序若干规定（试行）》，健全合议办理案件工作机制，区县教委和学校应按时、认真做好申诉和复议答复工作，确保案件办理质量和效果。建立案件办理时限预警、案件进展情况月报和典型案件分析制度。汇总教育行政机关依法行政常用法律法规和政策文件，编写《依法行政工作手册》。

7. 做好行政复议和行政诉讼应诉工作。严格按照上级行政机关和法院要求提交复议、诉讼答辩意见，注重加强与教育部、市政府法制办、法院等相关部门沟通。健全重大敏感涉诉案件的应对处置和分析研判机制，充分调动各种有利资源，积极稳妥化解矛盾纠纷。

8. 健全依法治校指导评价机制。贯彻落实教育部《全面推进依法治校实施纲要》，研究制定北京市推进中小学依法治校工作意见和北京市中小学依法治校评价指标体系，指导区县研究制定依法治校评估验收计划。分期分批组织高校依法治校示范校验收。

9. 大力开展学校章程建设。落实教育部31号令和《北京市属高等学校章程建设工作实施方案》，制定实施北京市属高等学校章程建设计划，组建章程核准专家咨询委员会，全面启动章程核准程序，完成约20所市属高校章程核准工作。指导区县制定中小学章程建设计划，加快推进中小学校章程建设和核准。

10. 依法主动公开政务信息。贯彻落实《政府信息公开条例》，进一步提高信息透明度和公众知晓度。加强政府信息公开培训，完善“北京教育系统信息公开管理系统”，启动高校、直属单位信息公开工作。继续加强电子政务建设，充实丰富网站信息资源，构建便民服务网络平台。办好“96391”教育咨询服务热线，提高行政效率和服务水平。

11. 深入开展校园普法。编发《中小学模拟法庭教育指导手册》，开展全市中小学模拟法庭教育优秀课例推选。通过组织“学法律，助成长”全市中小学生学法心得撰写比赛、青少年法制文艺大赛、大学生法制短剧作品征集等多种形式，丰富学生校园生活，营造尚法校园文化。办好《法治与校园》与北京青少年法制宣传教育资源网，加强与北京数字学校的资源统筹，注重发挥特聘专家、学生小记者、市法治文化建设示范校等编写力量的作用，加强法治理念、公民意识的学习宣传。组织中小学教师法律知识竞赛、中小学法制教育骨干教师第二期培训班，努力实现“六五”期间每所中小学至少有1名教师接受过市级法制教育培训的要求。

12. 加强工作组织领导。充分发挥法制工作在实现教育系统治理体系和治理能力现代化中的重要作用，教育行政部门要切实转变政府职能，严格依法行政，从具体行政管理逐步转向依法监管、提供服务。学校要将依法治校纳入整体工作规划，建立健全工作要求与目标考核机制。借助内外部研究力量和社会资源，通过课题、研讨会等形式，进一步加强教育法制热点、难点工作的理论研究与信息交流。

中共北京市委教育工作委员会
北　京　市　教　育　委　员　会

关于开展宪法学习宣传教育活动的通知

京教策〔2014〕8号

各区县委教育工委、区县教委，各市属高校，各有关直属单位：

为贯彻落实党的十八届四中全会精神，根据教育部《关于在国家宪法日深入开展宪法学习宣传教育活动的通知》（教政法〔2014〕12号）以及北京市法制宣传教育领导小组办公室、中共北京市委宣传部、北京市司法局《关于开展国家宪法日暨全国法制宣传日系列宣传活动的通知》（京法宣办〔2014〕23号）要求，现将北京教育系统开展国家宪法日系列学习宣传教育活动的事项通知如下：

一、指导思想

高举中国特色社会主义伟大旗帜，深入学习贯彻党的十八大和十八届三中、四中全会和习近平总书记系列重要讲话精神，大力宣传以宪法为核心的中国特色社会主义法律体系，弘扬宪法精神和社会主义法治精神，增强教育系统广大教职员工和学生的法治观念，为推进首都教育综合改革营造良好法治氛围。

二、围绕国家宪法日积极开展北京教育系统宪法教育活动

2014年12月4日是第一个国家宪法日。从今年起，市委教育工委市教委每年都要结合国家宪法日的活动要求，确定一个或多个宪法知识要点作为主题，开展教育系统宪法学习日活动。各区县教育部门、各学校要围绕国家宪法日，以弘扬宪法精神为宗旨，以宣讲宪法基本原则和基本知识为重点，全面开展宪法学习教育活动。

各区县教育部门要认真组织本区县教育系统的宪法学习宣传教育活动，组织制作宪法教育展板、宣传资料；主要领导要深入中小学参加或主持一次宪法教育活动；协调区域内宪法教育资源，推动有关专家学者、司法工作者以及高校师生进入中小学讲授宪法知识；做好宪法教育保障工作，配发相关读物、资料，支持中小学开展宪法教育活动。

中小学要组织开展以下活动：1. 宪法晨读活动，利用晨读时间，选择宪法的适当章节、条款，组织学生集体诵读；2. 举行特别升国旗仪式，了解宪法关于国旗的规定，并利用国旗下讲话进行宪法教育；3. 上一节宪法教育课，围绕宪法学习日主题，以专题教育、社会实践、班队活动、远程学习等形式组织师生集体学习宪法知识；4. 围绕国家宪法日主题，利用校园广播、宣传栏等形式，营造宪法教育氛围；5. 校长主持一次教职工宪法学习活动或为学生讲授一次宪法教育课。有条件的学校在上述活动基础上，可采取其他教育方式进一步做好宪法教育。

各市属高等学校和职业学校要结合实际，采取座谈会、报告会、知识竞赛、文艺活动等方式，自主开展宪法学习宣传教育活动。政法院校和专业师生应发挥专业特长，依托“青春船长”大学生普法志愿者等有效途径，深入社区、中小学开展宪法宣传教育实践活动。

三、2014 年国家宪法日系列学习宣传教育活动安排

（一）活动时间：11 月中旬至 12 月中旬。

（二）活动主题：宪法是国家根本法。

（三）主要内容：

1. 配合教育部组织“宪法进校园”主题系列活动

12 月 4 日，市教委、东城区教委配合教育部政策法规司，在北京景山学校开展好“宪法进校园”主题系列活动，通过教育部领导亲入校园参加宪法日主题升旗、宪法晨读、宪法教育课等系列活动，切实突出表率作用，推动全国教育系统宪法学习宣传教育活动的良好开展。

2. 组织“崇尚宪法精神，构建法治校园”为主题的宪法日现场活动

12月3日，市委教育工委市教委在清华大学开展“崇尚宪法精神，构建法治校园”国家宪法日暨北京教育系统法治教育成果展示现场会，全面总结2014年两委在大中小学生和教师中开展法治教育工作情况，展示优秀青少年法治文艺节目。

3. 组织全市中小学、幼儿园教师法律知识竞赛现场决赛

11月底，市委教育工委市教委主办、丰台区教委承办全市首届中小学、幼儿园教师法律知识竞赛现场决赛。该活动以“学为人师，行为世范，教育人生，与法同行”为主题，以宪法、维护未成年人合法权益、依法从教等法律法规知识为重点。

4. 各单位结合实际，积极组织师生开展宪法学习宣传教育工作

（1）认真落实教育部和北京市相关部门通知要求，认真学习宣传《宪法》原文，深刻领会宪法精神，积极营造校园法治育人氛围。

（2）以“崇尚宪法精神，构建法治校园”为主题，全面落实“宪法进校园”各项任务。发挥法治教育课堂主渠道作用，在小学品德与社会、品德与生活，中学思想品德等课堂教学中，宣讲宪法原则，解读宪法条文。积极整合校园普法资源，发挥法制副校长、“青春船长”大学生普法志愿者、社会大课堂等社会普法资源，通过成人仪式、国旗下讲话、主题班队会等法治教育实践活动，增强学生崇宪意识。结合优秀影片观影活动，有条件的学校可组织学生观看1次爱国教育影片《开国大典》等，通过电影镜头的历史再现，向学生讲述《宪法》对建立新中国的重要作用。

(3) 积极开展“小手拉大手，一起学宪法”宣传活动。学校班主任、思想品德课教师，围绕国家主权、社会规则、行为规范等内容，积极引导学生在校自己动手编写宣传画、板报、手抄报等宣传材料，与家长一起学习宪法知识，扩大活动影响力。依托家长学校、学校家长委员会，组织引导学生与家长一同登陆北京市青少年法制宣传教育资源网（www.fzyxy.cn），积极参与司法部、国家互联网信息办公室、全国普法办等单位组织的“全国百家网站暨中国普法官方微博宪法知识竞赛”活动，学习宪法知识，增强宪法意识。

(4) 各市属高等学校和职业学校结合实际，自主开展宪法学习宣传教育活动。

四、工作要求

（一）紧密围绕主题，突出思想内涵

按照法治教育与德育教育相结合的工作原则，围绕社会主义核心价值观教育，围绕教育部关于“宪法进校园”活动主题，结合实际，突出特色，坚持育人为本，立德树人，着力深化和拓展思想教育内容，牢牢把握正确导向，丰富活动形式。

（二）加大宣传力度，营造良好舆论氛围

加强对我市“宪法进校园”活动的新闻宣传设计，突出首都特色和教育重点，全面展现全市各级各类学校首个国家宪法日活动风貌。要充分利用校内广播、电视、校刊、宣传栏等，办好专题专栏专版，反映学校依法治校和法治教育工作成果，反映开展宪法日学习活动的情况。

（三）广泛开展动员，扩大活动参与面

充分发挥师生党团组织、少先队、学生会、班委会和学生社团的作用，充分调动学生的积极性、主动性和创造性，把统一组织活动与学生自主开展活动结合起来，使主题教育活动贯穿在师生学习、生活、工作全过程，使教育过程成为师生自觉参与、自我教育、自我提高的过程。

（四）把握教育契机，力求教育取得实效

充分利用“12·4”国家宪法日教育契机，在师生中开展丰富多彩的主题教育活动。把主题教育活动与校园文化建设、学生党团队组织建设、班级建设等结合起来，力求取得实效。

（五）加强组织领导，确保活动顺利安全开展

各区县和学校要高度重视、统筹安排，精心设计方案，认真组织实施，分阶段、分步骤扎实推进。教育过程和教育形式要适应形势变化和学生的接受特点，确保主题教育活动既富思想性、教育性，又富吸引力、感染力。

各区县、各市属高校要在12月15日前，将开展国家宪法日暨全国法制宣传日系列宣传活动情况报送至市教委政策研究与法制工作处。

2014年11月26日

学前教育

北京市教育委员会文件选编

(2014)

北京市教育委员会

关于开展第八批示范幼儿园和农村乡镇中心园及薄弱园“手拉手”活动的通知

京教函〔2014〕111号

各区县教委：

为促进示范幼儿园与农村乡镇中心幼儿园及薄弱园的沟通交流，根据市教委《关于开展示范幼儿园和农村乡镇中心园“手拉手”活动的通知》（京教学前〔2005〕6号），市教委决定继续开展第八批示范幼儿园与农村乡镇中心园及薄弱园“手拉手”活动，活动期为2年。

各区县教委要加强对“手拉手”工作的管理与指导，并给予必要的经费保障。

示范幼儿园要加强与农村乡镇中心幼儿园及薄弱园园长、业务园长、教师的交流与合作，切实帮助其逐步提高管理水平和队伍素质。

附件：1. 第八批示范园及薄弱园“手拉手”单位名单

2. 北京市示范幼儿园与农村乡镇中心园“手拉手”活动协议书（略）

2014年3月27日

附件 1

第八批北京市示范幼儿园与农村乡镇中心园及薄弱园“手拉手”单位名单

序号	北京市示范幼儿园	对口幼儿园
1	东城区大方家回民幼儿园	大兴采育镇第一中心幼儿园
2	东城区崇文回民幼儿园	通州区民族幼儿园
3	西城区和平门幼儿园	通州区七零九零幼儿园
4	西城区民族团结幼儿园	延庆县民族小学附属幼儿园
5	西城区名苑幼儿园	西城区警娃艺术幼儿园
6	朝阳区水碓北里幼儿园	延庆县第五幼儿园
7	朝阳区福怡苑幼儿园	朝阳区三间房乡中心幼儿园
8	朝阳区亚运村第二幼儿园	朝阳区小红门乡中心幼儿园
9	朝阳区九龙幼儿园	朝阳区王四营乡中心幼儿园
10	北京航空航天大学幼儿园	北京市农林科学院幼儿园
11	中国人民解放军海军机关幼儿园	北京市海淀区美华彩苑外国语幼儿园
12	明天幼稚集团第二幼儿园	北京市海淀区紫竹院街道第二幼儿园
13	明天幼稚集团第三幼儿园	北京市海淀区北太平庄街道威凯幼儿园
14	明天幼稚集团第四幼儿园	北京市海淀区大有双语幼儿园
15	明天幼稚集团第五幼儿园	北京市海淀区四季青蓝靛厂幼儿园
16	明天幼稚集团第六幼儿园	空军航空医学研究所附属医院幼儿园

续表

序号	北京市示范幼儿园	对口幼儿园
17	明天幼稚集团第七幼儿园	北京馨星幼儿园
18	明天幼稚集团第八幼儿园	北京市海淀区西北旺屯佃村幼儿园
19	明天幼稚集团第九幼儿园	北京市海淀区苏家坨镇中心幼儿园
20	明天幼稚集团第十幼儿园	北京市海淀区海淀乡中心幼儿园
21	中国石油集团科学技术研究院幼儿园	北京市海淀区四季青镇巨山幼儿园
22	丰台区方庄第一幼儿园	丰台区南苑乡大红门幼儿园
23	丰台区嘉园一幼	丰台区嘉园实验艺术幼儿园
24	丰台区第五幼儿园	丰台区北方之星幼儿园（三环园）
25	大兴区第八幼儿园	大兴区榆垡镇第一中心幼儿园
26	昌平区回龙观镇幼儿园	北京昌平天一宝贝幼儿园
27	顺义区怡馨幼儿园	顺义区高丽营第三幼儿园
28	顺义区港馨幼儿园	顺义区杨镇第三幼儿园
29	密云县第四幼儿园	密云县巨各庄镇中心幼儿园
30	平谷区第一幼儿园	平谷区夏各庄镇中心幼儿园
31	平谷区第四幼儿园	平谷区王辛庄镇中心幼儿园
32	延庆县第一幼儿园	延庆县张山营中心园

北京市教育委员会办公室

关于开展2014年北京市学前教育宣传月活动的通知

京教办函〔2014〕31号

各区县教委：

为加强科学育儿知识宣传，更好贯彻落实《3～6岁儿童学习与发展指南》（简称《指南》），根据教育部办公厅《关于开展2014年全国学前教育宣传月活动的通知》（教基二厅函〔2014〕8号）要求，现就2014年北京市学前教育宣传月活动有关事项通知如下：

一、活动主题

《指南》——让科学育儿知识进入千家万户。

二、活动时间

2014年5月20日至6月20日。

三、宣传内容

继续围绕深入落实《指南》，通过开展实实在在的宣传活动和教育服务，向幼儿园、家长和全社会传播正确的保教理念和科学的育儿方法，营造尊重儿童、爱护儿童，支持儿童健康成长的氛围。

（一）面向幼儿园教职工宣传，提高实践能力

组织幼儿园开展多种形式的学习贯彻《指南》经验交流活动，分享学习《指南》的体会和教育实践经验，促进广大幼儿园教师在实践中科学运用《指南》，开展保育教育活动。

（二）面向家长宣传，解决育儿困惑

发动幼儿园、有关教科研机构和专家学者，通过主题活动、家长会、亲子游戏、社区讲堂等多种途径，剖析提前学习、强化训练等拔苗助长式做法的危害，开展多种形式的教育指导服务，为家长答疑解惑，帮助家长学习理解《指南》，提高科学育儿能力。

（三）面向社会宣传，增进科学保教共识

充分运用电视、广播、报纸、网络、海报及手机等各种媒体，针对公众关心的育儿话题，将《指南》理念和方法用公众易于理解的方式广为传播，消除各种伪科学和商业宣传的不良影响，增进社会各界对科学保教的共识，净化社会环境。

四、有关要求

（一）加强统筹协调，精心组织实施

区县教委要把开展宣传月活动作为传播正确理念、宣传科学知识、争取社会支持的重要契机，与规范办园行为、提高保教质量紧密结合，纳入学前教育常规管理工作，建立长效宣传机制。各区县要认真制定宣传月具体实施方案，积极整合学前教育教科研机构、相关学术团体、幼儿园和各种大众传媒力量，精心组织宣传月系列活动，努力办出声势、办出水平。

（二）创新宣传方式，提高活动实效

各区县要创新宣传方式，提高宣传的针对性和有效性。各区县教委应结合实际，组织具有地方特点的启动仪式和丰富多彩的宣传月活动。

（三）严格审查把关，确保正确导向

各区县教委要对宣传月系列活动的内容进行严格把关，确保宣传内容符合儿童身心发展规律和国家教育方针，严禁任何单位和个人借宣传月名义搭车开展商业性宣传活动，确保宣传活动的公益性和科学性。

各区县教委要在5月20日前将本区县今年学前教育宣传月活动方案报送市教委学前教育处。

2014年5月7日

北京市教育委员会

关于认定第十批北京市社区儿童早期教育示范基地的通知

京教函〔2014〕623号

各区县教委、燕山教委：

2014年，我委组织了第十批北京市社区儿童早期教育示范基地的评审工作。经幼儿园申报、区县教委核准和市教委组织评审等程序，认定丰台区蒲黄榆第二幼儿园等10所幼儿园为北京市社区儿童早期教育示范基地。

附件：第十批北京市社区儿童早期教育示范基地名单

2014年12月17日

附件

第十批北京市社区儿童早期教育示范基地名单

丰台区蒲黄榆第二幼儿园
丰台区方庄第六幼儿园
丰台区高娃钢琴幼儿园
丰台区实验幼儿园
海淀区富力桃园幼儿园
海淀区核工业第二研究设计院幼儿园
门头沟区大台中心小学附属幼儿园
密云县第七幼儿园
密云县穆家峪镇中心幼儿园
燕山向阳幼儿园

基础教育

北京市教育委员会文件选编

(2014)

北京市教育委员会

关于开展小学教师教学基本功培训和展示活动的通知

京教函〔2014〕82号

各区县教委：

为全面提高小学教师专业水平和教学能力，促进新课程标准的学习与实施，进一步推动小学课程和教学改革，市教委决定开展第二届北京市小学教师教学基本功培训和展示活动。现将有关事宜通知如下：

一、参与范围

（一）参与人员

北京市小学学科教师全员参加区县、学校培训以及市级问卷调研，区县教委按要求推荐教师参加市级展示。

（二）参与学科

品德与生活、品德与社会、语文、数学、外语、科学、劳动技术、信息技术、综合实践、音乐、美术、体育、书法13个学科。

二、活动内容

培训和展示活动的内容包括三个方面：教师通识性知识、学科专业知识和解决实际问题的能力；现代教育技术应用能力；教师教学设计、教学实施等专业技能。

三、活动形式

基本功培训和展示活动分市级、区县和学校三个层面进行。区县和学校两级培训及展示活动由区县教委结合实际情况，协调有关部门组织完成。

在区县、学校培训和展示活动的基础上，北京市将组织小学学科教师全员参加北京市问卷调查，并组织部分教师参加市级展示活动，展示活动教师将进行统一笔试和现场展示。笔试重点考查教师通识性知识、学科专业知识以及解决实际问题的能力；现场展示重点考查教师教学设计、教学实施等专业技能；现代教育技术应用能力考查点重在运用，融入笔试和现场展示部分。

四、进度安排

（一）准备动员阶段（2014 年 3 月～9 月）

2014 年 3 月份，市级召开启动大会，部署有关工作安排。

2014 年 4 月份，北京教育科学研究院基础教育教学研究中心（以下简称“市基教研中心”）组织专家研制《北京市第二届小学教师教学基本功培训与展示活动培训手册》。

2014 年 9 月 15 日前，各区县制定区县培训展示方案并上报市教委基础教育一处。

（二）学习培训阶段（2014 年 9 月～2015 年 8 月）

2014 年 9 月至 10 月，市基教研中心下发培训手册，组织专家对区县教研员、骨干教师开展通识和学科培训；2015 年 3 月，完成研制《北京市第二届小学教师教学基本功培训与展示活动各学科展示内容说明》下发区县，并组织市级学科培训。

2014 年 11 月至 2015 年 5 月，区县教委和教研部门负责组织区县级培训，并指导学校开展校本培训。市教委及市基教研中心将根据各区县培训情况适时开展全市性的观摩交流活动。

2015 年 6 月，组织北京市小学学科教师全员参加网上问卷调查。

（三）推荐报名阶段（2015 年 9 月）

在完成区县和学校培训、展示活动的基础上，各区县教委按照参加市级展示活动的要求和安排（通知另行下发），上报参加市级培训和展示活动的教师名单。

（四）市级展示阶段（2015 年 10 月开始）

组织市级小学教师教学基本功展示活动，并适时召开总结交流会，表扬、宣传先进集体和个人。

五、工作要求

（一）提高认识，明确目的

各区县要做好宣传动员工作，引导干部教师充分认识活动的目的、意义。小学教师教学基本功培训和展示活动是提高教师专业能力和专业水平的有效方式之一，区县要组织教师全员、全学科参与，把活动与建立教师专业发展机制有机结合。培训与展示活动要基于教师教学实践，切实促进教师专业发展。

（二）高度重视，加强领导

为确保本次培训和展示活动有序、高效开展，市教委和北京教育科学研究院成立活动领导小组，领导小组下设办公室，办公室设在市基教研中心。各区县教委要加强此次活动的领导，明确牵头部门和责任部门，做好保障工作，确保活动顺利开展。

（三）认真组织，注重实效

各区县要认真组织此次活动，充分调动教师参加活动的积极性和主动性。将活动纳入中小学教师继续教育计划，为学校和教师参与活动提供有效支持。同时，要注重过程培训，要注重活动实效，及时掌握活动进展情况，推广学校好的经验和做法。

2014 年 3 月 17 日

北京市教育委员会办公室

关于在中小学开展第二批学校文化建设示范校创建活动的通知

京教基一办〔2014〕2 号

各区县教委：

2013 年，市教委开展了第一批学校文化建设示范校创建活动。在总结第一批创建活动经验的基础上，2014 年，市教委决定继续在全市中小学开展第二批学校文化建设示范校创建活动。现将有关事项通知如下：

一、指导思想

深入贯彻落实党的十八大、十八届三中全会和市委十一届四次全会精神，深化基础教育领域综合改革，以培育和践行社会主义核心价值观为主线，大力推动文化育人。通过学校文化示范校创建活动，推进学校文化特色建设和学校内涵发展，促进学校办学品质提升和育人质量提高。

二、创建范围

面向全市中小学，在第一批创建的 100 所学校文化建设示范校基础上，开展第二批 200 所学校文化建设示范校创建活动，创建活动由市、区两级共同组织开展。

三、创建原则

坚持以点带面原则，以典型学校创建活动为示范，通过现场观摩研讨式评估，引领学校文化建设的方向和思路。

坚持以培带评原则，以培训为工作切入口，通过举办专题讲座和培训，提高学校创建水平，推进评估工作。

坚持以建促改原则，以创建活动为契机，引导区县、学校，切实加强和改进学校文化建设，提高学校育人质量。

四、工作安排

（一）启动培训阶段

2014年4月至5月，市教委启动第二批学校文化建设示范校创建活动，印发创建活动方案，部署创建工作安排，并就学校文化建设开展专题培训和研讨活动。

（二）创建展示阶段

5月至6月，市教委组织专家深入区县，对部分中小学进行现场评估指导，评估活动采取现场观摩研讨方式，包括课堂观察、校园观察、访谈、校长汇报、专家评估和反馈等环节。通过市级引领，指导区县和学校广泛开展创建活动。

7月至9月，各区县教委参照市级评估模式和方法，指导辖区内学校开展创建活动。

10月，市教委将选取部分学校，组织开展创建成果现场展示观摩活动。

（三）评估认定阶段

11月，各区县根据前期创建活动情况，推荐第二批学校文化建设示范校（各区县推荐名额分配及材料上报方式另行通知）。

12月，市教委组织召开部分申报学校专题汇报会，同时组织专家对200所学校文化建设示范校申报材料进行书面评审，并给学校提供反馈报告。

五、工作要求

（一）提高认识，高度重视

中小学学校文化建设是社会主义先进文化建设与发展的重要组成部分，是学校内涵发展的重要环节。学校文化建设示范校创建活动要以社会主义核心价值体系教育为主线，体现育人为本的理念，为学生健康成长创设良好氛围，推动学校文化的传承与发展，提升学校办学品质。各区县要统一思想，提高认识，把深入开展学校文化建设示范校创建活动纳入本学年工作计划，按照市教委的工作要求，制定切实可行的实施方案。

（二）认真组织，落实责任

区县教委要按照市教委的统一部署，明确相关部门（科室）负责此项工作，落实工作职责和任务分工。负责部门（科室）要进行周密安排，把学校文化建设示范校创建活动宣传到每一所中小学校，广泛动员中小学积极参与。要精心组织，周密安排本区县创建活动，要对学校创建活动进行分类指导，给予必要的经费支持。

（三）贴近实际，注重实效

各区县教委要结合区域实际和学校的现实基础，在第一批学校文化示范校创建活动基础上，进一步认真梳理总结学校文化建设好的经验、好的做法，把创建活动与深化基础教育领域综合改革、推进教育优质均衡发展、提升教育品质结合起来，通过专家引领、专题培训、现场研讨、评估认定等多种方式，推动学校文化建设，确保创建活动取得实效。

附件：北京市中小学学校文化建设示范校建设与评估指标体系（试行）

2014 年 4 月 3 日

附件

北京市中小学学校文化建设示范校建设与评估指标体系（试行）

一级指标	二级指标	学校文化建设要素	学校文化观测点	得分	合计
A1 学校文化体系建设（10 分）	B1 学校文化体系建设（10 分）	文化建设纳入学校整体工作，认真规划并实施，目标任务明确具体，措施切实可行，体现学校办学理念。	C1 规划操作性（3 分）		
		学校办学理念体系完备，办学实践与办学理念具有一致性和协调性。	C2 体系完整性和一致性（2 分）		
		积极进行校史整理和建设，继承学校优良传统，并不断丰富和发展，历任校长的办学理念和实践具有传承性、稳定性和创新性。	C3 历史传承性和文化创新性（2 分）		
		师生积极参与学校文化规划和建设过程，学校文化建设得到广大师生的认同和支持。	C4 文化共识性（3 分）		
A2 学校办学理念体系建设（15 分）	B2 核心价值观（4 分）	体现国家教育方针和素质教育要求，符合社会主义核心价值观，重视中华优秀传统文化教育。	C5 社会主义核心价值观符合度（2 分）		
		符合学校历史、发展现状、地域环境和师生需求。	C6 来源的合理性（1 分）		
		表达清晰、准确，易于传诵，体现学校文化个性。	C7 表述与阐释（1 分）		

续表 1

一级指标	二级指标	学校文化建设要素	学校文化观测点	得分	合计
	B3 办学目标（3 分）	办学目标明确，体现学校愿景和使命，符合学校实际，体现学校特色。	C8 目标清晰度（2 分）		
		传承学校历史文化，结合学校所处社区、地域等环境特征和师生特点。	C9 历史与现实符合度（1 分）		
	B4 育人目标（3 分）	坚持育人为本，适应社会对人才的需要和学生全面而有个性发展的需求，科学确定学生培养目标。	C10 目标制定的科学性（2 分）		
		育人目标与办学目标相辅相成，体现学生成长规律和学段特点。	C11 目标契合度（1 分）		
	B5 学校理念识别（3 分）	校训的表述清晰、简明、独特，体现学校核心价值观，为师生熟知并认同。	C12 校训及其阐释（1 分）		
		校徽、校旗显示学校特征，有明确内涵，含义阐述清晰，具有教育性、艺术性，易于识别。	C13 校徽、校旗设计与阐释（1 分）		
		校歌反映学校特点和师生精神风貌，歌词内容积极向上，歌曲旋律优美，为全校师生传唱。	C14 校歌与效果（1 分）		
	B6 学校理念宣传（2 分）	注重总结、提炼办学经验和成果，充分利用信息手段和传播媒介宣传学校办学理念和经验，产生良好效果。	C15 理念宣传（1 分）		
		学校文化建设经验和成果在市、区县乃至更大范围内进行交流分享，在媒体上宣传报道。	C16 成果影响（1 分）		

续表 2

一级指标	二级指标	学校文化建设要素	学校文化观测点	得分	合计
A3 学校办学实践体系建设（60 分）	B7 管理文化建设（8 分）	组织结构合理、管理幅度适合，职能部门分工明确、责任落实，积极探索学校组织变革，管理运行机制、沟通机制通畅有效。	C17 组织结构（3 分）		
		积极进行学校章程和机制建设，各项管理机制和制度以人为本，符合本校实际，制度分类明确，制度执行到位，制度修订流程明确、有效。	C18 机制与制度建设（3 分）		
		师生积极参与制度建设过程，学校积极采纳合理建议。	C19 师生参与情况（2 分）		
	B8 课程文化建设（10 分）	以学生发展为目标，基于国家课程标准，构建学校课程体系。	C20 课程体系建设（2 分）		
		开足、开齐国家课程，确保国家课程有效实施，有机整合，协调推进国家、地方、校本三级课程。	C21 课程实施（3 分）		
		积极探索国家课程校本化实施，基于学校实际和师生发展需求，积极开发校本课程，增强课程的综合性、选择性和适应性，培育和发展学校课程文化。	C22 课程特色（3 分）		
		校长重视课程建设，具有课程领导力，教师和学生积极有效参与课程建设，分享课程改革成果。	C23 师生参与情况（2 分）		

续表 3

一级指标	二级指标	学校文化建设要素	学校文化观测点	得分	合计
	B9 课堂教学文化建设（10 分）	深化课堂教学改革，转变教学方式，落实科学减负，探索适合学生主动、有效学习的教学模式和策略，加强课堂教学评价研究。	C24 课堂教学方式（4 分）		
		构建以学生为主体的民主、平等、和谐、共生的课堂文化，教学效果良好。	C25 课堂文化（3 分）		
		面向全体，关注差异，因材施教，满足不同学生的学习需求，增强学生运用知识解决实际问题的能力，促进学生成长进步。	C26 关注学生需求（3 分）		
	B10 教师文化建设（10 分）	教师有教书育人、敬业爱生的责任感和使命感，有组织归属感和职业幸福感，教师团队有凝聚力，人际关系和谐。	C27 教师幸福感（2 分）		
		高度重视教师队伍建设，制定并不断完善教师专业发展规划，健全激励评价机制，队伍建设措施有力、有效，为教师专业发展提供支持和保障，教师队伍专业素质较高。	C28 教师专业发展支持（3 分）		
		教师规范、有质量地开展各级各类教育课题研究，善于总结提炼研究成果，并用于指导实践改进，研究成果形成规范的研究报告或结题报告、获奖、发表或正式出版。	C29 教育研究（2 分）		

续表 4

一级指标	二级指标	学校文化建设要素	学校文化观测点	得分	合计
		健全完善校本研修制度和机制，密切结合教师队伍实际，充分调动教师的主动性和积极性，研修活动规范化、制度化、信息化。	C30 教师研修（3分）		
	B11 学生文化建设（10分）	坚持立德树人，把社会主义核心价值体系教育贯穿于学校教育教学全过程，落实于师生的思想观念和行为习惯之中。	C31 核心价值观的落实（3分）		
		德育体系完备、目标明确、措施有效，注重德育课程建设，德育活动有计划、成系列、见实效，加强学生社会责任感、创新精神和实践能力的培养。	C32 德育工作（2分）		
		重视体育、美育工作，通过丰富的课程和社团活动等，满足不同学生兴趣、爱好和需求，提高学生的身心健康水平、审美情趣和人文素养。	C33 体育、美育工作（2分）		
		全面实施素质教育，建立健全以学生发展为核心、体现新课程标准要求的学生综合素质评价体系，发挥评价的激励和改进功能，帮助学生建立自信，促进学生自主发展。	C34 学生激励与评价（2分）		
		注重班级文化建设，调动学生自主管理的积极性和主动性，创设健康向上、富有特色、适合学生特点的班级文化环境。	C35 班级文化（1分）		

续表 5

一级指标	二级指标	学校文化建设要素	学校文化观测点	得分	合计
	B12 公共关系文化建设（4 分）	学校独立办学或一校多址办学，办学质量和社会声誉良好，学校文化对社区、其他学校有带动和辐射作用。	C36 学校文化影响力（1 分）		
		有机整合和充分发挥社区、家长及社会的教育资源，采取有效措施促进学校、家庭、社会多元互动，共同参与学校管理和评价。	C37 各方参与情况（1 分）		
		学校发起或参与国内或国际教育交流，积极传播学校文化。	C38 国内外交流（1 分）		
		高度重视校园安全和信息安全，健全安全制度和机制，完善安全预案，落实安全责任，积极防范和有效应对校园突发事件，确保师生安全。	C39 安全与危机处理（1 分）		
	B13 校园环境文化建设（8 分）	校园环境干净、优美，充分体现育人价值，适合学生年龄特点，富有安全性、人文性、独特性。	C40 育人环境（3 分）		
		建筑风格、景观设计、楼道布置、设施设备安置具有整体性、协调性，贴切表达学校办学理念和育人目标。	C41 环境协调性（3 分）		
		图书馆得到师生喜爱，多功能使用；图书分类合理，适合阅读，利用率高；多渠道拓展读书空间，方便学生阅读。	C42 图书馆及其使用（2 分）		

续表 6

一级指标	二级指标	学校文化建设要素	学校文化观测点	得分	合计
A4 学校优势领域发展（15 分）	B14 优势领域（15 分）	学校在一个或多个领域具有一定优势，较好地符合和印证学校的办学理念和育人成效，具有竞争力和影响力。	C43 效益及影响力（7 分）		
		全体师生参与优势领域的建设与发展，并共享优势特色发展成果。	C44 师生共享程度（8 分）		
总分					

北京市教育委员会

关于认定首批中小学学校文化建设示范校的通知

京教函〔2014〕178 号

各区县教委、燕山教委：

2013 年，市教委启动了首批中小学学校文化建设示范校创建活动，由教育行政部门、相关领域专家及校长代表组成工作组，通过实地考察和听取汇报相结合的形式，对中小学学校文化建设示范校创建情况进行了检查验收。经研究，决定认定北京市第一师范学校附属小学等 104 所学校为我市首批中小学学校文化建设示范校（名单见附件）。

各区县要采取多种形式推广、宣传、学习示范校创建的成功经验和做法，指导和督促学校改进不足，提升文化建设水平。

附件：北京市首批中小学学校文化建设示范校名单

2014 年 4 月 30 日

附件

北京市首批中小学学校文化建设示范校名单

（排名不分先后）

北京市第一师范学校附属小学
北京市东城区府学胡同小学
北京市东城区史家胡同小学
北京光明小学
北京市第二中学
北京市广渠门中学
北京第一实验小学
北京第二实验小学
北京小学
北京市西城区三里河第三小学
北京市第四中学
北京市第十五中学
北京市西城外国语学校
北京市朝阳区芳草地国际学校
北京市朝阳区白家庄小学
北京市朝阳区实验小学
北京市朝阳师范学校附属小学
北京市朝阳区呼家楼中心小学
清华大学附属小学商务中心区实验小学
北京市朝阳区星河实验小学
清华大学附属中学朝阳学校
北京市三里屯一中
北京市和平街一中
北京市第八十中学
北京市陈经纶中学
北京市海淀区翠微小学
北京市海淀区实验小学
首都师范大学附属小学
北京大学附属小学
中国人民大学附属小学
北京市海淀区五一小学
北京市海淀区中关村第一小学
北京市海淀区中关村第二小学
北京市海淀区中关村第三小学
北京市海淀区教师进修学校附

属实验学校
北京市八一中学
首都师范大学附属育新学校
北京市第一零一中学
北京市中关村中学
北京市丰台区第一小学
北京市丰台区第五小学
北京市丰台区芳古园小学
北京市丰台师范学校附属小学
北京市丰台区新发地小学
北京市第十二中学
首都师范大学附属丽泽中学
北京市京源学校
北京市第九中学
北京市石景山区实验小学
北京第二实验小学永定分校
北京市门头沟区育园小学
北京市大峪中学
北京市新桥路中学
北京市房山区北潞园学校
北京市房山区窦店中心校
北京市房山区良乡第四小学
北京市房山区良乡中心小学
北京市房山区琉璃河水泥厂学校
北京师范大学良乡附属中学
北京市房山区房山中学
北京市房山区房山第二中学
首都师范大学附属房山中学
北京教育科学研究院通州区第一实验小学
北京市史家胡同小学通州分校
北京市通州区张家湾镇中心小学
北京市通州区中山街小学
北京市通州区潞河中学
北京市通州区第二中学
北京市通州区运河中学
北京市顺义区东风小学
北京市顺义区木林中心小学
北京市顺义牛栏山第一中学
北京市顺义区杨镇第一中学
北京市昌平第二实验小学
北京市昌平区昌盛园小学
北京市昌平区城关小学
北京市昌平区回龙观中心小学
北京市昌平区第二中学
北京市昌平区第五中学
北京市昌平区回龙观中学
北京市昌平区南邵中学
北京小学翡翠城分校
北京市大兴区第二小学
北京市大兴区第七小学
北京市大兴区枣园小学
北京市大兴区庞各庄镇第二中心小学
北京市大兴区第一中学
北京市大兴区德茂中学

北京市平谷区金海湖第二小学
北京市平谷区大兴庄学区
北京师范大学附属平谷中学
北京市平谷区第三中学
北京市怀柔区实验小学
北京市怀柔区第二中学
北京市怀柔区第四中学
北京市密云县东邵渠镇中心小学
北京市密云县第二小学
北方交通大学附属中学密云分校
北京市密云县太师庄中学
北京市延庆县第一小学
北京市延庆县第三小学
北京市延庆县第三中学
北京市燕山向阳小学
北京市燕山东风中学

北京市教育委员会

关于印发《北京市小学生综合素质评价方案（试行）》的通知

京教基一〔2014〕5号

各区县教委、燕山教委：

现将《北京市小学生综合素质评价方案（试行）》印发给你们，请遵照执行。各区县要认真组织好方案的学习培训，并为方案实施做好必要准备工作。实施中如有问题和建议，要及时向市教委基础教育一处反馈。

2014年5月7日

北京市小学生综合素质评价方案（试行）

为贯彻落实十八届三中全会和市委十一届四次全会精神，全面贯彻党的教育方针，落实国家和北京市中长期教育改革和发展规划纲要，坚持育人为本，提高小学生综合素质，根据教育部《关于推进中小学教育质量综合评价改革的意见》（教基〔2013〕2号），结合我市小学教育实际情况，制定本方案。

一、指导思想

小学生综合素质评价要以科学发展观为指导，落实立德树人的根本任务，遵循小学生身心发展规律和教育教学规律，全面推进素质教育。实施全员、全方位、全过程评价，促进学生全面而有个性地发展，为学生终身发展奠定坚实基础。

二、评价目的

（一）引导帮助小学生逐步学会自我认识和自我教育，明确发展方向，养成良好的行为习惯，不断促进自身全面健康发展。

（二）引导促进教师树立科学的教育质量观、育人观和评价观，坚持育人为本的理念，采用科学、多样的方法对学生进行评价，引导和帮助学生自主发展。

（三）促进家庭和社会逐步形成正确的人才观、教育观，营造有利于素质教育实施的良好社会环境，为学生健康发展提供支持和帮助。

三、基本原则

（一）发展性原则

实施小学生综合素质评价要以学生发展为核心，关注每一个学生的发展现状及趋势，引导学生不断调整自己的发展目标，促进学生全面发展、健康成长。

（二）过程性原则

实施小学生综合素质评价要遵循学生身心发展规律和教育教学规

律，将评价贯穿于日常的教育教学活动中，及时搜集学生综合素质发展的信息，记录学生的成长过程，运用评价反馈引导学生持续发展。

（三）激励性原则

实施小学生综合素质评价要以全面发展为导向，充分发挥评价的激励功能，面向全体学生，发现和发展学生潜能，帮助学生建立自信，促进学生在原有水平上不断发展。

（四）主体多元原则

实施小学生综合素质评价要坚持评价主体多元，学生本人、同学、教师、家长以及社会相关人员等都应参与学生综合素质评价，在多主体互动评价过程中，促进学生在德智体美等方面主动发展。

四、评价指标

小学生综合素质评价指标由思想道德、学业成就、身心健康、审美素养、个性发展等五个一级指标构成。其中，前四项一级指标是小学生都能够达到的基础性目标，个性发展指标体现了学生的兴趣爱好和特长。

北京市小学生综合素质评价指标

一级指标	二级指标	关键指标
一、思想道德	1. 道德品质	学生在爱国情感、孝敬父母、尊敬师长、文明礼貌、自尊自信、自律自强、热爱劳动、勤俭节约等方面的认知和行为表现。
	2. 公民素养	学生在遵纪守法、诚实守信、关心集体、团结友善、维护公德、环境保护、珍爱生命、社会责任感等方面的认知和行为表现。
二、学业成就	3. 知识技能	学生掌握各学科基础知识和基本技能水平，在相关学科和实际生活中表现出的应用水平。
	4. 学习能力	学生综合应用知识分析和解决问题能力、实践能力、合作学习能力、信息素养等方面发展水平。
	5. 学业情感	学生在学习过程中表现出来的学习态度、学习兴趣、学习习惯、创新意识等方面的认知和行为表现。

续表

一级指标	二级指标	关键指标
三、身心健康	6. 体育锻炼与卫生保健	学生掌握体育锻炼方法和技能、卫生知识和保健方法，养成良好的体育锻炼习惯和卫生保健习惯的情况。
	7. 体质健康	学生的身体形态、身体机能、身体素质等达到《国家学生体质健康标准》的情况。
	8. 自我认识与调控	学生认识自我，熟悉自己的情绪，调控自己行为的能力；关心、尊重他人，学会与教师、同学和家长沟通与交往情况。
	9. 适应环境的能力	学生应对和克服学习、生活困难，适应学习环境、社会环境的能力。
四、审美素养	10. 感受美	学生感知、识别生活、自然、艺术中美的能力。
	11. 欣赏美	学生的审美情趣和赏析美的能力。
	12. 表现美	学生在生活中展示美、表达美的能力。
五、个性发展	13. 兴趣爱好	学生在学习生活中对某些事物或者事情专注和喜好的表现。
	14. 特长	学生在学科素质以及科学、艺术、体育技能等方面的突出表现。

小学生综合素质评价要坚持绝对评价、相对评价和个体内差异评价相结合，重视运用个体内差异评价，更加关注学生的努力程度和进步幅度，更加关注学生的发展潜质。

五、评价方式

（一）小学生综合素质评价要坚持科学多元，学生本人、教师、家长、同学、社会相关部门人员等都参与评价，各评价主体根据学生发展评价要素提供客观、真实的评价依据和证据，以保证评价结果的有效性。

（二）小学生综合素质评价方法要运用测试考查、测量、情境测验、日常观察记录、作品分析等多种手段，依据评价指标搜集评价信息，进行科学、全面判断。

六、评价结果的呈现与应用

（一）评价结果的呈现

1. 小学生综合素质形成性评价结果记录在《小学生综合素质评价手册》中，北京市将适时开发电子平台，并在部分学校先行试验，逐步推广。

小学低、中年级主要采用纸质文本呈现评价结果，有条件的学校可以适当采用电子文本呈现部分评价结果。小学高年级以纸质文本的方式为主，鼓励学校使用电子文本呈现评价结果，有条件的学校可开发小学生综合素质评价电子平台，丰富学生评价结果呈现方式，探索建立学生评价数据库。

2. 小学毕业生综合素质评价结果以《小学毕业生综合素质评价报告单》的方式呈现，主要包括学生自评、家长评语、班主任评语、学生个性特长，以及学生的学业水平成绩、体质健康数据等内容。

（二）评价结果的应用

1. 小学生综合素质形成性评价结果主要是使学生本人、家长以及教师及时、全面地了解学生综合素质的发展水平；为学生和家长确定学生综合素质的发展目标提供参考；为教师有针对性地诊断、改进教育教学，指导、帮助学生提高综合素质提供信息；为开展教育教学效果评价、学校办学水平和办学效益评价以及区域教育质量的监控与评价提供依据。

2. 小学毕业生综合素质评价结果的主要用途是为学生正确认识和评价自己的发展水平提供参考依据；为学生在高一级学校更好地学习、持续地发展提供参考。

七、评价的组织与实施

（一）成立机构，统筹协调

各区县要成立由教育行政、督导、科研以及教研等部门组成的领导小组，统筹协调本区县小学生综合素质评价工作，明确责任，各负其责，形成合力。

教育行政部门负责评价的组织领导，要把学生综合素质评价纳入区县常规工作中，整体设计、协调推进；教育督导部门要将学生综合素质评价工作纳入对学校的督评工作中，加强督导评估；教育科研部门要建立评价工作的跟踪反馈机制，开展相关的指导、培训，跟进反馈评价实施状况，及时总结并宣传、推广典型经验；教研部门要结合学科教研，指导任课教师在学科教学过程中开展学生综合素质评价。

（二）结合实际，科学评价

学校要结合实际创造性地开展学生评价，将评价工作作为学校重要常规工作。结合学校办学目标和不同年级小学生身心发展特点，细化关键指标内容，引导教师、学生、家长以及社会相关人员等认识综合素质评价对学生发展的重要意义，充分发挥并调动各评价主体的积极性和主动性。

特别是注重发挥班主任、学科教师对学生评价的关键作用，把研究、教育、服务与评价学生作为评价教师专业素质的重要指标，切实提高学生评价的针对性和实效性，共同促进学生健康成长和全面发展。

本方案自 2014 年 9 月 1 日起试行。

北京市教育委员会

关于评选第二批中小学
学校文化建设示范校的通知

京教函〔2014〕646号

各区县教委：

2014年，各区县和学校积极开展文化建设示范校创建活动，学校文化建设水平进一步提高。为树立典型，宣传建设成果和经验，按照创建活动的总体安排，拟评选第二批北京市中小学学校文化建设示范校。现将有关事项通知如下：

一、评选目的

通过第二批中小学学校文化建设示范校创建评选活动，进一步在全市中小学培育和践行社会主义核心价值观，大力推动文化育人，推进学校文化特色建设和内涵发展，充分发挥学校文化建设示范校辐射带动作用，促进学校办学品质提升和育人质量提高。

二、评选名额

按照《北京市“十二五”时期教育改革和发展规划》关于“加强校园文化建设，评选500所中小学校园文化建设示范校”的要求，市教委决定2014年在全市共评选200所北京市中小学学校文化建设示范校（各区县具体名额分配见附件2）。

三、评选程序

（一）学校自主申报。各学校参照《北京市中小学学校文化建设示范校建设与评估指标体系》（附件 1），进行自评并向区县教委申报。

（二）区县初评推荐。区县教委根据申报学校文化建设总体情况和水平进行初评，并参照市教委分配的名额指标，上报北京市第二批中小学学校文化建设示范校推荐名单（附件 3，略）和有关申报材料（附件 4、5，略）。

（三）市教委评审认定。市教委根据区县上报材料，组织专家评审，专家组结合前期市区教委组织开展的创建活动情况，在评审申报材料的基础上，提出北京市第二批中小学学校文化建设示范校建议名单，经市教委认定后予以通报表扬。

四、有关要求

（一）加强领导，规范程序。各区县要把评选推荐工作作为学校文化建设示范校创建活动的一项重要任务，组建评选工作领导小组，明确主管领导，确定主责部门，严格规范评选程序。在前期市教委引领创建和区县教委统筹创建活动的基础上，依据评选标准，组织开展评选，做到公平公正，择优推荐。

（二）认真组织，按时上报。按照市教委的统一要求，按照推荐程序，按时上报学校申报材料，上报截止时间为 2015 年 1 月 22 日。各区县教委要将学校名单汇总表（1 份）和推荐学校申报材料（申报书和申报报告）纸质文本 5 份（加盖公章）统一报送市教委基础教育一处，并将申报材料电子版发送至指定邮箱。

（三）加强宣传，注重引导。各区县要把握此次评选活动的契机，把学校文化建设示范校推荐评选工作，作为总结学校文化建设经验，宣传成果、树立典型的过程，通过宣传，充分发挥示范校的辐射作用，引导和推动区域学校文化建设水平整体提升。

附件：1. 北京市中小学学校文化建设示范校建设与评估指标体系

2. 北京市第二批中小学学校文化建设示范校名额指标分配表

3. 区县推荐学校名单汇总表（略）

4. 北京市第二批中小学学校文化建设示范校申报书（略）

5. 北京市第二批中小学学校文化建设示范校申报报告（模板，略）

北京市教育委员会

2014年12月29日

附件1

北京市中小学学校文化示范校建设与评估指标体系

一级指标	二级指标	学校文化建设要素	学校文化观测点	得分	合计
A1 学校文化体系建设（10分）	B1 学校文化体系建设（10分）	学校文化建设纳入学校整体工作，认真规划并实施，目标任务明确具体，措施切实可行。	C1 规划操作性（3分）		
		学校办学理念体系完备，办学实践与办学理念具有一致性。	C2 体系完整性和一致性（2分）		
		积极进行校史整理和建设，继承学校优良传统，并不断丰富和发展，办学理念和办学实践具有继承性和创新性。	C3 历史传承性和文化创新性（2分）		
		师生能民主参与学校文化规划和建设过程，学校文化建设得到广大师生的认同和支持。	C4 文化共识性（3分）		

续表 1

一级指标	二级指标	学校文化建设要素	学校文化观测点	得分	合计
A2 学校办学理念体系建设（15 分）	B2 核心价值观（4 分）	体现国家教育方针和素质教育要求，符合社会主义核心价值观，重视中华优秀传统文化教育。	C5 社会主义核心价值观符合度（2 分）		
		符合学校历史、发展现状、地域环境和师生需求。	C6 来源的合理性（1 分）		
		表达清晰、准确，易于传诵，体现学校文化个性。	C7 表述与阐释的清晰性和相宜性（1 分）		
	B3 办学目标（3 分）	办学目标明确，体现学校愿景和使命，符合学校实际，体现学校特色。	C8 目标清晰度和适切度（2 分）		
		传承学校历史文化，考虑学校所处社区、地域等环境特征和师生特点。	C9 历史与现实符合度（1 分）		
	B4 育人目标（3 分）	坚持育人为本，适应社会对人才的需要和学生全面而有个性发展的需求，科学确定学生培养目标。	C10 目标制定的科学性（2 分）		
		育人目标与办学目标相辅相成，体现学生成长规律和学段特点。	C11 目标契合度（1 分）		
	B5 学校理念识别（3 分）	校训的表述清晰、简明、独特，具有感召力，体现学校核心价值观，为全校师生熟知并认同。	C12 校训及其阐释的清晰性和认知度（1 分）		

续表 2

一级指标	二级指标	学校文化建设要素	学校文化观测点	得分	合计
		校徽、校旗显示学校特征，有明确内涵，含义阐述清晰，具有教育性、艺术性，易于识别。	C13 校徽、校旗设计与阐释的清晰性和艺术性（1分）		
		校歌反映学校特点和师生精神风貌，歌词内容积极向上，歌曲旋律优美，为全校师生熟练传唱。	C14 校歌的传唱度（1分）		
	B6 学校理念宣传（2分）	学校注重总结、提炼办学经验和成果，充分利用信息手段和传播媒介宣传学校办学理念和经验，产生良好效果。	C15 理念宣传的充分性（1分）		
		学校文化建设经验和成果在市、区乃至更大范围内进行交流分享，在媒体上宣传报道，有一定社会影响。	C16 成果影响的广度和深度（1分）		
A3 学校办学实践体系建设（65分）	B7 管理文化建设（8分）	学校组织结构合理，职能部门分工明确、责任落实，管理运行协调、沟通机制通畅。	C17 学校组织结构的合理性（3分）		
		积极进行学校章程和机制建设，各项管理制度以人为本，符合本校实际，制度分类明确，制度执行到位，制度修订流程明确、有效。	C18 机制与制度建设的有效性（3分）		
		学校坚持民主管理，充分发挥教代会和学代会作用，鼓励师生积极参与制度建设过程，学校积极采纳合理建议。	C19 师生参与的积极性（2分）		

续表 3

一级指标	二级指标	学校文化建设要素	学校文化观测点	得分	合计
	B8 课程文化建设（12 分）	以学生发展为目标，基于国家课程标准，构建学校课程体系。	C20 课程体系建设的完整性（3 分）		
		开足、开齐国家课程，确保国家课程有效实施，有机整合、协调推进国家、地方、校本三级课程。	C21 课程实施的实效性（3 分）		
		积极探索国家课程校本化实施，基于学校实际和师生发展需求，积极开发和实施校本课程，增强课程的综合性、选择性和实效性。	C22 校本课程的特色性和实效性（3 分）		
		校长重视课程建设，具有课程领导力，教师和学生积极有效参与课程建设，分享课程改革成果。	C23 师生参与性（3 分）		
	B9 课堂教学文化建设（11 分）	深化课堂教学改革，转变教学方式，落实科学减负，探索适合学生主动、有效学习的教学模式和策略，加强课堂教学评价研究。	C24 课堂教学方式的方向性（4 分）		
		构建以学生为主体的民主、平等、和谐、共生的课堂文化，教学效果良好。	C25 课堂文化的学生参与度（4 分）		
		面向全体，关注差异，因材施教，满足不同学生的学习需求，增强学生运用知识解决实际问题的能力，促进学生成长进步。	C26 学生需求的关注度（3 分）		

续表 4

一级指标	二级指标	学校文化建设要素	学校文化观测点	得分	合计
	B10 教师文化建设（12 分）	教师有教书育人、敬业爱生的责任感和使命感，教师团队有凝聚力，人际关系和谐，教师有组织归属感和职业幸福感。	C27 教师幸福感（2 分）		
		学校高度重视教师队伍建设，制定并不断完善教师专业发展规划，健全激励评价机制，队伍建设措施有力、有效，为教师专业发展提供支持和保障，教师队伍专业素质较高，结构合理。	C28 教师专业发展的支持性（4 分）		
		教师规范、有质量地开展各级各类教育课题研究，善于总结经验，提炼研究成果，并用于改进实践，研究成果形成规范的研究报告或结题报告、获奖、发表或正式出版。	C29 教育研究的规范性和应用性（3 分）		
		学校健全完善校本研修制度，密切结合教师队伍实际，充分调动教师的主动性和积极性，教师研修活动规范化、制度化，具有针对性和实效性。	C30 教师研修的制度化和促进性（3 分）		

续表 5

一级指标	二级指标	学校文化建设要素	学校文化观测点	得分	合计
	B11 学生文化建设（12 分）	坚持立德树人，把社会主义核心价值体系教育贯穿于学校教育教学全过程，落实于学生的思想观念和行为习惯之中，加强学生社会责任感、创新精神和实践能力的培养。	C31 核心价值观落实度（3 分）		
		德育体系完备，目标明确，措施有效，注重德育课程建设，德育活动有计划、成系列、见实效。	C32 德育工作的计划性和有效性（4 分）		
		重视共青团、少先队工作，开展丰富多彩、特色鲜明的社团活动，在活动中体现学生的主体性。	C33 团队活动的丰富性和功能性（2 分）		
		全面实施素质教育，建立健全以学生发展为核心、体现新课程标准要求的学生综合素质评价体系，发挥评价的激励和改进功能，促进学生自主发展。	C34 学生评价体系的激励性（2 分）		
		注重班级文化建设，调动学生自主管理的积极性和主动性，创设健康向上、富有特色、适合学生特点的班级文化环境。	C35 班级文化建设的学生参与性（1 分）		

续表 6

一级指标	二级指标	学校文化建设要素	学校文化观测点	得分	合计
	B12 公共关系文化建设（4 分）	学校办学质量和社会声誉良好，学校文化对社区、教育集团及其他学校有带动和辐射作用。	C36 学校文化影响力（1 分）		
		学校有机整合和充分发挥社区、家长及社会的教育资源，采取有效措施促进学校、家庭、社会多元互动，共同参与学校管理和评价。	C37 各方参与的多元性（1 分）		
		学校发起或参与国内或国际教育交流，积极传播学校文化。	C38 国内外交流的范围和程度（1 分）		
		高度重视校园安全，健全安全制度，完善安全预案，落实安全责任，积极防范和有效应对校园突发事件，确保师生安全。	C39 安全与危机管理机制的健全性（1 分）		
	B13 校园环境文化建设（6 分）	校园环境干净、优美，充分体现育人价值，适合学生年龄特点，富有安全性、人文性、独特性。	C40 环境的安全与人文性（2 分）		
		学校建筑风格、景观设计、楼道布置、设施设备安置具有整体性、协调性，贴切体现学校办学理念和育人目标。	C41 环境协调性（2 分）		

续表 7

一级指标	二级指标	学校文化建设要素	学校文化观测点	得分	合计
		图书馆（室）得到师生喜爱，多功能使用；图书分类合理，适合阅读，利用率高；多渠道拓展读书空间，方便师生阅读。	C42 图书馆及其使用的充分性与合理性（2 分）		
A4 优势领域发展（10 分）	B14 优势领域（10 分）	学校在一个或多个领域具有一定优势，深得师生认可，较好地符合办学理念和体现育人成效，具有竞争力和影响力。	C43 效益及影响力（5 分）		
		学校全体师生参与优势领域的建设与发展，并共享优势特色发展成果。	C44 师生共享程度（5 分）		
总分					

附件 2

北京市第二批中小学学校文化建设示范校名额指标分配表

区 县	推荐名额
东城区	13
西城区	14
朝阳区	25

续表

区县	推荐名额
海淀区	21
丰台区	15
石景山区	7
门头沟区	5
房山区	17
通州区	14
顺义区	9
昌平区	17
大兴区	16
平谷区	7
怀柔区	5
密云县	7
延庆县	6
燕山地区	2
合计	200

高等教育

北京市教育委员会文件选编

（2014）

北京市教育委员会办公室

转发教育部高等教育司关于印发《国家级精品资源共享课项目管理办法》及关于公布第三批国家级精品资源共享课立项项目名单文件的通知

京教高办〔2014〕1号

各市属有关高校：

现将教育部高等教育司关于印发《国家级精品资源共享课项目管理办法》（教高司函〔2013〕129号）和《关于公布第三批国家级精品资源共享课立项项目名单及有关事项的通知》（教高司函〔2013〕132号）的文件转发给你们，请按照文件要求，认真做好国家级精品资源共享课建设工作。

入选第三批国家级精品资源共享课立项项目名单的学校，请尚未提交《高校银行账号信息表》的，要按照文件要求，及时做好相关工作。

附件：1. 关于印发国家级精品资源共享课项目管理办法

2. 关于公布第三批国家级精品资源共享课立项项目名单及有关事项的通知

2014年1月24日

附件 1

教育部高等教育司

关于印发《国家级精品资源共享课项目管理办法》的通知

教高司函〔2013〕129号

各省、自治区、直辖市教育厅（教委），新疆生产建设兵团教育局，有关部门（单位）教育司（局），解放军总参谋部军训部，部属各高等学校：

现将《国家级精品资源共享课项目管理办法》印发给你们，请遵照执行。

国家级精品资源共享课项目管理工作由我司教学条件处负责。

附件：国家级精品资源共享课项目管理办法

2013年12月16日

附件

国家级精品资源共享课项目管理办法

为进一步保证批准立项的国家级精品资源共享课项目课程建设、共享应用和持续建设质量，根据《教育部关于国家精品开放课程建设的实施意见》和《精品资源共享课建设工作实施办法》，制定本管理办法。

一、质量保障和监督职责分工

1. 国家级精品资源共享课项目实行项目承担学校和课程负责人负责制，教育部有关单位以及承担项目推荐工作的省级教育行政部门、项目承担学校主管部门和教育部相关专业或课程教学指导委员会负有指导和监督职责。

二、课程上网要求

2. 项目承担高校在课程上网前须组织有关专家对课程进行严格审查，课程团队须对课程进行认真自查。爱课程网应配备课程联络员，协助对课程进行内容和技术审读。

3. 课程团队须及时对专家审查、团队自查以及课程联络员审读发现的问题予以认真整改，保证课程资源思想性、导向性和科学性等不存在问题，不涉及国家安全、保密及其他不适合网络公开传播的内容，不侵犯公民、法人或其他组织的知识产权。

4. 课程完成整改，达到要求须出具由课程负责人签字、项目承担高校盖章的“课程整改确认表”，并签署《中国大学资源共享课知识产权保障协议》，方可上网。在规定时间内未完成整改的课程，将取消其“国家级精品资源共享课”立项资格。

三、课程上网后的维护与更新

5. 课程团队须安排专人管理上网课程及其学习社区，每周至少一次解答学习者提出的与课程及教学相关的问题，并积极在网上开展教学研讨及与学习者的互动交流。

6. 课程团队应将上网课程应用于本校教学活动，及时维护、更新和完善视频资源等基本资源，积极建设拓展资源，更好地满足广大高校师生和社会学习者的学习需求。鼓励按照或借鉴大规模在线开放课程的模式整改、充实、完善课程内容和学习活动。每学年课程更新不少于一次，向爱课程网提交的课程资源更新比例不得低于10％。学校应采取有效措施，督促和保障课程团队对课程进行维护、更新。

7. 爱课程网应为课程维护更新提供技术支持和相关服务，并及时向课程团队反馈课程学习者反映的问题，适时公布上网课程的访问人数、公众评价和排名，定期公布课程的更新完善情况。

四、结项基本要求

8. 2015 年 9 月以前，达到课程上网后的维护与更新要求，课程共享应用广泛，得到高校师生和社会学习者认可，社会反响良好，提出验收之后继续建设 5 年的建设方案切实可行，通过我部组织的验收，将给予“国家级精品资源共享课”荣誉称号。荣誉称号有效期 5 年。

五、课程的监督管理

9. 上网课程在接受学习者使用和社会公众舆论监督过程中，一旦被发现存在涉及国家安全、保密内容，有侵犯公民、法人或其他组织的知识产权等问题，将即刻下线，不得再以“中国大学资源共享课”名义在网上传播使用，并取消其“国家级精品资源共享课”立项资格。

10. 上网课程如被发现存在思想性、导向性或科学性等问题将即刻下线，项目承担学校及课程团队尽快完成整改。未能按要求完成整改的课程，不得再以“中国大学资源共享课”名义在网上传播使用，并取消其“国家级精品资源共享课”立项资格。

11. 爱课程网、课程负责人及团队如发现有人通过上网课程及其学习社区传播违法信息，应立即向学校及相关部门报告情况并依照国家网络管理相关规定采取处置措施。

12. 承担项目推荐工作的省级教育行政部门、学校主管部门和教育部相关专业或课程教学指导委员会应指导和监督项目承担学校课程的持续建设，协助教育部做好项目结项验收工作。积极推动上网课程的广泛应用，促进优质课程资源的普及共享。

附件 2

教育部高等教育司

关于公布第三批国家级精品资源共享课立项项目名单及有关事项的通知

教高司函〔2013〕132 号

各省、自治区、直辖市教育厅（教委），新疆生产建设兵团教育局，有关部门（单位）教育司（局），解放军总参谋部军训部，部属各高等学校：

根据《教育部财政部关于“十二五”期间实施“高等学校本科教学质量与教学改革工程”的意见》（教高〔2011〕6 号）、《教育部办公厅关于印发〈精品资源共享课建设工作实施办法〉的通知》（教高厅〔2012〕2 号）以及 2013 年国家级精品资源共享课申报遴选要求，经省级教育行政部门推荐、我司组织专家审核认定，1540 门课程入选第三批国家级精品资源共享课立项项目名单（见附件 1），其中本科教育课程 1100 门、高职教育课程 440 门。现将立项项目名单予以公布，并给予每门课程 10 万元经费补贴（军队院校项目除外）。

按照《国家级精品资源共享课项目管理办法》（教高司函〔2013〕129 号）要求，各省级教育行政部门、学校主管部门应加强对国家级精品资源共享课立项项目建设的指导和监督；有关高校和课程团队要高度重视立项项目建设工作，切实履行立项建设申报书中的承诺，做好课程的完善工作，确保课程按规定时间上网，并及时维护和更新课程资源，更好地满足广大高校师生和社会学习者学习需求。我部对上网后社会反响良好的课程，将给予“国家级精品资源共享课”称号。

有关高校须参照《财政部教育部关于印发〈高等学校本科教学质量与教学改革工程专项资金管理暂行办法〉的通知》（财教〔2007〕376号）要求，科学、合理使用项目经费补贴，确保经费使用效益，接受有关部门的监控、检查和审计。对于因故被取消“国家级精品资源共享课”立项资格的项目，有关高校须退还已拨付的经费补贴。

根据教育部关于批准实施“十二五”期间“高等学校本科教学质量与教学改革工程”年度建设项目的有关通知，项目经费补贴将由高等教育出版社拨付。依照《财政部关于行政事业单位资金往来结算票据使用管理有关问题的补充通知》（财综〔2010〕111号）要求，高校收到拨款后务必及时将“行政事业单位资金往来结算票据”或发票寄至高等教育出版社。

请尚未提交《高校银行账号信息表》（附件2，略）的学校尽快填写并加盖学校财务部门公章，将该表的扫描件发送至邮箱，以便及时拨付经费。

国家级精品资源共享课建设工作由我司教学条件处负责组织和管理。

附件：1. 第三批国家级精品资源共享课立项项目名单
　　　2. 高校银行账号信息表（略）

2013年12月20日

第三批国家级精品资源共享课立项项目名单

一、本科教育课程

序号	学校名称	课程名称	课程负责人
1	北京工业大学	材料工程基础综合实验	王金淑
2	北京工业大学	大学英语	刘宇慧
3	北京工业大学	概率论与数理统计	程维虎
4	北京工业大学	机械设计	高国华
5	北京工业大学	建筑抗震设计	薛素铎
6	北京工商大学	物流系统论	何明珂
7	首都医科大学	耳鼻咽喉科学	韩德民
8	首都医科大学	全科医学概论	路孝琴
9	首都医科大学	神经病学	贾建平
10	首都医科大学	外科学	张建
11	首都医科大学	眼科学	王宁利
12	首都师范大学	大学生心理健康	蔺桂瑞
13	首都师范大学	电路分析	朱虹
14	首都师范大学	教育研究概论	蔡春
15	首都经济贸易大学	社会保障学	张琪
16	首都体育学院	田径	李建臣
17	中国音乐学院	音乐教育基础	谢嘉幸

二、高职教育课程

序号	学校名称	课程名称	课程负责人
1	北京联合大学	Web技术应用基础	薛晓霞
2	北京工业职业技术学院	公共体育	贾书申
3	北京工业职业技术学院	生产安全事故调查与处理	杜春宇
4	北京工业职业技术学院	统计学基础	宋文光
5	北京工业职业技术学院	职业基本素养	王芳
6	北京工业职业技术学院	自动生产线安装、调试与维修	李林琛
7	北京电子科技职业学院	Windows移动应用开发	王萍
8	北京电子科技职业学院	创业起步	高岩
9	北京电子科技职业学院	数控机床维修与调试生产性实训	陈万利
10	北京财贸职业学院	商业银行综合柜员岗位实训	武飞

北京市教育委员会

关于增补第二届北京高等学校继续教育工作指导委员会委员的通知

京教高〔2014〕4号

各有关高等学校：

为推进北京高校继续教育工作科学发展，更好发挥北京高校继续教育工作指导委员会在整体统筹、分类指导、内涵发展、推进创新、做好服务、提高质量等方面的专家咨询作用，根据工作需要，市教委决定增补第二届北京高校继续教育工作指导委员会组成人员：

一、因工作调整，第二届北京高等学校继续教育工作指导委员会主任委员由市教委叶茂林副主任担任。

二、为加强对北京高校继续教育外语、艺术和教育技术类专业教育教学工作指导，增补对外经济贸易大学继续教育学院曾刚、北京舞蹈学院继续教育学院钟宁、北京理工大学继续教育学院李小平为第二届北京高等学校继续教育工作指导委员会委员。

三、我委将进一步发挥高校继续教育工作指导委员会作用，加强对北京高校继续教育工作的统筹和指导，推进改革创新，提高教育质量和办学水平。

同时，要求北京高校继续教育工作指导委员会各位委员为提高继续教育工作质量，特别是在构建、完善继续教育质量保障体系、建设信息化工作平台、教学团队、专业建设、资源开发、检查评估、完善各项工作机制和理论研究等方面主动发挥咨询、指导和积极参与的骨干作用，为办好人民满意的教育，不断开创北京高校继续教育工作新局面，实现继续教育科学发展作出贡献。

2014 年 1 月 29 日

北京市教育委员会

关于成立北京市“2011计划”工作领导小组的通知

京教研〔2014〕4号

各有关高校：

为加强对我市“2011计划”工作的领导，根据教育部、财政部《关于实施高等学校创新能力提升计划的意见》（教技〔2012〕6号），经市领导同意，决定成立北京市“2011计划”工作领导小组，现将有关事项通知如下：

一、主要职责

负责我市“2011计划”工作组织实施的领导与协调，统筹宏观规划、经费投入等重大事项的决策。

二、领导小组组成人员

组　长：苟仲文　市委常委、市委教育工委书记

副组长：杨晓超　市政府副市长

成　员：线联平　市教委主任

刘印春　市发展改革委副主任

伍建民　市科委副主任

任世强　市经济信息化委委员

杨蒸彦　市财政局副局长

徐志军　市人力社保局副局长

杨建华　中关村管委会副主任

三、领导小组办公室组成人员

主　任：叶茂林　市教委副主任

副主任：黄　侃　市教委委员

成　员：赵　清　市教委科研处处长

王　壮　市发展改革委社会发展处副处长

杨仁全　市科委政策法规处处长

张　刚　市经济信息委科技标准处副处长

李红娜　市财政局教育事业处处长

王友芝　市人力社保局专业技术管理处处长

蒋海军　中关村管委会研究室主任

领导小组办公室设在市教委，承担我市“2011计划”的日常工作，研究提出需领导小组决策的建议方案，督促落实领导小组议定事项，加强与有关部门和高校的沟通协调，承办领导小组交办的其他事项。

2014年3月24日

北京市教育委员会

关于公布2013年度市属普通高等学校本科专业备案或审批结果的通知

京教高〔2014〕5号

各市属普通高等学校：

根据教育部高教司《关于做好2013年度普通高等学校本科专业申报工作的通知》（教高司函〔2013〕63号），我委组织市属普通高等学校开展了2013年度本科新设专业申报工作。

根据教育部《关于公布2013年度普通高等学校本科专业备案或审批结果的通知》（教高〔2014〕1号），现将2013年度市属普通高等学校本科专业备案或审批结果予以公布。

各高校要充分利用现有办学条件，加强新增本科专业建设，切实保证人才培养质量，推进高校特色发展。

附件：2013年度市属普通高等学校本科专业备案或审批结果

2014年4月28日

附件

2013年度市属普通高等学校本科专业备案或审批结果

一、新增备案专业名单

主管部门 学校名称	专业代码	专业名称	修业年限	学位授予门类	备注
北方工业大学	080503T	新能源科学与工程	四年	工学	
北京工商大学	050262	商务英语	四年	文学	
北京建筑工程学院	080204	机械电子工程	四年	工学	
北京建筑工程学院	081202	遥感科学与技术	四年	工学	
北京建筑工程学院	120105	工程造价	四年	管理学	
北京农学院	082803	风景园林	四年	工学	
首都师范大学	080705	光电信息科学与工程	四年	工学	
首都体育学院	130204	舞蹈表演	四年	艺术学	
北京物资学院	120703T	质量管理工程	四年	管理学	
首都经济贸易大学	020304	投资学	四年	经济学	
中国戏曲学院	130508	数字媒体艺术	四年	艺术学	
北京信息科技大学	120703T	质量管理工程	四年	管理学	
北京联合大学	060104	文物与博物馆学	四年	历史学	
北京城市学院	101101	护理学	四年	理学	
北京城市学院	120210	文化产业管理	四年	艺术学	
北京城市学院	130405T	书法学	四年	艺术学	
北京城市学院	130507	工艺美术	四年	艺术学	

续表

主管部门 学校名称	专业代码	专业名称	修业年限	学位授予门类	备注
北京工业大学耿丹学院	050103	汉语国际教育	四年	文学	
北京工业大学耿丹学院	120212T	体育经济与管理	四年	管理学	

二、新增审批专业名单

主管部门 学校名称	专业代码	专业名称	修业年限	学位授予门类	备注
北京警察学院	083108TK	网络安全与执法	四年	工学	

北京市教育委员会

关于公布2013年度高等学校在京成人高等教育校外教学站检查评估复检结果的通知

京教函〔2014〕194号

各相关高等学校：

2013年，我委开展了高等学校在京成人高等教育校外教学站年度检查评估工作。中央民族大学北京市西城区实用信息培训学校教学站等17个函授教育辅导站、业余教育校外教学点（本文件以下统称“校外教学站”）暂缓通过。在以上校外教学站申请的基础上，我委组织北京高等学校继续教育专家进行了复检。经我委确认批准，现将复检结果及有关事项通知如下：

一、中央民族大学北京市西城区实用信息培训学校教学站等15个校外教学站及其主办学校根据检查评估反馈意见进行了有针对性的整改，通过复检。

二、中央民族大学北京市海淀区职工大学教学站、北京经济管理职业学院北京市机械工业管理局党校校外教学点等2所校外教学站在本次复检期间，因主办学校调整办学布局等原因自行撤销。自2014年度起，不再招收成人高等学历教育学生。相关主办高校及其校外教学站要切实做好相关后续工作。

三、对在2013年检查评估中暂缓通过且未提出复检申请的校外教学站，请主办高校按规定及时予以撤销，自2014年起，不得在京招收成人高等学历教育学生。

四、各有关高校要进一步做好对在京校外教学站的指导和监管，切实保证成人高等学历教育办学规范和教学质量。

附件：通过复检校外教学站名单

2014年5月13日

附件

通过复检校外教学站名单

1．中央民族大学北京市西城区实用信息培训学校教学站

2．中国劳动关系学院北京市西城区实用信息培训学校教学站

3．北京信息职业技术学院北京市应用高级技工学校校外教学点

4．北京师范大学继续教育与教师培训学院北京市新东方烹饪

职业技能培训学校夜大学教学站

5. 北京联合大学现代管理大学校外教学站

6. 中央民族大学北京旅游专修学院校外教学点

7. 中央民族大学北京市通州区东大文化培训学校校外教学点

8. 北京石油化工学院北京市新媒体技师学院校外教学点

9. 北京劳动保障职业学院北京市新媒体技师学院校外教学点

10. 北京印刷学院北京市新媒体技师学院校外教学点

11. 北京信息职业技术学院北京市新媒体技师学院校外教学点

12. 北京交通大学京煤集团党校校外教学点

13. 中国政法大学北京吉利大学校外教学点

14. 北京林业大学北京市海淀区思德培训学校校外教学点

15. 北京科技大学华大研修学院校外教学站

北京市教育委员会

关于公布2014年北京市高等职业院校技能大赛获奖名单的通知

京教函〔2014〕231号

各高等职业院校：

2014年北京市高等职业院校技能大赛已经结束，共有来自28所院校的438支参赛队参加了市场营销技能等34个项目的比赛。组委会评选出获奖选手、优秀指导教师、优秀组织工作者和优秀组织奖四类奖项，现将获奖名单予以公布。

各高等职业院校要高度重视技能竞赛工作，积极开展校内竞赛，扩大竞赛受益面，把技能竞赛作为推动相关专业教育教学改革、加强技能人才培养的重要平台，进一步总结经验，加强宣传，扩大交流，制定相关鼓励措施，引导教师和学生积极参与相关赛事，更好地推动技能人才培养。

附件：1. 2014 年北京市高等职业院校技能大赛参赛选手获奖名单

2. 2014 年北京市高等职业院校技能大赛优秀指导教师名单

3. 2014 年北京市高等职业院校技能大赛优秀组织工作者名单

4. 2014 年北京市高等职业院校技能大赛优秀组织奖名单

2014 年 6 月 6 日

附件 1

2014 年北京市高等职业院校技能大赛参赛选手获奖名单

一等奖（128 人）

院校名称	获奖学生	指导老师
市场营销技能赛项		
北京财贸职业学院	陈佳扬、王文影、徐胜男、张松辉	毛锦华、梁艳
会计技能赛项		
北京财贸职业学院 2 队	孙贺、王凯琪、苟文静、盛德英	谭迎春、梁毅炜

续表1

院校名称	获奖学生	指导老师
北京财贸职业学院1队	刘稳、刘鑫鑫、闫晓旭、林庆伟	梁健秋、秦竟楠
北京工业职业技术学院1队	侯乐乐、吕鑫、王梦杰、郭双	陈杰、蔡璐
电子产品检测维修与数据恢复赛项		
北京工业职业技术学院1队	郭祥林、王兆聪	王怀群、魏昊
动漫制作赛项		
北京北大方正软件职业技术学院2队	刘弘良	李玮
北京北大方正软件职业技术学院1队	李鹏程	尹平
北京电子科技职业学院2队	邓哲	王睿
基站建设维护及数据网组建赛项		
北京工业职业技术学院1队	王晓红、刘艳飞、崔维舜	赵元苏、朱贺新
计算机网络应用赛项		
北京信息职业技术学院1队	冯徽、孙晓玥、袁毅	王建国、郭丽
北京信息职业技术学院2队	常绪、祁子昂、方醒	孙奇、刘易
嵌入式应用开发赛项		
北京电子科技职业学院	江城、廖方鹤、钟婉婷	朱恭生、赵妍
北京电子科技职业学院	王袁彪、黄涛、徐龙刚	李云玮、王琳娜
三网融合与网络优化赛项		
北京信息职业技术学院1队	史康奇、韩志朋	卢海、张武义
移动互联技术应用赛项		
北京信息职业技术学院1队	邸鑫鹏、徐启恒、张建改	贾跃、殷燕南

续表 2

院校名称	获奖学生	指导老师
移动互联网应用软件开发赛项		
北京北大方正软件职业技术学院 1 队	杨俊、丁贵平、刘青川	钟霖、朱松
北京工业职业技术学院 1 队	杨晓腾、赵玉静、吴冰洁	杨民峰、孙洪迪
云安全技术应用赛项		
北京工业职业技术学院 1 队	高明辉、付桐、周旭升	贾民政、方园
智能电子产品系统工程实施赛项		
北京信息职业技术学院 1 队	陆音迦、张舒强、张普亮	刘蕊、张玲
报关技能赛项		
北京劳动保障职业学院 1 队	李英、吴京京、钱玉洁	弓永钦、郑春贤
城市轨道交通运营与维护赛项		
北京交通运输职业学院 1 队	张远、邵冰镇、范长祺	王辉、纪争
汽车检测与维修技术赛项		
北京电子科技职业学院 3 队	冷敬宇、高鹏、任清凯	任小龙、宋建桐
北京交通运输职业学院 1 队	尹志奇、姜长旭、代金山	侯红宾、缑庆伟
汽车营销赛项		
北京交通职业技术学院 3 队	张淼、张健杰	王宇、黎妮
北京电子科技职业学院 1 队	吴月、李春鹏	李杰、牛雅丽
普通话导游服务赛项		
北京财贸职业学院	刘畅	童俊、陈昱霖
北京财贸职业学院	刘旭伟	童俊、陈昱霖

续表 3

院校名称	获奖学生	指导老师
北京京北职业技术学院	史家琪	苗昭君
英语导游服务赛项		
北京财贸职业学院	李露	王行、曲琳娜
北京财贸职业学院	陈萌	王行、曲琳娜
中餐主题宴会设计赛项		
北京财贸职业学院	张丽丽	蔡洪胜
北京经济技术职业学院	魏云颜	孙迎春
植物组织培养赛项		
北京农业职业学院 1 队	陈丽、袁震	刘继伟
中华茶艺技能赛项		
北京农业职业学院 1 队	马天月、高佳音、杜鑫、王晨	贾艳琼、李剑宇
水环境监测与治理技术赛项		
北京电子科技职业学院 1 队	谢欢、丁思尹、朱培磊	谢国莉、路鹏
工程造价基本技能赛项		
北京工业职业技术学院 1 队	白玮、于晓娜、郭小慧、王蕊	王瓉、王天利
北京经济管理职业学院 1 队	夏志明、李梦璠、李冬霞、刘子瑜	徐江涛、冯伟
文秘速录赛项		
北京工业职业技术学院 1 队	王静雯、隗非凡、赵思琦、宋旭爽	魏玉芹、郭秀敏
北京政法职业学院 1 队	孟董娜、宋爽、郑海兴、卢晓湘	康超、陈佳
英语口语（非专业组）赛项		
北京青年政治学院	胡馨予	吴晗睿

续表 4

院校名称	获奖学生	指导老师
北京工业职业技术学院	许飞	王志丽
英语口语（专业组）赛项		
北京青年政治学院	刘伟乾	刘卫红
北京联合大学	户宇	冯媛媛
护理技能赛项		
北京卫生职业学院	王梦媛	贾雪婷
中国舞表演赛项		
北京戏曲艺术职业学院	路艺伟	王峤峤
键盘器乐演奏赛项		
北京戏曲艺术职业学院	张茜	刘三晖
机械设备装调与控制技术赛项		
北京工业职业技术学院 1 队	范家瑞、郑清中	索阳阳、张云龙
三维建模数字设计与制造赛项		
北京工业职业技术学院 2 队	孙志强、赵志扬	杨晓雪、张铁军
数控机床装调维修与升级改造赛项		
北京电子科技职业学院 2 队	景凡、胡真、汪一博	晁晓圆、马宏松
注塑模具 CAD 与主要零件加工赛项		
北京工业职业技术学院 3 队	严美宁、娄占军、樊建磊	孙铁城、高慧
测绘赛项		
北京工业职业技术学院 1 队	毛宗超、马艳红、孟凯、张月	崔有祯、武胜林

续表 5

院校名称	获奖学生	指导老师
农机维修赛项		
北京农业职业学院 1 队	张海、刘伟超	陈向东
园林景观设计赛项		
北京农业职业学院 1 队	杜思冬、丰涛	纪书琴
鸡新城疫抗体水平测定赛项		
北京农业职业学院	王怀印、陈刚	向双云

二等奖（209 人）

院校名称	获奖学生	指导老师
市场营销技能赛项		
北京工业职业技术学院	张杰、李嘉澍、郭坪、武濛濛	张婷婷、李晓纯
北京电子科技职业学院	李军捷、喻学姣、赵福祥、贺琳琳	冯磊、李志刚
会计技能赛项		
北京劳动保障职业学院 1 队	王莹、王娜、于利、荀梦瑶	贾娜、孟南
北京青年政治学院 1 队	朱星颖、唐利利、崔亚男、王军敏	王燕、张辉
北京青年政治学院 2 队	张晋芳、朱美玲、皇甫瑞瑞、麻玉双	王燕、张辉
北京工业职业技术学院 2 队	刘赛、杨晓雨、杜红、孟妍	陈杰、陈仕萍
北京劳动保障职业学院 2 队	张雪艳、武毓、杨爽、牛祺	贾娜、王巍
北京北大方正软件职业技术学院 1 队	于茜、张玲玲、潘国庆、陈瑶	刘海涛、贡艳荣
北京农业职业学院 1 队	刘梦园、薛液、许洁、朱耿慧	梁鹏、王丽娟

续表 6

院校名称	获奖学生	指导老师
电子产品检测维修与数据恢复赛项		
北京工业职业技术学院 3 队	王忆姝、车胜利	程一玮、李娜
动漫制作赛项		
北京工业职业技术学院 2 队	姜欣欣	王淼
北京北大方正软件职业技术学院 3 队	靳金浩	崔佳裔
北京汇佳职业学院 3 队	周志鹏	谷博
北京科技经营管理学院 2 队	李凯	李莉
北京汇佳职业学院 2 队	蒋凡	谷博
基站建设维护及数据网组建赛项		
北京工业职业技术学院 2 队	王英卓、张辉、牛松浩	朱贺新、刘业辉
计算机网络应用赛项		
北京工业职业技术学院 1 队	刘振、王旭东、刘庆辉	方园、罗波
北京政法职业学院 1 队	姬德昌、张纪鹏、段秋雨	张博、李益
北京工业职业技术学院 2 队	李鑫然、李嘉文、陈启浩	方园、田晓玲
北京青年政治学院 2 队	张世杰、刘晨曦、李雅萌	李燕萍、周同
嵌入式应用开发赛项		
北京青年政治学院	韩朝浩、程博、祖聪	徐志立、石刚
北京政法职业学院	郭育猛、王贺、林涛	辛向丽、郭彦
北京信息职业技术学院	张国庆、车玉杰、任丽军	万冬、张智慧
北京北大方正软件职业技术学院	张云龙、龚近贤、孙奇奇	陈亮、王心环

续表 7

院校名称	获奖学生	指导老师
三网融合与网络优化赛项		
北京工业职业技术学院 1 队	赵军长、章俊伟	刘业辉、杨洪涛
北大方正软件技术学院 1 队	王健、杨阳	姜丹丹、李杰
移动互联技术应用赛项		
北京政法职业学院 1 队	张汐、程雷、刘帅	付忠勇、高松
北京劳动保障职业学院 1 队	许彩箫、王军、汪蔚	何福贵、张梅
北京青年政治学院 1 队	任艳超、李焕东、陈晓青	石刚、李子平
移动互联网应用软件开发赛项		
北京信息职业技术学院 1 队	崔跃新、杨子柱、李然	范美英、齐京
北京青年政治学院 3 队	高文晨、孙英超、韩朝皓	石刚、李子平
北京政法职业学院 2 队	高鹏、王维、胡鹏飞	孙昱、毋建军
云安全技术应用赛项		
北京工业职业技术学院 2 队	马东、胡夕冉、徐里里	贾民政、孙秀娟
北京青年政治学院 1 队	万欣航、李磊、李小雨	秦勇李、燕萍
智能电子产品系统工程实施赛项		
北京劳动保障职业学院 1 队	陈建行、李亚飞、赵凯	何福贵、张梅
报关技能赛项		
北京政法职业学院 1 队	赵思扬、王丰、刘菁菁	付忠勇、蒯治任
北京劳动保障职业学院 2 队	徐畅、杜雪霞、李丹	王红红、张保丰
城市轨道交通运营与维护赛项		
北京交通运输职业学院 2 队	李明亮、孙晓尧、崔双龙	彭燕民、单晓涛

续表 8

院校名称	获奖学生	指导老师
汽车检测与维修技术赛项		
北京交通运输职业学院 2 队	罗朝、苏旭涛、刘晗	侯红宾、李慧峰
北京工业职业技术学院 1 队	贺贵栋、孙华杰、徐伟	郭凯、鲍晓东
北京工业职业技术学院 2 队	万蒙蒙、林壮、苗鑫宇	郭凯、王昫
汽车营销赛项		
北京交通职业技术学院 1 队	王静、袁鹏军	王宇、黎妮
北京信息职业技术学院 1 队	单亚南、李亚锴	蒋鸣雷、郗玉平
北京交通职业技术学院 2 队	吴琼、冯志伟	王宇、黎妮
普通话导游服务赛项		
北京青年政治学院	王冉	党洁、彭洪明
北京农业职业学院	李巧智	王春梅、刘云
北京青年政治学院	郝婉蓉	党洁、彭洪明
北京京北职业技术学院	张灏宇	苗昭君
北京工业职业技术学院	苑硕	李男
英语导游服务赛项		
北京青年政治学院	赵博琛	栾丽君、彭洪明
北京青年政治学院	陈晓璇	栾丽君、彭洪明
北京工业职业技术学院	张晋怡	范薇、黄希
北京吉利大学	宁宇	高静
中餐主题宴会设计赛项		
北京财贸职业学院	王雨婷	郑丽萍

续表 9

院校名称	获奖学生	指导老师
北京交通职业技术学院	殷娇	张燕
北京财贸职业学院	王欣	蔡立伟
北京劳动保障职业学院	邱晨	杨海英
植物组织培养赛项		
北京电子科技职业学院 2 队	徐美霞、李燕	杨国伟
北京农业职业学院 4 队	位奉倩、高凯悦	刘继伟
中华茶艺技能赛项		
北京农业职业学院 2 队	张蕾、于浩楠、李春月、申思	李翠、何有明
北京青年政治学院 1 队	胡扬、白学盼、刘东野、张美玲	汪玉川、黄岚
水环境监测与治理技术赛项		
首钢工学院 1 队	耿紫迎、谷宇、米爽	岳兰秀、唐婷婷
工程造价基本技能赛项		
北京工业职业技术学院 2 队	王阿维、杨可、李清慧、谢文礼	林忠华、乔素燕
北京经济管理职业学院 2 队	周斌、徐宁、秦雅君、李彦	贾颖绚、张希文
文秘速录赛项		
北京政法职业学院 2 队	殷悦、杨雨婷、赵静怡、韩睿萌	康超、陈佳
北京政法职业学院 3 队	杨囡、白硕、张冉、张颖	康超、陈佳
英语口语（非专业组）赛项		
北京信息职业技术学院	崔旭	魏朝夕
北京电子科技职业学院	杨麒麟	于海霞

续表 10

院校名称	获奖学生	指导老师
北京农业职业学院	李璐琪	王光
北京政法职业学院	胡志强	苏娜
英语口语（专业组）赛项		
北京工业职业技术学院	谷成成	赵洁
北京信息职业技术学院	韩墨羽	闫洁
北京科技职业学院	朱南	翁珲珲
护理技能赛项		
北京北大方正软件职业技术学院	鲁俊	陈俊
北京北大方正软件职业技术学院	杨迎雪	李嘉
中国舞表演赛项		
北京戏曲艺术职业学院	王如月	李漪娜
北京戏曲艺术职业学院	张望	田石杰
键盘器乐演奏赛项		
北京戏曲艺术职业学院	柴进	魏虹
北京戏曲艺术职业学院	杨婵琪	周莉
机械设备装调与控制技术赛项		
北京工业职业技术学院 2 队	刘斌、李燕军	刘光起、朱姗姗
三维建模数字设计与制造赛项		
北京工业职业技术学院 3 队	黄贞行、信开	杨晓雪、程毛毛
北京工业职业技术学院 1 队	刘海洋、王旭	杨晓雪、郭勇

续表 11

院校名称	获奖学生	指导老师
数控机床装调维修与升级改造赛项		
北京工业职业技术学院 2 队	果红宇、刘雅明、程维雷	史利娟、王秀杰
注塑模具 CAD 与主要零件加工赛项		
北京电子科技职业学院 1 队	姜辉、李彪、孙凯豪	秦涵、刘向阳
北京工业职业技术学院 1 队	秦春花、杨忠岩、孙昊伦	孙铁城、高慧
测绘赛项		
北京京北职业技术学院 2 队	朱永强、王冠夫、耿青松、李文川	谭平、李亚静
北京工业职业技术学院 2 队	鲍东东、刘凯凯、卢雪峰、曹海涛	夏广岭、刘文龙
农机维修赛项		
北京农业职业学院 2 队	韩冬、董文硕	杨开锁
园林景观设计赛项		
北京农业职业学院 2 队	李凤格、马硕	徐琰
鸡新城疫抗体水平测定赛项		
北京农业职业学院	邓存权、周志滨	向双云

三等奖（306 人）

院校名称	获奖学生	指导老师
市场营销技能赛项		
北京信息职业技术学院	杨皓岩、赵永康、周婧雯、邵园园	刘兰兰、梁巧桥
北京农业职业学院	赵泽伦、刘芸、刘燕、肖鹤	李伟伟、罗斌
北京联合大学应用科技学院	周璐、张刘鎏、吴岳彬、关钰山	李亚梅、刘军

续表 12

院校名称	获奖学生	指导老师
会计技能赛项		
北京农业职业学院 2 队	王莹、尉俊蕊、刘娇、王庆祥	刘佳、刘琳
北京信息职业技术学院 1 队	周楠、李蕊、刘可鑫、杨磊	蔺宁、俞悦
北京电子科技职业学院 1 队	董云萍、刘媛媛、贾月兰、苏辰	高红梅、富金涛
北京信息职业技术学院 2 队	刘东爽、高春、齐艳侠、周密	蔺宁、俞悦
北京北大方正软件职业技术学院 2 队	谯家豪、王倩、青玲华、王西京	刘海涛、贡艳荣
北京培黎职业学院 1 队	张小超、李東宏、郝楠、雍雪毅	周涛、吴海霞
北京联合大学 1 队	孔瑶、李馨苑、武兆辉、张境洁	吴霞、朱东星
北京经济管理职业学院 2 队	王健、贺瑛惠、贾婷瑞、叶静	张剑、佟凡
北京经济管理职业学院 1 队	张芳、张森、睢艺旋、闫丽婵	张剑、李鹤
北京电子科技职业学院 2 队	胡秀丽、宫海红、王贵芬、安英杰	高红梅、欧江林
电子产品检测维修与数据恢复赛项		
北京工业职业技术学院 2 队	陈丁山、张苏丽	范小龙、刘莉宏
北京政法职业学院 2 队	韩博阳、唐晓东	赵振洲、刘亚琦
动漫制作赛项		
北京电子科技职业学院 1 队	李永波	王巍
北京科技经营管理学院 1 队	丁子涵	李莉

续表 13

院校名称	获奖学生	指导老师
北京信息职业技术学院 2 队	李洋	姚亮
北京工业职业技术学院 1 队	李鸣宇	张建军
北京青年政治学院 2 队	靳凯	陈忠英
北京科技经营管理学院 3 队	张雪鹏	李莉
北京工业职业技术学院 3 队	董长婷	唐玉媛
北京汇佳职业学院 1 队	韩冰	谷博
首钢工学院 1 队	马玉良	宿晓阳
基站建设维护及数据网组建赛项		
北京信息职业技术学院 1 队	黄家祥、周璐璐、董德山	王甜、姚伟
北京电子科技职业学院 1 队	时健、赵蕾、崔立苹	陈海燕、李莉
计算机网络应用赛项		
北京政法职业学院 2 队	周京兴、高士林、焦远征	李益、雷静
北京北大方正软件职业技术学院 2 队	赵永刚、付亦实、闫昶宏	李雪芹、刘生
北京经济管理职业学院	唐树绅、周旭、田宏磊	刘颖、刘力强
北京青年政治学院 1 队	李肸阳、曹妍、廖智美	秦勇、钱国梁
北京吉利大学 2 队	周西川、王成、戴燃野	李翀
嵌入式应用开发赛项		
北京电子科技职业学院	刘泰、王亚运、高威	王婧、蔡志芳
北京信息职业技术学院	刘德昆、鲁维科、郑磊	张智慧、王鹤
北京政法职业学院	张佳栋、姚俊琪、翁勍铄	郭彦、于晓荷
北京青年政治学院	陈海尧、彭朵朵、师鑫宇	徐志立、石刚
北京青年政治学院	贾铮、候瑞、刘亚丽	徐志立、石刚

续表 14

院校名称	获奖学生	指导老师
北京经济管理职业学院	李宏伟、肖月、顾鑫	周国娟、吕殿基
三网融合与网络优化赛项		
北京工业职业技术学院 2 队	周迎春、乔丽垚	刘业辉、杨洪涛
北京北大方正软件职业技术学院 2 队	赵然、金炜	李杰、张伟华
移动互联技术应用赛项		
北京北大方正软件职业技术学院 1 队	赵雪菲、李春晖、代少振	钟淼、钟霖
北京信息职业技术学院 2 队	孙泽宇、温熙澜、刘子奇	王甜、宫晓梅
北京信息职业技术学院 3 队	魏彤、王震、谢斌	王继文、刘文利
北京劳动保障职业学院 2 队	刘福源、梁小军、王文元	宋合志、齐盘峰
移动互联网应用软件开发赛项		
北京电子科技职业学院 2 队	张通、李壮壮、张平	梁金宏、孙世菊
北京电子科技职业学院 1 队	付声梅、邓洪超、周健	刘威、刘丽华
北京青年政治学院 1 队	冯宝利、鲁会濮、杨晓婷	石刚、李子平
北京吉利大学 1 队	刘旭阳、胡冬冬、唐连杰	施一飞、王岩
北京北大方正软件职业技术学院 2 队	刘吉新、龚近贤、孙奇奇	钟霖、朱松
云安全技术应用赛项		
北京信息职业技术学院 1 队	宋文博、邓鑫、朱良帅	徐振华、邓凡星
北京劳动保障职业学院 1 队	杨峄、邓重华、洪云山	张梅、何福贵

续表 15

院校名称	获奖学生	指导老师
北京信息职业技术学院 2 队	王宪亮、王岩、鲁瑞瑞	徐振华、刘海燕
智能电子产品系统工程实施赛项		
北京信息职业技术学院 3 队	潘宇晟、刘建明、王进	肖山、刘蕊
北京劳动保障职业学院 2 队	陈晨、邓裕、吴小东	宋合志、齐盘峰
报关技能赛项		
北京财贸职业学院 2 队	徐加会、马征、吴晓洋	王超、石芸
北京农学院 1 队	李攀龙、李兆辰、边馨	孙曦、奚跃
北京农学院 2 队	杨佳宾、刘苗、齐璐	孙曦、齐莉
北京政法职业学院 2 队	王茹、高倩、王婷润	付忠勇、蒯治任
城市轨道交通运营与维护赛项		
北京交通职业技术学院 2 队	杨柏梁、鲍既霖、任春水	米玉琴、马超
汽车检测与维修技术赛项		
北京电子科技职业学院 2 队	王伟、马也、雷凡	龙建、杨立平
北京电子科技职业学院 1 队	吕宗明、刘术宇、黄孝忠	朱春红、隋美丽
北京工业职业技术学院 3 队	王子龙、齐爽、王彭	郭凯、王昫
北京京北职业技术学院 3 队	杨胜振、王志军、谢非	蒋家旺
北京劳动保障职业学院 1 队	高征、林建、杨奘	王显廷、许建强
汽车营销赛项		
北京电子科技职业学院 3 队	张猛、尤靖锋	李杰、牛雅丽
北京电子科技职业学院 2 队	慕承宇、陈志斌	李杰、牛雅丽

续表 16

院校名称	获奖学生	指导老师
北京劳动保障职业学院 1 队	丁梓健、张博	刘红强、许建强
北京劳动保障职业学院 3 队	商力峰、李子哲	刘威、谭小锋
北京劳动保障职业学院 2 队	汪垚、梁松棋	刘威、王显廷
普通话导游服务赛项		
首钢工学院	于珊	王莉、赵桂莲
北京农业职业学院	张宏	何艳琳、刘云
北京吉利大学	李淞	高磊
北京工业职业技术学院	高俊杨	李男
北京经济管理职业学院	任京涛	丁杰
北京科技职业学院	李跃文	刘玉伟
首都经济贸易大学密云分校	潘阳	梁冬梅
北京科技职业学院	李欣蕊	刘玉伟
英语导游服务赛项		
北京京北职业技术学院	武洋	周莉
北京京北职业技术学院	刘昕怡	周莉
北京经济管理职业学院	芦超	张启伦
北京吉利大学	曹国英	刘京平
北京培黎职业学院	龚吉林	郭景婷
北京工业职业技术学院	齐旺	范薇、黄希
中餐主题宴会设计赛项		
北京经济技术职业学院	马慧美	孙迎春
北京交通职业技术学院	曾丽君	张燕

续表 17

院校名称	获奖学生	指导老师
北京吉利大学	孙佳敏	芦浩伦
北京经济技术职业学院	郝云林	孙迎春
北京劳动保障职业学院	秦冬雪	薛齐
植物组织培养赛项		
北京电子科技职业学院 1 队	谢芳芝、牛贺	李双石
北京农业职业学院 3 队	杨然、张亦通	刘继伟
中华茶艺技能赛项		
北京财贸职业学院 1 队	吴静涵、单祎祺、邢海静、郜娜	侯雪艳、王琦
北京财贸职业学院 2 队	钱然然、刘小芳、袁媛、张玲娟	侯雪艳、鞠岩汝
水环境监测与治理技术赛项		
北京电子科技职业学院 2 队	王晏宁、李傲、张云	李松、曹奇光
北京电子科技职业学院 3 队	刘宇婷、孙彤、付晓	张晓辉、陈红梅
工程造价基本技能赛项		
北京交通职业技术学院 2 队	张禹、李坤鹏、李东、白阳	郝焱、王娜
北京交通职业技术学院 1 队	杜雪新、贾璐、鹿雪慧、刘星悦	杨文生、汤辉
北京农业职业学院 1 队	李园、卢欢、季彬彬、陈艳	张昊
文秘速录赛项		
北京工业职业技术学院 2 队	于冰、张莹、侯康丽、李晓丛	王爽、勾通
北京吉利大学	苏墨涵、康亚新、王洋洋、李航	陈芳芳、李秋月

续表 18

院校名称	获奖学生	指导老师
北京青年政治学院 1 队	连伟鑫、张燕、赵颖、王珺	刘金霞、任春玲
北京农业职业学院	陈洁、简路路、范佳、张潇潇	李昕萌、时文清
英语口语（非专业组）赛项		
北京吉利大学	武衡玉	王颖
北京汇佳职业学院	黄钰	林郦
北京经贸职业学院	赵纯垚	林琳
北京劳动保障职业学院	何静	周学明
北京京北职业技术学院	张晗	孙钦涛
北京财贸职业学院	孙政	刘玥
英语口语（专业组）赛项		
北京电子科技职业学院	杨童	郭文玲
北京经贸职业学院	郑双娟	林琳
北京经济管理职业学院	管晓然	高新宁
北京吉利大学	高越	乔蓓
北京财贸职业学院	段建伟	李维维
护理技能赛项		
北京卫生职业学院	刘婷	张功劢
北京北大方正软件职业技术学院	南洒	刘翠华
中国舞表演赛项		
北京戏曲艺术职业学院	甄婷	廖衔
北京戏曲艺术职业学院	陈武承	陈尧

续表 19

院校名称	获奖学生	指导老师
北京戏曲艺术职业学院	臧松	陈尧
键盘器乐演奏赛项		
北京戏曲艺术职业学院	朱文英	魏虹
北京戏曲艺术职业学院	董晓玉	杜妤丽
北京青年政治学院	韩帅	范音利
机械设备装调与控制技术赛项		
北京交通职业技术学院 1 队	张帆、顾连良	李淼、刘亚磊
北京劳动保障职业学院 1 队	王士杰、索殿龙	罗英俊、张军
三维建模数字设计与制造赛项		
北京信息职业技术学院 1 队	闫震、王湛淼	张英伟、曹素红
首钢工学院 2 队	苑广达、罗丹丹	张晓春、王春娟
北京电子科技职业学院 1 队	宋保刚、王乃元	刘向阳、秦涵
数控机床装调维修与升级改造赛项		
北京工业职业技术学院 1 队	王迪、潘明超、王立杰	史利娟、陈金英
北京电子科技职业学院 1 队	曹生志、冉桂林、王洪宇	李欣、刘文平
测绘赛项		
北京京北职业技术学院 3 队	才娜、龚正、王建、王平	谭平、李亚静
北京京北职业技术学院 1 队	王欢、闫曙光、张浩然、李志强	谭平、李亚静
北京工业职业技术学院 4 队	陶盟、吴泽、吴天辉、张婷	李长青、高绍伟

续表 20

院校名称	获奖学生	指导老师
农机维修赛项		
北京农业职业学院 3 队	王迪、郤周涵	陈向东
鸡新城疫抗体水平测定赛项		
北京农业职业学院	史阔江、姚星丞	向双云

附件 2

2014 年北京市高等职业院校技能大赛优秀指导教师名单

院校名称	指导老师
市场营销技能赛项	
北京财贸职业学院	毛锦华、梁艳
会计技能赛项	
北京财贸职业学院 2 队	谭迎春、梁毅炜
北京财贸职业学院 1 队	梁健秋、秦竟楠
北京工业职业技术学院 1 队	陈杰、蔡璐
电子产品检测维修与数据恢复赛项	
北京工业职业技术学院 1 队	王怀群、魏昊
动漫制作赛项	
北京北大方正软件职业技术学院 2 队	李玮
北京北大方正软件职业技术学院 1 队	尹平
北京电子科技职业学院 2 队	王睿

续表 1

院校名称	指导老师
基站建设维护及数据网组建赛项	
北京工业职业技术学院 1 队	赵元苏、朱贺新
计算机网络应用赛项	
北京信息职业技术学院 1 队	王建国、郭丽
北京信息职业技术学院 2 队	孙奇、刘易
嵌入式应用开发赛项	
北京电子科技职业学院	朱恭生、赵妍
北京电子科技职业学院	李云玮、王琳娜
三网融合与网络优化赛项	
北京信息职业技术学院 1 队	卢海、张武义
移动互联技术应用赛项	
北京信息职业技术学院 1 队	贾跃、殷燕南
移动互联网应用软件开发赛项	
北京北大方正软件职业技术学院 1 队	钟霖、朱松
北京工业职业技术学院 1 队	杨民峰、孙洪迪
云安全技术应用赛项	
北京工业职业技术学院 1 队	贾民政、方园
智能电子产品系统工程实施赛项	
北京信息职业技术学院 1 队	刘蕊、张玲
报关技能赛项	
北京劳动保障职业学院 1 队	弓永钦、郑春贤
城市轨道交通运营与维护赛项	
北京交通运输职业学院 1 队	王辉、纪争

续表 2

院校名称	指导老师
汽车检测与维修技术赛项	
北京电子科技职业学院 3 队	任小龙、宋建桐
北京交通运输职业学院 1 队	侯红宾、缑庆伟
汽车营销赛项	
北京交通职业技术学院 3 队	王宇、黎妮
北京电子科技职业学院 1 队	李杰、牛雅丽
普通话导游服务赛项	
北京财贸职业学院	童俊、陈昱霖
北京京北职业技术学院	苗昭君
英语导游服务赛项	
北京财贸职业学院	王行、曲琳娜
中餐主题宴会设计赛项	
北京财贸职业学院	蔡洪胜
北京经济技术职业学院	孙迎春
植物组织培养赛项	
北京农业职业学院 1 队	刘继伟
中华茶艺技能赛项	
北京农业职业学院 1 队	贾艳琼、李剑宇
水环境监测与治理技术赛项	
北京电子科技职业学院 1 队	谢国莉、路鹏
工程造价基本技能赛项	
北京工业职业技术学院 1 队	王璿、王天利
北京经济管理职业学院 1 队	徐江涛、冯伟

续表 3

院校名称	指导老师
文秘速录赛项	
北京工业职业技术学院 1 队	魏玉芹、郭秀敏
北京政法职业学院 1 队	康超、陈佳
英语口语（非专业组）赛项	
北京青年政治学院	吴晗睿
北京工业职业技术学院	王志丽
英语口语（专业组）赛项	
北京青年政治学院	刘卫红
北京联合大学	冯媛媛
护理技能赛项	
北京卫生职业学院	贾雪婷
中国舞表演赛项	
北京戏曲艺术职业学院	王峤峤
键盘器乐演奏赛项	
北京戏曲艺术职业学院	刘三晖
机械设备装调与控制技术赛项	
北京工业职业技术学院 1 队	索阳阳、张云龙
三维建模数字设计与制造赛项	
北京工业职业技术学院 2 队	杨晓雪、张铁军
数控机床装调维修与升级改造赛项	
北京电子科技职业学院 2 队	晁晓圆、马宏松
注塑模具 CAD 与主要零件加工赛项	
北京工业职业技术学院 3 队	孙铁城、高慧

续表 4

院校名称	指导老师
测绘赛项	
北京工业职业技术学院 1 队	崔有祯、武胜林
农机维修赛项	
北京农业职业学院 1 队	陈向东
园林景观设计赛项	
北京农业职业学院 1 队	纪书琴
鸡新城疫抗体水平测定赛项	
北京农业职业学院	向双云

附件 3

2014 年北京市高等职业院校技能大赛优秀组织工作者名单

北京工业职业技术学院

刘兰明　薄志毅

北京电子科技职业学院

安江英　王利明　蒋从根

北京财贸职业学院

吕一中　平若媛　李慧

北京农业职业学院

王晓华　崔坤　崔宝发

北京信息职业技术学院

徐民鹰　张呈祥

北京劳动保障职业学院

冯琦琳　张耀嵩　刘志勇

北京青年政治学院

张晓华　李兰巧　张海丰

北京政法职业学院

陈勇　李伟

北京戏曲艺术职业学院

黄珊珊　吴蕾　易梅

北京交通职业技术学院

李卫东　刘连光

北京经济管理职业学院

苏春林 侯爱民

北京北大方正软件职业技术学院

叶曲炜 胡冶刚

北京京北职业技术学院

郭贺彬 蒋立新

北京交通运输职业学院

施建年 田阿丽

北京卫生职业学院

黄惟清 王春芳

北京市高职院校技能大赛秘书处

闫虎生 王博然

附件 4

2014 年北京市高等职业院校技能大赛优秀组织奖名单

北京工业职业技术学院

北京电子科技职业学院

北京财贸职业学院

北京农业职业学院

北京信息职业技术学院

北京劳动保障职业学院

北京青年政治学院

北京政法职业学院

北京戏曲艺术职业学院

北京交通职业技术学院

北京经济管理职业学院

北京北大方正软件职业技术学院

北京京北职业技术学院

北京交通运输职业学院

北京卫生职业学院

北京市教育委员会

关于公布2014年度北京市属高等学校学历继续教育新增设及撤销专业的通知

京教高〔2014〕9号

各有关普通高等学校、独立设置成人高等学校：

根据市教委《关于进一步加强北京成人高等教育和继续教育管理提高教育质量的意见》（京教高〔2008〕23号），在有关学校申报基础上，经北京高等学校学历继续教育专业设置评议委员会评议、我委批准，现将2014年度北京市属高等学校学历继续教育新增设及撤销专业公布如下：

一、按照北京高等学校学历继续教育新增设专业相关要求，新增设数字媒体技术等23个专业。

二、根据北京城市功能定位和产业结构调整要求，为更好的体现学校办学特色、提高教育教学质量，同意相关学校撤销政治学与行政等18个专业。

三、各高等学校要根据北京城市功能定位和产业结构调整要求，结合社会需求和专业教学条件，逐步将学历继续教育的专业结构调整纳入学校整体专业建设。

四、各高等学校要加强专业建设经验总结和学历继续教育新增设专业管理，有计划地培养继续教育教学团队建设和学科带头人，制定切实可行有效的教学质量保障监管措施，不断提高学历继续教育的教学质量。

附件：1. 2014 年度北京市属高等学校学历继续教育新增设专业

2. 2014 年度北京市属高等学校撤销学历继续教育专业

2014 年 6 月 20 日

附件 1

2014 年度北京市属高等学校学历继续教育新增设专业

学校名称	专业名称	专业代码	学历层次	修业年限	学习形式
首都师范大学	数字媒体技术	080906	专升本	2.5	业余
	网络工程	080903	专升本	2.5	业余
北京联合大学	汉语言文学	050101	专升本	2.5	业余
北京服装学院	数字媒体艺术设计	130508	高起本	5	业余
	数字媒体艺术设计	130508	专升本	2.5	业余
北京电影学院	戏剧影视导演	130306	专升本	2.5	业余
北京舞蹈学院	舞蹈学	130205	高起本	5	业余
中国戏曲学院	舞蹈学	130205	专升本	2.5	业余
	舞蹈表演	130204	专科	2.5	业余
北京城市学院	传播学	050304	专升本	3	业余
	学前教育	040106	专升本	3	业余

续表

学校名称	专业名称	专业代码	学历层次	修业年限	学习形式
北京政法职业学院	安全保卫	680103	专科	2.5	业余
北京教育学院	工商管理	120201K	专升本	3	业余
	教育技术学	040104	专升本	3	业余
北京市崇文区职工大学	人物形象设计	670105	专科	2.5	业余
北京市西城经济科学大学	楼宇智能化工程技术	560404	专科（高职）	2	脱产
北京市朝阳区职工大学	公共安全管理	680108	专科（高职）	2.5	业余
北京市石景山区业余大学	装饰艺术设计	670107	高职	2.5	业余
	机电一体化技术	580201	高职	2.5	业余
北京市丰台区职工大学	老年服务与管理	650302	专科（高职）	2.5	业余
北京市总工会职工大学	物业管理	560702	专科（高职）	2.5	业余
首都联合职工大学	电子商务	620405	专科（高职）	2	脱产
	人物形象设计	670105	专科（高职）	2/2.5	脱产/业余

附件 2

2014 年度北京市属高等学校撤销学历继续教育专业

学校名称	专业名称	专业层次	学习形式	修业年限
首都师范大学	政治学与行政学	专升本	业余	2.5

续表

学校名称	专业名称	专业层次	学习形式	修业年限
首都师范大学	影视动画	专科	业余	2.5
北京联合大学	档案学	专升本	业余	2.5
北京服装学院	电脑艺术设计	专科	业余	2.5
北京电影学院	数码影视制作	专科	业余	2.5
北京城市学院	商务谈判与报关	专科	业余	2.5
北京城市学院	法学	专升本	业余	2.5
北京教育学院	商务英语	专科	业余	3
北京教育学院	艺术教育（小学方向）	专科	业余	3
北京市崇文区职工大学	网络系统管理	专科	业余	3
北京市西城经济科学大学	应用英语	专科	业余	2.5
北京市朝阳区职工大学	旅游管理	专科	业余	2.5
北京市石景山区业余大学	计算机应用技术	专科	业余	2.5
北京市石景山区业余大学	外事英语	专科	业余	2.5
北京市丰台区职工大学	数控设备应用与维护	专科（高职）	业余	2.5
北京市总工会职工大学	无机非金属材料工程技术	专科	业余	2.5
首都联合职工大学	材料工程	专科	业余	2.5
首都联合职工大学	粘结工程	专科	业余	2.5

北京市教育委员会

关于公布2014年教育部现代远程教育试点高校在京校外学习中心等检查评估结果的通知

京教函〔2014〕309号

各有关教育部现代远程教育试点高校及在京校外学习中心，公共服务体系数字化学习示范中心：

根据《北京市教育委员会办公室关于对教育部现代远程教育试点高校在京校外学习中心等进行检查评估的通知》（京教办函〔2014〕18号），我委统筹组织远程教育（网络教育）、继续教育专家组成工作组，对教育部现代远程教育试点高校在京设立的55个校外学习中心和弘成科技发展有限公司、知金教育咨询有限公司公共服务体系数字化学习示范中心进行2014年检查评估。在自查基础上，专家组进行实地检查评估，对受检学习中心逐一提出评估意见，经市教委研究确认，现将2014年检查评估结果公布如下：

一、北京理工大学现代远程教育北京船舶工业管理干部学院校外学习中心等51个校外学习中心检查评估结果为合格。

二、北京师范大学现代远程教育北京广播电视大学房山分校校外学习中心、中国人民大学现代远程教育北京社会管理职业学院校外中心、西北工业大学现代远程教育北京东方大学校外学习中心3个学习中心因主办校调整办学布局等原因，予以撤销。被撤销的校外学习中心自本文公布之日起，不得再招收现代远程教育学生。有关主办高校、校外学习中心要做好相关后续工作。

三、同济大学现代远程教育中国建筑一局集团有限公司职工教育培训中心校外学习中心暂缓通过，根据主办校整改情况再行复评。

四、各有关现代远程教育试点高校及在京校外学习中心要严格按照教育部和北京市教委关于开展现代远程教育的规定，切实落实专家组对各学习中心检查评估的反馈意见（或建议），总结经验，规范管理，切实做好服务，不断提高教育教学质量。我委将适时对在京校外学习中心进行检查。

附件：2014 年现代远程教育试点高校在京校外学习中心检查评估合格单位

2014 年 7 月 7 日

附件

2014 年现代远程教育试点高校在京校外学习中心检查评估合格单位

北京理工大学北京船舶工业管理干部学院校外学习中心

北京交通大学现代远程教育北京船舶工业管理管部学院校外学习中心

北京师范大学现代远程教育学院北京联合大学校外学习中心

中国石油大学（北京）现代远程教育北京石油化工学院校外学习中心

哈尔滨工业大学现代远程教育北京联合大学校外学习中心

中央音乐学院现代远程教育华大研修学院校外学习中心

北京师范大学现代远程教育北京政法职业学院校外学习中心

北京邮电大学现代远程教育北京电子科技职业学院校外学习中心

中国农业大学现代远程教育北京市农林科学院校外学习中心

厦门大学现代远程教育北京信息职业技术学院校外学习中心

四川大学现代远程教育北京市海淀区金航教育培训学校校外学习中心

中国传媒大学现代远程教育北京市海淀区金航教育培训学校校外学习中心

北京航空航天大学现代远程教育北京市海淀区金航教育培训学校校外学习中心

北京大学现代远程教育中央国家机关工委国青生产力促进中心校外学习中心

重庆大学现代远程教育北京东城区职工大学校外学习中心

北京大学现代远程教育中国航天科工集团公司培训中心校外学习中心

东北农业大学网络教育学院北京市供销学校校外学习中心

哈尔滨工业大学现代远程教育中国航天科工集团第二研究院教育培训中心校外学习中心

北京交通大学现代远程教育北京交通管理干部学院校外学习中心

中央音乐学院现代远程教育北京现代音乐研修学院校外学习中心

北京科技大学现代远程教育首钢工学院校外学习中心

华东师范大学现代远程教育北京教育网络和信息中心校外学习中心

山东大学现代远程教育北京启清教育咨询有限公司校外学习中心

北京科技大学现代远程教育首都联合职工大学校外学习中心

北京交通大学现代远程教育北京交通职业技术学院校外学习中心

西安电子科技大学现代远程教育北京信息工程专修学院校外学习中心

北京航空航天大学现代远程教育北京市清华同方教育培训学校

校外学习中心

北京语言大学现代远程教育北京市同方教育培训学校校外学习中心

中国石油大学（华东）现代远程教育石油教育与人才研究所校外学习中心

东北师范大学现代远程教育奥鹏平谷电大校外学习中心

北京理工大学现代远程教育北京广播电视大学校外学习中心

对外经济贸易大学现代远程教育核工业研究院研究生部校外学习中心

北京邮电大学现代远程教育人力资源与社会保障部信息中心校外学习中心

西南财经大学现代远程教育北京校外学习中心

中央音乐学院现代远程教育北京演艺专修学院校外学习中心

北京理工大学现代远程教育北京宣武红旗业余大学校外学习中心

西南交通大学现代远程教育北京铁路人才交流培训中心校外学习中心

北京航空航天大学现代远程教育北京市科学技术进修学院校外学习中心

北京科技大学现代远程教育首都经济贸易大学密云分校校外学习中心

对外经济贸易大学现代远程教育北京老教协校外学习中心

中国石油大学（华东）现代远程教育北京经济管理职业学院校外学习中心

北京理工大学现代远程教育中央广播电视大学八一学院校外学习中心

对外经济贸易大学现代远程教育北京教育科学研究院培训中心校外学习中心

中国农业大学现代远程教育北京广播电视大学校外学习中心

北京航空航天大学现代远程教育奥鹏北京校外学习中心

大连理工大学现代远程教育奥鹏北京校外学习中心

东北财经大学现代远程教育奥鹏北京校外学习中心

武汉理工大学现代远程教育北京金隅科技学校校外学习中心

中国传媒大学现代远程教育北京现代音乐研修学院校外学习中心（新建）

弘成科技发展有限公司北京数字化学习示范中心（北京交通大学、东北财经大学、华南师范大学、厦门大学、吉林大学、北京语言大学）

知金教育咨询有限公司北京数字化学习示范中心（中国石油大学（北京）、北京大学、中国地质大学（北京）、北京理工大学、北京科技大学、天津大学）

中共北京市委教育工作委员会
北　京　市　教　育　委　员　会

关于成立北京市属高校学风建设工作领导小组的通知

京教研〔2014〕11号

各有关市属高等学校：

为贯彻落实教育部《关于切实加强和改进高等学校学风建设的实施意见》（教技〔2011〕1号），加强对北京市属高校学风建设的领导和组织协调工作，市委教育工委、市教委决定成立北京市属高校学风建设工作领导小组（以下简称“领导小组”）。

一、领导小组及办公室主要职责

领导小组是北京市属高等学校科学技术学术规范、学术道德、学术风气等建设的指导和咨询机构。其主要职责是：

（一）贯彻落实国家、教育部、市教委学风建设相关文件精神，拟定北京市属高等学校进一步加强学风建设、规范学术行为的基本准则等文件；

（二）密切结合市属高校学风建设的实际情况，总结和推广学风建设的典型经验，指导和推进高等学校学风建设；

（三）指导、协调、督促检查市属高校的学风建设工作。对市属高校中发生的影响较大的学术不端行为，开展调查研究，提出咨询意见和建议；

（四）其他与市属高校学风建设有关的工作。

领导小组下设办公室，办公室设在市教委科研处，负责北京市属高校学风建设的日常工作。

二、领导小组成员

组　长： 线联平　市教委主任

刘　建　市委教育工委常务副书记

副组长： 叶茂林　市教委副主任

黄　侃　市教委委员

成　员： 宣教处处长

政策研究与法制工作处处长

发展规划处处长

人事处处长

财务处处长

高等教育处处长

学生处处长

科学技术与研究生工作处处长

2014 年 9 月 10 日

北京市教育委员会

关于公布2015年度北京市属高等学校高层次人才引进与培养及创新团队建设计划资助名单的通知

京教函〔2014〕456号

各市属高校：

根据市教委《关于印发〈北京市属高等学校高层次人才引进与培养三年行动计划（2013年～2015年）〉的通知》（京教人〔2012〕15号）和市教委《关于印发北京市属高等学校创新团队建设与教师职业发展计划实施意见的通知》（京教人〔2012〕14号），在学校推荐和专家评议的基础上，经北京教育系统人才工作领导小组审定，确定了北京建筑大学齐吉琳等3人入选2015年度北京市属高等学校高层次人才引进计划，北方工业大学钱鹤等22人入选特聘教授计划入选人员，北方工业大学刘小明等27人入选长城学者培养计划入选人员，北方工业大学张萌萌等102人青年拔尖人才培育计划入选人员，北京服装学院郭强等7人入选创新团队建设提升计划入选团队资助人员。现将名单予以公布。

各市属高校要按照市教委文件精神和各项目管理办法的要求精心组织，在经费使用和项目进展等方面加强管理和监督考核，积极创造条件保证各项目的顺利实施，全力促进教师职业发展，全面提高市属高校的教学质量。

附件：1. 2015 年度北京市属高等学校高层次人才引进计划入选人员资助名单
2. 2015 年度北京市属高等学校特聘教授计划入选人员资助名单
3. 2015 年度北京市属高等学校长城学者培养计划入选人员资助名单
4. 2015 年度北京市属高等学校青年拔尖人才培育计划入选人员资助名单
5. 2015 年度北京市属高等学校创新团队建设提升计划入选团队资助名单

2014 年 9 月 25 日

附件 1

2015 年度北京市属高等学校
高层次人才引进计划入选人员资助名单

序号	学校名称	姓 名	项目编号
1	北京建筑大学	齐吉琳	CIT&TCD20150101
2	首都师范大学	马力耕	CIT&TCD20150102
3	北京工业大学	孙再成	CIT&TCD20150103

附件 2

2015 年度北京市属高等学校特聘教授计划入选人员资助名单

序号	学校名称	姓 名	项目编号
1	北方工业大学	钱鹤	IDHT20150201
2	北京服装学院	刘晓萍	IDHT20150202
3	北京服装学院	Perah Perez	IDHT20150203
4	北京服装学院	王德义	IDHT20150204
5	北京工业大学	郝吉明	IDHT20150205
6	北京工业大学	翟恩地	IDHT20150206
7	北京工业大学	冯宪	IDHT20150207
8	北京工业大学	熊湘沅	IDHT20150208
9	北京工业大学	曾庭英	IDHT20150209
10	北京工业大学	魏蓬生	IDHT20150210
11	北京工业大学	汪萌	IDHT20150211
12	北京工业大学	温宗勇	IDHT20150212
13	北京建筑大学	刘会娟	IDHT20150213
14	北京联合大学	Law，Chun Hung Roberts（罗振雄）	IDHT20150214
15	北京石油化工学院	宫敬	IDHT20150215
16	北京舞蹈学院	David Andrew Hinton	IDHT20150216
17	北京印刷学院	小林范久	IDHT20150217

续表

序号	学校名称	姓 名	项目编号
18	首都经济贸易大学	吴潜涛	IDHT20150218
19	首都经济贸易大学	董克用	IDHT20150219
20	首都师范大学	俞晓春	IDHT20150220
21	首都师范大学	古滨河	IDHT20150221
22	首都医科大学	吕赛 Sai Lv	IDHT20150222

附件 3

2015 年度北京市属高等学校
长城学者培养计划入选人员资助名单

序号	学校名称	姓 名	项目编号
1	北方工业大学	刘小明	CIT&TCD20150301
2	北方工业大学	张加才	CIT&TCD20150302
3	北京第二外国语学院	周长银	CIT&TCD20150303
4	北京电影学院	王竞	CIT&TCD20150304
5	北京电影学院	霍廷霄	CIT&TCD20150305
6	北京服装学院	李从举	CIT&TCD20150306
7	北京服装学院	陈芳	CIT&TCD20150307
8	北京工商大学	王 斌	CIT&TCD20150308
9	北京工业大学	李建荣	CIT&TCD20150309

续表

序号	学校名称	姓 名	项目编号
10	北京工业大学	李悦	CIT&TCD20150310
11	北京工业大学	卓力	CIT&TCD20150311
12	北京建筑大学	杨建伟	CIT&TCD20150312
13	北京联合大学	杨宜	CIT&TCD20150313
14	北京联合大学	方建军	CIT&TCD20150314
15	北京农学院	陈湘宁	CIT&TCD20150315
16	北京石油化工学院	姚志龙	CIT&TCD20150316
17	北京石油化工学院	陈家庆	CIT&TCD20150317
18	北京舞蹈学院	张军	CIT&TCD20150318
19	北京信息科技大学	侯军岐	CIT&TCD20150319
20	北京信息科技大学	缪炅	CIT&TCD20150320
21	首都经济贸易大学	王少国	CIT&TCD20150321
22	首都师范大学	张岩	CIT&TCD20150322
23	首都师范大学	张爱武	CIT&TCD20150323
24	首都体育学院	王子朴	CIT&TCD20150324
25	首都医科大学	曲爱娟	CIT&TCD20150325
26	中国戏曲学院	谭铁志	CIT&TCD20150326
27	中国音乐学院	齐琨	CIT&TCD20150327

附件 4

2015 年度北京市属高等学校青年拔尖人才培育计划入选人员资助名单

序号	学校名称	姓 名	项目编号
1	北方工业大学	张萌萌	CIT&TCD201504001
2	北方工业大学	王月海	CIT&TCD201504002
3	北京第二外国语学院	代冰彬	CIT&TCD201504003
4	北京电影学院	顾晓娟	CIT&TCD201504004
5	北京服装学院	谢 静	CIT&TCD201504005
6	北京服装学院	蒋效宇	CIT&TCD201504006
7	北京服装学院	陈晓华	CIT&TCD201504007
8	北京工商大学	王友升	CIT&TCD201504008
9	北京工商大学	周 威	CIT&TCD201504009
10	北京工商大学	王 瑜	CIT&TCD201504010
11	北京工业大学	朱彦旭	CIT&TCD201504011
12	北京工业大学	黄秋梅	CIT&TCD201504012
13	北京工业大学	毛圣成	CIT&TCD201504013
14	北京工业大学	张爱莉	CIT&TCD201504014
15	北京工业大学	孙少瑞	CIT&TCD201504015
16	北京工业大学	崔有为	CIT&TCD201504016
17	北京工业大学	刘俊婉	CIT&TCD201504017
18	北京工业大学	张新峰	CIT&TCD201504018
19	北京工业大学	刘晶冰	CIT&TCD201504019
20	北京工业大学	王云新	CIT&TCD201504020

续表 1

序号	学校名称	姓 名	项目编号
21	北京工业大学	魏中华	CIT&TCD201504021
22	北京工业大学	张小轶	CIT&TCD201504022
23	北京工业大学	金保华	CIT&TCD201504023
24	北京工业大学	闫建卓	CIT&TCD201504024
25	北京工业大学	付利华	CIT&TCD201504025
26	北京工业大学	李耸	CIT&TCD201504026
27	北京工业大学	王雯宇	CIT&TCD201504027
28	北京工业大学	王朝辉	CIT&TCD201504028
29	北京工业大学	郭瑾	CIT&TCD201504029
30	北京建筑大学	张雷	CIT&TCD201504030
31	北京建筑大学	张华	CIT&TCD201504031
32	北京建筑大学	刘扬	CIT&TCD201504032
33	北京经济管理职业学院	刘颖	CIT&TCD201504033
34	北京联合大学	黄汉昌	CIT&TCD201504034
35	北京联合大学	何芳	CIT&TCD201504035
36	北京联合大学	王巧玲	CIT&TCD201504036
37	北京联合大学	朱科蓉	CIT&TCD201504037
38	北京联合大学	田园	CIT&TCD201504038
39	北京联合大学	李文法	CIT&TCD201504039
40	北京联合大学	边婷婷	CIT&TCD201504040
41	北京联合大学	玄祖兴	CIT&TCD201504041
42	北京农学院	阮文科	CIT&TCD201504042
43	北京农学院	郑健	CIT&TCD201504043
44	北京农学院	刘京国	CIT&TCD201504044

续表 2

序号	学校名称	姓 名	项目编号
45	北京农学院	丁轲	CIT&TCD201504045
46	北京农学院	李蕊	CIT&TCD201504046
47	北京石油化工学院	付秀丽	CIT&TCD201504047
48	北京石油化工学院	梁永日	CIT&TCD201504048
49	北京舞蹈学院	苏娅	CIT&TCD201504049
50	北京舞蹈学院	陈琛	CIT&TCD201504050
51	北京物资学院	刘同娟	CIT&TCD201504051
52	北京物资学院	郭 键	CIT&TCD201504052
53	北京信息科技大学	秦 雷	CIT&TCD201504053
54	北京信息科技大学	丁 宁	CIT&TCD201504054
55	北京信息科技大学	范军芳	CIT&TCD201504055
56	北京信息科技大学	侯霞	CIT&TCD201504056
57	北京信息科技大学	张伟	CIT&TCD201504057
58	北京信息科技大学	张月霞	CIT&TCD201504058
59	北京信息科技大学	赵庆聪	CIT&TCD201504059
60	北京印刷学院	王燕	CIT&TCD201504060
61	北京印刷学院	王巍	CIT&TCD201504061
62	首都经济贸易大学	李百兴	CIT&TCD201504062
63	首都经济贸易大学	董烨然	CIT&TCD201504063
64	首都经济贸易大学	尚华艳	CIT&TCD201504064
65	首都经济贸易大学	李强	CIT&TCD201504065
66	首都经济贸易大学	张小航	CIT&TCD201504066
67	首都经济贸易大学	朱宁洁	CIT&TCD201504067
68	首都经济贸易大学	姜红	CIT&TCD201504068

续表 3

序号	学校名称	姓 名	项目编号
69	首都师范大学	王海龙	CIT&TCD201504069
70	首都师范大学	朱玲莉	CIT&TCD201504070
71	首都师范大学	袁泉	CIT&TCD201504071
72	首都师范大学	林雨青	CIT&TCD201504072
73	首都师范大学	陶宇	CIT&TCD201504073
74	首都师范大学	李宏伟	CIT&TCD201504074
75	首都师范大学	宗成振	CIT&TCD201504075
76	首都师范大学	方海光	CIT&TCD201504076
77	首都师范大学	严冷	CIT&TCD201504077
78	首都师范大学	尹晓冬	CIT&TCD201504078
79	首都师范大学	凌燕	CIT&TCD201504079
80	首都师范大学	叶佳声	CIT&TCD201504080
81	首都师范大学	盛仙永	CIT&TCD201504081
82	首都师范大学	刘兴华	CIT&TCD201504082
83	首都师范大学	叶能胜	CIT&TCD201504083
84	首都师范大学	司冰琳	CIT&TCD201504084
85	首都体育学院	徐守森	CIT&TCD201504085
86	首都体育学院	张雪琳	CIT&TCD201504086
87	首都医科大学	张建亮	CIT&TCD201504087
88	首都医科大学	张玲	CIT&TCD201504088
89	首都医科大学	郑焱	CIT&TCD201504089
90	首都医科大学	曾翔俊	CIT&TCD201504090
91	首都医科大学	陈赞	CIT&TCD201504091
92	首都医科大学	余焕玲	CIT&TCD201504092

续表 4

序号	学校名称	姓 名	项目编号
93	首都医科大学	王玉记	CIT&TCD201504093
94	首都医科大学	牛丕业	CIT&TCD201504094
95	首都医科大学	王振霖	CIT&TCD201504095
96	首都医科大学	张海霞	CIT&TCD201504096
97	首都医科大学	刘仁慧	CIT&TCD201504097
98	首都医科大学	李朝霞	CIT&TCD201504098
99	首都医科大学	薄雪峰	CIT&TCD201504099
100	中国戏曲学院	王晓宁	CIT&TCD201504100
101	中国戏曲学院	黄迎	CIT&TCD201504101
102	中国音乐学院	陈悦	CIT&TCD201504102

附件 5

2015 年度北京市属高等学校创新团队建设提升计划入选团队资助名单

序号	学校名称	姓 名	项目编号
1	北京服装学院	郭强	IDHT20150501
2	首都医科大学	李丽英	IDHT20150502
3	北京农学院	冷平生	IDHT20150503
4	北京工业大学	尹宝才	IDHT20150504
5	北京工业大学	崔素萍	IDHT20150505
6	北京工业大学	石照耀	IDHT20150506
7	首都师范大学	张伟功	IDHT20150507

北京市教育委员会

关于开展北京市高等学校实验教学示范中心验收工作的通知

京教函〔2014〕484号

各有关高等学校：

为强化实践教学，促进人才培养模式改革，根据市教委《关于开展高等学校实验教学示范中心建设和评审工作的通知》（京教高〔2005〕17号）和《关于开展“十一五”期间北京地区高校实验教学示范中心（建设单位）验收工作的通知》（京教高〔2012〕22号），经研究，决定在2014年下半年对93个北京市级实验教学示范中心（以下均简称“示范中心”）开展验收工作。现将有关事项通知如下：

一、验收目的

以“以验促建”为宗旨，引导各示范中心进一步加强条件建设、师资队伍建设、教学体系与教学内容建设、管理规章制度建设和信息化建设；进一步巩固“十一五”期间建设成果，不断总结先进理念，归纳有效经验，凝练优秀成果；主动发挥示范辐射作用，开放优质资源，共享先进经验，促进特色发展，服务区域经济，引领北京乃至全国高校实验室建设和实验教学改革。

二、验收对象

“十一五”期间立项建设的93个北京市级实验教学示范中心，具体验收名单见附件1。

三、验收内容

以北京市级实验教学示范中心评估指标体系（内容参见京教高〔2005〕17号文件）为依据，按照验收指标评分表、验收自评报告要求，对示范中心的建设成效、示范效应和发展目标等方面进行检查和评价。

四、验收方式及安排

本次示范中心验收工作将采取示范中心自评、各学校自主验收、市教委审核式检查等方式进行。

（一）自评和总结。示范中心要认真进行自评工作，并向学校主管部门提交验收自评报告（附件2，略）、发展规划（附件3，略）。

学校主管部门根据验收评估指标体系（附件4，略），组织专家组对校内的示范中心进行评估验收，给出验收意见和结论（附件5，略），并以学校为单位撰写验收报告（附件6，略）。专家组人数应不少于5人，其中校外专家不少于2人。各高校组建专家组时应充分考虑职业操守、能力水平、学科结构及回避等因素。参与验收工作的专家应熟悉验收相关文件和要求，并详细查看示范中心立项申报书、自评报告、发展规划等材料，实地考察完示范中心的基础上，按照验收指标评分表进行打分。验收期间，市教委将视工作情况安排人员参加验收。

（二）材料公示。为确保工作的“公开、公平、公正”，接受监督，示范中心立项申报书、自评报告、发展规划等材料将在北京高等学校实验教学示范中心网站（网址：http：//bjsyzx. bupt. edu. cn）进行不少于10天的公示。各示范中心要根据自身建设实际情况，客观准确地提供相关数据和材料，并于11月24日之前将材料自行上传至公示网站，登陆用户名和密码另行通知。

（三）市教委审核式检查。市教委将组织专家对各高校上交的材料进行审核，并根据审核情况，对示范中心进行抽查。审核通过的验收结论和验收报告将在北京高等学校实验教学示范中心网站进行不少于10天的公示后，市教委正式发文公布。

（四）验收结论。验收结论分为通过、暂缓通过、不通过。验收结论为“通过”的示范中心，将继续授予“北京市高等学校实验教学示范中心”称号；对验收结论为“暂缓通过”的示范中心，要求限期整改，并一年后进行复查；对验收不通过或发现验收期间弄虚作假的，将取消“北京市高等学校实验教学示范中心”称号。

五、其他事项

（一）工作要求

1. 各示范中心要保证中心网站保持运行，确保验收期间能够正常访问。请各高校在验收之前将验收工作方案（含验收时间、验收地点、参加人员、验收流程、工作联系人等）上报北京市实验教学示范中心建设和评审工作秘书处（以下简称“秘书处”）备案，以便市教委进行督查；各高校要于11月28日之前将每个示范中心的自评报告（含验收数据报表和成果明细表）和发展规划（书面材料1份）、专家验收意见和学校验收报告（书面材料1份及电子版）等材料上报秘书处。

2. 各高校要充分认识实践育人的重要性，以实验教学示范中心建设为依托，加大实验教学经费投入，加强实践教学改革，形成实验教学的长效发展机制，不断提高学生的实践创新能力。

附件：1. 2014年北京市级实验教学示范中心验收名单

2. 北京市高等学校实验教学示范中心验收自评报告（含验收数据报表和成果明细表，略）

3. 北京市高等学校实验教学示范中心“十二五”发展规划（表样，略）

4. 北京市高等学校实验教学示范中心验收指标评分表（略）

5. 北京市高等学校实验教学示范中心验收意见（略）

6. 北京市高等学校实验教学示范中心验收报告内容（略）

2014年10月11日

附件 1

2014 年北京市高等学校
实验教学示范中心验收名单

序号	学校名称	示范中心名称	年度	类别
1	北京大学	临床技能实验教学中心	2009	临床技能类
2	北京大学	环境与生态实验教学中心	2010	环境类
3	中国人民大学	法学实验实践教学中心	2009	法学类
4	中国人民大学	文科实验教学综合训练中心	2009	文科综合类
5	清华大学	动力工程及工程热物理实验教学中心	2010	能源动力类
6	北京交通大学	经济管理实验中心	2008	经济管理类
7	北京交通大学	软件服务外包实验教学中心	2010	其它类
8	北京科技大学	信息工程实验教学中心	2008	电子、电气信息类
9	北京科技大学	机械工程实验中心	2008	机械类
10	北京科技大学	土木与环境实验教学中心	2009	环境类
11	北京化工大学	机械工程实验中心	2008	机械类
12	北京化工大学	高分子科学教学实验中心	2009	其它类
13	北京邮电大学	机电工程实验教学中心	2008	机械类
14	北京邮电大学	语言实验教学中心	2009	其它类
15	北京邮电大学	通信软件工程实验教学中心	2010	其它类
16	中国农业大学	水利与土木工程实验教学中心	2010	农林工程类
17	北京林业大学	林业工程装备与技术实验教学中心	2009	农林工程类
18	北京中医药大学	中药学实验教学中心	2007	药学类

续表 1

序号	学校名称	示范中心名称	年度	类别
19	北京中医药大学	护理技能训练中心	2009	临床技能类
20	北京师范大学	传媒与艺术实验教学中心	2008	传媒类
21	北京师范大学	心理学基础实验教学中心	2009	其它类
22	北京语言大学	对外汉语教学实验中心	2008	文科综合类
23	中国传媒大学	动画实验教学中心	2008	文科综合类
24	中国传媒大学	影视艺术实验教学中心	2008	艺术类
25	中国传媒大学	传媒技术实验教学中心	2009	传媒类
26	中国传媒大学	电视节目制作实验教学中心	2010	其它类
27	对外经济贸易大学	现代服务业人才培养实验教学中心	2008	经济管理类
28	对外经济贸易大学	文科综合自主学习中心	2009	文科综合类
29	对外经济贸易大学	国际商事仲裁实验教学中心	2009	法学类
30	华北电力大学	电气工程实验教学中心	2008	电子、电气信息类
31	华北电力大学	电力经济管理实验教学中心	2008	经济管理类
32	中国矿业大学(北京)	电气工程实验教学中心	2008	电子、电气信息类
33	中国矿业大学(北京)	采矿与安全工程实验教学中心	2010	其它类
34	中国石油大学(北京)	化学与化工实验教学中心	2008	化学、化工类
35	中国石油大学(北京)	油气勘探与开发实验教学中心	2009	资源勘探类
36	中国地质大学(北京)	资源勘查实验教学中心	2009	资源勘探类
37	中国地质大学(北京)	珠宝与矿物材料实验教学中心	2010	材料类
38	中央音乐学院	高等音乐学院音乐教育体系综合改革实验教学中心	2009	艺术类

续表 2

序号	学校名称	示范中心名称	年度	类别
39	中央美术学院	摄影工作室	2008	艺术类
40	中央美术学院	版画技术工作室	2009	艺术类
41	中央美术学院	建筑教学实验中心	2010	其它类
42	中央戏剧学院	教学实习演出中心	2008	艺术类
43	北京电子科技学院	电子与信息安全实验教学中心	2008	电子、电气信息类
44	外交学院	外交外事实验教学中心	2009	文科综合类
45	北京航空航天大学	机械工程实验教学中心	2008	机械类
46	北京航空航天大学	材料科学与工程实验教学中心	2008	材料类
47	北京航空航天大学	热工实验教学中心	2009	能源动力类
48	北京航空航天大学	环境工程实验教学中心	2010	环境类
49	北京理工大学	基础化学教学实验中心	2008	化学、化工类
50	北京理工大学	生物实验教学中心	2008	生物类
51	北京理工大学	航空航天工程实验教学中心	2009	航空航天类
52	北京理工大学	交通与车辆实验教学中心	2009	交通运输类
53	北京理工大学	数字媒体技术实验教学中心	2010	其它类
54	中央民族大学	化学实验教学中心	2008	化学、化工类
55	中央民族大学	电子工程实验中心	2008	电子、电气信息类
56	中央民族大学	民族文化传播实验教学中心	2010	其它类
57	北京协和医学院	护理技能实验中心	2008	临床技能类

续表 3

序号	学校名称	示范中心名称	年度	类别
58	中国劳动关系学院	劳动关系协调与发展实验教学中心	2009	文科综合类
59	中华女子学院	妇女儿童发展与教育实验教学中心	2008	文科综合类
60	北京建筑工程学院	建筑与环境模拟实验教学中心	2008	土建类
61	北京建筑工程学院	水环境实验教学中心	2010	环境类
62	北京工业大学	软件工程实践教学中心	2009	其它类
63	北京工业大学	热能与动力工程实验教学中心	2010	能源动力类
64	北方工业大学	经济管理实验中心	2008	经济管理类
65	北方工业大学	建工实验中心	2009	土建类
66	北方工业大学	数字媒体艺术实验教学中心	2010	其它类
67	北京工商大学	化学化工实验中心	2008	化学、化工类
68	北京工商大学	数字艺术制作中心	2009	传媒类
69	首都医科大学	口腔医学实践技能中心	2009	临床技能类
70	首都医科大学	公共卫生与预防医学实验教学中心	2010	公共卫生类
71	首都师范大学	美术教育实验教学中心	2008	艺术类
72	首都师范大学	多语种实验教学中心	2009	文科综合类
73	首都经济贸易大学	管理科学与工程实验教学中心	2009	其它类
74	首都经济贸易大学	传媒实验教学中心	2010	其它类
75	北京服装学院	服装材料与工程实验教学中心	2008	材料类

续表 4

序号	学校名称	示范中心名称	年度	类别
76	北京服装学院	服装服饰实验教学中心	2009	艺术类
77	北京印刷学院	印刷工程综合训练中心	2007	综合性工程训练中心
78	北京印刷学院	数字艺术教学实践中心	2009	艺术类
79	北京石油化工学院	环境工程教学与实验中心	2009	环境类
80	北京农学院	都市农业食品加工与食品安全实验教学中心	2009	轻工纺织食品类
81	北京农学院	动物类实验教学中心	2010	动物类
82	中国音乐学院	中国民族音乐实践教学中心	2010	其它类
83	中国戏曲学院	动漫戏剧实验教学中心	2008	艺术类
84	中国戏曲学院	舞台实践教学中心	2009	艺术类
85	北京电影学院	声音实验中心	2008	艺术类
86	北京舞蹈学院	教学实习演出中心	2009	艺术类
87	北京信息科技大学	机械工程实验教学中心	2008	机械类
88	北京信息科技大学	文管综合实践教学中心	2009	文科综合类
89	北京信息科技大学	计算机实验教学中心	2010	其它类
90	北京联合大学	经贸实验教学中心	2008	经济管理类
91	北京城市学院	中药与生物技术实验教学中心	2009	中医类
92	北京邮电大学世纪学院	数字媒体实验教学中心	2009	传媒类
93	北京邮电大学世纪学院	工程教育训练中心	2010	综合性工程训练中心

北京市教育委员会

关于开展市属高校科技评价改革试点工作的通知

京教研〔2014〕13号

各相关市属高校：

为切实推进北京市属高校教育综合改革，建立以倡导质量和实际贡献导向为核心的、科学合理的高等学校科技评价体系，根据教育部办公厅《关于开展高等学校科技评价改革试点的通知》（教技厅〔2014〕3号），市教委决定开展市属高校科技评价改革试点工作。现将有关事项通知如下：

一、抓好贯彻落实

（一）高度重视，精心组织。深化高校科技评价改革是国家科技体制改革的重要内容。承担试点任务的各相关市属高校要切实加强领导，建立工作机构，认真学习、传达、宣传教育部文件，切实推动改革，积极探索实践经验、强化试点的引领示范作用。

（二）统筹安排，分工协作。科技评价改革工作是一项系统工程，各高校要结合自身特点，统筹制定试点方案，先行先试、善于研究、大胆创新。各相关职能部门要分工协作、做好衔接。

（三）充分动员，广泛参与。一线科研工作者是高校科技工作的主体，要充分调动广大科技工作者、特别是一线人员的积极性和主动性，组织和动员他们充分了解科技评价改革试点工作的相关精神，并吸收科研工作者和研究生参与科技评价改革工作的全过程。

二、明确主要任务

根据教育部试点工作的任务分工，结合我市实际，市教委制定了市属高校科技评价改革试点工作任务及分工。具体任务分工见附件。各高校在试点工作中要着重落实好以下工作：

（一）建立分类评价体系。各高校要根据本校定位和主要学科类型，建立符合学校发展整体需求的、科学的分类评价体系。在试点工作中，各高校要注重学科特色发展，针对学科类型的不同制定科学合理的学科发展规划和评价方案，促进学科健康、内涵发展。

（二）建立多元评价体系。科学研究活动的多样性决定了研究成果的产出具有多样性。各高校要建立科研成果的多元化评价体系，综合考量各类成果的实际价值和贡献，以科研分类评价改革推进高校各类资源分配结构调整。

（三）建立分类考核体系。基础研究人员、应用研究人员、技术转移科研支撑和服务人员，其在科技工作中重点作用不同，对各类人员的考核标准也要相应分类细化，确保考核结果真实反映各类科研工作人员的工作成效。对于软科学和艺术学科的研究人员，更不能简单地套用自然科学的评价体系。通过科研人员分类考核体系建设，支撑和推动学校人事制度改革。将科技评价改革与与人事制度改革相结合，以岗位聘任和考核为依托，以科研分类评价机制为突破，建立科研分类岗位评价体系，促进优秀科研人才的成长和团队的形成。

三、掌握工作动态

科技评价改革是高校科技体制改革的核心内容。试点高校要建立督促检查机制，全面布局，跟踪调研，动态了解改革中的新情况新问题，及时调整、完善改革方案。

非试点高校也要高度重视科技评价改革工作，根据本校情况逐步开展研究和探索，为科技评价改革工作的全面开展奠定良好基础。

试点实施过程中涉及的重大政策调整及成效、出现的重点难点问题应及时上报市教委。市教委将适时组织学习交流，并按照教育部要求上报北京地区高校试点情况。

2014 年 11 月 5 日

附件

北京市属高校科技评价改革试点项目及承担单位

序号	试点项目	内容	承担单位
1	科技人员分类评价改革	按照从事科研活动的特点，对科技人员实行分类评价。主要从事创新性研究的科技活动人员，实行原创性成果为重点的评价；主要从事技术转移、科技服务和科学普及的科技活动人员，实行经济社会效益和实际贡献为重点的评价；从事技术支撑和服务的科技活动人员，实行以服务质量与实际效果为重点的评价。	北方工业大学、北京工商大学、北京服装学院
2	基地、平台和团队绩效评价改革	按照定位和发展目标，对基地、平台和团队实行整体性评价，以综合绩效和开放共享为重点，强化科教协同，注重成果转化、技术服务、资源开放共享和科学普及。要认可团队科技成果所有参与者的实际贡献，同时反对无实质贡献的虚假挂名，鼓励基地、平台接受国内外访问学者，向社会开放科研设施。	首都师范大学、北京建筑大学、北京信息科技大学、北京联合大学

续表

序号	试点项目	内容	承担单位
3	2011协同创新中心综合评价改革	按照“国家急需，世界一流，制度先进，贡献突出”的标准，对协同创新中心进行综合评价。突出重大成果产出，突出协同创新加快创新驱动发展，突出科教结合提升人才培养质量。协同创新中心要大胆创新评价激励机制，支持鼓励科技人员追求卓越，服务社会。	北京工业大学、首都医科大学
4	以评价改革为重点的科研综合改革	推进高校科研综合改革，完善科技人员聘用、收入分配、绩效考核办法，在人才、项目、基地各方面进一步突出原创性基础研究成果、关键技术和核心技术的突破成果以及创新人才培养成果的考核权重，建立评价成果与资源配置合理关联机制。	北京工业大学、首都医科大学、首都师范大学、北京农学院、北京信息科技大学

北京市教育委员会

关于做好2014年北京高等学校继续教育质量年度报告工作的通知

京教函〔2014〕613号

各普通高等学校、独立设置成人高等学校：

为完善北京高等学校继续教育质量年度报告制度，进一步加强对高等学校继续教育的规范管理和工作指导，推进高校继续教育改革，根据市教委《关于建立北京高等学校继续教育质量年度报告制度的通知》（京教高〔2010〕1号）要求，现将有关事项通知如下：

一、2014年是实施北京高校继续教育质量年度报告制度的第六年，各校要以党的十八大和十八届三中、四中全会精神为指导，在认真梳理和回顾六年来高校继续教育改革发展的基础上，重点总结2014年度继续教育取得的成果和存在的主要问题，进一步明确学校继续教育办学定位，整体筹划，突出特色，加强规范管理，提高教育教学质量，积极推进北京高校继续教育综合改革。

二、各高校报送的2014年继续教育质量年度报告和相关数据，要客观、准确地反映学校2014年继续教育工作整体进展，重点反映学校继续教育在适应社会发展需求和服务首都建设方面的实践探索、改革措施和实际成效，认真分析学校继续教育工作中存在的问题，进一步明确继续教育定位、完善体制机制，推进继续教育改革创新。报告文字要简明扼要，重点、特色突出，原则上不超过4000字。

三、各高校在报送2014年继续教育质量年度报告和相关数据时，可以根据教学、办学管理、资源建设、队伍建设、校外办学等方面情况，同时报送的学校继续教育特色和成果，将择优编入2014年度质量报告。

四、经过五年工作实践和总结，各高校要进一步完善本校继续教育质量年度报告工作机制，切实健全由主管校长牵头的继续教育质量年度报告责任人制度，统筹协调学校继续教育各有关部门和单位，确定年度报告工作的责任部门和主要负责人，按时完成学校继续教育质量年度报告和数据汇总、报送工作，保证专项工作的连续性。

五、我委聘请专家组成编委会工作组（成员名单见附件2），负责《北京高校继续教育质量年度报告2014》的相关工作，各有关高校要为编委会工作组成员开展工作给予积极支持。

六、北京高校继续教育状态数据平台开放时间为2015年1月6日至2015年3月20日。2015年1月10日前，各高校要通过北京高等学校继续教育状态数据平台填报并打印《北京高等学校继续教育质量年度报告责任人情况表》(附件 3，略)，同时加盖校章报送我委高教处。2015 年 3 月 20 日前，各高校要通过北京高等学校继续教育状态数据平台上传并打印本校 2014 年继续教育质量年度报告及状态数据信息，同时以正式行文方式报送市教委高教处。

我委将适时通报各高校完成情况。

附件：1. 关于报送 2014 年北京高等学校继续教育特色成果的说明

2. 2014 年度北京高校继续教育质量年度报告编委会工作组成员

3. 北京高等学校继续教育质量年度报告责任人情况表(略)

2014 年 12 月 10 日

附件 1

关于报送 2014 年度北京高等学校继续教育质量报告和特色成果报告的说明

一、继续教育质量报告基本要点

(一) 学校继续教育办学定位和管理体制；

(二) 学校学历继续教育基本情况和工作进展，重点突出教育教学改革、规范管理等质量保障体系建设方面的举措、效果和基本经验；

(三) 学校非学历继续教育基本情况和工作进展，重点突出在办学模式、服务对象、体制机制等服务首都经济社会发展以及推进学习型城市建设等方面的举措、效果和基本经验；

(四) 学校继续教育信息化建设的进展情况，重点突出数字化资源建设、信息化平台建设及其在教育教学中的应用；

（五）2014 年学校继续教育工作存在的主要问题和建议；

（六）2015 年度学校继续教育工作基本思路和重点。

二、特色成果专题

各校根据实际，可参考以下内容，对高校继续教育具有示范和推广作用的特色成果，形成专题报告。

（一）学校继续教育贯彻党的“十八大”及十八届三中、四中全会精神的主要思路和举措；

（二）学校继续教育在适应首都城市功能定位变化的主要思考及举措；

（三）学校继续教育质量保障体系建设方面的新举措和成效等；

（四）学校继续教育在人才培养模式、专业建设、教育教学方式等方面的改革试点和成效；

（五）学校继续教育在数字化资源、信息化平台建设和资源开放等方面所取得的进展；

（六）学校继续教育在推进社会主义核心价值观教育方面的举措和成效；

（七）学校继续教育在推进横向沟通、纵向衔接的终身教育体系建设等方面举措和成效；

（八）学校在继续教育方面形成的研究成果（含调研报告）。

特色成果要有别于常规性工作成效，重点突出继续教育改革新的思路、进展和举措。

特色成果可作为主报告附件上传。

三、格式要求

（一）纸张及装订：A4 纸打印，左侧装订，封面加盖学校公章；

（二）字体：题目用小二号黑体，一级标题用 3 号黑体，二级标题用小 3 号黑体，正文用 4 号仿宋体；

（三）行距：正文行距 25 磅。

附件2

2014年度北京高校继续教育质量年度报告编委会

主　　编：叶茂林
常务主编：黄　侃
副 主 编：刘承邠　李国斌　顾宗连
编　　委：王晓华　李福德　李小平　蔡晓东　孟　欣
　　　　　田小梅　王黎明　刘　洋　李　洋　文　然
　　　　　蒋再斌　赵丽莉　吉莉莉　张魁元　韩景华
　　　　　陈　雷

北京市教育委员会

关于公布第二批专业群专家委员会及教学协作委员会名单的通知

京教高〔2014〕13号

各有关高等学校：

为进一步深化专业建设内涵，提高高等教育质量，市教委分两批启动了专业群建设。第一批专业群已于2013年启动建设，今年将启动第二批专业群建设，包括电子信息类、工商管理类、新闻出版类、法学类、管理科学与工程类5个专业。

现将第二批专业群专家组织名单予以公布（见附件）。各高校要为专业群专家委员会及教学协作委员会开展工作提供必要条件，切实专业群及其专家组织在提高学校教学和人才培养质量方面的重要作用。

附件：1. 电子信息类专业群专家委员会及教学协作委员会名单
2. 工商管理类专业群专家委员会及教学协作委员会名单
3. 新闻出版类专业群专家委员会及教学协作委员会名单
4. 法学类专业群专家委员会及教学协作委员会名单
5. 管理科学与工程类专业群专家委员会及教学协作委员会名单

2014年12月23日

附件1

电子信息类专业群专家委员会及教学协作委员会名单

一、电子信息类专业群专家委员会名单

主任委员：王文博　北京邮电大学
副主任委员：张常年　北方工业大学
委　　员：隆克平　北京科技大学
陈后金　北京交通大学
李国林　清华大学
林家儒　北京邮电大学
张晓林　北京航空航天大学
杨毅刚　大唐电信科技产业集团

何苏琴　北京化工大学
宋　梅　北京邮电大学
王景中　北方工业大学
贾克斌　北京工业大学
关　永　首都师范大学
秘　书　长：桑　林　北京邮电大学
王月海　北方工业大学

二、电子信息类专业群教学协作委员会名单

主任委员：张常年　北方工业大学
副主任委员：王文博　北京邮电大学
委　　员：张有光　北京航空航天大学
戴胜华　北京交通大学
高献伟　北京电子科技学院
张延华　北京工业大学
关　永　首都师范大学
王景中　北方工业大学
李学华　北京信息科技大学
曹　鹏　北京印刷学院
蔡　强　北京工商大学
韩润萍　北京服装学院
纪文刚　北京石油化工学院
张　姝　北京联合大学
贾　晶　大唐电信科技产业集团
秘　书　长：桑　林　北京邮电大学
王月海　北方工业大学

附件 2

工商管理类专业群专家委员会及教学协作委员会名单

一、工商管理类专业群专家委员会名单

主任委员：张明玉　北京交通大学
副主任委员：黄先开　北京联合大学
委　　员：仝允桓　清华大学
　　　　　夏冬林　清华大学
　　　　　陆正飞　北京大学
　　　　　王化成　中国人民大学
　　　　　张新民　对外经济贸易大学
　　　　　王稼琼　首都经济贸易大学
　　　　　张秋生　北京交通大学
　　　　　张明立　北京航空航天大学
　　　　　葛建新　中央财经大学
　　　　　张文松　北京交通大学
　　　　　张夕勇　北汽集团
　　　　　傅俊元　中国交通股份有限公司
秘 书 长：肖　翔　北京交通大学
　　　　　陈　琳　北京联合大学

二、工商管理类专业群教学协作委员会名单

主任委员：黄先开　北京联合大学
副主任委员：张明玉　北京交通大学
委　　员：仝允桓　清华大学
　　　　　陆正飞　北京大学
　　　　　徐二明　中国人民大学

汤谷良　对外经济贸易大学
高　闯　首都经济贸易大学
张　力　北京交通大学
何　枫　北京科技大学
陶秋燕　北京联合大学
马　忠　北京交通大学
鲁桂华　中央财经大学
周毕文　北京理工大学
杨学成　北京邮电大学
张平淡　北京师范大学
柏满迎　北京航空航天大学
关　峻　北京工业大学
王国顺　北京工商大学
葛新权　北京信息科技大学
张夕勇　北汽集团
傅俊元　中国交通股份有限公司
王培暖　神州数码控股有限公司
秘　书　长：陈　琳　北京联合大学
肖　翔　交通大学

附件3

新闻出版类专业群专家委员会及教学协作委员会名单

一、新闻出版类专业群专家委员会名单

主任委员：高晓虹　中国传媒大学
副主任委员：张文红　北京印刷学院

委　　员：胡百精　中国人民大学
陈昌凤　清华大学
陆绍阳　北京大学
陆小华　中国政法大学
赵丽芳　中央民族大学
王　擎　北京工商大学
宿志刚　北京电影学院
吴克宇　中央电视台
王　岳　人民教育出版社
李　忠　中国新闻出版传媒集团
聂震宁　中国出版集团
敖　然　电子工业出版社
黄庭满　千龙网
秘 书 长：王晓红　中国传媒大学
张文红　北京印刷学院

二、新闻出版类专业群教学协作委员会名单

主任委员：高晓虹　中国传媒大学
副主任委员：陈　丹　北京印刷学院
委　　员：章晓英　北京外国语大学
安文军　中国农业大学
罗自文　中国青年政治学院
于翠玲　北京师范大学
曲　茹　北京第二外国语学院
闻　学　北京交通大学
黄若涛　首都体育学院
梁冬梅　北京信息科技大学
侯　健　北京城市学院
秘 书 长：王晓红　中国传媒大学
张文红　北京印刷学院

附件 4

法学类专业群专家委员会及教学协作委员会名单

一、法学类专业群专家委员会名单

主 任 委 员：张桂林　中国政法大学
副主任委员：王传生　首都经济贸易大学
委　　　员：陈兴良　北京大学
王振民　清华大学
韩大元　中国人民大学
赵秉志　北京师范大学
李仁玉　北京工商大学
吴　慧　国际关系学院
辛尚民　北京市怀柔区人民法院
张铁军　北京市西城区人民检察院
佟丽华　北京市致诚律师事务所
秘 书 长：于志刚　中国政法大学
喻　中　首都经济贸易大学

二、法学类专业群教学协作委员会名单

主 任 委 员：于志刚　中国政法大学
副主任委员：喻　中　首都经济贸易大学
委　　　员：张　荆　北京工业大学
李志国　北京建筑大学
李　昕　首都师范大学
孟凡哲　北京第二外国语学院
谢安平　北京工商大学
王　平　北京联合大学

佟占军　北京农学院
解进强　北京物资学院
缪仁康　北京城市学院
李筱永　首都医科大学
李汉军　国际关系学院
辛尚民　北京市怀柔区人民法院
张铁军　北京市西城区人民检察院
佟丽华　北京市致诚律师事务所
秘　书　长：田士永　中国政法大学
张　琪　首都经济贸易大学

附件 5

管理科学与工程类专业群专家委员会及教学协作委员会名单

一、管理科学与工程类专业群专家委员会名单

主任委员：董沛武　北京理工大学
副主任委员：郭　键　北京物资学院
委　　员：侯卫真　中国人民大学
闪四清　北京航空航天大学
张润彤　北京交通大学
吕廷杰　北京邮电大学
王文彬　北京科技大学
王武魁　北京林业大学
王　强　对外经济贸易大学
姜同强　北京工商大学
黄鲁成　北京工业大学

李　忱　北京信息科技大学
封殿胜　中国电子信息产业研究院赛迪顾问股份有限公司
秘书长：颜志军　北京理工大学
田志勇　北京物资学院

二、管理科学与工程类专业群教学协作委员会名单

主任委员：郭　键　北京物资学院
副主任委员：董沛武　北京理工大学
委　员：刘越男　中国人民大学
贾国柱　北京航空航天大学
张　力　北京交通大学
宁连举　北京邮电大学
李　明　中国石油大学（北京）
刘海滨　中国矿业大学（北京）
朱建明　中央财经大学
任锦鸾　中国传媒大学
周亦鹏　北京工商大学
翟东升　北京工业大学
牛东来　首都经济贸易大学
徐晓敏　北京信息科技大学
于丽娟　北京联合大学
封殿胜　中国电子信息产业研究院赛迪顾问股份有限公司
秘书长：陈　蕾　北京物资学院
赵　先　北京理工大学

职业与成人教育

北京市教育委员会文件选编

（2014）

北京市教育委员会

关于在职业高中开展综合高中班试点的通知

京教职成〔2014〕1号

各区县教委：

为加强职业教育与普通教育的融通与协调发展，构建人才培养立交桥，经研究，市教委决定于2014年在职业高中开展综合高中班试点工作。综合高中班是高中阶段普通教育和职业教育互相渗透融合，为学生提供升学为主、就业为辅的一种教育模式，培养既有扎实的文化基础知识，又达到一定的专业技能标准的综合性人才。现就开展综合高中班试点的有关事项通知如下：

一、申报试点学校和专业

（一）试点学校和专业的申报条件

综合高中班试点选择在区县教委所属职业高中进行。原则上每区县可选择1所办学条件好、办学质量高的职业高中试办综合高中班。

每个试点学校可选择1至2个社会需求好、专业优势明显、师资水平和办学条件较好、升学或就业途径顺畅的专业进行试点。

（二）申报要求

区县教委如需举办综合高中班试点，需向市教委提交申请及试点方案，并经市教委审批。

试点方案包括：必要性、可行性分析，试点学校情况、规模、课程方案、师资配备等。

（三）综合高中班的学制和班额

综合高中班学制 3 年。

原则上，试点学校的每个试点专业可选择 1 至 2 个教学班，每班 30 至 40 人，即每个试点专业学生总数不超过 80 人。

二、课程设置

综合高中班统筹开设普通高中课程和专业课程。

普通高中课程按教育部高中课程方案执行。其中，通用技术课、综合实践活动应根据专业确定课程内容。

学校根据专业需要设置 3 至 4 门专业课程。学生可以参加普通高中的会考及相关学业水平测试。

在普通高中会考中，物理、化学、生物等部分科目经市教委批准，可用专业课程替代。替代课程考试由学校自行组织。

三、招生与学籍管理

综合高中班试点按照职业教育专业招生。综合高中班招生计划由区县统筹安排，列入中考招生计划，纳入普通高中招生计划管理（可按实际完成招生计划情况计入职普比例）。

综合高中班新生入学后，试点学校应为其办理普通高中学籍，纳入中小学电子学籍系统管理，参加综合素质评价。学生在学校组织下可参加全市普通高中会考，成绩合格者发给普通高中会考证书。综合高中班毕业生可报考高职院校或普通高校，也可由毕业学校择优推荐，双向选择，自主就业。

在校期间，允许综合高中班学生在第一学年末或第二学年第一学期内，根据学业成绩和个人意愿，转入职高普通班继续学习。

四、学费与奖助学政策

综合高中班学生按照注册的学生身份执行我市普通高中或中等职业学校现行收费及学生奖助学政策。中途转变学生身份的，下学期按照转变后的学生身份执行相关收费及奖助政策。

五、加强试点工作的统筹领导和保障监督

区县教委及招生考试部门要加强对试点工作的统筹领导，在招生、学籍管理、质量监控和会考等方面给予指导、扶持和检查监督。

各试点学校要及时总结汇报试点工作情况，主动接受区县教委的监督管理，确保试点工作扎实推进，取得实效。试点过程中出现管理混乱、弄虚作假等现象的，市教委将取消其下一年度的试点资格。

2014 年 1 月 17 日

北京市教育委员会

关于公布 2014 年“3＋2”中高职衔接改革试点学校和专业的通知

京教职成〔2014〕2 号

各区县教委、各有关中高等职业院校：

根据“构建适应经济发展方式转变和产业结构调整要求、体现终身教育理念、中等和高等职业教育协调发展的现代职业教育体系”的要求，2014 年市教委继续扩大“3＋2”中高职教育衔接办学改革试点，在院校申报的基础上，综合院校合作意愿、社会需求、专业布点、以往招生等情况，经研究，现将 2014 年“3＋2”中高职衔接办学改革试点学校和专业予以公布，并就下一步有关工作提出如下要求。

一、确定试点专业招生规模

原则上试点专业安排 1 至 2 个教学班（人数控制在 60 人以内）。参加试点的中高职院校要联合合理确定试验班的招生规模，尤其高职学院在同一专业和多所中职学校合作的，招生计划不得突破学校自主招生计划。试点中职学校要将试点专业列入 2014 年招生计划和招生简章，做好招生准备工作。

二、研究制定人才培养方案

人才培养方案是贯穿整个培养过程的纲领性文件，请各试点院校按照《关于开展中高等职业教育衔接办学工作试点的通知》（京教职成〔2012〕3 号）和《关于“3＋2”中高等职业教育衔接办学试点人才培养方案制定中相关问题的通知》（京教函〔2012〕379 号）有关要求，建立、健全工作协调机制。中高职院校要密切配合，并争取行业企业的深度参与，坚持“共同研究、协同创新、整体设计、系统培养”的原则，深入开展需求调研，研究制定整体性衔接培养方案，尤其要加强专业培养目标、课程设置、课程内容的统筹和衔接，切实优化人才培养过程，共同完成高技能人才的系统培养工作。

三、提交、完善人才培养方案

试点的高职院校要在 2014 年 3 月 3 日（星期一）前提交与合作中职学校共同研究制定的一体化人才培养方案。市教委将组织专家评审论证，试点学校要按照专家意见，修改完善人才培养方案，并于 2014 年 6 月 6 日（星期五）前将修改后的人才培养方案盖章后提交市教委备案。试点学校要严格按人才培养方案开展试点教育教学工作，人才培养方案执行过程中如确需调整，应共同研究、进行微调，并即时报市教委备案。

四、试点教育教学及管理有关要求

试点中高等职业院校要充分发挥各方面资源优势，科学统筹、整体实施人才培养方案。

（一）要加强专业团队建设。专业团队和师资是人才培养方案有效实施的重要保障，试点院校要紧密合作、整体设计，共同开展专业团队培训，加强双师型教师队伍建设和实践教学工作，努力提高教学科研水平，积极开展试验工作交流和研讨，不断研究改进教学方法和手段，不断提高教育教学和育人质量。

（二）要加强配套制度建设。试点院校要共同制定相关配套制度，有效实施人才培养方案，保证试点教育教学工作科学、健康开展。一是要加强统筹协调，试点院校应成立试验工作领导（协调）小组和工作组，确定工作负责人、联系人，健全工作协调机制，统筹管理力量、教育资源、师资力量，精心组织开展试验工作。二是要加强质量监控，试点院校应加强工作交流、研讨和总结、提升工作，并将有关情况（如实际招生情况、教育教学进展情况等）或遇到的问题及时报告市教委。

试点项目人才培养质量、教育教学管理水平不高的，市教委将视情况核减试点专业招生计划或取消改革试点资格。

附件：2014 年“3＋2”中高职衔接试点项目列表（专业）

2014 年 1 月 21 日

附件

2014 年“3＋2”中高职衔接试点项目列表（专业）

序号	高职专业	高职学院	中职专业	中职学校	中职专业大类
1	园林技术	北京农业职业学院	园林技术	北京市园林学校	农林牧渔类

续表 1

序号	高职专业	高职学院	中职专业	中职学校	中职专业大类
2	水利工程施工技术（水质监测与运行方向）	北京农业职业学院	环境治理技术	北京市环境与艺术学校	资源环境类
3	水利工程施工技术（工程施工方向）	北京农业职业学院	水利水电工程施工	北京水利水电学校	土木水利类
4	高等级公路维护与管理	北京交通职业技术学院	建筑工程施工	北京金隅科技学校	土木水利类
5	楼宇智能化工程技术	北京农业职业学院	楼宇智能化设备安装与运行	北京城市建设学校	土木水利类
6	电气自动化技术	北京电子科技职业学院	电气运行与控制	北京铁路电气化学校	加工制造类
7	数控技术	北京电子科技职业学院	数控技术应用	北京金隅科技学校	加工制造类
8	数控技术	北京劳动保障职业学院	机械制造技术	北京市平谷区第一职业学校	加工制造类
9	模具设计与制造	北京工业职业技术学院	模具制造技术	北京市自动化工程学校	加工制造类
10	城市轨道交通控制	北京劳动保障职业学院	城市轨道交通运营管理	北京铁路电气化学校	交通运输类
11	城市轨道交通车辆	北京交通运输职业学院	城市轨道交通车辆运用与检修	北京市电气工程学校	交通运输类
12	城市轨道交通运营管理	北京交通运输职业学院	城市轨道交通运营管理	北京市自动化工程学校	交通运输类
13	城市轨道交通运营管理	北京交通运输职业学院	城市轨道交通运营管理	北京市商业学校	交通运输类
14	城市轨道交通运营管理	北京交通职业技术学院	城市轨道交通运营管理	北京市昌平职业学校	交通运输类

续表 2

序号	高职专业	高职学院	中职专业	中职学校	中职专业大类
15	汽车检测与维修技术	北京吉利大学	汽车制造与检修	北京市昌平职业学校	交通运输类
16	汽车技术服务与营销	北京交通运输职业学院	汽车运用与维修	丰台职教中心校	交通运输类
17	汽车技术服务与营销	北京培黎职业学院	汽车运用与维修	延庆一职	交通运输类
18	汽车检测与维修技术	北京现代职业技术学院	汽车运用与维修	顺义区汽车技术职业高中	交通运输类
19	酒店管理	北京劳动保障职业学院	航空服务	北京市昌平职业学校	交通运输类
20	电子信息工程技术	北京电子科技职业学院	电子信息技术	北京市电气工程学校	信息技术类
21	计算机网络技术	北京北大方正软件技术学院	计算机网络技术	北京信息管理学校	信息技术类
22	计算机网络技术	北京信息职业技术学院	计算机网络技术	北京市经济管理学校	信息技术类
23	物流管理	北京信息职业技术学院	物联网技术应用（物流管理方向）	北京市商务科技学校	信息技术类
24	人物形象设计（服装服饰方向）	北京电子科技职业学院	服装设计与工艺	北京国际职业教育学校	文化艺术类
25	影视动画	北京信息职业技术学院	动漫游戏	北京信息管理学校	文化艺术类
26	市场营销	北京财贸职业学院	珠宝玉石加工与营销	北京市商业学校	财经商贸类

续表 3

序号	高职专业	高职学院	中职专业	中职学校	中职专业大类
27	会计	北京财贸职业学院	会计	北京商贸学校	财经商贸类
28	电子商务	北京工业职业技术学院	电子商务	北京市黄庄职业高中	财经商贸类
29	电子商务	北京信息职业技术学院	电子商务	北京市商业学校	财经商贸类
30	物流管理	北京财贸职业学院	物流服务与管理	北京市商务科技学校	财经商贸类
31	物流管理	北京财贸职业学院	物流服务与管理	房山职业学校	财经商贸类
32	商务英语	北京经济管理职业学院	商务英语	北京信息管理学校	财经商贸类
33	导游	北京财贸职业学院	旅游服务与管理	北京国际职业教育学校	旅游服务类
34	酒店管理	北京财贸职业学院	酒店服务与管理	北京市外事学校	旅游服务类
35	法律文秘	北京政法职业学院	文秘（法律文秘方向）	北京市财会学校	公共管理与服务类
36	劳动和社会保障	北京政法职业学院	社会保障事务	北京国际职业教育学校	公共管理与服务类
37	食品营养与检测	北京城市学院	产品质量监督与检验（食品质量监督检验方向）	北京市经济管理学校	公共管理与服务类
38	食品营养与检测	北京城市学院	产品质量监督检验（食品质量监督检验方向）	北京商贸学校	公共管理与服务类

续表 3

序号	高职专业	高职学院	中职专业	中职学校	中职专业大类
39	老年服务与管理	北京社会管理职业学院	护理	北京市昌平卫校	医药卫生类
40	护理	北京北大方正软件技术学院	护理	首都铁路卫生学校	医药卫生类
41	中药	北京城市学院	中药	北京市实验职业学校	医药卫生类
42	学前教育	北京汇佳职业学院	学前教育	北京市求实学校	教育类
43	学前教育	北京汇佳职业学院	学前教育	丰台职教中心校	教育类
44	学前教育	北京汇佳职业学院	学前教育（保育员方向）	北京新城职业学校	教育类
45	学前教育	北京汇佳职业学院	学前教育	北京市实美职业学校	教育类
46	学前教育	北京汇佳职业学院	学前教育（保育员方向）	密云县职业学校	教育类
47	学前教育	北京汇佳职业学院	学前教育（保育员方向）	延庆一职	教育类
48	学前教育	北京汇佳职业学院	学前教育（保育员方向）	北京市怀柔区职业学校	教育类
49	学前教育	北京城市学院	学前教育	北京海淀艺术职业学校	教育类
50	学前教育	北京城市学院	学前教育	北京市黄庄职业高中	教育类

北京市教育委员会

关于同意部分中等职业学校2014年新增专业备案的通知

京教函〔2014〕38号

各区县教委，各有关中等职业学校：

根据《北京市中等职业学校专业设置管理办法实施细则（试行）》（京教职成〔2010〕13号），本着加强宏观调控、优化资源配置、服务产业发展、鼓励特色专业建设、促进技能型人才培养的原则，我委组织专家对部分中等职业学校申请的2014年新增专业（技能方向）进行了评议，经研究，同意北京水利水电学校“生态环境保护”等18所学校的26个专业（技能方向）备案（附件1），从2014年起列入招生计划。

请各有关学校及时填写《北京地区中等职业学校收取学费标准申报表》（见附件2，一式3份，加盖校章，略），报送市教委职成处办理收费许可手续。民办中等职业学校收费按相关规定办理。

附件：1. 北京市中等职业学校2014年新增专业备案一览表

2. 北京地区中等职业教育学校收取学费标准申报表（略）

2014年2月8日

附件 1

北京市中等职业学校 2014 年 新增专业（技能方向）备案一览表

一、普通中专

学校名称	专业类别	专业名称	专业技能方向	专业代码	学制	备注
北京水利水电学校	资源环境类	生态环境保护	生态环境	022100	三年	
	土木水利类	工程造价	建筑计量与计价	040500	三年	
	能源与新能源类	水泵站机电设备安装与运行	水泵站机电设备运行与维护	031100	三年	
北京市自动化工程学校	交通运输类	城市轨道交通信号	城市轨道交通信号运行、城市轨道交通信号设备维护	081000	三年	
北京金隅科技学校	土木水利类	建筑装饰	建筑特艺装修施工	040200	三年	
北京商贸学校	轻纺食品类	食品生物工艺	食品营养与安全	071100	三年	
北京铁路电气化学校	土木水利类	楼宇智能化设备安装与运行		040700	四年	
	交通运输类	城市轨道交通线路维护		083111	四年	目录外
北京市海淀区卫生学校	医药卫生类	营养与保健	营养师、配餐员、健康管理师	100400	三年	
	医药卫生类	护理	老年护理	100100	四年	
北京市昌平卫生学校	医药卫生类	医学检验技术	临床检验、卫生检验、采供血检验、病理技术	100700	三年	

二、职业高中

学校名称	专业类别	专业名称	专业技能方向	专业代码	学制	备注
北京市外事学校	财经商贸类	连锁经营与管理	商品连锁经营与管理	120900	三年	

续表

学校名称	专业类别	专业名称	专业技能方向	专业代码	学制	备注
北京国际职业教育学校	文化艺术类	戏剧表演	影视表演	141200	三年	
北京市劲松职业高中	公共管理与服务类	家政服务与管理		181300	三年	
	公共管理与服务类	老年人服务与管理		181400	三年	
北京市电气工程学校	交通运输类	民航运输	机场货物运输	082100	三年	
北京市求实职业学校	财经商贸类	连锁经营与管理	商品连锁经营与管理	120900	三年	
北京市财会学校	公共管理与服务类	文秘	法律文秘	180200	三年	
	信息技术类	计算机与数码产品维修		91100	三年	
北京市昌平职业学校	医药卫生类	营养与保健		100400	三年	
	财经商贸类	电子商务	电子商务物流、客服管理、商务网站维护、网站推广	121100	三年	
	公共管理与服务类	社区公共事务管理	社区服务与管理、社区文化与民间组织管理、社会救助执行	181000	三年	
北京市丰台区职业教育中心学校	交通运输类	汽车运用与维修	新能源汽车维修	082500	三年	
北京市顺义区新大方职业学校	医药卫生类	营养与保健		100400	三年	
北京市盲人学校	信息技术类	计算机速录		091000	三年	

三、独立设置的成人中专

学校名称	专业类别	专业名称	专业技能方向	专业代码	学制	备注
北京市九华旅游职业学校	公共管理与服务类	老年人服务与管理		181400	三年	

北京市教育委员会

关于开展中等职业学校教学改革立项工作的通知

京教职成〔2014〕3号

各区县教委，各中等职业学校：

为贯彻国家和北京市中长期教育改革和发展规划纲要精神，满足经济社会发展对高素质技术技能人才的需求以及广大人民群众接受优质职业教育的愿望，深化职业教育教学改革，进一步提高职业教育教学质量，促进职业教育内涵特色发展，增强首都职业教育的发展活力和服务能力，经研究，决定实施中等职业教育教学改革项目，开展中等职业学校教学改革立项工作。现将有关事项通知如下：

一、总体目标

（一）全面深化职业教育教学改革，提升教育教学质量。遵循职业教育规律和技术技能人才成长规律，坚持以人为本，以服务为宗旨、以提高质量为重点，关注学生职业生涯持续发展的实际需要，提高职业教育办学水平和教育教学质量。

（二）推动学校教科研与教学改革实践结合，提高职业教育教科研水平。以教学改革项目为抓手，历练专业教学团队，锻造高水平的科研创新团队，为持续提高教育教学质量提供坚实人才基础。

（三）重点推动职业学校办出特色、创出经验，促进政校企行深度交流、相互借鉴、协同创新、共同提高。注重更新发展理念、转变发展方式、创新体制机制，努力提升职业教育吸引力。

二、主要思路和内容

通过中等职业学校教学改革立项形式，充分发挥中等职业学校和教师教学改革的主体作用，以专业为主线，在改革人才培养模式、加强课程开发、完善课程体系、优化课程设计、改革教学模式及评价方式、强化实践教学、推进信息化教学、加强和改进德育工作、加强教育教学管理、建立健全教学质量监控体系等方面，进一步深化本市中等职业学校教学改革，全面提高首都中等职业教育教学质量，整体提升首都职业教育的发展能力和贡献水平，更好地适应全面建设小康社会对高素质劳动者和技能人才的迫切需要。

（一）深化校企合作、产教结合，推进人才培养模式改革。与行业企业开展深度合作，推行行业、企业和学校多方参与的人才培养机制，探索校企合作、工学结合的人才培养模式的有效途径。

（二）深化课程改革。树立多元智能的人才观、工作过程的课程观和行动导向的教学观，按照校企合作、工学结合的人才培养模式，系统设计课程结构，编制课程大纲和教材，构建以就业为导向、以能力为本位、以学生为主体，具有真正职业特色的课程体系。

（三）强化实践教学，提高学生职业能力和创业能力。按照相应职业岗位（群）的能力要求和职业标准，切实加强实习、实训等实践性课程和教学环节，制定实训实习大纲、考核标准、编写实训教材、设计实习实训手册、加强顶岗实习管理等，完善实践教学的基本标准和建设规范，构建适合职业人才培养的实践教学体系。

（四）探索教学模式、评价模式改革。学习借鉴职业教育先进教学理念和方法，积极探索有利于全面提高学生素质和综合职业能力的教学模式改革。变革以知识传授为主的教学方法，探索在实际工作情境中不断关注学生能力培养的教学方法，倡导学生主动参与、乐于探究、勤于动手的精神，充分发挥学生的主体作用，通过“做中学，学中做”，培养学生的专业能力、方法能力、社会能力，从而有效提升学生的就业能力和可持续发展能力。

探索评价模式改革，建立具有职业教育特点、以就业为导向、评价主体多元、评价方式多样的人才培养与评价标准和制度，建立有利于培养学生全面素质和综合职业能力的教学质量评价体系，充分发挥评价促进学生发展、引导和改进教师教学实践的功能。

（五）增强现代教育技术的应用，推进信息化教学。推动职业教育教学改革创新，提高教师教育技术应用能力和信息化教学水平，促进信息技术在教育教学中的广泛应用，开发一批虚拟仿真实训中心、网络课程、课程资源平台等数字化教学资源，提高教育技术手段集成水平和和信息化教学应用程度。

（六）改进德育工作，提高学生综合素养。切实加强对德育工作的组织和领导，探索新形势下做好职业学校学生思想道德教育的新途径和新方法，把社会主义核心价值体系融入到职业教育人才培养的全过程。根据职业教育特点、德育总体目标和学生成长规律，突出育人特色。围绕职业生涯规划，实施职业成长目标为导向的学生综合素质评价。

（七）完善教学管理，加强质量监控，提高教育教学质量。进一步适应人才培养模式改革的需要，深化教学管理、强化制度创新，推动教学管理制度改革；建立健全教学质量监控体系，实现监控内容标准化、质量测评科学化、监控手段信息化，探索建立毕业生跟踪反馈机制、用人单位评价反馈机制、第三方评价机制等，有效促进教学质量的提高。

三、立项程序

教学改革项目分三年实施，从 2015 年到 2017 年，计划每年选择 20 个左右项目。每个项目周期为 1 年，采取学校自愿申报，专家书面评审，市教委批复立项，分年度予以经费支持的方式进行。

（一）学校申报立项

1. 申报时间。每年5月31日前申报下一年项目，2015年项目于2014年5月30日前申报。

2. 申报材料。提交《北京市中等职业学校教学改革项目立项申报表》（详见附件1）并附立项报告（内容详见附件2）。

3. 申报数量。每所学校每年一般限报1个项目。国家改革发展示范学校建设项目学校暂缓申报（通过验收后方可申报）。

4. 申报方式。学校申报教学改革立项需经学校主管部门同意。中专学校可直接申报，区县所属职业高中通过区县教委申报。

（二）市教委批复立项

市教委组织专家组对学校立项申报材料开展书面评审，市教委批复立项。

（三）学校申报经费

批复立项的项目，列入下一年经费预算。学校可按50万元的经费额度，编制财政项目申报文本，参加财政评审工作。

四、工作要求

实施教学改革立项工作是当前乃至今后一个时期推进职业教育内涵建设，提高教育教学质量的重要抓手。各区县教委、各职业学校要按照以下要求组织好项目立项申报和经费申报工作，做好项目实施和管理工作。

（一）要高度重视，加强领导。在整体规划的基础上，结合学校实际，注重基础、突出特色，精选项目、系统论证，做好立项申报工作。统筹协调，系统推进。

（二）要重视经费申报评审工作。立项通过后，要按照财政项目申报文本编制要求，认真做好项目经费申请、配合预算评审工作，保障经费审核通过率。

（三）要做好项目实施方案。通过立项后，要组织多方研究论证，做好项目实施详细计划，制定项目具体实施方案。

（四）把研究与实践有机结合，重视研究更要重视改革实践，以研究促进教学改革实践。成果形式可以是方案、模式创新或管理内容的创新研究等等。

（五）要加强项目管理和过程监控。市教委将组织中期检查和成果验收，区县教委和学校要加强过程管理，层层把控、环环相扣，有序推进项目进展，保障项目实施的计划性和实效性。要加强调查研究、学习研讨和必要专家论证。注重过程性材料积累。

（六）学校是教学改革项目实施的主体，要充分调动教师教学改革的积极性，发挥教师在教育教学改革中的主体作用，建立教学改革专业团队。

（七）要与行业企业深入合作，聘请企业专家全程参与项目实施。

附件：1. 北京市中等职业学校教学改革项目立项申报表（略）

2. 立项报告主要内容（略）

2014 年 2 月 24 日

北 京 市 教 育 委 员 会
北京市农村工作委员会

关于同意成立北京都市农业职业教育集团的批复

京教函〔2014〕69 号

北京农业职业学院：

你校《关于组建北京都市农业职业教育集团的请示》（京农职

政〔2013〕52号）收悉。经研究，现批复如下：

一、根据《北京市中长期教育改革和发展规划纲要（2010～2020年》《北京市“十二五”时期教育改革和发展规划》，同意你校牵头，联合中国农业大学食品科学与营养工程学院、北京农学院城乡学院、北京市园林学校、北京水利水电学校等院校和北京三元绿荷奶业集团、北京三元种业科技股份有限公司、北京京林园林绿化工程有限公司、北京市燕波工程管理有限公司、北京市农林科学院、北京市农业机械研究所等行业企业，共同组建北京都市农业职业教育集团（以下简称“都市农业职教集团”）。职教集团成员原有行政隶属关系、产权属性和法人地位不变。

二、都市农业职教集团成立后，应充分发挥集团资源优势，积极开展学校之间、校企之间的交流与合作，形成资源共享、课程融通、优势互补、良性互动的产学研共同体，围绕北京都市农业发展和技能型人才培养需求，创新人才培养模式，提高技能型人才培养质量，提升职业教育服务北京都市农业发展的能力。

三、都市农业职教集团应主动接受教育行政部门、农业主管部门等部门的指导、管理和监督，尽快召开成立大会、落实集团组织架构、完善内部管理机制，积极开展集团化办学工作。

四、希望都市农业职教集团积极探索职教集团化办学的规律，完善集团内部管理和运行机制，创新职教办学体制和机制，推动多元合作的职业教育集团化办学，积极开展中高等职业教育衔接等改革试验，总结积累集团化办学经验，为全市职业教育改革发展提供宝贵经验。

2014年3月6日

北京市教育委员会

关于公布2014年职高综合高中班改革试点学校和专业的通知

京教职成〔2014〕4号

各区县教委，各有关职业高中学校，各有关单位：

为加强职业教育与普通教育的融通与协调发展，构建人才培养立交桥，市教委决定于2014年在职业高中开展综合高中班改革试点工作。在区县教委项目申报的基础上，综合学校办学能力、师资情况和专业建设水平，经研究，现将2014年职高综合高中班改革试点学校和专业予以公布，并就下一步有关工作提出如下要求。

一、做好试点计划和招生工作

原则上每所学校试点1至2个专业，每个专业安排1个教学班，学校试点计划人数控制在80人以内。区县教委要加强统筹协调，指导参加试点的职业高中学校深入调研，结合区县实际生源情况，合理确定试验班的招生计划和规模。试点学校要好招生准备工作，将试点专业列入2014年普通高中招生计划和招生简章，及时向区招办报计划，并严格按计划进行招生。

二、研究制定试点方案和教学计划

试点学校要按照市教委《关于在职业高中开展综合高中班试点的通知》（京教职成〔2014〕1号）要求，建立、健全工作协调机制，与区域内普通高中学校结对子，加强在课程标准、教学过程、教研进修、师资培训等方面的沟通协作，深入调研，制定试点方案和教学计划。

试点学校要在 4 月 7 日（星期一）前提交试点方案和教学计划。市教委将组织专家评审论证，试点学校要按照专家意见修改完善，并于 5 月 16 日（星期五）前将修改后的试点方案和教学计划盖章后向市教委提交一式 2 份备案。

三、试点教育教学及管理有关要求

（一）区县教委要健全工作协调机制，成立试验工作领导（协调）小组，对综合高中班的师资培训、教科研活动、考试评价等教学活动进行统筹管理，统筹教育资源、管理力量、师资队伍，精心组织开展试验工作。同时要加强质量监控，及时开展交流、研讨和总结、提升工作。实际招生、教育教学进展等有关情况以及工作中遇到的问题要及时向市教委报告。

（二）综合高中班实行职教科、中教科双重管理。中教科（高中科）要将综合高中班纳入教学管理，综合高中班普通高中课程和教学安排要符合国家有关普通高中课程设置方案及相关的课程标准，修满相关规定的学分。职教科要将综合高中班的专业课程教学纳入教学管理，在专业课程设置、通用技术课和综合实践活动等课程安排和专业教学方面给予指导。

（三）综合高中班学籍管理需纳入区县中学学籍管理部门统一管理，综合高中班的学生需通过北京市中小学生学籍管理系统（CMIS）建立普通高中学生学籍，并进行日常管理。

（四）区县教委及有关部门要加强对综合高中班学生综合素质评价工作的指导和培训，通过北京市普通高中课程管理系统（校级平台）为学生建立综合素质评价相关信息。

（五）市考试院、区考试中心要组织综合高中班学生按照市教委统一要求参加全市统一高中毕业会考。

（六）试点学校要加强普通高中课程教学团队的教研和培训，

同时注重双师型教师队伍建设和实践教学，定期开展试验工作交流和研讨，努力提高教学科研水平，不断研究改进教学方法和手段，不断提高教育教学水平和育人质量。

试点项目人才培养质量、教育教学管理水平不高的，市教委将视情况核减下一年试点专业招生计划或取消改革试点资格。

附件：2014 年职高综合高中班改革试点项目列表

2014 年 3 月 10 日

附件

2014 年职高综合高中班
改革试点项目列表

<table>
<tr><th>区县</th><th>学校</th><th>专业</th><th>备注</th></tr>
<tr><td rowspan="2">东城</td><td rowspan="2">北京国际职业教育学校</td><td>服装设计与工艺</td><td></td></tr>
<tr><td>学前教育</td><td></td></tr>
<tr><td rowspan="2">西城</td><td rowspan="2">北京市实美职业学校</td><td>美术绘画</td><td rowspan="2">2004 年市教委批准开办。</td></tr>
<tr><td>计算机平面设计</td></tr>
<tr><td rowspan="2">朝阳</td><td rowspan="2">北京市劲松职业高中</td><td>商务英语</td><td>2004 年市教委批准开办。</td></tr>
<tr><td>电子商务</td><td></td></tr>
<tr><td rowspan="2">海淀</td><td rowspan="2">北京市信息管理学校</td><td>音乐</td><td></td></tr>
<tr><td>美术</td><td></td></tr>
</table>

续表

区县	学校	专业	备注
丰台	北京市丰台区职业教育中心学校	影像与影视技术	
		会计	
石景山	北京市黄庄职业高中	动漫设计与制作	
门头沟	北京市门头沟区中等职业学校	汽车运用与维修	
		学前教育	
房山	北京市房山区第二职业高中	美术	
通州	北京新城职业学校	学前教育	
		计算机应用	
顺义	北京市顺义区第一职业学校	物流服务与管理	
昌平	北京市昌平职业学校	计算机动漫与游戏制作	
		学前教育	
平谷	北京市平谷区第一职业学校	计算机网络技术	
		汽车运用与维修	
怀柔	北京市怀柔区职业学校	计算机动漫与游戏制作	
		旅游服务与管理	
密云	北京市密云县职业学校	计算机平面设计	

北京市教育委员会

关于北京开放大学区县分校建设工作的通知

京教函〔2014〕130号

各区县教委，北京广播电视大学各区县分校：

为落实国家教育体制改革试点任务，完善全市开放教育办学系统，加快构建终身学习服务体系，根据《教育部关于同意北京广播电视大学更名为北京开放大学的批复》（教发函〔2012〕104号）和《北京市人民政府关于在北京广播电视大学基础上组建北京开放大学的函》（京政函〔2012〕33号）要求，我市正在积极推进北京开放大学各项建设工作。现就北京开放大学区县分校建设工作通知如下：

一、进一步明确分校的办学定位和职能

北京开放大学区县分校是区县政府主办，由区县教委管理的面向所在区域开展开放教育的办学实体，与北京开放大学和我市各行业分校（工作站）一同构成全市布局合理、功能互补、资源共享、协调发展的现代远程开放教育系统，是我市开放教育办学系统的重要组成部分。

北京开放大学区县分校主要办学职能：服务区域经济社会发展、学习型区县建设和城乡社区居民终身学习，为市民不断增长的多样化、个性化终身学习需求提供有效的支持和服务；在北京开放大学的统筹指导下，非学历继续教育和学历继续教育并重，开展教育活动；整合利用区域内教育资源，建设多元、开放、便捷、灵活的成人继续教育公共服务平台；开展学习成果认证试验，促进职业教育和普通教育的相互沟通、职前教育和职后教育的有效衔接，探索和建设学习激励机制。

二、切实加强对分校建设的领导和管理

各区县分校的上级主管部门要切实加强对分校建设发展的领导，将分校建设发展纳入区域教育发展规划。整合区域内教育资源，为其提供相应的办学基本条件和必要的办学经费。根据分校的办学功能、任务和规模，为其配备数量、结构合理的人员编制。协调解决分校建设发展中遇到的困难和问题，为分校营造良好的发展环境。

北京开放大学要切实加强对区县分校办学工作的业务指导和教学管理。要进一步完善系统建设，充分发挥分校的作用，有效整合系统资源，集成系统优势，开展人才培养、教育科研和学习服务等工作，努力提升全市开放教育系统的整体办学质量和办学效益。

三、尽快完成分校更名和教学模式转变工作

根据《北京市机构编制委员会办公室关于在北京广播电视大学区县分校（院）更名的通知》（京编办发〔2013〕34 号）和本通知精神，原北京广播电视大学各区县分校名称应由“北京广播电视大学某区县某分校”变更为“北京开放大学某区县某分校”。各区县分校要在区县主管部门的领导和北京开放大学的指导下，按照全市统一部署，于 5 月 31 前完成更名工作。具体程序为：由区县分校申请，经区县主管部门和北京开放大学同意，报所在区县编制部门批准。

各区县分校更名后，要主动适应开放教育发展的新形势、新任务和新要求，结合自身发展实际，不断强化内涵建设，加强专兼结合的教师队伍建设，努力提升信息技术应用能力和水平，推动信息技术与教育教学的深度融合，建立和完善以学习者为中心，基于网络自主学习、远程支持服务与面授相结合的新型教学模式，不断提高教学、科研和服务管理水平，有效服务市民终身学习，为建设学习型区县提供有力支撑，为加快首都学习型城市建设做出新的贡献。

2014年4月8日

北京市教育委员会

关于公布2013年本市中等职业学校信息化教学比赛获奖名单的通知

京教函〔2014〕207号

各区县教委，各中等职业学校：

2013年6月，本市举行了中等职业学校信息化教学比赛暨全国职业院校信息化教学大赛选拔赛，来自22所学校的82名教师参加了多媒体教学软件、信息化教学设计和信息化实训教学3个项目的现场比赛。经专家组评选，周昊婷等9名教师获得一等奖，冯玉等15名教师获得二等奖，刘爽等23名教师获得三等奖。现将获奖名单予以公布（见附件）。

各区县教委、各中等职业学校要以此为契机，进一步加大宣传力度，强化职业学校和教师在教育教学中应用信息技术的意识，努力提高教师信息化技术素养、教育技术应用能力，扩大信息技术在职业教育工作中的应用领域和教育教学中的应用范围，不断提高职业学校信息化教学水平，推动我市职业教育提高质量、内涵发展、特色发展。

附件：2013 年北京市中等职业学校信息化教学比赛获奖名单

2014 年 5 月 19 日

附件

2013 年北京市中等职业学校信息化教学比赛获奖名单

一等奖

姓名	学科或专业类	课程	学校	项目
姜荣国、李伶伶	交通运输类	电动列车司机	北京铁路电气化学校	多媒体教学软件
王汝梅、田雪洁、李鸣、刘雄英、孙华飞	财经商贸类	职业化体验式学习	北京市财会学校	多媒体教学软件
周昊婷	英语	英语基础模块 1 Unit9	北京市信息管理学校	信息化教学设计
杨晓宇	语文	项链	北京国际职业教育学校	信息化教学设计
徐跃跃	德育	建设和谐文化	北京市信息管理学校	信息化教学设计
孙宇	信息技术类	视频编辑	北京市经济管理学校	信息化教学设计
李鸣	财经商贸类	货币资金核算与管理	北京市财会学校	信息化教学设计
敖建卫	文化艺术类	视频特效	北京市海淀区艺术职业学校	信息化教学设计

续表 1

姓名	学科或专业类	课程	学校	项目
冯佳	信息技术类	电工电子技术与技能	北京市电气工程学校	信息化实训教学内容 A

二等奖

姓名	学科或专业类	课程	学校	项目
王小环、胡明、吴峥、潘静	财经商贸类	商品销售核算与管理	北京现代职业学校	多媒体教学软件
张守军、何晓丽	加工制造类	电动列车电气钳工	北京铁路电气化学校	多媒体教学软件
孙伟、周琳、袁哲、徐晓红	交通运输类	铁路客运实务	北京市供销学校	多媒体教学软件
冯玉	语文	语文	北京市外事学校	信息化教学设计
朱世勇	数学	数学	延庆县第一职业学校	信息化教学设计
罗英	英语	Unit5 What is your travel plan	北京市昌平职业学校	信息化教学设计
刘宏	英语	英语基础模块 2	北京市电气工程学校	信息化教学设计
郑丹	语文	我的空中楼阁	北京市信息管理学校	信息化教学设计
岳艳伟	德育	德育	延庆县第一职业学校	信息化教学设计
童婷	旅游服务类	服务	北京市黄庄职业高中	信息化教学设计
许云雅	能源与新能源类	供电系统	北京铁路电气化学校	信息化教学设计

续表 2

姓名	学科或专业类	课程	学校	项目
陈琪	教育类	钢琴	北京市海淀区艺术职业学校	信息化教学设计
张澜	旅游服务类	一日游途中导游工作	北京国际职业教育学校	信息化教学设计
罗丹	财经商贸类	认知会计工作	北京市供销学校	信息化教学设计
戴时颖	信息技术类	中间画绘制	北京市商业学校	信息化教学设计

三等奖

姓名	学科或专业类	课程	学校	项目
迟美丹、杨洁	能源与新能源类	供电二次系统	北京铁路电气化学校	多媒体教学软件
李黎华、谭红霞、朱翠艳、何旭、王立君	交通运输类	汽车维护保养	北京市昌平职业学校	多媒体教学软件
贾俊旺	交通运输类	车辆受电弓的升、降弓作业	北京市电气工程学校	多媒体教学软件
陈玉、郭东梅、张洋、李若晨、赵姗姗	信息技术类	呼叫中心呼入业务	密云县职业学校	多媒体教学软件
接淼	信息技术类	动画制作 Flash 助学软件	北京国际职业教育学校	多媒体教学软件
刘爽	语文	语文	北京市电气工程学校	信息化教学设计
张慧荣	德育	创业者应有的素质和能力	北京市电气工程学校	信息化教学设计
李玉芳	英语学科	U8 Listening and speaking	北京现代职业学校	信息化教学设计

续表 3

姓名	学科或专业类	课程	学校	项目
刘月月	英语	英语	北京市经济管理学校	信息化教学设计
丁沫	英语	英语	北京市海淀区艺术职业学校	信息化教学设计
张秀珍	德育	依法维护劳动者合法权益	密云县职业学校	信息化教学设计
杨鑫鑫	英语	How can I get to the nea rest bank?	密云县职业学校	信息化教学设计
卢建苹	英语	英语	延庆县第一职业学校	信息化教学设计
张文静	德育	对外开放托起中国梦	北京市劲松职业高中	信息化教学设计
刘桂娟	农林牧渔类	种苗生产	延庆县第一职业学校	信息化教学设计
阎松华	文化艺术类	FLASH	延庆县第一职业学校	信息化教学设计
王悦	信息技术类	金属风格汽车网站——制作主体内容	北京国际职业教育学校	信息化教学设计
张新	旅游服务类	北京主要景点	北京市外事学校	信息化教学设计
龚艳丽	交通运输类	发动机及其组件的拆装与检测	北京市昌平职业学校	信息化教学设计
张策	公共管理与服务类	食品营养配餐	北京市经济管理学校	信息化教学设计
段志禹	旅游服务类	组团业务	北京市昌平职业学校	信息化教学设计

续表 4

姓名	学科或专业类	课程	学校	项目
张琳	信息技术类	电子技术基础与技能	北京市电气工程学校	信息化教学设计
郭文武	信息技术类	数字显示时钟的制作与调试	北京市信息管理学校	信息化实训教学内容 A

优秀组织奖

北京市电气工程学校　　北京市信息管理学校

北京铁路电气化学校　　延庆县第一职业学校

北京市教育委员会

转发教育部办公厅关于公布首批《中等职业学校专业教学标准（试行）》目录文件的通知

京教职成〔2014〕7 号

各区县教委，各中等职业学校：

现将教育部办公厅《关于公布首批〈中等职业学校专业教学标准（试行）〉目录的通知》（教职成厅函〔2014〕11 号）转发给你们，请认真组织研究、学习，并结合学校实际参照实施。

2014 年 6 月 30 日

教育部办公厅

关于公布首批《中等职业学校专业教学标准（试行）》目录的通知

教职成厅函〔2014〕11号

各省、自治区、直辖市教育厅（教委），计划单列市教育局，新疆生产建设兵团教育局，有关单位：

为深入贯彻党的十八大、十八届三中全会精神，落实教育规划纲要，加强职业教育教学基本建设，促进职业教育专业教学科学化、标准化、规范化，建立健全职业教育质量保障体系，我部组织制定了首批涉及14个专业类的95个《中等职业学校专业教学标准（试行）》（以下简称“专业教学标准”），现将目录予以公布，有关标准具体内容以教育出版传媒集团出版的文本为准。

专业教学标准是开展专业教学的基本文件，是明确培养目标和规格、组织实施教学、规范教学管理、加强专业建设、开发教材和学习资源的基本依据，是评估教育教学质量的主要标尺，同时也是社会用人单位选用中等职业学校毕业生的重要参考。各地要认真组织对专业教学标准的学习、研究和实施工作，积极总结教学改革的经验。要及时组织开展师资培训和教研活动，促进教师转变教育教学观念，提高运用专业教学标准的能力。要为专业教学标准的实施提供必要的条件保障，确保教学改革工作顺利进行。

各地在实施专业教学标准过程中，如有问题、意见和建议，请及时报我部职业教育与成人教育司。

附件：首批《中等职业学校专业教学标准（试行）》目录

2014 年 4 月 30 日

附件

首批《中等职业学校专业教学标准（试行）》目录

专业类	专业代码	专业名称
01 农林牧渔类	011100	棉花加工与检验
	011300	现代林业技术
	011400	森林资源保护与管理
	011600	园林绿化
	011700	木材加工
	012700	农业机械使用与维护
	012900	农业与农村用水
	013300	土地纠纷调解
02 资源环境类	020900	地图制图与地理信息系统
	021400	矿山机电（金属矿方向）
	021600	矿井建设（金属矿方向）
03 能源与新能源类	031000	水电厂机电设备安装与运行
	031100	水泵站机电设备安装与运行

续表 1

专业类	专业代码	专业名称
04 土木水利类	040100	建筑工程施工
	040200	建筑装饰
	040500	工程造价
	040700	楼宇智能化设备安装与运行
	041100	给排水工程施工与运行
	041200	市政工程施工
	041500	水利水电工程施工
	041600	工程测量
	041800	工程机械运用与维修
05 加工制造类	050100	钢铁冶炼
	050200	金属压力加工
	050400	钢铁装备运行与维护
	050700	有色金属冶炼
	051100	机械制造技术
	051200	机械加工技术
	051300	机电技术应用
	051400	数控技术应用
	051500	模具制造技术
	051600	机电设备安装与维修
	051700	汽车制造与检修
	051800	汽车电子技术应用
	052200	焊接技术应用
	052300	机电产品检测技术应用

续表 2

专业类	专业代码	专业名称
	052400	金属表面处理技术应用
	052500	工业自动化仪表及应用
	052700	电机电器制造与维修
	052900	制冷和空调设备运行与维修
	053000	电气运行与控制
	053100	电气技术应用
06 石油化工类	060100	化学工艺
	060200	工业分析与检验
	060400	化工机械与设备
	060500	化工仪表及自动化
	060600	精细化工
	060700	生物化工
	060800	高分子材料加工工艺
	060900	橡胶工艺
07 轻纺食品类	070400	纺织技术及营销
	071300	粮油饲料加工技术
	071400	粮油储运与检验技术
08 交通运输类	080700	城市轨道交通运营管理
	080800	城市轨道交通车辆运用与检修
	080900	城市轨道交通供电
	081100	船舶驾驶
	081300	船舶水手与机工

续表 3

专业类	专业代码	专业名称
09 信息技术类	090100	计算机应用
	090200	数字媒体技术应用
	090300	计算机平面设计
	090400	计算机动漫与游戏制作
	090500	计算机网络技术
	090600	网站建设与管理
	090800	软件与信息服务
	090900	客户信息服务
	091000	计算机速录
	091200	电子与信息技术
	091300	电子技术应用
10 医药卫生类	100100	护理
	100200	助产
	100300	农村医学
	101100	药剂
	102000	制药技术
	102400	制药设备维修
12 财经商贸类	120900	连锁经营与管理
	121000	市场营销
	121100	电子商务
	121200	国际商务

续表 4

专业类	专业代码	专业名称
	121900	物流服务与管理
	122000	房地产营销与管理
13 旅游服务类	130100	高星级饭店运营与管理
	130200	旅游服务与管理
	130300	旅游外语
	130500	景区服务与管理专业
14 文化艺术类	140900	舞蹈表演
	141300	杂技与魔术表演
	142100	美术绘画
18 公共管理与服务类	180100	办公室文员
	180200	文秘
	180400	公关礼仪
	180700	物业管理
	181000	社区公共事务管理
	181400	老年人服务与管理
	181500	现代殡仪技术与管理

北 京 市 教 育 委 员 会
北京市人力资源和社会保障局
北 京 市 财 政 局

关于开展北京市第二批国家中等职业教育改革发展示范项目学校验收工作的通知

京教函〔2014〕376号

各有关区县教委，有关中等职业学校：

为做好北京市第二批国家中等职业教育改革发展示范项目学校验收工作，根据教育部办公厅、人力资源社会保障部办公厅、财政部办公厅《关于开展国家中等职业教育改革发展示范学校建设计划第二批项目学校验收工作的通知》（教职成厅函〔2014〕17号），现就有关事项通知如下：

一、工作目标

完成三部委相关要求，总结示范校建设成果和创新经验，推进我市中等职业教育深化改革创新发展。

二、组织机构

（一）市教委、市人力社保局、市财政局联合成立北京市国家中等职业教育改革发展示范校检查验收工作领导小组，负责研究部署验收工作中的重大问题和事项，审定专家组评审结果。

（二）北京市国家中职示范校检查验收工作领导小组办公室设在市教委职业教育与成人教育处，根据领导小组会的意见，负责组织、协调验收工作。

（三）成立北京市国家中职示范校验收专家组。采取现场评审、会议评审等方式，全面检查项目学校建设完成情况，对建设过程质量监测数据、经费使用情况进行审核，出具评价意见，将验收结果报领导小组审定。

三、验收方式

验收方式主要包括：书面评审、实地检查、综合评议和经费检查。

（一）书面评审。各项目学校对照教育部、人力资源社会保障部、财政部批复的项目《建设方案》和《任务书》开展自查，完成总结报告和典型案例。评估专家组对各个示范校提交的质量监测数据和总结报告、典型案例进行评审。

（二）实地检查。验收专家组进校实地检查，听取汇报、查阅材料、审核检查项目建设情况。

（三）综合评议。综合项目学校书面评审情况、实地检查结果、质量监测数据填报情况和典型案例总结情况，形成整体评价结论。

（四）经费检查。组织开展项目经费使用情况检查，各校在指定时间内提交由会计师事务所出具的项目审计报告。

四、学校应提交的验收材料

（一）建设过程质量监测最终填报数据；

（二）项目总结报告、各重点专业和特色项目建设分报告和重点建设专业人才培养方案、行业企业调研报告、核心课程标准；项目审计报告；

（三）2～3个反映示范校建设成果的典型案例；

（四）示范校建设成果展示网站专栏网页快照；

（五）示范校建设成果专题宣传片；

各校8月20日前将以上材料纸质版一式15份报送至市教委职

成处。

五、入校验收工作程序

市级验收专家组将于 8 月 25 日至 28 日入校检查验收，每校半天。主要工作程序如下：

（一）播放视频短片（10 分钟）；

（二）项目总结汇报（20 分钟）；

（三）重点专业总结汇报（15 分钟）；

（四）特色项目总结汇报（15 分钟）；

（五）专家组分组审核查验示范校建设相关情况；

六、验收结果

8 月 29 日，专家组进行综合评议，做出验收结论。验收结论分为通过、暂缓通过和不通过。验收结论连同综合评分、评价意见和学校排序上报三部委验收部门。

七、工作要求

（一）各项目学校要重视项目验收工作，根据三部委和本市有关要求，全面总结建设成果和经验，如实填报有关数据，提前做好各项准备工作。

（二）各项目学校举办者要加强对此项工作的领导，协助项目学校解决相关问题，指导、督促项目学校完成总结、自查和上报等工作。

附件：1. 北京市第二批国家中职改革发展示范校验收工作领导小组名单

2. 项目学校检查验收总结报告参考格式

3. 项目学校典型案例撰写要求

2014 年 7 月 24 日

附件 1

北京市第二批国家中职改革发展示范校验收工作领导小组名单

组　长：线联平　市教委主任

副组长：何劲松　市教委副主任

陈　蓓　市人力社保局副局长

杨慕彦　市财政局副局长

成　员：王东江　市教委职业教育与成人教育处处长

李红娜　市财政局教育事业处处长

李世广　市人力社保局职业能力建设处处长

李艳春　市教委财务处处长

附件 2

项目学校检查验收总结报告参考格式

一、项目建设基本情况

（一）项目建设总体情况

综述学校项目建设的总体进展与预期目标完成情况（详细说明项目任务数与任务完成率），总结对学校整体办学实力提升的带动作用。

（二）建设工作机制与举措

主要包括学校相关管理制度、示范校建设工作机制、信息交流与资源共享机制、项目建设保障机制等方面。

二、重点支持专业建设情况

整体梳理人才培养模式与课程体系改革、师资队伍建设、校企合作与工学结合运行机制建设等方面的进展和完成情况。

三、特色项目建设情况

特色项目的建设进展和完成情况。

四、项目资金投入、使用与管理情况

主要从项目资金（含中央财政专项资金、地方财政专项资金、行业企业资金、学校自筹资金）到位情况、预算执行情况、存在的主要问题及整改情况等方面进行说明。

注：中介机构出具的《项目建设资金审计报告》原件扫描件在系统里上传提交。如果项目建设资金审计报告明确指出存在问题的，项目学校须抓紧时间逐条整改，并将单位负责人签署的整改结果作为审计报告附件一并上传。

五、贡献与示范

（一）对区域经济社会发展的贡献

（二）对其他地区和学校进行示范、带动和辐射的成效

总结要特别说明学校目前学历教育在校生数，还要注意多用数据、实例，避免泛泛而谈。要重视引用第三方评价，如行业企业评价、媒体宣传等。对于项目建设和学校发展相关成效的宣传情况，请通过管理信息系统在附表1中进行填报。

六、建设成果

（一）简要介绍总体建设成果。

（二）对提交的典型案例进行简要描述，重点介绍项目建设取得的经验和创新点。

七、存在问题及改进措施

既包括项目实施中遇到的问题和建议，也包括制约学校进一步发展的问题和建议。

注：报告要有文档结构图。字数控制在7000字以内。重点专业建设和特色项目分报告可参照总报告格式，字数控制在1万字以内。

附件3

项目学校典型案例撰写要求

一、参考主题

1. 示范校建设工作机制创新
2. 人才培养模式改革
3. 课程体系建设
4. 教师队伍建设
5. 校企合作、工学结合运行机制建设
6. 行业指导作用的发挥
7. 实训基地建设
8. 教学资源建设
9. 集团化办学
10. 德育模式与创新
11. 创业教育
12. 校园文化建设
13. 信息化建设
14. 学校内部管理体制改革
15. 社会服务模式
16. 职业培训
17. 技术服务
18. 国际合作交流
19. 其他

二、主要内容

案例主要包括实施背景、主要目标、工作过程、主要成果、条件保障、体会与思考等方面内容。字数控制在5000字以内。

三、编写原则

1. 案例要紧扣主题，突出典型性。要融入产业、行业、企业、职业和实践等相关要素，反映在建设过程中本校最具特色的改革探索和实践。

2. 案例要理念鲜明，突出操作性。要把体现建设主题方面的具体操作流程和过程管理展示清楚，不讲套话、空话。

3. 案例要有深度聚焦、突出示范性。案例要对内涵建设进行深度挖掘和典型提炼，把建设经验呈现给全国的中职学校，真正起到辐射带动作用。

4. 案例要精心设计，突出简洁性。要描述清晰、文字凝练、叙述简洁，突出主题句、关键词。

北京市教育委员会

关于公布第十一届全国中等职业学校“文明风采”竞赛活动北京市复赛获奖名单的通知

京教函〔2014〕640号

各区县教委，各中等职业学校：

市教委、首都文明办、团市委、市妇联、市关工委联合举办的第十一届全国中等职业学校“文明风采”竞赛活动北京市复赛已经圆满结束。经过复赛评审委员会专家评审，参赛作品总计6228份，共有5117名学生的4657份作品获奖。其中，一等奖524份，二等奖1048份，三等奖1484份，优秀奖1601份。

经复赛组委会审定同意，确定北京市商业学校杨泽旭等 1123 名学生获得一等奖，北京市求实职业学校陆子伊等 1216 名学生获得二等奖，北京市丰台区职业教育中心学校吴雯雯等 1336 名学生获得三等奖，北京国际职业教育学校周亚男等 1442 名学生获得优秀奖，北京市商业学校等 10 所学校获得优秀组织奖，北京市财会学校等 12 所学校获得组织奖。现将获奖名单予以公布。

各区县教委、各中等职业学校要加大宣传表彰力度，切实加强和改进中等职业学校学生德育工作和教育管理工作，积极引导广大学生努力学习专业知识和技术技能，不断提高自身综合素质，为推动本市职业教育事业又好又快发展做出新的贡献。

附件：第十一届全国中等职业学校“文明风采”竞赛活动北京市复赛获奖名单（详见光荣册，略）

2014 年 12 月 17 日

学习型城市建设

北京市教育委员会文件选编（2014）

北京市建设学习型城市工作领导小组

关于公布第五批首都市民学习之星名单的决定

京学习〔2014〕1 号

各区县人民政府，市建设学习型城市工作领导小组各成员单位，各高等院校、中等专业学校：

在个人自荐、社会举荐、部门推荐的基础上，经专家评审、征求意见、社会公示，市建设学习型城市工作领导小组认定陈伟等 100 人为第五批首都市民学习之星，现予以公布。

第五批荣誉获得者要发扬成绩、珍惜荣誉、践行终身学习理念，争做学习型城市建设的表率和榜样。各区县、各单位要加大典型宣传，优化学习资源，搭建交流平台，进一步推进学习型区县、学习型单位建设，促进学习型城市建设工作的深入、持续和健康发展。

附件：第五批首都市民学习之星名单

2014 年 9 月 26 日

附件

第五批首都市民学习之星名单

（100人，排名不分先后）

市委宣传部：10人

陈　伟　市国有文化资产监督管理办公室

中国政　市新闻出版广电局

王英会　北京市河北梆子剧团

连新元　北京人民广播电台新闻台

宋　毅　北京电视台

王　伟　北京人民广播电台爱家广播

王　晓（女）　北京电视台

郝卫群（女）　北京人民广播电台文艺台

刘和华　市国有文化资产监督管理办公室

李　丹（女）　北京电视台

市直机关工委：3人

杨守国　国家统计局北京调查总队

赵洪刚　北京出入境检验检疫局

唐　亮　市第二中级人民法院

市委社工委：6人

杨柏生　市委社会工委、市社会办

戴　键　中关村社会组织联合会

韩　青（女）　丰台区马家堡街道

孙育宁　闪联信息技术工程中心有限公司

高旭明　北京博龙阳光新能源高科技开发有限公司

王海青（女）　石景山区鲁谷社区五芳园居委会

市民政局：5人

赵永生　北京楹联学会

王建明　北京城建科技促进会

高建球　北京市电信工程局有限公司

龚　龑　北京粘接学会

刘继军　北京东方丝雨渐冻人罕见病关爱中心

市科协：1人

郭　耕　北京麋鹿生态实验中心

市农委：2人

康总江　北京市农林科学院

郭秀山　北京农业职业学院

市科委：1人

郭　伟（女）　北京市科技信息中心

北京首钢企业文化建设协会：2人

王建斌　首钢京唐公司炼钢部

任金鹏　北京首钢冷轧薄板有限公司

北京市自来水集团：1人

杜　萌（女）　北京市自来水集团水质监测中心

卫生部：1人

陈文祥　北京医院临床检验中心

北京市志愿服务联合会：6人

于文祥　首钢退休

何榕秋　北京海关首都机场海关

乔　宇　蓓蕾护航慈善公益组织

李世儒　快板沙龙

贾金凤（女）　寸草春晖养老院

于桂芬（女）　密云县文学艺术界联合会

东城区：5人

吴　甡　北京市广渠门中学

张长谦　北京现代职业学校

王　蕾（女）　北京市第一六六中学

宫朝月　东城区体育馆路街道办事处

张艺军　东城区崇文门外街道文化服务中心

西城区：4人

陈冬妮（女）　北京天文馆

刘跃新　北京市西城区人民调解员协会

费元鸿　西城区社区教育协会

李亚芬（女）　西城区社区教育协会月坛分会

朝阳区：3人

姜志强　北京市盈科律师事务所

马金东　朝阳区社区学院

王衍昌　北京市朝阳区社区服务中心

海淀区：6人

曾军良　北京市立新学校

邓兴旺　未名兴旺系统作物

设计前沿实验室（北京）有限公司

高宏凯　武警总医院

刘世平　吉贝克信息技术（北京）有限公司

马德富　用友新道科技有限公司公司

申万秋　北京海兰信数据科技股份有限公司公司

丰台区：5人

蒋明放　丰台区人民政府东铁匠营街道办事处

张笑男　丰台区人力资源和社会保障局职业介绍服务中心

吴　迪　丰台区劳动人事争议仲裁院

许英杰　丰台区丰台街道办事处退休居民

邵开元　618厂退休职工

石景山区：3人

龙国瑜（女）　石景山区环保局

谢桂祥　石景山区委老干部局

徐　涛　石景山区投资促进局

门头沟区：1人

马　垒　门头沟区文物事业管理所

房山区：2人

仉锁忠　房山区窦店镇窦店村

王秀丽（女）　房山区丽英手工编织协会

顺义区：4人

黄京波　顺义供电公司

王亚东（女）　顺义仁和镇前进村

张松建　顺义区疾病预防控制中心

赵春生　北京七彩蝶创意文化有限公司

通州区：1人

吴玉禄　北京市通州区漷县镇马务村

昌平区：1人

李秀军（女）　昌平区南邵中心小学

大兴区：1人

王　敏（女）　北京小学大兴分校

平谷区：2人

金建平　北京绿谷蜂农蜜蜂养殖专业合作社

刘惠杰（女）　平谷区中医医院

怀柔区：3人

车少辉　怀柔区喇叭沟门满族乡四道穴村

沈亚彤　北京市保安服务总公司怀柔分公司

李振军　怀柔区汤和口镇银河沟村

延庆县：1人

张铁军　延庆县沈家营镇前吕庄村专业种植合作社

密云县：2人

于振国　密云县十里堡镇十里堡村

付德顺　密云县北庄镇文化服务中心

燕山地区：3人

刘　晔（女）　北京市房山区燕山星城小学

索　俐　燕山石化公司退休

程　林（女）　东风街道办事处

院校：15人

梁　岩（女）　中国医学科学院阜外心血管病医院

周　兵　北京同仁医院

崔永华　北京安定医院

张淑芳（女）　北京舞蹈学院附属中等舞蹈学校

徐义广　北京财贸职业学院

王　芊（女）　北京市商业学校

谌亚军　北京师范大学文学院

王天星　北京第二外国语学院

董德光　中国戏曲学院附属中等戏曲学校

郑晓雯（女）　中国矿业大学（北京）

郑丽娟（女）　北京水利水电学校

王万华（女）　中国政法大学

赖达富　中国石油大学（北京）

李雨潋（女）　中国石油大学（北京）校团委新闻中心

钟经华　北京联合大学特殊教育学院

北京市建设学习型城市工作领导小组

关于认定密云县为北京市创建学习型城市工作先进县的通知

京学习〔2014〕2号

密云县人民政府：

在你县自评的基础上，市建设学习型城市工作领导小组办公室组织专家于2014年8月22日至23日对你县创建学习型城市先进县工作进行了全面评估。经专家组审议，市建设学习城市建设工作领导小组认定你县为北京市创建学习型城市工作先进县。

你县要认真总结创建工作经验，紧紧围绕“实施生态涵养发展区工作战略和“三个走在前列”的奋斗目标，积极探索创建学习型城市先进县工作的新途径、新模式，进一步加强学习型社会的理论研究，大力推进各类学习型组织创建和长效机制建设，构建终身教育和终身学习服务体系，为建设绿色国际休闲之都、推进首都学习型城市建设做出新的贡献。

附件：关于对密云县创建学习型城市工作先进县评估的回复意见

2014年9月26日

附件

关于对密云县创建学习型城市工作先进县评估的回复意见

密云县人民政府：

为深入贯彻落实党的十八大和十八届三中全会精神，进一步落实国家及北京市中长期教育改革和发展规划纲要及市委、市政府《关于大力推进首都学习型城市建设的决定》（京发〔2007〕7号）的有关要求，根据市建设学习型城市工作领导小组办公室（以下简称市学习办）《关于在全市开展“发展社区教育促进学习型社区建设先进区县”评估工作的通知》精神，在你单位申报、专家组视导的基础上，市学习办组织专家于2014年8月22日至23日对你单位进行了全面评估，现将评估意见回复如下：

一、建设学习型城市工作先进区的经验与具体做法

近几年来密云县按照县委、县政府的部署，紧紧围绕“实施生态涵养发展区工作战略，确立了“三个走在前列”的奋斗目标和建设‘绿色国际休闲之都’”的发展定位，提出了“打造生态、富裕、和谐新密云”的共同愿景。实践中，密云县委、县政府领导率先带头学习，提出了以学习创新精神推动密云建设的思路；积极完善创建工作组织领导机构，健全创建工作机制；基本构建了各类教育相互沟通和相互衔接的终身教育体系；扎实推进覆盖全区的各类学习型组织创建活动；注重和谐文化建设，传播“北京精神”正能量，使学习和创新成为密云发展的不竭动力，形成了密云县经济建设和社会发展的良好态势。专家组通过认真合议，认为密云县的创建工作成效比较突出、经验比较丰富，集中体现在以下三个方面：

（一）领导重视创建，组织措施得力

1. 颁布“两个意见”，实行“两个纳入”。2005年4月，县政府印发了《关于全面推动社区教育发展促进学习型密云建设的实施意见》，正式确立了“促进终身教育体系建立和学习型密云建设”的奋斗目标。2007 年 8 月，县委、县政府响应市委、市政府的号召，又印发了《关于大力推进学习型密云建设的工作意见》，进一步明确了创建工作的重要意义、指导思想、总体目标、主要任务和保障措施。此外，创建学习型密云工作还实行了“两个纳入”，即纳入《密云县国民经济和社会发展“十二五”规划纲要》，纳入《密云县“十二五”教育发展规划》。这对于使创建工作与各项中心工作紧密结合，提升创建工作的持续性和实效性有重要作用。

2. 建立、健全创建工作组织领导机构。2007 年 8 月，密云县成立了由县委书记、县长为组长的建设学习型密云工作领导小组，切实加强了对创建工作的领导。领导小组办公室设在县教委，负责协调落实具体创建工作。根据需要，办公室下又设了七个工作组，即县委组织部牵头的学习型党组织建设工作组、县农委牵头的学习型村镇建设工作组、县总工会牵头的学习型企业建设工作组、县社区办牵头的学习型街道建设工作组、县教委牵头的学习型学校建设工作组、县委宣传部牵头的学习型机关建设工作组、县妇联牵头的学习型家庭建设工作组，形成了统一领导、分工明确、协同配合的创建工作组织领导机构。此后，本着有利于工作的原则和适应领导干部人员更迭的实际，于 2010 年、2012 年、2013 年相继对领导小组成员进行过三次调整，对健全组织管理机构、推进学习型密云建设，提供了组织保障。

3. 强化学习与宣传，着力营造创建氛围。为了发挥县党政一班人的引领和示范作用，县委认真执行理论中心组学习制度，定期开展各种学习活动；县政府常务会议也建立了学习制度，努力做到学习有重点、有成效。各机关、企事业单位也不断完善学习机制，组织干部职工深入学习人才工作、教育改革、创建理论等知识。通过学习，使大家认识到：建设学习型密云既是贯彻落实科学发展观、适应时代发展的客观需要，也是培养有用人才、提升全民素质，推动密云经济社会全面发展的现实需要。为了营造氛围，密云县通过广播、电视、网络等媒体宣传创建，还编印下发了《市民终身学习手册》和《密云县学习型组织创建工作手册》，使终身学习理念深入人心，不断提升广大市民对建设学习型密云的认识。此外，密云县以市民终身学习活动周为抓手，着力推进学习型密云建设。这一强化市民终身学习的品牌活动，每年举办一次，已连续举办九届，每年约有两万余人次参加活动。

（二）优先发展教育，基础作用突出

1. 以构建终身教育和终身学习服务体系为基础。在建设学习型密云工作中，县教委积极履行职责，以统筹各类教育的发展为基础。在优先发展教育的方针指引下，密云县坚持学前教育、基础教育、职业教育和成人教育统筹协调发展，加快终身教育体系建设，促进教育现代化。学前教育，做到全面满足适龄儿童入学需求。基础教育，基本形成城乡教育一体化发展格局。在职成教育方面：县职业学校是国家级重点中等职业学校、北京市现代化标志学校，目前正在为创建国家改革发展示范校而努力；成人教育基本形成了县、镇、村三级办学网络，实现“学者有其校”。与此同时，密云县发挥社会资源效益，努力构建市民终身学习服务体系。县文化馆、图书馆、档案馆等机构坚持面向市民开放，提供丰厚的学习资源。充分利用中小学文体教育资源，服务社区居民终身学习。以社教中心、青少年宫、新城子小学等为载体建立社区市民学校，为市民实现终身学习创造了良好条件。

2. 担当县学习办重任，在学习型密云建设中发挥重要作用。2007 年 8 月，学习型密云建设进入推进阶段。适应工作需要，县领导决定成立学习型密云工作领导小组，领导小组办公室设在县教委，教委主任任办公室主任，负责统筹协调全县日常创建工作。评估组认为，县教委自担当这一重任以来，克服了人手少、任务重的困难，认真履行职责，在县委宣传部、农委、总工会等兄弟单位配合下，做了大量组织、指导、检查、协调等工作。县学习办组织各创建单位认真学习县委、县政府关于学习型密云建设的文件，聘请县内外专家开办创建理论讲座，加大对创建工作的指导力度；组织指导各牵头单位健全工作机制、落实有关责任，将各类学习型组织建设不断引向深入。启动争创北京市学习型城市先进县工作以来，在县委、县政府领导下，县学习办相继完成了总结工作、营造氛围、建立档案、起草报告等各项迎检任务，确保市专家组评估验收工作的顺利进行。

3. 率先搞好学校创建，发挥示范引领作用。按照县委、县政府的要求和部署，县教委作为七个牵头单位之一，率先开展了争创学习型学校先进单位活动。全县的幼儿园、中小学、职业学校和社区教育中心全部上报了学习型学校创建方案。在县内外专家指导下，分两批有 40 所学校相继通过了县学习办组织的评估验收，评定为县级创建学习型学校先进单位，占学校总数的 80%以上。其中密云二中、新城子小学创建工作搞的好，通过了市学习办组织的评估验收，成为市级创建学习型学校先进单位。总结密云学校创建经验，主要有两条：一是领导率先垂范，实行角色转变。成为组织发展的设计师，员工进步的教练员，带领教职员工实现共同愿景的仆人；二是把创建作为对改革学校管理的探求，通过实施扁平化管理，加大民主管理力度，提升学校管理水平。

（三）创新工作机制，彰显密云特点

1. 建立以县为主的管理体制，增强农民教育的实效性。密云县是农业大县，农民教育重要且艰巨，具有涉及部门多、培训范围广、工作难度大的特点，极易出现培训管理各自为政、教育培训重复叠加、教育资源分散浪费的现象。为了解决这一问题，县委、县政府 2007 年 3 月制定并下发了《关于加强农村劳动力培训与转移就业工作的意见（试行）》，成立了以书记、县长为组长的农村劳动力培训领导小组，形成了“以县为主”的农民教育培训管理体制。在这一体制下，教育部门分管农民学历教育，农业部门分管实用技术培训，人力和社保部门分管农民职业资格证书培训，科技部门分管农村科普教育和实用技术推广，各个部门分工协作、相互配合，避免了重复培训现象的发生，增强了农民教育的针对性和实效性。

2. 建立“横向协调、纵向推进”的工作机制，促进学习型组织快速发展。为推进各类学习型组织建设，密云县横向充分发挥学习型密云建设领导小组作用，站在全局高度认真抓好各类学习型组织建设，协调相关部门定期研究解决创建工作相关问题，形成了统一领导、齐抓共管、各负其责、密切配合的工作机制；纵向充分发挥牵头单位的职能，加大各类学习型组织创建工作指导力度，将创建工作纳入各单位的“一把手”工程，围绕单位中心工作全面落实创建任务，实现创建任务与中心工作紧密结合。“横向协调、纵向推进”工作机制的建立，促使密云县各类学习型组织建设迅速发展，市级先进典型的数量和质量走在全市前列。

3. 依托创建工作，创新党建和区域发展模式。密云县穆家峪镇在创建学习型乡镇过程中，积极探索创新党建和区域发展模式。他们依靠党组织引领建设的希望小镇，已经展现出美好的前景。为此，穆家峪镇党委被市委宣传部认定为创建学习型党组织示范点。在总结该镇建设经验的基础上，密云县将创新党建和区域发展模式这一经验延伸到街道社区，在果园街道探索出“1＋5”和谐社区建设工作模式。在街道层面，由街道党工委牵头，积极推动与辖区单位党组织的互动共建，通过定期交流、会商促进共建活动的开展。在社区层面，制定《社区联合党组织工作规则》，明确其主要工作职责、制度和程序，使联合党组织的各项工作规范化、制度化。密云县创新党建和区域发展模式，得到了各级领导的认可，2012 年被中组部授予“全国创先争优活动先进县”称号。

二、希望和建议：

一是进一步加强创建理论的学习、宣传和应用。评估中，密云县部分领导干部中尚显薄弱的一环，这势必影响引领创建作用的发挥。关于“学习型社会建设”，党和国家已经就大政方针提出了明确要求，去年召开的党的十八届三中全会审议通过了《中共中央关于全面深化改革若干重大问题的决定》，对我国在新的历史起点全面深化改革作出战略部署。对于深化教育领域综合改革，推进学习型城市建设工作具有十分重要的意义。前不久召开的全国职业教育工作会议也提出："建立有利于全体劳动者接受职业教育和培训的灵活学习制度，服务全民学习、终身学习，推进学习型社会建设"。这些具有鲜明时代特征和深远战略思考的决策，建议各级领导干部认真学习并领会其实质。创建理论的学习，还应突出"五项修炼"这个重点、难点，因为"五项修炼"作为学习型组织理论的核心内容，为改造传统学习，排除学习智障，树立现代学习观，提升学习力和创新力指明了方向。密云县人民法院、果园街道、首云公司、县社教中心、县二中等少数单位，理论学习比较深入，而且与单位实际紧密结合并取得了成效，这是他们勤于学习、勤于思考、学用结合、勇于创新的结果，经验十分可贵，值得其它单位学习。

二是希望密云县的创建工作能够保持当前良好的发展态势。2007年以来，密云县根据党中央、国务院及市委、市政府有关精神，在积极营造创建环境、落实创建保障措施，构建终身教育和终身学习服务体系以及推进各类学习型组织建设方面，进行了广泛实践和积极探索，取得了显著成效。目前，密云县的创建工作正处在提升创建水平阶段。学习型密云建设，经过近七年的努力，尤其是近年来的迎检促建，达到目前的水平实属不易；今后再深入一步，上一个新的台阶就更难。必须看过密云县与一些先进区县相比，不仅学习型社会理论学习宣传、学习型组织协调发展方面存在不足，而且在事关创建工作成效的组织管理、队伍建设、经费投入上也存在一定差距。为此，我们建议评估验收结束后，密云县要保持在县委、县政府统筹规划下，各地区、各部门齐心协力、齐抓共管的发展态势，认真分析和解决存在的薄弱环节，尤其要在加强创建工作系统性、整体性、协同性，加强学习管理与创建指导队伍建设，进一步提升创建工作治理能力上下功夫，努力提升创建工作质量和水平，确保学习型密云建设持续、健康、顺利地向前发展。

综上，认定密云县为北京市建设学习型城市工作先进县。

2014 年 9 月 23 日

北京市建设学习型城市工作领导小组办公室

关于举办北京市第十届全民终身学习活动周的通知

京学习办〔2014〕2 号

各区县委、区县人民政府，北京市建设学习型城市工作领导小组各成员单位，各高等院校：

为深入贯彻党的十八大和十八届三中全会精神，进一步落实全国职业教育会议精神，加快首都学习型城市建设步伐，根据《教育部办公厅关于举办 2014 年全民终身学习活动周的通知》（教职成厅〔2014〕23 号）的要求，结合本市实际，决定举行北京市第十届全民终身学习活动周。现将有关事项通知如下：

一、指导思想

根据首都学习型城市建设、构建终身教育体系和终身学习服务体系建设的需要，紧密结合点上活动与面上宣传，弘扬北京精神，展示学习成果，注重社会效益，宣传职业教育、成人教育服务首都经济社会发展及其他典型事迹，努力在全市营造浓厚的学习氛围，让北京的学习活动深入人心，可持续发展。

二、学习活动周主题

北京市第十届全民终身学习活动周的主题是："学习造就出彩人生"。学习活动周将大力表彰学习之星，宣传典型成功案例，并开展现场技能传授，让市民在现代都市中，享受美好生活。

三、组织领导

（一）主办单位

北京市建设学习型城市工作领导小组

（二）承办单位

1. 开幕式暨中心会场主要由市委教育工委、市教委、朝阳区委、区政府负责。

2. 分会场由市建设学习型城市工作领导小组成员单位，各区县委、各区县政府，在京高等院校及机关企事业单位具体组织实施。

（三）协办单位

朝阳区委教育工委、朝阳区教委、劲松职业高中、北京成人教育学会

四、中心会场活动安排

（一）开幕式时间：

10 月 25 日（星期六）9：30～10：30

（二）开幕式地点：北京市劲松职业高中主楼四层报告厅（北京市朝阳区常营乡住欣家园 102 号院）

（三）开幕式议程：

1. 播放北京学习型城市建设宣传片；

2. 朝阳区领导致辞；

3. 发布北京市民终身学习移动平台；

4. 领导宣读 2014 年首都市民学习之星表彰决定并为代表颁奖；

5. 市领导宣布学习周开幕。

（四）活动安排（劲松职业高中常营校区）

在北京劲松职业高中主楼大厅及会场内布置相关展览，宣传本届全民终身学习活动周主题和相关理念，展示职业教育、成人教

育、社区教育成果；宣传北京学习型城市建设成果；宣传北京职业教育服务市民终身学习创新成果，现场体验北京开放大学、技术与教育的深度融合。

1. 中心会场（开幕式）：由朝阳区委教育工委、区教委、北京市劲松职业高中（停车由学校统一安排）负责组织，北京市教委职成处指导。参会人员9：00开始入场，9：30大会开始，预计10：30结束。

2. 参观、展示与实训场：朝阳区教委、北京市职业院校、成人院校统一安排组织参展单位。参观学习成果、职业教育、社区教育展示及现场体验与实训场10：40开始，11：40结束。

五、其他工作要求

（一）各区县、各成员单位、各高等院校及社会有关学习活动单位要根据今年全民终身学习活动周的主题和本通知精神，制定详细活动计划及实施方案，面向全体市民积极开展主题鲜明、内容丰富、形式多样、成效显著的学习活动。组织部分人员参加主会场开幕式大会。

（二）各有关单位于10月10日前将本单位举办学习周活动方案提交市建设学习型城市工作领导小组办公室。

（三）各单位要加强全民终身学习活动周的组织与领导。认真做好宣传工作，充分发挥各类媒体作用，广泛宣传终身学习的理念，为全民终身学习周营造良好的论氛围。同时各单位在活动周期间，要高度重视安全工作。

（四）全民终身学习活动周结束后，各单位要做好活动总结工作，并于11月10日前将活动统计上报，利用社会媒体进行宣传，并提交书面总结报告（电子版）、活动照片及视频短片等材料。以上材料纸质版寄送指定地址，电子版材料发指定邮箱。

（五）主办单位将对在活动中表现突出的予以表彰。

2014年9月26日

北京市建设学习型城市工作领导小组

关于认定房山区为北京市建设学习型城市工作示范区的通知

京学习〔2014〕3号

房山区人民政府：

在你区自评的基础上，市建设学习型城市工作领导小组办公室组织专家于2014年11月27日对你区建设学习型城市工作示范区进行了全面评估。经专家组审议，市建设学习型城市工作领导小组认定房山区为北京市建设学习型城市工作示范区。

你区要认真总结建设学习型城市示范区工作经验，紧密结合首都经济社会发展和城市功能战略定位、京津冀一体化发展及产业转型升级，积极实施“建设首都高端产业新区和现代生态休闲新城”发展战略，充分发挥建设学习型城市工作示范区的引领、示范作用，进一步加强对学习型社会的学习研究，把建设学习型城市工作示范区作为提升区域核心竞争力的战略举措，转变观念，整合学习资源，加强分类指导，统筹区域建设工作，不断深化房山区建设学习型城市示范区工作，为推进首都学习型城市建设做出新的贡献。

附件：关于对房山区建设学习型城市工作示范区评估的回复意见

2014年12月4日

附件

关于对房山区建设学习型城市工作示范区评估的回复意见

房山区人民政府：

为深入贯彻落实教育部等七部委《关于推进学习型城市建设的意见》（教职成〔2014〕10 号文件）及市委、市政府《关于大力推进首都学习型城市建设的决定》（京发〔2007〕7 号文件）的有关要求，根据北京市建设学习型城市工作领导小组办公室《关于开展北京市建设学习型城市工作示范区县评估的通知》（京学习办〔2011〕5 号文件）精神，在你区申报和专家视导的基础上，市建设学习型城市工作领导小组办公室组织专家于 2014 年 11 月 27 日对你区建设学习型城市工作示范区情况进行了检查评估，现将评估意见回复如下：

一、建设学习型城市工作示范区的主要成绩与特色

近几年来，房山区在建设学习型城市工作先进区的基础上，坚持把创建学习型城区作为提升区域核心竞争力的战略措施和助推“一区一城”建设发展的重要抓手，贯彻党的十八届三中、四中全会精神，深化改革，创新体制和机制，强化管理，继续全面、扎实地推进了学习型城区的各项建设工作。创建工作成效显著，特色鲜明，在全市产生了一定的影响，发挥了积极的示范、引领和辐射作用。

（一）认识到位，高度重视创建工作

房山区委区政府高度重视学习型城区的建设工作，把加强学习型城区建设作为实现房山人民“新城、新业、新生活”的共同愿景的必由之路；把加强学习型城区建设作为激发区域创新活力，推进城乡一体化建设，有效提高城市化水平的重要组成部分；把加强学习型城区建设作为加大人力资源开发力度，优化人才结构、不断提高市民素质的重要抓手；把加强学习型城区建设作为完善社会治理体系，提高治理能力和服务水平的重要手段。不断为市民创造良好的生活和发展环境，增进全区人民福祉。

（二）加强规划引领，提供政策和组织保障

房山区区委区政府把学习型城区建设纳入全区“十一五”和“十二五”国民经济与社会发展规划，印发了《关于大力推进学习型房山建设的实施意见》等系列文件，从战略高度以目标和规划引领全区学习型社会建设。房山区成立了由区委副书记为组长、区四大部门主管领导为副组长、35家委办局一把手为成员的学习型房山建设领导小组，统筹管理全区学习型城区的创建，在全区构建起党委领导，政府统筹，教育部门协调，其他部门齐抓共管，社会广泛参与的学习型房山建设组织管理体系，为持续推进创建工作，提供了有力保障。

（三）创新体制，努力构建日益完备的终身教育体系和终身学习服务体系

以体制创新为突破口，创造性的实施了山区教育工程，利用腾退的资源建设了一批乡镇成人学校和一批农村公办幼儿园；这一教育布局的调整和优化，不仅为全面提高基础教育质量奠定了坚实的基础，而且为义务教育的均衡发展和学前教育、成人教育上台阶、上水平创造了有力条件。实施了“两项改革”，在全市率先构建起了“以市立园为示范、中心园为骨干、民办园为补充”的学前教育网络，在全市率先确立了23所乡镇成人学校的机构编制和法人地位，实现了成人继续教育的历史性跨越。进一步完善了以区成教中心为龙头、职业院校及乡镇成人学校为骨干，村成人学校和街道市民学校为基础的三级成人继续教育网络，在学习型城区建设中发挥出重要功能。

挖掘社会资源，拓宽服务领域。充分挖掘区域文化和人文社会资源，建立了107个市民学习服务基地，确立50个学习超市，为

市民便捷学习提供了条件。构建起“资源统筹、三位一体”的新型市民文明教育网络体系，整合“全区成人教育、市民文明学校教育、道德大讲堂”三方面资源，为加强全区精神文明建设、培育和践行社会主义核心价值观、提高市民文明素质提供了有力的组织保障。

（四）创新机制，有力推进创建工作可持续发展

几年来，创建和完善了四个机制。即：不断完善了区、乡镇两级财政经费投入机制，确保了全区教育经费的“三个增长”；把学习型房山建设专项经费列入经常性财政开支项目，每年按常住人口人均3～5元的标准进行拨付，有效支持了学习型城区建设。建立了创建工作指导协调机制，在全市率先成立了具有法人资质的学习型组织创建工作指导中心，同时建立了23个学习型乡镇指导中心，形成了行政推动与业务指导相结合的运行推进机制。建立了创建工作督导、检查和考核机制，把学习型组织创建纳入区委、区政府督查，区人大、区政协检查以及全区教育督导的重要内容，并把创建工作纳入乡镇和区直部门及委办局领导班子综合考核。建立了创建工作表彰、激励机制，每年对创建工作扎实有效、特色突出的先进典型进行表彰。这些机制的形成，促使学习型城区创建走向制度化和规范化，并形成了良好的创建氛围。

（五）创新管理，打造新型继续教育和学习服务平台

在实践中逐步形成了一支善研究、能服务、不断创新，勇于探索的科研、教研和技术服务支撑队伍。几年来，房山区政府从创建工作的长期性和艰巨性出发，加大对区成教中心的投入和建设，创造性的不断赋予其新的职能。把成教中心逐步建成为区级学习型组织创建指导中心、成人继续教育业务指导中心、成人学历教育中心、成人继续教育教师研修中心、高端社会培训中心以及区域社会化考试服务中心，努力打造新型区域学习服务和智力支持平台。

（六）项目引领，走特色发展之路

在建设学习型城市工作示范区过程中，房山区确立了“城乡教

育一体化发展”“新型市民学习服务体系建设”“学习型组织工作体系建设”三个示范项目，这三个示范项目紧扣学习型社会的体系建设，立足解决城市化进程中的现实问题，是学习型房山建设的重要载体，对带动引领创建全局，加强教育资源与社会资源相互整合，促进教育社会化和社会教育化，产生了积极广泛的影响。三个示范项目，也在一定程度体现了房山创建学习型区县的品牌和特色。使房山区的创建工作在全市起到示范作用，部分工作走在全市的前列。

二、希望与建议

（一）进一步深化各类教育的教学改革，将终身学习的思想贯穿到各类教育的各个层次和各个领域

要进一步加快房山区教育现代化步伐，在硬件建设的基础上，进一步优化课程体系，积极探索人才培养模式改革，突出创新精神和实践能力的培养，促进学生潜能的充分开发与学生的全面发展。要进一步改革教学方式和评价方式，努力提高学习者的终身学习能力、就业能力和可持续发展能力。使各类学校教育都能更好地满足学习者对终身学习和未来发展的需求。

（二）进一步充分发挥职业院校资源和其他高等教育资源在学习型城区建设中的作用

要坚持职业教育与成人教育一体化发展模式。进一步发挥区域内职业院校的成人学历教育、职业培训及社区教育功能。要积极推进校企结合和产学研合作，充分利用职业院校的教师资源、课程资源、实训基地等资源直接有效的为驻区企业培养技术技能型人才。应将归属房山区政府主管的北京理工大学高等职业学院纳入区教委统筹指导，并积极发挥其在房山学习型城区建设中的高端引领作用。要重视发挥大学园区内的高等教育资源优势，为房山区的高端人才培养和成人继续教育做贡献。

（三）加强远程教育，推进高水平数字化资源平台建设

在加快区域城乡信息化建设的同时，依托远程教育网络，积极

发展各类数字化远程教育。进一步完善区综合性学习网站，加快完善涵盖基础教育、职业教育、高等教育和成人继续教育等各类学习资源的市民终身学习数字化网络学习平台。为市民提供多种多样的个性化学习方式，丰富市民的终身学习环境。

（四）进一步推动各类学习型组织创建工作向广度和深度发展

在进一步加大各类学习型组织的创建普及的基础上，不断推进创建学习型组织工作向更高的阶段发展；加大团队学习和组织学习的力度，将教育、学习和培训工作与组织发展和管理创新有机结合起来，积极倡导知识共享，推广知识管理，促使更多组织的学习力、竞争力和创新活力持续增强。

经研究，同意认定房山区为北京市建设学习型城市工作示范区。

2014 年 12 月 1 日

北京市建设学习型城市工作领导小组

关于认定顺义区为北京市建设学习型城市工作示范区的通知

京学习〔2014〕4 号

顺义区人民政府：

在你区自评的基础上，市建设学习型城市工作领导小组办公室组织专家于 2014 年 12 月 11 日对你区建设学习型城市工作示范区进行了全面评估。经专家组审议，市建设学习型城市工作领导小组认定你区为北京市建设学习型城市工作示范区。

你区要紧密围绕京津冀一体化战略和北京城市功能定位，围绕“建设绿色国际港、打造航空中心核心区”和“现代国际空港、区域产业引擎、绿色宜居新城”的发展目标，认真总结建设学习型城市示范区工作经验，进一步加强对学习型社会的研究，充分发挥建设学习型城市工作示范区的引领、示范作用，把建设学习型城市工作示范区作为提升区域核心竞争力的战略举措，转变观念，整合学习资源，加强分类指导，统筹区域建设工作，不断深化顺义区建设学习型城市示范区工作，为推进首都学习型城市建设做出新的贡献。

附件：关于对顺义区建设学习型城市工作示范区评估的回复意见

2014 年 12 月 18 日

附件

关于对顺义区建设学习型城市工作示范区评估的回复意见

顺义区人民政府：

为深入贯彻落实教育部等七部委《关于推进学习型城市建设的意见》（教职成〔2014〕10 号文件）及市委、市政府《关于大力推进首都学习型城市建设的决定》（京发〔2007〕7 号文件）的有关要求，根据北京市建设学习型城市工作领导小组办公室《关于开展北京市建设学习型城市工作示范区县评估的通知》（京学习办〔2011〕5 号文件）精神，在你区申报和专家视导的基础上，市建设学习型城市工作领导小组办公室组织专家于2014年12月11日对你区创建学习型城市示范区情况进行了检查评估，现将评估意见回复如下：

一、建设学习型城市工作示范区的主要成绩与特色

顺义区自2005年被评为北京市建设学习型城市工作先进区以来，深入贯彻党的十八大以及十八届三中、四中全会精神，牢固的确立学习型城区创建工作的基础性、战略性和全局性地位，不断深化改革，创新体制和机制，强化体系建设，持续、全面、扎实、深入地推进了学习型城区建设的各项工作。创建工作特色鲜明，卓有成效，在全市乃至全国产生了一定的影响，发挥了较大的示范和引领作用。

（一）认识到位，高度重视创建工作

顺义区委、区政府高度重视学习型城区的建设工作，把加强学习型城区建设作为促进区域经济社会改革与发展，服务顺义新城建设和“四个转型升级”的强大推动力。把加强学习型城区建设作为激发区域创新活力，推进城乡一体化建设，促进区域产业优化升级，有效提高城市化水平的重要组成部分。把加强学习型城区建设作为加大人力资源开发力度，优化人才结构、不断提高市民素质的重要抓手。把加强学习型城区建设作为完善社会治理体系，提高治理能力和服务水平的重要手段。不断为市民创造了良好的学习、生活和发展环境。

（二）规划引领发展，政策和组织保障有力

顺义区委、区政府将学习型城区建设纳入顺义区“十二五”国民经济和社会发展规划以及教育事业发展规划。较早的印发了《关于深入推进学习型顺义建设的意见》，对学习型城市建设加以全面部署；区政府工作报告每年对学习型社会建设工作都提出了具体要求。成立了由区委副书记任组长，主管教育副区长和区教委主任任副组长，30个委办局负责同志组成的区学习型社会领导小组；统筹管理全区学习型城区的创建工作，在全区构建起党委领导，政府统筹，教育部门协调，其他部门齐抓共管，社会广泛参与的学习型顺义建设组织管理体系。学习型社会领导小组办公室良好的发挥了策划、组织、协调和指导作用。这些都为持续推进创建工作，提供了有力保障。

（三）创新工作机制，推动创建工作可持续发展

顺义区在创建学习型城区过程中，逐渐形成了五个机制，即：建立了教育需求调研机制，定期开展市民教育需求调研，增强成人继续教育、社区教育的针对性和实效性。完善了经费保障机制，区财政较早设立了学习型社会建设专项经费，并逐年有所增加，2013年起人均经费达到每人每年5元标准。建立了创建工作督导、检查和考核机制，把学习型城区创建工作纳入区人大、区政协检查的重要内容；并把创建工作纳入政府折子工程，由区政府办专项督促检查。建立了评估促进机制，区教委、区学习办、区委组织部、宣传部、文明办、区人力社保局等部门组成评估组，定期联合开展学习型组织建设先进单位的评估。建立了创建工作表彰、激励机制，每年召开区社区教育和学习型社会建设工作总结表彰大会，对先进集体和个人进行表彰奖励。这些机制的形成，促使学习型城区创建走向制度化和规范化，并形成了良好的创建氛围。

（四）创新建设模式，努力打造日益完备的终身教育体系和终身学习服务体系

以政府投入为主，坚持特色办园，学前教育进入全国幼儿教育先进区行列。促进教育公平，高标准实现了义务教育均衡发展。深化课程改革，增强高中教育的开放性和选择性，推动高中教育特色化和优质发展。整合职业教育资源，加强职业教育统筹管理，深化产教结合，职业教育办学水平不断提升。进一步完善了以区社区教育中心为龙头、街道社区教育中心和乡镇成人学校为骨干，社区市民学校和村成人学校为基础的三级成人继续教育网络，在学习型城区建设中发挥出重要功能。加强社区教育课程建设，不断充实学习资源，多方面满足居民的学习需求，积极探索社会组织参与社区教

育新模式，社区教育有了新的发展。充分利用区域内各种科技和文化资源，开展多种读书活动和文化活动，不断创新学习平台。区域内初步形成人人学习、时时学习、处处学习的浓厚学习氛围，创建了一批有特色的学习品牌。

（五）发挥网络优势，数字化学习服务体系建设取得较大发展

在推进顺义信息化建设的同时，建立和不断完善了顺义学习网，打造了全新的集学习供给、学习管理、学习交流和学习激励功能于一体的数字化学习、管理服务平台，为各类市民提供了个性化的较为丰富的学习资源；同时，培育了一批学习共同体，学习成果认证体系探索初见成效，为市民创造了良好的学习环境。被评为“全国数字化学习社区先行区”。

（六）创新模式，学习型组织建设富有成效

重视学习型组织建设，不断探索，勇于创新，在学习型组织创建方面形成了具有自身特色的“顺义模式”。摸索了“理论宣讲、动员部署、深入创建、评估验收、复评检查、持续推进”的“六步法”创建模式。从拓展广度，增加深度，突出亮度“三个维度”上确立了学习型组织的推进路径，实现了学习型组织创建的全面普及、深入探索和升级发展。通过创建学习型组织，发展了组织文化，建立了共同愿景，增强了各类组织的凝聚力；一大批创建学习型组织先进单位，实现了团队学习与工作创新，提升了组织管理效能。特别是在学习型街道和社区的创建过程中，积极探索将学习型组织创建与提高区域社会治理能力相结合，推动了区域社会治理创新。

二、希望与建议

（一）进一步完善终身教育体系，加快推进各类教育的教学改革

要进一步加快顺义区教育现代化步伐，在硬件建设的基础上，进一步优化课程体系，积极探索人才培养模式改革，突出创新精神和实践能力的培养，促进学生全面而有个性的发展。要进一步改革

教学方法和评价方式，努力提高学生的终身学习能力、就业能力和可持续发展能力；要将终身学习的思想贯穿到各类教育的各个层次和各个领域，使各类学校教育都能更好地满足学习者对终身学习和未来发展的需求。要坚持职业教育与成人教育一体化发展模式，进一步加强乡镇和村两级办学网络建设，注重发挥职业院校在建设学习型城区中的重要作用。加快形成适应经济社会发展需求，产学研合作，校企深度融合，中高职衔接，普职成沟通，体现终身教育理念的现代职业教育体系。

（二）进一步推动各类学习型组织创建工作向深度发展

在进一步加大各类学习型组织创建普及的基础上，不断总结经验，深入探索，推进学习型组织创建工作向更高的阶段发展。特别要注意总结推广学习型企业的创建经验，进一步加强学习型学校建设。以解决各类组织发展中的实际问题为核心，加大团队学习和组织学习的力度，鼓励知识和技术创新，不断提高组织内部的创新活力。要提倡知识共享，推广知识管理，努力促进组织变革，不断提升各类组织的核心能力，推动各类组织可持续发展。

（三）进一步加强学习型城区建设的顶层设计

在推进国家治理体系和治理能力现代化的进程中，要把学习型城区建设与创新社会治理方式结合起来，特别是探索依法治理与以德治理相结合，在全面提高劳动者和社区居民素质的基础上，以创造更加丰富的学习资源、学习手段和学习机会，实现知识的共享和社会的和谐，从而实现区域社会治理的现代化。

经研究，同意认定顺义区为北京市建设学习型城市工作示范区。

2014 年 12 月 17 日

民办教育

北京市教育委员会文件选编

（2014）

北京市教育委员会办公室

关于开展2013年民办高等学校及其他民办高等教育机构办学状况评估及年检进校专项考察工作的通知

京教办函〔2014〕12号

各民办普通高校、独立学院、民办非学历高等教育机构：

根据市教委办公室《关于2013年民办高等学校及其他民办高等教育机构办学状况评估及年检进校考察工作的通知》（京教办函〔2013〕62号），按照评估及年检工作安排，参加全面评估的学校“资产与财务”专项考察安排在3月份进行。经专家组对学校《自评报告》《办学状况调查表》《审计报告》及学校相关补充材料进行审核，确定其他需要进校考察的学校名单及专项考察内容。现将有关事项通知如下：

一、专项考察的内容和范围

（一）对北京兴华大学等17所学校组织“资产与财务”进校专项考察。

（二）对北京黄埔大学、北京高等秘书研修学院等2所学校组织“办学思想”进校专项考察。

（三）对北京民族大学、北京明园大学、北京国际商务学院等3所学校组织“办学思想”“资产与财务”进校专项考察。

二、有关要求

（一）专家组进校专项考察的学校应按照京教民〔2013〕6号文件《评估方案》的要求做好准备工作，提供相关材料；

（二）每所学校的考察时间为1至2天；

（三）具体进校时间由民办教育协会另行通知。

附件：2013年民办高等学校及其他民办高等教育机构办学状况评估及年检专家组进校专项考察学校名单

2014年3月6日

附件

2013年民办高等学校及其他民办高等教育机构办学状况评估及年检专家组进校专项考察学校名单

一、“资产与财务”专项考察的学校（17所）

北京兴华大学

北京建设大学

北京人文大学

北京演艺专修学院

北京东方大学

东方文化艺术学院

北京工商管理专修学院

北京应用技术大学

北京美国英语语言学院

北京文理研修学院

北京国际经贸研修学院

北京中国驻颜美容学院

北京世贤研修学院

蒙代尔国际企业家大学

中关村创新研修学院

北京企业管理研修学院

现代管理大学

二、“办学思想”专项考察的学校（2所）

北京黄埔大学

北京高等秘书研修学院

三、"办学思想"、"资产与财务"专项考察的学校（3所）

北京民族大学　　北京明园大学

北京国际商务学院

北京市教育委员会

关于做好2014～2015学年民办高校招生简章和广告备案工作的通知

京教民〔2014〕1号

各民办普通高校、独立学院、民办非学历高等教育机构：

为进一步加强本市民办高校管理，规范招生宣传工作，促进民办高等教育健康发展，根据《中华人民共和国民办教育促进法》、《民办高等学校办学管理若干规定》（教育部令第25号）、国务院办公厅《关于加强民办高校规范管理引导民办高等教育健康发展的通知》（国办发〔2006〕101号）、《北京市民办高等教育机构招生简章和广告备案管理办法》（京教高〔2007〕2号）等有关规定，2014～2015学年本市继续实施民办高校招生简章和广告备案工作。现将有关事项通知如下：

一、备案范围

凡经我委批准设立或管理的，持有效的《办学许可证》和《法人登记证》，2014～2015学年具有招生资格的民办普通高校、独立学院、民办非学历高等教育机构（以下简称"民办高校"），发布招生简章和广告，均须进行备案。

民办高校在本市或外省（自治区、直辖市），通过报刊、广播、电视、互联网、户外广告、未经出版的印刷品及影像资料等媒介，以刊登、播放、张贴、散发、邮寄等方式发布的2014～2015学年秋季及春季招生简章、广告、报考指南、入学通知等各种形式的招生及办学宣传信息，均为备案内容，须经备案后方可发布。

二、备案内容要求

民办高校招生简章和广告内容必须真实、准确、客观、合法，应符合以下几项要求：

（一）学校总体情况的介绍应明确、具体

1. 学校名称、办学地址、办学类型、办学内容、举办者、校长等信息应与《办学许可证》一致，如发生变更，须到我委办理变更手续。学校办学类型包括民办本科学校（含独立学院）、民办高等职业学校、民办非学历高等教育机构等。办学内容包括全日制普通本科、高等职业教育、高等教育培训（含高等教育自学考试助学）、短期或业余培训、函授教育等。招生宣传的主体是民办高校，不得以内设机构（如二级学院）名义单独进行宣传。

2. 有关办学条件、教学活动的图片应采取本校及本校师生员工的实景照片，不得采用电脑合成的图片；所使用的图片需有文字说明，选用人物图片应征得本人同意使用。不得使用国家机关工作人员的名义进行招生宣传，招生简章和广告中不得包含国家领导人及其他国家机关工作人员的照片、题字等内容。

3. 学校的获奖项目应注明获奖时间和评选单位名称，招生简章和广告应主要宣传教育行政主管部门或政府其他行政管理部门组织评选的奖项，由非政府部门评选的奖项应主要宣传近三年（2011年以来）获取的，数量上应不超过所宣传获奖项目总数的50%。

4. 招生宣传内容不得含有虚假、模糊、夸大的信息。

不得回避、混淆学历教育与非学历教育的区别。民办普通高校、独立学院有关普通本（专）科统招、自主招生、单考单招的宣传信息不得与教育部“阳光高考”网所公示的本校2014年招生章程内容相违。举办非学历教育的民办普通高校、独立学院，应将学历教育与非学历教育的招生简章和广告分别制作、备案和发布。非学历教育招生简章和广告在专业设置、证书颁发等项内容上应严格区别于学历教育，不得含有北京教育考试院统一编制的普通本（专）科招生“学校代码”、“专业代码”等内容。

非学历高等教育机构，尤其是学校名称中包含“大学”、“中国”等字样或未包含“研修”、“专修”、“函授”、“培训”等字样的学校，须明确说明本校的办学类型为民办非学历高等教育机构。

不得使用“最大”、“最好”、“第一”、“唯一”等描述性用语，也不得使用“100％考试通过率”、“入学即签订就业协议”、“100％就业率”、“高薪就业，一步到位”等承诺性用语。不得对学校的办学条件、师资力量及学生就业前景等做虚假、夸大宣传。

（二）招生专业的介绍应明晰、详实

1. 招生类别应明确分为本（专）科学历教育、高等教育自学考试助学、培训、其他文化教育等。

2. 学习形式应明确分为全日制教育、业余培训、短期培训、函授（或远程网络）教育等。

3. 学校应根据招生类别和学习形式，分别介绍普通本（专）科专业、高等教育自学考试助学专业、学校自设培训专业、资格（等级）证书培训专业、中外合作办学项目专业等。

（三）根据招生类别分别介绍学业证书类别，应明确说明颁发主体及颁发办法

1. 录取到普通本（专）科统招专业学习的学生，学习期满，成绩合格，由学校颁发国家承认学历的普通高校本（专）科毕业证书。

2. 参加高等教育自学考试助学的学生，由学校组织参加（或自行参加）北京市高等教育自学考试，通过专业考试计划规定的全部课程，由北京市高等教育自学考试委员会颁发国家承认学历的本（专）科毕业证书。

3. 参加学校自设培训专业学习的学生，学习期满，成绩合格，由学校颁发结业证书。

4. 参加资格（等级）证书课程培训的学生，经相关部门或行业组织的考试，成绩合格，可获得相应的资格（等级）证书。

5. 学校举办中外合作办学项目，引进国（境）外学校的课程（含知识产权）和师资，颁发国外高校证书的，须经教育部或我委批准。参加中外合作办学项目的学生，取得证书的类别与办法应与有关批准文件一致。未经教育部或我委批准，各学校不得在招生宣传信息中涉及中外合作办学“预科”的内容。

6. 学校与国内普通高等学校合作举办的成人高等学历教育校外教学站，或与教育部现代远程教育试点高校合作设置的校外学习中心，必须是经我委 2012 年、2013 年检查评估合格的。要按照相关主办高校要求，发布主办高校成人高等学历教育校外教学站，或教育部现代远程教育试点高校校外学习中心的招生信息；不得以本校名义发布相关招生信息。相关“校外教学站”、“校外学习中心”的招生信息不作为本校（民办高校）的招生信息备案。

（四）招生简章和广告应载明的其他内容

1. 收退费标准和办法。学历教育的收费项目和标准须经市发展改革委批准，非学历教育的收费项目和标准由学校在所属区县发展改革委备案。收费项目和标准应与有关部门审批或备案的内容一致，退费办法应符合《北京市民办学校退费指导意见》（京教民〔2012〕1 号）的要求。

2. 学校办学许可证编号。

3. 广告备案编号。

4. 指定查证网站：

（1）http：//www.bjedu.gov.cn；

（2）http：//www.edu111.cn。

三、备案程序

（一）网络预审

学校登陆上述指定的查证网站下载《2014～2015学年北京市民办高校招生简章和广告备案表》（以下简称《备案表》）。学校根据备案内容要求，将招生简章和广告样稿电子文档发送到指定邮箱，样稿应含文字、图片等内容，应为word文档；学校招生宣传内容若包含视频短片，应提供互联网链接地址，接受预审。

我委在收到学校通过网络报送的预审材料5个工作日内，通知学校预审结果。未通过预审的学校应按书面要求对样稿进行修改，并重新接受预审。

（二）纸质备案材料初审

通过预审的学校，按照我委制发的《学校报送纸质备案材料明细表》要求，派本校相关工作人员报送相关纸质备案材料，接受初审。

1. 学校应提供下列纸质备案材料：

（1）招生简章和广告样稿（一式2份），需加盖学校公章（骑缝章）；学校招生宣传内容若包含视频短片，应报送视频光盘（一式1份）。

（2）《备案表》（一式2份，需加盖学校公章），学校也可根据本校招生宣传工作的实际需要确定报送份数。

（3）有效的《办学许可证》（副本）和《法人登记证》（副本）复印件各一份。

（4）民办学校学历教育收费标准的批复文件复印件、《民办学校非学历教育收费标准备案表》复印件（一式一份，需加盖学校公章）。

2. 学校应提供下列证明材料，若往年已提供过相同且仍在有效期内的材料，则无需重复报送。

（1）招生简章和广告内容涉及中外合作办学的，应提交教育部或我委有关批准文件的复印件；与国（境）外学校开展学分互认、聘请外教进行外语教学，并且没有课程引进的合作交流项目，不属于《中外合作办学条例》规定的中外合作办学项目，应提交相关合作协议（中文）复印件。申请备案的招生简章和广告内容涉及聘请外籍教师的，需提交市外国专家局批件复印件；涉及招收外国留学生的，应提交教育部或我委有关批准文件的复印件。

（2）招生简章和广告中涉及与用人单位开展联合办学、订单培养、推荐就业等，应提供加盖双方单位公章的有效合作协议，协议签署有效期应涵盖本期所招学生毕业时间。

（3）招生简章和广告中涉及到的获奖项目，需提交相关的获奖文件或获奖证书复印件。

（4）招生简章和广告中涉及聘请具有一定知名度的外单位教师的，需提交聘书或学校聘用文件复印件。聘书或聘用文件应注明聘用期限，聘用期限应涵盖本期所招学生就读期间。

（5）其他能够证明招生简章和广告内容真实性的合法、有效证明材料。

3. 我委收到学校报送的初审材料 3 个工作日内，通知学校初审结果。未通过初审的学校应按书面要求补充有关备案材料及证明材料，或修改有关备案内容，重新接受初审。

（三）备案材料复审

我委对通过初审的备案材料进行复审，收到学校报送的初审材料的 5 个工作日内，通知学校复审结果。对于符合要求的招生简章和广告备案材料，在《备案表》上签署同意备案的意见，设置备案编号，加盖备案管理专用章，在招生简章和广告附页上加盖骑缝章，并发还学校备案材料。

未通过复审的学校，应按书面要求补充有关备案材料及证明材料，或修改有关备案内容，重新接受复审。

（四）备案材料公示

学校备案材料经复审通过后，我委将在指定的查证网站上公示经备案的招生简章和广告内容。学校应在招生简章和广告备案后的 15 日内，在学校网站公示经备案的招生简章和广告内容。

（五）报送招生简章和广告样刊

学校应在招生简章和广告发布后15日内，将所发布的招生简章和广告样刊送备案材料初审办公地点存档。

（六）备案有效期

本学年招生简章和广告备案有效期自备案之日起至2015年3月15日止。本学年已备案的招生简章和广告内容如需变更，必须重新办理备案手续；如本学年招生简章和广告内容与上一学年相比未发生变化，且相关证明材料均在有效期内，可简化备案程序，将上学年备案有效期延长至本学年。

四、备案受理时间

2014年3月18日至2015年2月28日；每周一至周五9：00～12：00，13：30～16：30。

五、备案管理机关和地点

我委作为北京市民办高校招生简章和广告备案管理机关，负责招生简章和广告的备案管理工作。

（一）备案材料网络预审及初审

办公地点：海淀区北四环中路展春园小区22号楼110房间北京民办教育协会内；

（二）备案材料复审

办公地点：海淀区北四环中路267号北京奥运大厦1308室市教委民办教育处；

附件：1. 2014～2015学年北京市民办高校招生简章和广告备案表（略）

2. 专业介绍一览表参考格式（略）

2014年3月13日

北京市教育委员会

关于公布2013年民办高等学校及其他民办高等教育机构办学状况评估及年度检查结果的通知

京教函〔2014〕206号

各民办普通高校、独立学院、民办非学历高等教育机构：

2013年民办高等学校及其他民办高等教育机构办学状况评估及年度检查结果已经市教委2014年第7次主任办公会审定通过，现予以公布，并就有关事项通知如下：

一、评估及年检结果

参加2013年度评估及年检的民办高等学校及其他民办高等教育机构共84所，包括10所民办普通高校、5所独立学院及69所民办非学历高等教育机构。市教委委托专家组审核了学校提交的办学状况自评材料及财务年度审计报告，对22所民办非学历高等教育机构组织了进校考察。

66所学校达到评估和年检合格标准，12所学校基本合格，3所学校暂缓通过，3所学校不合格。

二、根据评估和年检结果确定管理措施

（一）对于评估和年检结论为合格的学校，准予在2013～2014学年招生。

（二）对于基本合格的学校，要求在一年内限期整改，积极转型，整改期间准予招收非全日制学生，控制全日制学生规模。

（三）对于评估和年检暂缓通过的学校，要求暂停招生活动，进一步明确办学定位及转型方案，限期整改。若在整改期限内达到合格要求，准予恢复招生。

（四）对于评估和年检不合格的学校，停止2013～2014学年秋季招生，办学许可证已到期的，停止办理延期手续。

（五）对于坚持内涵发展、规范办学、特色明显的学校，加大扶持力度。评估及年检结果与市财政促进资金项目的评选挂钩，对于在评估中发现办学规范、有特色、有发展潜力的学校，在促进资金上予以重点倾斜。大力宣传办学经验，树立典型，从正面引导学校规范办学、内涵发展。

三、办理办学许可证年检手续的有关事项

（一）评估及年检结果为合格及基本合格的学校，应于5月30日前携带办学许可证副本原件到市教委加盖年检合格戳记。办学许可证已到期的学校，应按市教委《关于规范民办非学历高等教育机构校名的通知》（京教民〔2013〕2号）有关要求，携带办学许可证正、副本原件及相关材料，办理办学许可证有效期延续手续。

（二）民办非学历高等教育机构到市教委民办教育处办理办学许可证年检手续。

（三）民办普通高校、独立学院到市教委发展规划处办理办学许可证年检手续。

附件：2013年民办高等学校及其他民办高等教育机构办学状况评估及年度检查基本情况一览表

2014年5月19日

附件

2013年民办高等学校及其他民办高等教育机构办学状况评估及年度检查基本情况一览表

单位：人

一、民办普通高校及独立学院（15所）

学校名称	评估及年检结果	教职工数	计划内在校学生数	非学历教育在校学生数			
				全日制	业余	函授	短期培训
北京城市学院	合格	1423	21265	0	76	0	0
首都师范大学科德学院	合格	421	4450	1080	0	0	0
北京工商大学嘉华学院	合格	381	5189	0	0	0	0
北京工业大学耿丹学院	合格	604	5657	0	0	0	0
北京邮电大学世纪学院	合格	427	5266	220	0	0	0
北京第二外国语学院中瑞酒店管理学院	合格	333	3668	129	0	0	0
北京吉利大学	合格	862	5557	6454	0	0	0
北京北大方正软件技术学院	合格	252	2808	0	0	0	0
北京经贸职业学院	合格	159	1820	196	2016	0	0
北京经济技术职业学院	合格	195	1463	0	0	0	0
北京汇佳职业学院	合格	239	2901	0	0	0	0
北京科技职业学院	合格	428	2239	702	0	0	0

续表 1

学校名称	评估及年检结果	教职工数	计划内在校学生数	非学历教育在校学生数			
				全日制	业余	函授	短期培训
北京培黎职业学院	合格	272	2922	56	0	0	0
北京艺术传媒职业学院（原北京新圆明职业学院）	合格	150	336	0	0	0	0
北京科技经营管理学院	暂缓通过	205	2482	325	15	0	0

二、全日制民办非学历高等教育机构（39 所）

学校名称	评估及年检结果	教职工数	计划内在校学生数	非学历教育在校学生数			
				全日制	业余	函授	短期培训
北京现代音乐研修学院	合格	561	0	5114	0	0	1153
现代管理大学	合格	289	0	3648	0	0	637
北京民族大学	合格	216	0	3085	0	0	0
北京八维研修学院	合格	277	0	2986	0	0	0
北京人文大学	合格	269	0	2970	0	0	0
北京旅游专修学院	合格	156	0	2526	0	0	0
北京工商管理专修学院	合格	289	0	2519	0	0	0
北京北大资源研修学院	合格	125	0	1459	191	0	0
北京演艺专修学院	合格	214	0	1260	0	0	0
北京东方大学	合格	55	0	1189	170	0	0
北京明园大学	合格	168	0	1166	0	0	292

续表 2

学校名称	评估及年检结果	教职工数	计划内在校学生数	非学历教育在校学生数			
				全日制	业余	函授	短期培训
北京黄埔大学	合格	70	0	1130	0	0	0
北京应用技术大学	合格	66	0	1023	0	0	0
北京财经专修学院	合格	110	0	998	0	0	0
北京美国英语语言学院	合格	109	0	814	0	0	0
北京翻译研修学院	合格	71	0	758	0	0	0
北京国际经贸研修学院	合格	51	0	750	0	0	231
中国信息大学	合格	96	0	720	0	0	0
北京经济研修学院	合格	68	0	592	0	0	0
北京文理研修学院	合格	54	0	542	0	0	0
北京建设大学	合格	27	0	533	0	0	229
北京涉外经济专修学院	合格	71	0	508	0	0	0
北京高等秘书研修学院	合格	33	0	421	0	0	56
北京国际商务学院	合格	45	0	393	0	126	0
北京华夏管理学院	合格	63	0	383	0	0	0
北京金融学院	合格	81	0	366	346	0	0
北京新亚研修学院	合格	25	0	318	0	0	0
东方文化艺术学院	合格	58	0	221	0	0	0
北京企业管理研修学院	合格	23	0	150	0	0	237

续表 3

学校名称	评估及年检结果	教职工数	计划内在校学生数	非学历教育在校学生数			
				全日制	业余	函授	短期培训
北京中新企业管理学院	合格	73	0	140	0	0	0
北京国际标准舞研修学院	合格	33	0	44	0	0	0
北京影视研修学院	合格	36	0	42	0	0	47
北京珠宝首饰研修学院	基本合格	13	0	89	0	0	12
北京华嘉专修学院	基本合格	110	0	637	0	0	178
北京世贤研修学院	基本合格	93	0	1008	0	0	0
北京中国驻颜美容学院	基本合格	28	0	118	0	0	0
北京兴华大学	不合格	71	0	291	0	0	0
国家留学基金管理委员会留学预科学院	不合格	25	0	67	0	0	139
北京卓达经济管理研修学院	不合格	7	0	0	183	0	0

三、非全日制民办非学历高等教育机构（30 所）

学校名称	评估及年检结果	教职工数	计划内在校学生数	非学历教育在校学生数			
				全日制	业余	函授	短期培训
北京摄影函授学院	合格	248	0	0	281	2111	281
北京国际青年研修学院	合格	94	0	0	302	0	1945
中国逻辑与语言函授大学	合格	87	0	0	0	619	4178

续表 4

学校名称	评估及年检结果	教职工数	计划内在校学生数	非学历教育在校学生数			
				全日制	业余	函授	短期培训
北京军地专修学院	合格	85	0	0	0	3843	0
北京彼得·德鲁克管理研修学院	合格	62	0	0	0	0	14760
中关村创新研修学院	合格	44	0	0	0	0	7108
北京京海研修学院	合格	44	0	0	850	0	100
中国农民大学	合格	36	0	104	161	0	4204
北京国际汉语学院	合格	33	0	0	0	0	118
北京东方妇女老年大学	合格	32	0	0	0	30000	0
北京高等珠宝研修学院	合格	32	0	0	0	10	3227
北京机械工程师进修学院	合格	25	0	0	0	371	4163
北京长城研修学院	合格	25	0	0	39	0	730
蒙代尔国际企业家大学	合格	14	0	0	0	0	78
北京社会函授大学	合格	12	0	0	0	237	0
北京心理学函授学院	合格	11	0	0	0	533	0
中国教育国际交流研修学院	合格	8	0	0	49	0	154
北京汉语国际推广中心	合格	7	0	0	0	0	463
北京职业资格专修学院	合格	0	0	0	0	0	322

续表 5

学校名称	评估及年检结果	教职工数	计划内在校学生数	非学历教育在校学生数			
				全日制	业余	函授	短期培训
中国现代教育研修中心	合格	0	0	0	0	0	0
北京经济技术研修学院	基本合格	56	0	0	1107	0	0
北京东方研修学院	基本合格	40	0	251	0	0	0
北京计算机专修学院	基本合格	26	0	62	0	0	0
中国管理软件学院	基本合格	21	0	45	0	0	0
北京礼仪专修学院	基本合格	18	0	0	0	761	761
北京瀚林职业研修学院	基本合格	16	0	63	0	0	0
北京华大研修学院	基本合格	8	0	0	30	0	0
北京当代艺术研修学院	基本合格	2	0	0	0	0	0
北京盛唐研修学院	暂缓通过	12	0	0	0	0	0
北京经济管理函授学院	暂缓通过	7	0	0	0	0	0

注：1. 以上数据采集的截止日期为 2013 年 9 月 30 日。

2. 短期培训生数指培训时间不足一年的学生数。

北京市教育委员会

关于北京市民办高校2014年秋季招生政策的通告

京教民〔2014〕4号

为规范民办高校招生工作，优化招生环境，维护广大学生的合法权益，促进首都民办教育健康有序发展，根据《中华人民共和国民办教育促进法》及其《实施条例》《中华人民共和国广告法》和《北京市实施〈中华人民共和国民办教育促进法〉办法》，现将北京市民办普通高校及市教委审批的民办非学历高等教育机构2014年秋季招生政策通告如下：

一、民办普通高校

（一）民办普通高校是指经教育部或市政府批准、具有颁发普通高等教育本科或专科学历证书资格，并已颁发《民办学校办学许可证》的民办高校（含独立学院，下同）。

北京地区现有民办普通高校15所，其中本科院校2所，分别是北京城市学院（兼有高职教育、研究生教育招生资格）、北京吉利学院（2014年4月经教育部批准，在原北京吉利大学基础上建立并更名，实施本科教育并兼有高职教育招生资格）；北京北大方正软件职业技术学院、北京经贸职业学院、北京经济技术职业学院、北京汇佳职业学院、北京科技经营管理学院、北京科技职业学院、北京培黎职业学院、北京艺术传媒职业学院（2014年4月经市政府批准并报教育部备案，由原北京新圆明职业学院更名）8所学校为专科层次高等职业学校；首都师范大学科德学院、北京工商大学嘉华学院、北京邮电大学世纪学院、北京工业大学耿丹学院、北京第二外国语学院中瑞酒店管理学院5所学校为本科层次的独立学院。

（二）北京市民办普通高校普通本（专）科教育的招生，严格执行教育部和北京市关于普通高等院校招生管理规定，一律纳入全国普通高等学校统一考试招生体制内管理。2014年，北京北大方正软件职业技术学院、北京经贸职业学院、北京经济技术职业学院、北京汇佳职业学院、北京科技经营管理学院、北京科技职业学院、北京培黎职业学院、北京艺术传媒职业学院8所高等职业学校和北京吉利学院，部分专业经过批准实行高等职业教育自主招生，其余民办普通高校均无学校组织的普通高等学历教育自主招生。

二、民办非学历高等教育机构

（一）根据《中华人民共和国民办教育促进法》及其《实施条例》和国务院《高等教育自学考试暂行条例》等有关规定，民办非学历高等教育机构以开展高等教育自学考试助学等文化教育培训、职业培训为教学内容。

（二）根据《高等教育自学考试暂行条例》，民办非学历高等教育机构招收参加自学考试助学的学生，只有通过国家高等教育自学考试规定的全部课程，考试合格，方可取得加盖主考普通高校及自学考试办公室印章的国家承认的学历文凭。

（三）民办非学历高等教育机构不具备颁发国家承认的学历文凭的资质。

三、有关民办非学历高等教育招生政策

（一）按照《中华人民共和国民办教育促进法》及其《实施条例》，2014年北京市具有招生资格的民办非学历高等教育机构共有66所（学校名单附后）。

（二）民办普通高校在国家招生计划之外自行招收非学历教育

学生，在办理入学手续前必须向学生或家长公示获得学历的方式、收费项目、标准和退费办法，并与学生签署退费协议。学校制定的收退费办法不得与教育行政部门和物价管理部门的规定相抵触。

（三）学校开展办学活动所使用的名称必须与《民办学校办学许可证》上核准的名称一致。民办高校的招生简章应载明学校名称、办学性质、办学地点、招生专业、录取标准、取证方式、证书名称、证书性质、收费标准及退费办法等，内容必须真实、准确，不得含糊其词、误导求学者。招生简章和广告应报审批机关备案，学校以各种形式（含报刊、广播、电视、网络等）向社会发布的招生简章或广告的内容应与报审批机关备案的内容一致。

四、录取形式

北京市民办高校的录取通知书分为两类：一类是民办普通高校按全国普通高校招生规定，考生参加当年高考，达到录取分数线后，由省级招生部门办理录取手续，由学校寄发的普通本科、高职（专科）学历教育录取通知书；另一类是由民办普通高校和民办非学历高等教育机构自行组织，招收非学历教育学生，由学校寄发的非学历教育学习通知书。

根据教育部的规定，凡是经省级招生部门办理录取手续的考生，除由学校颁发的录取通知书外，另有省级招生部门颁发的录取考生信息确认表。凡没有录取考生信息确认表、只有录取通知书的，属非学历教育招生。

普通本科、高职（专科）学历教育录取通知书（北京生源）可通过以下三种方式查询：一是登陆北京教育考试院网站，查询录取结果；二是拨打 1606789 或 96000169，查询录取结果；三是与当地区县招办联系，查询录取结果。如录取学校、专业等信息与录取通知书相同，则通知书内容真实有效。

凡未经省级招生部门办理录取手续的考生，均不能注册普通高校学生学籍。请广大考生和家长注意识别普通高等学历教育与非学历高等教育的界限，明确就读学籍身份。

五、民办教育政策咨询信息网站

市教委网站（http：//www. bjedu. gov. cn/）将及时发布关于民办高校的相关政策信息，方便广大考生和家长查阅监督。

附件：2014 年北京市具有招生资格的民办非学历高等教育机构名单

2014 年 7 月 10 日

附件

2014 年北京市具有招生资格的民办非学历高等教育机构名单

一、全日制民办非学历高等教育机构（36 所）

北京现代音乐研修学院
北京经济研修学院
北京财经专修学院
北京文理研修学院
北京八维研修学院
北京建设大学
北京人文大学
北京涉外经济专修学院
北京旅游专修学院
北京高等秘书研修学院
北京工商管理专修学院
北京国际商务学院
北京北大资源研修学院
北京华夏管理学院
北京演艺专修学院
北京金融学院
北京东方大学
北京新亚研修学院
北京明园大学
东方文化艺术学院
中国信息大学
北京企业管理研修学院
北京应用技术大学
北京中新企业管理学院
现代管理大学
北京国际标准舞研修学院
北京美国英语语言学院
北京影视研修学院

北京翻译研修学院

北京珠宝首饰研修学院

北京国际经贸研修学院

北京华嘉专修学院

北京黄埔大学

北京世贤研修学院

北京民族大学

北京中国驻颜美容学院

中关村创新研修学院

北京东方研修学院

北京京海研修学院

北京计算机专修学院

中国农民大学

中国管理软件学院

北京国际汉语学院

北京礼仪专修学院

二、非全日制民办非学历高等教育机构（30所）

北京摄影函授学院

中国教育国际交流研修学院

北京国际青年研修学院

北京汉语国际推广中心

中国逻辑与语言函授大学

北京职业资格专修学院

北京军地专修学院

中国现代教育研修中心

北京彼得·德鲁克管理研修学院

北京经济技术研修学院

北京东方妇女老年大学

北京瀚林职业研修学院

北京高等珠宝研修学院

北京华大研修学院

北京机械工程师进修学院

北京当代艺术研修学院

北京长城研修学院

北京盛唐研修学院

蒙代尔国际企业家大学

北京心理学函授学院

北京社会函授大学

北京民生财富研修学院

中共北京市委教育工作委员会
北 京 市 教 育 委 员 会
北 京 市 公 安 局
北京市卫生和计划生育委员会
北京市食品药品监督管理局
北 京 市 财 政 局
北 京 市 民 政 局

关于开展2014年民办高等学校及其他民办高等教育机构办学状况年度检查工作的通知

京教民〔2014〕5号

各民办普通高校、独立学院、民办非学历高等教育机构：

为贯彻党的十八届三中、四中全会精神，巩固党的群众路线教育实践活动成果，引导本市民办高等教育健康有序发展，促进学校公益办学、规范办学、优质办学、特色办学，提高办学水平和教育质量，根据《中华人民共和国高等教育法》、《中华人民共和国民办教育促进法》、《民办高等学校办学管理若干规定》（教育部令第25

号）等有关法律、法规、规章的要求，在总结历年评估和年度检查实践经验的基础上，决定 2014 年继续开展民办高等学校及其他民办高等教育机构办学状况年度检查（以下简称“年检”）工作。现将有关事项通知如下：

一、年检的范围和原则

市教委批准成立或管理的具有合法有效的民办学校办学许可证、法人证书的民办普通高校、独立学院及其他民办高等教育机构均应参加年检。

（一）坚持简政放权的原则，根据转变政府职能、推进行政管理体制改革的要求，简化年检指标体系，为各类民办学校创造公平竞争的环境，激发民办学校的办学活力。

（二）坚持日常管理和年检工作相结合的原则，注重日常监管和指导，建立日常管理和年检工作相互促进，互为补充的工作机制。

（三）坚持分类指导的原则，针对民办普通高校及独立学院、民办全日制非学历高等教育机构、民办非全日制非学历高等教育机构不同类型学校的实际情况，分类提出年检考核要点，增强年检工作实效。

二、组织领导

（一）市委教育工委、市教委会同市公安局、市卫生计生委、市食品药品监管局、市财政局、市民政局联合成立北京市民办高等学校及其他民办高等教育机构办学状况年度检查工作领导小组（以下简称“领导小组”），确定年检工作方案，聘请专家审核年检材料，组成联合专家组开展进校考察。领导小组办公室设在市教委民办教育处。

（二）领导小组委托北京民办教育协会（以下简称“协会”）承担年检的具体实施工作。协会应根据年检工作总体部署，安排年检材料审核及各校的考察时间和日程，组织专家组实施材料审核及考察工作，收集并汇总专家组意见，报领导小组办公室。

（三）领导小组审核专家组意见建议，确定年检结论，并向学校反馈意见，公布年检结果。

三、实施程序

年检工作由学校自查、专家组审核材料、专家组进校考察三个阶段组成。

（一）学校自查阶段（2015 年 1 月）

学校要把自查作为学校提高自我管理和自我评价水平的重要手段，按照《北京市民办高等教育机构办学状况合格评估方案》（京教民〔2013〕6 号）的相关要求，认真分析办学状况，撰写自查报告，填报《办学状况调查表》；根据《2014 年度审计任务书》的要求，委托会计事务所进行审计。

自查报告要简述学校的办学定位、办学思路，以及适应首都经济社会文化发展需求的创新办学思路、转型发展规划；报告本年度学校事业发展概况，重要事项变化情况；根据年检考核要点逐项说明基本办学状况；对学校办学中面临困难采取的解决措施，对学校办学中存在问题的整改情况；特色办学及特色项目建设成果等。获得政府资助项目的学校应单独介绍项目进展情况以及项目对于促进学校提升办学水平、提高育人质量所发挥的作用。

学校要结合日常档案建设工作，按照年检考核要点整理原始资料，并对所提供材料及《办学状况调查表》的真实性负责。学校的自查报告及有关年检的数据、资料应主动接受督导专员的指导、核查。

（二）专家组审核材料阶段（2015 年 2 月）

领导小组办公室组织专家对学校自查报告、《办学状况调查表》《2014 年度审计报告》等相关材料进行书面审查，并根据材料审核情况和不同类型学校的办学情况，确定专家组进校考察学校名单。

（三）专家组进校考察阶段（2015 年 3 月）

领导小组委派联合专家组，根据年检考核要点进行联合进校考察。考察方式包括实地考察校园环境及设施，听课，走访，召开座谈会，核查学校有关档案资料等。专家组离校前要和学校负责人交流考察意见，重点围绕学校的办学思路及存在的问题提出指导性意见和建议。在专家组进校考察时，学校需逐项提供年检考核要点中所列出的查阅材料，每所学校的考察时间为 1 至 2 天。

专家组根据书面材料审查及进校考察的情况，提出年检考察意见、结论建议。未安排进校考察的学校"安全稳定"、"学校食堂食品安全"、"卫生安全"等项目的年检意见以市公安局、市卫生计生委、市食品药品监管局的日常监管记录为准。各考核项目的意见及学校年检结论建议报领导小组办公室。

四、年检结论及使用

（一）年检结论分为通过、暂缓通过和不通过。未达到通过标准，但在规定期限内整改积极、措施到位的学校，年检结论可定为基本通过。年检结论经领导小组和市教委主任办公会批准生效，有效期为 1 年。

（二）结论为通过、基本通过的学校，准予在下一学年招生；结论为暂缓通过的学校，应在 1 年内限期整改，整改期间停止招生活动，若在下一年的年检和评估中达到要求，准予恢复招生；若在下一年的年检和评估中仍然达不到要求，结论为不通过；结论为不通过的学校，有关部门将在各自职权范围内依法作出处理。

（三）年检结论与政府评选表彰、专项资助等政策措施挂钩，对于坚持内涵发展、规范办学、特色明显的学校，要积极宣传办学经验，树立典型，加大鼓励支持力度。

五、工作要求

（一）学校要积极配合专家组工作，提供有关资料、档案，并提供必要的工作条件及人力、物力支持。学校提供的有关资料、档案应如实反映学校的办学情况，杜绝各种形式主义、弄虚作假的现象。对弄虚作假的，一经查实，年检不予通过。

（二）学校可安排专家组在学校食堂就餐或安排快餐，不得向专家和工作人员赠送礼品、礼金。专家组要廉洁自律，不得接受学校的礼品、礼金，不得接受学校超标准接待。

（三）协会要提前 7 天通知有关学校专家组进校考察的时间、考察内容、确定考察的日程安排。

（四）学校要于 2015 年 1 月 30 日前送交自查报告、《办学状况调查表》（A4 纸打印，一式 3 份，加盖学校公章）、审计报告（一式 1 份，贴有会计师事务所防伪标）。上述纸质材料报送协会，同时将电子版发送至指定邮箱。

有关年检的文件及表格等材料可登陆市教委或北京民办教育协会网站下载。

网址：http：//mbjyc. bjedu. gov. cn

http：//www. edu111. cn

附件：1. 北京市民办高等学校及其他民办高等教育机构办学状况年度检查工作领导小组成员名单

2. 北京市民办高等学校及其他民办高等教育机构办学状况年度检查工作领导小组办公室成员名单

3. 2014 年北京市民办高等学校及其他民办高等教育机构办学状况年度检查方案

4. 办学状况调查表（略）

5. 2014 年度审计任务书

2014 年 12 月 29 日

附件 1

北京市民办高等学校及其他民办高等教育机构办学状况年度检查工作领导小组成员名单

组　长： 线联平　市教委主任

副组长： 张雪　市委教育工委常务副书记
李奕　市教委委员
高煜　市公安局副局长
毛羽　市卫生计生委副主任
张风平　市食品药品监管局副局长
汪钢　市财政局副巡视员
温庆云　市社团办主任
徐宝力　北京教育考试院副院长
刘林　北京民办教育协会执行会长

秘书长： 韩宝来　市教委民办教育处处长

成　员： 张学平　市公安局文保总队总队长
李晓娅　市公安局文保总队第六大队原调研员
段杰　市卫生计生委综合监督处处长
王本进　市卫生监督所副所长
孙学京　市卫生监督所学校卫生科副调研员
刘国斌　市食品药品监管局餐饮处处长
李红娜　市财政局教育事业处处长
闫晓强　市社团办民办非企业单位管理处副处长
姚林修　市教委发展规划处处长
刘占军　市教委学校后勤处处长
张龙　市教委基本建设处处长

李丽晖　市教委民办教育处副处长
荣燕宁　市教委高等教育处副处长
丁建　市教委发展规划处副调研员
贠新　北京教育考试院自学考试办公室主任
戴书菲　市教委审计处原调研员

附件 2

北京市民办高等学校及其他民办高等教育机构办学状况年度检查工作领导小组办公室成员名单

主　任：韩宝来（兼）　市教委民办教育处处长
副主任：马学雷　北京民办教育协会秘书长
李丽晖（兼）　市教委民办教育处副处长
李晓娅（兼）　市公安局文保总队第六大队原调研员
孙学京　市卫生监督所学校卫生科副调研员
翟献民　市食品药品监管局餐饮处副处长
闫晓强　市社团办民办非企业单位管理处副处长
荣燕宁（兼）　市教委高等教育处副处长
丁建（兼）　市教委发展规划处副调研员
崔晶　市教委民办教育处干部
孙秀芹　北京民办教育协会

附件 3

2014 年北京市民办高等学校及其他民办高等教育机构办学状况年度检查方案

一、民办普通高校及独立学院年检考核要点

考核项目	考核要点	分值	考核内容	查阅材料
一、依法诚信办学	1. 招生宣传与招生工作	5	诚信宣传，招生简章、广告、学校网站、社会网站上有关办学等招生宣传信息真实、准确、合法，与备案内容一致，无虚假、模糊、夸大的内容和承诺。对上级监管部门指出的问题能及时改正。招生工作（活动）合法有序，符合上级有关文件规定；没有委托中介机构或招收中介人员代为招生，没有组织在校学生参加招生；学校统一组织招生工作，没有以学校二级学院（机构）的名义单独组织招生。	招生简章、广告、学校网站、社会网站上有关办学等招生宣传信息，以及经备案的宣传材料，招生的机构设置、人员配置和管理规定，招生工作总结。
	2. 学生权益	3	依法保障学生的各种合法权益，有规范的收费、退费、奖惩以及困难资助等制度并认真执行。有规范的学生申诉制度及机构，能妥善及时处理申诉问题。	收费批复文件或备案表，退费原始财务凭证等退费制度执行情况的有关材料，学校与实习、就业单位签订的协议等材料，学生奖惩制度的有关文件及年度学生奖惩、资助情况一览表（注明姓名、院系、年级，奖惩、资助事项等）。
	3. 教职工权益	2	依法保障教职工的各种合法权益，教职工的聘任和解聘应根据国家有关规定执行，聘任教职工，应当签订劳动合同或聘任协议，明确双方的权利、义务等，聘任外籍人员应遵守国家有关规定；按劳动法规定为教职工缴纳五险一金；依法保障教职工的工资、福利待遇；有规范的教职工申诉制度及机构。	教职工劳动合同或聘任协议、外籍教师资质证明及聘任协议，工资及社保（失业、养老、医疗、工伤、生育保险及住房公积金等）的支付凭证，教职工申诉机构设置、制度及处理申诉的原始材料。

续表 1

考核项目	考核要点	分值	考核内容	查阅材料
二、规范管理	4. 决策机构及运行	5	依法设立学校董（理）事会等决策机构，经审批机关备案，能依法行使职权，运行正常。	学校决策机构组成人员备案表，董（理）事会等决策机构会议纪要。
	5. 管理机构	5	专职校长的资质与履职符合有关规定；学校行政管理机构健全，运行正常，主要管理人员稳定，具有大专以上文化程度，熟悉业务，明确职责，服务意识强，管理与服务效果好。	专职校长基本情况表及校长办公会会议纪要，学校各行政部门、二级教学单位负责人一览表（注明姓名、性别、年龄、职务、学历、职称、任职年份等）。
三、资产与财务	6. 办学资金筹措及管理	4	学校筹措办学资金的渠道合法有效，各项资金（包括学费、培训费、住宿费和其他代收代管的费用）全部纳入学校统一管理、核算。	财务账册、财务审计报告。
	7. 教学经费支出	2	年教学经费支出不低于学费（培训费）收入总额的20%，基本保障教育教学正常运行。	财务账册和原始凭证，财务审计报告。
	8. 财务状况	4	学校资产负债率不高于60%，净资产不低于注册的开办资金。	财务账册和会计报表，财务审计报告。
	9. 政府资助经费的使用和管理情况	—2	政府资助的民办教育发展促进项目、学生资助项目、购买服务项目等各项专项资金，应严格执行项目预算，单独核算，专款专用。建立经费使用的内控制度和监督管理制度，确保资金的安全和有效使用。	项目批复文件或拨款通知、相关采购合同（协议），项目经费的执行情况和资金使用效益的报告，专项资金购置资产的标识，财务审计报告。
四、党建和思想政治教育工作	10. 组织系统	3	校级党组织、院系级党组织健全，设置合理、规范。党务工作队伍健全。建立了教代会，有工会、共青团、学生会等组织。建立了中心组和党校。学校思想政治教育工作体系完善、队伍健全。	党组织的设置及组织机构概况；党务工作人员、辅导员、班主任、宿管员或生活指导老师名单；思想政治教育工作的计划和总结。

续表 2

考核项目	考核要点	分值	考核内容	查阅材料
	11. 规章制度及工作落实	4	党建基本制度建立健全。党建工作指导思想明确，工作思路清晰；党组织积极学习、宣传和执行党的路线方针政策，执行上级党组织的决议、决定；完成上级部署的各项任务。参与学校重大问题的研究讨论，引导和监督学校依法诚信办学。发展党员程序规范，手续完备。领导和支持教代会和群众组织工作。做好师生思想工作。配备思想政治理论课教师并有效开展教学工作；加强校园网络安全管理。	“三会一课”等制度。党建工作和学校年度工作计划和总结；党务工作记录；中心组学习记录；党组织民主生活会纪录；党费收缴和使用情况。发展党员材料。思想政治理论课教师及教学材料。
	12. 条件保障	3	决策机构、校行政领导班子支持党建工作；支持群众组织和教代会工作；党组织有必要的办公场所和办公设施、设备。党建工作经费纳入学校年度预算，党建和思想政治教育活动有必要的经费保障；对兼职党务工作人员从事的党务工作计算一定的工作量等。	学校决策机构组成人员名单；党组织职能部门的设置、办公场所及设备；财务年度预算；党建工作和思想政治教育活动年度经费总额度；兼职党务工作人员待遇。

二、民办全日制非学历高等教育机构年检考核要点

考核项目	考核要点	分值	考核内容	查阅材料
一、依法诚信办学	1. 招生宣传与招生工作	5	诚信宣传，招生简章、广告、学校网站、社会网站上有关办学等招生宣传信息真实、准确、合法，与备案内容一致，无虚假、模糊、夸大的内容和承诺。对上级监管部门指出的问题能及时改正。 招生工作（活动）合法有序，符合上级有关文件规定；没有委托中介机构或招收中介人员代为招生，没有组织在校学生参加招生；学校统一组织招生工作，没有以学校二级学院（机构）的名义单独组织招生。	招生简章、广告、学校网站、社会网站上有关办学等招生宣传信息，以及经备案的宣传材料，招生的机构设置、人员配置和管理规定，招生工作总结。

续表 3

考核项目	考核要点	分值	考核内容	查阅材料
	2. 学生权益	3	依法保障学生的各种合法权益，有规范的收费、退费、奖惩以及困难资助等制度并认真执行。有规范的学生申诉制度及机构，能妥善及时处理申诉问题。	收费批复文件或备案表，退费原始财务凭证等退费制度执行情况的有关材料，学校与实习、就业单位签订的协议等材料，学生奖惩制度的有关文件及年度学生奖惩、资助情况一览表（注明姓名、院系、年级、奖惩、资助事项等）。
	3. 教职工权益	2	依法保障教职工的各种合法权益，教职工的聘任和解聘应根据国家有关规定执行，聘任教职工，应当签订劳动合同或聘任协议，明确双方的权利、义务等，聘任外籍人员应遵守国家有关规定；按劳动法规定为教职工缴纳五险一金；依法保障教职工的工资、福利待遇；有规范的教职工申诉制度及机构。	教职工劳动合同或聘任协议、外籍教师资质证明及聘任协议，工资及社保（失业、养老、医疗、工伤、生育保险及住房公积金等）的支付凭证，教职工申诉机构设置、制度及处理申诉的原始材料。
二、规范管理	4. 决策机构及运行	5	依法设立学校董（理）事会等决策机构，经审批机关备案，能依法行使职权，运行正常。	学校决策机构组成人员备案表，董（理）事会等决策机构会议纪要。
	5. 管理机构	5	专职校长的资质与履职符合有关规定；学校行政管理机构健全，运行正常，主要管理人员稳定，具有大专以上文化程度，熟悉业务，明确职责，服务意识强，管理与服务效果好。	专职校长基本情况表及校长办公会会议纪要，学校各行政部门、二级教学单位负责人一览表（注明姓名、性别、年龄、职务、学历、职称、任职年份等）。

续表 4

考核项目	考核要点	分值	考核内容	查阅材料
三、办学条件	6. 有稳定的办学场所	5	有稳定、独立、相对集中的场地和校舍，且与办学规模相适应。	有效的土地证或土地租赁合同，有效的房产证或房屋租赁合同，办学场地无偿使用证明等。
	7. 教学设施	3	有与教学相适应的教室、图书室、计算机室、实验室、体育场地等教学用房和教学设施。	
	8. 生活设施	2	有与办学规模相适应的食堂、宿舍、浴室、医务室等生活用房和生活设施。	
四、教育教学	9. 教师及管理人员	5	教师及管理人员稳定，结构合理，能适应办学需要。	专职教师一览表、兼职教师一览表（一览表注明教师姓名、性别、年龄、专业技术职务、所学专业、目前所在专业、承担的课程及学时等），专业负责人和教师的资质情况、学历、专业技术职务或职业资格证书复印件，分管教学的校长、教务处教学管理人员、二级教学单位教学管理人员一览表。
	10. 教学文件及管理文件	5	教学计划、教学大纲、国考（自考）考试大纲等基本教学文件齐备、规范，并能认真执行；教学管理制度健全，文件齐备、规范，并能认真执行。教学运行有序，有质量保障措施。	教学管理制度汇编，教学计划、教学大纲、国考（市考）考试大纲，学生注册明细。

续表 5

考核项目	考核要点	分值	考核内容	查阅材料
五、资产与财务	11. 办学资金筹措及管理	4	学校筹措办学资金的渠道合法有效，各项资金（包括学费、培训费、住宿费和其他代收代管的费用）全部纳入学校统一管理、核算。	财务账册、财务审计报告。
	12. 教学经费支出	2	年教学经费支出不低于学费（培训费）收入总额的20%，基本保障教育教学正常运行。	财务账册和原始凭证，财务审计报告。
	13. 财务状况	4	学校资产负债率不高于60%，净资产不低于注册的开办资金。	财务账册和会计报表，财务审计报告。
	14. 政府资助经费的使用和管理情况	—2	政府资助的民办教育发展促进项目、购买服务项目等各项专项资金，应严格执行项目预算，单独核算，专款专用。建立经费使用的内控制度和监督管理制度，确保资金的安全和有效使用。	项目批复文件或拨款通知、相关采购合同（协议），项目经费的执行情况和资金使用效益的报告，专项资金购置资产的标识，财务审计报告。
六、党建和思想政治教育工作	15. 组织系统	3	党组织健全，设置合理。党务工作队伍健全。建立了教代会，有群众组织。学校思想政治教育工作队伍健全。	党组织的设置；党务工作人员、辅导员、班主任、宿管员或生活指导老师名单；思想政治教育工作的计划和总结。
	16. 规章制度及工作落实	4	建立了党建基本制度。党建工作指导思想明确，工作思路清晰；党组织积极学习、宣传和执行党的路线方针政策，执行上级党组织的决议、决定；完成上级部署的各项任务。参与学校重大问题的研究讨论，引导和监督学校依法办学、诚信办学。领导和支持教代会和群众组织工作。做好师生思想工作。加强校园网络安全管理。	“三会一课”等制度。党建工作和学校年度工作计划和总结；党务工作记录。
	17. 条件保障	3	决策机构、校行政领导班子支持党建工作；支持群众组织和教代会工作；党组织有必要的办公场所和办公设施、设备。党建工作经费纳入学校年度预算，党建和思想政治教育活动有必要的经费保障；对兼职党务工作人员从事的党务工作计算一定的工作量等。	学校决策机构组成人员名单；党组织职能部门的设置、办公场所及设备。财务年度预算；党建工作和思想政治教育活动年度经费总额度；兼职党务工作人员待遇。

续表 6

考核项目	考核要点	分值	考核内容	查阅材料
七、安全稳定	18. 基础工作	1	单独设置安全保卫工作机构，按照1000：1比例配备专职保卫干部，主管领导及保卫干部取得保卫干部资格证书；所使用的保安人员符合国务院保安服务条例相关规定；安全保卫工作制度健全；各类突发事件应急处置预案齐全；执行情况良好。	查阅保卫干部资格证书、各种安全制度及预案；各类安全制度日常执行的工作记录等。
	19. 安全防范	3	按北京市地方标准（DB11/255－2004）三级风险等级规定的场所、部位安装技术防范设施；有技术防范系统运行维护合同；中控室值守人员具有岗位资格证书，24小时值班，值班记录齐全，有工作流程和应急预案；监控图像显示清晰、硬盘录像机回放图像清晰、存储时间符合要求；定期开展安全检查，检查记录详细、清楚，检查中发现的安全隐患及时进行整改。	查阅技防系统相关材料、安全检查记录等。
	20. 校园稳定	2	切实深入了解掌握师生思想动态，摸排校园内部各类不安定因素，及时上报各类预警性信息，做好各类矛盾纠纷的预防化解工作；按照安委会通知要求，每月报送的信息及采用数量达标；及时准确报告并积极协助有关部门稳妥处置各类群体性事件；加强对学生的法制安全教育，适时开展各类反恐防爆及安全演练，并留有声像资料。切实提高学生法制意识及安全防范意识，提高学生的自我保护和紧急避险能力；学校应争创“零发案”学校，上一评定年度内学校发生治安、刑事案件及安全生产事故等情况。	查阅按要求报送信息情况、法制教育、各类演练的相关资料、学校上一年度发案情况。

续表 7

考核项目	考核要点	分值	考核内容	查阅材料
	21. 消防基础工作	3	单位内建筑应依法取得消防合格验收行政许可或备案。单位应建立消防安全管理组织机构并定期召开工作会议。应根据消防法规的规定建立专职消防队、义务消防队，并开展消防安全专项培训。校内建筑消防设施、灭火器材齐备、有效，并每年进行一次检测。提供《电气防火技术检测报告》、《建筑消防设施检测报告》。单位内部安全出口、疏散通道保持畅通，指示标志设置明显。在明显位置设置平面疏散示意图；单位应按照消防法和公安部“61号令”等法律法规的规定建立消防安全基本情况档案和消防安全管理情况档案以及各项消防安全管理制度	查看会议记录、单位文件、检测报告等，实地检查和抽查。
	22. 消防隐患排查及演练	1	应落实每周、每月的防火安全检查。检查次数符合规定。实行火灾隐患整改责任制，发现的火灾隐患应当立即改正。不能立即改正的火灾隐患，应限定整改期限，整改完毕应当组织验收；单位应制定灭火和应急疏散预案，并定期演练。演练要有声像、文字等记录。	查看防火检查记录及火灾隐患整改制度和整改记录、演练预案、演练记录等。

续表 8

考核项目	考核要点	分值	考核内容	查阅材料
八、学校食堂食品安全	23. 许可、从业人员及设施布局	4	餐饮服务许可证是否在有效期内；是否按照餐饮服务许可证规定的内容从事餐饮服务经营活动，是否存在超范围经营的情况。 服务从业人员是否每年进行健康检查，取得健康合格证明；从业人员是否定期接受食品安全教育和培训，是否有培训档案；从业人员是否需穿戴卫生、整洁清洁的工作衣帽，并做到：不留长指甲、长头发、长胡须，不戴戒指，不涂指甲油，操作时要按要求洗手消毒，不得吸烟和做与操作无关的事情；从业人员是否患有痢疾、伤寒、甲型病毒性肝炎、戊型病毒性肝炎等消化道传染病，以及患有活动性肺结核、化脓性或者渗出性皮肤病等有碍食品安全的疾病，仍从事接触直接入口食品的工作。 具有合理的设备布局和工艺流程，能有效防止待加工食品与直接入口食品、原料与成品交叉污染，避免食品接触有毒物、不洁物。	学校食堂《餐饮服务许可证》、供餐协议、供餐单位资质证明。 食品安全管理人员培训合格证明，从业人员健康管理和培训管理制度，从业人员健康证，从业人员晨检记录。
	24. 粗加工间、操作间及餐饮具消毒	3	粗加工间：查看是否有专用加工场地，是否使用有腐败变质原料；查看是否分别设置动物性食品、植物性食品、水产品 3 类食品原料的清洗水池，水池数量或容量与加工食品的数量相适应。各类水池是否以明显标识标明其用途，是否设有与班产垃圾相适应的密封容器；查看加工后的食品原料是否放入清洁容器内（肉禽、鱼类要用不透水容器），不落地，有保洁、保鲜设施。	关键环节操作规程，餐厨废弃物处置管理制度。

续表 9

考核项目	考核要点	分值	考核内容	查阅材料
			操作间：查看墙壁是否有 1.5m 以上的瓷砖或其它防水、防潮、可清洗的材料制成的墙裙，是否做到洁净，瓷砖、墙皮无脱落、无塌灰、无霉斑；查看用于原料、半成品、成品的工具、容器、抹布及冷藏设施是否做到标志明显、分开使用、定位存放、用后洗净、保持清洁；查看是否具备能盛放一个餐次的密闭垃圾容器。 餐饮具消毒：餐具、饮具和盛放直接入口食品的容器，使用前是否洗净、消毒，是否符合国家卫生标准；炊具、用具用后是否洗净，保持清洁；是否配备了能正常运转的清洗、消毒、保洁设备设施；采用化学消毒的，是否设有 3 个专用水池。采用人工清洗热力消毒的，是否设置 2 个专用水池。各类水池是否以明显标识标明其用途；经人工热力消毒的餐具表面是否光洁涩干，经化学消毒的餐具是否表面无异味、无食物残渣；消毒后的餐具是否贮存在餐具专用保洁柜内备用，已消毒和未消毒的餐饮具是否分开存放并在餐具贮存柜上有明显标记。	
	25. 库房、食品及食品原料等安全管理	3	食品仓库是否实行专用并设有防鼠、防蝇、防潮、防霉、通风的设施及措施，能否运转正常；食品是否分类，分架，隔墙隔地存放，各类食品是否有明显标志，有异味或易吸潮的食品是否密封保存或分库存放，易腐食品是否及时冷藏、冷冻保存；是否建立仓库进出库专人验收登记制度，做到勤进勤出，先进先出，定期清仓检查，防止食品过期、变质、霉变、生虫，及时清理不符合卫生要求的食品；食品成品、半成品及食品原料是否做到分开存放，是否存在食品与药品、杂品等物品混放；食品添加剂是否设置了单独的存放区域，进出库及使用是否有详细记录。	食品、食品添加剂、食品相关产品采购索证索票、进货查验和台账记录。

续表 10

考核项目	考核要点	分值	考核内容	查阅材料
			是否严格执行食品及原料、食品添加剂、食品相关产品进货查验和索证索票制度并建立台账；食品、半成品、成品、食品添加剂等保质期、保存条件、感官性状及使用范围和剂量等环节，确保食品安全使用。	
九、卫生安全	26. 生活饮用水	4	自备水井、二次供水有卫生许可证。学校使用的涉水产品有省级以上卫生行政部门颁发的涉水产品批件。水质消毒设备正常运转并有巡视检查记录。学校近 12 个月内未发生水污染事件。	学校自备水井或二次供水卫生许可证、学校使用涉水产品的省级以上卫生行政部门颁发的涉水产品卫生许可批件、水质消毒设备正常运转巡视检查记录、近 12 个月辖区卫生行政部门检查记录。
	27. 医疗机构与传染病管理	4	全日制教育机构应设置校内医疗机构，并具有合法、有效的《医疗机构执业许可证》；医疗机构实际提供服务的诊疗项目与《医疗机构执业许可证》核准的诊疗项目相符；各类卫生技术人员均取得执业资格，注册地点在本院，按照本人执业范围开展诊疗活动；按要求分类收集医疗废物，医疗废物盛放容器符合要求，医疗废物暂存地点和条件符合要求，暂存不超过 2 天。学校有传染病疫情报告制度，有专人负责传染病疫情报告，有晨检、巡查、因病缺课登记等相关记录；新生入学有体检记录；学校近 12 个月内未发生传染病暴发事件。	《医疗机构执业许可证》、学校医务人员的相应《职业证书》或《卫生技术专业职称证书》、医疗废物处置记录、学校传染病疫情报告登记本、新生入学体检记录、近 12 个月辖区卫生计生行政部门检查记录。
	28. 教学及生活环境	2	一年内新购进的人造板课桌椅、实验台，应有省级卫生部门出具的甲醛释放量检测报告、且结果符合国家卫生标准。	人造板课桌椅、实验台的供货厂家向学校提供的近 12 个月内在省级卫生机构检测报告书的复印件。

三、民办非全日制非学历高等教育机构年检考核要点

考核项目	考核要点	分值	考核内容	查阅材料
一、依法诚信办学	1. 招生宣传与招生工作	10	诚信宣传，招生简章、广告、学校网站、社会网站上有关办学等招生宣传信息真实、准确、合法，与备案内容一致，无虚假、模糊、夸大的内容和承诺。对上级监管部门指出的问题能及时改正。 招生工作（活动）合法有序，符合上级有关文件规定；没有委托中介机构或招收中介人员代为招生，没有组织在校学生参加招生；学校统一组织招生工作，没有以学校二级学院（机构）的名义单独组织招生。	招生简章、广告、学校网站、社会网站上有关办学等招生宣传信息，以及经备案的宣传材料，招生的机构设置、人员配置和管理规定，招生工作总结。
二、规范管理	2. 决策机构及运行	5	依法设立学校董（理）事会等决策机构，经审批机关备案，能依法行使职权，运行正常。	学校决策机构组成人员备案表，董（理）事会等决策机构会议纪要。
	3. 校长资质及履职	5	专职校长的资质与履职符合有关规定。	专职校长基本情况表，校长办公会会议纪要。
三、办学条件	4. 教学资源的配置、使用和建设情况	10	教材、教学软件、网络等教学资源配置合理，使用率较高，并能根据教学需要不断开发建设，从而优化教学过程，提高教学效率。	教材、教学软件一览表，网络教学设备台账。
四、教育教学	5. 教师及管理人员	6	教师及管理人员稳定，结构合理，能适应教学需要。	专职教师一览表、兼职教师一览表（一览表注明教师姓名、性别、年龄、专业技术职务、所学专业、目前所在专业、目前所在专业、承担的课程及学时等），分管教学的校长、教务处教学管理人员一览表。

续表 12

考核项目	考核要点	分值	考核内容	查阅材料
	6. 培训文件及管理文件	4	培训计划、培训方案等培训文件齐备、规范，并能认真执行；培训管理制度健全，文件齐备、规范，并能认真执行。	培训管理制度汇编、培训计划、培训方案。
五、资产与财务	7. 办学资金筹措及管理	4	学校筹措办学资金的渠道合法有效，各项资金（包括学费、培训费、住宿费和其他代收代管的费用）全部纳入学校统一管理、核算。	财务账册、财务审计报告。
	8. 教学经费支出	2	年教学经费支出能够保障教育教学正常运行。	财务账册和原始凭证，财务审计报告。
	9. 财务状况	4	学校资产负债率不高于60%，净资产不低于注册的开办资金。	财务账册和会计报表，财务审计报告。
	10. 政府资助经费的使用和管理情况	—2	政府资助的民办教育发展促进项目、购买服务项目等各项专项资金，应严格执行项目预算，单独核算，专款专用。建立经费使用的内控制度和监督管理制度，确保资金的安全和有效使用。	项目批复文件或拨款通知、相关采购合同（协议），项目经费的执行情况和资金使用效益的报告，专项资金购置资产的标识，财务审计报告。
六、党建和思想政治教育工作	11. 组织系统	3	党组织设置合理。有党务工作人员。建立了相应的群众组织。有学生工作干部。	党组织的设置；学校思想政治教育工作的计划和总结。
	12. 规章制度及工作落实	4	建立了党建基本制度。党建工作指导思想明确，工作思路清晰；学校党组织积极学习、宣传和执行党的路线方针政策，执行上级党组织的决议、决定。参与学校重大问题的研究讨论，引导和监督学校依法诚信办学。加强校园网络安全管理，校园网信息内容健康。	党建工作和学校年度工作计划和总结；党务工作记录；相关制度。

续表 13

考核项目	考核要点	分值	考核内容	查阅材料
	13. 条件保障	3	决策机构、校行政领导班子支持党建工作；党组织有必要的办公场所和办公设备。党建和思想政治教育工作有必要的经费保障；对兼职党务工作人员从事的党务工作计算一定的工作量。	学校决策机构组成人员名单；党建和思想政治教育工作经费总额度；兼职党务工作人员待遇情况。

四、考核结论标准及有关说明

（一）本方案根据《北京市民办高等教育机构办学状况合格评估方案》（京教民〔2013〕6 号）制定，按照民办普通高校及独立学院、民办全日制非学历高等教育机构、民办非全日制非学历高等教育机构不同的办学状况和办学要求，设置了三套年检考核要点。民办普通高校及独立学院年检考核要点包括 4 个考核项目，12 个考核要点；民办全日制非学历高等教育机构年检考核要点包括 9 个考核项目，28 个考核要点；民办非全日制非学历高等教育机构年检考核要点包括 6 个考核项目，13 个考核要点。

（二）每项考核项目的总分值为 10 分，得分大于或等于 6 分的考核项目一般可评为通过。民办全日制非学历高等教育机构年检考核要点中第七项考核项目（安全稳定）得分大于或等于 8.5 分，第八项考核项目（学校食堂食品安全）、第九项考核项目（卫生安全）得分大于或等于 8 分，可评为通过。考核要点“政府资助经费的使用和管理情况”最多扣 2 分，近两年未接受资助的学校不扣分。学校上一评定年度内出现因违规办学、虚假招生宣传等行为导致重大群体访或出现重大安全责任事故、重大刑事（治安）案件、重大火灾等，安全稳定项目为不通过。

（三）学校总体考核结论分为通过、暂缓通过、不通过，标准如下：

1. 所有的考核项目均被评为通过，总体考核结论为通过；

2. 有一项考核项目未达到通过，总体考核结论为暂缓通过；

3. 有一项以上考核项目未达到通过，或评估年度内发生重大违规办学问题的，有弄虚作假行为，总体考核结论为不通过。

附件 5

2014 年度审计任务书

一、审计报告格式

在主报告中披露基本情况、审计情况、审计结论及管理建议。

二、审计报告内容

（一）基本情况

在市民政局或编办注册登记日期，业务主管部门，法定代表人，开办资金，业务范围，住所；举办者，出资者及出资比例，出资方式；在校生人数，教职工人数，其中行政人员数、专职教师数、兼职教师数；财务管理机构及财务人员，全部开户行名称、账号及账户的基本情况是否正常，举办者是否按时足额履行出资义务；《办学许可证》与《民办非企业单位（法人）登记证书》、《事业单位法人证书》是否一致，如不一致需说明情况。社会组织评估等级。

（二）审计情况

1. 审计截止日学校资产、负债、净资产等情况，包括学校资产负债率情况，如果期末净资产低于开办资金，应说明原因。

2. 年度财务收支管理情况

（1）年度收入、支出情况，收入按照政府购买服务、政府补助、社会捐赠、自营收入分类分别表述，支出情况中需说明教学经费支出情况。

（2）收费及使用票据情况，收费情况按照学费、培训费、住宿费收入分类分别表述。

（3）接受、使用境内外捐赠情况，包括捐赠时间、捐赠单位或个人名称、捐赠金额、捐赠用途、捐赠款使用金额及项目完成情况；接受捐赠需要提供相应协议等材料。

（4）政府补助项目经费使用情况，包括民办教育发展促进项目、学生资助项目、政府购买服务等项目，及相关补助金额、经费使用金额、未使用金额、项目完成情况及是否按项目规定使用资金情况。

（5）纳税情况，包括纳税税种、纳税金额以及享受减免税政策情况。

（6）《民间非营利组织会计制度》、《事业单位会计制度》执行情况。

（7）国有资产、公办学院参与举办民办学校情况。

3. 学校筹措办学资金的渠道情况，举办者投入的资产与学校的其他资产是否分别登记建账。

4. 非营利性的体现情况，包括盈余是否分红，是否取得合理回报，是否按不低于年度净资产增加额或净收益25%的比例提取发展基金等。

5. 资产管理情况

（1）资产依法管理使用情况（有国有资产的列国有资产使用情况）。

（2）固定资产增减变动情况，包括固定资产原价、折旧、在建工程等。

（3）对外投资及取得投资收益的情况。

6. 会计报表主要项目明细（以下各项根据金额大小顺序列示前五位，如有账龄超出一年的需要分别以文字说明原因）

（1）应收账款明细，包括主要债务人名称、金额、款项性质和用途、账龄等。

（2）其他应收款明细，包括主要债务人名称、金额、款项性质和用途、账龄等。

（3）长、短期借款明细，包括债权人名称、金额、性质和担保情况。

（4）应付账款明细，包括主要债权人名称、金额、款项性质和内容、账龄等。

（5）其他应付款明细，包括主要债权人名称、金额、款项性质和内容、账龄等。

（6）预收账款明细，包括主要债权人名称、金额、款项性质和内容、账龄等。

（7）固定资产明细，按二级科目分类，包括类别、原值、累计折旧、年末净值。

（8）在建工程明细，包括项目名称、年末余额等。

（三）审计结论及管理建议

1. 年度审计的总体评价；

2. 存在问题及管理建议。

（四）其他事项说明

三、审计报告附件内容

（一）执行《民间非营利组织会计制度》的学校应填报资产负债表（甲）、业务活动表、政府资助项目经费使用情况表、固定资产增减变动情况表、现金流量表（前四张表的表式附后，略）；

执行《事业单位会计制度》的学校应填报资产负债表（乙）、收入支出表、政府资助项目经费使用情况表、固定资产增减变动情况表（表式附后，略）；

（二）截至 12 月 31 日银行对账单；

（三）固定资产中涉及房产的需提交学校房屋产权证明、土地使用证明等相关材料；固定资产中涉及车辆的需提交学校车辆行驶本等相关材料；

（四）办学许可证副本复印件；

（五）会计师事务所营业执照副本复印件。

德　育

北京市教育委员会文件选编

（2014）

北京市教育委员会办公室

关于开展“文明过假期，做文明有礼的北京人”主题教育活动的通知

京教基一办〔2014〕1号

各区县教委：

教育引导学生文明过假期是各中小学假期工作的重要组成部分，有利于将学校礼仪教育成果延伸到家庭、社区和社会。为贯彻落实十八届三中全会“坚持立德树人，加强社会主义核心价值体系教育，完善中华优秀传统文化教育”、市教委《关于在全市中小学进一步深入开展文明礼仪教育活动的通知》（京教基一〔2013〕9号）要求，市教委决定寒假期间在全市中小学生中开展“文明过假期，做文明有礼的北京人”主题教育活动。现将有关事宜通知如下：

一、主要内容

各中小学要从学生实际出发，抓住当前学生文明习惯养成的薄弱环节，针对学生假期生活的特点，引导学生“文明过假期，做文明有礼的北京人”，做到文明出行、文明购物和文明上网。

（一）文明出行

过马路要走人行横道，不闯红灯，乘车排队。公共场所轻声交谈，不打扰他人。不随地吐痰、乱扔垃圾，不说脏话。外出旅游应

自觉保护景点文物并尊重当地风俗习惯。

（二）文明购物

购物时自觉使用“请、谢谢”等文明用语，自备环保袋，挑选商品轻拿轻放，不购买商品要放回原位，交款时按顺序排队。

（三）文明上网

合理安排上网时间，不浏览、不制作、不传播不良信息，不进入营业性网吧，不登陆不健康网站，不玩不良网络游戏，拒绝使用侮辱性、猥琐性、攻击性语言。

二、工作要求

（一）提高认识，高度重视。各区县要充分认识当前中小学文明礼仪教育还存在诸多薄弱环节，特别是学生文明行为的自律意识亟待加强。抓住寒假的教育契机，有针对性的开展学生文明礼仪教育十分必要。各区县要把此项工作作为假期工作的重要组成部分，指导所辖中小学干部教师认真学习文件精神，根据本校学生实际情况制定具体措施和要求。

（二）加强宣传，明确要求。各中小学要将文件要求宣讲到每名学生和家长。通过召开主题班队会，引导学生明确要求，查找薄弱环节，提出改进方法。同时，各中小学还应将文件要求纳入寒假家长信中，倡导家长通过自身言行带动学生良好行为习惯的养成，形成合力。

（三）狠抓落实，力求实效。各中小学校要主动邀请社区参与到主题教育活动中，共同组织开展主题教育活动，并指导和监督学生落实文明行为，将学生在社区的文明表现作为首都文明办开展的争当社区文明小使者评选的重要内容。春季开学后，各校要召开活动总结会，宣传学生典型，发挥同伴榜样示范作用，切实促进中小学生文明素养的提升。

2014 年 1 月 14 日

北京市教育委员会办公室

关于在全市中小学幼儿园开展节俭养德节约行动的通知

京教办函〔2014〕34号

各区县教委：

为贯彻落实中央节俭养德全民节约行动总体方案，做好教育系统节俭养德宣传教育，市教委决定在本市中小学幼儿园广泛开展节粮、节水、节电、节约钱物等活动。现将有关要求通知如下：

一、要高度重视，紧紧围绕社会主义核心价值观教育，结合立德树人、节约国家资源能源的要求，从培养具有节约理念的合格的建设者和接班人的角度，深刻理解在校园开展节俭养德行动的深刻意义。

二、要加强统筹领导，结合实际，制定"俭以养德，从小做起"节约教育实践活动实施方案。要明确各部门在开展节约教育中的职责，对辖区内各中小学幼儿园开展工作提出明确要求，形成各负其责、密切配合的联动工作机制。

三、要将开展节约教育作为中小学幼儿园加强日常行为习惯养成教育的重要内容抓紧、抓实。组织中小学积极开展相关宣传教育活动，并注重运用先进典型的榜样力量，引导广大师生自觉厉行勤俭节约、反对铺张浪费，增强中小学生为推进节约型社会建设、实现“中国梦”而努力奋斗的社会责任感。

四、要对工作进展和效果进行定期督导检查。

2014 年 5 月 28 日

北京市教育委员会

关于利用好百部优秀少儿影片推进中小学培育和践行社会主义核心价值观工作的通知

京教函〔2014〕546 号

各区县教委：

为保障每名学生在中小学学习期间观看百部优秀影视作品，推动社会主义核心价值观进教材、进课堂，入脑入心，深入贯彻落实《北京市中小学培育和践行社会主义核心价值观实施意见》（以下简称《实施意见》），市教委从今年秋季开始在全市中小学启动百部优秀少儿影片进校园工作。现就如何利用好百部优秀少儿影片资源、推进中小学培育和践行社会主义核心价值观工作提出如下要求：

一、充分认识优秀少儿影片进校园工作的重要意义

2014 年秋季开学起，市教委将通过北京市中小学数字德育网陆续为广大中小学生推送以培育和践行社会主义核心价值观为主题的优秀少儿影片。首批 100 部影片已在新学期开学初向全市中小学生推送，涵盖传统文化、红色经典、优秀人物、历史地理、科普知识等题材，涉及动画片、故事片、纪录片三种电影类别。

这些优秀少儿影片内容丰富、形式活泼、寓教于乐，具有直观性和感染性，是中小学培育和践行社会主义核心价值观的重要教育资源，有利于把社会主义核心价值观的要求转化为学生可学、可模仿的人物形象，以鲜活的事例引导学生逐步理解社会主义核心价值观的丰富内涵，积极践行习总书记提出的“记住要求、心有榜样、从小做起、接受帮助”十六字要求，因此各中小学应使用好百部优秀少儿影片，切实发挥其良好的教育作用。

二、通过多种途径组织学生开展观影活动

各中小学可登录北京市中小学数字德育网下载优秀影片（网址http：//www.moral.bjedu.cn/）。教师要充分挖掘每部影片的历史背景、思想内涵及相关故事素材，根据不同学科教学内容及不同学段学生的年龄特点，有针对性地指导学生观赏。通过多种方式和途径，完成每名学生在中小学学习期间至少观看百部优秀影视作品的教育要求。提倡学生以自己喜欢的方式与同学、老师和家长分享交流观影感想。

（一）结合课程教学指导学生观看影片。各中小学要将影片观看活动与品德与社会、品德与生活、思想品德、思想政治、语文、历史、地理等相关学科教学有机结合，教师要按照学科课程标准的要求，依据教学目标精选影片类型及片段，将其作为形象的教学资源融入教学设计中，努力做到每堂课不仅传播知识，而且传授美德，让社会主义核心价值观的种子在学生心中生根发芽。

（二）结合主题教育活动指导学生观看影片。各中小学要将影片观看活动与培育和践行社会主义核心价值观主题教育有机结合，通过影片观赏、征文、演讲、舞台剧等形式，深化学生对社会主义核心价值观的认知和践行。

（三）引导学生自主观看影片。市教委推送的优秀少儿影片每部时长一般不超过30分钟，多数影片时长10至20分钟，教师可结合教学内容和学习要求，为学生提出观看指南，指导学生利用课余时间、周末或假期有计划地观看影片。

此外，各中小学要将市教委推送的优秀少儿影片与教育部推荐的优秀影片观看活动有机结合，丰富教育内容和实践载体，力求使教育活动贴近学生、贴近实际、取得实效。

三、切实做好组织管理与指导工作

（一）加强组织领导。各区县要指定专门部门和人员负责本区域此项工作的宏观指导和监督管理。指导学校制定工作实施方案，落实牵头部门，不定期对学校观影情况及效果进行检查监督。

（二）组织教师培训。市教委建立影视教育专家资源库，各区县要利用专家资源组织开展教师培训，深化教师对工作的认识，提高观影指导能力，充分利用好这一教育资源和载体，在中小学中大力培育和践行社会主义核心价值观。

（三）构建长效机制。各区县和中小学要将本项活动纳入到落实《实施意见》的整体安排中，贯穿到教育教学的全过程，建立健全协调推进机制。在工作开展过程中，区县和学校要注意了解学生的观影效果和反响，挖掘和推广学校组织观影工作的好经验、好做法。如有问题、意见或建议，请及时反馈至市教委基础教育一处。

2014 年 11 月 13 日

北京市教育委员会

关于公布2014年度北京市中小学生科学建议奖名单的通知

京教函〔2014〕627号

各区县教委：

经市教委2014年第20次主任办公会议研究，决定授予北京光明小学王焌懿等11名学生2014年度北京市中小学生科学建议奖，授予北京市东城区和平里第四小学王奕萱等12名学生2014年度北京市中小学生科学建议提名奖（名单附后）。

各区县教委要加大获奖学生先进事迹的宣传力度，引导广大中小学生关注社会，培养社会责任意识，促进德智体美全面发展，并以此为契机积极探索在中小学培育和践行社会主义核心价值观的有效途径。

附件：2014年北京市中小学生科学建议奖、科学建议提名奖获奖名单

2014年12月18日

附件

2014年北京市中小学生科学建议奖、科学建议提名奖获奖名单

一、北京市中小学生优秀科学建议奖（11名）

北京光明小学	王焌懿
北京市第十三中学	刘晓宇
北京师范大学附属实验中学分校	栾松巍
北京市宣武区师范学校附属第一小学	王若兮
北京市宣武区师范学校附属第一小学	吕梦娜
北京市第一〇一中学	张及晨
北京大学附属小学	韩宇哲、王南舜
北京市丰台区丰台第一小学	孙晓莱
北京市顺义区牛栏山第一中学	李子涵
北京市顺义区牛栏山第一中学	刘启慧

二、北京市中小学生优秀科学建议提名奖（12名）

北京市东城区和平里第四小学	王奕萱
北京市东城区史家胡同小学	段佳一
北京市宣武区师范学校附属第一小学	司一淳
北京市海淀区育鹰小学	李　田
北京市海淀区中关村第二小学	翟安可
北京市海淀区中关村第二小学	常淇开
北京市海淀区中关村第二小学	张润昕
北京大学附属小学	王一陈
北京市丰台区丰台第一小学	林宇琛
北京市怀柔区长哨营满族乡中心小学	雷智博、张仕贤 徐文旭

体育·卫生

北京市教育委员会文件选编

（2014）

北京市教育委员会
北 京 市 体 育 局

关于增补北京奥林匹克教育学校体育后备人才培养基地的通知

京教体艺〔2014〕1号

各区县教委、体育局：

为了全面落实《北京市推进中小学校体育工作三年行动计划》，加强北京奥林匹克教育学校体育后备人才培养基地（以下简称“培养基地”）的建设和管理，提高我市中学竞技体育水平，统筹规划我市中学体育人才培养的资源，完善我市中学体育运动项目的合理布局，根据《北京奥林匹克教育学校体育后备人才培养基地建设管理评估办法》，经学校申报、区县复核和市级专家组入校考察，并经市教委2013年第19次主任办公会审议，决定增补北京市回民学校等4所学校为北京奥林匹克教育学校体育后备人才培养基地；批准北京景山学校等6所学校增加体育运动项目；允许北京市第五中学等11所培养基地筹备学校在本区县内招收体育特长生，筹备三年期满，经评估合格后方可正式命名为培养基地。

现将培养基地名单及培养基地（筹备）名单印发给你们，请按照有关文件精神施行。

附件：1. 北京奥林匹克教育学校体育后备人才培养基地名单
　　　2. 北京奥林匹克教育学校体育后备人才培养基地（筹备）名单

2014 年 1 月 10 日

附件 1

北京奥林匹克教育学校
体育后备人才培养基地名单

区县	单位	项目	备注
东城区	北京汇文中学	田径	
	北京景山学校	男排 游泳（新增项）	
	北京市东直门中学	女篮	
西城区	北京市第八中学	田径	
	北京市回民学校	男足（新增项） 女足（新增项）	新增校
	北京市第四中学	男篮	
	北京师范大学附属实验中学	女排、游泳	
	北京师范大学第二附属中学	男排（新增项）	新增校
	北京市第六十六中学	乒乓球	
	北京市育才学校	棒垒球	
朝阳区	北京市第八十中学	田径 女足（新增项）	

续表

区县	单位	项目	备注
海淀区	清华大学附属中学	田径、男篮、女篮	
	北京市第一〇一中学	田径、女排 健美操（新增项）	
	北京市第二十中学	田径（新增项）	新增校
	北京市育英学校	游泳	
	中国人民大学附属中学	男足 健美操（新增项）	
	北京市八一中学	男足 健美操（新增项）	
	北京市中关村中学	武术（新增项）	新增校
丰台区	北京市第十二中学	田径	
石景山区	北京市第九中学	田径	
通州区	北京市通州区潞河中学	田径	
顺义区	北京市顺义牛栏山第一中学	田径	
	北京市顺义区第一中学	田径	
	北京市顺义区杨镇第一中学	田径 男篮（新增项）	
昌平区	北京市昌平区第二中学	田径	
大兴区	北京市大兴区第一中学	田径	
	北京市大兴区第一职业学校	女足	
怀柔区	北京市怀柔区第一中学	田径	
密云县	密云县第二中学	田径、男篮	

附件 2

北京奥林匹克教育学校体育后备人才培养基地（筹备）名单

区县	项目	单位
东城区	乒乓球	北京市第五中学
西城区	女篮	北京市第三十五中学
朝阳区	男足	北京市三里屯一中
	女排	北京工业大学附属中学
	羽毛球	北京市日坛中学
海淀区	男足	北京市第四十七中学
	男排	北京理工大学附属中学
	男排	北京航空航天大学附属中学
	羽毛球	北方交通大学附属中学
昌平区	跆拳道	北京市昌平区前锋学校
大兴区	跆拳道	北京市第二中学亦庄学校

北 京 市 教 育 委 员 会
北京市卫生与计划生育委员会
北 京 市 体 育 局

关于开展2014年北京市学生体质健康调研工作的通知

京教函〔2014〕135号

各有关区教委，北京工业大学、首都师范大学，北京市疾病预防控制中心：

根据《教育部等六部门关于开展2014年全国学生体质与健康调研工作的通知》（教体艺〔2014〕2号）精神，结合本市实际，现将开展2014年学生体质健康调查研究工作有关要求通知如下：

一、高度重视调研工作。青少年学生的体质健康关系到首都经济与社会的发展，关系到人力资源强国战略的实现，摸清学生体质现状有利于党和政府的战略决策，涉及到教育教学改革的进展，有关区县和学校要加强领导，全力支持数据的采集和调研，协调相关部门加强配合，组织专业队伍，严格按照标准保质保量完成检测调研工作。

二、科学确定调研对象。为了保证调研工作的准确性和连续性，有利于数据的分析和对比，各调研点校的确定与样本构成，原则上沿用2010年调研点校（见附件4）。对于样本量不足或打工子弟学生过多的学校应进行调整，并经市调研领导小组批准，报全国学生体质健康调研办公室备案后方可调整。

三、提供调研经费支持。为保证学生体质健康调研工作的顺利进行，由市学生体质健康调研办公室负责筹措调研工作所需经费，不足部分由各区县地方政府协调筹措解决。

四、设立两级调研工作机构。为保证此次调研工作的顺利开展，我市成立北京市学生体质健康调研办公室（附件 2）。各有关区和高校要参照市学生体质健康调研工作安排（附件 3），成立学生体质健康调研工作领导机构（各区由教育行政部门牵头），并组建专业检测队伍。请各有关单位于 7 月 15 日前将组织机构和检测队伍名单报市教委体卫艺处。

附件：1. 2014 年全国学生体质健康调查研究实施方案

2. 北京市学生体质健康调研工作组织机构及成名单

3. 北京市学生体质健康调研工作安排

4. 2010 年学生体质健康调研检测点校名单

2014 年 3 月 17 日

附件 1

2014 年全国学生体质与健康调研实施方案

根据《全民健身条例》《全民健身计划（2011～2015 年）》和《国民体质监测工作规定》，有关部门决定于 2014 年开展第四次全国国民体质监测工作。学生体质与健康调研是国民体质监测的重要组成部分，是学校体育卫生的重要基础工作。为做好此项工作，特制定本实施方案。

一、目的

1. 掌握我国学生体质与健康现状和发展变化趋势，为制定学校体育卫生工作发展规划、科学开展学校体育卫生工作提供科学依据。

2. 深入推进《国务院办公厅转发教育部等部门关于进一步加强学校体育工作若干意见的通知》(国办发〔2012〕53号)及其相关配套文件的贯彻落实，促进青少年体质与健康水平提高。

3. 配合完成《全民健身计划(2011～2015年)》实施效果评估任务，为制定新周期《全民健身计划》提供科学依据。

二、调查对象

本次调查在31个省、自治区、直辖市的普通高校和中、小学进行。调查对象为汉族7～22岁学生，少数民族7～18岁学生。

汉族学生7～18岁年龄组学生的体质与健康调查原则上在2010年各省、自治区、直辖市确定的好、中、差三片(“片”即地市)进行。19～22岁年龄组不分片。

在部分省、自治区对蒙古族、回族、藏族、维吾尔族、壮族、朝鲜族、苗族、彝族、布依族、侗族、水族、瑶族、白族、土家族、哈尼族、哈萨克族、傣族、黎族、傈僳族、佤族、东乡族、纳西族、柯尔克孜族、土族、羌族、撒拉族的学生进行体质与健康调查(见《2014年开展少数民族学生体质与健康调研省、自治区名单》)。其他少数民族的学生是否进行调查，由各省、自治区自行决定。

三、调研点校的确定与样本的构成

(一)调研点校的确定

2014年调研点校原则上延用2010年调研点校，因学校合并等原因需要调整时，必须在原调研点校附近选择同类学校。如果原为农业户口所在地的调研点校，现已经整体转为城镇居民户口，调研点校学生的类别与性质不变，即仍按照农村调研点校统计。

更换调研点校需报全国学生体质与健康调研协调小组办公室备案。

(二)抽样方法

本次调查延用分层随机整群抽样调查方法，即首先确定调研点校，再以年级分层，以教学班为单位随机整群抽样构成调研样本。

随机整群抽样时，所抽取的班级数以能满足最低调研样本数为限。

（三）样本构成、分组与样本含量

调研样本分为检测样本和问卷调查样本。

1. 检测样本

（1）检测样本分为体检样本和体测样本。

体检样本：由随机整群抽取的教学班全体学生构成。

体测样本：由体检样本中筛选的正常学生构成（正常学生指能从事各项体育锻炼活动，发育健全、身体健康的学生。凡心、肝、脾、肾等主要脏器有病者，身体残缺、畸形者，急性病患者或一月内患过高烧、腹泻等急性病，体力尚未恢复者及正处于月经期间的女生均不得参加素质项目的测试）。

（2）样本分组

汉族学生：7～22 岁汉族学生按城、乡、男、女分为四类，每岁一组，共 64 个年龄组。

少数民族学生：7～18 岁的蒙古族、回族、维吾尔族、壮族、朝鲜族学生按城、乡、男、女分为四类，每岁一组，共 48 个年龄组。其他少数民族 7～18 岁学生按男、女分为两类，每岁一组，共 24 个年龄组。

（3）样本含量

汉族学生：7～18 岁学生每片每类每个年龄组样本含量为 50 人；19～22 岁学生每类每个年龄组样本含量为 100 人。

少数民族学生：7～18 岁学生每类每个年龄组样本含量为 100 人。

12 岁样本量不足时，可从附近小学或中学的学生中补足，但必须按小学检测项目要求进行检测。18 岁样本量不足时，可从附近中学、中等职业学校、高校的学生中补足，但必须按中学检测项目要求进行检测。上述样本均需选择本地户籍的学生。

鉴于各地小学生入学年龄不一，6 岁年龄组学生样本数量不作具体规定。

2. 问卷调查样本

对体检样本中的小学四至六年级、初中、高中和高校的男女学生进行问卷调查，体检样本数即为问卷调查样本。

四、调研项目

调研项目包括检测项目和问卷调查。

检测项目分必测项目和选测项目（见附表1，略）。必测项目为各省、自治区、直辖市必须按规定要求完成的项目；选测项目为各省、自治区、直辖市根据当地实际情况自行选择的项目，不做统一要求。

问卷调查项目见《2014年全国学生体质与健康调研学生调查问卷》。

五、调研管理

（一）组织领导

由教育部牵头，会同国家体育总局、国家卫生计生委、国家民委、科技部、财政部共同组成“全国学生体质与健康调研协调小组”及其办事机构“协调小组办公室”，负责领导、协调全国学生体质与健康调研工作。聘请有关专家组成“全国学生体质与健康调研组”，负责全国学生体质与健康调研的具体业务工作，并对各省、自治区、直辖市调研工作进行业务指导。

各省、自治区、直辖市参照以上办法建立相应组织机构，并负责组建检测队，开展本地区调研工作。

调研点校由主管校长及有关部门人员组成学生体质与健康调研工作组，配合检测队完成本校的调研任务。

（二）组织实施

调研工作应与学生体质健康标准测试、体育考试、学生体检等工作有机结合起来，做到工作安排有序、检测数据共享。

（三）检测队组建

检测队应尽可能依托现有的学校体育卫生专业机构，在历次全国学生体质与健康调研检测队伍的基础上组建，检测人员必须是体育卫生专业技术人员，新充实的人员必须接受岗前培训，熟练掌握检测方法，考核合格后方能上岗。

（四）调研工作应有机结合学生体质健康标准测试

数据运用：本次调研检测数据，可作为调研点校学生体质健康标准的上报数据。各监测点学校及县（区）教育主管部门要制定相应的实施办法使之落到实处。

抽查复核：本次调研点校不再进行 2014 年全国学生体质健康标准抽查复核。

时间安排：体检样本（形态、机能、健康项目）测试和体测样本（素质项目）测试尽量同步进行，实在难以安排的，可以在规定的时限内分段进行，但体检时间应先于素质项目测试时间。

各省、自治区、直辖市应按照上述原则，认真做好本地 2014 年调研工作和全国学生体质健康标准抽查复核工作的对接安排，确保工作有序完成。

（五）主要工作安排

各省、自治区、直辖市应从即日起开始各项调研准备工作。

2014 年 5 月底前，各省、自治区、直辖市制定本地区的学生体质与健康调研工作方案，并报全国学生体质与健康调研协调小组办公室备案。

2014 年 6 月底前，举办全国学生体质与健康调研人员培训班，对各省、自治区、直辖市有关人员进行体质与健康现场检测及数据录入的培训。

2014 年 8 月底前，各省、自治区、直辖市对检测队伍进行强化培训。

2014 年 9～11 月底，各省、自治区、直辖市进行现场检测工作。《全国学生体质与健康调研检测卡片》（见附表 2，略）由各地按统一式样自行印制，学生调查问卷印在检测卡片的反面或与检测卡片装订在一起。

2014 年 12 月 20 日前，各省、自治区、直辖市按照“全国学生体质与健康调研组”提供的统一软件完成数据录入，并将数据录入软盘或通过电子邮件上报“全国学生体质与健康调研协调小组办公室”进行统一的检查验收。

六、经费

全国学生体质与健康调研经费由中央财政专项和中央集中彩票公益金支持体育事业发展专项资金共同解决，各省、自治区、直辖市学生体质与健康调研经费由地方财政统筹解决。

七、检测器材与数据录入

1. 按照 2010 年全国学生体质与健康调研统一规定的要求选择和使用检测器材，凡符合 2010 年全国学生体质与健康调研器材规定要求的检测器材在校正后可继续使用，不足部分可根据调研器材的规定要求和此次调研的需要适当补充。

2. 为保证检测质量，本次调研数据统一采用手工录入，不得使用 IC 卡记录和录入数据。

附表：1. 全国学生体质与健康调研项目表（略）

2. 全国学生体质与健康调研检测卡片（一）（二）（略）

附件 2

北京市学生体质健康调研工作组织机构及成员名单

一、北京市学生体质健康调研领导小组

组　长：郑　萼　　市教委副主任

郭积勇　市卫生计生委委员

许广树　市体育局副巡视员

二、北京市学生体质健康调研工作办公室

主　任：王东江　市教委体卫艺处处长

副主任：谢　辉　　市卫生计生委疾控处处长

颜纳新　市体育局青少年体育处处长

成　员：宋玉珍　市教委体卫艺处

王艳春　市卫生计生委疾控处

石颖丽　市体育局青少年体育处

贾宝剑　首都师范大学体育部主任

段佳丽　市疾病预防控制中心

潘勇平　市教育学会中小学卫生保健研究分会

三、北京市学生体质健康调研组顾问

马　军　　北京大学儿少卫生研究所所长

附件3

北京市学生体质健康调研工作安排

一、调查对象

北京市普通大中小学校的6～22岁汉族学生

二、检测样本分组及含量

全市按城、乡、男、女四类，每岁一组，共68个年龄组。各区上报的检测样本含量：每片每类每个年龄组样本含量为52人，各高校19～22岁学生每校每类每个年龄组样本含量各为102人。

每个区至少应上报有效卡片1352张，每个高校应上报有效卡片816张，总计有效检测人数为9744人。为保证完成有效检测人数的任务，各调研片应按照200％的比例准备检测人数，全市预计需检测近2万人。

三、测调研项目

检测项目分为必测项目和选测项目，同时附加问卷。北京市统一将腰围和臀围做为必测项目，必测项目和问卷须按规定完成。

四、时间安排

（一）7月上旬各调研片要完成检测队组建工作。

（二）8月对检测人员进行培训工作。

（三）7月中旬到9月初各调研片完成调研仪器的补充、调试等各项准备工作。

（四）9月初召开全市学生体质健康调研动员会（具体时间和地点另行通知）。

（五）9月12日至10月21完成现场检测调研。

（六）10月下旬至11月底各区县完成验收卡片、数据录入、统计汇总。并将数据软盘上报市疾病预防控制中心验收。

（七）12月底市调研组将全市汇总数据软盘上报全国学生体质健康调研领导小组办公室验收。

（八）2014年底市、区县、大学检测片要完成数据综合分析、论文撰写等工作。

（九）总结交流。在总结调研工作的基础上，对调研成果进行经验交流（时间待定），并将优秀论文向全国推荐。

检测中的其它问题按照《全国学生体质健康调查研究检测细则》的规定执行。

市学生体质健康调研组办公室负责解释有关工作要求。

附件4

2010年区县学生体质健康调研点校名单

区县 \ 点校 \ 序号	01	02	03	04	05	06
海淀区	二里沟中心小学	北大附小	石油附小	石油附中	八一中学	玉渊潭中学

续表

区县 \ 校点 序号	01	02	03	04	05	06
东城区	北池子小学	分司厅小学	和平里九小	北京27中学	北京65中学	北京165中学
西城区	半步桥小学	白纸坊小学	宣师二附小	北京62中学	北京63中学	北京43中学
通州区	永乐店小学	西集小学	宋庄小学	永乐店中学	西集中学	宋庄中学
顺义区	石园小学	后沙峪小学	杨镇小学	顺义第五中学	顺义第十中学	杨镇集团中学
怀柔区	北房小学	杨宋镇小学	庙城小学	北房中学	杨宋中学	庙城中学

北京市教育委员会

关于开展素质教育舞蹈课教学实践工作的通知

京教体艺〔2014〕4号

各区县教委：

为深入贯彻党的十八大和十八届三中全会精神，全面实施《教育部关于推进学校艺术教育发展的若干意见》要求，结合我市学校艺术教育发展现状和整体教育教学综合改革工作的实际，市教委决定从2014年开始开展素质教育舞蹈课教学实践工作，首批将在50所中小学校（以下简称“各实践学校”）开设素质教育舞蹈课。现将有关事项通知如下。

一、指导思想

落实立德树人的根本任务，实现改进美育教学，提高学生审美和人文素养的目标，进一步丰富、完善中小学艺术学科的教学资源，拓展和拓宽艺术学科的教学内容和形式，构建具有首都特色的学校艺术学科课程新体系，满足不同学生个性发展的需求，促进学生的全面发展和健康成长。

二、时间安排

市教委、北京教育科学研究院、北京舞蹈学院、北京学生活动管理中心等单位共同组成北京市中小学素质教育舞蹈课教学实践工作领导小组，负责统筹、协调、指导相关工作。

（一）2月底，对参与实践工作的学校主管领导开展培训；

（二）3月至6月，分两期开展学校骨干教师专项业务培训；

（三）7月，组织专家对参与学校进行实施前的专项业务评估；

（四）9月1日，正式实施。

三、实施要求

（一）硬件保障

各实践学校配备有可供舞蹈教学的专用教室，并装备墙镜、塑胶或木质地板、多媒体等设备。

（二）软件保障

各实践学校应配有专职的舞蹈教师，并取得素质教育舞蹈课程培训相应证书。暂未配齐教师的学校将由北京舞蹈学院派遣教师到校上课。

（三）课时安排

1. 素质教育舞蹈课所占课时由各校结合本校实际自行安排，可借助体育课、音乐课、校本课程等课时，每周不少于1课时，每学年不少于28周。

2. 各学校原则上第一学年选择1个班级进行（不限定学段及年级），具备条件的学校可扩大课程开设范围。

四、工作要求

（一）各区县教委

要从落实立德树人、全面实施素质教育的高度推动此项工作，把素质教育舞蹈课实践作为切入点，改进美育教学。

1. 要支持学校开展素质教育舞蹈课实践，并指导学校具体实施和落实。

2. 要在必要的场地设施和师资配备给予保障，指定业务处室具体负责组织实施，确保素质教育舞蹈课的有效开展。

3. 要统筹调动本区县教研部门以及相关的艺术教育资源，认真研究本区县素质教育舞蹈课程的推进方式、方法与进度。

（二）各实践学校

1. 高度重视此项工作，确保专业教师参加相关培训和业务学习，保证按计划实施。

2. 积极探索素质教育舞蹈课“教”与“学”的规律，以及对学生评价的方式方法。课程开展后，市教委将安排相关部门开展评测。

3. 要注重素质教育舞蹈课与其它课程的有机结合，促进舞蹈课程与课外活动、社团活动的有效整合。

4. 15所北京市学生金帆舞蹈团承办学校要发挥资源优势，切实起到示范和引领作用。

2014年3月18日

北京市教育委员会

关于高等学校社会力量支持中小学体育美育特色发展工作的通知

京教体艺〔2014〕7号

各区县教委，有关高等学校：

为发挥北京高等学校、社会力量在体育、美育方面的优势和引领作用，帮助中小学全方位、多样化、深层次地开展学校体育、美育工作，2014年，市教委将开展高等学校、社会力量支持中小学体育、美育特色发展工作（以下简称“支持中小学特色发展工作”）。现将有关事项通知如下：

一、指导思想

贯彻落实《中共中央关于全面深化改革若干重大问题的决定》中提出的“强化体育课和课外锻炼，促进青少年身心健康、体魄强健。改进美育教学，提高学生审美和人文素养”的要求，推动中小学体育、美育工作科学、有序、和谐地发展。支持中小学办学多样化、特色化发展，切实提高办学水平和教育质量。不断增进优质教育供给和促进义务教育均衡，解决好人民群众切身利益问题。进一步强化高等学校人才培养、科学研究、社会服务、文化传承创新的办学宗旨，以及履行创新型国家建设赋予高等学校的重要使命。

二、目标任务

开展支持中小学特色发展工作，是落实党的十八届三中全会、市委十一届四次全会精神的重要部署，是全面贯彻党的教育方针，持续深化素质教育的重要举措，是学校办有特色、学生学有专长，提升整体办学水平的重要任务。

通过这项工作，一是要加强和改进中小学体育、美育工作，促进青少年身心健康成长，提高学生的审美和人文素养；二是要推动义务教育优质均衡发展，支持学校办有特色，增加吸引力和影响力；三是要充分发挥首都各方面资源优势，强化高校、社会力量和中小学的协作共建、资源共享，不断创新人才培养机制，形成育人合力。

在小学阶段，使学生的体育素质、艺术素养得到提升，个性得到发展，并形成广泛的兴趣和爱好，基本掌握一至两项体育、艺术技能。

三、实施办法

此次支持中小学体育、美育特色发展工作在小学阶段开展。2014 年 9 月，在百所小学一年级开始实施，采取年级滚动方式至 2020 年。我委将继续加强对资源的整合和利用，逐步扩大支持学校的数量。

参加支持的单位为北京高校，国家和市级艺术机构、艺术院团、以及国家级行业协会、体育俱乐部等。支持方式采取在小学挂牌基地学校、特色学校、项目实验学校、艺术家工作室、体育俱乐部等形式。

市级财政拨付专项经费予以支持，区县根据《北京市中小学办学条件标准》负责专用教室和活动场所的建设，并配备体育、艺术教学和社团活动所需设备。

四、时间安排

2014 年 3 月底前，对高等学校、区县教委、小学相关人员完成培训工作。

4 月中旬，区县教委组织小学与支持单位完成协议签署。

5 月至 6 月，对小学开展此项工作的筹备情况进行评估。

7月，各支持单位申报项目经费文本。

8月，对小学体育、艺术学科教师开展专项业务培训。

9月，正式实施支持小学体育、美育特色发展工作。

2015年9月，实施第二批支持小学特色发展工作。

五、实施内容

（一）以弘扬社会主义核心价值观，推动素质教育为主线

在小学创建富有生机的人文氛围和具有底蕴的学校文化，全面提升校园文化的品味与品质。进一步改善学校文化氛围，营造向真、向善、向美、向上的育人环境，形成北京教育新气象。

（二）以深化、细化学校体育、艺术学科教学为重点

引导和指导小学创新性地开展学科教学改革，发挥课堂教学主渠道作用，探寻育人规律、破解教学难题、促进质量提高。在现有小学体育、艺术教学标准和教学计划的前提下，依托高校、社会力量优势，积极拓展教学内容，开发和实施具有北京特色和特点的体育、艺术课程，构建北京学校体育、艺术学科教学新模式。

（三）以加强学生体质、提高人文素养为核心

发展形式多样、丰富多彩，喜闻乐见的学生体育、艺术社团，培养学生的兴趣和爱好，满足需求。利用北京体育、艺术人才优势和独特条件，对学生社团活动进行辅导和提供支持。借助教育部实施体育与艺术2＋1项目，以及北京市中小学课外活动计划，广泛吸引学生参与活动。使学生基本掌握体育、艺术技能，形成北京中小学办学新亮点。

（四）以促进小学体育、艺术教师成长为抓手

采取进修培养、师徒结对、教学实践等多种形式加快小学体育、艺术教师的专业拓展和水平的提高。具有举办MFA（艺术硕士）资质的高校要为小学教师报考提供条件，激发教师的学习热情。通过多种政策鼓励教师提升自身素质和专业水平，形成推动北京中小学体育、艺术教师发展的新实力。

（五）以高等学校理论和实践研究优势为依托

在小学开展以中华优秀传统文化传承、体育和艺术教育有效实施等项目的研究与实践，提高小学专业教师参与理论研究的水平。同时，高等学校率先将相关体育、艺术理论研究成果在小学进行实验和转化，探索北京高校与中小学理论与实践研究互动的新机制。

六、工作要求

（一）各单位要站在落实党的方针政策和十八届三中全会精神，以及习近平总书记在北京视察工作时讲话的精神高度，认识、支持和参与这项工作。把这项工作作为提升学生素质，实现教育均衡，发展学生个性的探索与创新。加强统筹和领导，认真落实好各项政策，使用好专项经费。

（二）高等学校要积极履行社会服务、文化传承创新的办学宗旨。调动学校资源，指定部门和安排人员具体负责，鼓励教师和在校研究生参与支持工作。支持小学特色发展工作要整体设计、缜密实施，不越位、不缺位，全力推进此项工作。

（三）高等学校要紧紧围绕学校文化建设、学科课程教学、学生社团发展、教师培养培训、理论实践研究五个方面开展支持。抓住重点、真心投入、有效实施，将目标落实到培养学生素质、促进学生个性发展上。出实招、使实劲，帮助小学形成办学特色。

（四）区县教委要领导本辖区小学开展工作，指定业务科室全面负责，加强监管和督导，并将这项工作写入区县学校艺术、体育教育发展年度报告。要调动整合属地体育、艺术教育、校外教育资源给予学校具体帮扶。优先推荐和支持这些学校参与体育、艺术教育各项改革，搭建国内外体育、艺术交流活动平台，展示相关成果。

（五）区县教委要组织做好本辖区小学与支持单位的对接工作，围绕“一校一策”研究制定所涉及小学接受支持的具体方案，指导学校与相关单位签署支持合作协议。统筹安排好经费的使用，并加大投入改善小学在体育、艺术教育方面的设施设备条件。5 月 10 日前，各区县将合作协议报市教委体卫艺处。

（六）区县要制定工作方案，在巩固成果的基础上分层、分类稳步实施，确保不走样、不变形。区县教委对小学要提出明确工作目标，参与支持中小学特色发展工作的高等学校、社会力量要解放思想、勇于担当、整体投入，以点带面。特色建设重点在课程的研发与实施、学生社团的发展和学生兴趣专长培养上，逐渐充实相关内容。

市教委将结合落实教育部有关体育、艺术教育相关改革工作部署，与农村学校艺术教育实验县建设，全国中小学中华优秀文化艺术传承学校、建立普通中小学学生体育、艺术素质评价制度等工作相结合，统筹推进该项工作。

2014 年 4 月 10 日

北京市教育委员会

关于印发《北京市中小学心理健康教育工作纲要（修订）》的通知

京教基一〔2014〕3 号

各区县教委：

为推动我市中小学心理健康教育工作深入开展，根据教育部《中小学心理健康教育指导纲要（2012 年修订）》精神，结合近年来北京市中小学心理健康教育工作的经验，广泛听取中小学教师、教科研部门、教育行政部门和有关专家的意见，市教委对《北京市中小学和职业学校心理健康教育工作纲要（试行）》进行了修订。

现将修订后的《北京市中小学心理健康教育工作纲要》印发给你们，请认真组织实施。工作过程中的问题和建议及时报市教委基教一处。

附件：1. 北京市中小学心理健康教育工作纲要（修订）

2. 北京市中小学心理健康教育内容要点

2014 年 4 月 16 日

附件 1

北京市中小学心理健康教育工作纲要（修订）

中小学心理健康教育，有利于提高中小学生心理素质、促进其身心健康和谐发展，是全面推进素质教育的重要组成部分。中小学生正处于身心发展的重要阶段，在学习、生活、自我意识、情绪调适、人际交往和生涯规划等方面，会遇到各种各样的心理困扰或问题。因而，在中小学开展心理健康教育是学生健康成长的需要，也是全面推进素质教育的必然要求。

为深入贯彻党的十八大、十八届三中全会精神，落实国家及北京市《中长期教育改革和发展规划纲要》和教育部《中小学心理健康教育指导纲要（2012 年修订）》的相关要求，在总结十年来中小学心理健康教育工作经验的基础上，修订本《纲要》。

一、指导思想

坚持立德树人、育人为本，加强对学生的人文关怀和心理疏导。根据中小学生生理、心理发展特点和规律，运用心理健康教育的知识理论和方法技能，培养中小学生良好的心理素质，促进他们身心和谐全面发展。

二、基本原则

以学生发展为根本，遵循学生身心发展规律，坚持以下基本原则：

（一）科学指导与注重实效相结合。心理健康教育要以学生身心发展特点及心理健康教育规律为依据；因地制宜，不断探索有利于学生身心健康发展的途径与方法，切实提高学生心理健康水平。

（二）面向全体学生与关注个体差异相结合。心理健康教育必须面向全体学生，促进学生心理素质的全面提高；要关注学生的差异，根据不同学生的心理特点和发展需要，开展有针对性的引导和辅导。

（三）发展、预防与危机干预相结合。心理健康教育要着眼发展，注重培养学生的积极心理品质，开发他们的心理潜能；注重预防和解决发展过程中的心理行为问题，在应急和突发事件中及时进行危机干预。

（四）学生主体地位和教师主导作用相结合。心理健康教育要尊重学生的主体地位，提高学生的自我教育能力，开展同伴互助，实现共同成长；教师要为学生的健康成长营造良好的氛围，发挥积极的引领作用，引导学生主动关注自己的身心健康。

三、目标和任务

（一）中小学心理健康教育的目标

提高全体学生的心理素质，培养良好的个性心理品质，充分开发学生的潜能，形成健全的人格，促进学生身心和谐可持续发展，为他们健康成长和幸福生活奠定基础。

（二）中小学心理健康教育的任务

1. 开展面向全体学生，全面提高学生心理素质的心理健康教育

通过心理健康教育活动课、专题讲座、团体辅导等途径和方法，开展面向全体学生，全面提高学生心理素质的心理健康教育，

帮助学生提高心理素质。

2. 发现和疏导学生的心理、行为问题

及时发现学生发展过程中的心理困惑，给予科学、有效的心理辅导，对于少数有严重心理问题的学生及时转介；对校园重大伤害或突发灾难事件及时进行危机干预。

3. 创设良好的心理健康教育环境

建立和谐的师生关系，营造良好的学校和班级氛围，尽可能避免各种不利因素对学生心理健康的影响；指导家长掌握科学的心理健康教育理念与方法，创设有利于学生健康成长的环境。

四、主要内容

中小学心理健康教育的主要内容包括认识自我、学会学习、人际交往、情绪调适、生涯规划等方面。

（一）认识自我

帮助学生认识身心发展特点与规律，了解自己的兴趣、能力和性格特征，学会客观分析与评价自我，形成积极的自我概念。

（二）学会学习

引导学生端正学习态度，激发学习动机，培养学习兴趣和良好的学习习惯，帮助学生掌握有效的学习方法和策略，增强学习效能，培养探究意识和创新精神。

（三）人际交往

引导学生学会尊重差异，掌握与不同人群沟通交往的基本原则与方法，正确认识友谊与爱情，恰当地处理人际冲突，具备合作意识与能力。

（四）情绪调适

引导学生学习体察与表达情绪，控制与管理情绪，能有效处理各种情绪困扰，获得积极的情绪体验。

（五）生涯规划

帮助学生了解社会的发展变化，获取生涯信息，制定生涯发展目标，掌握时间管理方法与生涯决策方法，学会平衡人生的多种角色。

五、途径和方法

中小学要采取多种途径和方法开展心理健康教育，注意发挥各种途径和方法的综合作用，增强心理健康教育的实效。

（一）将心理健康教育贯穿于学校教育教学全过程

全体教师应自觉地在各种教育教学过程中遵循心理健康教育规律，将心理健康教育与学科教学、班主任工作、班团队和学生社团活动、社会实践等有机结合，开展适合学生特点的心理健康教育活动。

（二）开展心理健康专题教育

要针对学生的年龄特点和发展需要，运用团体辅导、专题讲座、角色扮演、心理剧、心理游戏等方法开展专题教育（如青春期教育、考前辅导、学习心理辅导等）。在不同年龄阶段，专题教育活动设计的侧重点和方式应有不同。

（三）开展心理辅导工作

利用心理辅导室，指导并帮助学生解决在学习、生活和成长中出现的困惑；对于少数有严重心理障碍的学生，应及时识别并转介到其它专业心理咨询机构或医学心理诊治部门。

（四）学校、家庭和社会共同实施心理健康教育

学校要帮助家长了解和掌握孩子成长的特点、规律，为家长提供促进孩子健康发展的具体方法。要充分利用校外教育资源开展各种有益于中小学生身心健康的文体娱乐活动和心理素质拓展活动，拓宽心理健康教育的途径。

六、组织与实施

（一）明确任务，加强对中小学心理健康教育工作的领导和管理

各级教育行政部门要切实加强对中小学心理健康教育工作的领导，制定或完善规章制度，明确责任部门和负责人，将心理健康教育工作列入年度工作计划，保障心理健康教育所需要的时间、经费

和场地。完善心理健康教育服务体系，建立学校、家庭和社区心理健康教育网络和协作机制。加强区域和校际间中小学心理健康教育的交流与合作，实现心理健康教育全覆盖和区域均衡发展。

（二）重视课程建设，加强中小学心理健康教育的系统性

从不同学校实际和不同年龄阶段学生的身心发展特点及需求出发，设置具体的心理健康教育内容，构建科学系统的心理健康教育课程体系，利用地方课程或校本课程开展心理健康教育。

（三）规范心理辅导工作，充分发挥心理辅导室的作用

规范中小学心理辅导室建设标准，建立健全学校心理辅导工作制度，提高心理辅导专业水平，充分发挥心理辅导室在预防和解决学生心理困扰过程中的重要作用。

（四）加强队伍建设，保障中小学心理健康教育工作的可持续发展

各区县应创造条件，不断提高心理健康教育教师队伍的专业化水平，加快形成以专职心理健康教育教师为主的教师队伍，完善培养和发展机制，稳定心理健康教育教师队伍。每所学校至少配备一名专职心理健康教育教师，心理教师原则上应具有心理学、教育学或相关专业本科以上学历。500 名以上学生规模的学校应创造条件，适当增加心理教师的数量。建立完善新任心理教师上岗培训和心理教师轮训制度，专职心理教师享受班主任同等待遇，记班主任工作年限。

（五）加强研究，提高中小学心理健康教育工作的实效性

区县要将心理健康教育纳入教育科学研究规划，积极组织相关课题申报和优秀成果评选。学校要通过研究与实践，积极探索各年龄阶段心理健康教育的内容、途径和方法。建立教研制度和视导机制。每个区县至少配备中、小学心理健康教育教研员各一名，每月至少组织一次辖区内心理健康教育教师的教研活动。各级教育行政部门和业务部门应定期联合对学校心理健康教育在制度建设、机构设置、师资配备、时间与经费等方面的落实情况进行专项视导。

此外，中小学心理健康教育是一项专业性很强的工作，心理健康教育教师应遵循学生心理发展特点和教育规律，向学生提供发展性心理辅导和帮助。开展心理辅导必须遵守职业伦理规范，在学生知情自愿的基础上进行，及时与其监护人进行必要沟通；严格遵循保密原则，尊重学生隐私，谨慎使用心理测试量表或其他测试手段，不能强迫学生接受心理测试，禁止使用可能损害学生心理健康的仪器，要防止心理健康教育医学化的倾向。

附件2

北京市中小学心理健康教育内容要点

一、小学低年级心理健康教育的内容及要点

（一）帮助学生了解学校生活与学前教育阶段的不同，认识班级、学校、日常学习生活环境和基本规则，逐渐适应新环境和学校生活。

（二）保护和培养学生的好奇心，积极关注并体验各种感兴趣的活动，感受学习的乐趣。

（三）培养学生交往、分享、谦让等意识，在同伴交往中感受友情。

（四）引导学生观察自我和他人的情绪，认识情绪的不同表现，树立控制不良情绪的意识。

（五）引导学生逐步做到自己的事情自己做，作息要有规律，初步树立合理分配学习、生活与娱乐时间的意识。

二、小学中年级心理健康教育的内容及要点

（一）引导学生积极参与各种活动，广泛发展兴趣，初步了解自己的优点与不足，培养学生乐观、自信的心理品质。

（二）帮助学生形成良好的学习态度，培养探究精神；面对学习难度的增加，引导学生敢于面对困难与挑战，有意识地调整学习方法，提高学习效率。

（三）培养学生初步具有与家人、老师和同学主动交往的能力，具有分享与互相帮助的行为。

（四）引导学生在学习和生活中学会合理表达自己情绪的方式和方法。

（五）引导学生了解家庭成员的职业。有意识地制定学习与生活计划，认识到合理利用时间的重要性，帮助学生掌握基本的生活技能。

三、小学高年级心理健康教育的内容及要点

（一）引导学生初步了解自己的兴趣、能力和性格等特点，了解青春期的身心变化。

（二）激发学生的学习动机，引导学生正确对待成绩；帮助学生掌握基本的学习策略。

（三）帮助学生认识到个体之间存在差异，初步掌握与家长、老师和同学等不同人群交往的基本方法，建立和维持良好的同伴关系。

（四）帮助学生认识情绪调适的重要性，学习简单的情绪调适方法。

（五）引导学生认识社会分工，尊重成人的工作；培养学生自主解决学习和生活问题的基本能力，具有目标意识，合理安排学习、生活与休闲。

四、初中阶段心理健康教育的内容及要点

（一）引导学生认识青春期的生理和心理特征，帮助学生客观、合理地认识自我、评价自我，发展与完善自我。

（二）帮助学生积极适应中学阶段的学习环境和要求，提高学习的主动性，掌握有效的学习方法和策略，有意识地将课内知识与生活实践相结合。

（三）引导学生尊重个体间的差异，能与周围的人积极交往，掌握人际沟通的基本方法，把握好与异性交往的尺度，树立合作意识。

（四）帮助学生认识情绪对自己和他人的影响，学会调节自己的情绪，能积极地应对挫折与压力。

（五）引导学生了解多种受教育途径以及自己所关注的职业，树立积极、合理的目标，掌握时间管理的基本方法。了解科学的决策方法，有初步的角色意识。

五、高中阶段心理健康教育的内容及要点

（一）引导学生科学合理地对自我的兴趣、能力、性格特征和价值观进行分析与评估，形成积极的自我概念。

（二）帮助学生了解和掌握高中学习生活的特点，积极应对考试压力，提升问题解决和创新实践能力，树立终身学习的意识。

（三）引导学生尊重不同国家和区域的文化多样性，扩大人际交往的范围，提高人际沟通能力，正确认识友谊和爱情，合理对待竞争与合作。

（四）帮助学生学会有效管理自己的情绪，掌握压力应对的方法，保持积极健康的心态。

（五）帮助学生树立积极的人生理想，制定明确可行的发展目标，具有时间管理、自主决策和执行计划等能力，了解并平衡各种人生角色。

北京市教育委员会

转发教育部关于印发《国家学生体质健康标准（2014年修订）》文件的通知

京教体艺〔2014〕17号

各区县教委，各普通高等学校、中等职业学校：

7月7日，教育部印发了《国家学生体质健康标准（2014年修订）》（以下简称《标准》）并要求在2014新学年正式实施。《标准》是落实《国家体育锻炼标准》及依法行政，依法治教的具体举措，学校开展体育工作的重要依据。现阶段，《标准》既是我市评价个体学生综合素质的重要指标，也是对区县政府绩效考核指标体系中的重要内容。现将《教育部关于印发〈国家学生体质健康标准（2014年修订）〉的通知》（教体艺〔2014〕5号）转发给你们，请认真贯彻执行。

2014年9月1日

教育部

关于印发《国家学生体质健康标准（2014年修订）》的通知

教体艺〔2014〕5号

各省、自治区、直辖市教育厅（教委），新疆生产建设兵团教育局，部属各高等学校：

为建立健全国家学生体质健康监测评价机制，激励学生积极参加身体锻炼，引导学校深化体育教学改革，推动各地加强学校体育工作，促进青少年身心健康、体魄强健、全面发展，在认真总结各地实施现行《国家学生体质健康标准》的基础上，结合新时期青少年体质健康状况和学校体育工作实际，我部组织对现行《国家学生体质健康标准》进行了修订。现将《国家学生体质健康标准（2014年修订）》印发给你们，请认真贯彻执行。

附件：国家学生体质健康标准（2014年修订）

2014年7月7日

附件

国家学生体质健康标准（2014年修订）

一、说明

1.《国家学生体质健康标准》（以下简称《标准》）是国家学校教育工作的基础性指导文件和教育质量基本标准，是评价学生综合素质、评估学校工作和衡量各地教育发展的重要依据，是《国家体育锻炼标准》在学校的具体实施，适用于全日制普通小学、初中、普通高中、中等职业学校、普通高等学校的学生。

2.本标准的修订坚持健康第一，落实《国家中长期教育改革和发展规划纲要（2010～2020年）》、《国务院办公厅转发教育部等部门关于进一步加强学校体育工作若干意见的通知》（国办发〔2012〕53号）和《教育部关于印发〈学生体质健康监测评价办法〉等三个文件的通知》（教体艺〔2014〕3号）有关要求，着重提高《标准》应用的信度、效度和区分度，着重强化其教育激励、反馈调整和引导锻炼的功能，着重提高其教育监测和绩效评价的支撑能力。

3.本标准从身体形态、身体机能和身体素质等方面综合评定学生的体质健康水平，是促进学生体质健康发展、激励学生积极进行身体锻炼的教育手段，是国家学生发展核心素养体系和学业质量标准的重要组成部分，是学生体质健康的个体评价标准。

4.本标准将适用对象划分为以下组别：小学、初中、高中按每个年级为一组，其中小学为6组、初中为3组、高中为3组。大学一、二年级为一组，三、四年级为一组。

5.小学、初中、高中、大学各组别的测试指标均为必测指标。其中，身体形态类中的身高、体重，身体机能类中的肺活量，以及身体素质类中的50米跑、坐位体前屈为各年级学生共性指标。

6. 本标准的学年总分由标准分与附加分之和构成，满分为120分。标准分由各单项指标得分与权重乘积之和组成，满分为100分。附加分根据实测成绩确定，即对成绩超过100分的加分指标进行加分，满分为20分；小学的加分指标为1分钟跳绳，加分幅度为20分；初中、高中和大学的加分指标为男生引体向上和1000米跑，女生1分钟仰卧起坐和800米跑，各指标加分幅度均为10分。

7. 根据学生学年总分评定等级：90.0分及以上为优秀，80.0～89.9分为良好，60.0～79.9分为及格，59.9分及以下为不及格。

8. 每个学生每学年评定一次，记入《〈国家学生体质健康标准〉登记卡》（附表1～6）。特殊学制的学校，在填写登记卡时可以按规定和需求相应地增减栏目。学生毕业时的成绩和等级，按毕业当年学年总分的50％与其他学年总分平均得分的50％之和进行评定。

9. 学生测试成绩评定达到良好及以上者，方可参加评优与评奖；成绩达到优秀者，方可获体育奖学分。测试成绩评定不及格者，在本学年度准予补测一次，补测仍不及格，则学年成绩评定为不及格。普通高中、中等职业学校和普通高等学校学生毕业时，《标准》测试的成绩达不到50分者按结业或肄业处理。

10. 学生因病或残疾可向学校提交暂缓或免予执行《标准》的申请，经医疗单位证明，体育教学部门核准，可暂缓或免予执行《标准》，并填写《免予执行〈国家学生体质健康标准〉申请表》（附表7），存入学生档案。确实丧失运动能力、被免予执行《标准》的残疾学生，仍可参加评优与评奖，毕业时《标准》成绩需注明免测。

11. 各学校每学年开展覆盖本校各年级学生的《标准》测试工作，《标准》测试数据经当地教育行政部门按要求审核后，通过“中国学生体质健康网”上传至“国家学生体质健康标准数据管理系统”。测试和数据上传时间由教育行政部门确定。

12. 本标准由教育部负责解释。

二、单项指标与权重

<table>
<tr><th>测试对象</th><th>单项指标</th><th>权重（%）</th></tr>
<tr><td rowspan="2">小学一年级至大学四年级</td><td>体重指数（BMI）</td><td>15</td></tr>
<tr><td>肺活量</td><td>15</td></tr>
<tr><td rowspan="3">小学一、二年级</td><td>50 米跑</td><td>20</td></tr>
<tr><td>坐位体前屈</td><td>30</td></tr>
<tr><td>1 分钟跳绳</td><td>20</td></tr>
<tr><td rowspan="4">小学三、四年级</td><td>50 米跑</td><td>20</td></tr>
<tr><td>坐位体前屈</td><td>20</td></tr>
<tr><td>1 分钟跳绳</td><td>20</td></tr>
<tr><td>1 分钟仰卧起坐</td><td>10</td></tr>
<tr><td rowspan="5">小学五、六年级</td><td>50 米跑</td><td>20</td></tr>
<tr><td>坐位体前屈</td><td>10</td></tr>
<tr><td>1 分钟跳绳</td><td>10</td></tr>
<tr><td>1 分钟仰卧起坐</td><td>20</td></tr>
<tr><td>50 米×8 往返跑</td><td>10</td></tr>
<tr><td rowspan="5">初中、高中、大学各年级</td><td>50 米跑</td><td>20</td></tr>
<tr><td>坐位体前屈</td><td>10</td></tr>
<tr><td>立定跳远</td><td>10</td></tr>
<tr><td>引体向上（男）/1 分钟仰卧起坐（女）</td><td>10</td></tr>
<tr><td>1000 米跑（男）/800 米跑（女）</td><td>20</td></tr>
</table>

注：体重指数（BMI）＝体重（千克）/身高^2（米^2）。

三、评分表

(一) 单项指标评分表

表1—1 男生体重指数(BMI)单项评分表

(单位:千克/米²)

等级	单项得分	一年级	二年级	三年级	四年级	五年级	六年级
正常	100	13.5~18.1	13.7~18.4	13.9~19.4	14.2~20.1	14.4~21.4	14.7~21.8
低体重	80	≤13.4	≤13.6	≤13.8	≤14.1	≤14.3	≤14.6
超重		18.2~20.3	18.5~20.4	19.5~22.1	20.2~22.6	21.5~24.1	21.9~24.5
肥胖	60	≥20.4	≥20.5	≥22.2	≥22.7	≥24.2	≥24.6

续表

等级	单项得分	初一	初二	初三	高一	高二	高三	大学
正常	100	15.5~22.1	15.7~22.5	15.8~22.8	16.5~23.2	16.8~23.7	17.3~23.8	17.9~23.9
低体重	80	≤15.4	≤15.6	≤15.7	≤16.4	≤16.7	≤17.2	≤17.8
超重		22.2~24.9	22.6~25.2	22.9~26.0	23.3~26.3	23.8~26.5	23.9~27.3	24.0~27.9
肥胖	60	≥25.0	≥25.3	≥26.1	≥26.4	≥26.6	≥27.4	≥28.0

表1—2 女生体重指数(BMI)单项评分表

(单位:千克/米²)

等级	单项得分	一年级	二年级	三年级	四年级	五年级	六年级
正常	100	13.3~17.3	13.5~17.8	13.6~18.6	13.7~19.4	13.8~20.5	14.2~20.8
低体重	80	≤13.2	≤13.4	≤13.5	≤13.6	≤13.7	≤14.1
超重		17.4~19.2	17.9~20.2	18.7~21.1	19.5~22.0	20.6~22.9	20.9~23.6
肥胖	60	≥19.3	≥20.3	≥21.2	≥22.1	≥23.0	≥23.7

续表

等级	单项得分	初一	初二	初三	高一	高二	高三	大学
正常	100	14.8～21.7	15.3～22.2	16.0～22.6	16.5～22.7	16.9～23.2	17.1～23.3	17.2～23.9
低体重	80	≤14.7	≤15.2	≤15.9	≤16.4	≤16.8	≤17.0	≤17.1
超重	80	21.8～24.4	22.3～24.8	22.7～25.1	22.8～25.2	23.3～25.4	23.4～25.7	24.0～27.9
肥胖	60	≥24.5	≥24.9	≥25.2	≥25.3	≥25.5	≥25.8	≥28.0

表1－3 男生肺活量单项评分表

（单位：毫升）

等级	单项得分	一年级	二年级	三年级	四年级	五年级	六年级
优秀	100	1700	2000	2300	2600	2900	3200
	95	1600	1900	2200	2500	2800	3100
	90	1500	1800	2100	2400	2700	3000
良好	85	1400	1650	1900	2150	2450	2750
	80	1300	1500	1700	1900	2200	2500
及格	78	1240	1430	1620	1820	2110	2400
	76	1180	1360	1540	1740	2020	2300
	74	1120	1290	1460	1660	1930	2200
	72	1060	1220	1380	1580	1840	2100
	70	1000	1150	1300	1500	1750	2000
	68	940	1080	1220	1420	1660	1900
	66	880	1010	1140	1340	1570	1800
	64	820	940	1060	1260	1480	1700
	62	760	870	980	1180	1390	1600
	60	700	800	900	1100	1300	1500
不及格	50	660	750	840	1030	1220	1410
	40	620	700	780	960	1140	1320

续表

等级	单项得分	一年级	二年级	三年级	四年级	五年级	六年级
	30	580	650	720	890	1060	1230
	20	540	600	660	820	980	1140
	10	500	550	600	750	900	1050

续表

等级	单项得分	初一	初二	初三	高一	高二	高三	大一大二	大三大四
优秀	100	3640	3940	4240	4540	4740	4940	5040	5140
	95	3520	3820	4120	4420	4620	4820	4920	5020
	90	3400	3700	4000	4300	4500	4700	4800	4900
良好	85	3150	3450	3750	4050	4250	4450	4550	4650
	80	2900	3200	3500	3800	4000	4200	4300	4400
及格	78	2780	3080	3380	3680	3880	4080	4180	4280
	76	2660	2960	3260	3560	3760	3960	4060	4160
	74	2540	2840	3140	3440	3640	3840	3940	4040
	72	2420	2720	3020	3320	3520	3720	3820	3920
	70	2300	2600	2900	3200	3400	3600	3700	3800
	68	2180	2480	2780	3080	3280	3480	3580	3680
	66	2060	2360	2660	2960	3160	3360	3460	3560
	64	1940	2240	2540	2840	3040	3240	3340	3440
	62	1820	2120	2420	2720	2920	3120	3220	3320
	60	1700	2000	2300	2600	2800	3000	3100	3200
不及格	50	1600	1890	2180	2470	2660	2850	2940	3030
	40	1500	1780	2060	2340	2520	2700	2780	2860
	30	1400	1670	1940	2210	2380	2550	2620	2690
	20	1300	1560	1820	2080	2240	2400	2460	2520
	10	1200	1450	1700	1950	2100	2250	2300	2350

表1－4　女生肺活量单项评分表

（单位：毫升）

等级	单项得分	一年级	二年级	三年级	四年级	五年级	六年级
优秀	100	1400	1600	1800	2000	2250	2500
	95	1300	1500	1700	1900	2150	2400
	90	1200	1400	1600	1800	2050	2300
良好	85	1100	1300	1500	1700	1950	2200
	80	1000	1200	1400	1600	1850	2100
及格	78	960	1150	1340	1530	1770	2010
	76	920	1100	1280	1460	1690	1920
	74	880	1050	1220	1390	1610	1830
	72	840	1000	1160	1320	1530	1740
	70	800	950	1100	1250	1450	1650
	68	760	900	1040	1180	1370	1560
	66	720	850	980	1110	1290	1470
	64	680	800	920	1040	1210	1380
	62	640	750	860	970	1130	1290
	60	600	700	800	900	1050	1200
不及格	50	580	680	780	880	1020	1170
	40	560	660	760	860	990	1140
	30	540	640	740	840	960	1110
	20	520	620	720	820	930	1080
	10	500	600	700	800	900	1050

续表

等级	单项得分	初一	初二	初三	高一	高二	高三	大一大二	大三大四
优秀	100	2750	2900	3050	3150	3250	3350	3400	3450
	95	2650	2850	3000	3100	3200	3300	3350	3400
	90	2550	2800	2950	3050	3150	3250	3300	3350
良好	85	2450	2650	2800	2900	3000	3100	3150	3200
	80	2350	2500	2650	2750	2850	2950	3000	3050
及格	78	2250	2400	2550	2650	2750	2850	2900	2950
	76	2150	2300	2450	2550	2650	2750	2800	2850
	74	2050	2200	2350	2450	2550	2650	2700	2750
	72	1950	2100	2250	2350	2450	2550	2600	2650
	70	1850	2000	2150	2250	2350	2450	2500	2550
	68	1750	1900	2050	2150	2250	2350	2400	2450
	66	1650	1800	1950	2050	2150	2250	2300	2350
	64	1550	1700	1850	1950	2050	2150	2200	2250
	62	1450	1600	1750	1850	1950	2050	2100	2150
	60	1350	1500	1650	1750	1850	1950	2000	2050
不及格	50	1310	1460	1610	1710	1810	1910	1960	2010
	40	1270	1420	1570	1670	1770	1870	1920	1970
	30	1230	1380	1530	1630	1730	1830	1880	1930
	20	1190	1340	1490	1590	1690	1790	1840	1890
	10	1150	1300	1450	1550	1650	1750	1800	1850

表1—5 男生50米跑单项评分表

（单位：秒）

等级	单项得分	一年级	二年级	三年级	四年级	五年级	六年级
优秀	100	10.2	9.6	9.1	8.7	8.4	8.2
	95	10.3	9.7	9.2	8.8	8.5	8.3
	90	10.4	9.8	9.3	8.9	8.6	8.4
良好	85	10.5	9.9	9.4	9	8.7	8.5
	80	10.6	10	9.5	9.1	8.8	8.6
及格	78	10.8	10.2	9.7	9.3	9	8.8
	76	11	10.4	9.9	9.5	9.2	9
	74	11.2	10.6	10.1	9.7	9.4	9.2
	72	11.4	10.8	10.3	9.9	9.6	9.4
	70	11.6	11	10.5	10.1	9.8	9.6
	68	11.8	11.2	10.7	10.3	10	9.8
	66	12	11.4	10.9	10.5	10.2	10
	64	12.2	11.6	11.1	10.7	10.4	10.2
	62	12.4	11.8	11.3	10.9	10.6	10.4
	60	12.6	12	11.5	11.1	10.8	10.6
不及格	50	12.8	12.2	11.7	11.3	11	10.8
	40	13	12.4	11.9	11.5	11.2	11
	30	13.2	12.6	12.1	11.7	11.4	11.2
	20	13.4	12.8	12.3	11.9	11.6	11.4
	10	13.6	13	12.5	12.1	11.8	11.6

续表

等级	单项得分	初一	初二	初三	高一	高二	高三	大一 大二	大三 大四
优秀	100	7.8	7.5	7.3	7.1	7	6.8	6.7	6.6
	95	7.9	7.6	7.4	7.2	7.1	6.9	6.8	6.7
	90	8	7.7	7.5	7.3	7.2	7	6.9	6.8
良好	85	8.1	7.8	7.6	7.4	7.3	7.1	7	6.9
	80	8.2	7.9	7.7	7.5	7.4	7.2	7.1	7
及格	78	8.4	8.1	7.9	7.7	7.6	7.4	7.3	7.2
	76	8.6	8.3	8.1	7.9	7.8	7.6	7.5	7.4
	74	8.8	8.5	8.3	8.1	8	7.8	7.7	7.6
	72	9	8.7	8.5	8.3	8.2	8	7.9	7.8
	70	9.2	8.9	8.7	8.5	8.4	8.2	8.1	8
	68	9.4	9.1	8.9	8.7	8.6	8.4	8.3	8.2
	66	9.6	9.3	9.1	8.9	8.8	8.6	8.5	8.4
	64	9.8	9.5	9.3	9.1	9	8.8	8.7	8.6
	62	10	9.7	9.5	9.3	9.2	9	8.9	8.8
	60	10.2	9.9	9.7	9.5	9.4	9.2	9.1	9
不及格	50	10.4	10.1	9.9	9.7	9.6	9.4	9.3	9.2
	40	10.6	10.3	10.1	9.9	9.8	9.6	9.5	9.4
	30	10.8	10.5	10.3	10.1	10	9.8	9.7	9.6
	20	11	10.7	10.5	10.3	10.2	10	9.9	9.8
	10	11.2	10.9	10.7	10.5	10.4	10.2	10.1	10

表1－6 女生50米跑单项评分表

（单位：秒）

等级	单项得分	一年级	二年级	三年级	四年级	五年级	六年级
优秀	100	11	10	9.2	8.7	8.3	8.2
	95	11.1	10.1	9.3	8.8	8.4	8.3
	90	11.2	10.2	9.4	8.9	8.5	8.4
良好	85	11.5	10.5	9.7	9.2	8.8	8.7
	80	11.8	10.8	10	9.5	9.1	9
及格	78	12	11	10.2	9.7	9.3	9.2
	76	12.2	11.2	10.4	9.9	9.5	9.4
	74	12.4	11.4	10.6	10.1	9.7	9.6
	72	12.6	11.6	10.8	10.3	9.9	9.8
	70	12.8	11.8	11	10.5	10.1	10
	68	13	12	11.2	10.7	10.3	10.2
	66	13.2	12.2	11.4	10.9	10.5	10.4
	64	13.4	12.4	11.6	11.1	10.7	10.6
	62	13.6	12.6	11.8	11.3	10.9	10.8
	60	13.8	12.8	12	11.5	11.1	11
不及格	50	14	13	12.2	11.7	11.3	11.2
	40	14.2	13.2	12.4	11.9	11.5	11.4
	30	14.4	13.4	12.6	12.1	11.7	11.6
	20	14.6	13.6	12.8	12.3	11.9	11.8
	10	14.8	13.8	13	12.5	12.1	12

续表

等级	单项得分	初一	初二	初三	高一	高二	高三	大一大二	大三大四
优秀	100	8.1	8	7.9	7.8	7.7	7.6	7.5	7.4
	95	8.2	8.1	8	7.9	7.8	7.7	7.6	7.5
	90	8.3	8.2	8.1	8	7.9	7.8	7.7	7.6
良好	85	8.6	8.5	8.4	8.3	8.2	8.1	8	7.9
	80	8.9	8.8	8.7	8.6	8.5	8.4	8.3	8.2
及格	78	9.1	9	8.9	8.8	8.7	8.6	8.5	8.4
	76	9.3	9.2	9.1	9	8.9	8.8	8.7	8.6
	74	9.5	9.4	9.3	9.2	9.1	9	8.9	8.8
	72	9.7	9.6	9.5	9.4	9.3	9.2	9.1	9
	70	9.9	9.8	9.7	9.6	9.5	9.4	9.3	9.2
	68	10.1	10	9.9	9.8	9.7	9.6	9.5	9.4
	66	10.3	10.2	10.1	10	9.9	9.8	9.7	9.6
	64	10.5	10.4	10.3	10.2	10.1	10	9.9	9.8
	62	10.7	10.6	10.5	10.4	10.3	10.2	10.1	10
	60	10.9	10.8	10.7	10.6	10.5	10.4	10.3	10.2
不及格	50	11.1	11	10.9	10.8	10.7	10.6	10.5	10.4
	40	11.3	11.2	11.1	11	10.9	10.8	10.7	10.6
	30	11.5	11.4	11.3	11.2	11.1	11	10.9	10.8
	20	11.7	11.6	11.5	11.4	11.3	11.2	11.1	11
	10	11.9	11.8	11.7	11.6	11.5	11.4	11.3	11.2

表1—7 男生坐位体前屈单项评分表

（单位：厘米）

等级	单项得分	一年级	二年级	三年级	四年级	五年级	六年级
优秀	100	16.1	16.2	16.3	16.4	16.5	16.6
	95	14.6	14.7	14.9	15	15.2	15.3
	90	13	13.2	13.4	13.6	13.8	14
良好	85	12	11.9	11.8	11.7	11.6	11.5
	80	11	10.6	10.2	9.8	9.4	9
及格	78	9.9	9.5	9.1	8.6	8.2	7.7
	76	8.8	8.4	8	7.4	7	6.4
	74	7.7	7.3	6.9	6.2	5.8	5.1
	72	6.6	6.2	5.8	5	4.6	3.8
	70	5.5	5.1	4.7	3.8	3.4	2.5
	68	4.4	4	3.6	2.6	2.2	1.2
	66	3.3	2.9	2.5	1.4	1	—0.1
	64	2.2	1.8	1.4	0.2	—0.2	—1.4
	62	1.1	0.7	0.3	—1	—1.4	—2.7
	60	0	—0.4	—0.8	—2.2	—2.6	—4
不及格	50	—0.8	—1.2	—1.6	—3.2	—3.6	—5
	40	—1.6	—2	—2.4	—4.2	—4.6	—6
	30	—2.4	—2.8	—3.2	—5.2	—5.6	—7
	20	—3.2	—3.6	—4	—6.2	—6.6	—8
	10	—4	—4.4	—4.8	—7.2	—7.6	—9

续表

等级	单项得分	初一	初二	初三	高一	高二	高三	大一 大二	大三 大四
优秀	100	17.6	19.6	21.6	23.6	24.3	24.6	24.9	25.1
	95	15.9	17.7	19.7	21.5	22.4	22.8	23.1	23.3
	90	14.2	15.8	17.8	19.4	20.5	21	21.3	21.5
良好	85	12.3	13.7	15.8	17.2	18.3	19.1	19.5	19.9
	80	10.4	11.6	13.8	15	16.1	17.2	17.7	18.2
及格	78	9.1	10.3	12.4	13.6	14.7	15.8	16.3	16.8
	76	7.8	9	11	12.2	13.3	14.4	14.9	15.4
	74	6.5	7.7	9.6	10.8	11.9	13	13.5	14
	72	5.2	6.4	8.2	9.4	10.5	11.6	12.1	12.6
	70	3.9	5.1	6.8	8	9.1	10.2	10.7	11.2
	68	2.6	3.8	5.4	6.6	7.7	8.8	9.3	9.8
	66	1.3	2.5	4	5.2	6.3	7.4	7.9	8.4
	64	0	1.2	2.6	3.8	4.9	6	6.5	7
	62	−1.3	−0.1	1.2	2.4	3.5	4.6	5.1	5.6
	60	−2.6	−1.4	−0.2	1	2.1	3.2	3.7	4.2
不及格	50	−3.8	−2.6	−1.4	0	1.1	2.2	2.7	3.2
	40	−5	−3.8	−2.6	−1	0.1	1.2	1.7	2.2
	30	−6.2	−5	−3.8	−2	−0.9	0.2	0.7	1.2
	20	−7.4	−6.2	−5	−3	−1.9	−0.8	−0.3	0.2
	10	−8.6	−7.4	−6.2	−4	−2.9	−1.8	−1.3	−0.8

表1—8 女生坐位体前屈单项评分表

（单位：厘米）

等级	单项得分	一年级	二年级	三年级	四年级	五年级	六年级
优秀	100	18.6	18.9	19.2	19.5	19.8	19.9
	95	17.3	17.6	17.9	18.1	18.5	18.7
	90	16	16.3	16.6	16.9	17.2	17.5
良好	85	14.7	14.8	14.9	15	15.1	15.2
	80	13.4	13.3	13.2	13.1	13	12.9
及格	78	12.3	12.2	12.1	12	11.9	11.8
	76	11.2	11.1	11	10.9	10.8	10.7
	74	10.1	10	9.9	9.8	9.7	9.6
	72	9	8.9	8.8	8.7	8.6	8.5
	70	7.9	7.8	7.7	7.6	7.5	7.4
	68	6.8	6.7	6.6	6.5	6.4	6.3
	66	5.7	5.6	5.5	5.4	5.3	5.2
	64	4.6	4.5	4.4	4.3	4.2	4.1
	62	3.5	3.4	3.3	3.2	3.1	3
	60	2.4	2.3	2.2	2.1	2	1.9
不及格	50	1.6	1.5	1.4	1.3	1.2	1.1
	40	0.8	0.7	0.6	0.5	0.4	0.3
	30	0	−0.1	−0.2	−0.3	−0.4	−0.5
	20	−0.8	−0.9	−1	−1.1	−1.2	−1.3
	10	−1.6	−1.7	−1.8	−1.9	−2	−2.1

续表

等级	单项得分	初一	初二	初三	高一	高二	高三	大一 大二	大三 大四
优秀	100	21.8	22.7	23.5	24.2	24.8	25.3	25.8	26.3
	95	20.1	21	21.8	22.5	23.1	23.6	24	24.4
	90	18.4	19.3	20.1	20.8	21.4	21.9	22.2	22.4
良好	85	16.7	17.6	18.4	19.1	19.7	20.2	20.6	21
	80	15	15.9	16.7	17.4	18	18.5	19	19.5
及格	78	13.7	14.6	15.4	16.1	16.7	17.2	17.7	18.2
	76	12.4	13.3	14.1	14.8	15.4	15.9	16.4	16.9
	74	11.1	12	12.8	13.5	14.1	14.6	15.1	15.6
	72	9.8	10.7	11.5	12.2	12.8	13.3	13.8	14.3
	70	8.5	9.4	10.2	10.9	11.5	12	12.5	13
	68	7.2	8.1	8.9	9.6	10.2	10.7	11.2	11.7
	66	5.9	6.8	7.6	8.3	8.9	9.4	9.9	10.4
	64	4.6	5.5	6.3	7	7.6	8.1	8.6	9.1
	62	3.3	4.2	5	5.7	6.3	6.8	7.3	7.8
	60	2	2.9	3.7	4.4	5	5.5	6	6.5
不及格	50	1.2	2.1	2.9	3.6	4.2	4.7	5.2	5.7
	40	0.4	1.3	2.1	2.8	3.4	3.9	4.4	4.9
	30	−0.4	0.5	1.3	2	2.6	3.1	3.6	4.1
	20	−1.2	−0.3	0.5	1.2	1.8	2.3	2.8	3.3
	10	−2	−1.1	−0.3	0.4	1	1.5	2	2.5

表1－9 男生一分钟跳绳单项评分表

（单位：次）

等级	单项得分	一年级	二年级	三年级	四年级	五年级	六年级
优秀	100	109	117	126	137	148	157
	95	104	112	121	132	143	152
	90	99	107	116	127	138	147
良好	85	93	101	110	121	132	141
	80	87	95	104	115	126	135
及格	78	80	88	97	108	119	128
	76	73	81	90	101	112	121
	74	66	74	83	94	105	114
	72	59	67	76	87	98	107
	70	52	60	69	80	91	100
	68	45	53	62	73	84	93
	66	38	46	55	66	77	86
	64	31	39	48	59	70	79
	62	24	32	41	52	63	72
	60	17	25	34	45	56	65
不及格	50	14	22	31	42	53	62
	40	11	19	28	39	50	59
	30	8	16	25	36	47	56
	20	5	13	22	33	44	53
	10	2	10	19	30	41	50

表1—10 女生一分钟跳绳单项评分表

（单位：次）

等级	单项得分	一年级	二年级	三年级	四年级	五年级	六年级
优秀	100	117	127	139	149	158	166
	95	110	120	132	142	151	159
	90	103	113	125	135	144	152
良好	85	95	105	117	127	136	144
	80	87	97	109	119	128	136
及格	78	80	90	102	112	121	129
	76	73	83	95	105	114	122
	74	66	76	88	98	107	115
	72	59	69	81	91	100	108
	70	52	62	74	84	93	101
	68	45	55	67	77	86	94
	66	38	48	60	70	79	87
	64	31	41	53	63	72	80
	62	24	34	46	56	65	73
	60	17	27	39	49	58	66
不及格	50	14	24	36	46	55	63
	40	11	21	33	43	52	60
	30	8	18	30	40	49	57
	20	5	15	27	37	46	54
	10	2	12	24	34	43	51

表 1－11 男生立定跳远单项评分表

（单位：厘米）

等级	单项得分	初一	初二	初三	高一	高二	高三	大一大二	大三大四
优秀	100	225	240	250	260	265	270	273	275
	95	218	233	245	255	260	265	268	270
	90	211	226	240	250	255	260	263	265
良好	85	203	218	233	243	248	253	256	258
	80	195	210	225	235	240	245	248	250
及格	78	191	206	221	231	236	241	244	246
	76	187	202	217	227	232	237	240	242
	74	183	198	213	223	228	233	236	238
	72	179	194	209	219	224	229	232	234
	70	175	190	205	215	220	225	228	230
	68	171	186	201	211	216	221	224	226
	66	167	182	197	207	212	217	220	222
	64	163	178	193	203	208	213	216	218
	62	159	174	189	199	204	209	212	214
	60	155	170	185	195	200	205	208	210
不及格	50	150	165	180	190	195	200	203	205
	40	145	160	175	185	190	195	198	200
	30	140	155	170	180	185	190	193	195
	20	135	150	165	175	180	185	188	190
	10	130	145	160	170	175	180	183	185

表1－12　女生立定跳远单项评分表

（单位：厘米）

等级	单项得分	初一	初二	初三	高一	高二	高三	大一大二	大三大四
优秀	100	196	200	202	204	205	206	207	208
	95	190	194	196	198	199	200	201	202
	90	184	188	190	192	193	194	195	196
良好	85	177	181	183	185	186	187	188	189
	80	170	174	176	178	179	180	181	182
及格	78	167	171	173	175	176	177	178	179
	76	164	168	170	172	173	174	175	176
	74	161	165	167	169	170	171	172	173
	72	158	162	164	166	167	168	169	170
	70	155	159	161	163	164	165	166	167
	68	152	156	158	160	161	162	163	164
	66	149	153	155	157	158	159	160	161
	64	146	150	152	154	155	156	157	158
	62	143	147	149	151	152	153	154	155
	60	140	144	146	148	149	150	151	152
不及格	50	135	139	141	143	144	145	146	147
	40	130	134	136	138	139	140	141	142
	30	125	129	131	133	134	135	136	137
	20	120	124	126	128	129	130	131	132
	10	115	119	121	123	124	125	126	127

表1－13 男生一分钟仰卧起坐、引体向上单项评分表

（单位：次）

等级	单项得分	三年级	四年级	五年级	六年级	初一	初二	初三	高一	高二	高三	大一大二	大三大四
优秀	100	48	49	50	51	13	14	15	16	17	18	19	20
	95	45	46	47	48	12	13	14	15	16	17	18	19
	90	42	43	44	45	11	12	13	14	15	16	17	18
良好	85	39	40	41	42	10	11	12	13	14	15	16	17
	80	36	37	38	39	9	10	11	12	13	14	15	16
及格	78	34	35	36	37								
	76	32	33	34	35	8	9	10	11	12	13	14	15
	74	30	31	32	33								
	72	28	29	30	31	7	8	9	10	11	12	13	14
	70	26	27	28	29								
	68	24	25	26	27	6	7	8	9	10	11	12	13
	66	22	23	24	25								
	64	20	21	22	23	5	6	7	8	9	10	11	12
	62	18	19	20	21								
	60	16	17	18	19	4	5	6	7	8	9	10	11
不及格	50	14	15	16	17	3	4	5	6	7	8	9	10
	40	12	13	14	15	2	3	4	5	6	7	8	9
	30	10	11	12	13	1	2	3	4	5	6	7	8
	20	8	9	10	11		1	2	3	4	5	6	7
	10	6	7	8	9			1	2	3	4	5	6

注：小学三年级～六年级：一分钟仰卧起坐；初中、高中、大学：引体向上。

表1－14 女生一分钟仰卧起坐单项评分表

（单位：次）

等级	单项得分	三年级	四年级	五年级	六年级	初一	初二	初三	高一	高二	高三	大一大二	大三大四
优秀	100	46	47	48	49	50	51	52	53	54	55	56	57
	95	44	45	46	47	48	49	50	51	52	53	54	55
	90	42	43	44	45	46	47	48	49	50	51	52	53
良好	85	39	40	41	42	43	44	45	46	47	48	49	50
	80	36	37	38	39	40	41	42	43	44	45	46	47
及格	78	34	35	36	37	38	39	40	41	42	43	44	45
	76	32	33	34	35	36	37	38	39	40	41	42	43
	74	30	31	32	33	34	35	36	37	38	39	40	41
	72	28	29	30	31	32	33	34	35	36	37	38	39
	70	26	27	28	29	30	31	32	33	34	35	36	37
	68	24	25	26	27	28	29	30	31	32	33	34	35
	66	22	23	24	25	26	27	28	29	30	31	32	33
	64	20	21	22	23	24	25	26	27	28	29	30	31
	62	18	19	20	21	22	23	24	25	26	27	28	29
	60	16	17	18	19	20	21	22	23	24	25	26	27
不及格	50	14	15	16	17	18	19	20	21	22	23	24	25
	40	12	13	14	15	16	17	18	19	20	21	22	23
	30	10	11	12	13	14	15	16	17	18	19	20	21
	20	8	9	10	11	12	13	14	15	16	17	18	19
	10	6	7	8	9	10	11	12	13	14	15	16	17

表1－15 男生耐力跑单项评分表

（单位：分·秒）

等级	单项得分	五年级	六年级	初一	初二	初三	高一	高二	高三	大一大二	大三大四
优秀	100	1′36″	1′30″	3′55″	3′50″	3′40″	3′30″	3′25″	3′20″	3′17″	3′15″
	95	1′39″	1′33″	4′05″	3′55″	3′45″	3′35″	3′30″	3′25″	3′22″	3′20″
	90	1′42″	1′36″	4′15″	4′00″	3′50″	3′40″	3′35″	3′30″	3′27″	3′25″
良好	85	1′45″	1′39″	4′22″	4′07″	3′57″	3′47″	3′42″	3′37″	3′34″	3′32″
	80	1′48″	1′42″	4′30″	4′15″	4′05″	3′55″	3′50″	3′45″	3′42″	3′40″
及格	78	1′51″	1′45″	4′35″	4′20″	4′10″	4′00″	3′55″	3′50″	3′47″	3′45″
	76	1′54″	1′48″	4′40″	4′25″	4′15″	4′05″	4′00″	3′55″	3′52″	3′50″
	74	1′57″	1′51″	4′45″	4′30″	4′20″	4′10″	4′05″	4′00″	3′57″	3′55″
	72	2′00″	1′54″	4′50″	4′35″	4′25″	4′15″	4′10″	4′05″	4′02″	4′00″
	70	2′03″	1′57″	4′55″	4′40″	4′30″	4′20″	4′15″	4′10″	4′07″	4′05″
	68	2′06″	2′00″	5′00″	4′45″	4′35″	4′25″	4′20″	4′15″	4′12″	4′10″
	66	2′09″	2′03″	5′05″	4′50″	4′40″	4′30″	4′25″	4′20″	4′17″	4′15″
	64	2′12″	2′06″	5′10″	4′55″	4′45″	4′35″	4′30″	4′25″	4′22″	4′20″
	62	2′15″	2′09″	5′15″	5′00″	4′50″	4′40″	4′35″	4′30″	4′27″	4′25″
	60	2′18″	2′12″	5′20″	5′05″	4′55″	4′45″	4′40″	4′35″	4′32″	4′30″
不及格	50	2′22″	2′16″	5′40″	5′25″	5′15″	5′05″	5′00″	4′55″	4′52″	4′50″
	40	2′26″	2′20″	6′00″	5′45″	5′35″	5′25″	5′20″	5′15″	5′12″	5′10″
	30	2′30″	2′24″	6′20″	6′05″	5′55″	5′45″	5′40″	5′35″	5′32″	5′30″
	20	2′34″	2′28″	6′40″	6′25″	6′15″	6′05″	6′00″	5′55″	5′52″	5′50″
	10	2′38″	2′32″	7′00″	6′45″	6′35″	6′25″	6′20″	6′15″	6′12″	6′10″

注： 小学五年级～六年级：50 米×8 往返跑；初中、高中、大学：1000 米跑。

表1—16 女生耐力跑单项评分表

（单位：分·秒）

等级	单项得分	五年级	六年级	初一	初二	初三	高一	高二	高三	大一大二	大三大四
优秀	100	1′41″	1′37″	3′35″	3′30″	3′25″	3′24″	3′22″	3′20″	3′18″	3′16″
	95	1′44″	1′40″	3′42″	3′37″	3′32″	3′30″	3′28″	3′26″	3′24″	3′22″
	90	1′47″	1′43″	3′49″	3′44″	3′39″	3′36″	3′34″	3′32″	3′30″	3′28″
良好	85	1′50″	1′46″	3′57″	3′52″	3′47″	3′43″	3′41″	3′39″	3′37″	3′35″
	80	1′53″	1′49″	4′05″	4′00″	3′55″	3′50″	3′48″	3′46″	3′44″	3′42″
及格	78	1′56″	1′52″	4′10″	4′05″	4′00″	3′55″	3′53″	3′51″	3′49″	3′47″
	76	1′59″	1′55″	4′15″	4′10″	4′05″	4′00″	3′58″	3′56″	3′54″	3′52″
	74	2′02″	1′58″	4′20″	4′15″	4′10″	4′05″	4′03″	4′01″	3′59″	3′57″
	72	2′05″	2′01″	4′25″	4′20″	4′15″	4′10″	4′08″	4′06″	4′04″	4′02″
	70	2′08″	2′04″	4′30″	4′25″	4′20″	4′15″	4′13″	4′11″	4′09″	4′07″
	68	2′11″	2′07″	4′35″	4′30″	4′25″	4′20″	4′18″	4′16″	4′14″	4′12″
	66	2′14″	2′10″	4′40″	4′35″	4′30″	4′25″	4′23″	4′21″	4′19″	4′17″
	64	2′17″	2′13″	4′45″	4′40″	4′35″	4′30″	4′28″	4′26″	4′24″	4′22″
	62	2′20″	2′16″	4′50″	4′45″	4′40″	4′35″	4′33″	4′31″	4′29″	4′27″
	60	2′23″	2′19″	4′55″	4′50″	4′45″	4′40″	4′38″	4′36″	4′34″	4′32″
不及格	50	2′27″	2′23″	5′05″	5′00″	4′55″	4′50″	4′48″	4′46″	4′44″	4′42″
	40	2′31″	2′27″	5′15″	5′10″	5′05″	5′00″	4′58″	4′56″	4′54″	4′52″
	30	2′35″	2′31″	5′25″	5′20″	5′15″	5′10″	5′08″	5′06″	5′04″	5′02″
	20	2′39″	2′35″	5′35″	5′30″	5′25″	5′20″	5′18″	5′16″	5′14″	5′12″
	10	2′43″	2′39″	5′45″	5′40″	5′35″	5′30″	5′28″	5′26″	5′24″	5′22″

注：小学五年级～六年级：50米×8往返跑；初中、高中、大学：800米跑。

（二）加分指标评分表

表2—1 男生一分钟跳绳评分表

（单位：次）

加分	一年级	二年级	三年级	四年级	五年级	六年级
20	40	40	40	40	40	40
19	38	38	38	38	38	38
18	36	36	36	36	36	36
17	34	34	34	34	34	34
16	32	32	32	32	32	32
15	30	30	30	30	30	30
14	28	28	28	28	28	28
13	26	26	26	26	26	26
12	24	24	24	24	24	24
11	22	22	22	22	22	22
10	20	20	20	20	20	20
9	18	18	18	18	18	18
8	16	16	16	16	16	16
7	14	14	14	14	14	14
6	12	12	12	12	12	12
5	10	10	10	10	10	10
4	8	8	8	8	8	8
3	6	6	6	6	6	6
2	4	4	4	4	4	4
1	2	2	2	2	2	2

注：一分钟跳绳为高优指标，学生成绩超过单项评分100分后，以超过的次数所对应的分数进行加分。

表 2—2 女生一分钟跳绳评分表

（单位：次）

加分	一年级	二年级	三年级	四年级	五年级	六年级
20	40	40	40	40	40	40
19	38	38	38	38	38	38
18	36	36	36	36	36	36
17	34	34	34	34	34	34
16	32	32	32	32	32	32
15	30	30	30	30	30	30
14	28	28	28	28	28	28
13	26	26	26	26	26	26
12	24	24	24	24	24	24
11	22	22	22	22	22	22
10	20	20	20	20	20	20
9	18	18	18	18	18	18
8	16	16	16	16	16	16
7	14	14	14	14	14	14
6	12	12	12	12	12	12
5	10	10	10	10	10	10
4	8	8	8	8	8	8
3	6	6	6	6	6	6
2	4	4	4	4	4	4
1	2	2	2	2	2	2

注： 一分钟跳绳为高优指标，学生成绩超过单项评分100分后，以超过的次数所对应的分数进行加分。

表 2—3 男生引体向上评分表

（单位：次）

加分	初一	初二	初三	高一	高二	高三	大一 大二	大三 大四
10	10	10	10	10	10	10	10	10
9	9	9	9	9	9	9	9	9
8	8	8	8	8	8	8	8	8
7	7	7	7	7	7	7	7	7
6	6	6	6	6	6	6	6	6
5	5	5	5	5	5	5	5	5
4	4	4	4	4	4	4	4	4
3	3	3	3	3	3	3	3	3
2	2	2	2	2	2	2	2	2
1	1	1	1	1	1	1	1	1

表 2—4 女生一分钟仰卧起坐评分表

（单位：次）

加分	初一	初二	初三	高一	高二	高三	大一 大二	大三 大四
10	13	13	13	13	13	13	13	13
9	12	12	12	12	12	12	12	12
8	11	11	11	11	11	11	11	11
7	10	10	10	10	10	10	10	10
6	9	9	9	9	9	9	9	9
5	8	8	8	8	8	8	8	8
4	7	7	7	7	7	7	7	7
3	6	6	6	6	6	6	6	6
2	4	4	4	4	4	4	4	4
1	2	2	2	2	2	2	2	2

注：引体向上、一分钟仰卧起坐均为高优指标，学生成绩超过单项评分 100 分后，以超过的次数所对应的分数进行加分。

表2—5 男生1000米跑评分表

（单位：分·秒）

加分	初一	初二	初三	高一	高二	高三	大一 大二	大三 大四
10	—35"	—35"	—35"	—35"	—35"	—35"	—35"	—35"
9	—32"	—32"	—32"	—32"	—32"	—32"	—32"	—32"
8	—29"	—29"	—29"	—29"	—29"	—29"	—29"	—29"
7	—26"	—26"	—26"	—26"	—26"	—26"	—26"	—26"
6	—23"	—23"	—23"	—23"	—23"	—23"	—23"	—23"
5	—20"	—20"	—20"	—20"	—20"	—20"	—20"	—20"
4	—16"	—16"	—16"	—16"	—16"	—16"	—16"	—16"
3	—12"	—12"	—12"	—12"	—12"	—12"	—12"	—12"
2	—8"	—8"	—8"	—8"	—8"	—8"	—8"	—8"
1	—4"	—4"	—4"	—4"	—4"	—4"	—4"	—4"

表2—6 女生800米跑评分表

（单位：分·秒）

加分	初一	初二	初三	高一	高二	高三	大一 大二	大三 大四
10	—50"	—50"	—50"	—50"	—50"	—50"	—50"	—50"
9	—45"	—45"	—45"	—45"	—45"	—45"	—45"	—45"
8	—40"	—40"	—40"	—40"	—40"	—40"	—40"	—40"
7	—35"	—35"	—35"	—35"	—35"	—35"	—35"	—35"
6	—30"	—30"	—30"	—30"	—30"	—30"	—30"	—30"
5	—25"	—25"	—25"	—25"	—25"	—25"	—25"	—25"
4	—20"	—20"	—20"	—20"	—20"	—20"	—20"	—20"
3	—15"	—15"	—15"	—15"	—15"	—15"	—15"	—15"
2	—10"	—10"	—10"	—10"	—10"	—10"	—10"	—10"
1	—5"	—5"	—5"	—5"	—5"	—5"	—5"	—5"

注：注：1000米跑、800米跑均为低优指标，学生成绩低于单项评分100分后，以减少的秒数所对应的分数进行加分。

附表：1.《国家学生体质健康标准》登记卡（小学 1～2 年级样表，略）
2.《国家学生体质健康标准》登记卡（小学 3～4 年级样表，略）
3.《国家学生体质健康标准》登记卡（小学 5～6 年级样表，略）
4.《国家学生体质健康标准》登记卡（初中样表，略）
5.《国家学生体质健康标准》登记卡（高中样表，略）
6.《国家学生体质健康标准》登记卡（大学样表，略）
7. 免予执行《国家学生体质健康标准》申请表（样表，略）

北京市教育委员会

关于转发教育部《学生体质健康监测评价办法》等三个文件的通知

京教体艺〔2014〕20 号

各区县教委、各高等学校、中等职业学校：

现将教育部制定的《学生体质健康监测评价办法》《中小学校体育工作评估办法》《学校体育工作年度报告办法》转发给你们，并提出以下要求，请结合实际认真贯彻落实。

一、提高认识

教育部印发的《学生体质健康监测评价办法》等三个文件，是贯彻党的十八届三中全会精神、全面推进素质教育、加强学校体育工作的具体举措，是完善学校体育工作机制，健全工作制度，强化工作管理，提高工作实效的重要依据。各区县教委、各级各类学校要高度重视，以贯彻落实文件精神为契机，完善制度，狠抓落实，切实强化体育课和课外锻炼，促进学生身心健康、体魄强健。

二、制定方案

各区县教委、各级各类学校要根据文件的要求，制定本区县和本学校相关工作的实施方案。中小学校的实施方案要上报区县教委备案。各区县教委、各高校和中等职业学校要将实施方案于2014年11月3日（星期一）前报市教委体卫艺处备案。

三、抓好落实

（一）各区县教委和各级各类学校要结合实施《国家学生体质健康标准（2014年修订）》，落实《学生体质健康监测评价办法》，进一步完善学生体质健康测试工作，逐步形成科学规范、导向明确、诚信可靠、保障有力的学生体质健康监测评价制度。

（二）各区县教委要根据《中小学校体育工作评估办法》，做好辖区内普通中小学和中等职业学校的体育评估工作，每年组织辖区内学校开展自评、自查，并汇总评估情况，编制《中小学校体育工作评估报告》。

（三）各区县教委要根据《学校体育工作年度报告办法》，结合《学校体育工作年度报表》内容，在各学校填报的基础上，编制辖区内普通中小学体育工作年度报告。通过年度报告全面、客观、真实地反映本区县学校体育工作和学生体质健康状况，系统总结、发现经验和典型，深入分析、研究存在的问题与困难，推动学校体育健康发展。

（四）请各区县教委每年12月20日前，将本区县《中小学校体育工作评估报告》和《学校体育工作年度报告》上报市教委备案。

四、检查表彰

（一）开展督导检查

市区教育行政部门和督导部门每年要在学校自查、自评的基础上，通过综合教育督导、专项督导和经常性督导等不同方式，加强对学校体育工作的督导检查；并积极总结推广先进经验和做法，对发现的问题要重点解决。对虚报、误报、迟报的，要追究相关学校和人员责任。

（二）开展表彰宣传

各区县教委要对在学校体育工作中成绩突出的学校和个人进行表彰宣传；对学生体质健康监测、学校体育工作评估和年度报告中弄虚作假或工作不力的单位和个人予以通报批评，对学生体质健康水平持续三年下降的地区和学校，在教育工作评估和评优评先中实行“一票否决”。

2014 年 9 月 28 日

学生体质健康监测评价办法

第一条　为提高学生体质健康监测评价的制度化、规范化和科学化水平，深化学生综合素质评价、学业水平测试和考试制度改革，完善学校体育工作评价机制，促进青少年身心健康、体魄强健，根据《学校体育工作条例》和国家有关规定，制定本办法。

第二条　本办法适用于全日制普通小学、初中、普通高中、中等职业学校、普通高等学校的学生体质健康测试以及各级教育行政部门以此为基础开展的学生体质健康监测评价工作。

第三条　学生体质健康测试是指测试人员采用规范的技术、方式和方法，组织学生参加《国家学生体质健康标准》所确定的测试项目及有关内容的实际测评，是促进学生体质健康发展、激励学生参加身体锻炼的教育、评价和反馈手段，重点监测学生的身体形态、身体机能、身体素质和运动能力等方面情况及其变化趋势。教育部根据中国青少年学生成长发育特征、全国学生体质健康变化趋势和国家学校体育工作政策，动态调整和公布学生体质健康测试项目和测试内容。

第四条 各级教育行政部门以强化体育课程和课外锻炼为基础，以《国家学生体质健康标准》为依据，在本行政区域内统筹开展面向全体学生的体质健康测试，逐步建立健全包括学校测试上报、部门逐级审查、随机抽查复核、动态分析预测、信息反馈公示、评价结果应用等相关制度和管理措施在内的学生体质健康监测评价体系。

第五条 实行全体学生测试制度。各级各类学校每学年开展覆盖本校各年级全体学生的体质健康测试工作，并将测试数据（含学生基本情况、单项指标分值、测试成绩、评定等级以及实施测试的时间、地点、方式和人员等信息）进行汇总整理，按照规定的权限、程序和方法，上报至国家学生体质健康标准数据管理系统。因病或残疾学生可依申请准予暂缓或免于体质健康测试。

第六条 完善上报数据审查制度。地方各级教育行政部门负责督促本行政区域内下级教育部门及所属学校全面开展测试工作和及时上报测试数据，并组织有关方面登录国家学生体质健康标准数据管理系统，按照管理系统设置的用户管理权限，逐级对测试上报数据的完整性、真实性和有效性进行审查，经核准后确认提交。

第七条 建立数据抽查复核制度。教育部每年委托第三方机构在各地上报测试数据基础上，综合考虑学校类型、学生性别、年级学段、区域布局等因素，随机抽取一定比例的学校作为考查样本，进行测试工作和测试数据的现场抽查复核，并将现场抽查测试数据与学校上报测试数据进行一致性比对、综合分析和反馈各地。各地要结合本地实际按要求建立学生体质健康测试抽查复核工作机制。

第八条 建立体质健康研判制度。各级教育行政部门要通过监测评价动态把握学生体质健康变化趋势，及时分析测试结果，深度查找影响因素，科学预测变动走向，开展体质健康预警，完善学生体质健康改善措施，提高学校体育工作的针对性、实效性和科学决策水平。

第九条 实行监测结果公示制度。学校要按年级、班级、性别等不同类别在校内公布学生体质健康测试总体结果，中小学校要将有关情况向学生家长通报。各级教育行政部门每年委托第三方机构分析和发布本行政区域内学生体质健康监测评价基本情况；按生源所在地统计，并以省（区、市）或地（市、州）为单位公布高等学校新生入学体质健康测试结果，并反馈至生源所在地政府有关部门。学校和各地在公示体质健康信息时不得泄露学生个体的信息和侵犯其个人隐私。

第十条 有效应用监测评价结果。学校要制作《国家学生体质健康标准登记卡》，规范记录每一名学生的体质健康测试成绩及其评定等级。小学将体质健康测试情况列入学生成长记录或素质报告书，初中以上学校列入学生档案，作为学生综合素质评价和学业水平考试的重要指标和内容。将体质健康测试情况作为高等学校学生评优评先、毕业考核或者升学的重要依据。各级教育行政部门要将学生体质健康状况作为评价学校教育质量和地方教育发展水平的重要指标。

第十一条 将学生体质健康监测评价工作纳入本级政府教育督导内容和评估指标体系，并作为对各级各类学校进行评优、表彰的基本依据。对弄虚作假、徇私舞弊者，给予通报批评，情节严重者，依法给予行政处分；对积极开展监测评价工作并成绩显著的单位以及个人给予表彰奖励。

第十二条 教育部设立国家学生体质健康监测评价工作监督电话和相关网络信息平台，接收社会咨询和反映情况。各地教育行政部门也要设立和公布监督电话。鼓励第三方机构及公民个人以适当的方式监督学生体质健康监测评价工作，并提出意见和建议。

第十三条 各地教育行政部门和有条件的学校支持设立学生体

质健康监测、研究或服务机构，建设专业化的测试、服务和研究人员队伍。教育部依托第三方机构设立全国学生体质健康监测评价研究机构，开展学生体质健康监测评价的政策咨询、技术研究、质量监测、结果公示和人员培训等工作。

第十四条 各地和学校要加大经费投入，不断改善学生体质健康测试的环境、设备、场地等条件。加强学生体质健康监测评价技术培训。妥善处理雾霾、阴雨、冰雪等恶劣天气或特殊自然条件下的测试工作。合理安排测试前、测试中和测试后的医疗防护和质量保障措施。加强学生运动安全教育，依法处置测试期间学生人身伤害事故，保证学生体质健康监测评价工作的健康、安全和有序开展。

第十五条 本办法自发布之日起施行。

中小学校体育工作评估办法

第一条 为促进学校落实立德树人根本任务，全面推进素质教育，提高学校体育工作水平，根据《学校体育工作条例》《国家学校体育卫生条件试行基本标准》《切实保证中小学生每天一小时校园体育活动的规定》和国家有关规定，制定本办法。

第二条 本办法适用于全日制普通小学、初中、普通高中、中等职业学校的体育工作评估。普通高等学校体育工作评估另行开展。各地和学校要把学校体育工作评估作为深化教育教学改革，全面提高办学水平和人才培养质量的重要任务。

第三条 评估内容主要包括学校体育的组织管理、教育教学、条件保障、学生体质、监督检查等，以《中小学校体育工作评估指标体系》（附表 1，以下简称《指标体系》，将动态调整）为评估依据，逐项细化分解指标，全面反映学校体育工作的重要领域。

第四条 评估采用等级评定，评定结果分为优秀、良好、合格、不合格四个等级，满分为 100 分。其中，90 分及以上为优秀；

75～89 分为良好；60～74 分为合格；59 分及以下为不合格。

第五条 体育工作有特色，深化改革有成效，教育理念、内容和方法有创新的学校，可以在评估中获得加分奖励。

第六条 凡有下列情形之一者，学校体育工作等级评定结果为不合格：

不能保证学生每天一小时校园体育活动时间的；

未按国家规定开足体育与健康课的；

学生体质健康水平连续三年下降的；

未按要求开展学生体质健康标准测试和如实上报数据的；

评估中弄虚作假的。

第七条 学校每年组织一次体育工作自评，对照《指标体系》的要求，逐项评分，并填写《中小学校体育工作评估自评结果报表》，于每年 10 月 31 日前连同相关文件和佐证材料上报至上级教育行政部门。学校要明确机构和专人负责自评工作，确保各项内容完整、真实、准确，客观反映学校体育工作状况。

第八条 省级及以下教育行政部门对本行政区域内学校体育工作自评情况进行复核，填写《中小学校体育工作评估审核结果报表》(以下简称《审核报表》)，形成评估工作报告，逐级上报，并公布复核结果。省级教育行政部门于每年 12 月 31 日前将《审核报表》和评估工作报告报教育部。

第九条 各地教育行政部门要加强学校体育工作评估管理，评估工作要做到全面、准确、客观，保证评估过程严谨、有序，保证评估结果公正、公平，及时改进学校体育工作。各地可设置一定比例的学校体育工作评估监测点学校和示范性学校，先行先试，总结经验。

第十条 教育部动态管理学校体育工作评估，设立学校体育工作评估专家咨询组织，建立学校体育工作质量监测评价管理信息系统，设置学校体育工作评估监测点学校，每年抽查各地学校体育工作评估情况，并公布各地学校体育工作评估情况。在各省（区、市）遴选推荐基础上，教育部认定并公布学校体育工作示范学校。

第十一条 将学校体育工作纳入国务院教育督导机构和县级以上地方人民政府负责教育督导的机构的工作计划。将学校体育工作评估作为综合教育督导的重要组成部分，并建立学校体育工作专项督导制度。及时反馈学校体育工作督导评估意见，被督导单位应当根据督导意见书进行整改；督导报告按规定程序向社会公布。

第十二条 本办法自发布之日起施行。

附表：1. 中小学校体育工作评估指标体系

2. 中小学校体育工作评估自评结果报表（略）

3. 中小学校体育工作评估审核结果报告（略）

附表1

中小学校体育工作评估指标体系

项目及权重	指标及权重	序号	指标内容	分值	等级与系数			
					A	B	C	D
					1	0.8	0.6	0
一、组织管理（20%）	（一）管理到位（5%）	1	学校成立政教、教务、总务、共青团（少先队）等部门参与的体育工作领导小组，明确职责、落实分工，定期研究工作。（注：中等职业学校和普通中学建立相应体育管理部门，配备专职干部和管理人员）	2	是	/	/	否
		2	将体育纳入学校整体工作计划，制订具体计划，认真组织实施，定期组织检查、考核	2	是	/	/	否

续表1

项目及权重	指标及权重	序号	指标内容	分值	等级与系数 A	B	C	D
					1	0.8	0.6	0
		3	学校建立校园意外伤害事故的应急管理机制，制定和实施体育安全管理工作方案，明确责任人，落实责任制	1	是	/	/	否
	（二）领导重视（10%）	4	校长将学校体育列入工作职责，明确一名副校长分管体育工作	1	是	/	/	否
		5	每学期校长听体育课不少于4次，分管校长不少于6次	2	4/6	3/5	2/4	<2/4
		6	切实减轻学生过重课业负担，严格落实国家体育与健康课时规定	7	是	/	/	否
	（三）监督检查（5%）	7	公布学生阳光体育运动工作方案、基本要求和监督电话	2	是	/	/	否
		8	利用公告栏、家长会和校园网，每学期通报一次学生体育活动情况	3	是	/	/	否
二、教育教学（30%）	（四）课程教学（15%）	9	体育与健康课程教学计划、单元计划、课时计划齐全	4	很好	较好	一般	差
		10	依据课程标准组织体育教学，完成教学任务	5	很好	较好	一般	差
		11	加强教学研究与课程教学改革，提高教学效果	3	是	/	/	否
		12	严格执行体育课考勤和考核登记制度，并将结果放入学生档案	3	是	/	/	否

续表 2

项目及权重	指标及权重	序号	指标内容	分值	等级与系数			
					A	B	C	D
					1	0.8	0.6	0
	（五）校园体育活动（15%）	13	制订阳光体育运动工作方案、基本要求	2	是	/	/	否
		14	将校园体育活动时间和内容纳入教学计划，列入课表，严格实施	2	很好	较好	一般	差
		15	每天上午安排大课间体育活动；没有体育课的当天，下午安排一小时集体体育锻炼	3	是	/	/	否
		16	学校每年召开春、秋季运动会	3	是	/	/	否
		17	开展体育、艺术 2＋1 项目，有 85%以上的学生掌握至少 2 项日常锻炼的体育技能	4	85%	70%	50%	<50%
		18	对学生加强体育安全教育	1	是	/	/	否
三、条件保障（30%）	（六）教师队伍（15%）	19	体育教师数量达到国家规定要求	3	是	/	/	否
		20	体育教师职务评聘公平、公正	3	是	/	/	否
		21	体育教师工资待遇与其他任课教师同等对待	2	是	/	/	否
		22	开展课外体育活动、组织学生体质健康测试纳入教学工作量	2	是	/	/	否
		23	体育教师坚持集体备课、校本教研	2	是	/	/	否
		24	体育教师参加培训、继续教育	2	是	/	/	否

续表3

项目及权重	指标及权重	序号	指标内容	分值	等级与系数			
					A	B	C	D
					1	0.8	0.6	0
	（七）场地器材与经费（15%）	25	体育场地、器材、设施达标情况	1	90%	70%	60%	<60%
		26	体育场地平整、整洁，符合体育活动和体育教学要求	2	很好	较好	一般	差
		27	体育场馆、设施管理规范，及时维护，确保安全运行	2	很好	较好	一般	差
		28	学校体育场地、器材、设施有专人负责管理	2	是	/	/	否
		29	课余和节假日体育场馆向学生开放	4	是	/	/	否
		30	公用经费按规定用于体育支出，满足学校体育工作需要	5	是	/	/	否
四、学生体质（20%）	（八）开展学生体质健康测试（5%）	31	实施《国家学生体质健康标准》，做好全体学生体质健康测试	3	是	/	/	否
		32	妥善保存学生《国家学生体质健康标准》原始数据	1	是	/	/	否
		33	按国家要求上报《国家学生体质健康标准》测试数据	1	是	/	/	否
	（九）测试结果（9%）	34	有95%以上的学生达到《国家学生体质健康标准》合格以上等级	5	95%	94%	92%	<92%
		35	有40%以上的学生达到《国家学生体质健康标准》良好以上等级，并逐年增长	4	40%	30%	25%	<25%

续表 4

项目及权重	指标及权重	序号	指标内容	分值	等级与系数			
					A	B	C	D
					1	0.8	0.6	0
	(十)测试评价(6%)	36	每年在校内公布学生体质健康测试总体结果，并通报学生及家长	2	是	/	/	否
		37	学生体质健康水平作为学生综合素质档案的重要内容，并形成制度	2	是	/	/	否
		38	分析学生体质健康标准测试结果，动态把握学生体质健康发展趋势	2	是	/	/	否

填表说明：

1. 第 6 条：按小学 1～2 年级每周 4 课时，小学 3～6 年级和初中每周 3 课时，高中每周 2 课时安排体育与健康课时；

2. 第 19 条：体育教师数量按照《国家学校体育卫生条件试行基本标准》测算；

3. 第 22 条：体育教师组织开展课外体育活动每周计 2 课时，组织学生体质健康测试（含统计、整理、上报），每班每学年计 8 课时。

4. 第 25 条：体育场地、器材、设施达标情况，按照《国家学校体育卫生条件试行基本标准》测算；

5. 第 30 条：上级教育部门拨付公用经费中，安排用于开展学校体育活动、比赛以及易耗体育器材购置费用数额和比例；

6. 第 32 条：保留各年级《国家学生体育健康标准登记卡》原件备查；

7. 第 34 条：以各学段毕业年级学生测试结果为例。

加分条件：

1. 创新体育活动内容、方式和载体，增强体育活动的趣味性和吸引力；

2. 每年在一次校级运动会中，设计全体学生参加的项目；

3. 每年组织不少于 10 次的校级单项体育比赛；

4. 学校有体育代表队，每周训练不得少于两次，积极参加上级教育或体育部门组织的竞赛。

凡具备以上条件之一的每项加 2 分，最多加 8 分。

北京市教育委员会

关于做好 2014 年中小学体育工作评估和学校体育工作年度报告的通知

京教函〔2014〕559 号

各区县教委、燕山教委：

为贯彻落实《中小学校体育工作评估办法》和《学校体育工作年度报告办法》，现将 2014 年全市中小学校体育工作评估和年度报告工作的有关事项通知如下：

一、工作内容

各区县和学校要按照分层管理，分工负责的原则，根据工作安排，认真履行职责，注重工作实效，开展中小学校（含职高，下同）体育工作评估和年度报告工作。

（一）指导学校开展自评

区县教委负责组织所属中小学校，做好本年度学校体育评估和年度报告工作。各学校应对照评估指标，做好自评工作，将自评作为梳理、检查、总结学校体育工作的过程，自评结果要真实客观反映学校体育工作的现状。

（二）突出重点以评促建

区县教委和学校要针对自评中存在的问题，提出改进措施，加强整改力度，重点抓好体育课时安排、校长听体育课、体育教师组织课外体育活动和体质健康标准测试计入工作量、学生体质健康结果等指标的评估。

（三）遴选、上报学校体育工作评估监测点校

区县教委遴选确定监测点校时，要兼顾城市与农村的地域分布，考虑学校所在地的经济发展水平、教育质量、学校办学水平和保障条件等方面的代表性。各区县学校体育工作评估监测点校推荐名额分配见附件1。

（四）逐级推荐学校体育工作示范学校

区县教委推荐所属学校体育工作突出的4所高中、5所初中和6所小学，作为学校体育工作示范学校的备选单位。遴选推荐的学校体育工作示范学校必须要达到三个基本要求：一是自评必须达到优秀标准，且分值较高；二是评估中至少有三项工作符合加分条件；三是学校体育工作成效突出、富有特色，在一定程度上起到示范引领作用。

各区县要将推荐学校进行综合排名，分小学、初中、高中填写《学校体育工作示范学校推荐名单》（附件3，略）。市教委将推荐100所学校参加全国学校体育工作示范学校评选，并评选100所学校作为北京市学校体育工作示范校。

（五）做好基础数据填报

区县教委和学校要高度重视体育评估和年度报告工作，成立领导小组，统筹体育、卫生、财务、基建、后勤等部门协同配合做好相关数据的统计工作，并指派专人负责填报。填报的各项数据必须是填报人员直接调查或凭证调查结果，必须保证各项数据的真实性、准确性、完整性和实效性，如出现弄虚作假、虚报漏报，将追究相关人员责任。数据采集时间区间为2014年1月1日至12月31日。

教育部将组织抽查监测点学校和示范学校的体育工作和评估工

作，并公布抽查结果和示范学校名单。

二、材料报送

（一）区县教委要加强对中小学校体育评估工作的指导，认真审核学校自评结果，于12月23日（星期二）前将以下材料报送至市教委体卫艺处。

1. 本区县盖章的监测点校名单（附件2，略）；

2. 推荐示范学校名单（附件3，略）；

3. 上述学校的《中小学校体育工作评估自评结果报表》纸质版一式1份（加盖学校公章）；

4. 本区县《中小学体育工作评估审核结果报表》和《学校体育工作年度报表》（填报完毕后系统自动生成）纸质版一式1份（加盖区县教委公章）。

（二）各区县要做好学校体育工作年度报告上报工作，并对关键指标进行认真分析，组织编制本区县学校体育工作年度报告，并于2015年1月9日（星期五）前，将2014年度本区县的学校体育工作年度报告加盖公章报市教委体卫艺处。

（三）所有中小学校的《中小学校体育工作评估自评结果报表》和《学校体育工作年度报表》都需上报区县教委备案。

三、信息填报

为方便区县和学校开展体育工作评估和年度报告工作，做好相关数据填报、汇总、统计和分析等事宜，市教委开发研制了北京市中小学体育工作评估和年度报告管理系统（以下简称“体育管理系统”，网址：http：//typg. bjedu. cn/），定于11月24日正式启动上线。区县教委和学校要通过该系统完成2014年北京市中小学校体育工作评估和年度报告工作。

（一）体育管理系统应用培训

1. 市级培训。定于11月24日（星期一）14：00在市教委一层多功能厅开展体育管理系统应用的市级培训，并布置2014年全市填报工作。培训具体通知另发。

2. 区县培训。请各区县教委于 11 月 28 日（星期五）前完成本区县全体学校体育管理系统应用培训、部署本区县填报工作。

（二）基础数据填报

1. 学校填报。全市各中小学校及职业学校要在 11 月 28 日至 12 月 8 日期间完成基础数据填报，并将数据通过体育管理系统上报至区县教委。

2. 区县审核。各区县教委要在 12 月 9 日至 19 日对学校上报信息逐一进行审核，确保信息的真实性和准确性；同时，在体育管理系统中填报区县相关数据信息，于 12 月 19 日（星期五）下午 15：00 前通过该系统上报市教委。

3. 市级复核及抽检。市教委将于 12 月 19 日至 22 日对各区县和学校上报的数据进行复核，并于 12 月 22 日起至学期结束，组织专家到区县和学校进行抽检，具体安排将另行通知。

建立健全学校体育评价机制是一项基础工作，各区县要加强统筹领导，扎实做好今年及今后各年度的重点工作。2015 年上半年，教育部将对各地贯彻落实《中小学校体育工作评估办法》和《学校体育工作年度报告办法》进行专项督导，并向社会公布结果。

附件：1. 全国学校体育工作评估监测点校名额分配表

2. 全国学校体育工作评估监测点校推荐名单（略）

3. 学校体育工作示范学校推荐名单（略）

2014 年 11 月 19 日

附件 1

全国学校体育工作评估监测点校名额分配表

区县	小学（所）	初中（所）	高中（所）	职高（所）
东城区	6	4	1	1
西城区	7	4	1	1
朝阳区	8	5	1	1
海淀区	8	5	1	1
丰台区	6	3	1	
石景山区	4	2	1	
门头沟区	3	2	1	
房山区	4	3	1	
通州区	4	3	1	
顺义区	4	3	1	
昌平区	4	3	1	
大兴区	4	3	1	
怀柔区	4	2	1	
平谷区	4	2	1	
密云县	4	3	1	
延庆县	4	2	1	
燕山	2	1		
合计	80	50	16	4

科技与艺术教育

北京市教育委员会文件选编

（2014）

北京市教育委员会

关于公布本市阳光少年艺术团评审、复审结果的通知

京教函〔2014〕59号

各区县教委：

为进一步加强对北京阳光少年艺术团的建设和管理，不断提升校外艺术教育工作水平，根据《北京阳光少年艺术团管理办法（试行）》和市教委《关于开展北京阳光少年艺术团验收和评审的通知》（京教函〔2013〕388号）要求，市教委于2013年12月组织专家组对区县教委新申报的10个艺术团分团进行评审，对原有15个分团进行复审。专家组经过实地检查，听取汇报、查阅档案资料，与教师座谈，观看现场表演等步骤，依据《北京阳光少年艺术团分团评价指标体系》填写《北京阳光少年艺术团复审验收表》，提出评审、复审意见。根据专家组意见，经研究，确定21个分团为北京阳光少年艺术团分团。现将名单予以公布（名单见附件）。

各有关区县教委要按照《北京阳光少年艺术团管理办法》及市教委有关要求加大对艺术团的投入与管理力度，确保各项工作落到实处。各校外教育机构要积极组织艺术团成员开展丰富的艺术活动，为学员提供更多的交流展示平台，不断巩固我市校外艺术教育活动成果，进一步打造阳光少年艺术团特色品牌，不断推动校外艺

术教育工作的深入发展。

附件：北京阳光少年艺术团分团名单

2014 年 2 月 26 日

附件

北京阳光少年艺术团分团名单

北京市阳光少年艺术团北京市少年宫管乐团
北京市阳光少年艺术团北京市少年宫手风琴团
北京市阳光少年艺术团北京市少年宫舞蹈团
北京市阳光少年艺术团东城区少年宫合唱团
北京市阳光少年艺术团东城区少年宫管弦乐团
北京市阳光少年艺术团东城区崇文少年宫吟诵团
北京市阳光少年艺术团西城区少年宫舞蹈团
北京市阳光少年艺术团西城区宣武少年宫民乐团
北京市阳光少年艺术团西城区宣武少年宫合唱团
北京市阳光少年艺术团西城区丰盛少年宫舞蹈团
北京市阳光少年艺术团西城区德胜少年宫舞蹈团
北京市阳光少年艺术团朝阳区青少年活动中心舞蹈团
北京市阳光少年艺术团朝阳区青少年活动中心打击乐团
北京市阳光少年艺术团海淀区青少年活动管理中心管弦乐团
北京市阳光少年艺术团丰台区少年宫舞蹈团
北京市阳光少年艺术团丰台区少年宫合唱团
北京市阳光少年艺术团丰台区少年宫民乐团
北京市阳光少年艺术团大兴区少年宫合唱团
北京市阳光少年艺术团昌平区少年宫舞蹈团

北京市阳光少年艺术团密云青少年宫舞蹈团
北京市阳光少年艺术团密云青少年宫合唱团

北京市教育委员会

关于公布北京市中小学科技教育示范学校评选认定结果的通知

京教函〔2014〕84号

各区县教委：

2013年4月至11月，市教委对北京市中小学科技教育示范学校重新进行了评审和认定。

经学校申报、区县审核、专家组评审和认定，并经市教委2014年第3次主任办公会议审议通过，最终确定东城区府学胡同小学、北京市第四中学等214所学校为北京市中小学科技教育示范学校称号。现将名单予以公布，原北京市中小学科技教育示范学校称号同时废止。

各区县及学校要以此次评审认定工作为契机，在突出特色建设的过程中，真正发挥培养学生科技素养和兴趣的示范引领作用，全面推进我市中小学科技教育工作水平的提高。

附件：北京市中小学科技教育示范学校名单

2014年3月17日

附件

北京市中小学科技教育示范学校名单

东城区

北京市东城区府学胡同小学
北京第一师范学校附属小学
北京光明小学
北京市汇文第一小学
北京市东城区和平里第四小学
北京市东城区分司厅小学
北京市东城区板厂小学
北京市东城区体育馆路小学
北京市东城区东四九条小学
北京市东城区史家胡同小学
北京市东城区培新小学
北京市第十一中学
北京市第二十二中学
北京市东直门中学
北京市第五十五中学
北京市第二十五中学
北京市第一七一中学
北京市第五中学分校
北京市第一六六中学
北京市第五中学
北京景山学校
北京市第二中学
北京市第六十五中学
北京汇文中学
北京市文汇中学
北京市广渠门中学
北京市第二中学分校

西城区

北京第二实验小学
北京小学
北京市宣武师范学校附属第一小学
北京市西城区中古友谊小学
北京市西城区展览路第一小学
北京市西城区文兴街小学
北京市西城区黄城根小学
北京市西城区长安小学
北京市西城区白纸坊小学
北京市西城区阜成门外第一小学
北京市第四中学
北京市第一六一中学
北京市第八中学
北京师范大学附属实验中学
北京师范大学第二附属中学

北京市第十五中学
北京市育才学校
北京市第三十五中学
北京市西城外国语学校
北京市第十三中学
北京师范大学附属中学
北京市第一五六中学
北京市第六十六中学
北京市铁路第二中学
北京市第十四中学
北京市第六十三中学
北京市实验职业学校

朝阳区

北京市朝阳区安贞里第二小学
北京市朝阳区芳草地国际学校
北京市朝阳区芳草地国际学校远洋小学
北京市朝阳区望京新城南湖中园小学
北京市朝阳区呼家楼中心小学
北京市朝阳区三里屯小学
北京市朝阳区定福庄第二小学
北京市朝阳区劲松第四小学
北京师范大学奥林匹克花园实验小学
北京市朝阳区南磨房中心小学
北京市朝阳区团结湖小学
北京市朝阳区花家地实验小学
北京市朝阳区白家庄小学
北京市朝阳区日坛小学
北京市朝阳区新源里小学
北京市朝阳区星河实验小学
北京市望京实验学校
清华大学附属中学朝阳学校
北京市日坛中学
北京市和平街第一中学
首都师范大学附属实验学校
北京市第八十中学
北京市陈经伦中学
北京市陈经纶中学分校
北京工业大学附属中学

海淀区

北京市海淀区中关村第一小学
北京市海淀区中关村第二小学
北京市海淀区中关村第三小学
北京大学附属小学
北京理工大学附属小学
中国人民大学附属小学
北京航空航天大学附属小学

北京市海淀区五一小学
北京市中关村中学
中国人民大学附属中学
北京市第一〇一中学
北方交通大学附属中学
北京市八一中学
北京航空航天大学附属中学
北京市育英学校
清华大学附属中学
清华大学附属中学永丰学校
北京市温泉第二中学
北京理工大学附属中学
北京市第五十七中学
首都师范大学附属中学
北京市第十九中学
北京农业大学附属中学
北京市上地实验学校
北京市第二十中学
北京科技大学附属中学
北京市十一学校

丰台区

北京市丰台区西罗园第五小学
北京市丰台区纪家庙小学
北京市丰台区丰台第一小学
北京市丰台区丰台第五小学
北京市丰台区东铁匠营第一小学
北京市丰台区东高地第二小学
北京市丰台区东高地第三小学
北京市丰台区丰台第二中学
北京市首都师范大学附属丽泽中学
北京市云岗中学
首都医科大学附属中学
北京市航天中学
北京市丰台区东铁匠营第二中学
北京市第十八中学
北京市第十二中学

石景山区

北京市石景山区第二实验小学
北京市石景山区石景山中学
北京市同文中学
北京市石景山区实验中学
北京市古城中学
北京市苹果园中学
北京市京源学校

房山区（含燕山）

北京市房山区城关小学
北京市房山区城关第二小学
北京市房山区良乡第二小学
北京市房山区良乡第五小学
北京市房山区大石窝镇南尚乐中心小学

北京市燕山前进第二小学
北京市房山区房山第五中学
北京市房山第四中学
北京市房山区良乡第二中学
北京师范大学良乡附属中学
首都师范大学附属房山中学

通州区

北京教育科学研究院通州区第一实验小学
北京市通州区东方小学
北京市通州区后南仓小学
北京市通州区永顺镇中心小学
北京市通州区潞城镇中心小学
北京市通州区潞河中学
北京市通州区第二中学
北京市通州区第六中学
北京市通州区梨园中学
北京市通州区台湖学校
北京市通州区牛堡屯学校
北京市育才学校通州分校

顺义区

北京市顺义区北石槽中心小学校
北京市顺义区东风小学
北京市顺义区李桥中心小学校
北京市顺义区高丽营第二小学
北京市顺义区第一中学
北京市顺义区杨镇第一中学
北京市顺义区北石槽中学
北京市牛栏山一中实验学校
北京市顺义牛栏山第一中学

昌平区

北京市昌平区巩华中心小学
北京市昌平区阳坊中心小学
北京市昌平区昌盛园小学
北京市昌平区平西府中心小学
北京市昌平区第五中学
北京市昌平区前锋学校
北京市昌平区第二中学
北京市昌平实验中学
北京市昌平区南口学校

大兴区

北京市大兴区长子营镇第一中心小学
北京市大兴区第三小学
北京市大兴区第五小学
北京市大兴区长子营镇第二中心小学
北京市大兴区第一小学
北京市大兴区第五中学
北京市大兴区第八中学
北京市大兴区第七中学
北京市大兴区第三中学

北京市第二中学亦庄学校
北京市大兴区第一中学
北京市大兴区魏善庄中学
北京市大兴区大辛庄中学
北京师范大学大兴附属中学

门头沟区

北京市门头沟区大峪第一小学
北京市门头沟区大峪第二小学
北京市门头沟区大台中心小学
北京市大峪中学
北京第二实验小学永定分校

怀柔区

北京市怀柔区长哨营满族乡中心小学
北京市怀柔区第一小学
北京市光明小学怀柔分校
北京市怀柔区渤海镇中心小学
北京市怀柔区庙城学校
北京市怀柔区第一中学

平谷区

北京市平谷区金海湖第二小学
北京市平谷区第五小学
北京市平谷区黄松峪中学
北京市平谷中学
北京市平谷区第二中学
北京市平谷区第三中学
北京市平谷区第七中学

密云县

密云县巨各庄镇中心小学
密云县西田各庄镇中心小学
密云县溪翁庄镇中心小学
密云县大城子中心小学
首都师范大学附属密云中学
北京市密云县第二中学
北京市密云水库中学

延庆县

延庆县第二小学
延庆县小丰营中心小学
延庆县第四中学
延庆县第一中学
延庆县第二中学
延庆县第四小学

北京市教育委员会

关于开展北京市学生金鹏科技团评审和认定工作的通知

京教函〔2014〕274号

各区县教委：

为促进北京市学生金鹏科技团的规范化建设和科学化管理（以下简称“金鹏团”），根据市教委工作计划安排，定于2014年6月至12月开展对金鹏团进行评审和认定。现将具体事宜通知如下：

一、组织机构

市教委指导评审及认定工作，北京学生活动管理中心成立工作领导小组，负责统筹、协调相关评审工作。

二、评选条件

北京市学生金鹏科技团下设天文、地球与环境、生命科学、电子与信息、机器人、模型等项目分团及校外分团，具体评选条件详见《北京市金鹏科技团项目分团评价标准》。

三、评审程序及时间安排

（一）6月中旬，制定评审标准。

（二）6月下旬，印发评审文件和《北京市金鹏科技团项目分团评价标准》，召开金鹏团评审工作动员会。

（三）9月30日前，申报单位根据《北京市金鹏科技团项目分团评价标准》进行自评，并向区县教委进行申报。

（四）10月15日前，区县审核推荐本区县申报金鹏团名单，上报市领导小组办公室，同时报送《北京市学生金鹏科技团项目分团申报表》（附件1）、《北京市学生金鹏科技团项目分团区县汇总表》（附件2，略）。

（五）10月15日至10月25日，获得区县推荐资格的申报单位网络提交申报材料。

（六）11月，金鹏团秘书处组织专家对区县上报的金鹏团进行实地评审。

（七）12月，市教委认定、公示、授牌。

四、工作要求

（一）金鹏团评审和认定工作是促进中小学科技教育改革的重要举措，各区县要高度重视，认真组织实施，工作要细致有实效，防止形式主义。

（二）各区县要成立金鹏团评审工作小组，由主管领导牵头，负责本区县金鹏团的初评和申报工作。

（三）各区县要通过金鹏团的评审和认定工作，加强管理，发现典型，推广经验，不断提高本区县中小学科技教育工作水平。

附件：1. 北京市学生金鹏科技团项目分团申报表（略）

2. 北京市学生金鹏科技团项目分团区县汇总表（略）

2014年6月24日

北京市教育委员会

关于开展北京市学生金帆艺术团验收和申报工作的通知

京教函〔2014〕352号

各区县教委：

为促进北京市学生金帆艺术团（以下简称“金帆团”）的规范化建设和科学化管理，根据《北京市学生金帆艺术团管理办法》中“每三年对金帆团进行验收和申报”的相关要求，定于2014年9月至12月对金帆团开展验收和申报工作。现将有关事项通知如下。

一、组织机构

市教委责成北京学生活动管理中心成立评审工作领导小组，负责统筹验收和申报工作，市教委对此项工作进行监督。

二、验收工作

（一）验收范围：已认定的94个金帆团

（二）验收程序：

1. 自评阶段。金帆团根据《2014年北京市学生金帆艺术团评价标准》（以下简称“评价标准”）开展自评，完成《2014年北京市学生金帆艺术团自评报告书》（以下简称“自评报告书”），报送区县教委。

2. 区县评审阶段。区县教委对金帆团提交的“自评报告书”进行初审后组织专家开展现场评审，并将各团评审成绩按照从高到低排序。填写《2014年北京市学生金帆艺术团区县验收意见表》

（以下简称“意见表”）加盖区县教委公章后报评审工作领导小组。

3. 市级复审阶段。评审工作领导小组将对各区县上报的评审结果进行复审，采用抽签和指定相结合的方式确定抽检学校名单，并组织专家现场复审。

4. 认定阶段。对验收合格的金帆团进行公示后，公布认定结果。

三、申报工作

（一）申报项目

民族管弦乐、管弦乐、管乐、行进管乐、合唱、舞蹈、戏剧。

（二）申报条件

1. 新申报的学校，须具有北京市中小学艺术教育特色学校称号，所申报的项目办团时间在六年以上，根据“评价标准”自评成绩在90分（含）以上；

2. 申报民族管弦乐、管弦乐、管乐和舞蹈项目的学校须获北京市第十四届和十六届学生艺术节展演一等奖第一名。行进管乐项目须获北京市第十五届和十七届学生艺术节展演一等奖。合唱（甲组）、戏剧项目须获北京市第十五届和十七届学生艺术节展演一等奖第一名；

3. 现金帆团承办校申报新项目，必须符合上述相关条件，且已承办项目获得近两届北京学生艺术节金帆团组展演最佳奖或一等奖，验收成绩达到90分（含）以上，方可申报增加一个项目。

（三）申报认定程序

1. 学校申报阶段。拟申报金帆团的学校按照“评价标准”开展自评，并填写《2014年北京市学生金帆艺术团申报书》（简称“申报书”），报所属区县教委。

2. 区县初审阶段。区县教委对新申报学校提交的材料进行初审合格后，在“申报书”上签署意见并加盖区县教委公章后报评审工作领导小组。

3. 市级评审阶段。评审工作领导小组组织专家对符合申报条件的学校进行现场评审。

4. 认定阶段。对评审合格的承办学校通过公示后，公布认定结果。

四、时间安排

（一）2014 年 9 月 30 日前，参加验收和拟申报金帆团的学校开展自评并按要求报送材料。

（二）2014 年 11 月 7 日前，区县教委组织初审。

（三）2014 年 11 月 14 日前，区县将相关材料报评审工作领导小组。

（四）2014 年 12 月初，评审工作领导小组组织现场评审。

（五）2015 年初，公示并公布结果。

五、工作要求

（一）高度重视，认真组织。各区县教委和学校要高度重视金帆团验收和申报工作。加强统筹协调与管理，制定工作方案，形成工作机制，确保验收和申报工作落到实处。

（二）严肃纪律，确保公正。各区县教委要开展“阳光评审”，确保评审工作有序、规范、公正与公平。参评学校要坚持正确的办学方向，自评工作要与学校的日常教学工作有机结合，实事求是开展工作。

（三）注重总结，促进提升。各区县教委和学校要建立长效管理机制，注重经验总结。通过验收和申报工作，全面分析，整体梳理，巩固成绩，查找问题，创新思路，切实加强金帆艺术团建设和管理工作。

备注：

1. 验收和评审工作所涉及的相关材料、表格，请登录北京学校美育工作网（www. bjmyw. com）自行下载。

2. 所有申报材料以区县为单位整理后统一发送至 bjjfyst@126. com。

2014 年 7 月 31 日

北京市教育委员会

关于举办第五届国戏杯学生戏曲大赛的通知

京教函〔2014〕452号

各区县教委，各高等学校、各相关单位：

为落实十八届三中全会精神，推进《教育部关于推进学校艺术教育发展的若干意见》（教体艺〔2014〕1号）的实施，市教委定于2014年9月至12月举办第五届国戏杯学生戏曲大赛。现将有关事宜通知如下：

一、主题和宗旨

（一）主题：传承国粹艺术，弘扬民族精神。

（二）宗旨：面向全体学生，推进素质教育，坚持育人为本，培育和践行社会主义核心价值观，弘扬中华民族精神，传承优秀传统文化，展示青少年良好素质。

二、组织机构

（一）主办单位：北京市教育委员会

（二）承办单位：中国戏曲学院、北京学生活动管理中心

三、参赛要求

（一）北京和京外、境外地区大中小学在校学生均可参加，戏曲表演专业学生除外。

（二）比赛分为小学组、中学组、大学组三个组别；大赛采取

个人及集体两类比赛形式。每位选手只限报名参加个人或集体项目中的一项，其中个人项目参赛时间限 4 分钟以内，集体项目参赛时间限 8 分钟以内，参赛剧种及形式不限。

（三）参赛所需服装、化妆、道具、伴奏（含乐队）等均由参赛个人或单位自行解决。

四、评选方式及奖项设置

（一）初选：按照个人及集体项目参赛节目总数的 50%，依据所获分数排名，由高到低入选复赛。

（二）复赛：按照个人及集体项目参赛节目总数的 50%，依据所获分数排名，由高到低入选决赛。

（三）决赛：进入决赛的个人及集体项目按照 20%、30%、50%的比例颁发一、二、三等奖。

（四）奖项。本届比赛设优秀组织奖、指导教师奖、纪念奖等奖项。

五、时间安排

（一）第一阶段：网络报名

10 月 17 日前，登陆本次活动网站下载报名表，填写后发送至电子邮箱（E-mail：gxbds2010@163.com）进行报名。

（二）第二阶段：现场报名

10 月 18 日（星期六）至 10 月 19 日（星期日）9：00～12：00、14：00～18：00，到大赛组委会办公室报送参赛材料、参赛曲目伴奏（CD 光盘或 U 盘）及参赛视频资料（DVD 光盘或 U 盘）。

材料报送要求如下：

1. 报送的参赛曲目伴奏格式一律为 mp3 或 wav，参赛视频资料格式一律为 vob 或 mpg。

2. 每位选手报送的伴奏及视频需分盘刻录，视频及声音需同期录制并采用全景拍摄，禁止做任何后期剪辑及包装；光盘封面需粘贴标签，注明参赛剧目名称、选送单位、选手姓名、年龄、联系方式等内容。

3. 所报视频资料的画面内容中不得出现报送学校或选手信息以及指导教师姓名等字幕与标志，否则将取消参赛资格。

（三）第三阶段：初赛、复赛评选

1. 大赛组委会将组织评委对参赛选手报送的表演视频进行初选，按照各组分数排名的高低，同时参考入围比例，分别确定进入复赛、决赛名单。

2. 10月27日起，在活动网站公布决赛入围名单及相关信息。

（四）第四阶段：决赛、颁奖晚会

1. 京内组参赛选手于11月8日至9日、15日至16日、22日至23日（均为星期六、日）参加决赛，决赛含演唱及戏曲知识问答两部分。（戏曲知识问答题选题大纲请登录活动网站查询）

2. 京外、境外参赛选手11月27日（星期四）报到，28日全天参加决赛。

3. 11月29日至30日（星期六、日），获奖优秀节目彩排、录制。

4. 12月1日（星期一）举办颁奖晚会。

2014年9月24日

校外教育

北京市教育委员会文件选编

(2014)

北京市教育委员会

关于开展2014年北京市校外教育机构教师专业评展活动的通知

京教函〔2014〕138号

各区县教委：

为优化校外教师专业提升平台，引导校外教师专业发展，加强校外教育机构教师队伍建设，提升全市校外教育质量，市教委将委托市校外教研室组织开展校外机构教师专业评展活动（以下简称“评展”）。现将有关事项通知如下：

一、参加人员

市、区县教委所属校外教育机构在编且从事教育活动的专、兼职教师。年龄以45岁（含）以下教师为主（两年之内参加一次）。46岁（含）以上教师可自愿参加。计算年龄的标准日期为2014年1月1日零时。

二、评展内容和方式

（一）评展内容

1. 活动案例评选

2. 专业技能展示

3. 2015年度评展活动将增加落实中小学生课外活动计划、加强校内外教育有机结合等方面的内容。

（二）评展方式

1. 提交评选材料

教师本人在近两年内设计并实施的兴趣小组专业实践活动或社会实践活动资料；主题群众活动资料。

活动资料包括：活动方案（2000 字左右）、活动实录节选（20 分钟内）、活动自评（1000 字左右）及活动计划（字数不限）。

2. 现场介绍活动

教师用演示文稿现场介绍上述活动的设计、实施与自评（15 分钟内），并回答评委提出的相关问题（5 分钟内）。

3. 技能展示

活动评选后，按项目分类，组织市校外教师专业技能展示与观摩活动。具体安排另行通知。

三、评展安排

（一）专题培训

5 月，组织区县及校外教育机构评展活动负责人培训。

8 月，组织评展活动指导专家、评委与工作人员培训。

（二）活动评展

1. 区县制定方案

各区县按照《2014 年校外教育机构教师专业评展活动细则》（另发）制定评展工作方案，包括：评展工作组织、评展活动安排、评展教师信息表、评选分组和评委名单等。评展工作方案于 2014 年 5 月 20 日前上报，同时将电子版发至 xwjspz@126. com。

根据本区县参加活动评选的教师情况确定评委组，评委组由市派专家组长和区县自请专家共同构成。

2. 组织活动评选

各区县根据评展工作实施方案，于 2014 年 9 月组织活动评选。按全程参加活动评选教师总数的 5%、10%、15%确定一、二、三等奖送审名单。

3. 2015 年评展活动安排

2015年评展活动将由市校外教研室统一组织实施。

（三）市级审定

1. 报送审核资料

各区县于2014年10月9日至10日上报活动评选结果、获奖送审名单、评选现场活动介绍的录像及工作总结等相关资料（邮箱同上）。

2. 市级审核确认。

10月，市评展专家组对区县上报的一、二、三等奖送审名单进行审核与确认。

（四）工作总结

12月，召开全市评展工作总结会，研讨校外教师专业提升工作，颁发活动评选获奖证书和专业技能展示观摩证书。

为全程参加评展活动的教师登记“十二五”校外教师培训学分。

四、工作机构

（一）设立2014年北京市校外教师专业评展活动领导小组。下设办公室，设在北京市校外教研室。

（二）成立2014年北京市校外教师专业评展活动专家组，负责专题培训、评展指导、区县评选检查、成绩审核等工作。

（三）市教委体卫艺处负责对评展活动的指导、检查工作。

五、工作要求

（一）高度重视，加强领导。各区县要充分认识评展活动的重要意义，把评展活动作为校外教师队伍建设、促进校外教师专业发展、提高校外教育质量的重要举措，创新校外教师专业提升平台，组织好校外教师专业评展活动。

（二）明确责任，精心组织。各区县教委主管科室要确定评展活动负责人，制定好区县评展工作方案，做好评展组织人员培训、资料报送和研讨总结等工作。

（三）加强沟通，认真落实。各校外教研室要把评展活动作为年度重点工作，加强与区县教委的沟通，认真抓好具体工作的落实。

（四）统筹安排，注重实效。各校外教育机构要做好本单位教师参加评展活动的组织与辅导工作，将评展活动与日常教研活动、教师培训活动相结合，按要求报送评展活动信息与资料，组织专题研讨和总结，确保教师在评展活动中有收获、有提升。

北京学生活动管理中心参照执行。

2014 年 4 月 9 日

教育研究·教材

北京市教育委员会文件选编

（2014）

北京市教育委员会

关于开展“十二五”普通高等教育本科国家级规划教材第二次推荐遴选工作的通知

京教函〔2014〕127号

各市属高等学校：

根据教育部办公厅《关于开展“十二五”普通高等教育本科国家级规划教材第二次推荐遴选工作的通知》（教高厅函〔2014〕9号），现将我市“十二五”普通高等教育本科国家级规划教材第二次推荐遴选工作的有关事项通知如下：

一、推荐范围

本次教材推荐范围为2010年1月至2012年12月期间正式出版（以版权页的出版日期为准）的供全日制普通高等学校本科教学使用教材。鉴于全册/成套教材一般出版周期较长，故此次按全册/成套整体推荐的教材，允许其中部分教材出版时间范围扩大至2006年1月。“马克思主义理论研究和建设工程”哲学社会科学重点教材及涉及课程的教材，不在此次推荐范围内。

二、推荐原则

第二次推荐遴选工作切实贯彻实施“十二五”规划教材精品战

略，注重教材内容质量、出版质量和使用效果，继续坚持如下原则：

（一）突出重点。鼓励推荐使用面广、效果好、影响大的基础课程教材、专业核心课程教材、实验实践类教材。

（二）锤炼精品。鼓励推荐长期用于本科教学，根据经济社会发展、学科专业建设和教育教学改革不断修订完善的优秀教材。

（三）改革创新。鼓励推荐体现学科行业新知识、新技术、新成果，反映人才培养模式和教学改革最新趋势的教材。鼓励推荐根据教学需求建设的数字化教材。

（四）特色鲜明。鼓励推荐满足各类高等学校多样化人才培养需求的、特色鲜明的教材。

各市属高校要认真组织，严格把关，并以此为契机，进一步统筹教材建设规划，不断提高教材编写、出版质量，为高校人才培养服务。

三、推荐遴选程序

（一）推荐

各市属高校推荐到市教委，由市教委遴选汇总后，统一报送至教育部。

出版社可以补充推荐。

（二）遴选、公示及结果公布

教育部委托中国高等教育学会，负责申报材料受理、资格审查和会议遴选等工作。

遴选结果通过“全国普通高等教育教材网（www. tbook. edu. cn)”和“中国高等教育学会网（www. hie. edu. cn)”公示后由教育部正式公布。

四、推荐限额

北京市属高校推荐数量以 2012 年各校填报的“十一五”期间（2006 年 1 月至 2011 年 6 月）出版的本科教材总数为基数，北京推荐总限额为 149 本，各校推荐上限限额如下：

学校名单	申报限额
北京工业大学	19
北京第二外国语学院	14
首都师范大学	13
北京联合大学	11
首都经济贸易大学	10
北京工商大学	10
首都体育学院	9
北京信息科技大学	9
北京电影学院	8
北方工业大学	8
首都医科大学	8
北京建筑大学	5
北京印刷学院	5
北京农学院	4
北京物资学院	3
中国音乐学院	3
北京城市学院	2
北京服装学院	2
北京石油化工学院	2
北京舞蹈学院	1
中国戏曲学院	1
首都师范大学科德学院	1
北京邮电大学世纪学院	1
合计	149

五、其他事项

（一）《"十二五"普通高等教育本科国家级规划教材第二次遴选推荐汇总表》和《"十二五"普通高等教育本科国家级规划教材第二次遴选推荐申报表》可登陆 www. tbook. edu. cn 下载。

（二）4 月 28 日前，各高校将《"十二五"普通高等教育本科国家级规划教材第二次遴选推荐汇总表》电子版（按照"推荐单位 . xls"命名）及《"十二五"普通高等教育本科国家级规划教材第二次遴选推荐申报表》电子版（单项按照“推荐单位＋推荐汇总表序号.doc”命名，打包压缩以“推荐单位.rar”命名）发送至jw_gjc@bjedu.gov.cn。

（三）5月9日前，各高校将以上纸质材料、佐证材料及推荐教材样书一式2份报至市教委。

（四）市教委联系人及联系方式

（五）教育部有关联系人及联系方式

1. 教育部高等教育司教学条件处

2. 中国高等教育学会秘书处

2014年4月4日

北京市教育委员会

关于印发北京市教育科学“十二五”规划2014年度课题指南的通知

京教策〔2014〕5号

各区县教委，各高等学校，市教委直管直属单位：

2014年度课题申请工作自4月21日起启动，课题管理的具体工作由北京市教育科学规划领导小组办公室负责。《北京市教育科学“十二五”规划2014年度课题指南》经北京市教育科学规划领导小组审批通过，现印发给你们，并将申请工作的有关事项通知如下：

一、选题要求

（一）北京市教育科学“十二五”规划 2014 年度课题分为重大课题、重点课题（包括优先关注课题）、青年专项课题、校本研究专项课题、一般课题五大类别。

（二）重大课题实行招标制度，申请者不得更改研究题目。重大课题的研究内容应具有创新性，取得的研究成果应具有较高理论价值或实践价值。

（三）优先关注课题为本年度重点研究项目，隶属于重点课题类别，申请者不得随意更改研究题目，可以根据自己的专长和基础，选取独特的切入点进行研究设计。

（四）北京市教育科学规划面向中小学（含职业学校）、幼儿园设立校本研究专项课题，资助中小学、幼儿园和中等职业学校的现任校（园）级领导主持的以学校为基本单位、与学校改革实践紧密相关、具有较高的组织程度、来源于学校改革和发展的实际、解决学校现实问题、教师群体参与的课题。

（五）重点课题（不包括优先关注课题）、青年专项课题、校本研究专项课题、一般课题的申请者可根据自己的研究兴趣和研究基础，依据“教育政策与综合问题、基础教育、学前教育、高等教育、职业教育与终身教育、德育、体育美育与校外教育、教育管理与评价、教师教育、教育信息化、学校党建研究”等“十一个研究领域”自行设计课题名称和研究内容申请课题。

二、资助标准

北京市教育科学规划 2014 年度课题对重大课题、重点课题（包括优先关注课题）、青年专项课题、校本研究专项课题予以经费资助。

（一）重大课题最高资助额度为 30 万元。

（二）优先关注课题最高资助额度为 15 万元；重点课题（不包括优先关注课题）最高资助额度为 5 万元。

（三）青年专项课题最高资助额度为 3 万元。

（四）校本研究专项课题最高资助额度为 4 万元。

申请者须根据研究工作的实际需要，参考资助标准，提出拟申请的资助额度，并进行合理的经费预算。实际资助经费额度以最终评审结果为准。一般课题全部为单位资助的规划课题，其研究经费由申请者单位负责。

三、申请人条件

（一）北京市教育科学规划课题申请人须具有副高级以上专业技术职务（或相当于副高级以上专业技术职务）。

（二）不具备副高级以上专业技术职务的，须由 2 名具有副高级以上专业技术职务的同行专家推荐。

（三）申请重大课题者应具有正高级专业技术职务，有深厚的学术研究功底与学术造诣，能有效组织研究团队，调动各种资源开展研究。

（四）申请青年专项课题者（包括课题组成员）年龄不得超过 40 岁（1974 年 5 月 31 日之后出生）。

（五）为避免重复立项、浪费资源，特作如下规定：

1. 课题负责人只能申请一项课题。

2. 正在承担北京市教育科学规划课题的课题负责人不能申请课题。

3. 已获得全国教育科学规划、北京市哲学社会科学规划立项的课题负责人不得以同类课题申请北京市教育科学规划课题。

4. 在北京市教育科学规划获得立项的课题，不得以同类课题申请全国教育科学规划、北京市哲学社会科学规划课题。

四、完成时限

（一）本年度北京市教育科学立项课题要求在 2－3 年内完成，最迟在 5 年内完成。

（二）研究期限自课题批准立项之日起计算，课题延期或相关变更须报请北京市教育科学规划领导小组办公室批准备案。

五、课题成果

不同类别课题的成果要求具体为：

（一）重大课题应在国家一级出版社出版20万字专著一部、在北京大学图书馆版核心期刊发表3篇系列论文。

（二）高校及研究机构人员承担的重点课题（优先关注课题）应出版20万字左右学术专著1部，或者在北京大学图书馆版核心期刊上发表3篇系列论文。

中小学、幼儿园、中等职业学校教师承担的重点课题应在北京大学图书馆版核心期刊上发表1篇论文，或者公开发表3篇系列论文。

（三）高校及研究机构人员承担的青年专项课题应在北京大学图书馆版核心期刊发表2篇系列论文。中小学、幼儿园、中等职业学校教师承担的青年专项课题应公开发表2篇系列论文。校本研究专项课题应公开发表2篇系列论文。

（四）一般课题应公开发表1篇论文。

专著或论文发表须注明且只能独家注明“课题类别＋课题名称＋课题批准号”，课题负责人均应为专著、论文的第一作者。

六、课题申请要求

2014年课题申请采取网上申请与文本申请两种形式，重大课题不进行网上申请。申请书文本要求一律用计算机填写。

（一）重大课题实行公开招标制度，评审采取课题申请、资格审查、会议答辩、领导小组审批方式进行。申请者填写《北京市教育科学“十二五”规划重大课题申请书》，签署所在单位、二级管理单位意见后，密封投标文件，递交二级管理单位报送至北京市教育科学规划领导小组办公室。

（二）其他类别课题实行网上申请与文本申请。

1. 网上申请流程参见北京市教育科学规划领导小组办公室网站相关文件。文本申请采取二级申请制度，按照所在单位隶属关系，经所在单位审查盖章后，分别通过各区县或各单位的科研管理机构报送至北京市教育科学规划领导小组办公室。北京市教育科学规划领导小组办公室不直接受理个人申请。

2. 网上申请网址为：http：//www.gh.bjedu.cn。课题申请所需的各种材料，包括《北京市教育科学“十二五”规划2014年度课题指南》、《北京市教育科学规划课题管理办法（2011年4月26日修订）》、《北京市教育科学“十二五”规划重大课题申请书（2014年度）》等均可从市教委网站（http：//www.bjedu.gov.cn）、北京市教育科学规划网（http：//www.gh.bjedu.cn）下载。

（三）本年度网上申请截止日期为5月26日，逾期不再受理新项目申请。未参加网上申请的单位和个人不得进行文本申请。市教育规划办反馈申请书材料检查意见时间为5月23日至5月28日。

本年度课题文本申请受理时间从5月28日起至5月30日止。请各区县及各单位相应的科研管理机构务必按期报送，逾期不予受理。

七、报送材料要求

（一）重大课题文本材料报送至北京市教育科学规划领导小组办公室，具体要求为：

1. 将《重大课题申请书》封皮复印9份，分别贴在9个档案袋正面，以便识别。

2. 请将《申请书》封底“投标材料袋背面粘贴表”的课题组成员名单复印9份，分别贴在9个档案袋背面，以便选择评审专家时回避。

3. 报送文本材料时需同时报送申请材料电子版及加盖公章的《课题申请汇总表》。

（二）其他类别课题文本材料报送至北京市教育科学规划领导小组办公室，具体要求为：

1. 审查合格的《课题申请书》一式8份（原件1份，原件单独装档案袋；复印件7份，装同一档案袋），汇总后连同本区县或本单位加盖公章的《课题申请汇总表》一起上报至市教育规划办。

2. 将《课题申请书》的封面页打印后贴在档案袋正面，原件请在首页的右上角注明，以便识别。

3. 申请书要求统一用A4纸双面印制，左侧装订。

八、工作要求

（一）要将本通知及时传达到所属单位及教育科研人员和教师，并按《北京市教育科学规划课题管理办法》（2011年4月26日修订），认真组织好北京市教育科学“十二五”规划2014年度课题的申请工作。

（二）各区县、各学校和各单位要加强对本年度课题申请工作的宣传、组织、管理和指导，既要积极鼓励，又要严格把关。要依据《北京市教育科学规划课题管理办法（2011年4月26日修订）》的相关规定和本通知的要求对申请人进行资格审查，对申请人的信誉、申请书所有栏目填写的内容、前期研究成果、课题组的研究实力和必备条件等进行认真审核，签署明确意见，确保申请工作的质量。

附件：北京市教育科学“十二五”规划2014年度课题指南

2014年4月16日

附件

北京市教育科学“十二五”规划2014年度课题指南

为全面贯彻落实党的十八大及三中全会精神，深入贯彻落实教育中长期规划纲要，进一步提升首都教育现代化水平，关注首都教育发展的重大战略需求和最新改革趋势，促进首都教育科研事业的繁荣发展，制定本年度规划课题指南。

一、重大课题

1. 首都特色的现代化教育治理体系研究

2. 首都教育综合改革目标体系与行动策略研究

二、优先关注课题

1. 京津冀教育协同发展与资源共享机制研究

2. 北京教育基本公共服务水平评价研究

3. 首都教育多样化发展的制度设计与实验研究

4. 改革开放以来北京教育改革与发展历史研究

5. 单独两孩人口政策调整后北京市学前教育应对政策研究

6. 北京市义务教育优质资源扩大模式研究

7. 首都基础教育内涵发展与质量提升策略研究

8. 信息化条件下北京市中小学学生学习方式变革实验研究

9. 北京市城乡中小学校一体化建设研究

10. 北京市学生体质问题及应对策略研究

11. 推进中小学公共安全教育研究

12. 北京市高等教育优质课程资源共享机制研究

13. 北京市中等职业教育质量评价和提升研究

14. 职业教育专业集群研究

15. 校长职级制与流动政策研究

16. 教师薪酬制度与流动政策研究

17. 北京市教育考试招生与评价制度改革研究

三、自由选题领域

本年度规划课题指南只列出重大课题和优先关注课题（隶属重点课题）题目，其它重点课题（不含优先关注课题）、青年专项课题、一般课题、校本研究专项课题等四类课题不设具体指南，研究者可自主确定研究题目，鼓励开展基本理论问题研究、教育实践问题研究。

北京市教育委员会

关于印发2014年秋季北京市普通中小学教学用书目录的通知

京教基二〔2014〕16号

各区县教委、燕山教委：

现将《2014年秋季北京市普通中小学教学用书目录》印发给你们，请按照教育部办公厅《关于做好义务教育课程标准实验教材选用工作的通知》（教基厅〔2005〕2号）、《关于2014年中小学教学用书有关事项的通知》（教基二厅〔2014〕1号）精神和市教委关于教材管理的要求，认真做好2014年秋季中小学教学用书选用工作。

本教学用书目录包括三部分内容。目录一是北京市普通中小学自编及实验教学用书目录；目录二是经教育部初审通过、本市选用的普通高中课程改革实验教材目录；目录三是教育部公布的2014年义务教育教学用书目录。

北京市自2013年起，将原有的专题教育教材（环境与可持续发展教育、安全教育、健康教育、禁毒教育等）合编为《中小学专题综合教材》（一至八册），请各区县在教材选用中予以关注。

各区县在教材选用过程中要严格执行有关规定，进一步加强和规范中小学教学用书管理。需调整教材版本的区县，请将变动申请及时报市教委同意后更换。为进一步加强首都特色课程教材体系建设，目前使用京版教材的区县，原则上对版本不作调整。教材选用中出现的其他问题，请及时与市教委基础教育二处联系。

附件：1. 目录一：2014 年秋季北京市普通中小学自编及实验教学用书目录（略）

2. 目录二：2014 年秋季北京市普通高中课程改革实验教材目录（略）

3. 目录三：2014 年义务教育教学用书目录（略）

2014 年 7 月 2 日

北京市教育委员会

关于做好 2014～2015 学年度基础教育课程教材改革实验工作的意见

京教基二〔2014〕23 号

各区县教委、燕山教委：

为全面实施素质教育，深化教育领域综合改革，贯彻落实《北京市中小学培育和践行社会主义核心价值观实施意见》（京政办发〔2014〕52 号）、《北京市基础教育部分学科教学改进意见》（京教基二〔2014〕22 号，以下简称《意见》），促进基础教育优质、均衡发展，现就 2014～2015 学年度基础教育课程教材改革实验工作提出如下意见：

一、工作原则、思路和目标

（一）工作原则

坚持科学发展观，深入贯彻十八届三中、四中全会精神和中长期教育改革和发展规划纲要，坚持立德树人，深化教育领域综合改革，全面落实《意见》，持续提升基础教育质量。

（二）工作思路

强化基于学生核心素养的顶层设计，建立多部门协调推进机制。以立德树人为深化课程改革基本方向，进一步加强社会主义核心价值观教育，加强中华优秀传统文化教育。

以学科教学改进为切入点，推动减负增效的扎实落实。以考试评价改革为突破口，优化调整课程结构、教材体系和教与学方式。以优质资源建设为着力点，努力构建公平、优质、创新、开放的首都基础教育体系。

（三）工作目标

全面落实学科教学改进意见，积极引导师生转变教与学方式，确立教育教学主要环节相互配套、协调一致的人才培养体制。

以基础教育领域综合改革统领课改全局，逐步完善“北京实践模型”。着力推动国家、地方、校本三级课程整体优化和协调发展，逐步形成各学段上下贯通、有机衔接、相互协调、科学合理的课程教材体系。

坚持信息技术与教育教学实践深度融合的理念，全面推进基于课改内涵的在线教育服务体系建设，逐步丰富教育资源供给，引导学生多元化、开放式学习。

提升校长课程领导力，提高教师、教研员培训的针对性、实效性，形成多方参与、齐心协力、互相配合的育人工作格局。

二、主要任务

（一）深入落实学科教学改进意见

各区县要认真学习领会《意见》精神，紧密结合区域实际，制定本区县落实方案，做好系列培训，并指导学校结合实际制定落实方案，因地制宜抓好落实。

1. 各学校要基于课程标准开展教育教学

根据课程标准确定教学目标、规范教学进度，不得赶进度、增难度。在学科教学中强化社会主义核心价值观的培育。在语文教学中增加古诗词、汉字书法、楹联等优秀传统文化内容，引导学生广泛阅读古今文学名著，传承优秀传统文化。在初一、初二年级开设系列科学活动，结合学生日常生活中的科学问题，组织学生开展小实验、小制作、小课题，解决好科学类学科教学的小初衔接问题，培养学生全面的科学素养。

2. 各学科平均应有不低于10％的课时用于开展校内外综合实践活动课程

各学校要积极构建开放的教与学模式，以“中小学开放性语文学习活动计划”、“初中开放性科学实践活动计划”为切入点，加强学科教学内容与社会、自然的联系，让学生学习鲜活的知识和技能。强化教学的实践育人功能，确保实践活动占有一定课时或学分。探索有效多样的教与学方式。鼓励教师按照学科特点，把课堂教学与综合实践活动有机结合起来，注重学生综合能力特别是动手实践能力的培养。倡导“玩中学”、“做中学”等方式，为学生提供丰富的体验、合作、探究类的学习活动。支持走班、走校以及网络在线的个性化学习，加强与社会教育机构的合作，通过购买服务，在学校网站上为学生提供综合实践活动菜单式服务。

（二）进一步加强课程改革的统筹规划

各区县、学校要进一步加强顶层设计，做好五个统筹。

1. 进一步明确各学段教育功能定位，以学生的核心素养为统领，理顺各学段的育人目标，使其依次递进、有序过渡。要避免不同学段各管一段，培养目标脱节、交叉、错位的现象，充分体现教育规律和人才培养规律。

2. 要统筹各学科。充分发挥人文学科的独特育人优势，进一步提升数学、科学、技术等课程的育人价值。同时加强学科间的相互配合，发挥综合育人功能，不断提高学生综合运用知识解决实际问题的能力。

3. 全面统筹课标、教材、教学、评价、考试等环节。全面发挥课程标准的统领作用，协同推进教材编写、教学实施、评价方式、考试命题等各环节的改革，使其有效配合，相互促进。

4. 统筹一线教师、管理干部、教研人员、专家学者、社会人士等力量。充分发挥各自优势，围绕育人目标，协调各方力量，形成育人合力。

5. 统筹课堂、校园、社区、家庭、社会等场所。发挥学校的主渠道作用，加强课堂教学、校园文化建设和社团组织活动的密切联系，促进家校合作，广泛利用社会资源，科学设计和安排课内外、校内外活动，营造协调一致的良好育人环境。

（三）加强学校课程结构创新

在市区两级指导下，各学校要加强学校课程的整体设计，以课程结构创新为突破口，优化课程结构、协调课程门类、提升课程品质、增强课程适应，实现课程整体育人功能。

实施课程领导力计划，加强教研员、校长的课程领导力建设，加强教师的课程理解力、执行力建设。

深入推进“遨游计划”、“高中自主课程建设实验”，进一步凝练实验学校的成功经验，并加以推广。以实验学校为龙头，带动更多的学校进行课程的整体优化。

（四）推进课程领导力建设

加强校长课程领导力建设，引导学校统筹规划学校课程，构建有利于学生全面而有个性发展的课程体系。

进一步加强教研员、教师培训的系统性和实效性。切实提高教师的课程理解与执行能力，提高全市中小学实验教学与实验管理教师的素养。

加强语文、英语、初中科学类学科教师的学科教学改进意见落实培训。

各区县、学校要进一步完善研修一体化的教科研制度，鼓励跨片教研，鼓励教师形成不同的教学风格。

（五）丰富资源环境，倡导多元、开放式学习

以服务模式转变为引领，以教育信息化作为促进课改纵深发展新的着力点，构建利用信息化手段扩大优质教育资源覆盖面的有效机制，逐步缩小区域、城乡、校际差距，逐步为每一个孩子提供丰富的资源环境。

进一步做好在线教育服务工作规划，积极推动基于丰富、优质资源的学生学习方式创新，引导学生多元、开放的学习。加强数字化课程和学习体系建设；基于移动学习理念，开发一批符合学生学习实际的微课程和专题课程；加强北京数字学校平台建设，加大在网络、微信、手机、有线电视等渠道的传播力度。努力实现信息技术与教育教学实践的深度融合，积极构建利用信息技术扩大优质教育资源覆盖面的有效机制。

（六）进一步完善基础教育教材体系

高质量完成语文、历史、思品等学科的送审、修订工作，确保新京版教材的体系完整性。扎实推进基础教育精品化教材建设，建立和逐步完善各级教材的实验管理和质量提升机制。市、区县教材管理部门建立教材质量跟踪反馈系统，确立一批学校作为教材实验反馈基地，加强对教师、学生、教研人员关于教材使用意见的收集整理和数据分析，对教材进行年度滚动修订。

建立教材配套课程资源建设长效机制。进一步加强中华优秀传统文化教育、中国梦教育、英语听说教育系列教材等编写、修订与实验。加强专题教育“六合一”教材的实验管理。加大对电子教科书编写、使用、管理实验的支持力度，选择一批学校开展电子教科书的教学实验，推动减轻学生过重课业负担。

（七）进一步完善教育督导与评价制度

1. 切实加强对《意见》执行情况的监督检查

研制学生学业标准和教师教学标准，进一步完善对《意见》执行情况的督导检查；继续探索委托社会组织开展教育评估监测的程

序、机制与效果；继续把学生的身心发展水平、学业发展水平、兴趣特长养成、学业负担状况等作为评价学校教育质量的主要内容。

2. 深入开展学生综合素质评价

在完善小学、初中、高中综合素质评价方案的基础上，加强对方案实施的研究和指导，建立市和区县两级学生综合素质评价实验基地学校，开展专题研究以解决评价实施中的具体问题。加强市、区县和学校评价先进经验的总结和宣传推广。

3. 加强评价结果的应用

以综合素质评价为基础，构建多元化、发展性的评价体系，基于课程标准进行学业评价。充分利用科学的评价方式发现学生发展的优势和潜能，同时，找到教师教学和学生学习的薄弱环节，推动教学改进，促进学生多元活泼发展。

三、工作要求

当前，北京市基础教育改革与发展已经站在一个新的历史时期，课程改革涉及面更广、关联度更高，破解深层次矛盾和问题难度更大，许多问题解决起来往往涉及多个部门职责，涉及多种政策配套，涉及多方利益调整，靠原来的单项改革办法或局部突破套路已难以奏效。

各区县、学校必须充分认识这个新阶段的基本特征、主要矛盾、改革逻辑和发展目标，各区县要紧密结合区域实际，制定区县2014～2015学年度课改实验工作意见，建立全局观念，运用规划思维，鼓起变革勇气，树立担当意识，制定合理框架，实施有效举措，持续推动我市课程改革向纵深发展。

2014年11月19日

北京市教育委员会

关于印发2015年春季北京市普通中小学教学用书目录的通知

京教基二〔2014〕24号

各区县教委、燕山教委：

现将《2015年春季北京市普通中小学自编及实验教学用书目录》印发给你们，请按照教育部办公厅《关于做好义务教育课程标准实验教材选用工作的通知》（教基厅〔2005〕2号）、《关于2014年中小学教学用书有关事项的通知》（教基二厅函〔2014〕1号）精神和我市有关教材管理相关文件的要求，认真做好2015年春季中小学教学用书选用工作。

对于可跨学期、跨年度使用的教材以及课标版实验教材的征订，均可参看我委印发的2013年、2014年秋季书目。

各区县在教材选用过程中要严格执行有关规定，进一步加强和规范中小学教学用书管理。教材选用中出现的其他问题，请及时与市教委基础教育二处联系。

附件：2015年春季北京市普通中小学自编及实验教学用书目录（略）

2014年11月19日

北京市教育委员会

关于转发教育部《中小学教科书选用管理暂行办法》的通知

京教基二〔2014〕25号

各区县教委、燕山教委：

现将教育部《中小学教科书选用管理办法》（教基二〔2014〕8号）转发给你们，请遵照执行。

2014年11月19日

中小学教科书选用管理暂行办法

第一章 总 则

第一条 为加强中小学教科书管理，规范教科书选用工作，保障教学秩序和教学质量，更好地适应各地教育教学需要，根据教育法、义务教育法等有关规定，特制定本办法。

第二条 本办法所称教科书，是指经国务院教育行政部门审定和经授权审定的义务教育和普通高中教学用书（含配套教学图册、音像材料等）。

第三条 教科书选用应当坚持适宜性，符合本地中小学教学实际；坚持多样化，满足不同地区的需求；坚持公平、公正，保证选用过程规范、有序。

第四条 国务院教育行政部门负责制定全国中小学教科书选用政策，公布《全国中小学教学用书目录》。

省级教育行政部门负责本行政区域内中小学教科书选用的统筹管理，领导和监督教科书选用工作。

第二章 选用机构

第五条 中小学教科书选用单位由省级教育行政部门根据当地实际情况确定。

第六条 选用教科书应当组织成立教科书选用委员会，具体负责教科书的选用工作。

第七条 教科书选用委员会应当由课程教材专家、教研员、中小学校长和教师等组成，其中一线教师不少于1/2。教科书选用委员会分学科组负责教科书初选工作。

第八条 教科书编写人员、出版发行人员不得担任教科书选用委员会成员。

第三章 选用程序

第九条 学科组应当研读、比较《全国中小学教学用书目录》中本学科所有版本教科书，提出初选意见。

第十条 选用委员会对学科组提出的初选意见进行充分讨论，投票决定选用结果。应将会议讨论记录和投票结果记录在案。

在全省（自治区、直辖市）范围内，加强德育、语文、历史教科书选用工作统筹，其他学科教科书，义务教育每个学科要选用三种版本以上（含三种），普通高中每个学科要选用两种版本以上

（含两种），特殊情况报国务院教育行政部门备案。

第十一条 教育行政部门应将教科书选用结果在本级教育部门网站上公示，对异议进行核查处理。公示期不少于 7 日。省级教育行政部门应将本省教科书选用结果报国务院教育行政部门备案。

第十二条 教科书版本选定使用后，应当保持稳定。小学、初中、高中每一学科教科书版本一经选定使用，在学段周期内，不得中途更换。

如需更换教科书版本，应当从起始年级开始，由学校向主管教育行政部门提出书面申请，教育行政部门应委托专业机构征求使用地区学校教师、学生及家长意见并进行评估，如确与当地教育教学实际不相适宜，由教科书选用委员会按程序选用其他版本。

第十三条 教科书选定后出现下列特殊情形之一的，应当由选用委员会按程序重新选用教科书：

（一）严重违反选用程序规定的；

（二）课前没有按时到书的；

（三）与教育部审定内容不一致的；

（四）其他严重影响教科书使用的。

第十四条 教科书选用工作一般应在当年 4 月底前完成，为教科书的征订、出版、发行留有足够时间。

第四章 监 督

第十五条 任何单位和个人不得违反规定干预教科书选用过程和结果。教科书选用工作接受教育纪检监察部门的全程监督，充分发挥学生家长、社会人士对教科书选用的监督作用。

第十六条 在教科书选用工作中出现以下情形的，由上级教育行政部门责令限期改正，视情节轻重予以通报批评，并依法对相关责任人予以处分。

（一）教育行政部门及其工作人员违规干预选用过程和结果的；

（二）教科书选用委员会成员违反选用工作纪律的；

（三）选用本办法第二条规定以外的教科书的；

（四）对《全国中小学教学用书目录》删减后供选用委员会选用的。

其他行政部门及其工作人员违规干预教科书选用过程和结果的，由教育行政部门通知其所属部门依纪依规处理。

选用工作违反其他有关法律法规规定的，由有关主管部门依法查处。涉嫌受贿等犯罪行为的，移送司法机关处理。

第十七条 教科书编写、出版、发行等单位和人员不得以任何非正当竞争手段干预教科书选用。凡采用请托、行贿等不正当手段扰乱教科书正常选用秩序，省级教育行政部门必须取消其本次教科书在该行政区域内的选用，在全省进行通报，情节严重、涉嫌构成犯罪的，移送司法机关处理。

第五章 附 则

第十八条 省级教育行政部门应当根据本办法制定实施细则。

第十九条 本办法自印发之日起施行。凡现有规定与本办法不符的，以本办法为准。

科研

北京市教育委员会文件选编

(2014)

北京市教育委员会

会关于做好2014年北京市属高校创新团队推选工作的通知

京教函〔2014〕73号

各市属高校：

2014年，市教委决定继续开展推选北京市属高等学校创新团队工作。现将有关事项通知如下：

一、推选创新团队范围

推选范围为北京市属高等学校的国家级及北京市重点学科、重点实验室、工程技术（研究）中心、重大攻关项目，以及北京市经济社会发展有重大需求的学科领域。

二、推选条件

创新团队推选条件按照市教委《关于北京市属高等学校创新团队建设与教师职业发展实施意见》（京教人〔2012〕14号）相关规定执行。

三、推选名额

2014年计划评选创新团队10个左右，每校可推荐1个。

四、推选程序

（一）本计划以北京市属高等学校为单位统一申报，不接受个人申报。北京市属高校要按照通知要求组织推荐工作，按规定时间向市教委报送推荐材料。

（二）市教委组织有关专家对申报团队进行答辩评议（时间地点另行通知），北京市属高等学校高层次人才引进与培养计划领导小组综合专家评议意见，拟定本计划入选团队，并在市教委网站公示，公示期为7个工作日，确无不良反映后确定本计划入选团队。

五、组织领导

推选“创新团队”工作由北京市属高等学校高层次人才引进与培养计划领导小组负责组织实施。领导小组下设办公室，办公室设在市教委人事处。

六、申报材料

（一）《北京市属高等学校“创新团队建设提升计划”项目申请表》一式5份；

（二）学校推荐“创新团队”书面报告式1份，材料要求准确、翔实。

七、推选工作要求

各单位要高度重视创新团队推选工作，切实加强领导，确保推选工作公平、公开、公正。

（一）认真部署推选工作，广泛进行宣传并组织好推选条件的学习。

（二）推选工作坚持民主推荐、实事求是，好中选优、宁缺毋滥的原则，严格按照推选条件推荐。

（三）申报材料于2014年5月16日前报市教委人事处。相关材料的电子版可从市教委人事处网站下载。

2014年3月17日

北　京　市　教　育　委　员　会
北京市哲学社会科学规划办公室

关于公布北京市哲学社会科学研究基地建设验收结果及启动新一期建设的通知

京教函〔2014〕226号

有关高等学校：

2014年4月，市教委、市社科规划办组织专家组对相关研究基地建设情况进行了检查验收，现将验收结果予以公布：人文北京研究基地等11个研究基地验收结果为优秀，中国都市经济研究基地等9个研究基地验收结果为合格。以上20个研究基地全部进入下一周期建设，建设周期为3年。

各研究基地要按照本期验收专家组反馈的意见，在研究基地学术委员会论证的基础上，围绕研究基地的研究方向，结合新的形势和研究基地发展目标，认真规划和设计下一个建设周期的重点研究方向，填写好进入下一期建设的《任务书》，并于6月30日前交送市社科规划办研究基地工作处（一式4份，均加盖单位印章，同时将电子版发送到指定信箱）。《任务书》可登陆北京社科规划网（www.bjpopss.gov.cn）下载。

通过验收的研究基地要认真总结建设经验，多出重大标志性成果，扩大研究基地的影响力，更好地服务于首都各项事业发展。

附件：1. 北京市哲学社会科学研究基地建设项目验收结果（按学校代码排序）

2. 专家组验收反馈意见（分学校印发）

2014年5月29日

附件1

北京市哲学社会科学研究基地建设项目验收结果
（按学校代码排序）

一、验收结果为优秀的研究基地

1. 人文北京研究基地（依托高校：中国人民大学）
2. 应急管理研究基地（依托高校：清华大学）
3. 北京产业安全研究基地（依托高校：北京交通大学）
4. 首都服饰文化与服装产业研究基地（依托高校：北京服装学院）
5. 北京文化发展研究基地（依托高校：北京师范大学）
6. 北京旅游发展研究基地（依托高校：北京第二外国语学院）
7. 北京现代物流研究基地（依托高校：北京物资学院）
8. 北京企业国际化经营研究基地（依托高校：对外经济贸易大学）
9. 北京民族音乐研究与传播研究基地（依托高校：中国音乐学院）
10. 北京影视艺术研究基地（依托高校：北京电影学院）
11. 北京学研究基地（依托高校：北京联合大学）

二、验收结果为合格的研究基地

12. 中国都市经济研究基地（依托高校：北京大学）

13. 北京现代制造业发展研究基地（依托高校：北京工业大学）

14. 北京建筑文化研究基地（依托高校：北京建筑大学）

15. 北京中医药文化研究基地（依托高校：北京中医药大学）

16. 北京体育赛事管理与营销研究基地（依托高校：首都体育学院）

17. 首都传媒经济研究基地（依托高校：中国传媒大学）

18. 北京财经研究基地（依托高校：中央财经大学）

19. CBD发展研究基地（依托高校：首都经济贸易大学）

20. 首都社会安全研究基地（依托高校：中国人民公安大学）

附件2

CBD发展研究基地三期建设验收专家组反馈意见

一、突出的优点评价

（一）研究基地紧紧围绕北京CBD发展需要，从多个方面、多个层级开展了卓有成效的研究和攻关，获得了一批研究课题，发表和出版了较为丰富的研究成果。

（二）研究基地突出了建设国家级智库的意识，围绕若干重大问题进行较为深入和前瞻性研究，一些报告获得了国家领导和有关部门的好评，为政府决策服务成效明显。

（三）研究基地具有很好的开放性研究特色，较好地吸收和借鉴了科学研究中协同创新的体制机制，保证了基地科研实力不断提高。

二、问题与不足

（一）研究基地还应加强核心骨干队伍建设，努力形成一批有理论、有特色、能攻关的研究团队。

（二）研究基地成果层次和水平需要不断提高，特别是对于北京市 CBD 建设的整体对策研究需进一步加强。

（三）研究基地国际性还应进一步提高。

三、下一期建设发展建议

（一）研究基地所关注的北京 CBD 建设问题将越来越重要，基地应进一步强化国家智库意识，取得突出的标志性成果。

（二）研究基地对于北京 CBD 建设的总体把握和认识的成果还可以进一步提炼和加强，特别是从战略性出发，对于北京 CBD 建设所需政策环境、体制环境等要加强前瞻性研究。

（三）研究基地如有可能，应积极参与组织筹备有关北京 CBD 发展的高端论坛或国际对话平台。

北京财经研究基地三期建设验收专家组反馈意见

一、突出的优点评价

（一）研究基地充分运用学校科研优势与团队优势，对北京市财经情况进行较为深入的研究，承担了一定数量的研究课题，取得了一些科研成果。

（二）研究基地努力突出作为北京财经发展“智库”的意识，撰写了一批研究报告和论文，一些报告获得了有关部门和区县的认可与领导的好评。

（三）研究基地组织专家学者参与到北京市各个领域和方面的学习教育活动之中，开展了多种形式的讲座和知识普及活动。

二、问题与不足

（一）基地科研方向较为分散，需要进一步凝练研究方向，目前的四个研究领域很少协同和交集。

（二）基地的品牌意识还需进一步加强，科研成果的显示度有待提升。

（三）基地围绕北京市面临的财经课题开展研究不够，需要进一步接北京经济社会发展的地气。

三、下一期建设发展建议

（一）基地建设应紧紧围绕北京财经发展面临的若干重大问题进行，必须进一步凝聚力量，凝练方向，形成在若干专业领域具有创新和攻关能力的研究平台。

（二）基地应进一步加强与北京市有关部门特别是财税管理部门的合作，增强研究课题设计的针对性，提高解决北京财经发展中一些瓶颈问题的能力。

（三）基地应不断创新体制机制，增强开放性，努力构建北京市社会经济发展的智库。

北京产业安全研究基地一期建设验收专家组反馈意见

一、突出的优点评价

（一）基地建设紧紧围绕国家战略和产业安全，取得了突出的成绩，尤其是承接了大量国家和部委以及企业课题，对于基地研究领域的深化起到了积极的推动作用。

（二）基地建设目标很好地突出了国家“智库”的意识，并努力从建设高端智库角度组织设计了相关课题，提供了一批研究成果，若干报告获得了有关部门和领导的好评。

（三）基地团结了校内外一大批关心国家经济安全的专家学者，争取到了相当数额的研究经费，这在北京各个基地经费来源中，成效尤为突出，从而保障了基地科学研究的正常开展。

（四）基地规章制度健全，相关会议制度、经费管理制度、成果报送制度等较为完善，基地在机制体制创新方面的探索成效较为明显。

二、问题与不足

（一）基地核心骨干队伍稳定与否决定基地的发展成效，防止过于依赖个人作用而忽略团队功能，科研创新团队建设亟待加强。

（二）基地成果的水平和层级还需不断提升，与充足的经费相比，这方面尚存在一些不足，要加快提升科研成果的显示度。

三、下一期建设发展建议

（一）国家经济安全包括产业安全是一个越来越重要的研究领域和研究任务，建议基地进一步做好发展规划，把基地建设纳入到国家的战略发展和战略需求之中，力争发挥更大的作用，建设成为有重要影响的国家级智库。

（二）基地要把形成和创立中国风格、中国气派、中国特色以及中国需要的安全学科与科学研究作为长期目标，力争在理论上、实践上走出一条创新之路。争取建立中国需要的经济安全案例库，助推国家产业安全。

（三）基地要加强产业安全等有关国家经济安全的知识传播与普及，加强国际经济安全理论交流，借鉴和学习国外先进经验与做法。

北京建筑文化研究基地一期建设验收专家组反馈意见

一、突出的优点评价

（一）基地建设充分发挥校内相关学科研究力量，对于北京建筑文化所涉及的诸多问题展开了较为系统、专业的研究，取得了一些代表性成果。

（二）基地建设“智库”意识不断增强，力图在北京建筑文化的归纳整理中逐步形成具有特色的研究阵地，一些报告获得了有关部门、行业和领导的好评。

（三）基地研究的跨学科特色十分突出，较好地体现了科学研究多学科协同的研究趋势和要求。

二、问题与不足

（一）基地建设定位需要进一步凝练，避免多个领域、多个方面同时开展，削弱基地主要研究方向和研究力量。

（二）基地建设自身特点需要进一步突出，基地需要创新体制机制，形成良性发展的运营模式和管理制度。

（三）基地成果的显示度和层级有待进一步提高。

三、下一期建设发展建议

（一）基地建设的总体目标要进一步合理规划、分步实施，扩大基地在专业领域的影响力和社会影响力。

（二）基地可以加强对于中国建筑文化特别是北京建筑文化的知识传播与普及，争取更多的人们对于世界建筑文化、中国建筑文化的了解与认识。

（三）基地应进一步加强国际建筑文化交流，开展形式多样的建筑文化的文明对话等活动。

北京旅游发展研究基地三期建设验收专家组反馈意见

一、突出的优点评价

（一）基地建设围绕北京旅游业快速发展实际，联系若干部门和科研力量，开展了大量的科学研究工作，尤其是争取了多项国家级研究课题，取得了丰富的科研成果，成绩突出。

（二）基地建设突出了作为北京旅游业发展“智库”的意识，

努力建设旅游业高端智库，一些研究成果和研究报告获得了行业和领导的好评，部分专家参与了国家立法的相关工作，为政府决策服务成效较为明显。

（三）基地建设形成了成果品牌和论坛品牌，产生了较大的社会影响力，团结了一批热心中国旅游业研究和北京旅游业研究的专家学者，形成了学校学科建设的优势。

（四）基地学科整合和人才培养成效显著。

二、问题与不足

（一）基地研究领域和研究方向还较为分散，缺乏具有国内重要影响的标志性成果。

（二）基地建设的国际化程度还可以进一步提高。

三、下一期建设发展建议

（一）基地建设可进一步凝练研究方向和研究重点，进一步扩大论坛的影响力，取得更多具有标志性意义的研究成果。

（二）基地建设要紧紧围绕北京这一国际化大都市的发展来规划，高度重视国际因素的影响，从国际大战略视角审视北京旅游业发展战略，加强相关研究的国际协同。

（三）基地要更加全面地研究西方各国的旅游业发展环境建设，学习和借鉴国外成功经验。

北京民族音乐研究与传播基地三期建设验收专家组反馈意见

一、突出的优点评价

（一）基地建设目标明确，定位准确，近年来取得了显著的成绩，特别是挖掘和整理了一批北京音乐的历史文献和资料，抢救了一批著名民族音乐家的资料和作品。

（二）基地建设组织了若干具有一定影响的民族音乐和文艺活

动，对于推动与普及民族音乐特别是民族高雅音乐做出了积极的贡献，所取得的成绩获得了同行和领导的好评。

（三）基地建设团结了院内外一批热心民族音乐的专家和演奏家，学院领导高度重视，各项制度建设完善。

二、问题与不足

（一）基地核心骨干队伍主要是本学院研究人员，开放性还可以进一步加大。

（二）基地日常管理较为合理，但是联系外部力量，推广和普及工作似嫌不足。

（三）基地主要研究和主攻目标还应进一步凝练，标志性成果还需要提升和加强。

三、下一期建设发展建议

（一）基地可进一步增强借用社会力量来推动研究与创新的力度，加大推动中国民族音乐的提炼和普及，美化社会生活，提升民族素质，丰富民族文化，这是全面建成小康社会的重要方面。

（二）基地可不失时机地组织参与民族音乐的评选活动，提升专业队伍凝聚力和社会影响力，不断扩大社会影响，形成自有品牌。

（三）基地可以适当加强国际交流与合作，传播中国音乐文化因素，扩大中国文化影响力，增强中国音乐话语权。

北京企业国际化经营研究基地三期建设验收专家组反馈意见

一、突出的优点评价

（一）基地建设定位准确，目标清晰，紧紧围绕已经确定的研究基地定位和重大选题开展工作，前期资料和成果积累丰厚，人才队伍建设和科研成果都取得了突出的成绩，有很强的成果显示度。

（二）基地建设突出了“智库”意识，特别是为企业服务的意识，形成了系列研究报告和年度报告，对于提高企业国际化经营发挥着积极的作用；一些报告获得了有关部门和领导的好评，为政府决策服务成效较为明显。

（三）基地建设充分运用学校和学院的研究力量，初步形成了自己的特色和品牌，团结了一批热心企业国际化经营的专家学者。

二、问题与不足

（一）基地研究结合北京实际情况尚不足够，对北京企业国际化经营的对策研究有待提高。

（二）基地建设在吸纳北京市所属高校研究人员的参与方面还可进一步加强，为北京市培养相关专家学者和人才。

三、下一期建设发展建议

（一）研究基地应进一步明确建设国家级和北京市级智库的目标，力争取得更重要的、更具影响力的研究成果，不断提高成果的层次和水平。

（二）研究基地应该逐步形成并建立相关数据库和案例库，为中国企业的国际化经营发挥更为重要的作用。

（三）研究基地要加强国际合作与交流，更加关注国际上企业国际化经营的成功经验和做法，对一些制约中国企业国际化经营的因素进行针对性研究和前瞻性研究，开展适当的企业国际化经营培训。

北京体育赛事管理与营销研究基地三期建设收专家组反馈意见

一、突出的优点评价

（一）研究基地利用学校的学科优势和团队优势，围绕北京体育事业发展，承担了若干研究课题，取得了一些科研成果。

（二）研究基地对于体育赛事管理积累了较为丰富的文献资料和案例，对于搭建体育赛事管理的研究平台提供了有利条件。

二、问题与不足

（一）研究基地建设需要学校有关领导和部门的高度重视和大力支持，实现学校建设承诺，没有学校的高度重视，研究基地很难取得明显成效。

（二）研究基地要具有稳定的研究团队和管理人员，他们应具有一定的责任心、专业素养和工作能力，特别是基地负责人要具有一定的组织推动能力，防止基地建设目标落空，或者被削弱。

（三）研究基地建设的日常管理较为松散，尚缺乏一套切实可行的管理制度。

三、下一期建设发展建议

（一）建议学校高度认识基地建设的重要性，从各个方面给予基地大力支持和帮助，使基地真正建成科学研究、人才培养、队伍建设和社会服务的高地，从而提升学校的学术实力和影响力。

（二）研究基地要进一步增强多学科联合攻关的组织协调，争取国家体育总局的大力支持与领导，通过科学研究来推动我国体育赛事管理理论研究与实践水平都能上一个新台阶。

北京文化发展研究基地三期建设验收专家组反馈意见

一、突出的优点评价

（一）基地建设围绕北京市文化建设开展了多种课题研究，取得了一些科研成果。尤其是有关文化发展的研究报告较为全面地展示了北京文化发展的状况。

（二）基地建设具有较为清晰的“智库”意识，努力从建设北京文化高地的角度为北京文化发展提供政策建议，一些报告获得了领导的好评。

（三）基地建设聚集了一批热心文化事业和文化产业发展的专家学者，通过开展相关活动，丰富和提升了文化研究者的研究内容和研究课题。

二、问题与不足

（一）基地核心骨干队伍建设存在薄弱和不足，尚未形成有理论、有特色、能攻关的研究团队。

（二）基地成果层次和水平需要不断提高，特别是有影响的研究北京文化发展的著作和论文较少，一般性研究成果较多。

（三）基地建设要防止空壳化倾向，加强与有关院系和政府部门的合作。

三、下一期建设发展建议

（一）文化发展是北京未来发展的重点，基地建设要紧紧抓住这一历史机遇，进一步凝练研究方向，围绕北京文化发展的若干重大问题开展研究和联合攻关。

（二）研究基地要进一步提升年度报告水平，逐步将其打造成为北京文化发展的品牌产品，产生更大的社会影响力。

（三）研究基地要加强体制机制创新和团队建设，保持旺盛的研究活力和攻关能力，取得更多有显示度的科研成果。

北京现代物流研究基地三期建设验收专家组反馈意见

一、突出的优点评价

（一）依托单位领导高度重视研究基地建设工作，从人、财、物等方面给予大力支持，推动了研究基地在三期建设中取得明显进步。

（二）研究基地充分运用学院整体科研优势和学科优势，紧密联系我国特别是北京市现代物流发展实际，开展了深入研究，特别是争取到多项国家级课题，包括国家社科基金项目和国家自然科学基金项目，基地科研取得了明显的成绩和突破。

（三）研究基地建设突出了“智库”意识，重视基础性工作，组织编纂文献汇编，创办物流行业周报，并积极参与北京市“十二五”有关规划的制定，较好地实现了为政府决策服务的建设目标。

（四）研究基地团结了国内一批热心现代物流研究的专家学者，形成了一支较为稳定的专家队伍，尤其是对校内的科研力量整合取得了较大进展。

二、问题与不足

（一）研究基地因为是依据学校优势学科建立的，目前的研究领域和方向较为分散，需要不断凝练提升。

（二）研究基地的成果需要不断提升其层次和显示度，力争取得具有全国影响的重要科研创新成果。

三、下一期建设发展建议

（一）研究基地应进一步加强对于现代物流的规范研究和实证研究，推动基地建设与学科建设的紧密结合。

（二）研究基地要加强品牌论坛的涵养和培育，使之成为凝聚人才、汇集智慧、学术交流的平台，成为人才培养的平台。

（三）研究基地要加快体制机制的创新探索。

北京现代制造业发展研究基地三期建设验收专家组反馈意见

一、突出的优点评价

（一）研究基地围绕北京以及京津冀制造业发展，开展了多层次、多项目的科学研究，取得了一定的研究成果，对于北京等地的制造业发展做出了贡献。

（二）研究基地队伍雄厚，领衔专家和骨干专家都具有重要影响，对于基地科研水平和科研能力都是很好的保障，一些报告获得了行业和有关领导的好评。

二、问题与不足

（一）研究基地需要不断提高组织协调水平，真正发挥基地核心骨干队伍的作用。

（二）研究基地的科研能力整合需要加强，尚未形成有特色、能攻关的研究团队。

（三）研究基地建设需要体制和机制创新，产出具有标志性的成果。

三、下一期建设发展建议

1. 研究基地应加强对现代制造业的宏观研究和比较研究，拓展研究视野，提高研究水平，扩大基地影响力。

2. 研究基地要适当凝练研究方向，规划科研攻关的重点和难点，力争在较短的时间取得科研的较大突破。

3. 研究基地要加强规范研究和实证研究，特别要关注各西方主要国家制造业发展的实证研究，探索实体经济发展与国家实力的相关关系，为中国现代化建设服务。

北京学研究基地三期建设验收专家组反馈意见

一、突出的优点评价

（一）研究基地目标定位准确合理，围绕北京历史文化遗产保护与继承、北京城乡发展与建设、北京文化与城市精神内涵等等问题，开展了长期有效的研究，取得了十分明显的进展，出版了一批代表性科研成果。

（二）研究基地突出了建设北京文化高端“智库”的意识，通过各种方式对于北京文化发展建言献策，其研究论著和研究报告获得了有关部门和领导的好评，为政府决策服务成效较为明显。

（三）研究基地团结了北京市一批热心北京文化发展的专家学者，形成了一支集北京市各个方面的稳定的专家队伍，具有很强的攻关能力。

（四）研究基地专家学者热心公益事业，积极参与宣讲北京文化和历史的公益活动，产生了很好的社会效果。

二、问题与不足

（一）研究基地应进一步界定、厘清“北京学”的概念、范围及边界，加强北京学的基础性研究。

（二）研究基地应进一步根据北京发展的实际，规划制定基地建设的中长期规划和近期主要目标，力争取得更为突出的标志性成果。

三、下一期建设发展建议

（一）研究基地应借助已经取得的成绩，更加积极地参与到北京文化建设之中，宣传和保护北京难得的历史文化遗产，发挥更大的作用。

（二）研究基地应进一步加强北京文化魅力的研究和宣传，培养具有深厚文化涵养的现代北京居民。

（三）研究基地要争取在更高的国际文化领域宣传介绍北京文化，组织编写相关优秀文化作品。

北京影视艺术研究基地三期建设验收专家组反馈意见

一、突出的优点评价

（一）研究基地围绕北京影视艺术发展若干问题，开展了较为系统的研究，取得了一批优秀的科研成果，对于北京影视艺术的发展做出了积极的贡献。

（二）研究基地建设突出了作为北京和国家文化“智库”的意识，对于北京和中国影视艺术的发展提出了一些重要的政策建议，得到了有关部门和领导的好评，为政府决策服务成效较为明显。

（三）研究基地在人才培养、团队建设、社会服务等方面也取得了较为突出的成绩，团结了一批热心中国影视艺术发展的专家学者。

（四）研究基地参与了多项具有一定社会影响力的公益活动和文化艺术活动。

二、问题与不足

（一）研究基地专家队伍建设有待进一步加强，不断充实核心骨干队伍，吸引他们关注和研究北京影视艺术的发展，参与北京影视艺术的发展。

（二）研究基地开放性有待加强，应进一步深入到社会生活之中，宣传和普及相关知识，提升受众的欣赏水平和层次。

（三）研究基地需要体制和机制的不断创新，增强社会参与、企业参与等多种形式的参与程度，并借助社会力量发展壮大平台建设。

三、下一期建设发展建议

（一）研究基地应立足于建设高端学术交流和学术研究平台，吸引各方面人士参与到基地的各项活动之中，使基地真正成为影视艺术研究与创新的平台。

（二）研究基地还应不断提升利用社会力量的深度和广度，力争建设成为促进北京影视艺术快速发展的多要素互动基地，连接影视艺术、演艺人员、研究者、投资者和广大受众的高端阵地。

（三）研究基地应进一步加强国际交流与合作，充分利用北京的文化艺术资源和政策支持，参与创建具有一定国际影响的文化艺术活动。

北京中医药文化研究基地一期建设验收专家组反馈意见

一、突出的优点评价

（一）基地建设围绕提升全民健康水平、整理中国传统优秀中医药文化为特色，开展了颇具特色的研究项目，编印出版了一批中医药学科科研成果，取得了积极的成效。

（二）基地建设很好地传播了正确科学的养生、医疗卫生知识，在目前各种养生知识混乱特别是各种错误说法与做法泛滥的背景下，基地的工作具有特别重要的意义。

（三）基地建设凝聚了院内外一批具有较高素养和专业知识的专家学者，形成了一支热心于中国传统医学知识的研究团队，这在当前喧嚣的社会环境中是难能可贵的。

二、问题与不足

（一）基地核心骨干队伍不足，研究任务过于集中于少数专家身上，不利于基地的长期发展和队伍建设。

（二）基地建设日常管理还需要进一步加强，尚缺乏一套行之有效的管理制度和运行机制。

（三）基地研究成果的社会推广仍需要加强，在北京全民健身活动中的作用还需要提升。

三、下一期建设发展建议

（一）北京率先实现全面建成小康社会和构建和谐社会首善之区都需要人民群众的健康水平大大提高为特征，这就为基地的研究和各项活动开展创造了有力的条件，建议基地建设目标要紧紧围绕北京的建设目标来进行，把基地工作真正纳入到北京的全面建设之中，发挥更大的作用。

（二）基地研究目标可以适当具体化，建议分阶段、有重点、有亮点，经过若干年建设成为北京乃至全国的中国传统医学的重要研究阵地。

（三）基地研究成果要加强对全民的普及和推广，要加强中外医学文化和养生文化的交流与合作，传播中国优秀文化成果，扩大中国文化的影响。

人文北京研究基地三期建设验收专家组反馈意见

一、突出的优点评价

（一）基地建设紧紧围绕北京三个建设特别是人文北京建设的目标，不断深化研究课题和任务，很好地实现了从“人文奥运”到“人文北京”的转型。

（二）基地建设突出了北京市社会经济发展“智库”的意识，不断加强对文化在北京社会经济发展中的作用研究，取得了一批具有较高显示度的科研成果，得到了有关部门和领导的高度评价。

（三）基地所开展的科研课题具有一定的前瞻性和实际运用价值，一些成果产生了一定的国际影响，这是基地建设中一个值得充分肯定的亮点。

（四）基地建设中培养了一支热心北京研究的学术团队，搭建了一个学术交流的平台。

二、问题与不足

（一）基地核心骨干队伍需要不断充实，进一步加强对于人文北京若干重要领域的专门研究。

（二）基地要进一步确立特色，形成继“人文奥运”之后新的学术高地和品牌影响力。

三、下一期建设发展建议

（一）基地建设要认真规划好下一阶段的建设目标，结合北京不断发展的实际和建设定位的完善，寻找到发挥更大作用的新特色。

（二）基地建设要紧紧抓住文化这个北京发展的“魂”，增强基地的开放性，团结更多的专家学者共同探讨未来的发展道路与模式。

（三）基地应借助已经积累的各方面优势，逐步建设成为宣传北京、宣传中国的民间国际合作与民间外交的重要力量，助推中国和北京的发展。

首都传媒经济研究基地三期建设验收专家组反馈意见

一、突出的优点评价

（一）基地建设围绕北京和中国传媒业发展状况和面临的若干重大问题，持续开展了多项科学研究，承担了国家级和省部级课题多项，取得了较为丰富的科研成果。

（二）基地建设突出了为行业和产业发展充当高端“智库”的意识，努力从建设中国传媒经济领域高端“智库”的角度，有针对性地提出研究报告，发布研究成果，一些报告获得了本行业、相关企业等的好评，为企业和政府决策服务成效较为明显。

（三）基地参与了若干知名论坛的组织和发布活动，对于提升基地影响力具有促进作用。

二、问题与不足

（一）研究基地目前的研究方向尚须进一步凝练，有限的研究力量应集中研究制约中国传媒产业发展的突出问题。

（二）核心骨干队伍科研能力不足，尚未形成有特色、能攻关的研究团队，特别是有显示度的科研成果较少。

（三）研究基地建设还需要进行体制和机制创新，加强与相关企业和部门的紧密合作。

三、下一期建设发展建议：

（一）研究基地要进一步增强科学研究的前沿意识，高度重视新媒体发展及其所带来的问题，紧紧围绕这一课题联合攻关，力争取得标志性成果。

（二）研究基地要紧密联系传媒产业发展实际，搭建为企业服务的平台，加强对策性课题的设计和研究，集中解决若干传媒业发展所面临的困难。

（三）研究基地要更加关注北京传媒经济发展状况，增强为北京市政府决策和企业发展服务的力度。

首都服饰文化与服装产业研究基地三期建设验收专家组反馈意见

一、突出的优点评价

（一）研究基地依托学校学科优势和研究优势，定位清晰，特色明显，紧紧跟踪世界特别是亚洲服装时尚趋势，取得了一批较为突出的研究成果，为北京建设时装之都做出了积极的贡献。

（二）研究基地十分注意与实践相结合，团结研究人员走出学院，进入实践第一线，挖掘和整理中国服饰文化和服装文化资源，开展产业研究和行业研究，为服装产业和企业发展服务，取得了明显的成就。

（三）研究基地团结了一批热心北京时装之都建设的专家学者、服装设计者和服装生产者，形成了有一定规模和科研能力的团队，共同参与基地的学术研究和各项活动。

二、问题与不足

（一）研究基地要加快学术带头人的培养，形成年龄、专业合理的骨干研究梯队。

（二）研究基地的成果需要不断提升层次和显示度，力争取得具有标志性的科研成果。

（三）研究基地要积极开拓国际交流渠道和平台，加强国际学术交流和合作。

三、下一期建设发展建议

（一）研究基地核心骨干队伍建设尚须进一步加强，保障基地研究人员有进有出，但核心团队相对稳定。

（二）研究基地应尽快形成具有中国风格、中国气派、中国特色的服装设计研究平台，打造别具特色、能攻关的研究团队。

（三）研究基地要加强开放性、国际性建设，探索巴黎、罗马、纽约等世界时装之都的发展路径，借鉴国外先进经验。

首都社会安全研究基地三期建设验收专家组反馈意见

一、突出的优点评价

（一）研究基地结合自身学校特点、学科优势和研究团队力量，集中开展对于首都社会安全研究，取得了一批较为重要的研究成果，为首都社会安全做出了积极的贡献。

（二）研究基地针对北京社会安全问题提供的若干内部报告和简报，体现了基地作为“智库”的作用，一些报告获得了相关部门和领导的好评。

（三）基地建设积累了相关北京社会安全领域的研究资料和案例，对于培养一支专业性强、业务素质高的社会安全管理队伍很有意义。

二、问题与不足

（一）研究基地核心骨干队伍稍显不足，尚未形成有特色、能攻关的研究团队。

（二）研究基地课题设计整体性不强，近期、中期、长期建设目标还需不断提炼，长期坚持。

三、下一期建设发展建议

（一）研究基地面临着日益复杂的社会管理创新课题，基地建设应紧紧围绕北京安全城市建设的总体目标，整合科研力量，开展若干前瞻性研究，取得标志性成果。

（二）研究基地应更加关注互联网快速发展背景下的北京社会安全问题，加强相关对策性研究，为政府决策提供更多更重要的决策建议和方案。

（三）研究基地应更加关注群众实践中创造的各种有效经验和办法，参与到北京市社区安全建设之中，创建安全社区示范点等有效途径，加强对群众的社会安全教育。

应急管理研究基地三期建设验收专家组反馈意见

一、突出的优点评价

（一）基地建设紧紧围绕应急管理这个当前极为迫切的课题，从公共风险治理、应急管理制度、危机管理能力几个方面开展了卓有成效的研究和攻关，取得了较为丰富的研究成果。

（二）基地建设突出了建设国家级智库的意识，围绕若干重大问题进行较为深入和前瞻性研究，一些报告获得了有关部门和领导的好评，为政府决策服务成效较为明显。

（三）基地建设培养了一支跟踪国际前沿、结合中国实际的应急研究团队和人才，对于相关领域的学科建设也起到了较为明显的作用。

二、问题与不足

（一）研究基地应在应急管理与教育方面提供更多的成果，有助于在社会各个层面开展必要的应急教育和培训。

（二）研究基地结合北京市实际方面还应发挥更多作用，特别是在北京应急制度建设和应急管理方面提供更为重要的研究报告及成果。

（三）研究基地成果标识方面存在问题，一些成果应适当突出基地标识。

三、下一期建设发展建议

（一）研究基地所关注问题将越来越重要，基地应进一步强化国家智库意识，取得突出的标志性成果。

（二）研究基地应建立应急管理的案例库，开展有针对性的应急培训和应急教育，提高全民的危机处理意识和能力。

（三）研究基地应不断增强其开放性，特别要加强对各类应急管理领域的风险控制理论研究，力争在学科建设上取得明显成效。

中国都市经济研究基地三期建设验收专家组反馈意见

一、突出的优点评价

（一）基地建设依靠北京大学经济学院的整体优势和团队力量，围绕党和国家的重大战略开展了多层次的研究，基地负责人以及主要研究人员的成果突出。

（二）基地建设突出了国家“智库”建设意识，一些研究报告和研究成果获得了有关部门和领导的好评，为政府决策服务成效较为明显。

（三）基地组织的学术研究活动较为丰富，有较为突出的社会影响力。

二、问题与不足

（一）基地核心骨干队伍对于北京都市有关问题的关注不够，注意力多放在国家层面、理论层面的成果研究上。

（二）基地建设日常管理应进一步加强，不断探索著名大学中建立地方研究基地的有效体制机制。

（三）基地成果标识较为多样，有些未能明确标注基地成果。

三、下一期建设发展建议

（一）基地建设要高度关注京津冀都市圈研究，这既是重要的国家发展战略问题，也是北京市面临的重大战略机遇，如何处理好可能出现的各种问题，确立北京未来发展的战略定位等，都是迫在眉睫的重大理论与实践课题，建议基地花大力气集中攻关，力争取得重要标志性成果。

（二）基地应把北京经济社会发展中的问题作为重点，培养队伍，组织力量，形成特色，发挥作用。

（三）基地日常管理和体制机制建设需要探索加强，防止空壳化倾向。

北京市教育委员会

关于做好北京市第十三届哲学社会科学优秀成果奖（教育系统）评选工作有关事项的通知

京教函〔2014〕258号

各区县教委，各普通高等学校、民办高校及独立学院：

根据市委宣传部、市教委、市人力社保局《关于开展北京市第十三届哲学社会科学优秀成果评奖工作的通知》（京宣发〔2014〕

27号），经市委、市政府同意，我市决定开展北京市第十三届哲学社会科学优秀成果评奖工作。现就教育系统评选工作的有关事项通知如下：

一、申报单位及参评成果要求

（一）申报单位

北京地区普通高等学校、民办高校、独立学院、各区县教委。

（二）参评成果范围

2011年7月至2013年6月期间发表的哲学社会科学研究成果，符合《北京市哲学社会科学优秀成果奖评选条例》（以下简称《条例》）有关规定的，可参加评奖。

各单位推荐的参评成果应严格按《条例》和《北京市第十三届哲学社会科学优秀成果奖评选工作实施细则》（以下简称《实施细则》）要求执行。

已获得省部级以上奖励的哲学社会科学研究成果不再参评。

（三）申报方式

普通高等学校、独立设置成人高等学校和民办普通高等学校以学校为单位申报，中小学以区县教委为单位申报，不受理个人申报。

（四）申报数额

根据市评奖委员会下达的190项限额，教育系统采取限额申报的方式。请各申报单位坚持质量导向和精品意识，坚持政治标准与学术标准统一，把好学风关，严格按照规范程序，切实做好遴选申报工作。各申报单位的申报数见附件1。

各有关单位要认真组织好本届社科评奖工作，严格把关，优中选优，按规定的数额推荐本单位参评成果。

二、评审规则

为做好评奖工作，市评奖委员会下设系统评奖委员会和若干学科评选组。系统评奖委员会受市评奖委员会委托，组织开展本系统初评工作。教育系统初评工作由市教委负责。

（一）学科评选组

按照《实施细则》的要求，市评奖委员会下设12个学科评选组，即马克思主义理论、哲学、社会学、经济学、政治学、教育学、法学、历史学、管理学、语言文学、艺术学·新闻传播学、交叉学科·综合等12个学科评选组。

各申报单位要按12个学科评选组进行申报，教育系统评奖委员会根据申报情况再确定设立相应的学科评选组进行评审。

（二）评审工作程序

1. 作者申报；

2. 单位推荐（中小学由区县教委负责推荐）；

3. 形式审查；

4. 学科组评审；

5. 教育系统评审委员会评审；

6. 推荐上报市评奖委员会办公室。

三、申报步骤、申报材料

（一）申报步骤

1. 学校科研（社科）处组织申报人登陆北京市社会科学界联合会网站（www.bjskl.gov.cn），下载并按填表要求填写《北京市第十三届哲学社会科学优秀成果奖申报书》（以下简称《申报书》）。

2. 申报单位对《申报书》和申报成果进行初审并签署意见。初审主要审查：(1) 申报资格是否符合《条例》和《实施细则》的规定；(2) 根据国家知识产权保护法律法规，著作权是否存在争议，有无弄虚作假、剽窃他人成果；(3) 评审材料、申报手续是否符合本申报通知的规定；(4)《申报书》中，成果简介引用的事实和数据是否准确、客观，表达是否规范。

3. 6月30日以前，各申报单位对申报材料进行汇总、审核，打印《北京市第十三届哲学社会科学优秀成果奖（教育系统）申报一览表》（以下简称一览表）（见附件2，略），按要求填录、确认无误后加盖公章，在规定日期派专人报送。

（二）申报材料

1. 申报材料包括：《申报书》和《一览表》及其电子版文档；申报成果及其他附属材料。

2. 申报材料的装订和报送方式

（1）《申报书》一式7份（至少1份原件），统一用A4纸打印。

（2）专著、译著、普及读物、工具书、古籍整理作品类申报成果报送一式3份（至少1份原件），论文类成果一式3份（至少1份原件），包含刊物封面、目录和版权页，分别附在《申报书》后统一装订在一起。

（3）申报成果的各种证明材料或附属材料一式7份，统一装订在《申报书》后；论文和研究报告类成果按《申报书》、成果、附属材料的顺序装订。

（4）经审核盖章的《一览表》1份。《一览表》请按照所给格式用Excel制作，按要求填录、务必仔细审核，使之与《申报书》和申报成果一致、确认无误后用A4纸打印并加盖公章。

3.《申报书》电子版请以申报单位为文件夹名，以每个申报者姓名为文件名报送；《一览表》）电子版请以申报单位为文件名，与其他材料一并交到指定地点。

4. 评奖结束后，无论申报者是否获奖，所有申报材料一律不再退还。

四、申报材料报送时间、地点

（一）报送时间

2014年7月3日、4日，过期不再受理。

（二）报送地点

中国政法大学

（三）联系方式

1. 评奖申报事项请咨询市教委科研处

2. 评奖材料报送事项请咨询中国政法大学科研处

附件：1. 北京市第十二届哲学社会科学优秀成果奖（教育系统）申报限额数

2. 北京市第十三届哲学社会科学优秀成果奖（教育系统）申报一览表（格式，略）

2014 年 6 月 20 日

附件 1

北京市第十三届哲学社会科学优秀成果奖（教育系统）申报限额数

学校	限额数	学校	限额数
北京大学	45	北京电子科技学院	2
中国人民大学	45	中国农业大学	4
清华大学	25	北京农学院	3
北京交通大学	5	北京林业大学	4
北京工业大学	5	首都医科大学	3
北京航空航天大学	4	北京中医药大学	2
北京理工大学	4	北京师范大学	35
北京科技大学	3	首都师范大学	25
北方工业大学	3	首都体育学院	4
北京化工大学	4	北京外国语大学	8
北京工商大学	6	北京第二外国语学院	5
北京服装学院	3	北京语言大学	6
北京邮电大学	3	中国传媒大学	10
北京印刷学院	3	中央财经大学	15
北京建筑工程学院	2	对外经济贸易大学	15
北京石油化工学院	2	北京物资学院	4

首都经济贸易大学	15	中央民族大学	20
外交学院	6	中国政法大学	20
中国人民公安大学	5	华北电力大学	4
国际关系学院	3	北京信息科技大学	4
北京体育大学	5	中华女子学院	2
中央音乐学院	4	中国矿业大学（北京）	3
中国音乐学院	4	中国石油大学（北京）	3
中央美术学院	2	中国地质大学（北京）	3
中央戏剧学院	4	北京联合大学	10
中国戏曲学院	4	中国青年政治学院	5
北京电影学院	4	北京青年政治学院	2
北京舞蹈学院	4	中国劳动关系学院	2
合计	445		

注：区县教委 2 项，高职院校、独立设置成人高等学校 1 项。

北京市教育委员会

关于加强北京市普通高中开放式重点实验室建设和管理的通知

京教基二〔2014〕15 号

各区县教委，北京教育科学研究院、北京市教育技术设备中心：

为加强北京市普通高中开放式重点实验室（以下简称“实验室”）的建设和管理，现将有关要求通知如下：

一、高度重视实验室建设管理

为落实《北京市中小学建设三年行动计划》，市教委于2012年启动了北京市普通高中开放式重点实验室建设工作，经两次申报、评审，全市共有57所高中重点实验室建设方案（学校名单见附件1）通过专家评审，目前市级补助经费全部下达。

高中开放式重点实验室建设是一项创新性工作，既要借鉴高校、科研院所实验室的管理经验和运行模式，又要考虑高中的基础条件和高中学生的特点和能力，同时还要考虑到现有的财力支撑和社会效益。进一步加强实验室建设管理，旨在切实发挥实验室效益，形成规范、开放、特色和创新的运行模式。

二、明确各级部门职责分工

各学校是实验室建设和管理的直接责任者，负责实验室的方案设计、施工建设、专业团队建设、课程开发、组织学生活动、设备维护等工作。

各区县教委要指定部门专门负责指导、监督实验室的建设和管理工作，协调财务、装备、教科研等相关部门在经费保障、设备采购、专业指导、运行维护、开放共享等方面对学校予以支持。

北京市教育技术设备中心负责检查、监督全市实验室的建设和管理状况，总结推广经验；北京市教育科学研究院基础教育课程教材发展研究中心负责协助区县指导和评估学校实验室课程实施状况、项目方案评估等工作；北京青少年科技创新研究院负责组织全市性的有关科技活动。

三、加紧实验室施工建设

各区县教委要督促相关学校严格按照项目申报方案进行施工建设，严控项目进度，确保所有实验室建设在今年9月30日前完成。

（一）完善方案

各学校要按专家意见和建议再次完善实验室建设方案，填报《北京市普通高中开放式重点实验室建设与管理信息登记表》（见附件2）上报区县教委，区县教委汇总后于7月15日前将《北京市普通高中开放式重点实验室建设与管理信息登记表》（加盖学校和教委公章）和电子版一并报送北京市教育技术设备中心。

（二）施工建设

各学校要周密安排实验室的建设进度，利用暑期加紧施工建设，避免、减少开学后施工建设对教学的干扰。

市级实验室补助经费为专项资金，不得挪作它用，工程建设、设备采购需按照有关规定执行，并纳入固定资产管理。

如学校在规定时间内不能完成实验室建设，区县教委需提供书面说明材料，并加盖区县教委公章，于7月15日前报送北京市教育技术设备中心。

（三）检查验收

为确保实验室建设符合要求，10月份，市教委将对实验室建设进行检查验收，并对验收合格的实验室授牌，对验收不合格的实验室将责令限期整改。

四、促进实验室规范管理

学校要依据《北京市普通高中开放式重点实验室建设与管理办法》（见附件3）制定管理细则，规范实验室管理，确保实验室安全、高效运转。

学校要不断完善和开发相关实验课程，为培养学生创新精神打造高端的实践活动平台，不断提高开放共享程度，吸引有兴趣的学生积极参与，努力发挥更大的社会效益，逐步形成实验室的优势和特色。

市教委将对实验室进行定期考核和周期复审，并在政策、资金等方面继续支持实验室建设项目，课程建设、队伍保障、开放程度、社会效益、资金使用等情况将作为再支持的参考依据。

附件：1. 市级支持开放式重点实验室建设学校名单

2. 北京市普通高中开放式重点实验室建设与管理信息登记表（略）

3. 北京市普通高中开放式重点实验室建设与管理办法

2014年7月3日

附件 1

市级支持开放式重点实验室建设学校名单

东城区

北京市东直门中学、北京市第二中学、北京景山学校、北京市第一六六中学、北京市第五中学、北京市第十一中学、北京汇文中学、北京市第六十五中学、北京市第一零九中学、北京市第一七一中学、北京市广渠门中学

西城区

北京市第三十五中学、北京市第八中学、北京市第四中学、北京育才学校、北京师范大学附属中学、北京市第十三中学、北京师范大学附属实验中学、北京市第十五中学、北京市第一六一中学、北京师范大学附属第二中学、北京市第十四中学、西城区外国语学校

朝阳区

北京市第八十中学、北京市陈经纶中学、北京市九十四中学、日坛中学

海淀区

北京清华大学附属中学、中国人民大学附属中学、北京市十一学校、北京理工大学附属中学、首都师范大学附属中学、北京市第一零一中学、北京大学附属中学、北京航空航天大学附属中学、北方交通大学附属中学、中央民族大学附属中学

石景山区

北京市京源学校、北京市第九中学

丰台区

北京市第十二中学、北京丰台二中、北京市第十八中学、北京市第十中学

顺义区

顺义牛栏山第一中学、顺义区杨镇第一中学

通州区

通州区潞河中学

昌平区

昌平区第一中学、昌平区第二中学

大兴区

大兴区第一中学

房山区

北京师范大学附属良乡中学

怀柔区

怀柔区第一中学

延庆县

延庆一中

门头沟区

北京市大峪中学、首都师范大学附中永定分校

密云县

密云二中

平谷区

平谷中学

燕山

北京师范大学燕化附属中学

附件 3

北京市普通高中开放式重点实验室
建设与管理办法

第一章 总 则

第一条 为规范和加强北京市普通高中开放式重点实验室的建设和运行管理，根据普通高中课程改革的总体要求和创新人才培养的总体设计、实验室建设和管理的基本要求，制定本办法。

第二条 实验室是北京市普通高中学校特色发展、多样发展的重要组成部分；是在基础教育阶段整合优质教育资源培养学生创新精神和实践能力的重要基地；是普通高中学校人才培养模式变革特别是创新人才培养的新探索。

第三条 实验室的任务是根据高中阶段创新人才培养目标，开展适合高中学生的研究性实验与实践活动。旨在加强以实验室为依托的自主研修课程、选修课程及研究性学习课程的建设，探索以资源整合为基础的创新人才培养和普通高中学校特色发展的新途径，丰富首都优质教育资源供给。

第四条 实验室依托普通高中学校建设，学校要在用地用房、设施设备、人员配备、运行资金等方面给予支持和保障。

第五条 实验室实行“开放、流动”的动态发展机制，接受定期考核和三年一次的周期复审，根据复审结果决定是否获得下一个阶段的建设资质和相应支持。

第二章 管理职责

第六条 市教委是实验室的行政主管部门，主要职责是：

（一）总体设计、规划、协调、支持实验室的建设和发展。

（二）制定实验室建设与管理的相关政策。

（三）审批实验室设立申请，组织开展实验室建设的定期评估和周期复审。

（四）指导实验室的建设、运行和管理。

（五）协调拨发、配套有关经费。

第七条　北京市教育技术设备中心是实验室的管理单位，主要职责是：

（一）协助规划实验室的建设与发展。

（二）负责实验室规范化管理，制定实验室管理制度、所需仪器设备配置与使用规范。

（三）负责实验室实验教学交流与动态管理平台的开发与运维。

（四）参与实验室的申报评审、定期评估和周期复审。

（五）负责实验室相关人员的培训工作。

第八条　北京教育科学研究院课程教材中心是实验室的业务支持单位，主要职责是：

（一）协助规划实验室的建设和发展。

（二）指导、支持实验室课程开发、项目设计等核心业务工作。

（三）参与实验的申报评审、定期评估和周期复审。

（四）组织年度一次的学术研讨会。

（五）协助实验建设实施和相关的管理工作。

第九条　各区县教委对实验室的主要职责是：

（一）规划、协调和支持本区县实验室建设。

（二）组织实施学校实验室建设以及评估、复审。

（三）指导实验室的运行和管理，监督实验室建设目标的落实。

（四）协助落实实验室运行的相关经费。

第十条　高中学校是实验室建设的主责单位，负责实验室任务的完成和实验室的直接管理，主要职责是：

（一）成立以校长（副校长）为组长的领导小组，协调解决实验室发展中的重大问题。

（二）将实验室建设纳入学校人才培养和学校特色发展、课程整体建设计划中，设计实验室基本定位、发展方向、培养目标、实验项目、核心课程、配套措施等。

（三）规划实验室人员队伍建设，负责选聘实验室负责人和专职、兼职人员。

（四）制定实验室建设和实验任务完成的规章制度，协调实验任务的落实和实验过程的规范管理。

（五）对实验室及其人员进行年度考核，做好实验室定期评估和周期复审的相关工作。

（六）做好实验室与校内、校外机构的资源共享工作，加大开放与合作交流程度。

（七）确保实验室运行经费的落实，提供其他配套条件和后勤保障。

第三章　建设与管理

第十一条　实验室实行主责学校领导下的主任负责制，实验室主任由学校负责聘任。实验室主任的任职条件是：

（一）是实验室所申报领域（学科）的具有高级职称的专职人员；

（二）能实际带领实验室团队进行实验项目和核心课程的设计及实施；

（三）具有较强的组织协调能力和凝聚力；

（四）原则上任期为 3 年。

第十二条　实验室有与实验任务相符合的，结构合理、实力雄厚、相对稳定的专业教师团队，具体构成可包括主责学校相关学科骨干教师、高校及科研院所专业人员、其他学校优质师资等。实验室教师由学校聘任。实验室教师所承担的实验任务明确，并能按要求完成相关工作。

第十三条　实验室应设立学术委员会，学术委员会是实验室的学术指导机构，其主要任务是审议实验室的目标、任务和研究方向，审议实验室的重大活动、年度工作等。学术委员会会议每年至少召开一次，实验室主任应在会议上向学术委员会作实验室工作报告。

第十四条　实验室运行期间应充分考虑实验项目和课程设计对创新人才培养和学校特色发展的支撑作用；鼓励利用现代信息技术，进行课程与实验体系建设、管理体系建设以及对外开放平台建设，探索有利于创新人才培养的新的教育模式。

第十五条　实验室在所申报领域（学科）内加强研究，承担领域内选修课程开发，相关实验项目和研究性学习课题研究任务，课程建设成果、研究成果及教学成果等作为实验室评估的参考依据之一。

第十六条　实验室规范化管理是实验室安全、顺畅运行的保障条件，应根据各自的研究领域对仪器设备的存放、保管、维护维修、档案资料等方面制定实施细则；应加强实验室有毒、危险药品存放管理和具有危险因素的大型仪器的操作管理，制定有针对性的安全应急预案，加强实验室安全意识教育。

第十七条　实验室要根据研究领域（学科）的目标和任务，加大资源的开放共享力度，积极开展与校内外机构的合作与交流，并完善相应的配套措施和管理规范。实验室每年开放资源不低于投入资金的30%，包括核心课程、实验项目、课题的开放，以及实验室仪器设备、图书资料和研究成果的共享等。

第十八条　实验室定期编发实验工作动态，上报市、区县教委，反馈实验建设动态和基本情况。实验室应在管理平台上按时填报实验教学与研究活动的开展情况。

第十九条　实验室经费使用由实验室主任和学校主管领导审核，使用范围符合专项经费和学校经费使用规定。

第四章 考核与评估

第二十条 主责学校每年对实验室的工作和实验室人员进行年度考核。

第二十一条 每年学校需以书面形式向市、区教委提交年度工作进展和总结，并作为实验室评估、周期复审、经费拨付的依据之一。

第二十二条 市教委组织专家对实验室进行定期评估，评估前由市教委根据实验室建设推进情况下发评估通知和工作方案。定期评估为现场评估，包括听取实验室建设总结报告、实地考察仪器设备使用和共享情况、查看实验室档案资料、与实验室人员和学生座谈等，综合评议实验室的基本定位、发展方向、建设目标，核心课程和实验项目设计、教学与研究水平，开放运行和管理、实验室安全管理、仪器配备质量、操作规范和使用、经费使用，整体人才培养能力和可持续发展等，形成评估专家组意见和发展建议，作为周期复审是否通过的依据之一。

第二十三条 根据普通高中开放式重点实验室发展规划，对批准通过的实验室进行 3 年一次的周期性复审。周期复审为会议评审，由市教委组织专家对实验室整体建设、目标达成、特色与优势呈现、资源利用率和开放度、下一步发展方向等进行综合评议，根据评议结果决定是否通过复审以获得下一阶段发展的资格。

北京市教育委员会

关于公布2013年北京市高等学校实验教学示范中心验收结果的通知

京教函〔2014〕308号

各有关高等学校：

根据市教委《关于开展北京市高等学校实验教学示范中心验收工作的通知》（京教函〔2013〕500号），市教委于2013下半年组织对2005～2007年评选出的62个北京市级实验教学示范中心进行了验收工作。经中心自评、学校验收、专家审核、市教委审定，现将各示范中心验收结果予以公布。

各高校要重视实验教学示范中心的验收工作，其验收结果将作为今后学校实践教学项目立项及支持的重要依据。各高校要进一步加强实践教学改革，建立实验教学的长效发展机制，不断提高学生的实践能力和创新精神。

附件：2013年北京市高等学校实验教学示范中心验收结果

2014年7月7日

附件

2013年北京市高等学校实验教学示范中心验收结果

学校名称	示范中心名称	年度	验收结论
北京大学	电子信息科学基础实验中心	2006	通过
北京大学	药学实验教学中心	2007	通过
中国人民大学	信息技术综合实验室	2007	通过
清华大学	基础化学实验教学中心	2006	通过
清华大学	电工电子实验教学中心	2006	通过
清华大学	自动化实验教学中心	2007	通过
北京交通大学	计算机实验中心	2006	通过
北京交通大学	机械工程实验中心	2007	通过
北京科技大学	自然科学基础实验中心（物理）	2005	通过
北京科技大学	工程训练中心	2006	通过
北京科技大学	经济管理学院实验信息中心	2007	通过
北京化工大学	物理教学实验中心	2006	通过
北京化工大学	电工电子实验教学中心	2007	通过
北京邮电大学	物理实验中心	2005	通过
北京邮电大学	计算机与信息网络实验教学中心	2007	通过
中国农业大学	化学实验教学中心	2006	通过
中国农业大学	植物生产类实验教学中心	2007	通过
北京林业大学	生物学实验教学中心	2005	通过

续表1

学校名称	示范中心名称	年度	验收结论
北京林业大学	经济管理实验教学中心	2005	通过
北京林业大学	木材科学与技术实验教学中心	2007	通过
北京林业大学	计算机实验教学中心	2007	通过
北京师范大学	物理实验教学中心	2007	通过
北京外国语大学	经济管理学科实验教学中心	2007	通过
北京语言大学	信息技术实验教学中心	2007	通过
中国传媒大学	广告实践教学中心	2007	通过
中央财经大学	计算机应用实验教学中心	2007	通过
中央财经大学	经济与管理实验教学中心	2007	通过
对外经济贸易大学	经贸人才实验教学中心	2006	通过
华北电力大学	电工电子实验教学中心	2007	通过
中国石油大学（北京）	物理实验中心	2007	通过
中国石油大学（北京）	流体力学教学实验中心	2007	通过
中国地质大学（北京）	物理实验教学中心	2006	通过
中国地质大学（北京）	基础地学实验教学中心	2007	通过
中国地质大学（北京）	计算机实验教学中心	2007	通过
北京航空航天大学	物理实验教学中心	2005	通过
北京航空航天大学	电工电子教学实验中心	2006	通过
北京航空航天大学	力学实验教学中心	2007	通过
北京理工大学	物理教学实验中心	2006	通过
北京理工大学	基础力学教学实验中心	2006	通过
北京理工大学	计算机实验教学中心	2007	通过

续表 2

学校名称	示范中心名称	年度	验收结论
北京理工大学	管理与经济实验教学中心	2007	通过
中央民族大学	生物实验中心	2007	通过
中国人民公安大学	警务实战训练中心	2007	通过
北京体育大学	现代教育技术中心	2007	通过
中国劳动关系学院	文化传播实验教学中心	2007	通过
北京建筑工程学院	建筑电气与智能化实验教学中心	2007	通过
北京工业大学	电工电子实验教学中心	2005	通过
北京工业大学	化学实验教学中心	2006	通过
北京工业大学	物理实验中心	2007	通过
北京工业大学	机械实践教学实验中心	2007	通过
北方工业大学	电工电子实验教学中心	2006	通过
北方工业大学	工程训练中心	2007	通过
首都医科大学	药学实验教学中心	2006	通过
首都师范大学	生物实验教学中心	2005	通过
首都师范大学	物理实验教学中心	2006	通过
首都师范大学	计算机科学与技术实验教学中心	2006	通过
首都师范大学	化学实验教学中心	2007	通过
北京石油化工学院	基础化学实验中心	2006	通过
北京石油化工学院	工程教育中心	2007	通过
北京农学院	植物生产实验教学中心	2007	通过
首都体育学院	体育专业基础课实验教学中心	2007	通过
北京物资学院	物流系统与技术实验教学中心	2007	通过

北京市教育委员会

关于开展北京高校示范性创业中心建设工作的通知

京教学〔2014〕4号

各高等学校：

为深入贯彻落实党中央、国务院关于做好高校毕业生就业创业工作的新要求，进一步推进北京高校大学生创业工作，根据人社部、教育部等九部委《关于实施大学生创业引领计划的通知》（人社部发〔2014〕38号）和北京市政府《关于做好2014年普通高等学校毕业生就业创业工作的实施方案》，市教委决定开展北京高校示范性创业中心建设工作，并将其纳入人才培养的全过程。现将有关事项通知如下：

一、建设目标

通过开展北京高校示范性创业中心建设工作，帮助大学生创业工作开展薄弱的高校加快建设，促进基础好、具备一定条件的高校全面提高创业工作能力，整体提升北京高校大学生创业工作水平，实现北京高校普及创业教育、毕业生创业意识和创业能力进一步增强、创业人数持续增长、创业质量不断提高的目标。

力争用三年时间建设40个左右示范性高校创业指导中心（评选工作另行通知）。

二、建设内容

根据《关于实施大学生创业引领计划的通知》要求，项目建设主要内容有：

（一）创业工作机制。校领导高度重视创业工作，将创业工作纳入人才培养体系，贯穿人才培养全过程，面向全体学生广泛、系统开展。校级创业工作部门全面统筹大学生创业工作开展，在创业教育、创业实践、创业支持等方面建立顺畅的工作机制。

（二）创业课程建设。积极开发、开设创业类课程，纳入学分管理；结合本校学生实际，编写创业教材。

（三）师资队伍建设。高等学校要根据专任为主、专兼结合的原则，建立一支专业能力强、实践经验丰富、结构合理的师资队伍，完善培训机制和培养规划，加强实践锻炼，提高教育教学水平。积极聘请企业家、创业人士和专家学者为大学生提供创业教育与指导。

（四）创业实践支持。丰富创业教育形式，开展灵活多样的创业实践活动，支持学生开展创业大赛、创业实训、创业实践，建立学生创业园并给予学生创业场地、经费支持。

（五）创业孵化。高校要充分利用科技园、创业园等为大学生创业提供场地、资金等方面的孵化支持，力争通过高校的创业工作孵化更多、更具成长性的大学生创业企业。

（六）条件保障。建立创业工作保障制度，加大经费投入，在创业教学资源、创业场地及创业工作经费等方面予以保障。

三、项目申报

各高校要高度重视北京高校大学生创业教育推进项目建设工作，在认真梳理、总结本校开展大学生创业工作的基础上，按照合理性、可操作性、可实现性的原则，就以上建设内容的一项或几项提出建设目标和规划，并填写《北京高校示范性创业中心建设申报书》，于10月17日前将申报材料（一式3份）报送市教委。市教委将组织有关专家进行评审，确定北京高校示范性创业中心建设高校立项名单。

附件：北京高校示范性创业中心建设申报书（略）

2014 年 9 月 15 日

北京市教育委员会

关于下达 2015 年度市属高校创新能力提升计划资助项目的通知

京教函〔2014〕468 号

有关市属高等学校：

根据市教委、市发展改革委、市科委、市财政局、市人力社保局、市知识产权局《关于实施市属高校创新能力提升计划项目的意见》（京教研〔2013〕4 号）要求，市教委今年继续实施市属高校创新能力提升计划项目。经过项目申请、学校推荐、专家评审等项目立项工作程序，遴选产生了市教委 2015 年度市属高校创新能力提升计划（简称“提升计划”）资助项目 32 项，其中，科技类项目 24 项，人文社科艺术类项目 8 项。现予公布（项目名单见附件），各项目的经费额度以财政评审后确定的经费额度为准。

各有关高校要加强提升计划项目的管理，提供必要的条件支持并督促项目组开展工作，确保提升计划项目的顺利实施。

附件：北京市教育委员会 2015 年度市属高校创新能力提升计划批准立项项目

2014 年 9 月 28 日

附件

北京市教育委员会2015年度
创新能力提升计划项目（科技类）立项一览表

项目编号	项目名称	负责人	承担单位	合作单位
TJSHG201510005001	地铁隧道裂纹快速自动检测系统	杜修力	北京工业大学	北京市地铁运营有限公司地铁运营技术研发中心、北京金久瑞科技有限公司
TJSHG201510005002	高超发动机构件激光精密焊接过程控制技术	肖荣诗	北京工业大学	北京航天动力研究所（航天三院31所）
TJSHG201510005003	高效硝化生物活性填料产业化研究	杨宏	北京工业大学	北京国电富通科技发展有限责任公司
TJSHG201510025004	耳鸣诊疗仪器研发	龚树生	首都医科大学	四川微迪数字技术有限公司
TJSHG201510025005	防治糖尿病血管合并症新药低分子量褐藻多糖硫酸酯的研发	罗大力	首都医科大学	中国科学院海洋研究所、山西德元堂药业有限公司
TJSHG201510016006	建筑垃圾资源化应用技术及其产业化	吴徽	北京建筑大学	北京元泰达环保建材科技有限责任公司
TJSHG201510016007	高性能冷拌沥青路面关键技术研究及产业化应用	季节	北京建筑大学	交通运输部公路科学研究所、中路高科（北京）公路技术有限公司
TJSHG201510028008	大型复合材料风力发电机叶片红外检测系统及其应用	沈京玲	首都师范大学	北京维泰凯信新技术有限公司
TJSHG201510028009	电子产品封装检测设备研发的关键技术	张朋	首都师范大学	天津三英精密仪器有限公司

续表1

项目编号	项目名称	负责人	承担单位	合作单位
TJSHG201510028010	通用实时机器人操作系统开发及应用验证	谈金东	首都师范大学	北京东方尚景科技有限公司
TJSHG201510015011	折叠纸盒的可变信息编码与质量检测系统产业化	蔡吉飞	北京印刷学院	北京圣德安讯科技发展有限公司
TJSHG201510020012	高产优质生菜产业化关键技术示范与转化	范双喜	北京农学院	北京开心格林农业科技有限公司
TJSHG201510020013	服务于京津冀协同发展的生猪产业升级关键技术创新集成与示范应用	任晓明	北京农学院	首农集团北京养猪育种中心
TJSHG201510012014	防辐射稀土/聚酰胺功能性纤维及其纺织品的产业化开发	贾清秀	北京服装学院	北京同益中特种纤维技术开发有限公司
TJSHG201510772015	复合材料宽带元件及其圆弧/柱阵换能器	王丽坤	北京信息科技大学	北京长城电子装备有限责任公司
TJSHG201510772016	高速大容量分布式光纤传感及测试系统研究及产品化	祝连庆	北京信息科技大学	北京融芯万达科技有限公司
TJSHG201510772017	消防人员自主定位导航腰带研制	李擎	北京信息科技大学	北京德维创盈科技有限公司
TJSHG201510009018	北京市电机系统节能关键技术研究	张永昌	北方工业大学	清华大学，北京东标电气公司
TJSHG201510009019	基于交通大数据的北京道路交通疏堵决策支持系统研发	王力	北方工业大学	北京交通发展研究中心
TJSHG201510011020	环保功能表面活性剂产业化关键技术及工艺	徐宝财	北京工商大学	北京一轻日用化学有限公司
TJSHG201510011021	绿色阻燃外墙保温硬泡聚氨酯材料的产业化	钱立军	北京工商大学	北京双银科技有限公司

续表 2

项目编号	项目名称	负责人	承担单位	合作单位
TJSHG201511417022	基于黄连素植物源农药的创制与产业化	葛喜珍	北京联合大学	北京博尔达生物技术有限公司
TJSHG201510017023	能源装备核心部件机器人柔性焊接关键技术及设备研发	薛龙	北京石油化工学院	北京静海热换设备制造有限责任公司
TJSHG201510017024	多功能聚氨酯材料产业化	连慧琴	北京石油化工学院	北京光华纺织集团有限公司

北京市教育委员会 2015 年度创新能力提升计划项目(人文社科艺术类)立项一览表

项目编号	项目名称	负责人	承担单位	合作单位
TJSHS201510011001	中关村创新示范区引领京津冀地区产业结构升级的金融支持政策设计	杨德勇	北京工商大学	北京金融工作局
TJSHS201510012002	京津冀协同发展下北京服装产业结构优化路径研究	朱光好	北京服装学院	中国纺织工业联合会 产业部、北京服装纺织行业协会
TJSHS201510037003	北京市商品流通管理政策法规后评估制度建设与应用	尚珂	北京物资学院	北京市政府法制办公室
TJSHS201510049004	民族戏曲舞美教育研究创新能力提升计划	李威	中国戏曲学院	西藏自治区文化厅、西藏自治区藏剧团
TJSHS201510038005	重大劳动人事争议预防与处理机制研究	冯喜良	首都经济贸易大学	中国人民大学劳动关系研究所
TJSHS201510038006	促进京津冀协同发展的财政政策研究	姚东旭	首都经济贸易大学	北京市财政局

续表

项目编号	项目名称	负责人	承担单位	合作单位
TJSHS201510029007	京津冀一体化背景下校园足球发展研究	于振峰	首都体育学院	北京师范大学、天津师范大学、天津体育学院、河北体育学院、河北师范大学
TJSHS201510031008	京津冀信息服务业协同发展模式与国际化战略研究	王成慧	北京第二外国语学院	中关村云计算产业联盟

北京市教育委员会

关于开展2014年北京高等学校示范性校内创新实践基地建设工作的通知

京教函〔2014〕544号

各有关高等学校：

为适应国家和首都社会经济发展对高等学校创新人才培养的要求，创新高水平人才培养机制，推动优质教育资源的共享，深化实践教学综合改革，根据市教委《关于开展北京高等学校校内创新实践基地建设的通知》（京教函〔2011〕702号）和《关于进一步提高北京高等学校人才培养质量的若干意见》（京教高〔2012〕26号），经研究，市教委决定继续开展2014年北京高等学校示范性校内创新实践基地建设工作。现将有关事宜通知如下：

一、建设目标

北京高等学校示范性校内创新实践基地（以下简称“示范性校内创新基地”）建设工作坚持“突出创新、注重特色、开放共享”原则，通过搭建学生自主实践平台，探索高校创新性人

才培养有效模式，构建学生自主实践的长效机制，为培养学生的自主创新能力和创新意识营造良好的环境和氛围，为高等学校创新性人才培养工作提供示范经验，提高北京高等学校人才培养质量。

2014 年将立项建设 20 个左右的示范性校内创新基地。

二、建设内容

（一）平台建设。基地依托平台应是北京地区高等学校内部的教育教学资源。在充分整合、利用现有资源（包括各类实验教学中心、实验室、学生活动中心、校内实习实训基地等）的基础上，拓展、开发其创新活动功能，在场地、设施、师资等方面较好地满足学生开展创新活动需要，能够为学生实践创新活动和创新成果的推广应用提供良好的政策环境和氛围。

（二）理念建设。能够结合学校定位和人才培养目标，确立以培养学生实践能力、创新精神为核心的建设理念，突出学生的主体性和个性化培养，有针对性地进行人才培养模式改革试验，形成各具特色的改革创新发展经验，具有示范辐射作用。

（三）运行机制建设。建立可持续发展的政策、经费、人事等组织保障和合作机制，形成有利于激励学生学习和提高学生能力的有效管理机制。建设完善的信息管理平台，充分发挥资源优势和特色优势，逐步实现开放运行、资源共享。

（四）师资队伍建设。要有一支专兼结合，学历、年龄、学科（专业）和职称结构合理、实践教学能力强、创新活动经验丰富的师资队伍。每个基地原则上至少要有 1 名高级职称专职人员作为校内创新实践基地的负责人，并有足够数量的教师指导学生开展创新实践活动。基地依托单位应有足够数量的专业技术人员指导、管理

学生创新实践活动并参与校内创新实践基地的建设。建立比较完善的激励机制和政策措施，引导高水平教师参与校内创新实践基地建设和指导学生开创性地开展创新实践活动。

（五）活动成效建设。注重创新实践活动效果，扩大受益面，能有效激发学生参与创新实践活动的兴趣和积极性，提升学生的自主学习能力、实践能力、创新能力。

三、组织与申报

（一）2014 年示范性校内创新基地，原则上每校限报 1 个。申报学校应认真填写《北京高等学校示范性校内创新实践基地申报书》及相关支撑材料。申报书及相关表格可登陆高教处网站 http：//gjc. bjedu. gov. cn 下载。

（二）市教委将根据各校申报情况组织专家采用会议评审、现场考察等方式，择优遴选理念先进、特色鲜明、管理规范、运行良好的创新实践基地，并授予“北京高等学校示范性校内创新实践基地建设单位”称号。

（三）示范性校内创新基地建设工作秘书处设在中国地质大学（北京）。请申报高校将以下材料纸质版和电子版于 12 月 12 日前报送至工作秘书处。逾期申报不予受理。

1. 北京高等学校示范性校内创新实践基地申报书（附件 1，略，一式 5 份）；

2. 基地基本情况汇总表（附件 2，略，一式 1 份）；

3. 相关支撑材料（可根据实际情况提供，一式 1 份）。

（四）倡导建设资源节约、环境友好型社会，建议各高校制作纸质版材料时，采用 A4 纸双面打印，简单装订即可。

（五）各高校要充分重视实践基地建设，加大基地建设投入，市教委将在今后的工作中加强实践培养学生支持力度，开展实践培养人才教育综合改革。

四、联系方式

（一）北京高校示范性校内创新基地建设工作秘书处

（二）市教委高教处

附件：1. 北京高等学校示范性校内创新实践基地申报书（略）

2. 北京高校校内创新实践基地基本情况汇总表（略）

2014 年 11 月 5 日

北京市教育委员会

关于深入推进北京高校产学研及国内外联合研究生培养基地建设的意见

京教研〔2014〕15 号

各有关高校：

为深入贯彻落实十八届三中全会关于全面深化教育综合改革精神，进一步推进研究生教育改革与发展，创新研究生培养机制与模式，全面提升研究生培养质量，在总结一期建设基础上，市教委决定推进第二期北京高校产学研及国内外联合研究生培养基地（以下简称“基地”）建设。现提出如下意见：

一、指导思想

以贯彻落实十八届三中全会关于全面深化教育综合改革精神为契机，密切结合经济社会发展的实际，以高校为主体，以服务需求、提高质量为主线，创新体制机制，高校通过与有关部门、企事业单位、科研院所以及国外一流大学建立实质性长期合作机制，开展研究生联合培养，增强研究生的创新实践能力，提升研究生教育国际竞争力和影响力，全面提高研究生培养质量，更好地发挥首都高校在服务国家和北京经济社会发展中的重要作用。

二、基本要求

（一）更加关注首都经济社会发展需求。国内外联合培养基地要注重培养具有国际化视野的博士生，产学研联合培养基地要密切结合北京产业发展，服务“四个中心”的建设。

（二）更加关注培养质量的提升。坚持以提高质量为核心，积极探索符合研究生教育特点与规律的培养模式和培养机制。

（三）更加关注京津冀一体化发展。二期建设要与京津冀一体化任务相结合，通过多种方式增强教育资源的流动和共享，提高资源配置效率，形成区域特色突出、与区域经济社会发展协调的研究生教育布局，发挥人才培养的作用。

三、主要任务

（一）基地二期建设重点推进合作双方开展实质性的合作。合作双方要制订合作建设规划，制定相应的制度，签署合作建设协议，明确联合培养研究生的学科领域、合作科研领域以及双方的权利、义务、责任等，开展全方位的对接与合作，切实做到资源共享、师资互聘、学分互认、产学研统筹、实现合作共赢。

（二）坚持硕士和博士培养层次并重、应用型与学术型人才类型并重、本土国际化与海外国际化课程设置并重，同时，要做到培养模式和培养条件并重，把基地二期建设做好做实。

（三）国内外联合培养基地选派的研究生要以在校已完成研究生基础课程学习的全日制博士研究生为主；产学研联合培养基地可选派在校已完成研究生基础课程学习的全日制硕士研究生，特别是专业学位硕士研究生。

（四）国内外联合培养基地建设要立足国家需求和学科前沿，通过学分互认、访学研究和短期交流等合作形式，扩大和深化研究生教育国际合作，有效提高研究生教育质量。加大引进国外优秀教材的力度，加强学科前沿的课程教学，重视培养研究生国际交流能力，拓宽研究生的国际视野和提升把握学术前沿的能力。全面提高研究生的理论水平科研创新能力，培养研究生的团队与合作精神。

（五）产学研联合培养基地依托高校要积极深入了解行业、企业以及区域经济社会发展对高层次人才的需求，主动加强与科研力量强、实验设备先进的社会各相关单位的密切联系与合作，创建多种形式的联合培养基地，不断完善双导师制度，开展以提升职业能力为导向、产学研结合的专业硕士研究生特色培养模式，搭建培养人才、创新科技、引领文化、服务社会的桥梁和平台，进一步推动产学研的密切结合。

（六）建立年度报告、中期检查和末期验收相结合的评价机制，加强对基地二期建设的目标管理。每年年底，各基地依托高校要向市教委提交年度进展报告。市教委将统一组织实施基地中期检查和末期验收，建设成效显著、验收合格的基地自动进入下一个建设周期，验收不合格的基地要按要求整改或予以裁撤。

2014 年 12 月 23 日

招生·考试

北京市教育委员会文件选编

（2014）

北京市教育委员会

关于将优质高中部分中招计划分配到初中校有关事项的通知

京教基二〔2014〕5号

各区县教委，北京教育考试院：

按照教育部、国家发展改革委及审计署《关于印发〈治理义务教育阶段择校乱收费的八条措施〉的通知》（教基一〔2012〕1号）精神，为促进义务教育均衡发展，拟在首都功能核心区和城市功能拓展区将优质高中部分招生计划进行名额分配。现将有关事项通知如下。

一、适用范围及办法

（一）首都功能核心区和城市功能拓展区

首都功能核心区和城市功能拓展区是指东城区、西城区、朝阳区、海淀区、丰台区、石景山区，各区以优质高中为单位，将本校2014年统一招生计划的30％分配到区域内初中。

1. 报名资格。所有具有升学资格的应届初中毕业生，且具有连续三年正式学籍，有资格报名参加优质高中名额分配招生。

2. 录取方式。优质高中名额分配计划的招生将采用单独批次按成绩录取。（具体操作办法由北京教育考试院拟定）

（二）城市发展新区和生态涵养区

城市发展新区和生态涵养区是指门头沟区、昌平区、大兴区、房山区、通州区、顺义区、怀柔区、密云县、平谷区、延庆县、燕山区。11 个区县的优质高中名额分配参照首都功能核心区和城市功能拓展区办法执行。

二、有关工作要求

（一）所有拟参加名额分配计划招生的学生都须参加当年北京市高级中等学校招生考试，依据考生所报志愿和成绩从高分到低分按单独批次录取，分数相同时，按本市中考中招相关政策执行，确保招生录取工作的公开、公正、公平。

（二）各区县教委要精心组织、精心实施，结合本区县实际制定名额分配招生工作方案，要向学生及家长广泛宣传相关政策精神。为确保此项工作的公开、规范，各区县须将工作方案、优质高中校的招生计划及分配计划数等相关信息及时公布，接受社会和家长的监督。

（三）为确保这项工作的规范有序，各区县教委要加强监督管理，严厉杜绝各种违规现象的发生。对违反规定的学校，一经核实，将给予通报批评，追究相关责任人责任，并给予相应行政处罚。

2014 年 2 月 17 日

北京教育委员会

关于2014年北京市进行高等职业教育自主招生工作的通知

京教计〔2014〕3号

有关市属高等学校：

为贯彻落实教育部《关于积极推进高等职业教育考试招生制度改革的指导意见》（教学〔2013〕3号），深化本市高等学校招生考试改革，探索高等职业教育多元评价、多样化入学方式相结合，在不断总结前几年工作经验基础上，按照“积极推进、适度扩展、规范程序、稳妥操作”的基本思路，2014年本市将继续在部分高职院校进行高等职业教育自主招生工作，同时在部分高职院校开展有条件注册入学试点工作。现将有关事项通知如下：

一、院校及招生计划

2014年参加高职自主招生的院校有26所，招生计划总计7105人（分校、分专业招生计划见附件1）；参加有条件注册入学试点工作的院校有2所，招生计划200人（分校、分专业招生计划见附件2）。

二、有关工作要求

（一）高职自主招生院校须按照“严格程序、加强管理、接受监督”的原则，以及“条件明确化、程序规范化、招生办法公开化、录取结果公示化”的要求，制定详细的自主选拔录取方案并向社会公布，认真做好报名、考核、录取、公示等各个环节的工作。

（二）高职自主招生院校应成立由分管校（院）长负责的高校招生工作领导小组，加强对此项工作的领导，并成立由学校招生办和监察部门负责人为主的招生录取小组，凡属考试、录取中的重大问题，须集体研究决定。实行单独命题的院校要加强研究，提高命题水平，并加强对命题工作的组织管理；联合命题的院校要做好命题教师的推荐和组织工作，笔试、面试命题要兼顾各学校特点。加强对面试教师的培训，保证考试的公正规范；要选派政策水平高，工作认真负责，作风正派、秉公办事并经过培训的骨干教师参加录取工作，凡当年有直系亲属报考者不得参与此项招生考试工作。凡从事和参与招生的工作人员，必须遵守国家教育部和本市公布的条例、规定。

（三）参加有条件注册入学试点的学校要根据招生专业和培养目标，科学确定不同类别考生的注册条件。对于普通高中毕业生，选取三门会考成绩：其中语文、数学为必选条件，另一门依据专业要求由招生院校确定；对于中等职业学校毕业生，根据职业教育特点，提出相应的职业技能证书或其他要求。

（四）高职自主招生计划和有条件注册入学招生计划纳入各校2014年总计划数内，已录取的考生不再参加当年普通高等学校招生全国统一考试和录取。

附件：1. 2014年高职自主招生院校与招生计划表

2. 2014年有条件注册入学招生院校与招生计划表

2014年2月26日

附件 1

2014 年高职自主招生院校与招生计划表

单位：人

院校名称	专业名称	学制	招生计划	
			总数	其中：招收农村户籍
	总计		7105	3505
北京工业职业技术学院	合计		400	200
	法律文秘（速录）	三年	40	20
	安全技术管理（建筑）	三年	40	20
	市场营销（金融）	三年	40	20
	汽车检测与维修技术（营销）	三年	40	20
	数控技术	三年	40	20
	通信技术（3G－4G 工程管理）	三年	40	20
	动漫设计与制作	三年	40	20
	珠宝首饰工艺及鉴定	三年	40	20
	建筑装饰工程技术	三年	40	20
	建筑工程技术	三年	40	20
北京信息职业技术学院	合计		400	200
	计算机信息管理	三年	20	10
	电子商务	三年	25	12
	商务英语	三年	10	5
	应用英语（办公管理方向）	三年	30	15
	市场营销	三年	40	20
	信息安全技术（网络安全管理方向）	三年	40	20
	嵌入式技术与应用（移动互联应用开发方向）	三年	25	13
	广告设计与制作（艺术类）	三年	30	15
	影视动画（艺术类）	三年	30	15
	数控技术	三年	25	12
	模具设计与制造（快速原型设计方向）	三年	25	13
	汽车技术服务与营销	三年	25	13
	汽车电子技术（新能源汽车技术方向）	三年	25	12
	电子信息工程技术	三年	5	2
	应用电子技术（广播电视网络方向）	三年	5	3
	通信技术	三年	20	10
	移动通信技术	三年	20	10

续表1

院校名称	专业名称	学制	招生计划	
			总数	其中：招收农村户籍
北京电子科技职业学院	合计		560	280
	机械制造与自动化	三年	25	13
	数控设备应用与维护	三年	25	12
	焊接技术及自动化	三年	30	15
	模具设计与制造	三年	35	17
	机电一体化技术	三年	30	15
	楼宇智能化工程技术	三年	25	13
	供热通风与空调工程技术（地铁定向）	三年	40	20
	电气自动化技术	三年	30	15
	汽车制造与装配技术（奔驰定向）	三年	30	15
	汽车检测与维修技术（奔驰定向）	三年	40	20
	城市轨道交通车辆（地铁定向）	三年	40	20
	计算机应用技术（地铁定向）	三年	40	20
	物联网应用技术	三年	30	15
	应用电子技术（地铁定向）	三年	20	10
	通信技术	三年	20	10
	人物形象设计（服饰与表演）	三年	30	15
	多媒体设计与制作	三年	30	15
	电子商务	三年	40	20
北京京北职业技术学院	合计		210	105
	学前教育	三年	60	30
	会展策划与管理	三年	20	10
	会计	三年	20	10
	建筑设备工程技术	三年	20	10
	舞台影视技术	三年	30	15
	旅游管理	三年	20	10
	社区康复	三年	40	20
北京交通职业技术学院	合计		200	100
	物业管理（华润置地订单班）	三年	40	20
	旅游管理	三年	20	10
	高等级公路维护与管理	三年	20	10
	机电一体化技术	三年	20	10
	机电设备维修与管理（北京地铁订单班）	三年	20	10
	计算机应用技术（中软国际订单班）	三年	40	20
	汽车技术服务与营销（北京现代订单班）	三年	40	20

续表 2

院校名称	专业名称	学制	招生计划	
			总数	其中：招收农村户籍
首钢工学院	合计		400	200
	环境监测与治理技术	三年	40	20
	建筑装饰工程技术	三年	40	20
	机电一体化技术	三年	20	10
	焊接技术及自动化	三年	40	20
	电气自动化技术	三年	40	20
	模具设计与制造（3D造型与快速制造）	三年	20	10
	汽车检测与维修技术	三年	30	15
	计算机多媒体技术（动漫）	三年	40	20
	计算机网络技术	三年	20	10
	软件技术	三年	20	10
	会计（涉外）	三年	30	15
	国际商务	三年	30	15
	旅游管理	三年	30	15
北京农业职业学院	合计		435	220
	金融保险	三年	35	17
	会计（税务会计方向）	三年	20	10
	电子商务	三年	30	15
	畜牧兽医（宠物养护与疫病防治）	三年	35	18
	兽医医药	三年	10	6
	水利工程施工技术	三年	15	8
	建筑装饰工程技术	三年	15	8
	园艺技术	三年	20	11
	环境艺术设计	三年	25	13
	绿色食品生产与检验	三年	35	17
	生物技术及应用	三年	15	7
	物业管理	三年	20	10
	旅游管理（民俗旅游方向）	三年	30	15
	法律文秘	三年	25	12
	会展策划与管理	三年	25	12
	计算机应用技术	三年	15	7
	物联网应用技术	三年	25	12
	都市农业装备应用技术	三年	40	22

续表 3

院校名称	专业名称	学制	招生计划	
			总数	其中：招收农村户籍
北京政法职业学院	合计		370	155
	法律事务（国际商务法律）	三年	70	35
	法律事务（金融法律实务）	三年	30	15
	劳动与社会保障	三年	40	20
	文秘（商务助理）	三年	25	12
	文秘（航空服务）	三年	30	15
	社区管理与服务	三年	20	10
	社会工作	三年	20	10
	电子商务（商务信息与资讯管理）	三年	15	8
	计算机应用技术（移动互联软件开发）	三年	15	7
	司法信息安全	三年	15	8
	安全保卫（航空安保）	三年	30	15
	安全保卫（随身护卫，退役士兵）	三年	15	
	安全保卫（安保管理，退役士兵）	三年	15	
	安全保卫（航空安保，退役士兵）	三年	15	
	消防工程技术（消防工程管理，退役士兵）	三年	15	
北京财贸职业学院	合计		510	255
	连锁经营管理	三年	50	25
	旅游英语	三年	15	8
	导游	三年	30	15
	酒店管理	三年	50	25
	旅游管理	三年	35	17
	电子商务	三年	20	10
	计算机网络技术	三年	20	10
	物流管理	三年	40	20
	文秘（商务秘书）	三年	30	15
	会展策划与管理	三年	25	13
	电脑艺术设计	三年	20	10
	广告设计与制作	三年	50	25
	人物形象设计	三年	35	17
	会计（中外合作）	三年	45	23
	金融与证券（中外合作）	三年	45	22

续表 4

院校名称	专业名称	学制	招生计划	
			总数	其中：招收农村户籍
北京现代职业技术学院	合计		230	115
	汽车电子技术	三年	40	20
	机电一体化技术	三年	40	20
	模具设计与制造	三年	35	18
	电气自动化技术	三年	40	20
	社区管理与服务	三年	40	20
	报关与国际货运	三年	35	17
北京经济管理职业学院	合计		360	180
	电子商务	三年	30	15
	市场营销（网络营销）	三年	30	15
	旅游管理	三年	30	15
	旅游管理（华远国际旅行佰程网订单班）	三年	30	15
	税务	三年	20	10
	会计（税务）	三年	20	10
	国际商务	三年	10	5
	国际商务（货代）	三年	10	5
	商务英语	三年	40	20
	计算机网络技术（网络管理）	三年	10	5
	计算机信息管理	三年	30	15
	宝玉石鉴定与加工技术（华夏典当订单班）	三年	10	5
	电子信息工程技术（移动通信）	三年	30	15
	应用电子技术（物联网技术）	三年	30	15
	机电一体化技术	三年	30	15
北京劳动保障职业学院	合计		420	210
	人力资源管理（人力资源服务）	三年	40	20
	公共事务管理（劳动关系管理）	三年	40	20
	电子政务（就业服务）	三年	30	15
	财务管理（社保财务与审计）	三年	40	20
	酒店管理	三年	40	20
	机电一体化技术	三年	20	10
	数控技术（数控安装与调试）	三年	30	15
	城市轨道交通控制	三年	40	20
	汽车检测与维修技术	三年	40	20
	机电一体化技术（电梯检测与运维）	三年	20	10
	楼宇智能化工程技术	三年	40	20
	城市管理与监察（城市设施安全技术）	三年	40	20

续表 5

院校名称	专业名称	学制	招生计划	
			总数	其中：招收农村户籍
北京社会管理职业学院	合计		120	60
	社会工作	三年	30	15
	婚庆服务与管理	三年	30	15
	老年服务与管理	三年	30	15
	现代殡仪技术与管理	三年	30	15
北京体育职业学院	合计		40	
	竞技体育	三年	40	
北京交通运输职业学院	合计		400	200
	城市轨道交通运营管理（北京地铁订单班）	三年	64	32
	城市轨道交通车辆（北京地铁订单班）	三年	42	21
	汽车运用技术（中德合作汽车服务与管理）	三年	46	23
	汽车技术服务与营销（奥迪汽车订单班）	三年	30	15
	公路运输与管理（客运与枢纽订单班）	三年	30	15
	道路桥梁工程技术（路政管理）	三年	26	13
	城市轨道交通工程技术（北京地铁线路公司订单班）	三年	50	25
	汽车检测与维修技术（上海通用汽车机电一体化）	三年	26	13
	汽车整形技术（奔驰汽车定损与评估订单班）	三年	20	10
	物流管理（邮政物流订单班）	三年	20	10
	交通安全与智能控制（交通信息中心 TOCC 订单班）	三年	20	10
	道路桥梁工程技术（市政路桥订单班）	三年	26	13
北京卫生职业学院	合计		50	25
	护理	三年	50	25
北京北大方正软件职业技术学院	合计		400	200
	软件技术	三年	40	20
	计算机网络技术	三年	40	20
	医用电子仪器与维护	三年	100	50
	护理	三年	140	70
	金融与证券	三年	40	20
	民航商务	三年	40	20

续表 6

院校名称	专业名称	学制	招生计划	
			总数	其中：招收农村户籍
北京经贸职业学院	合计		80	40
	会计	三年	20	10
	国际金融	三年	20	10
	人力资源管理	三年	20	10
	金融保险（江泰保险经纪班）	三年	20	10
北京经济技术职业学院	合计		100	50
	金融与证券	三年	25	12
	商务英语	三年	25	12
	计算机应用技术	三年	25	13
	旅游管理	三年	25	13
北京汇佳职业学院	合计		450	225
	体育服务与管理	三年	40	20
	学前教育	三年	260	130
	影视动画	三年	30	15
	影视多媒体技术	三年	30	15
	老年服务与管理	三年	30	15
	健康管理	三年	30	15
	城市轨道交通控制	三年	30	15
北京科技经营管理学院	合计		150	75
	影视多媒体技术	三年	45	22
	国际经济与贸易	三年	35	17
	移动通信技术	三年	35	18
	工商企业管理	三年	35	18
北京吉利大学	合计		200	100
	汽车检测与维修技术	三年	50	25
	汽车电子技术	三年	50	25
	金融与证券	三年	50	25
	工商企业管理	三年	50	25

续表 7

院校名称	专业名称	学制	招生计划	
			总数	其中：招收农村户籍
北京科技职业学院	合计		100	50
	工程造价	三年	25	13
	游戏软件	三年	25	12
	会计与审计	三年	25	13
	商务英语（幼儿英语教育）	三年	25	12
北京培黎职业学院	合计		410	205
	金融与证券	三年	40	20
	会计	三年	40	20
	汽车技术服务与营销	三年	40	20
	电子商务	三年	40	20
	旅游管理	三年	40	20
	工商企业管理	三年	40	20
	商务英语	三年	50	25
	数字媒体技术	三年	40	20
	软件测试技术	三年	40	20
	社区管理与服务	三年	40	20
北京新圆明职业学院	合计		60	30
	文物鉴定与修复（书画鉴定方向）	三年	30	15
	会展策划与管理	三年	30	15
北京首都经济贸易大学密云分校	合计		50	25
	旅游管理	三年	50	25

附件 2

2014 年有条件注册入学招生院校与招生计划表

单位：人

<table>
<tr><th rowspan="2">院校名称</th><th rowspan="2">专业名称</th><th rowspan="2">学制</th><th rowspan="2">招生计划</th><th colspan="2">报名条件</th></tr>
<tr><th>普通高中：会考成绩</th><th>中职学校</th></tr>
<tr><td></td><td>总计</td><td></td><td>200</td><td></td><td></td></tr>
<tr><td rowspan="3">北京劳动保障职业学院</td><td>合计</td><td></td><td>80</td><td></td><td rowspan="3">参照学校招生简章</td></tr>
<tr><td>老年服务与管理（健康管理与老年关怀）</td><td>三年</td><td>40</td><td>语文 B，数学 C，政治 B</td></tr>
<tr><td>机电一体化技术</td><td>三年</td><td>40</td><td>语文 C，数学 B，物理 B</td></tr>
<tr><td rowspan="10">北京信息职业技术学院</td><td>合计</td><td></td><td>120</td><td></td><td rowspan="10">参照学校招生简章</td></tr>
<tr><td>数控技术</td><td>三年</td><td>15</td><td rowspan="2">数学 B，物理 B，语文 C</td></tr>
<tr><td>模具设计与制造（快速原型设计方向）</td><td>三年</td><td>15</td></tr>
<tr><td>电子商务</td><td>三年</td><td>15</td><td>语文 B，历史 B，数学 C；或数学 B，物理 B，语文 C</td></tr>
<tr><td>嵌入式技术与应用（移动互联应用开发方向）</td><td>三年</td><td>15</td><td rowspan="3">数学 B，物理 B，语文 C</td></tr>
<tr><td>电子信息工程技术</td><td>三年</td><td>15</td></tr>
<tr><td>应用电子技术（广播电视网络方向）</td><td>三年</td><td>15</td></tr>
<tr><td>汽车技术服务与营销</td><td>三年</td><td>15</td><td>语文 B，历史 B，数学 C；或数学 B，物理 B，语文 C</td></tr>
<tr><td>汽车电子技术（新能源汽车技术方向）</td><td>三年</td><td>15</td><td>数学 B，物理 B，语文 C</td></tr>
</table>

北京市教育委员会

关于下达2014年市属普通高校优秀高职毕业生升本科招生计划的通知

京教计〔2014〕6号

有关市属高校：

根据国家和北京市中长期教育改革和发展规划纲要精神，为推动我市现代职业教育体系建设，提升本市高等职业教育发展重心，完善高等职业教育优秀毕业生进入本科阶段继续深造的渠道，构建高等教育“立交桥”，2014年我市继续开展市属普通高等学校优秀高职毕业生升本科招生工作。现将2014年市属普通高等学校优秀高职毕业生升本科招生计划下达给你们，请遵照执行。

一、各校要不断完善推荐选拔程序，在推荐、考试和录取过程中坚持公开、公平、公正的原则，按照高校招生“阳光工程”的要求，做好我市优秀高职毕业生升本科的相关工作。

二、各校要严格执行优秀高职毕业生升本科招生计划，未经批准，任何单位和个人不得擅自变更招生计划。

三、各校不得在其他类型招生过程中以高职升本科为名义进行虚假宣传、不实承诺、招揽生源。同时严格执行学生学费标准，不得借“专升本”名义进行高收费、乱收费。

附件：2014年市属高校优秀高职毕业生升本科招生计划表

2014年3月17日

附件

2014年市属高校优秀高职毕业生升本科招生计划表

单位：人

学校代码	学校名称	本校推荐人数	外校推荐人数	招生计划		
				合计	其中：接收本校	其中：接收外校
	合计	**756**	**4351**	**2585**	**391**	**2194**
10009	**北方工业大学**		**533**	**269**		**269**
	工程管理					
	会计学		375	188		188
	机械设计制造及其自动化					
	计算机科学与技术		37	19		19
	日语		8	4		4
	通信工程		16	8		8
	英语		31	16		16
	自动化		17	9		9
	电子信息工程		6	3		3
	法学		38	19		19
	汉语言文学		5	3		3
10015	**北京印刷学院**	**38**		**19**	**19**	
	包装工程	6		3	3	
	编辑出版学	10		5	5	
	机械工程	4		2	2	
	数字媒体艺术	6		3	3	
	印刷工程	12		6	6	
10016	**北京建筑大学**		**294**	**150**		**150**
	车辆工程		9	5		5
	地理信息系统		19	10		10
	给水排水工程		7	4		4
	工程管理		91	46		46
	工商管理		42	21		21
	环境科学		16	8		8

续表 1

学校代码	学校名称	本校推荐人数	外校推荐人数	招生计划		
				合计	其中：接收本校	其中：接收外校
	机械工程及自动化		6	3		3
	建筑环境与设备工程		8	4		4
	市场营销		5	3		3
	土木工程		91	46		46
10017	**北京石油化工学院**		**403**	**204**		**204**
	材料科学与工程		4	2		2
	电气工程及其自动化		12	6		6
	公共事业管理		153	77		77
	会计学		29	15		15
	机械工程及自动化		57	29		29
	计算机科学与技术		86	43		43
	旅游管理		12	6		6
	市场营销		21	11		11
	物流管理		17	9		9
	信息管理与信息系统		12	6		6
10020	**北京农学院**	**57**	**149**	**109**	**31**	**78**
	动物医学	4	26	15	2	13
	法学		6	3		3
	工商管理	9	24	17	5	12
	国际经济与贸易	5	8	7	3	4
	会计学		25	13		13
	会展经济与管理	9		5	5	
	计算机科学与技术		11	6		6
	旅游管理	9	5	8	5	3
	农村区域发展	4		2	2	0
	农林经济管理		4	2		2
	生物技术		5	3		3
	食品质量与安全		12	6		6
	市场营销		3	2		2
	园林（园林植物）	9	6	8	5	3
	园艺	8	11	10	4	6
	植物保护		3	2		2
10025	**首都医科大学**	**72**		**37**	**37**	
	护理学	51		26	26	

续表 2

学校代码	学校名称	本校推荐人数	外校推荐人数	招生计划		
				合计	其中：接收本校	其中：接收外校
	临床医学（远郊区县定向班）	15		8	8	
	医学检验技术	6		3	3	
10028	**首都师范大学**	**7**		**4**	**4**	
	学前教育（师范）	7		4	4	
10038	**首都经济贸易大学**	**17**		**9**	**9**	
	财务管理	4		2	2	
	工商管理	4		2	2	
	国际经济与贸易	5		3	3	
	计算机科学与技术	4		2	2	
11232	**北京信息科技大学**		**207**	**104**		**104**
	工商管理					
	车辆工程					
	会计学					
	市场营销		158	79		79
	信息管理与信息系统					
	工业设计					
	行政管理					
	机械设计制造及其自动化		14	7		7
	计算机科学与技术		22	11		11
	英语		13	7		7
11417	**北京联合大学**	**277**	**2765**	**1532**	**143**	**1389**
	表演		18	9		9
	档案学	6	22	14	3	11
	电气工程及其自动化	4	33	19	2	17
	电子商务	10	87	49	5	44
	电子信息工程	6	110	58	3	55
	法学		152	76		76
	服装与服饰设计	4	21	13	2	11
	工商管理	10	239	125	5	120
	工业工程		32	16		16
	广告学	7	7	8	4	4
	国际经济与贸易	8	86	47	4	43
	环境设计		91	46		46
	会计学	31	266	149	16	133

续表 3

学校代码	学校名称	本校推荐人数	外校推荐人数	招生计划		
				合计	其中：接收本校	其中：接收外校
	机械工程	26	281	154	13	141
	计算机科学与技术	18	162	90	9	81
	计算机科学与技术（听障生）	5		3	3	
	金融学	10	210	110	5	105
	酒店管理	23	22	23	12	11
	旅游管理	6	71	39	3	36
	人力资源管理		49	25		25
	日语	11	2	7	6	1
	生物技术	12	28	20	6	14
	市场营销	16	120	68	8	60
	视觉传达设计	8	71	40	4	36
	视觉传达设计（听障生）	7		4	4	
	数字媒体艺术	18	109	64	9	55
	新闻学		56	28		28
	信息管理与信息系统	9	123	67	5	62
	学前教育	4	122	63	2	61
	音乐学	5	39	23	3	20
	音乐学（视障生）	4		2	2	
	英语	9	136	73	5	68
11418	**北京城市学院**	**288**		**148**	**148**	
	城市规划	10		5	5	
	传播学	45		23	23	
	电子信息工程	1		1	1	
	工商管理	43		22	22	
	会计学	37		19	19	
	计算机科学与技术	12		6	6	
	交通工程	5		3	3	
	教育学	18		9	9	
	金融学	22		11	11	
	旅游管理	15		8	8	
	生物技术	8		4	4	
	通信工程	4		2	2	
	土木工程	19		10	10	
	艺术设计	25		13	13	
	中药学	24		12	12	

北京市教育委员会

关于公示2014年具有招生资格的高级中等学校名单的通知

京教计〔2014〕7号

各区县教委：

为保障人民群众接受教育的合法权益，完善社会监督机制，维护高级中等学校招生考试工作的正常秩序，确保招生录取工作依法“公开、公平、公正”进行，坚决杜绝违规招生行为，我市2014年继续实行高级中等学校招生资格公示制度。

为便于社会监督，现将经市教委、市人力社保局审定的具有招生资格的高级中等学校向社会公示。未经公示的高级中等学校，不得擅自开展招生活动。

附件：1. 2014年具有招生资格的普通高中学校名单
　　　2. 2014年具有招生资格的普通中专学校名单
　　　3. 2014年具有招生资格的职业高中学校名单
　　　4. 2014年具有招生资格的技工学校名单
　　　5. 2014年具有举办五年制高职资格的高职学院名单

2014年3月18日

附件 1

2014 年具有招生资格的普通高中学校名单

东城区

北京市第一中学
北京市第二中学
北京市第五中学
北京市第十一中学
北京市第二十一中学
北京市第二十二中学
北京市第二十四中学
北京市第二十五中学
北京市第二十七中学
北京市第五十中学
北京市第五十中学分校
北京市第五十四中学
北京市第五十五中学
北京市第六十五中学
北京市第九十六中学
北京市第一零九中学
北京市第一二五中学
北京市第一四二中学
北京市第一六五中学
北京市第一六六中学
北京市第一七一中学
北京市第一七七中学
中央工艺美术学院附属中学
北京市东直门中学
北京宏志中学
北京景山学校
北京市翔宇中学
北京市阳光情学校
北京汇文中学
北京市龙潭中学
北京市广渠门中学
北京市崇文门中学

西城区

北京市第三中学
北京市第四中学
北京市第七中学
北京市第八中学
北京市第十三中学
北京市第三十一中学
北京市第三十五中学
北京市第三十九中学
北京市第四十一中学
北京市第四十四中学
北京市第五十六中学
北京市第一五四中学
北京市第一五六中学
北京市第一五九中学

北京市第一六一中学
北京市第二一四中学
北京市鲁迅中学
北京市月坛中学
北京市二龙路中学
北京市西城区实验学校
北京教育学院附属中学
北京师范大学附属实验中学
北京师范大学第二附属中学
北京市铁路第二中学
北京市西城外国语学校
北京市私立汇才中学
北京启喑实验学校
北京市第十四中学
北京市第十五中学
北京市第四十三中学
北京市第六十二中学
北京市第六十三中学
北京市第六十六中学
北京市第一四零中学
北京师范大学附属中学
北京市回民学校
北京市育才学校
北京市华夏女子中学
北京市徐悲鸿中学
北京市宣武外国语实验学校
北京教育学院宣武分院附属中学

朝阳区

北京市第十七中学
北京市第八十中学
北京市第九十四中学
北京市第一一九中学
北京市日坛中学
北京市陈经纶中学
北京市三里屯一中
北京化工大学附属中学
北京市和平街第一中学
北京第二外国语学院附属中学
北京工业大学附属中学
北京中医学院附属中学
北京市清华大学附属中学朝阳学校
北京信息工程学院附属中学
北京市垂杨柳中学
北京青年政治学院附属中学
北京市团结湖第三中学
北京市东方德才学校
北京市朝阳外国语学校
北京市私立北方中学
北京世青国际学校
北京市私立新亚中学
中国红十字基金会北京拔萃双语学校
北京爱迪学校
北京市朝阳区爱迪外国语学校

北京市华侨城黄冈中学
北京市力迈外国语学校
北京市朝阳区人大附中朝阳分校
中国人民大学附属中学朝阳学校
华中师范大学第一附属中学朝阳学校
北京市实验外国语学校
东北师范大学附属中学朝阳学校
北京国际艺术与科学学校

海淀区

北大附中香山学校
北方交通大学附属中学
北京大学附属中学
北京科技大学附属中学
北京航空航天大学附属中学
北京矿业学院附属中学
北京理工大学附属中学
北京理工大学附属中学分校
北京农业大学附属中学
北京师范大学第三附属中学
北京石油学院附属中学
北京市八一中学
北京市北外附属外国语学校
北京市翠微中学
北京市第二十中学
北京市第六十七中学
北京市第十九中学
北京市第四十七中学
北京市第五十七中学
北京市第一零五中学
北京市第一零一中学
北京市二十一世纪国际学校
北京市海淀区教师进修学校附属实验学校
北京市海淀区尚丽外国语学校
北京市海淀实验中学
北京市海淀外国语实验学校
北京市建华实验学校
北京市科迪实验中学
北京市立新学校
北京市六一中学
北京市明光中学
北京市清华育才实验学校
北京市清华志清中学
北京市师达中学
北京市十一学校
北京市太平路中学
北京市陶行知中学
北京市万寿寺中学
北京市温泉第二中学
北京市一零一实验学校
北京市永定路中学
北京市玉渊潭中学
北京市育英学校

北京市育英中学
北京市知春里中学
北京市中关村外国语学校
北京市中关村中学
北京医学院附属中学
清华大学附属实验学校
清华大学附属中学永丰学校
清华大学附属中学
首都师范大学第二附属中学
首都师范大学附属育新学校
首都师范大学附属中学
中国地质大学附属中学
中国人民大学附属中学
中国人民大学附属中学第二分校
中国人民大学附属中学分校
中国人民大学附属中学西山学校
中央民族大学附属中学（海淀）
北京市海淀国际学校

丰台区

北京市第十中学
北京市第十二中学
北京市第十八中学
北京市丰台区丰台第一中学
北京市丰台区丰台第二中学
北京市首都师范大学附属丽泽中学
北京市丰台区东铁匠营第一中学
首都医科大学附属中学
北京市大成学校
北京市云岗中学
北京市丰台区实验学校
北京市丰华中学
北京市中桥外国语学校
北京市第八中学怡海分校
北大附属实验学校
北京市航天中学
北京市明德中学

石景山区

北京市第九中学
首都师范大学附属苹果园中学
北京师范大学励耘实验学校
北京市京源学校
首钢矿山一中
北京市古城中学
北京市礼文中学
北京景山学校远洋分校
北京师范大学附属中学京西校区

门头沟区

北京市大峪中学
北京市育园中学
首都师范大学附属中学永定分校

房山区

北京市房山区房山中学
北京市房山区良乡中学
北京市房山区交道中学
北京市房山区坨里中学
北京市房山区长沟中学
北京市房山区周口店中学
北京市房山区琉璃河中学
北京市房山区南尚乐中学
北京市房山区韩村河中学
北京市房山区实验中学
北京师范大学良乡附属中学
首都师范大学附属房山中学
北京市博文学校
北京四中房山分校

燕山

北京师范大学燕化附属中学

昌平区

北京市昌平区第一中学
北京市昌平区第二中学
北京市昌平区第三中学
中央民族大学附属中学
北京市昌平实验中学
北京市昌平区前锋学校
北京市昌平区沙河中学
北京昌平新东方外国语学校
北京市私立汇佳学校
北京澳华学校
北京市昌平临川育人学校
首都师范大学附属回龙观育新学校
北京王府学校

大兴区

北京市大兴区第一中学
北京市大兴区兴华中学
北京师范大学大兴附属中学
首都师范大学大兴附属中学
北京市大兴区第三中学
北京市大兴区第五中学
北京市大兴区第八中学
北京市大兴区旧宫中学
北京市大兴区魏善庄中学
北京市大兴区采育中学
北京市大兴区榆垡中学
北京市私立君谊中学
北京第二中学亦庄学校

通州区

北京市通州区第二中学
北京市通州区第三中学
北京市通州区第四中学
北京市通州区潞河中学
北京市通州区运河中学
北京市通州区永乐店中学
北京市通州区潞州中学
北京市第二中学通州分校
北京市通州区张家湾中学
北京中加学校
北京市剑桥中学

北京市时代中学
北京潞河国际教育学园
北京市私立树人·瑞贝学校

顺义区

北京市顺义区第一中学
北京市顺义区第二中学
北京市顺义区第九中学
北京市第四中学顺义分校
北京市顺义牛栏山第一中学
北京市牛栏山一中实验学校
北京市顺义区杨镇第一中学
北京市新英才学校
北京市顺义区君诚学校

怀柔区

北京市怀柔区第一中学
北京市怀柔区第二中学
首都师范大学附属红螺寺中学

平谷区

北京市平谷中学
北京市平谷区第六中学
北京市平谷区第五中学
北京师范大学附属中学平谷第一分校
北京市平谷区育才中学

延庆县

北京市延庆县第一中学
北京市延庆县第二中学
北京市延庆县第三中学
北京市延庆县第五中学

密云县

首都师范大学附属密云中学
北京市密云县第二中学
北京市密云县太师庄中学
北京市密云县巨各庄中学
北京师范大学密云实验中学

附件2

2014年具有招生资格的普通中专学校名单

（一）北京市学校

北京水利水电学校
北京交通运输职业学院中专部
北京市商务科技学校
北京市自动化工程学校
北京市环境与艺术学校
北京市经济管理学校
北京市园林学校
北京金隅科技学校（原北京市建筑材料工业学校）

北京城市建设学校
北京市对外贸易学校
北京市商业学校
北京商贸学校
北京市供销学校
北京市振华旅游学校（丰台区管理）
北京铁路电气化学校
首都铁路卫生学校
北京市海淀区卫生学校
北京市昌平卫生学校
北京市什刹海体育运动学校
北京市第三体育运动学校
首都体育学院附属竞技体育学校
北京市国际艺术学校
中国戏曲学院附属中等戏曲学校
北京舞蹈学院附属中等舞蹈学校
中国音乐学院附属中等音乐专科学校
北京戏曲艺术职业学院中专部
北京电子科技职业学院中专部
北京卫生职业学院中专部

（二）中央部委在京学校

中央音乐学院附属中等音乐学校
中央美术学院附属中等美术学校
北京体育大学附属中等体育专业学校
北京体育大学附属竞技体育学校

附件 3

2014 年具有招生资格的职业高中学校名单

东城区

北京国际职业教育学校
北京市国际美术学校
北京市东城区古城职业高中
北京市育人中等职业学校
北京现代职业学校
北京市第一七九中学
北京市东城区特殊教育学校
北京市东城区中央音乐学院鼎石实验学校

西城区

北京市外事学校

北京市实美职业学校

北京启喑实验学校

北京市财会学校

北京市实验职业学校

朝阳区

北京市求实职业学校

北京市劲松职业高中

北京市电气工程学校

北京市朝阳区职业技术学校

北京市朝阳区金色河畔高尔夫学校

海淀区

北京市信息管理学校

北京市商务管理学校

北京市盲人学校

北京市军乐艺术学校

北京市健翔学校

北京市海淀区艺术职业学校

北京市海淀寄读学校

昌平区

北京市昌平职业学校

北京少林武术学校

怀柔区

北京市怀柔区职业学校

北京百汇演艺学校

密云县

北京市密云县职业学校

丰台区

北京市丰台区职业教育中心学校

北京八一艺术学校

北京市文化艺术职业学校

石景山区

北京市黄庄职业高中

北京市古城旅游职业学校

北京盛基艺术学校

门头沟区

北京市门头沟区中等职业学校

房山区

北京市房山区第二职业高中

北京市房山区房山职业学校

北京辅仁音乐舞蹈学校

燕山

北京市燕山职业学校

大兴区

北京市大兴区第一职业学校

北京市大兴区第二职业学校

北京市爱莲舞蹈学校

北京现代艺术学校

中国网球学校

通州区

北京新城职业学校

北京市现代音乐学校

北京中华商科学校

平谷区

北京市平谷区第一职业学校

延庆县

北京市延庆县第一职业学校

顺义区

北京市顺义区汽车技术职业高中

北京市顺义区第一职业学校

北京市顺义区新大方职业学校

北京国际标准舞研修学院中专部

北京市音乐舞蹈学校

北京市顺义区水木年华艺术学校

附件 4

2014 年具有招生资格的技工学校名单

北京市工贸高级技工学校（北京市工贸技师学院）

北京市仪器仪表高级技工学校

北京电子信息高级技工学校

北京市汽车工业高级技工学校

北京市工业高级技工学校（北京市工业技师学院）

北京市实用高级技术学校（北京市新媒体技师学院）

北京一轻高级技术学校

北京科技高级技术学校

首钢高级技工学校（首钢技师学院）

北京市应用高级技工学校

北京市工艺美术高级技工学校

北京市经贸高级技术学校

北京市公共交通高级技工学校

北京地铁技术学校

北京市市政管理学校

北京市实验技工学校（北京劳动保障技师学院）

北京二七机车厂技工学校

北京飞机维修工程有限公司航空技工学校

北京市顺义区人力资源和社会保障局技工学校

北京商贸职业技术学校

附件 5

2014 年具有举办五年制高职资格的高职学院名单

北京电子科技职业学院	北京体育职业学院
北京信息职业技术学院	北京交通运输职业学院
北京工业职业技术学院	首都师范大学学前教育学院
北京农业职业学院	北京卫生职业学院
北京政法职业学院	北京财贸职业学院
北京京北职业技术学院	北京现代职业技术学院

北京市教育委员会办公室

关于编报 2014 年市属高等学校普通高等教育招生计划的通知

京教计办〔2014〕2 号

各市属高等学校：

根据国家发展改革委办公厅、教育部办公厅《关于编制 2014 年普通高等学校招生计划的通知》（发改办社会〔2013〕2690 号）精神，现将编制 2014 年市属高等学校普通高等教育招生计划的有关事项通知如下：

一、2014 年市属高校普通高等教育招生计划总规模

按照《北京市中长期教育改革和发展规划纲要（2010～2020

年)》和《北京市"十二五"时期教育改革和发展规划》确定的目标和任务，结合首都城市功能定位、人口调控政策，统筹兼顾经济社会发展对高层次人才需要以及人民群众接受高等教育的需求，同时考虑大学生就业及高校办学条件等因素，初步安排市属高校2014年普通高等教育招生计划总量为8.45万人，与上年持平，其中本科层次招生计划4.65万人，高职（专科）层次招生计划3.8万人。

二、计划编制的指导思想与基本原则

2014年市属高校普通高等教育招生计划编制工作的指导思想是：以科学发展观为指导，贯彻落实十八届三中全会精神，按照教育部、国家发展改革委的有关要求，结合我市具体情况，通过计划编制促进我市高等教育事业健康持续发展，促进教育与社会协调发展，并将招生计划安排同毕业生就业工作统筹考虑，合理安排。市属高校普通高等教育招生计划安排的几项基本原则是：

（一）稳定招生规模

继续落实国务院、教育部有关高等教育稳定规模、提高质量的原则精神，坚持内涵发展，市属高校招生计划总规模与2013年基本持平，适当调整分学校招生规模。

（二）调整招生结构

市属高校招生计划安排要进一步调整结构，以突出学校的办学定位、办学层次、办学特色。一是根据我市生源状况和人口调控政策调整京内外招生结构；二是根据办学条件调整各校研究生教育、普通高等教育和成人高等教育招生结构；三是根据办学定位适度调整本科层次和高职（专科）层次招生结构；四是根据学校学科发展和就业状况不断加大专业结构调整力度。

（三）满足社会需求

市属高校招生计划的安排要与首都经济社会发展需求紧密结合，与各校毕业生就业状况紧密结合，增加首都急需人才专业的招生规模。同时，按照北京市高考生源状况，协调各类高校在京计划投放，基本稳定我市高考录取率。

（四）促进改革发展

市属高校招生计划编制工作要与我市教育领域综合改革以及考试招生制度改革相配合，共同促进我市各级各类教育的协调发展和我市高考高招相关改革政策的落实。

三、编制计划的有关要求

（一）采取措施改善办学条件，努力提高高等教育质量

各校要根据《教育部关于印发〈普通高等学校基本办学条件指标（试行）〉的通知》（教发〔2004〕2号），认真核查办学条件，针对学校薄弱环节，制定明确的改进措施。对因办学条件不达标及被教育部确定为“黄”牌的普通高校，市教委将严格审定其招生规模。

独立学院和民办高校要贯彻教育部第26号令的精神和要求，加强办学条件建设，按照相关规定尽快将土地、房屋等资产过户到学校名下，严格规范办学和招生行为。独立学院招生计划的编制工作还须接受其申办高等学校的指导和监督。高职院校要加大实习、实训基地建设，加强校企合作，真正培养生产、建设、管理、服务第一线需要的实用人才。

（二）牢固树立服务首都意识，合理编制招生来源计划

2014年，我市高中毕业生数与上年基本持平，各校要结合首都实际，充分满足首都人民群众对接受高等教育的多样化需求，同时按照我市严格控制人口规模的要求，京外招生计划的安排稳中有降，同时调整京外各省市区的计划安排，适度增加在中西部地区的招生计划。

根据教育部要求，市属高校要科学合理地编制分省来源招生计划。各高校2014年在中西部省市招生计划不得少于2013年计划数，完成教育部下达的面向河南、贵州、西藏、新疆等9个中西部省（区）中西部地区招生协作计划3500人。

根据教育部文件要求，市属高校要认真完成内地西藏班、内地新疆班和少数民族预科班的计划编制任务。为保证国家部分重点建

设项目和艰苦地区、行业的人才需求，经我委批准后，市属高校方可面向边疆少数民族地区用人单位编制定向就业计划。安排定向就业招生计划的高等学校要与具有人事调配权的定向就业单位签订用人需求协议书，并面向生源地全省（区、市）招生。同时要把定向就业招生协议扫描件上传到计划管理系统中。

（三）合理确定学校定位，加大专业结构调整力度

各校在安排分专业招生计划时，要根据我市产业结构调整、社会发展变化对高层次人才培养的需要，深入研究人力资源市场供求状况及高校毕业生就业的实际情况，主动进行专业结构调整，处理好人才培养与就业需求的关系，积极扩大首都经济建设和社会发展急需的学科专业招生规模，坚决减少或停止社会需求不旺、办学条件不足以及就业困难的专业。

本科层次院校要严格控制高职招生规模，集中精力办好本科教育；少数学校确需举办高职，也仅限于社会需求量大而现有高等教育资源培养能力不足的专业。

本科、高职专业设置和调整须按教育部有关文件规定执行。未经教育部备案或批准的本科专业不得安排招生。

（四）严肃纪律以法治教，进一步规范办学行为

各校要坚决贯彻执行《高教法》和教育部有关招生工作规定，依法办学，诚信办学，进一步规范招生行为。高等学校不得借联合办学的名义，设立分校或校外办学点，严禁中等学校挂靠高等学校举办高等教育、专科层次院校挂靠本科院校举办本科层次教育；严禁与“中介机构”或个人签署招生协议；严禁任何形式的不实招生宣传，学校法定代表人应对学校招生章程及有关宣传材料的真实性负责；严禁擅自组织生源、未经省级招办核准按拟录取名单擅自寄发录取通知书。

要严格计划执行管理，维护计划的严肃性。任何单位和个人，未经教育行政部门批准，不得擅自调整计划。对于未经批准擅自超计划招生的学校，将被核减下年度招生计划，并停止在违规招生省

份投放计划。严格实行高校招生资格、招生计划与新生学籍电子注册和学历证书电子注册相挂钩的政策，未经我委核准计划或未经省级招办办理录取手续的学生，一律不予新生学籍电子注册。市教委将进一步加大查处力度。

四、计划编制具体说明

（一）请各高校填报《2014 年市属高等学校普通高等教育招生计划（分专业）》、《2014 年市属高等学校普通高等教育在京招生计划（分专业）》电子表格文件，于 4 月 15 日前以电子邮件方式报送市教委发展规划处。4 月 15 日前，各高校要报送加盖学校校章的计划备案表（由计划管理系统生成）。

（二）2014 年，各高校继续统一使用全国普通高校招生来源计划网上管理系统编制计划，来源计划的编制、上报、审核、汇总、分送、调整等管理工作均在网上进行。具体编报工作安排参照附件。各高校同时使用内地民族班高校招生计划编报系统编制少数民族预科班计划、内地新疆班和内地西藏班的招生计划。

（三）按教育部要求，除独立设置的本科艺术高等学校的艺术类本科专业外，各高校艺术类专业均应编制分省分专业招生来源计划。高校编制艺术类专业招生来源计划时可预留不超过本校艺术类专业招生总量 15%的招生计划，在录取时根据生源情况调剂使用。艺术类专业计划可分文科、理科或文理综合编制。本科层次院校在年度招生规模内，可以预留不超过本校本科计划总数 1%预留计划，用于调节各地统考上线生源的不平衡。高职（专科）来源计划的编制一律不得安排预留计划。凡预留计划的高校，须在编制来源招生计划系统的“其他类”栏目填报。

（四）各高校的招生章程务必于 4 月 15 日前上传到“阳光高考”招生信息及管理平台，经我委审核后，向社会集中公布。

附件：2014 年市属高校招生来源计划编制工作具体安排

2014 年 3 月 18 日

附件

2014年市属高校招生来源计划编制工作具体安排

一、普通高等学校来源计划实施网上编制、执行和管理，各高校必须统一使用“全国普通高校招生来源计划网上管理系统”，来源计划的编制、上报、审核、汇总、分送、调整、执行及相关管理工作均在网上进行。

二、2014年普通高校招生来源计划管理系统与2013年在软件的功能和使用方式上基本一致。2014年的计划管理系统具体包括WEB版系统、CS版客户端系统和WebST安全客户端系统。Web版登录网址为：https：//zs. moe. edu. cn；高等学校CS版计划管理系统客户端登录时，服务器IP为：202.205.179.3，端口为：1001，用户名为院校代码＋00，客户端软件下载地址为：https：//zs. moe. edu. cn/laiyuan/download/PorsClient. rar；安全客户端继续使用同方USBKey进行用户身份验证。

三、各市属高校管理系统的用户名和密码与2013年使用的相同，如有问题，可与我委联系解决。要妥善保管计划管理系统的密钥和密码，指定专人负责，一旦遗失或泄漏应立即上报我委。各高校在网上提交的联系方式和来源计划信息必须规范、完整、准确。

四、保送生、艺术特长生、高水平运动员、运动训练、民族传统体育专业、小语种、第二学士学位、职教师资、西藏班、新疆班、少数民族预科班结业生、五年制高职转段、专升本及部分独立设置的艺术类高等学校本科艺术类专业等类型的招生计划可不做分省，其计划数包含在各招生学校2014年招生计划总规模之内，在“其他类”项目中编报，需标注生源省份范围的在“其他类分省”中标注。对专业测试合格生源不足的省份，可不编制来源计划，但须在计划编制系统中相应省份计划栏内设置为“0”，同时应在招生简章中作出相应说明，使合格考生可填报志愿。

请各校及时关注计划管理系统中的公告信息，及时下载和研究各省、市、区招生管理部门的有关文件，正确填报分省分专业招生计划的批次、科类等信息。如有问题，请及时与各省、市、区招生管理部门沟通。

五、4 月 5 日前各高校须完成跨省计划安排方案的提交。4 月 15 日前各高等学校完成招生来源计划的编制工作，并提交我委进行审核。

六、市属高校在网上编制的来源计划，要与学校年度招生章程同时提交我委审核，同时招生章程须于 4 月 12 日前上传至“阳光高考”招生信息发布及管理平台，我委将按照普通高校招生有关规定和要求于 4 月 15 日前在线审核，审核通过的高校招生章程方准予公布。安排定向就业招生计划的高等学校须提交与用人单位签订的定向就业招生用人需求协议书正本扫描件。

七、来源计划网上编制工作结束后，各高校要立即向我委报送加盖学校校章的计划备案表（由计划管理系统生成），4 月 20 日后向有关生源地省级招办报送加盖学校校章并已经教育部备案的计划备案表，并按照各省级招办的工作安排及时核对招生计划及相关信息。

八、市属高校普通高等教育来源计划编制过程中，要保持通讯畅通。

九、来源计划网上管理系统安全子系统（密钥身份认证）技术支持站点：http：//edu. tfsec. com. cn。

北京市教育委员会

关于做好 2014 年北京市“宏志生”招生工作的通知

京教基二〔2014〕7 号

各区县教委：

根据市教委《关于做好本市“宏志中学”“宏志班”招生工作的通知》（京教基〔2004〕9 号），结合目前本市城乡低保标准的调整意见，现将做好 2014 年北京市宏志中学、北京市广渠门中学“宏志生”招生工作有关事项通知如下：

一、报名条件

具有本市常住户口，家庭月人均收入低于城乡低保标准（城市 650 元、农村 560 元），且品学兼优、身体健康的优秀应届初中毕业生。

二、“宏志生”的待遇

凡被正式录取的新生，在校期间享受“四免一补”，即免交学杂费、书本费、校服费、住宿费，并享受一定数额的伙食补贴。

三、北京市宏志中学报名办法

（一）各学校按报名条件推荐学生报考，被推荐的学生须填写《2014 年北京市宏志中学“宏志生”报名登记表》（见附表，略），推荐学校需填写推荐意见并在照片处加盖校章；各区县教委统一进行审核并签署意见。

（二）5月2日至3日8：30至16：00，被推荐的学生持相关材料到北京市宏志中学进行资格认定（考虑个别远郊区县学生进城较远，北京市宏志中学将到校进行资格认定，时间以学校与相关区县约定为准）。

（三）报名时需持的相关证明材料：《2014年北京市宏志中学“宏志生”报名登记表》；由村委会或住家居委会出具的家庭经济困难证明；学生家庭的户口本、学生本人的学生证、各种荣誉证书原件及其复印件，一寸免冠照片1张；毕业生体检表。

四、北京市广渠门中学“宏志班”报名办法

凡符合贫困条件的学生持相关证明、一寸免冠照片1张、毕业生体检表等材料自主报名，参加北京市广渠门中学自行组织的“宏志生”资格审核及面试，由北京市广渠门中学发给符合报考条件的初中毕业生《报考资格证》，学生凭《报考资格证》填报志愿，并参加全市统一升学考试。

五、有关事项

（一）各有关区教委要将此政策宣传到每所学校和每位应届学生，积极支持符合条件的学生报名，并为他们办理相关审核手续。

（二）符合报考条件者均需参加中考，并按照招生计划及成绩择优录取。

附件：2014年北京市宏志中学“宏志生”报名登记表（略）

2014年3月20日

北京市教育委员会

关于公布2014年成人中等职业学历教育招生专业的通知

京教职成〔2014〕6号

各区县教委，各有关中等职业学校：

为贯彻落实《北京市中长期教育改革和发展规划纲要（2010～2020年）》，进一步拓展中等职业学校的办学功能，加大职业技能培训的力度，加快职业技能型人才培养，提高劳动者素质，促进就业与再就业，2014年本市中等职业学校成人中专班和独立设置的成人中等专业学校将继续对社会招生。现将招生专业予以公布，并提出如下要求，请认真贯彻落实。

一、各学校要按照《教育部关于制定中等职业学校教学计划的原则意见》（教职成〔2009〕2号）、《教育部关于中等职业学校德育课课程设置与教学安排的意见》（教职成〔2008〕6号）、《教育部关于印发中等职业学校德育课课程教学大纲的通知》（教职成〔2008〕7号）、《教育部关于印发新修订的中等职业学校语文等七门公共基础课程教学大纲的通知》（教职成〔2009〕3号）、《教育部办公厅关于印发中等职业学校公共艺术课程教学大纲的通知》（教职成厅〔2013〕2号）和《北京市教育委员会关于在本市中等职业学校举办成人学历教育有关问题的通知》（京教职成〔2004〕23号）等文件精神进行招生、开展教育教学和收费。

二、各学校要按照《北京市教育委员会转发教育部关于印发中等职业学校学生学籍管理办法文件的通知》(京教学〔2011〕1号)要求对录取新生的学籍进行备案和管理。

三、各学校要根据成人学习特点制定成人中等职业教育专业教学计划、教学大纲，建立和完善本校成人中等职业教育教学管理制度。深化教育教学改革，积极推行学分制等弹性学习制度，并根据市教委有关学分制管理文件，制定本校学分制实施办法和方案，探索建立“学分银行”制度和学习成果认证制度，鼓励学生终身学习，为成人学生半工半读、工学交替、分阶段完成学业创造条件。

附件：2014年北京市成人中等职业学历教育招生专业信息表

2014年4月25日

附件

2014年北京市成人中等职业学历教育招生专业信息表

一、普通中专

北京水利水电学校

水利水电工程施工

建筑工程施工

机电技术应用

给排水工程施工与运行

水利水电工程技术(水务工程与管理)

工程测量

生态环境保护

水泵站机电设备安装与运行

工程造价

北京市商务科技学校

物流服务与管理

会计（金融业会计、会计电算化）

电子商务

影像与影视技术（影视技术、摄影艺术）

学前教育（保育员）

产品质量监督检验（纺织品检测）

数字媒体技术应用（数字影音后期制作）

物联网技术应用（物流管理）

北京市经济管理学校

经济信息管理

产品质量监督检验（食品安全与质量检验、食品营养与检测）

财经金融类（会计、金融事务）

信息技术类（计算机网络技术、电子商务、平面设计、计算机与数码产品维修）

数字媒体技术应用

影像与影视技术

商务助理

北京市商业学校

会计

金融事务

会计电算化

电子商务

计算机网络技术

计算机应用

动漫游戏（动漫设计制作）

美术设计与制作

物流服务与管理
城市轨道交通运营管理
高星级饭店运营与管理
旅游服务与管理
商务助理
服装设计与工艺
珠宝玉石加工与营销
眼视光与配镜
学前教育（保育员）

北京交通运输职业学院（中专部）

汽车运用与维修
汽车车身修复
汽车整车与配件营销
工程机械运用与维修

北京财贸职业学院（中专部）

会计

北京城市建设学校

建筑工程施工
建筑设备安装
工程造价
工程测量
供热通风与空调施工运行
物业管理

北京商贸学校

财经商贸类（会计）
财经商贸类（金融事务）
商务英语
物流服务与管理
电子商务

信息技术类（计算机网络技术、计算机应用）

旅游服务与管理

动漫游戏（动漫设计与制作）

计算机动漫与游戏制作（电脑游戏制作与运营）

计算机动漫与游戏制作（电脑游戏制作与运营）

产品质量监督检验（食品质量监督检验）

食品生物工艺

商业与金融（中英合作办学）

北京市昌平卫生学校

药剂

北京市供销学校

城市轨道交通运营管理

铁道运输管理

学前教育（保育员）

会计

金融事务（证券事务）

旅游服务与管理（旅行社计调）

计算机网络技术

网站建设与管理

计算机应用

物流服务与管理（空港物流）

电子商务

市场营销

文秘（媒体资料管理）

物业管理

北京市环境与艺术学校

家具设计与制作

工艺美术（首饰设计与制作）

皮革制品造型设计

产品质量监督检验

北京市对外贸易学校

国际商务

商务英语

民航运输

学前教育（保育员）

会计

物流服务与管理

北京市园林学校

园林技术

导游服务

景区服务与管理

宠物养护与经营

北京金隅科技学校

工程造价

建筑工程施工

建筑与工程材料

数控技术应用

电气运行与控制

机电设备安装与维修

楼宇智能化设备安装与运行

机电技术应用（工业机器人应用与维护）

计算机网络技术

计算机与数码产品维修

物流服务与管理

电子商务

建材装备运行与维护

硅酸盐工艺及工业控制

北京市自动化工程学校

数控技术应用

模具制造技术

机电技术应用

计算机网络技术

二、职业高中

北京市第一七九中学

计算机应用

电子技术应用

中餐烹饪与营养膳食

西餐烹饪

高星级饭店运营与管理

北京现代职业学校

电子商务（电子商务网站前后台管理、网络营销）

商品经营（中药调剂、西药营销）

物流服务与管理（现代物流、物流单证）

医学生物技术（医学实验动物管理）

数字媒体技术应用（多媒体作品制作、数字视频合成）

计算机与数码产品维修（电子计算机（微机）维修工、装配调试员）

会计（小微企业会计，中小企业出纳，收银员）

金融事务（银行大堂服务、银行中间业务）

计算机应用（计算机操作员、计算机软件技术人员）

北京国际职业教育学校

商务英语

国际商务

金融事务

中餐烹饪与营养膳食

服装设计与工艺

服装展示与礼仪

社会保障事务
国际商务
戏剧表演（影视表演）
学前教育
航空服务
园林绿化
旅游服务与管理（中文导游）
旅游服务与管理（英文导游）
计算机网络技术
电子商务
会计
金融事务

北京市国际美术学校

美术绘画

北京市育人中等职业学校

汽车运用与维修
模具制造技术
供用电技术
戏剧表演（影视表演）
舞蹈表演
音乐（声乐表演、器乐表演）
工艺美术
旅游服务与管理
物业管理

北京市东城区古城职业高中

汽车运用与维修
物业管理

北京市财会学校

会计电算化（在线会计）

文秘（商务秘书）

计算机网络技术

会计

计算机与数码产品维修

北京市实美职业学校

美容美发与形象设计

美术绘画

动漫游戏

学前教育

戏剧表演（影视表演）

服装展示与礼仪

音乐（声乐表演）

休闲体育服务与管理

计算机平面设计

保险事务（社会保障）

法律事务（司法文秘）

电子与信息技术（物联网）

数字媒体技术应用（数字影像拍摄）

制冷和空调设备运行与维修

影像与影视技术

舞蹈表演（中国舞、体育舞蹈）

北京市外事学校

连锁经营与管理

公关礼仪

高星级饭店运营与管理

金融事务

旅游服务与管理

中餐烹饪与营养膳食

西餐烹饪

航空服务
文化场馆服务与管理
电子商务
商务英语

北京市实验职业学校

中药
药剂
学前教育
计算机平面设计
平面媒体印制技术
计算机应用
电气技术应用
出版与发行

北京市信息管理学校

计算机应用
计算机网络技术
网站建设与管理
网络安防系统安装与维修（智能楼宇）
金融事务
电子商务
会计
商务英语
数字影像技术
动漫游戏
美术设计与制作
铁路运输管理
航空服务
计算机与数码产品维修

北京市商务管理学校

金融事务
会计
电子商务
商务英语
美术设计与制作
中餐烹饪与营养膳食
西餐烹饪
高星级饭店运营与管理
旅游服务与管理
园林技术
美发与形象设计
美容美体
保安（护卫）
保安（技术防范）

北京市海淀区艺术职业学校

学前教育
动漫游戏
音乐
美术绘画

北京市盲人学校

中医康复保健（针灸推拿）
乐器修造（钢琴调律）

北京市电气工程学校

法律事务
电气运行与控制
制冷和空调设备运行与维修
楼宇智能化设备安装与运行
铁道车辆运用与检修
电子与信息技术

数字广播电视技术
软件与信息服务
城市轨道交通车辆运用与检修
城市轨道交通运营管理
民航运输
公路运输管理
园林绿化
园林技术
观光农业经营

北京市劲松职业高中

中餐烹饪与营养膳食
西餐烹饪
美容美发与形象设计
计算机动漫与游戏制作
家政服务与管理

北京市求实职业学校

计算机网络技术
戏剧表演
文秘
金融事务
学前教育
航空服务

北京市朝阳区职业技术学校

电气运行与控制

北京中华商科学校

电子商务

北京新城职业学校

数控技术应用
汽车运用与维修

计算机应用
电子商务
电子技术应用
学前教育（保育员）

北京市大兴区第一职业学校

计算机及应用
计算机网络技术
动漫游戏
机电应用技术
汽车运用与维修
园林技术
航空服务
电子商务

北京市大兴区第二职业学校

生物技术制药
物流服务与管理
计算机应用
机械制造技术

北京市门头沟区中等职业学校

中餐烹饪与营养膳食
高星级饭店运营与管理
旅游服务与管理
汽车运用与维修
计算机网络技术
动漫游戏
美术设计与制作
学前教育（保育员）
计算机应用
物业管理

会展服务与管理

北京市黄庄职业高中

计算机应用

计算机动漫与游戏制作

计算机网络技术

软件与信息服务

美容美体

美发与形象设计

会计

金融事务

电子商务

国际商务

商务英语

戏剧表演

美术设计与制作

服装设计与工艺

服装展示与礼仪

广播影视节目制作

会展服务与管理

义齿设计与制作

家政服务与管理

学前教育

北京市古城旅游职业学校

园林技术

园林绿化

公路运输管理

休闲体育服务与管理

美术绘画

高星级饭店运营与管理

旅游服务与管理
导游服务
景区服务与管理
中餐烹饪与营养膳食
西餐烹饪

北京市怀柔区职业学校

学前教育（保育员）
汽车运用与维修
机械加工技术（数控加工）
会展服务与管理
航空服务（空港服务）
旅游服务与管理
计算机动漫与游戏制作
计算机网络技术

北京市昌平职业学校

园林绿化（园林植物栽培养护）
食品生物工艺（食品营养与检测）
汽车运用与维修（汽车机修、汽车电器维修、汽车维修业务接待）
汽车车身修复（汽车钣金、汽车涂装）
城市轨道交通车辆运用与检修（城市轨道交通车辆驾驶、城市轨道交通车辆检修）
汽车制造与检修（汽车装配与调试、汽车钣金与涂装、汽车营销）
数控技术应用（数控车削加工、数控铣削加工、加工中心加工、数控机床装调与维护）
航空服务（航空安全检查、空中乘务、空港地面服务）
城市轨道交通运营管理（城市轨道交通客运服务、车站管理）

美容美体（美容、美体）
旅游服务与管理（旅行社导游、旅行社计调、旅行社外联）
导游服务（普通话导游）
景区服务与管理（景区导游）
学前教育（保育员）
金融事务（银行、证券、投资理财）
中餐烹饪与营养膳食（中餐烹调、中式面点制作）
西餐烹饪（西餐烹调、西式面点制作）
计算机平面设计（桌面排版技术、图文信息处理、平面广告设计制作、工程效果设计、数码照片艺术处理）
计算机网络技术（综合布线设计与施工、网络设备安装与调试、网络管理与维护、网络产品营销、网站建设与管理、网络与信息安全）
数字影像技术（数字影视艺术制作、数字影视动画制作、数字影像采集、修复与编辑）
计算机动漫与游戏制作（动画片制作、电脑游戏制作与运营）
园林技术（园林规划设计与施工）
电子商务
社区公共事务管理
营养与保健

北京市房山区房山职业学校

农村经济综合管理
商品经营
计算机应用
旅游服务与管理
物流服务与管理
会计
学前教育

北京市房山区第二职业高中

建筑工程施工

计算机应用

汽车制造与检修（汽车钣金与涂装）

家政服务与管理

北京市密云县职业学校

客户信息服务（呼叫）

汽车运用与维修

数控技术应用

计算机与数码产品维修

计算机网络技术

计算机平面设计

物流服务与管理

旅游服务与管理

美发与形象设计

中餐烹饪与营养膳食

会计

学前教育（保育员方向）

北京市延庆县第一职业学校

中餐烹饪与营养膳食

计算机应用

高星级饭店运营与管理

汽车运用与维修

美容美体

美发与形象设计

园林绿化

建筑工程施工

北京市顺义区第一职业学校

物流服务与管理

航空服务（空港地面服务）
会计
电子商务
园林技术（插花艺术）
计算机应用
工艺美术
机电技术应用
电气运行与控制
电子与信息技术

北京市丰台区职业教育中心学校

中餐烹饪与营养膳食
西餐烹饪
旅游服务与管理
高星级饭店运营与管理
影像与影视技术
动漫游戏
美术设计与制作
服装设计与工艺
珠宝玉石加工与营销
汽车运用与维修
汽车整车与配件营销
电子与信息技术（物联网设备安装与应用）
计算机网络技术
通信运营服务
学前教育
会计
电子商务
公关礼仪
航空服务

数字影像技术
园林技术
医学生物技术
建筑工程施工

三、独立设置的成人中专

北京市广播电视中等专业学校

会计
计算机应用
工商行政管理事务
机械加工技术
商务英语
汽车运用与维修
机电技术应用
物业管理
建筑工程施工

北京市经济贸易学校

机电技术应用
服装制作与生产管理
电子技术应用
计算机应用
计算机网络技术
商品经营
市场营销
电子商务
商务英语
物流服务与管理
高星级饭店运营与管理
会计
美术设计与制作

物业管理

工商行政管理事务

中国煤矿文工团艺术学校

舞蹈表演

音乐（器乐表演）

音乐（声乐表演）

戏剧表演（影视表演）

美术设计与制作

北京市农业广播电视学校

法律事务

工商行政管理事务

家政服务与管理

物业管理

果蔬花卉生产技术（果树栽培、蔬菜栽培、花卉栽培）

现代农艺技术

农村经济综合管理（农村经济管理、乡镇企业经营与管理、村级经济管理、农民专业合作社）

畜牧兽医

园林技术

循环农业生产与管理（农村新能源利用技术）

农产品营销与储运（农产品销售）

人口与计划生育管理

计算机应用

会计

物流服务与管理

旅游服务与管理

学前教育（保育员）

建筑工程施工

社会文化艺术

北京市九华旅游职业学校

高星级饭店运营与管理

会展服务与管理

老年人服务与管理

商务英语

计算机及应用

休闲体育服务与管理

北京市海淀区四季青成人中等专业学校

计算机应用

汽车运用与维修

北京市海淀区职业学校

计算机应用

北京百年农工子弟职业学校

楼宇智能化设备安装与运行

制冷和空调设备运行与维修

电气技术应用

物业管理

北京市教育委员会

关于下达2014年北京市普通高中和职业高中招生规模的通知

京教计〔2014〕9号

各区县教委：

根据《北京市中长期教育改革和发展规划纲要（2010～2020年）》和市教委《关于做好2014年高级中等学校考试招生工作的意见》（京教计〔2014〕2号），确定2014年北京市普通高中招生计划总规模53773人，其中，优质高中招生计划分配到初中校（以下简称“名额分配”）招生计划7370人；职业高中招生计划总规模7858人。现将2014年北京市分区县普通高中和职业高中招生计划下达给你们，并就计划执行过程中的有关事项通知如下：

一、要认真学习贯彻国家和北京市中长期教育改革和发展规划纲要精神，充分发挥事业计划在普通高中和职业高中发展中的引导作用，通过认真编制和落实招生计划，统筹区域教育资源，积极推动普通高中多样化发展，优化中等职业教育结构，整体提升高中阶段教育办学水平和教育质量。

二、要继续加强普通高中教育资源的统筹规划和布局调整，不断扩大优质教育资源的覆盖程度，逐步满足人民群众日益增长的对于优质教育资源的需求。

三、要积极引导职业高中进一步调整专业结构，提高人才培养质量，适应社会需求。要不断加强区域内各类职业技术人才需求的规律性研究，进一步调整、优化专业结构，统筹好招生、培养和就业，提高人才培养的适应性。同时，要不断探索职业高中培养方式和培养模式的改革，提高人才培养的质量。

四、进一步加强计划、招生管理工作。各区县要立足首都教育发展全局，对所属普通高中和职业高中提出明确要求，严格执行招生计划，维护计划工作的严肃性，未经我委批准，任何单位和个人不得擅自增减招生计划和变更招收方式。我委将严格依照北京教育考试院中招办备案后的新生名册为新生建立学籍。

五、各区县和普通高中要认真落实好“名额分配”招生政策和招生计划，确保此项工作公平、公正、公开进行，从而促进义务教育均衡发展、城乡教育协调发展。

附件：2014 年北京市分区县普通高中职业高中招生规模表

2014 年 5 月 13 日

附件

2014 年北京市分区县普通高中职业高中招生规模表

区县名称	普通高中招生计划		职业高中招生计划
	合计	其中：“名额分配”计划合计	
合计	53773	7370	7858
东城	5662	874	970
西城	7223	1140	900

续表

区县名称	普通高中招生计划		职业高中招生计划
	合计	其中："名额分配"计划合计	
朝阳	4333	816	920
丰台	2575	375	530
石景山	1700	186	290
海淀	12580	1234	998
门头沟	710	122	150
燕山	270	81	80
房山	2580	120	380
通州	2450	471	200
顺义	3310	552	350
昌平	1860	305	520
大兴	2360	228	380
怀柔	1360	156	160
平谷	1680	367	200
密云	1840	178	510
延庆	1280	165	320

北京市教育委员会
北京市发展和改革委员会

关于下达2014年北京市普通中等专业学校招生规模的通知

京教计〔2014〕11号

各有关委办局（总公司），各普通中等专业学校、有关高等职业学校：

根据《北京市中长期教育改革和发展规划纲要（2010～2020年）》和《关于做好2014年高级中等学校考试招生工作的意见》（京教计〔2014〕2号），结合首都经济建设与社会发展对中等职业技术人才的实际需求，现将2014年本市普通中等专业学校和五年制高等职业教育试点招生规模下达给你们，并就有关招生工作提出如下要求：

一、各普通中等专业学校和五年制高职试点学校要牢固树立服务首都的意识，围绕首都经济建设与社会发展对职业技术人才的需要和市民对职业教育多样化的需求，通过认真编制和落实招生计划，进一步明确办学定位，突出职业教育特色。

二、各校要进一步调整专业结构，提高人才培养质量，不断提高中等职业教育的吸引力。加强对各类职业技术人才需求的规律性研究，进一步调整、优化专业结构，统筹好招生、培养和就业，提高人才培养的适应性。同时，要不断探索职业教育培养方式和培养模式的改革，提高人才培养的质量。加强实践教学环节，重点培养学生动手能力、实践能力和职业适应性。积极探索深层次校企合作、产教结合，推进人才培养模式改革。

三、进一步规范办学行为和计划、招生管理工作。各校要立足首都教育发展全局，严禁虚假宣传、不实承诺，严格执行招生计划，维护计划工作的严肃性，不得擅自扩大招生规模和招生区域。在招生录取过程中，要严格执行招生工作纪律，自觉维护招生工作秩序，未经批准，任何学校不得擅自到外省招生。

四、艺体类中等专业学校、首都铁路卫生学校、北京铁路电气化学校、北京工业职业技术学院中专部、北京体育职业学院从外省（市、自治区）招收的学生，须经当地教育行政部门或考试招生部门的批准，报北京教育考试院核准备案后，由北京教育考试院统一将录取名单报市公安局人口管理处，学校自行办理北京市城镇集体户口手续。

五、艺体类中等专业学校的学生在校期间户口不得随意转出；应届毕业生在京报考高等学校，艺术类考生只准报考全国统一招生艺术类专业，体育类考生只准报考体育类单独招生。未被高等学校录取或未能择优录用的毕业生，其户口当年必须转回生源所在地。

北京体育职业学院招收的外地生源，在完成三年中专学段教育后，运动成绩达到入队水平，通过校内升学考试后，可升入两年制高职学段学习。未符合升学条件者颁发中等专业学校毕业证书，其户口当年必须转回生源所在地。

六、首都铁路卫生学校、北京铁路电气化学校、北京工业职业技术学院中专部从外省（市、自治区）招收的学生，学生毕业后其户口当年必须转回生源所在地，不能在京报考高等学校。

附件：1. 2014 年北京市普通中等专业学校在京招生规模表（略）

2. 2014 年北京市普通中等专业学校外省招生规模表

（略）

3. 2014年北京市五年制高等职业教育试点招生规模表（略）

2014年5月13日

北京市教育委员会

关于部分成人高校招生考试改革试点的通知

京教函〔2014〕301号

各有关高校，北京教育考试院：

北京教育考试院《关于申请北京地区成人高校招生考试改革试点的请示》（京考〔2014〕23号）收悉。经认真研究，现将有关事项通知如下：

一、为贯彻落实十八届三中全会精神，根据国家及北京市中长期教育改革和发展规划纲要（2010～2020年）确定的改革任务，结合我市实际情况，同意实施以下三项改革试点工作。

（一）北京工业大学、北京联合大学、首都医科大学、首都经济贸易大学四所高校，实施本校高职、成人高起专15%应届优秀毕业生免试推荐就读本校成人专升本学习的入学方式试点工作。

（二）首都师范大学、北京第二外国语学院、北京教育学院三所高校的成人高等教育英语专业，实施考生可自愿选择英语口语等级考试替代成人高考专升本入学英语科目考试的试点工作。

（三）北京市东城区职工业余大学、北京市崇文区职工大学、北京市西城经济科技大学、北京宣武红旗业余大学、北京市朝阳区职工大学、北京市海淀区职工大学、北京市丰台区职工大学、北京市石景山区业余大学八所独立设置成人高校，实施校企合作人才培养模式，试行统考与职业技能测试相结合的入学方式试点工作。

二、北京教育考试院应保证改革试点招生工作公平、公正、公开进行，并负责审核各高校的改革试点工作实施方案，精心组织和指导试点高校推进改革试点工作。

三、各试点高校要认真制定改革试点工作实施方案，按照学历教育培养要求，确保人才培养质量。同时，要及时解决改革实践中出现的问题，做好试点经验总结工作。

2014 年 7 月 4 日

北京市教育委员会
北京市发展和改革委员会

关于下达 2014 年市属高等学校普通高等教育招生计划的通知

京教计〔2014〕12 号

各市属高等学校：

按照教育部办公厅、国家发展改革委办公厅《关于编报 2014

年普通高等教育分学校分专业招生计划的通知》（教发厅函〔2014〕37 号）和教育部办公厅《关于做好 2014 年全国普通高等学校分省分专业招生计划编制和管理工作的通知》（教学厅〔2014〕1 号），2014 年北京市属高校普通高等教育招生计划总规模为 84107 人，其中本科招生计划 46821 人，高职（专科）招生计划 37286 人。现将 2014 年北京市属高等学校普通高等教育分学校分专业招生计划下达给你们，并就计划执行过程中的有关事项通知如下，请一并遵照执行：

一、各高校要学习贯彻党的十八大和十八届三中全会精神，按照《北京市中长期教育改革和发展规划纲要（2010～2020 年）》和《北京市“十二五”时期教育改革和发展规划》确定的任务和要求，充分发挥事业计划在学校发展中的龙头作用和引导作用，通过认真编制和落实招生计划，稳定发展规模，推进内涵发展，改善办学条件，优化学科专业结构，凝练办学特色，提高人才培养质量。

二、要统筹考虑学校研究生、普通本专科和成人高等教育协调发展，进一步明确学校发展定位，不断提高高等教育质量。围绕首都经济和社会发展的需求，加强对各类专业人才需求的规律性研究，创新学科专业结构调整优化机制，统筹好招生、培养和就业等各项工作，更好适应首都经济社会发展新要求。高等职业教育要在构建首都现代职业教育体系中发挥重要作用，积极探索高等职业学校分类招考改革，加强与企业、行业的联系，逐步建立招生专业动态调整机制，有针对性地调整和设置专业，加快培养生产、建设、管理、服务一线急需的技能型人才。

三、要继续加大投入，不断改善办学条件。各校要根据自身实际情况，对未达到合格标准的办学条件指标有针对性地采取措施，不断改善办学条件。高等职业教育要特别加强实习、实训基地建设；独立学院要落实《独立学院设置与管理办法》（教育部令第 26 号）精神和要求，通过不断加大投入，努力改善办学条件，进一步提高办学水平和培养质量。

四、要坚决贯彻执行《高等教育法》和教育部有关规定，维护招生秩序，依法规范办学行为。除经教育部批准或备案的高等学校、分校办学点外，任何单位或机构不得实施高等学历教育。普通高等学校不得借联合办学的名义，设立分校、校外办学点或在低层次学历教育学校举办高层次学历教育。

五、要立足首都高等教育发展全局，加强招生计划和招生录取管理工作。严禁在招生宣传过程中进行虚假宣传、不实承诺、混淆学历教育与非学历教育界限；严禁在录取过程中私自招揽生源、无计划招生或擅自扩大招生规模；严禁向考生收取与录取挂钩的任何费用。

各校要严格执行招生计划，维护计划工作的严肃性。在录取过程中，市属高校对生源计划的调整，一律使用教育部“全国普通高校招生来源计划网上管理系统”在网上进行。对于未经网上审核，擅自增加招生计划的学校，将消减该校下年度招生规模，并停止在违规省市招生的资格。按照教育部要求，对于未经网上审核计划招收的学生，将不予以新生学籍电子注册。同时，各校要加强对不分省的其它类招生计划和少数民族预科班招生计划的管理。未经网上审核，其它类招生计划不得调整为普通类招生计划，不得随意调整少数民族预科班招生范围和招生规模。

六、各校要重视贫困大学生的资助工作。在新生入学后，按照教育部要求，认真做好贫困家庭学生资助政策的宣传工作，做好新生入学“绿色通道”工作，确保新考入普通高等学校的贫困家庭学生顺利入学。

附件：1. 2014年市属高等学校普通高等教育招生计划总表（略）

2. 2014年市属高等学校普通高等教育在京招生计划总表（略）

3. 2014年市属高等学校普通高等教育分省来源计划总表（略）

4. 2014 年市属高等学校普通高等教育分专业招生计划表（略）
5. 2014 年市属高等学校普通高等教育分专业在京招生计划表（略）
6. 2014 年地方所属高等学校招生来源计划表（含定向）（略）
7. 2014 年地方所属高等学校招生来源计划表（其中定向）（略）
8. 2014 年地方所属高等学校招生来源计划表（其它类）（略）

2014 年 7 月 7 日

北京市教育委员会

关于下达 2014 年北京市属高等学校成人高等教育招生计划的通知

京教计〔2014〕14 号

有关市属高等学校：

根据教育部《关于做好 2014 年全国成人高校分省分专业招生计划编制工作的通知》（教学司〔2014〕10 号），按照规模、结构、质量、效益协调发展的原则，根据首都经济建设和社会发展对人才的需求，综合考虑学校办学条件、报名人数等因素，确定 2014 年市属高等学校成人高等学历教育招生计划总数为27237人，其中本科招生计划11696人，专科（高职）招生计划15541人。现将招生计划下达给你们，并提出如下要求，请一并遵照执行。

一、各高校在招生计划的执行过程中，要严格执行教育部和本市的各项规定，认真学习党的十八届三中全会精神和教育规划纲要要求，深入贯彻落实科学发展观，不断提高成人高等教育办学质量和水平，密切结合《北京市新增产业的禁止和限制目录（2014年版）》，积极发展各种形式的非学历教育，特别是大学后继续教育和高层次岗位培训，为首都学习型城市建设和构建终身教育体系做出积极贡献。

二、独立设置成人高校要根据首都经济建设和社会发展的实际需要和本校办学条件，加快调整成人高等教育学科、专业结构，不断提高成人学历教育的培养质量。同时，积极探索社会培训等各种形式的非学历继续教育，不断拓展为社会教育服务的渠道。

三、普通高校举办成人高等学历教育，应与学校举办的研究生、普通本专科等教育事业发展相协调，统筹安排、综合利用学校各项办学条件，确保必要的办学条件，特别是专任教师的数量和质量。普通高校要坚持面向在职从业人员的办学方向，不再扩大普通高等学校成人教育、网络教育、自考助学的面授教育规模；不再新增招收京外生源的成人教育机构和办学功能。

四、各校要依法办学。要切实加强管理，加大投入，改善条件，提高办学质量。教育部和我委将加大对高校办学条件的监测和审核力度，对基本办学条件达不到规定要求的学校，将在高等教育计划安排等方面给予适当限制，并通过媒体向社会公布。严禁任何形式的“超前班”；严禁以“联合办学”等名义将招生计划投放到低层次学校和非高等学历教育机构。对在成人高等教育和继续教育中违规招生和违规办学的单位，将按照暂停招生或限制招生进行处理并予以公布。

五、各校招生录取过程中要严格执行招生计划，维护招生计划管理的严肃性。未经批准，任何单位和个人不得擅自变更下达的招生计划。

附件：1. 2014 年市属高等学校分学校成人高等教育招生来源计划总表（略）

2. 2014 年市属高等学校分学校成人高等教育招生来源计划（专升本）总表（略）

3. 2014 年市属高等学校分学校成人高等教育招生来源计划（高起本）总表（略）

4. 2014 年市属高等学校分学校成人高等教育招生来源计划（高起专）总表（略）

5. 2014 年市属高等学校分学校分专业成人高等教育招生来源计划表（略）

6. 2014 年市属高等学校分学校分专业成人高等教育招生来源计划（专升本）表（略）

7. 2014 年市属高等学校分学校分专业成人高等教育招生来源计划（高起本）表（略）

8. 2014 年市属高等学校分学校分专业成人高等教育招生来源计划（高起专）表（略）

2014 年 11 月 18 日

学生管理

北京市教育委员会文件选编

(2014)

北京市教育委员会

关于做好2014年北京地区普通高校毕业生就业工作的意见

京教学〔2014〕1号

各普通高校、研究生培养单位：

当前，全国普通高校毕业生就业总量压力和结构性矛盾依然突出，北京地区高校毕业生人数增长至23万人，就业形势复杂严峻。为贯彻落实党的十八届三中全会“健全促进就业创业体制机制”“促进以高校毕业生为重点的青年就业”的要求，进一步深化教育领域综合改革，实现高校毕业生更加充分和更高质量的就业，根据教育部《关于做好2014年全国普通高等学校毕业生就业工作的通知》（教学〔2013〕14号），现就做好2014年北京地区普通高校毕业生就业工作提出如下意见：

一、明确工作思路和工作目标

2014年北京地区高校毕业生就业工作思路是：继续以提升就业质量为重点，进一步拓宽毕业生就业渠道；加大毕业生就业指导力度，提升就业指导课程质量；加强队伍建设，提高服务水平，推动北京地区高校毕业生实现更高质量就业。

2014年北京地区高校毕业生就业工作目标是：保持就业率基本稳定；毕业生到西部、到基层就业的人数与实际需要相匹配；创新创业教育工作有新突破；大学生就业指导服务水平有新提升。

各普通高校、研究生培养单位（以下简称“各高校”）要结合本校实际，确定具体的就业工作目标。

二、着力提升高校毕业生就业工作水平和质量

（一）确保就业特色工作项目建设取得成效。各有关高校要按照计划和要求全面开展建设工作，统筹协调就业指导服务中心和各职能部门，完善建设内容，加强保障与配套，保证建设成效，打造北京就业工作品牌。同时，加强成果的总结、宣传、推广，发挥引领作用，推动北京地区高校整体就业工作水平和质量的提升。

（二）重视大学生职业发展与就业指导课程。已入选大学生职业发展与就业指导课程提升项目建设的高校，要加大投入力度，认真做好建设工作，形成一批高品质、有特色的精品课程，更好地激发大学生职业生涯规划的自主意识，掌握学业和职业规划知识，提升就业能力，实现更高质量就业。

（三）加强就业指导队伍建设。加快建设一支职业化、专业化、高水平就业工作队伍，切实将就业指导教师纳入学校教师专业技术职务评聘范畴，积极开展就业指导教师培训，聘请专家学者、企业家、行业成功人士担任就业导师。

（四）建立高校毕业生就业质量年度报告制度。从2014年起，各高校要按教育部要求时间表发布本校的毕业生就业质量年度报告，并在校园网、就业网、全国大学生就业公共服务立体化平台或其他媒体上公布。

三、鼓励引导高校毕业生面向基层就业

（一）拓宽毕业生就业渠道。要充分利用各方资源，广泛征集适合本校毕业生的需求信息，积极鼓励和引导毕业生到基层公共服务和公益岗位就业。各高校要设立奖励资金，鼓励毕业生到西部基层建功立业，落实好学费补偿和助学贷款代偿等政策。

（二）落实各类基层就业项目。各高校要积极配合有关部门做好“农村教师特岗计划”、“农业技术推广服务特设岗位计划”、“社会养老服务事业特设岗位计划”和“毕业生到村任职”等基层就业项目；继续做好毕业生到海外担任汉语教师志愿者、重大科研项目聘用高校毕业生担任科研助理等专项工作。

（三）征集毕业生入伍服义务兵役。各高校要与兵役部门密切配合，进一步完善征集工作机制，在毕业生离校前完成体检、政审和预定兵员等各项工作。各高校要认真做好宣传动员和组织发动工作，积极开展“入伍工作月”、“政策咨询周”等活动，切实落实大学生参军入伍服义务兵役国家资助、考试升学等优惠政策，鼓励更多大学生应征入伍。

四、积极促进高校毕业生自主创业

（一）建立和完善创新创业教育课程体系，坚持理论与实践相结合，积极开展创新创业竞赛、模拟创业等实践活动，鼓励更多大学生参与创新创业训练计划和新一轮“大学生创业引领计划”，多渠道、多方式培养学生创新意识和创业能力。

（二）通过邀请创业成功人士、企业家担任创业导师，提高创业指导的有效性和实用性；为创业学生提供政策咨询、项目开发、风险评估、开业指导、跟踪扶持等服务，提高创业成功率；有条件的高校要设立校级大学生创业扶助资金，开辟专门场地用于大学生创业实践和孵化。

五、加强高校毕业生就业工作保障

（一）进一步健全机制，完善就业指导服务机构。校级专职就业工作人员与各层次应届毕业生总人数比不低于1∶500，有条件的高校要配备院系级专职就业工作人员；毕业生就业工作经费应大于毕业生在校期间学费的1%，研究生就业工作经费人均标准不低于本科生；毕业生就业工作专用场地充分，应设有专用招聘场地、就业指导与咨询室、洽谈室等。各高校要切实保证机构、人员、经费、场地“四到位”，提升毕业生就业服务水平。

（二）加大就业政策宣传和解读力度，重点宣传自主创业、基层就业、参军入伍、困难帮扶等政策。开通咨询电话，在校园网站主页设立政策宣传专栏和政策咨询平台，充分发挥辅导员（班主任）、学生干部作用，利用手机等移动终端，确保政策信息能及时送达每一位毕业生，确保每一位毕业生理解、用好政策。

（三）继续完善就业信息平台，为优化就业服务提供保障。要积极使用手机信息报、微博、微信等新媒体手段，力争为毕业生提供点对点式信息服务。

六、重视高校困难群体毕业生就业帮扶工作

（一）建立就业困难群体毕业生数据库，在摸清底数基础上，制订家庭经济困难毕业生、残疾毕业生、少数民族毕业生、女毕业生等就业帮扶计划，有针对性地开展就业指导、岗位推荐、技能培训等，力争帮助他们在离校前落实就业岗位。要配合有关部门尽早将低保家庭毕业生求职补贴发放到毕业生手中。

（二）对离校未就业毕业生关心到底、重点推荐、跟踪服务，为有就业意愿的毕业生持续提供岗位信息和求职指导，努力使每一位有就业意愿的毕业生在毕业年度内实现就业，或参与到就业见习、技能培训等就业准备活动中。

七、有关具体问题

（一）培养方式为定向、委培的高校毕业生要严格按照定向、委培协议就业。

（二）根据市人力社保局有关文件精神，毕业离校时未就业的北京生源毕业生在当年 9 月底前由学校为其办理到毕业生户籍所在区县人力社保局毕业生就业工作部门的手续；对于毕业离校时确实正在落实就业单位过程中的京外生源毕业生，可由用人单位出具证明，向学校提出申请，按照学校要求，暂缓办理户口、档案迁转手续。

（三）申请自费出国留学的毕业生，要在学校规定期限内提出申请，经批准后，学校不再负责其就业。毕业离校时，未能获准出境的，学校将其户口、档案转至生源所在地毕业生就业工作部门。

（四）毕业离校时，培养单位报送就业方案为考研、考博（博士后）的毕业生，录取后提出不再攻读的，回生源省区就业；中途退学的研究生回生源省区就业。

（五）毕业后，京外生源毕业生拟考研、拟出国的，凭报到证将户口、档案关系转回入学前户籍所在地办理相关手续。

（六）毕业生与用人单位签订了就业协议并办理了《就业报到证》，如无特殊情况不予调整。有特殊情况需要调整改派的，由学校提出调整意见及申请（其调整必须符合国家就业政策导向），经市教委同意，为其办理调整手续。毕业生调整改派须在报到证签发之日起一年之内办理，逾期不再办理有关调整改派手续。

（七）学校要对办理就业手续的毕业生进行资格审核，完成学历证书电子注册的相关工作。

（八）各高校要加强就业信息统计领导责任制和工作责任制，实事求是地统计毕业生就业去向，按要求定期报告就业工作进展情况，特别是困难群体毕业生的就业情况。市教委将继续在高校系统内分段公布毕业生就业情况。

（九）师范生的就业按有关政策执行。

2014 年 1 月 6 日

北京市教育委员会

关于做好2014年普通高中宏志奖学金评选工作的通知

京教函〔2014〕48号

各区县教委：

按照市教委、市财政局、市民政局《关于印发〈北京市普通高中宏志奖学金管理办法〉的通知》（京教基〔2009〕18号，以下简称《管理办法》），参照目前市民政局有关低保家庭和低收入家庭救助标准，根据当前本市普通高中在校学生的具体情况，现就做好今年奖学金评选工作的有关要求通知如下：

一、奖励范围和条件

凡在2011年9月1日以后正式入学，学生在校期间品行良好、关心集体、乐于助人、学业成绩及学生综合素质评价优良；享受城乡最低生活保障待遇家庭子女、享受社会优抚待遇的临时救助家庭子女、烈士子女、孤儿，以及经民政部门认定的其他困难家庭子女等普通高中在校学生，均可以申请报名参加评选。

现已在北京宏志中学、广渠门中学“宏志班”及其他区县举办的“宏志班”就读的普通高中学生不再享受此项政策。

二、评选时间

2014 年普通高中奖学金推荐、评选工作即日起至 4 月 8 日结束。各区县需在 4 月 11 日前将 2014 年北京市普通高中宏志奖学金获奖名单（附件 2）报送至市教委基础教育二处，同时发送电子版。

三、奖励名额分配

2014 年北京市普通高中宏志奖学金名额为 3500 名。考虑各地区经济发展状况，结合目前全市高中在校学生分布情况及实际需求等因素，各区县的奖励名额分配如下：

区 县	分配名额	区 县	分配名额
东城	200	大兴	260
西城	220	通州	260
朝阳	190	昌平	240
海淀	180	顺义	260
丰台	150	平谷	260
石景山	110	怀柔	240
门头沟	110	密云	240
燕山	70	延庆	250
房山	260	总计	3500

四、推荐及评选程序

各区县要按分配名额等额评选。学校组织评选过程中，要按照报名推荐、审核评定、确定名单、全校公示、上报等流程。要认真填写《2014 年北京市宏志奖学金推荐、审批表》（附件 1，略），并在“学校推荐意见”栏中对学生德、智、体等各方面情况写出鉴定意见，同时要对学生的家庭经济困难情况作简要说明；区县主管部门在组织相关人员对学校推荐意见及相关证明进行严格审核后，填写评审意见，加盖主管科室公章后备案。

五、有关要求

（一）各区县要将管理办法传达到辖区内每所高中校和每位高中学生。各高中校及各个年级符合条件的学生都有享受这项政策的权利。

（二）各区县要随时对学校的评选过程进行指导监督，确保评选过程的公正、公平、公开。

（三）评选中如有名额增减，需提早向市教委做出正式书面报告，以便及时调整，确保名额不浪费。

（四）按照有关财务政策要求，奖学金发放须有严格手续和规范清单（附件3），发放时尽可能避免出现代领情况。

（五）奖金发放时间，待专款到位后由市教委财务处另行通知。各区县教委中教科要及时与本区财务科联系并落实。

附件：1. 2014年北京市普通高中宏志奖学金推荐、审批表（表样，略）

2. 2014年北京市普通高中宏志奖学金获奖名单（表样，略）

3. 2014年北京市普通高中宏志奖学金发放清单（表样，略）

2014年2月20日

北京市教育委员会办公室

关于2013～2014学年度北京市中等职业学校成人中专新生学籍备案工作的通知

京教办函〔2014〕8号

各区县教委，各有关中等职业学校：

现就做好我市2013～2014学年度中等职业学校成人中专（含独立设置的成人中专校和职业高中、普通中专举办的成人中专班以及“技能＋基础”成人中专班）新生学籍管理备案工作的有关事项通知如下：

一、新生备案对象

根据市教委《关于在我市中等职业学校举办成人学历教育有关问题的通知》（京教职成〔2004〕23号），我市各类中等职业学校招收的成人中专新生为“年满18周岁，具有初中及以上文化程度的从业人员、转岗再就业人员、农村劳动力转移人员、进城务工农民工及其子女（应持暂住证）”。

如新生为本市企事业单位在岗从业人员，或学校与企业合作培养的订单班学员，提供相关证明材料，入学年龄可放宽到年满16岁。

符合招收条件的报名者需持相关证明到学校办理新生注册。

各区县教委和招生学校要认真审验招收学生的资质，保证按规定做好新生学籍注册工作。

二、新生注册所需材料

（一）本人身份证或户口本。

（二）初中毕业证书或高中毕业证书原件。

（三）如为校企合作订单培养的订单班学生，学校需统一出具与企业的合作协议复印件（盖校章）。

（四）如为本市企事业单位工作的在岗从业人员，需提供本人工作单位开具的在岗证明（盖公章）。

（五）18 岁以上学生只提供 1、2 项材料。

（六）“技能＋基础”成人中专班新生还需出具本人已取得的市教委文件要求的相关专业技能证书原件。

三、具体工作程序

（一）职业高中举办的成人中专班（含“技能＋基础”成人中专班）

各区县教委根据 2013 年市教委有关招生政策规定，按照属地管理原则，组织本区县所属职业高中（含民办职高）学校的成人中专班进行新生备案工作。

各职高认真审核报名学生资质，将符合条件的新生相关个人信息及时输入 4.5 版中职学籍管理系统，生成新生学籍上报盘、新生花名册（盖校章、一式 3 份），会同上学年（2012 年 9 月至 2013 年 8 月）的学籍变动上报盘、学籍变动花名册及证明材料（盖校章、一式 3 份）、在 2014 年 3 月 10 日前上报区县教委备案。

区县教委对学校上报的新生数据和相关身份材料认真审核，如果发现上报数据与实际不符合，需将上报数据退回学校进行修改。经核对招生录取、学籍变动等相关材料无误后，将学校上报的新生数据、学籍变动数据导入 4.5 版区县教委中职学籍管理系统，并在学校学籍变动、新生花名册上签字盖章，留存两份材料（含上报文件），其余材料还学校存档备查。

各区县教委核对本区所属职高学籍管理数据（包括 2013 新生备案、2012 年 9 月至 2013 年 8 月的学籍变动）无误后，用 4.5 区县教委版中职学籍管理系统软件生成新生上报盘和学籍变动上报盘，将盖区县教委章的学籍变动、新生花名册及上报盘统一报市教委备案。

（二）独立设置的成人中专和普通中专学校举办的成人中专班

各学校认真审核报名学生的入学资质，将符合条件的新生相关个人信息及时输入 4.5 版中职学籍管理系统，生成新生学籍上报盘、新生花名册（盖校章、一式 2 份），会同上学年（2012 年 9 月至 2013 年 8 月）的学籍变动上报盘、学籍变动花名册及证明材料（盖校章、一式 2 份）上报市教委备案。

（三）备案时间

备案单位类型	具体时间
独立设置的成人中专和普通中专成人班	2014 年 3 月 11 日（星期二）
区县教委职成科上报职高成人中专班	2014 年 3 月 12 日（星期三）

（四）备案地点

朝阳区劲松西口 811 楼（金帆宾馆）403 室

2014 年 2 月 28 日

北京市教育委员会

关于进一步提升北京地区高校大学生就业创业能力的意见

京教学〔2014〕2号

各高等学校：

为贯彻实施国家和北京市高等教育发展战略，按照党的十八届三中全会“健全促进就业创业体制机制”、“促进以高校毕业生为重点的青年就业”的要求，根据《北京市人民政府办公厅印发北京市贯彻落实国务院办公厅关于做好2013年全国普通高等学校毕业生就业工作文件实施意见的通知》（京政办发〔2013〕28号），现就进一步提升北京地区高校大学生就业创业能力提出如下意见：

一、深刻认识提升大学生就业创业能力的重要意义

普通高等学校毕业生是国家宝贵的人才资源，做好高校毕业生就业工作，关系经济发展、民生改善和社会稳定。培养和提升高校大学生就业创业能力，是高等学校的根本任务，是促进毕业生充分就业的根本保证，是实现人力资源强国的根本途径。

提升北京地区高校大学生就业创业能力是深化首都高等教育改革的需要，是培养高素质复合型人才的需要，是满足首都经济、社会发展所需人才的需要。各高校要深刻认识提升北京地区高校大学生就业创业能力的重要意义，把提升大学生就业创业能力摆在突出重要位置，明确工作思路和目标要求，重点保障和推进相关工作，切实提升北京地区高校大学生就业创业能力，为北京的建设与发展

提供强有力的人才支持。

二、明确提升大学生就业创业能力的工作思路及目标

（一）工作思路

要坚持“夯实基础，内涵发展，优化服务，提升能力，提高质量，服务社会”的基本原则，将毕业生就业工作纳入高等教育人才培养体系，持续完善北京地区高校毕业生就业工作体系，为毕业生就业创业提供充分条件保障。

（二）工作目标

要在确保本校毕业生就业工作顺利开展的基础上，进一步加强毕业生就业创业基础条件和工作队伍建设，提高大学生职业生涯规划和就业创业服务水平，大力推进大学生自主创业，切实提升毕业生就业创业能力，促进毕业生充分就业并不断提高就业质量。

三、推进提升大学生就业创业能力的重点工作

（一）夯实毕业生就业工作基础

要按照教育部关于“校级专职工作人员与各层次应届毕业生总人数比不低于1∶500”的要求，积极创造条件为院系配备专职就业工作人员，为就业专职工作人员提供学习、交流、研修、深造的机会，将就业指导教师纳入学校教师专业技术职务评聘范畴，并落实相应待遇；要设有专用招聘场地、就业指导与咨询室、面试洽谈室、资料查询室等，充分保障开展毕业生就业工作的所需场地。

（二）提高职业生涯规划和就业指导课程水平

要结合本校实际，完善大学生职业生涯规划和就业指导课程体系，建立就业指导教研室，系统开展就业教育及相关研究工作，研发、修订和完善本校就业指导教材、教学辅助资料和标准课件，提升就业指导课程水平和质量。

同时，要将职业生涯规划内容融入专业教育教学，针对性地提升毕业生综合素质和就业能力。建设专业化职业测评体系，通过校内专职教师与聘请社会导师相结合的方式，为学生提供针对性更加科学的个性化指导与咨询。

（三）强化毕业生就业服务质量

继续发挥校园市场的主渠道作用，对校园招聘活动给予重点条件保障，千方百计开拓毕业生就业市场，特别是与学校专业相关的重点行业和用人单位，为毕业生提供充足的就业信息；大力建设学生就业实习、实践基地，为学生提供到企业参观、实践、实习的机会；持续加大对就业困难毕业生帮扶力度，为他们提供就业咨询、心理辅导、技能培训、求职补贴等帮助，并做好重点推荐工作，帮助他们尽快实现就业。

（四）大力推进大学生自主创业工作

要广泛开展创新创业教育，积极开发创业类课程，将创业教育课程纳入学分管理，逐步完善创业教育课程体系，培养学生的创新精神和创业意识；积极开展大学生创新创业训练活动，为学生参加各类创新创业竞赛、模拟创业等实践活动提供支持；积极争取各方支持，建立校级创业基金，为大学生创业提供资金支持；要依托本校就业中心、科技园、产业园、工业园等为大学生建立创业园或创业孵化基地，聘请社会上创业成功人士担任大学生创业团队导师，切实帮助大学生创业成功，逐步提高学生创业成功比例及创业成功实体个数。

四、落实提升大学生就业创业能力保障措施

市教委将联合市人力社保局、市财政局等相关部门加强对提升大学生就业创业能力工作的领导，在政策和经费上给予保障，并对各高校工作开展情况和主要建设内容（见附件）完成情况进行督查。

各高校要将本意见作为今后一个阶段做好毕业生就业工作的基本要求，强化组织领导，落实责任部门，完善工作机制，加大经费投入，制定配套措施，认真分步实施，确保完成相应的工作目标并取得实效。

附件：北京地区高校大学生就业创业能力提升工作主要建设内容

2014 年 4 月 4 日

附件

北京地区高校大学生就业创业能力提升工作主要建设内容

类别	子项	主要建设内容	备注
工作基础建设	1. 硬件建设	是否满足工作需要	
	2. 队伍建设	是否按要求配齐校级专职人员	
		院系是否配备专职就业工作人员	
		是否将就业指导教师纳入学校教师专业技术职务评聘范畴	
	3. 场地建设	就业专用场地是否充分保证	
提高就业指导水平	1. 课程建设	是否建立全程化就业创业指导课程体系，并融入人才培养全过程	
		是否建立就业创业指导教研室	
		研发、修订和完善本校就业创业指导教材、教学辅助资料等	
	2. 个性化指导	是否建设专业化职业测评室	
		是否满足本校学生个性化咨询需求	
强化就业服务质量	1. 市场建设	校园专场招聘会的规模、次数和提供岗位信息数量	
		开拓市场情况，新增用人单位数量	
	2. 信息化建设	就业信息网建设情况	
		通过信息化手段发布就业信息数量	
	3. 就业创业基地建设	就业创业实习、实践基地建设数量	
	4. 就业帮扶	帮助困难生实现就业人数及占困难生的比例	
		求职补贴发放金额	
提升创新创业能力	1. 创新创业教育	是否建立创新创业教育课程体系	
	2. 创业基金	是否建立校级大学生创业基金	
		校级大学生创业基金的额度	
	3. 创业实践	为学生参加各类创新创业竞赛、模拟创业等实践活动提供支持情况	
	4. 创业孵化	建立创业园或创业孵化基地个数，服务创业团队个数	
		聘请社会人员担任创业导师人数	
		创业成功实体个数	
		成功创业人数	

北京市教育委员会

关于开展北京地区高校就业特色工作项目总结的通知

京教函〔2014〕292号

各特色项目建设高校：

自市教委立项开展高校就业特色工作项目建设以来，各高校高度重视，认真按照项目计划和建设目标积极推进，很多高校在项目中期检查时已取得了阶段性成果。按照市教委《关于开展北京地区高校就业特色工作建设工作的通知》（京教学〔2011〕7号）确定的“高质量建设、高标准验收、高水平推广”的建设原则及建设目标，决定开展项目总结工作，并在此基础上对有示范推广价值的项目进行成果宣传。现将有关事项通知如下：

一、项目总结内容

（一）总结报告。包括项目建设目标、建设内容、工作开展情况、经费使用情况、配套措施、主要成效、可推广的成果等，请按照要求填写《北京地区高校就业特色工作项目总结报告》（附件）。

（二）成果宣传材料。包括本校就业特色工作项目建设简介、项目建设取得的主要成效、有示范推广价值的项目成果。要求图文并茂，尽量采用数据展现成效，图片在6～10张，文字内容控制在3000字以内。

二、项目总结要求

（一）高度重视，认真凝练。要对项目建设情况进行全面梳理，对建设成效进行认真总结，对示范性可推广的成果进行高度凝练，做到总结高标准、成果高水平。

（二）实事求是，客观总结。要坚持实事求是的原则，对建设成效、成果的描述要客观；对未能按照计划实施或没有达到预期目标的，要如实报告，严禁弄虚作假。

三、报送时间

请各特色项目建设高校于8月20日前将项目总结材料纸质版（限用A4纸张双面打印，简装）一式2份报送至市教委学生处，同时将电子版发送至邮箱：bjjwzht@126.com。

附件：北京地区高校就业特色工作项目总结报告（格式，略）

2013年6月30日

北京市教育委员会

关于做好2014年高校毕业生就业质量年度报告编制发布工作的通知

京教函〔2014〕398号

各普通高校：

根据教育部学生司《关于做好2014年高校毕业生就业质量年度报告编制发布工作的通知》（教学司函〔2014〕29号）要求，结合北京实际，现就做好2014年高校毕业生就业质量年度报告编制发布工作的有关事项通知如下：

一、2014 年底前，教育部直属高校、其他部门所属高校和北京市属本科高校要完成本校 2014 届高校毕业生就业质量年度报告编制发布工作。各高校可在本校校园网、北京高校毕业生就业信息网、全国大学生就业公共服务立体化平台或其他媒体上发布本校毕业生就业质量年度报告。

二、报告的主体内容应充分、客观地反映毕业生就业的基本情况、相关分析、主要特点、发展趋势以及对教育教学的反馈等方面情况。其中，应包含分院系、分专业的就业状况，就业率和分专业就业率统计数据要注明时间节点，要对高校毕业生就业地域、行业分布等进行多维度分析。要结合实际，突出本校在鼓励毕业生基层就业、自主创业、加强就业指导服务、就业反馈教育教学等方面的特色和经验做法。建立完善高校毕业生就业质量评价指标体系，努力把就业质量年度报告做成学校的特色品牌。

三、各高校要认真做好毕业生就业数据的维护和统计工作。根据教育部学生司要求，从今年起，各高校要在 9 月底前在校园网上及时公布截止当年 8 月 31 日的高校毕业生初次就业率。市教委将继续做好各高校毕业生就业率统计工作，以 10 月 31 日数据为统计节点，编制北京地区高校毕业生就业质量年度报告，并公布各高校毕业生就业率。

四、各高校要在 2015 年 1 月 5 日前，将本校毕业生就业质量年度报告的电子版和网址链接统一报送我委学生处，市教委在 1 月 10 日前，将北京地区高校毕业生就业质量年度报告的电子版和网址链接统一报送教育部学生司。教育部学生司将于 2015 年 1 月底前对各高校 2014 年高校毕业生就业质量年度报告编制发布情况进行检查。

2014 年 8 月 29 日

北京市教育委员会

关于开展北京地区高校大学生创业优秀团队评选工作的通知

京教函〔2014〕469号

各高等学校：

为贯彻落实党的十八大和十八届三中全会关于实施激励高校毕业生自主创业政策的精神，根据《国务院办公厅关于做好2014年全国普通高等学校毕业生就业创业工作的通知》（国办发〔2014〕22号）和人力资源和社会保障部等九部门《关于实施大学生创业引领计划的通知》（人社部发〔2014〕38号）精神，市教委决定实施北京高等学校高质量就业创业计划，加大资金投入和场地保障，给予大学生创业优秀团队支持。现将评选工作的有关事项通知如下：

一、申报对象

（一）普通高等教育全日制在校大学生（包括高职生、本科生和研究生，不含定向生和委培生）创办的企业。

（二）北京地区高校2014届毕业生创办的企业。

（三）北京地区高校毕业2年内的往届（2012届、2013届）毕业生创办的企业。

二、申报条件

（一）创业企业应符合首都功能定位和发展战略，符合国家产业、技术政策，具有一定的创新性，市场前景好，且项目无知识产权纠纷。

（二）创业企业运行状况较为良好，有较好的市场前景，其申请人应为该企业的法定代表人。

（三）创业企业团队的创新意识、市场开拓能力、团队合作能力较强。

三、具体事项

（一）各高校可依据各类创业大赛和各类日常创业企业筛选，选拔推荐符合条件的优秀创业企业进行申报。

（二）每所高校申报的创业企业数量不超过 5 个。

（三）申报材料应包括申请表（附件 1，略）一式 3 份（附电子版）及其他能够体现企业优势的相关材料。

（四）申报材料报送等有关事项，由北京高校毕业生就业指导中心另行通知。

四、组织评选

市教委将聘请相关委办局及企业、高校的专家对申报的企业进行评选，对遴选出的优秀创业企业，给予 10 万至 20 万元经费支持，并优先入驻北京地区高校大学生创业园（良乡园），免费提供 40 到 80 平方米的办公场地。

各高校要高度重视，认真组织，广泛动员，积极申报具有较高质量的创业企业，为鼓励大学生自主创业树立典型、营造氛围。

附件：北京地区高校大学生创业企业申报表（略）

2014 年 9 月 4 日

北京市教育委员会

转发教育部印发的《高等学校学生学籍学历电子注册办法》的通知

京教学〔2014〕3号

各普通高等学校、成人高等学校、研究生培养单位：

现将《教育部关于印发〈高等学校学生学籍学历电子注册办法〉的通知》（教学〔2014〕11号）转发给你们，请遵照执行。

2014年9月10日

教育部

关于印发《高等学校学生学籍学历电子注册办法》的通知

教学〔2014〕11号

各省、自治区、直辖市教育厅（教委），新疆生产建设兵团教育局，部属各高等学校：

现将《高等学校学生学籍学历电子注册办法》印发给你们，请遵照执行。

2014年8月24日

高等学校学生学籍学历电子注册办法

第一章 总 则

第一条 为规范高等学校学生学籍学历电子注册,向高等学校、学生和社会提供便捷、客观、权威的学籍、学历信息查询、验证及认证服务,保护高等教育受教育者的合法权益,根据《中华人民共和国高等教育法》和《普通高等学校学生管理规定》制定本办法。

第二条 高等学校学生学籍学历电子注册是运用现代信息技术，对高等学校（含具有颁发国家承认学历文凭资格的公办、民办普通高等学校、成人高等学校、开放大学）和经批准承担培养研究生任务的科学研究机构（以下合并简称高等学校或学校）按国家规定录取的高等学历教育学生取得的学籍、获得的学历证书（含通过高等教育自学考试获得的毕业证书）进行在线审核、电子标注、数据备案和网上查询的管理方式。

第三条 高等学校学历教育学生（含预科、专科、本科学生，少数民族骨干计划基础培训阶段研究生，硕士、博士研究生；华侨学生，来自香港、澳门、台湾地区学生以及国际学生）均须进行新生学籍电子注册、在校生学年电子注册、毕（结）业生学历证书电子注册。

第四条 高等学校学生学籍学历电子注册以高等学校为主体，由高等学校对符合国家规定、依法录取的学生学籍、毕（结）业生学历证书进行电子注册。省级教育行政部门依法对高等学校学生学籍学历电子注册工作进行监督和指导。

高等教育自学考试毕业证书电子注册工作由教育部高等教育自学考试办公室进行管理和监督检查，省级高等教育自学考试委员会办公室组织实施。

第五条 中国高等教育学生信息网（以下简称学信网，网址 http：//www.chsi.com.cn）是高等学校学生学籍学历电子注册信息查询的唯一网站。

第六条 全国高等学校学生信息咨询与就业指导中心（以下简称就业指导中心）负责学信网的运行与管理，承担高等学校学生学籍学历电子注册的技术保障、日常维护和网上查询、验证、认证等服务工作，独立承担因查询、验证及认证工作而产生的法律后果，接受教育部相关部门的监管。

第二章 学籍电子注册

第七条 省级教育行政部门组织相关机构按照国家招生规定审核考生录取数据，将审核通过的数据报送教育部汇总复核后作为高等学校新生入学资格复查和学籍电子注册（以下简称学籍注册）的依据。

第八条 高等学校对报到新生进行录取、入学资格复查，对复查合格的学生予以学籍注册，复查不合格者取消入学资格；对放弃入学资格、保留入学资格、取消入学资格的学生予以标注。

少数民族预科生和少数民族骨干计划基础培训阶段研究生的资格复查由招生学校负责。预科培养和骨干计划基础培训的预科学籍标注由培养培训学校负责。预科培养培训结业后转入招生学校，由招生学校进行新生资格复查和学籍注册。其他预科生由招生学校负责。

普通高校学生(含专科、本科、硕士、博士、专科起点本科、第二学士学位等)在同一学习时段,只注册一个普通全日制学籍。跨校联合培养学生，在录取学校进行学籍注册。

第九条 按照特殊政策录取的学生应标注其录取类型。如定向招生专项计划（含免费医学、免费师范、非西藏生源定向西藏就业计划、扶贫计划等本科生，强军计划、援藏计划、少数民族骨干计划等研究生）、定向生、国防生、政法干警招录培养体制改革试点生等。

第十条 学校在学籍注册中发现录取数据有误或缺失的，由学校向省级招生部门提出申请，省级招生部门核实后将修改意见或补充录取数据报教育部，并将相关结果及时反馈学校。

第十一条 学籍注册后，学校应告知学生及时查询。学生可登录学信网实名注册后查询、核实本人身份信息和学籍注册信息。

第十二条 高等学校从学生入学次年起至毕业，应在每学年第一学期进行学年电子注册（以下简称学年注册）。学年注册包括在校生新学年注册（含注册学籍、暂缓注册等）和上学年学籍变动（含留级、降级、跳级、休学、复学、转学、转专业、保留学籍等）、学籍记载（含学业考试情况、社会实践情况、奖惩情况等）、学籍注销（含退学、取消学籍、开除学籍、死亡等）以及学生取得的其他证书（含肄业证书、学习证明等）的标注。实行学分制的学校无需标注留级、降级、跳级情况。

第十三条 学年注册在每学年第一学期开学后 1 个月内完成。学籍注销应在学籍处理后 15 个工作日内完成。

第十四条 学生离校后学信网将学生的身份信息、学籍注册信息、学年注册信息作为学籍档案保存。

第三章 学历电子注册

第十五条 高等学校颁发的学历证书（含高等教育自学考试毕业证书），应进行学历证书电子注册（以下简称学历注册）。学历注册证书分毕业证书和结业证书两种。

第十六条 高等学校只能为取得本校学籍并进行学籍注册的学生颁发并注册一份学历证书。学生毕（结）业离校时，学校应颁发毕（结）业证书并完成学历注册。学生获得的辅修专业证书，应标注在主修学历证书注册信息中。

第十七条 学历注册信息应与学历证书内容保持一致。学历注册信息包括：姓名、性别、出生日期、照片；学习起止年月；专业、层次、学制、毕（结）业、学习形式；学校名称、校（院）长姓名及证书编号。

学校应完整填报学历注册信息，信息不完整的不提供网上查询。

第十八条 学历证书发证日期应与学生毕业日期一致，发证日期即是学历注册提供网上查询的有效日期。

第十九条 学生在校期间修改或变更身份信息的，由学生本人提供合法性证明，学校或省级教育行政部门审核确认后更改，学信网保留更改前的信息。学生要求修改、变更的信息或证明材料涉嫌弄虚作假的不予受理。

学历注册并提供网上查询后，学校不得变更证书内容及注册信息，不再受理学生信息变更事宜。注册信息确有错误的，须经省级教育行政部门审核确认后方可修改。

学历证书遗失的由学校出具相应的证明书并在学历注册信息中标注。

第四章 查询及认证

第二十条 就业指导中心依据复核备案的学籍学历电子注册信息，建立全国高等教育学生学籍学历电子注册数据库，为学生和社会提供查询、验证和认证服务。

第二十一条 学生可免费查询本人身份信息、学籍注册信息、学年注册信息和学历注册信息,也可查询本人学籍档案。社会其他部门及个人可依据学生提供的相关信息对学生身份信息、学籍注册信息、学年注册信息、学历注册信息和学生学籍档案进行查询、验证。

第二十二条 依据全国高等教育学生学籍学历电子注册数据库及相关证明材料，就业指导中心可提供认证服务，对申请人申请认证的学历证书或学籍材料的真实性、合法性、有效性进行认定。认证服务以申请人自愿原则进行。

第五章 监管与责任

第二十三条 各省、自治区、直辖市教育行政部门，各高等学校及其他教育机构、高等教育自学考试机构，应重视学生学籍学历电子注册工作，加强制度建设，规范工作流程，保障信息安全，强化管理与服务。

第二十四条 高等学校、教育行政部门、就业指导中心的采集、录入及管理服务人员应严格按照工作权限规范管理和服务，数据注册、标注、修改等应专人操作，严格遵守岗位制度、认真履行工作程序，确保数据注册及时准确。

第二十五条 各级管理部门及工作人员应依法正确采集、管理和使用学生信息。不得以任何非法形式展示、公布或分发学生身份信息。

第二十六条 对违反国家规定入学的学生，学校不得为其注册学籍和学历，已经注册的应予以注销。

第二十七条 有以下情形的，一经查实，追究有关人员和单位负责人的责任：

（一）以虚假信息注册学籍学历的；

（二）因密钥、密码管理不善造成学生信息违规变更的；

（三）泄漏或将学生信息用于非法目的的；

（四）违反本办法的其他行为。

第六章　附　则

第二十八条　本办法自 2014 年 9 月 1 日起施行。其他有关文件规定与本办法不一致的，以本办法为准。

北京市教育委员会

转发教育部办公厅关于做好 2014 年普通高等学校录取新生复查和学籍电子注册工作文件的通知

京教函〔2014〕432 号

各普通高等学校、研究生培养单位：

现将教育部办公厅《关于做好 2014 年普通高等学校录取新生复查和学籍电子注册工作的通知》（教学厅函〔2014〕28 号）转发给你们，并结合北京实际，提出如下要求，请一并遵照执行。

一、总体要求

（一）新生学籍电子注册和在校生学年注册工作在教育部中国高等教育学籍学历信息管理平台（以下简称“平台”）进行。

（二）按教育部要求，本科生及研究生新生学籍电子注册应于 9 月完成；高职高专新生学籍电子注册应于 10 月完成；在校生学年电子注册应于 10 月完成。

（三）新生学籍和在校生学年电子注册工作完成后，高校要做好宣传工作，确保学生在教育部网站进行信息查询。教育部高校学生学籍信息查询网址：http：//www.chsi.com.cn。

（四）注册工作中，如有业务方面问题请与市教委学生处联系，技术方面问题请与北京高校毕业生就业指导中心联系。

二、新生学籍电子注册

（一）新生学籍变动或信息调整，请在注册后按在校生信息维护处理。

（二）姓名、身份证号等与录取信息不符，属于招生时产生的问题，按教育部要求应由生源省级招生办公室向教育部更正备案的招生信息。

（三）自主招收的港澳台侨学生，请携带高校出具的相关录取手续到现场报送数据，考生号编码规则如下：

港澳台侨本专科：14P5＋5 位学校代码＋6 位流水号，如：14P510002000001

港澳台侨研究生：14Y5＋5 位学校代码＋6 位流水号，如：14Y510003000001

（四）参军、未报到或取消入学资格的新生，应在平台招生数据中标注。同时，做好“免费师范生”“免费医学生”“贫困地区专项生”等特殊学生类型的标注工作。

（五）新生取得学籍后，应要求其在平台上及时核对相关信息，对有问题的内容进行修改、补充和完善。

三、在校生信息维护

（一）及时处理在校生发生的学籍变动和信息调整。新生注册集中办理工作结束后，可于每周三在北京高校毕业生就业指导中心及时办理相关手续。

（二）按教育部要求，不得在新生入学后将艺术、体育类专业学生调整到普通类专业，不得将外国语中学推荐保送录取的学生调整到非外语类专业。

（三）学生改名，应提供下述材料之一：

1. 派出所出具的内容包含现用名、曾用名和身份证号的改名证明。

2. 同时反映现用名、曾用名和身份证号的户口卡复印件，加盖派出所红章。

3. 含有现用名、曾用名、身份证号的户口卡原件及复印件。审核后原件返还学校，复印件留存。

（四）身份证号修改，应提供公安部门出具的变更证明，变动较大的情况，报教育部相关部门做进一步核查后确定。

四、学年电子注册

学生升学和上学年发生的学籍变动及奖惩要在平台上进行登记和标注，内容及要求如下：

（一）学籍注册

学生升级后注册前的学籍状态为“待注册”状态，高校应将所有“待注册”的学生注册成下述情况之一：

1. 注册学籍，学生进行“学年注册”后，其学籍状态应变成“注册学籍”，表示该生在新的学年已获得学籍。

2. 暂缓注册，指由于欠缴学费等原因暂时不予学年注册的情况，需要单独进行标注。学生补缴学费后，高校可随时将其学籍状态处理成“注册学籍”。

3. 保留学籍，指由于参军等原因需要保留学籍的情况。复员回校继续学习时应及时处理成“注册学籍”。

（二）学籍变动

指发生的升级、跳级、留降级（重修）、转学（入、出）、转专业、复学情况。

（三）奖惩及违纪处理

按教育部明确的内容，上报奖励或处分情况。如学生存在多项奖励或处分，应据实填报。

新生及学年注册集中办理期间，如有特殊情况，可携带相关材料到现场办理。

2014 年 9 月 15 日

教育部办公厅

关于做好2014年普通高等学校录取新生复查和学籍电子注册工作的通知

教学厅函〔2014〕28号

各省、自治区、直辖市教育厅（教委），新疆生产建设兵团教育局，有关部门（单位）教育司（局），部属各高等学校：

2014年普通高等学校录取新生即将陆续报到。为做好新生入学复查和学籍电子注册工作，切实保护学生权益、确保招生公平公正、维护高等学校办学秩序，现将新生复查和学籍电子注册工作有关要求和事项通知如下：

一、认真做好新生入学资格复查工作

各地、各高校要严格按照国家招生政策规定和学籍管理规定，认真开展新生入学资格审查，对新生报到所需录取通知书、身份证、户口迁移证、高考加分资格证明等材料与考生纸质档案、录取考生名册、电子档案逐一比对，严格核查。对艺术、体育专业或艺术、体育特长生等特殊类型录取新生要开展入学专业测试复核，发现问题的不予学籍注册，并报告有关部门倒查追责。对有疑问的信息，要认真与生源地省级招办核实。对于通过弄虚作假、徇私舞弊方式骗取高考加分资格、录取资格或企图冒名顶替入学的新生、未按规定公示有关资格身份的新生、未经我部核准计划录取的新生，一律不予学籍电子注册。

严禁在新生入学报到环节更改考生录取专业。不得在新生入学后将艺术、体育类专业学生调整到普通类专业，不得将外国语中学推荐保送录取的学生调整到非外语类专业。严禁将未经省级招生部门审核录取的学生留在学校学习，已经注册学籍的，一经查实，坚决取消学籍，杜绝任何学籍学历遗留隐患。

二、及时做好新生学籍电子注册工作

高等学校要严格按照经省级招生部门核准的录取名册和报到入学新生名单，及时上网进行学籍电子注册。录取数据未上报的学生，学校要及时与生源地省级招生部门联系核实情况，属于漏报或延报的要及时补报录取数据。属于违规招生录取的，要及时清退。普通本专科学生、研究生，同一学习时段只注册一个学籍（联合培养的除外），严防同姓名同身份证号重复注册，严防冒名顶替。进一步加强对专升本、第二学士学位、研究生新生前置学历复核，未通过复核的不予新生学籍电子注册并及时通知学生。继续做好“免费师范生”“免费医学生”“贫困地区专项生”等特殊学生类型的标注工作。

三、继续做好新生保留入学资格工作

要严格按照《教育部、总参谋部关于印发〈应征入伍普通高等学校录取新生保留入学资格及退役后入学办法（试行）〉的通知》（教学〔2013〕8 号）要求，办理好入伍新生保留入学资格的相关手续及网上标注工作，不得推诿扯皮，不得收取学生任何费用。对新生因个人或其他原因保留入学资格或取消入学资格的，要明确标注具体原因及时间，并完善相应备案手续。2014 级本科及研究生新生学籍电子注册要在 9 月底完成，高职高专新生学籍电子注册在 10 月底完成，届时中国高等教育学生信息网（http://www.chsi.com.cn）将对学生本人开放新生学籍信息网上查询。各省级教育行政部门和高等学校要加大宣传力度，确保通过资格复查的新生及时查询确认本人学籍注册结果。

四、进一步做好在校生学年电子注册工作

各地、各高校要按照普通高等学校在校生学年电子注册有关要求，在网上按时、准确、完整地标注学年电子注册信息。要认真做好火车票优惠卡信息网上标注工作，严格按照铁路部门规范的火车站名称标注乘车区间，确保学生证、火车票优惠卡及网上标注信息三者的一致性。学年电子注册工作要在10月底完成。

五、严格执行《普通高等学校招生违规行为处理暂行办法》

各地、各校要加强《普通高等学校招生违规行为处理暂行办法》（教育部令第36号）的宣传学习，以全面把握文件内容，准确适用相关条款对各类主体的招生违规行为进行认定；加大对招生违规行为的查处力度，严格依据36号令查处各类招生录取违规行为，严肃追究相关人员的责任，做到事实清楚、证据确凿、依据明确、程序合法、处理适当。对新生入学资格复查中发现的违规行为，一经查实，应记入学生诚信档案。对在新生入学资格复查及学籍电子注册工作中玩忽职守，导致学生无法按时、准确查询学籍信息的，将对有关责任人员予以通报，并追究相应责任。

为了解各地对第36号令的执行情况，在今年招生录取工作结束后，请组织填报依据第36号令对违规行为进行处理的情况统计表（见附件，略）。涉及对违规行为进行处理的，请以违规事件为单位，分别附包括违规单位或个人基本信息、违规事实、处理依据及处理结果的文字材料。请于9月30日之前将统计表及相关文字材料报送至监察部驻教育部监察局综合室。

请各省级教育行政部门将本通知转发至本行政区域内所有具有2014年普通高等学历教育招生资格的高校和研究生培养单位（教育部直属高校除外）。

附件：2014年依据《普通高等学校招生违规行为处理暂行办法》处理情况统计表（略）

2014年8月26日

北京市教育委员会

关于做好 2014 年高校毕业生就业统计与复核工作的通知

京教函〔2014〕566 号

各普通高校、研究生培养单位：

根据教育部高校学生司《关于做好 2014 年高校毕业生就业质量年度报告编制发布工作的通知》（教学司函〔2014〕29 号），我委将在 2014 年北京地区高校毕业生就业质量年度报告中发布各高校的毕业生就业情况。为确保数字准确客观，请按如下要求做好就业统计与复核工作：

一、市教委已经将各高校截止 2014 年 10 月底的就业统计数据发布在北京高校毕业生就业平台及资源管理系统中。各高校是本校毕业生就业统计与复核工作的责任主体。要及时登陆“数据统计”栏目，对本校数据进行认真核对。

二、充分发挥学校毕业生就业工作领导小组的作用，按照教育部就业统计“四不准”要求认真复核，确保就业统计数据的真实有效。

三、填写《关于 2014 年高校毕业生就业统计数据的函》（见附件），经毕业生就业工作领导小组组长签字并加盖校章，于 12 月 5

日前报送市教委学生处。

四、今后，各高校如需发布本校截至2014年10月底的毕业生就业数据，要以本次复核后的数据为准。

2014年11月19日

附件

关于2014年高校毕业生就业数据的函

市教委学生处：

我校对截止10月底的毕业生就业数据进行了认真核对，并经学校毕业生就业工作领导小组复核、确认。

我校知悉数据不实的不良影响，因此在核对工作中严格执行教育部就业统计“四不准”要求，确保数据真实有效。

附件：2014年高校毕业生就业数据统计情况表（略）

北 京 市 教 育 委 员 会
中关村科技园区管理委员会
北京市人力资源和社会保障局
北 京 市 财 政 局

关于印发支持北京高校大学生创业实施细则的通知

京教学〔2014〕6号

各市属高校，各有关单位：

现将《关于支持北京高校大学生创业的实施细则》印发给你们，请认真遵照执行。

2014年12月15日

关于支持北京高校大学生创业的实施细则

为认真贯彻落实《关于加快推进高等学校科技成果转化和科技协同创新若干意见（试行）》（京政办发〔2014〕3号），切实支持北京高校大学生创新创业，制定本细则。

一、为高校大学生创业提供政策、实践和学业支持

（一）市教委继续加大高校创业教育师资培训，提高教师素质和能力，更好地为大学生提供创业教育和指导。各高校进一步完善创新创业教育课程体系，提高教育与指导水平，增强针对性和实效性。

（二）各高校积极开展大学生创新创业竞赛、模拟创业等实践活动，多渠道、多方式培养学生创业意识和创业能力。

（三）高校在校学生可以休学创办科技型企业，各高校根据本校实际，明确休学时间及具体办法，并为学生创业提供必要的学业支持。如：可将创业时间视为参加实践教育的时间，并计入相关实践学分；创业取得的成效或成果，可以与毕业设计或论文有机结合等。

二、为高校大学生创业提供孵化支持

（一）建设北京高校大学生创业园。由市教委牵头筹建北京高校大学生创业园，为大学生创业提供场地支持（具体支持办法另行制定），切实帮助创业大学生解决实际困难。

（二）设立北京大学生创业支持专项资金。市教委每年投入专项资金，用于支持500个左右的大学生创业团队和初创企业（包括400个创新创意、“创客”实践团队和100个初创企业）。

（三）高校大学生创业科技企业优先入驻孵化器。北京高校大学生创办科技企业的优先入驻中关村科技企业孵化器（包括国家和

北京市大学科技园、国家级和北京市级科技企业孵化器）、中关村示范区创新型孵化器和北京高校大学生创业园等孵化器。

（四）为高校大学生创业企业提供服务和支持。为入驻创业孵化器的大学生创业项目配备由龙头企业家、知名投资机构合伙人担任创业导师、建设技术服务平台、搭建投融资对接平台、拓展项目市场渠道，对符合《中关村国家自主创新示范区创业服务体系发展支持资金管理办法》（中科园发〔2013〕41号）条件的创业服务机构由中关村管委会给予相应资金支持。

三、进一步加强创业教育和培训

（一）创新创业教育和培训模式。市教委加强对北京地区高校创业基础教育工作的指导管理和监督评价，推动北京地区各高校全面普及创业教育。各高校要将创业教育融入人才培养体系，纳入学分管理，面向全体大学生系统开展。市人力社保局结合高校大学生创业教育内容，优化创业培训课程结构，研发适合北京地区高校大学生的培训模式。同时，市教委可按照相关文件要求推荐北京地区高校自主开发的创业培训项目，参与本市创业培训方案评审认证。通过认证的培训项目，可试点纳入培训计划。经试点检验的优秀培训项目，可在全市推广使用。

（二）支持高校参与大学生创业培训定点机构认定。市教委支持符合《关于开展创业培训工作有关问题的通知》（京人社能发〔2012〕34号）规定条件的高校参加市人力社保局创业培训定点机构认定评审，评审通过后按规定开展高校大学生创业培训。市教委重点指导3至5所高校开展系统化、专业化的大学生创业培训，发挥其示范引领作用。各高校可通过开展创业教育、职业规划和指导、创业大赛等活动，筛选出具有创业意愿和基本创业条件的高校大学生，统一推荐至创业培训定点机构报名参加培训。

（三）建立创业教育、创业培训与创业孵化基地服务对接机制。市教委、市人力社保局、中关村管委会共同建立创业教育、创业培训与创业孵化基地服务对接机制，根据参加创业教育、创业培训大学生的实际情况，将创业计划比较成熟且有创业实践意愿的团队，引入到中关村科技企业孵化器或大学生创业园等创业服务机构，对创业者进行预孵化和孵化，提高创业成功率。

各市属高校要认真贯彻落实《关于加快推进高等学校科技成果转化和科技协同创新若干意见（试行）》（京政办发〔2014〕3号）和本细则，并根据本校实际，研究制定详细的支持办法，切实对大学生创业给予大力支持。各部属高校可参照执行。

教育信息化

北京市教育委员会文件选编

（2014）

北京市教育委员会办公室

关于开展 2014 年国家级精品视频公开课遴选推荐工作的通知

京教办函〔2014〕1 号

各市属本科高校：

根据教育部高等教育司《关于开展 2014 年精品视频公开课建设与推荐工作的通知》(教高司函〔2013〕125 号)，经研究，市教委决定在市属本科高校中开展 2014 年国家级精品视频公开课的遴选推荐工作，现将有关事宜通知如下：

一、课程推荐数量

2014 年，教育部将组织建设 400 门左右的精品视频公开课，基本完成“十二五”期间精品视频公开课的建设计划。

市教委推荐 2014 年国家级精品视频公开课科学文化素质教育类课程的限额为 7 门。根据工作安排，市属高校中“211 工程”高校每校可最多推荐 3 门，其他高校可每校最多推荐 1 门。

二、课程遴选要求

(一) 2014 年国家级精品视频公开课主要分为科学文化素质教育类、专业导论类两大类。科学文化素质教育类课程由市教委负责遴选推荐。专业导论类课程由教育部高等学校各专业教学指导委员会（简称“专业教指委”）直接向教育部高等教育司推荐。

(二) 科学文化素质教育类课程要推荐社会影响力大、受众面广的各类大学生科学文化素质教育课程及学术讲座。鼓励高校建设更多中华优秀传统文化类课程，特别是高水平的英文或中文授课配中英文唱词（字幕）的课程，提升中国大学视频公开课的国际传播能力，推动中华文化走向世界。

（三）各高校要进一步关注大学生和社会大众需求，结合高校优势，精心选题和设计课程，注重提高课程质量，进一步创新视频公开教学模式，倾力打造优质课程，避免重复建设过去三年已建成的类似课程，推动大学生文化素质教育课程教学改革。

三、课程建设及审查要求

（一）精品视频公开课课程负责人应由承担该门课程授课任务的教师担任。2014 年国家级精品视频公开课建设目标与任务、组织与管理以及建设基本要求须继续参照《关于开展 2012 年度精品视频公开课推荐工作的通知》（教高司函〔2012〕11 号）有关内容，课程技术标准仍然执行《精品视频公开课拍摄制作技术标准（2013 年版）》。

（二）各高校要强化课程校内审查环节，在课程建设过程中，应针对课程内容和制作，组织 3 人以上具有相应学科专业领域高级专业技术职务的专家（至少 1 位校外专家）组成审查小组，从导向性、思想性、科学性、规范性、教师风采、制作技术等方面对课程进行认真审查。课程须根据专家审查意见进行修改，在课程建设高校校内试用，并根据效果和反馈进行完善。审查小组成员的意见、主要修改建议及课程修改情况等相应材料，在申报课程时须一并提交。

（三）教育部将组织专家对推荐课程进行遴选和审查。对符合要求的课程给予建设经费补贴及荣誉称号。可登陆 www.zlgc.edu.cn（高等学校本科教学质量与教学改革工程网站）“精品视频公开课建设”栏目或市教委高教处网站下载教高司函〔2013〕125 号文件并查询详细信息。

四、推荐遴选程序和申报要求

（一）各高校应在已建设完成的本校优质课程资源中，择优推荐能够突出本校办学特色和学科优势，充分展现先进的教学模式、一流的教学水平、优秀的教学方法、丰硕的教学成果的课程。市教委将组织专家，按照教育部文件要求，对各高校推荐的课程进行评审，确定2014年国家级精品视频公开课推荐名单。2014年北京市精品视频公开课建设和评审工作秘书处仍设在北京工业大学。（二）各高校要于4月10日之前，向北京市精品视频公开课建设和评审工作秘书处提交下列材料：

1. 2014年精品视频公开课推荐汇总表（附件1，略，一式1份）；

2. 每门课程相应材料，包括：

（1）2014年精品视频公开课课程申报书（附件2，略，一式5份）；

（2）课程全部录像光盘1套（含视频文件、唱词文件）；

（3）纸质课程元数据文件（详见《精品视频公开课拍摄制作技术标准（2013年版）》要求）；

（4）课程文件光盘，包括课程配套的元数据文件、课程目录、推介词文件等。

3. 将附件1、2电子版发送至jw_gjc@bjedu.gov.cn。

五、联系方式

（一）北京市精品视频公开课建设和评审工作秘书处

（二）市教委高教处

附件：1. 2014年精品视频公开课推荐汇总表（略）

2. 2014年精品视频公开课课程申报书（略）

（附件电子版可登陆http：//gjc.bjedu.gov.cn/下载。）

2014年1月6日

北京市教育委员会

关于进一步加强中小学数字校园实验项目建设的意见

京教基二〔2014〕2号

各区县教委：

为总结推广阶段性经验，解决共性问题，尽快完成教育部“三通两平台”建设任务，根据市教委《关于开展中小学数字校园实验工作的通知》（京教基〔2009〕17号）、《北京市中小学数字校园实验项目管理办法（暂行）》（京教财〔2012〕32号），现就进一步加强中小学数字校园实验项目建设提出如下意见：

一、工作原则和目标

（一）工作原则

1. 以人为本。数字校园建设要遵循教育规律和人的成长规律，服务学生、教师、管理者和家长需求，提升应用体验，以减负增效为切入点，关注移动学习、泛在学习的实现，推动构建以人为中心，贯通学校、家庭、社会的数字化育人环境。

2. 应用导向。数字校园建设要立足学校教育教学，更加重视应用和资源等软件建设，以应用需求凝聚建设重点，以应用创新加快特色发展，以应用能力建设推动应用深化。重视应用建设、运行的实际效益和可持续性，坚持小步快跑、持续改进。

3. 机制创新。数字校园建设要坚持政府主导、专家引领、企业参与、学校选择的建设机制。要结合实际，坚持有所为有所不为，集中力量在学校教育教学核心业务领域实现突破，带动全局发展。学校特色建设要与区域教育信息化平台建设相互协调、相互推动，避免千校一面，重复建设。要处理好自主建设与购买服务的关系。

4. 深度融合。数字校园建设要实现信息技术与教育教学实践的深度融合，增强知识建构性、能力生成性教学应用支撑能力，积极探索“智慧教室”、“智慧学校”、“智慧教育”的实现形式，构建促进教与学方式变革的数字化环境。努力实现学校传统运行模式向数字化运行模式的平滑过渡。

5. 集约推进。数字校园建设要加强市、区县、校三级统筹，促进行政部门、学校、科研机构、企业、社会等多部门协同。依托“云”技术，打造成熟的教育信息化公共平台及运行服务体系，整合沉淀于教育领域内外的孤立教育资源和应用，发现、推广成熟的教育应用和资源，研制、推广教育信息化标准规范，推动集约化建设。

（二）工作目标

进一步提升全市中小学教育信息化整体水平，建成一批引领性与实效性并重的数字校园建设示范校；培养一支较高水平的基础教育信息化专家、干部、教师队伍；开发、凝聚一批适应教与学方式变革需求的数字化资源；培植一批推动基础教育信息化创新发展的生长点；将数字校园建设转为常态化项目，推动形成市、区县级教育信息化平台建设与学校教育信息化特色建设统筹融合的建设格局，探索一条首都特色的基础教育信息化发展道路。

二、建设要求

（一）注重业务导向，强化顶层设计

数字校园建设以推动教与学方式变革为导向，强化顶层设计。在市、区县指导和师生、家长参与下，明确学校在教学、管理、校园文化等方面的建设需求，立足学校信息化建设现状基础，制定学校信息化建设整体方案。从学校实际需要和特色出发具体设计系统、资源、应用架构。市、区县、学校三级推进建设，要系统考虑各级资源、应用的规格一致、数据共享和系统整合的需要。

（二）突出建设重点，服务办学特色

数字校园建设应围绕学校办学特色，以信息化教学、数字化学习与学生成长、数字德育、信息化环境下的教师教学能力发展、高效管理类应用等为重点，挖掘校本特色的教育信息化应用，发挥数字校园对学校教育教学工作的支撑、引领与服务作用，提升学校教育教学质量和管理水平，为学校的管理者、业务部门、教师、学生、家长和社会提供良好的服务。鼓励学校在市、区县教育信息化公共平台上进行应用和资源的二次开发、功能拓展，提高系统建设的集成化和特色化水平。

（三）聚焦课堂教学，促进深度融合

数字校园建设应聚焦课堂教学，通过深化课堂教学信息技术及其他各类教学系统建设，使教育信息化建设面向主课堂、服务主课程，有效提高教育教学效益。努力建构基于智能交互终端设备支持、先进数字教学应用系统和资源辅助、以学生为中心的“智慧教室”。积极探索融合新科技、创生新课程、建构新模式、促进学生发展、适应未来需求的“智慧学校”；积极探索贯彻个性化学习、协作学习、探究性学习等理念，实现以服务学生个性发展、创新性思维品质养成、终身化学习能力提升为主要特征，张扬生命活力的“智慧教育”，从而实现信息技术与教育教学实践深度融合。

（四）构建长效机制，保障常态应用

数字校园建设应结合学校实际，积极推进学校各类信息化系统、资源和设施的常态化应用，推动全体师生教育信息化素养形成，促进师生学习、生活、工作数字化，支持师生获得高品质学习和应用体验。要充分认识到应用和资源上线只是数字校园建设发展的开始，必须构建长期运维和改进升级的综合支撑机制。要通过建立交流研讨与示范性引领机制，促进数字校园建设进程中特色应用、有效经验及应用的推广。建立数字校园建设的长效机制，推动数字校园在学校管理、教师发展、学生成长、课堂教学等方面不断进化，实现数字校园与学校发展相互融合、共同演进。

（五）强化整合意识，集约高效推进

数字校园建设应避免重复建设与低水平开发，充分利用已有成熟资源、应用和平台。提倡市级、区县应用“云”技术，打造教育信息化公共基础支撑平台，提供综合门户、统一用户认证管理、数据交换与共享、应用支撑及各种基础中间件服务。市、区县加强对学校、企业、科研单位的调研，努力发现成熟的教育应用和资源，结合实际开展建议性推广，由学校结合实际选择使用。加强数字校园建设与“北京数字学校”、“CMIS”系统、“综合素质评价”系统、“北京教育资源网”等市、区县级重点项目的统筹，努力实现发展的倍增效应。要以开放的心态推进建设，探索向社会购买建设、运维、升级、改造服务的有效模式，探索师生聚焦教与学方式变革、“与技术无关”的数字校园建设新模式。

（六）规范数据管理，夯实技术基础

数字校园建设应遵循国家、北京市教育信息化相关规范，结合区、校实际，规范数据体系，确保数据安全；部署规范的数据交换服务，建立统一数据环境，实现各类系统间的数据交换与共享。应结合实际情况，实现接入系统单点登录、实名身份管理、统一身份认证和统一权限管理，并实现与区（县）、市级教育应用统一认证平台的对接。

（七）优化投入结构，提高经费使用效益

数字校园建设应均衡考虑规划、建设、应用、管理、运维、培训等方面的经费投入，注重提升经费投入绩效。各学校应结合本校教育信息化发展不同阶段的需要，合理安排硬件、软件、资源建设、培训等各方面的投入，以促进数字校园建设的健康、有效和可持续发展。在深入推进全市现有 100 所数字校园实验校建设和发展的基础上，逐步实现市级对区县和学校教育信息化项目的灵活布点和动态支持机制，及时发现、培植有想法、有基础、有特色的区县、学校项目，并给予经费支持。

三、责任分工

市教委负责数字校园建设的整体规划和指导推进，市教委委托北京教育网络和信息中心承担数字校园建设的监督实施和具体管理。主要做好以下工作：一是开展全市基础教育信息化顶层设计。建立“市级抓统筹、区县做整合、学校建特色”三级推进建设模式。二是建设市级教育信息化公共平台。加强对已有市级信息化系统的资源整合和统一认证，构建全市集约推进数字校园建设的信息化公共服务平台。三是加强交流研讨。定期组织行政部门、科研机构、业务部门、实验校交流探讨，激发深化数字校园建设的创新思路。

各区县教委是本区域数字校园建设的组织推进者。按照市教委统一部署，各区县教委指导教育信息化业务主管部门做好以下工作：持建设成果讨实本区（县）教委在数字校园建设中的如下职责：一是开展区域数字校园建设顶层设计。按照市、区县、学校三级推进建设模式，抓好区域数字校园建设平台与市级系统平台的对接、与学校特色建设的整合。二是建设区域教育信息化公共服务平台。建设本区域推进数字校园建设的教育信息化公共服务平台以及通用模块系统。三是监管项目建设。审核实验校建设方案，监控建设进展，推进验收评估，检查实际应用情况。向市教委定期报送本区域数字校园建设情况。四是组织培训交流。定期组织实验校进行观摩、交流，面向校长、学科教师、网管教师分类开展培训。五是做好政策与经费支撑。为数字校园建设、运维、常态化应用和长期改进提供保障。

实验校是数字校园建设和应用的主体，主要负责：一是为建设工作提供保障。组建数字校园建设工作小组，负责本校规划、建设及应用推广等工作。二是落实任务书、建设方案。严格按照任务书、建设方案推进项目执行。调整建设内容，应先报送区县教委同意，并由区县报送市教委同意后实施。三是规范项目管理。严格遵守政府采购流程、监理机制，规范项目过程控制与管理，配合市、区县教委做好验收和绩效评估。四是注重人才培养和队伍建设。着重提升校长信息化领导力、教师信息技术应用能力，建设一支适应现代教育需要的高素质信息化人才队伍。五是共享、开放建设成果。共享、开放项目推进中凝练的应用、资源、制度和经验等成果，通过市、区县“数字校园云平台”在全市推广使用。

四、保障机制

（一）落实两级监理机制

数字校园建设，实行市、校两级监理机制。市级监理协助市教委进行项目进度、质量、经费使用以及验收评估等方面的控制与管理，校级监理负责实验校建设全程监理，校级监理须定期按要求向市级监理汇报项目进展并接受其指导。

（二）重视专家全程引领

市级统一建设完善的数字校园建设专家库机制。区县、实验校积极、主动使用专家资源。在任务书、建设方案、需求分析和方案设计、验收评估等环节，采取专家评审机制。

（三）重点示范，长效保障

市教委认真总结各区县、实验校数字校园建设情况，在全市范围内推广先进经验和优秀成果，并在后续经费投入上对先进区县、示范学校和特色应用给予优先考虑。

2014年1月16日

北京市教育委员会

关于做好2014年基础教育信息化建设工作的通知

京教基二〔2014〕8号

各区县教委、各有关单位：

2014年是深化教育领域综合改革开局之年，为构建利用信息化手段扩大优质教育资源覆盖面的有效机制，进一步统筹全市基础教育信息化工作，现就有关工作通知如下：

一、指导思想

深入贯彻十八届三中全会精神，全面落实中长期教育改革和发展规划纲要，以“集约、融合、共享”为原则，促进信息技术与教育教学实践的深度融合，探索适应未来需要的智慧教育实现形式。

二、重点工作

（一）推进基础教育信息化集约建设

针对目前基础教育信息化建设中存在的条块割裂、“信息孤岛”、重复建设、缺乏规范等问题，切实加强基础教育信息化统筹规划，推进集约建设。

市级加快信息化公共平台建设，包括：北京数字学校、基础教育管理云平台、数字化教育资源共享交换平台、数字校园建设公共服务平台等；推动整合北京数字学校与CMIS系统、教育资源网、数字图书馆等系统资源；制定北京市优质原创资源征集评优办法和标准以及指导性技术规范，向区县和学校开放市级信息系统接口，鼓励市、区县、学校三级信息系统融合发展。

各区县要在对信息化建设现状摸底调研基础上，积极推进系统与资源集约建设，避免多头建设、重复浪费；各区县要加强与市级、学校信息系统与资源的互联互通、统一认证与数据共享交换；加强对沉淀于各学校、教研机构资源的统筹整合，积极扩大优质教育资源的覆盖面。

鼓励学校聚焦课堂教学、以教与学方式变革、学生成长、高效管理等为重点，开发建设校本特色信息化系统；鼓励学校在市、区（县）级公共平台上进行应用和资源的二次开发，提高系统建设集成化和特色化水平。

（二）落实国家“三通两平台”达标任务

2014 年，是我市落实“三通两平台”达标的关键之年。市教委委托北京教育网络和信息中心根据教育部统一部署，研制和发布“三通两平台”建设和应用系列技术指南。其中“宽带网络校校通网络升级优化技术指南”和“优质资源班班通教室无线接入技术指南”请见附件。各区县、学校要在市级统筹引领下，实现以下目标：

高水平实现宽带网络校校通：各区县应确保全部中小学校实现千兆接入北京教育信息网；市级将进一步优化市级骨干网络，扩大传输能力，提高稳定性。

大力推进优质资源班班通：各区县应确保全部中小学教室100%接入互联网，其中50%以上教室实现无线网络覆盖，数字化教育教学资源能够方便推送到课堂教学中去；市级推进 100 所“优质资源班班通”试点学校建设，加强引领与示范。

切实推进网络学习空间人人通：各区县应确保 80%以上的教师、学生能够方便使用北京数字学校等各类个人网络学习空间，并积极开展信息技术条件下教与学方式变革实验，关注微课程模式及即时学习行为分析大数据实验；市级抓好北京数字学校、数字校园等市级信息化公共平台建设，促进信息技术与教育教学实践深度融合。

（三）提升中小学数字校园建设与应用水平

2014 年，数字校园建设要以贯彻落实《关于进一步加强中小学数字校园实验项目建设的意见》（京基教二〔2014〕2 号）为重点，市级进一步加强对全市数字校园建设的规划、指导，完善“市级抓统筹、区县做整合、学校建特色”的三级建设机制，搭建数字校园公共服务云平台，编制建设指南和标准体系，开展应用绩效评估，加强专家团队指导，加大培训交流力度，总结提炼建设成果，建立示范基地，并通过公共服务平台向全市推广数字校园建设与应用成果。

各区县要做好数字校园建设与发展的顶层设计；建设区域数字校园信息化公共平台，并做好与市级平台对接、与学校特色建设整合；认真审核实验校建设方案，监控建设进展，推进验收评估，积极配合市级开展好经验总结、应用评估和成果推广；定期组织实验校进行培训交流；为数字校园建设、运维、常态化应用和长期改进提供经费保障，使数字校园的建设与应用成为本区常态化项目。

实验校要严格执行建设任务书，遵守项目和经费管理制度，配合市、区县两级做好中期检查、验收评估等工作；提升校长信息化领导力和教师信息技术应用能力；通过数字校园公共服务云平台共享学校建设经验成果。

（四）提升北京数字学校全方位服务水平

北京数字学校是构建教育基本公共服务体系的重要载体。要形成市、区县、学校共同参与、充满活力的北京数字学校建设发展机制。市级组织开展师生广泛参与的系列化活动，进一步推动北京数字学校成为教育教学不可缺少的日常平台；做好教育教学资源系统建设，开发 2300 节微课程、专题课程资源，开发基础教育 MOOCs（慕课）教学平台，建设配套学习行为分析和评价系统；升级北京数字学校平台，建设个性化用户环境，开发教研与培训、课程管理与应用、微信平台等系统，提升用户体验水平，为区县、学校特色发展和教师、学生提供交流、展示、共享的发展平台。

区县和学校要积极参与北京数字学校建设和应用，组织师生积极参与数字学校活动，基于数字学校开展教育教学；建设好区县数字学校分校和一批名校课堂栏目，启动25所北京数字学校研究基地建设，探索教与学方式变革，研究特色教育服务体系。市级为区县和学校提供北京数字学校资源、应用接口，支持三级基础教育信息化建设形成开放合作态势。

（五）构建数字化教育教学资源开发和共享交换体系

为更好整合各区县、学校、教科研等机构的数字化教育教学资源开发力量，推进数字化教育教学资源开发与共享交换体系建设。大力推进数字化教育教学资源开发，市级重点推动中小学数字化教材及配套资源建设，鼓励各区县结合实际开展数字化教材实验，开发教学课件、测试练习和教育游戏等配套资源。加强传统优秀文化教育、英语听说训练等数字化资源建设。通过集中专业开发与教师原创作品征集等两种方式汇聚资源，积极探索政府购买资源开发服务的有效机制。

建设数字化教育教学资源共享交换平台，市级推动构建全市教育教学资源共享交换工作机制，加大资源管理的统筹力度。研制基础教育资源标准体系，实现全市资源的组织化和系统化管理。搭建资源共享服务平台，部署信息化支撑环境。选取一批试点区县和数字校园实验校开展资源共享交换试点，试点区县要按照市级统一部署，梳理整合区域现有数字化教育资源。试点学校要按照市、区两级工作要求，积极共享优质资源，并探索实践市、区、校多级资源建设与共享的模式。

三、工作保障

（一）加强组织领导

各区县要加强对基础教育信息化工作的组织领导，按照全市统一部署，结合区域实际，加大对市级重点工程建设的统筹力度。各区县应制定《2014年基础教育信息化工作计划》、《“三通两平台”区域建设方案》，并于4月14日前报送市教委基础教育二处。

按照教育部要求，市教委建立“三通两平台”工作月报制度，各区县每月末要向北京教育网络和信息中心报送工作进展，全市建设情况将在网上实时公布。年底，市教委将对各区县“三通两平台”建设任务完成情况进行检查。

（二）加大经费保障

各区县要有效使用“三通两平台”建设市级引导资金，落实好区县配套经费，并将今后“三通两平台”运行维护、改造升级等费用统一纳入区县财政预算，保障项目持续平稳运行。

（三）加强队伍建设

各区县要加大教育信息化培训力度，提升校长的信息化领导力和教师学生的信息化素养，形成推进基础教育信息化的良好生态。

（四）加强网络信息系统安全建设

各区县要切实加强网络信息系统安全管理，做好各类数据资源的规范管理，确保重要信息系统安全稳定运行。

附件：1. “宽带网络校校通”网络升级优化技术指南

2. “优质资源班班通”教室无线接入技术指南

2014年3月28日

附件 1

“宽带网络校校通”网络升级优化技术指南

一、指南适用说明

《“宽带网络校校通”学校网络升级优化技术指南》(以下简称“技术指南”或“指南”),旨在为北京市“三通两平台”达标示范工程中“宽带网络校校通”网络升级优化部分提供技术参考指标,其中提出了学校在建设过程中需要开放的端口等内容,规范和完善北京市教育网络建设。

“三通两平台”达标示范工程其他相关工作的技术指南,将另行发布。

二、“宽带网络校校通”网络升级优化工程建设规划

北京市教育网络(注:以北京教育信息网为核心,同时辅之以其他社会运营网络。本指南中主要涉及北京教育信息网,以下直接写为“北京教育信息网”。)为三级架构,第一级为北京教育信息骨干网络,第二级为区县网络,第三级为校园网。其中,市级骨干网络和区县网络间已实现万兆高速连接。

依据北京市“三通两平台”达标示范工程规划战略方案,“宽带网络校校通”网络升级优化工程是基于北京教育信息网的学校教育信息化软硬件基础设施建设与应用,当前重点是提升各级各类学校的宽带接入,优化各级各类学校网络条件下基本的教学和学习环境建设。具体包括:

(一)宽带网络升级优化,学校接入北京教育信息网区县骨干节点的网络出口带宽达到千兆(物理)。

(二)各中小学校为学生提供接入互联网的学习环境,包括多媒体教室、计算机教室等。

(三)各中小学校为教师提供接入互联网的工作环境、教学环

境和教研培训环境。

（四）推动学校开展基于网络的管理信息化、优质资源共享及相关应用。

“宽带网络校校通”网络升级优化工程的目标是 2014 年北京市全部中小学校达到以上建设要求。

三、学校宽带出口升级至千兆

依据北京市“三通两平台”达标示范工程的规划战略方案，“宽带网络校校通”网络升级优化工程的主要建设目标之一是实现各中小学接入北京教育信息网区县骨干节点的网络出口带宽达到千兆（物理）。在此项建设内容中，建议学校参考以下技术说明：

（一）区县骨干节点到北京教育信息网中心节点需要进行双向开放的端口：

协议名称	功能描述	端口
ftp	文件传输	tcp 20，tcp 21
dns	域名解析	udp 53
ssh	加密远程管理	tcp 22
telnet	明文远程管理	tcp 23
smtp	邮件发送协议	tcp 25，tcp 465，tcp 993，tcp 587，tcp 465
pop3	邮件接收协议	tcp 110，tcp 995
imap	邮件发送协议	tcp 143
http	网络浏览	tcp 80，tcp 443，tcp 8080
sip	语音呼叫	tcp 5060，tcp 5061
h. 323	视频会议	tcp 1720
pptp	vpn	tcp 1723
ipsec	vpn	tcp 10000，udp 10000，udp 4500，udp 500
snmp	网络管理	udp 161
syslog	网络日志	udp 514
h. 460	其他应用	tcp 1001，tcp 8000，tcp 3000，tcp 3001，tcp 7000，udp 1719，tcp 2776，udp 2776，tcp 2777，udp 2777，tcp 3089，udp 3089，udp 3478
	其他应用	tcp 4600，tcp 4601，tcp 8443，tcp 9800，udp 162，udp 69

（二）为保证“三通两平台”达标示范工程各项应用的顺利实施，部分 IP 地址段需要做端口策略统一优化（另行通告）。

附件 2

“优质资源班班通”教室无线接入技术指南

一、指南适用说明

根据北京市教育信息化战略规划和北京市“三通两平台”达标示范工程建设目标，2014 年北京市 50％的中小学校将建成接入北京教育信息网的教室无线网络，直接将优质资源应用于课堂教学中。

《“优质资源班班通”教室无线接入技术指南》（以下简称“技术指南”或“指南”），旨在为北京市“优质资源班班通”无线网络建设项目中教室无线接入建设提供技术参考，规范和完善北京市教育网络建设。

本指南简单描述了北京市“三通两平台”达标示范工程对北京教育网络的整体规划，提出了教室无线接入点（AP）设备的基本功能要求、硬件要求以及环境要求等。

“三通两平台”达标示范工程中其他相关工作的技术指南，将另行发布。

二、北京教育信息网无线网络

依据北京市“三通两平台”达标示范工程规划战略方案，北京教育信息网将在三级架构中增建无线网络，即在各中小学实现教室内部无线覆盖，满足课堂教学中的智能移动设备直接接入北京教育信息网的应用需求。

北京教育信息网无线网络规划包括：

北京市统一管理，在北京教育信息网中建立多层级无线网络控制器（后期根据区县应用管理需求，支持接入控制下移）。

采用全网统一 SSID 模式或统一多 SSID 模式。

中小学校和教育单位可自行通过无线接入设备，接入北京教育信息网无线网络。

由北京市教育网络认证中心对无线网络用户和接入设备（AP等）实现全市统一的证书认证。

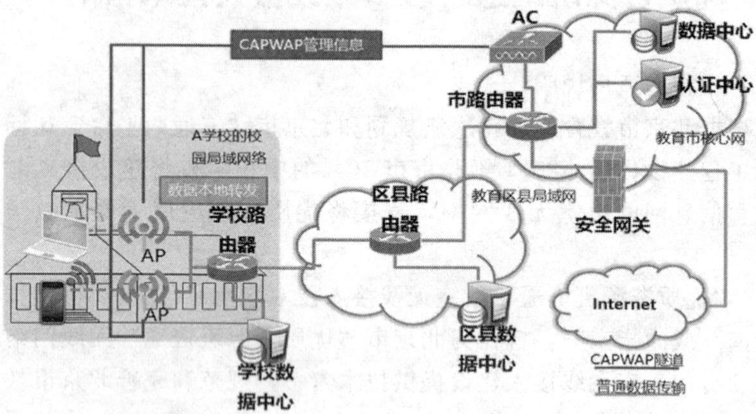

三、无线接入器（AP）技术建议

（一）无线接入器（AP）功能要求

AP设备应满足单节点50个终端的同时接入和服务能力，采用瘦AP模式，支持双频及负载均衡能力，上电启动后应自动接入北京教育信息网，单终端接入下行数据速率不小于1Mbps，AP设备具备可扩展性。

1. 基本功能

（1）网管功能：支持标准和开放的网络管理接口，如SNMP（v2c或以上版本）、Syslog、HTTP、SSH（以上均为必选）、TFTP（可选）等；支持标准和开放的管理信息库，如802.11 MIB，802.3 MIB等；支持远程批处理软件下载及升级。

（2）漫游支持：支持二层漫游；切换中保证业务不间断；支持三层跨子网漫游；支持VLAN内用户无缝漫游。

（3）支持协议：支持IEEE 802.11b/g/n/ac，STP（IEEE802.1d），IEEE 802.3等协议。

（4）IP地址设置：支持静态地址设置，手动设置AP地址，包括 IP（支持 IPv4 及 IPv6）、网关、子网掩码、DNS 等；支持 DHCP 自动获取地址。

（5）对 AC 的支持：AP 入网之后可自动搜索并连接对应的 AC。支持如下 AC 发现方式：手动配置，二层/三层发现包括：DHCP OPTION 43，通过 DNS 域名解析发现。

（6）业务转发：同时支持以下业务转发方式：集中转发，本地转发；在本地转发模式下，当与 AC 链接中断后应能持续正常工作，不影响用户使用。且当恢复与 AC 链接时，仍然持续正常工作，不影响用户使用，不会出现重启，服务中断等现象。

2. 用户接入功能

（1）认证功能：支持 802.11i 认证协议、WAPI 认证协议。支持以下认证方式：WEB 认证、802.1X 认证架构、EAP－TLS 数字证书认证、EAP－SIM/AKA SIM 认证。

（2）接入控制：支持基于 SSID 的接入控制；支持基于 MAC 地址的接入控制；支持 SSID 信息的广播功能的打开和关闭功能；具有限制最大关联用户数的功能、基于 SSID 的用户数限制功能；支持多 SSID 功能，至少支持 16 个（per radio），能够为不同 SSID 配置不同的 VLAN，多个 AP 的同一个 SSID 需要被划分在同一个 VLAN 内。

（3）SSID 管理：能够在 AP 与 AC 连接中断或恢复时，支持动态生成或关闭 SSID 能力；支持在 AP 的各 SSID 网络中执行不同的安全认证策略；支持控制不同 SSID 下用户可用网络资源，包括可以访问地址等。

（4）用户信息保存：能够实时地本地保存当前用户信息，如认证用户列表，认证用户密钥等。使 AP 在与 AC 链接中断时，可继续服务已经在线用户。

（5）VLAN 功能：支持对同一个 AP 下用户不同 VLAN 的分配和标记能力。

（6）带宽控制：支持配合 AC 实现带宽控制功能：支持基于用

户和用户群的带宽控制；支持单 AP 下不同 SSID 配置不同的带宽控制要求。

(7) 同步要求：AP 和 AC 间支持基于 NTP 的时间同步。

(8) CAPWAP：支持 AP 通过 CAPWAP 隧道与 AC 互通，且在其中 DTLS 会话过程中采用数字证书方式与 AC 进行相互认证。AP 支持通过 CAPWAP 向 AC 上报其所接入用户的用户信息，包括认证情况等。

(9) 用户隔离：支持单 AP 及不同 AP 下的二层隔离功能；支持用户隔离功能的打开和关闭。

(10) 频点设置：支持自动频点设置功能，支持基于 AP 测量的自动频点设置能力，兼容所有 WLAN 接入终端类型。

(11) 802.11n：支持单、双空间流；支持 A－MPDU；支持 20/40MHz 频宽；支持 Short GI；支持仅 11n 客户端接入；支持对 802.11a/b/g 客户端的兼容。

(12) 速率控制：支持自适应动态速率调整策略，根据无线信道质量，分别对 IEEE802.11b/g/n 接口进行可变速率的调制方式。

(13) 访问安全：支持 WPA 动态密钥管理和数据加密；支持 WPA2 加密方式。

(14) 加密兼容性：兼容不加密、静态 WEP 加密、WPA、WPA2 等多种加密方式。

(15) QoS 功能：支持 WMM WME 标准；支持 802.1p 和 WLAN 接入层的 QoS 映射。

(二) 无线接入器 (AP) 硬件要求

1. 总体要求：采用双路双频硬件设计，支持 2.4G 及双 5G 频段，支持 2 发 2 收；支持 2 流 MIMO；具备可靠计算与存储能力。产品满足 3C 认证。

2. 产品形态：建议采用吸顶式内置天线。

3. 支持用户数量：单 AP 同时用户接入数量≥50 人。

4. 接口标准：同时支持 IEEE802.11b/g/n/ac，模式可选。

5. 天线接口：建议主机自带不少于 2 个内置天线，采用 2X2MIMO 天线架构。

6. 工作频段：支持 2.4G/5.8G（5150～5850MHz）及双 5G 频段工作。

7. 天线频段：5G 频段天线要支持 5.15GHz～5.85GHz 频段。

8. 发射功率：发射功率可以软件配置和更改，且 AP 设备重启前后的发射功率设置必须一致。

9. 物理接口：支持≥1 个 GE 电口；提供 100/1000M 以太网接口。

10. 供电方式：支持 IEEE802.3at 协议的 PoE 48VDC 供电或支持直流 48V 供电模式。

11. 基本功耗：≤15W（2 发 2 收 2 流）。

12. 可靠性：平均故障间隔时间（MTBF）≥10 万小时；AP 产品的可用度指标≥99.999%。

13. 整机存储空间：AP 为用户预留出存储设备认证证书的存储空间（建议不小于 16MB）。

14. 吞吐量：当 AP 覆盖的范围内仅有 1 个终端，且为室内 AP 和 WLAN 终端无阻挡的传播环境下时系统吞吐量（TCP 模式）应达到如下要求：

（1）在 802.11b 模式下，上下行吞吐量应≥5Mbps（不加密）；

（2）在 802.11g 模式下，上下行吞吐量应≥20Mbps（不加密）；

（3）在 802.11n 模式（一条空间流），HT20MHz 模式下，上下行吞吐量应≥45Mbps（不加密）；HT40MHz 模式下，上下行吞吐量应≥95Mbps（不加密）；

（4）在 802.11n 模式（二条空间流），HT20MHz 模式下，上下行吞吐量应≥85Mbps（不加密）；HT40MHz 模式下，上下行吞吐量应≥160Mbps（不加密）；

（5）在 802.11n HT40MHz 模式回退到 HT20MHz 模式时，

吞吐量应不低于 HT20MHz 模式下的指标要求；

(6) 加密模式下，吞吐量下降不超过上述指标的 10%。

15. 覆盖半径：在满功率情况下，室内不小于 30 米。

16. 接入速率：50 台终端设备同时接入时，满足单台设备下行链路数据速率≥1Mbps。

(三) 无线接入器 (AP) 环境要求

1. 接地：接地电阻≤10 欧姆时 AP 设备能够正常工作。

2. 工作温度：环境温度 0℃～45 ℃时设备可正常工作。

3. 工作湿度：相对湿度 10%～95% (非冷凝) 时设备能正常工作 (相对湿度为地板以上 2 米和设备前方 0.4 米处的相对湿度)。

4. 防雷特性：共模 1.5KV，差模 1.0KV。

5. PoE 供电：AP PoE 符合 802.3 at 标准，网线长度不超过 100 米。

6. ESD (静电放电)：空气放电 +/－8KV，接触放电 +/－6KV。

7. 其余请参考相关工业标准和行业标准。

北京市教育委员会

关于公布市属高校数字校园示范校建设项目验收结果的通知

京教函〔2014〕190号

各有关高等学校：

4月，市教委组织专家对首都师范大学等7所高校承担的市属高校数字校园示范校建设项目进行了验收。学校全部通过项目验收，并获得“北京市属高校数字校园示范校”称号。

专家组认为，经过三年的建设，市属高校数字校园示范校建设项目在信息化基础设施、资源建设、应用系统建设与业务支持、用户满意度、保障措施等方面都取得了很大进展，取得了一批标志性成果，推动了市属高校数字校园整体水平的提升。

希望各高校按照“数字校园”建设要求，进一步促进信息化与教育教学深层次融合，加强信息化专业队伍建设，提升教育信息化保障能力，带动市属高校数字校园建设整体水平的提升，为推进我市教育信息化作出应有的贡献。

附件：市属高校数字校园示范校建设项目验收结果

2014年5月13日

附件

市属高校数字校园示范校建设项目验收结果

优秀

北京联合大学

合格

中国戏曲学院

北京信息科技大学

北京财贸职业学院

首都师范大学

北京信息职业技术学院

北京电子科技职业学院

人事·机构

北京市教育委员会文件选编

(2014)

北京市教育委员会办公室

转发教育部办公厅关于进一步加强和规范高校人才引进工作若干意见的通知

京教人办〔2014〕1号

各市属高等学校：

现将教育部办公厅《关于关于进一步加强和规范高校人才引进工作的若干意见》（教人厅〔2013〕7号）转发给你们，请结合学校实际情况，认真贯彻落实。

2014年1月14日

教育部办公厅

关于进一步加强和规范高校人才引进工作的若干意见

教人厅〔2013〕7号

各省、自治区、直辖市教育厅（教委），新疆生产建设兵团教育局，有关部门（单位）教育司（局），部属各高等学校：

近年来，各地各校认真落实国家教育规划纲要和人才发展规划，深入推进人才强教、人才强校，高校人才引进工作取得显著成效，有力地推动了高等教育内涵发展和创新能力提升，为建设创新型国家做出了重要贡献。但是，部分高校在人才引进工作中也存在着缺乏科学规划，片面追求数量，审核把关不严，程序不健全，机制不完善，以及少数高层次人才流动频繁、到岗不足、兼职过多等现象。

为贯彻落实党的十八届三中全会精神，建立集聚人才体制机制，加快形成具有竞争力的高校人才制度优势，现就进一步加强和规范当前高校人才引进工作提出如下意见。

一、加强人才队伍建设的统筹。紧紧围绕国家发展战略需要和经济社会发展需求，统筹人才引进、培养和使用，开发利用好国际国内人才资源，走育引并举之路。科学制定引才规划，结合学科建设和队伍建设实际，明确引才目标任务、重点领域和优先次序，注重学术梯队建设，促进人才队伍结构不断优化，整体水平不断提升。用好用活引进人才，既要待遇留人，更要事业留人、感情留人，真正做到按需引进、以用为本。

二、大力引进海外高层次人才。充分发挥学校的主体作用，集成各类人才计划项目与政策资源，进一步加大海外引才工作力度。重点引进学科领军人才、青年拔尖人才和高水平创新团队，注重引进新兴学科、交叉学科及重点领域急需紧缺人才。优先保证国家实验室、国家大科学工程、协同创新中心等重大平台人才需求。

三、加大引才审核工作力度。严格引进人才审核，全方位核准核实其教育背景、工作经历、任职资格、师德师风、学术业绩、学术道德、政治方向和政治立场等，确保信息真实性，防止弄虚作假。规范引才审核工作，明确责任主体、工作规则和审核程序，建立审核工作责任追究制。充分发挥海内外同行专家在人才评价中的重要作用，科学评估引进人才综合素质和能力水平。完善人才引进风险评估、预防和处置机制。

四、规范招才引才行为。全面实行公开招聘制度，坚持“双方自愿、平等协商、程序规范、手续完备”的原则，促进人才合理流动和有效配置，支持高层次人才向中西部高校流动，东部高校不得到中西部高校招聘长江学者。加强引才自律和约束，严格按照国家有关规定和程序办理人才引进手续，禁止采取“不要人事档案、不要户口、不要流动手续”或另建人事档案的违规做法招揽和引进全职人才。

五、加强聘用合同管理。聘用合同要明确学校与受聘人的权利义务关系，做到格式规范、内容完备、条款明晰、目标合理。强化法制意识和契约意识，学校应认真履行合约，及时兑现承诺，因学校责任导致合同终止的，不得以扣压档案等形式阻止人才流动。聘期内主动提出离职或有其他违约行为的，当事人应承担相应责任。国家重大人才计划引进的高层次人才应成为履行合同的典范，原则上聘期内不得变更工作单位，对于不到岗或到岗时间不足、不履行合同的，学校应及时终止合同，并将有关情况报主管部门。完善人事争议处理机制，依法维护双方合法权益。

六、改进和完善聘期考核制度。健全以岗位职责为基础，以品德、能力和业绩为导向的考核评价机制，克服单纯以论文、专利、项目和经费数量评价人才的倾向。严格执行考核制度，年度考核主要考核到岗时间和工作进展情况，聘期考核以师德师风、创新质量、服务贡献和队伍建设为重点，考核合同履行及作用发挥情况，并将考核结果作为是否续聘或薪酬调整的重要依据。对学术不端、违反师德规范行为实行一票否决。

七、做好引进人才服务和支撑工作。围绕引进人才实际需要，加强配套条件保障和团队建设，使人才尽快开展科学研究和人才培养工作。根据国家有关政策和学校实际情况，合理确定引进人才薪酬标准，制定有效的激励机制，激发人才工作积极性。积极帮助引进人才解决好住房、医疗等方面的实际困难，关心其配偶工作、子女入学等问题，解除人才后顾之忧。加强人文关怀，营造引进人才安心工作、舒心生活的良好环境。

八、严格规范兼职兼薪行为。按照“本职优先、分类管理、突出重点、逐步规范”的原则，加强对全职人才兼职兼薪行为的规范管理和监督检查。兼职须经学校审批，鼓励在做好本职工作情况下，从事与教学科研相关，有利于增强学校办学实力、提高学校声誉，且不获取薪酬的兼职活动；禁止从事影响教学科研工作的兼职。“千人计划”国家特聘专家、长江学者特聘教授等在同一时间内应只有一个全职工作岗位，不得兼职；长江学者特聘教授在聘期内不得担任学校领导职务或调离受聘岗位。

九、加强对人才引进工作的领导。落实党管人才原则，学校党委要加强对引才工作的领导、统筹和协调，明确学校、院系和职能部门的职责权限，健全人才工作机构，加强人才工作队伍建设。健全引才工作议事规则和决策程序，充分发挥学术委员会重要作用，推进民主决策、科学决策。深化高校人事管理制度改革，统筹建立高层次人才收入分配体系，正确处理人才引进、培养和使用的关系，努力营造各类人才共同发展的良好局面。加强高层次人才职业道德教育，倡导潜心科研、静心育人、淡泊名利、诚实守信的良好风气。

2013 年 12 月 23 日

北 京 市 教 育 委 员 会
北京市人力资源和社会保障局

关于做好北京市特级教师评选工作的通知

京教人〔2014〕2 号

各区县教委、燕山教委，市教委有关直属单位：

为进一步加强本市教师队伍建设，发挥特级教师引领和辐射作用，根据原国家教委、人事部、财政部《特级教师评选规定》和《北京市特级教师管理办法》（京教人〔2008〕10 号），现将开展新一批北京市特级教师评选工作有关事项通知如下：

一、评选的范围、对象

（一）评选范围

本市幼儿园、中小学、区县教师培训基地、教学研究机构、少年宫（含少年之家、科技馆、站）、职业高中、特殊教育学校、工读学校。

（二）评选对象

2013年12月31日在职在岗的符合参评条件的教师。

二、评选条件

（一）热爱社会主义祖国，认真执行党的教育方针，模范遵守国家法律法规。热爱教师职业，模范履行教师职责，教书育人，立德树人，为人师表，团结协作，具有崇高的职业道德和奉献精神。

（二）根据学科教学特点，注重理想信念教育，积极推进素质教育，注重培养学生的综合素质、创新精神和实践能力，促进学生全面发展，关爱学生成长，育人效果显著。

（三）对所教学科具有系统的、坚实的理论和丰富的教学经验，在教学领域形成特色，教学示范作用明显，在本市教育界有一定影响。

（四）具有较强的教育教学研究能力，在教学内容、教材教法和学生成长等方面有深入研究和独到见解并能在学科领域内发挥引领示范作用。

（五）积极承担培养和指导青年教师任务，引领学校和区域内本学科教师队伍建设，在提高教师思想政治素质、业务水平和教育教学能力方面做出突出贡献。

（六）具有《教师法》规定的合格学历，且具有中学高级教师专业技术职务5年以上（含），特别优秀的中青年教师和农村学校教师专业技术职务任职年限可适当放宽。

（七）近五年内正式出版过个人论著（译著），或近五年内在正式出版的期刊上独立（或以第一作者）署名发表本学科相关的论文，具有较高的学术价值与推广价值，对推进素质教育、提高教学质量具有积极指导作用。

（八）在同等条件下，符合以下情形之一者，可优先考虑。

1. 具有从城镇学校到农村学校、优质学校到薄弱学校全职交流任教一年及以上和到西部地区支教且表现突出的教师。

2. 国家级、市级劳动模范、优秀教师、优秀班主任及相当荣誉称号获得者；

3. 坚持在农村学校从事教育教学工作 9 年（含）以上的教师。

4. 担任班主任工作 20 年（含）以上的教师。

三、评选名额

全市拟评选特级教师 230 名，其中农村专项 30 名，专门用于乡镇及以下所属农村幼儿园和中小学教师申报（推荐指标表见附件1，略）。

四、评选程序

（一）个人申报、单位推荐

特级教师推荐人选，采取个人申报、组织推荐的办法产生，并在本单位进行民主测评，广泛征求意见，参加测评的人数不少于所在单位在职专任教师的三分之二（含），且同意推荐的比例不低于参加测评人数的三分之二（含）。

（二）区县遴选推荐

区县教委要成立特级教师评选推荐领导小组，组织专家组按学科类别深入课堂进行听课，了解参评教师的师德情况和教育教学效果，进行评议，并写出评议意见。区县教委根据民主测评与专家评议意见，拟定推荐人选，根据得票多少进行排序，并将推荐人选的名单及其业绩在本区县教委网站进行公示，同时纸质材料由推荐人选所在学校进行公示，公示期 7 天。确无不良反映，报经区县人民政府同意后上报市教委。

（三）评审、批准

市教委、市人力社保局共同组成由教育、人事部门领导、特级教师及有关专家等构成的特级教师评选委员会，对各区县推荐的特级教师候选人进行审核，组织学科评议组对参评教师进行评议（包括审查书面材料，说课和答辩等）并提出评选意见。由评选委员会采取无记名投票方式表决，全体参会委员三分之二（含）以上同意方为通过，初选名单通过市教委网站面向社会进行公示，公示期为 7 天。公示无异议后经市教委和市人力社保局审定，报市政府批准，并报教育部备案。

五、材料报送要求

各区县教委及有关直属单位请于2014年4月30日前将推荐名册及个人申报材料按照以下要求报北京市教育系统人才交流服务中心（海淀区增光路45号）：

（一）个人材料按每人一袋准备，并在材料袋封面注明编号（编号按申报者所在区县、学校类别、申报学科顺序编写，如：东城区中学数学第一号，编号为：东中数1号）、姓名、单位、学科，具体材料包括：

1. 北京市特级教师申报表（附件2，略）一式7份；

2. 相关获奖、最高学历、专业技术职务证书等证明材料复印件一式一份，加盖区县教委人事科公章（原件由区县教委主管部门审核），代表本人业务水平的论文或论著不超过3件（均需原件）；

3. 北京市特级教师推荐人选民主测评结果表（附件3，略）；

（二）北京市特级教师人选推荐名册（附件4，略）1份（请用excel制表，并报送电子版）。

六、工作要求

（一）各有关部门要切实加强组织领导，认真做好评选推荐的组织工作。严禁弄虚作假、营私舞弊，确保评选质量。

（二）各区县在本次特级教师评选中，要体现向一线教师、学前教育教师、特殊教育教师、农村教师和长期从事班主任工作的教师倾斜。

（三）各区县推荐的特级教师人选中要兼顾各类学校的比例以及各学科之间的平衡。

（四）专任教师参评特级教师，须在近五年内承担过市级及以上教育教学主管部门组织的研究课或承担区级教育教学主管部门的研究课不少于3次；参加过教育行政部门组织的市级教学比赛并获奖。近五年来所承担的教学工作周课时数不少于8课时。

（五）教研员参评特级教师，须在教学一线任教9年（含）以上（新兴特殊学科除外）。任教研员后，经常深入教学一线示范教学、听课、评课、指导教育教学，总结推广教改经验，并在探索教学内容、教师成长规律、教学方法和减轻学生课业负担等方面做出突出成绩。其指导的教师获得市级及以上教学评比一等奖，指导的教师论文在正式出版的期刊上发表。具有较高水平的教育科研能力，近五年内曾独立主持市级及以上科研课题；获得市级及以上教学成果奖或教育科学研究优秀成果奖或哲学社会科学优秀成果奖；参加过经全国中小学教材审定委员会审定的教材编写。

（六）学校领导（正职）参评特级教师须在参评学科承担教学工作，近五年所承担的教学工作周课时数不少于 4 课时。在提高学校办学水平、规范科学管理、课程改革等方面经验丰富，业绩突出。重视教师队伍建设，注重学生全面发展，办学效果显著。

（七）教研员和学校领导（正职）的参评比例原则上不得超过 20％。

（八）农村专项可适当放宽评审条件。

（九）除市教委直属单位外，评选范围内的他办校（园）按照属地的原则进行推荐申报。

附件：1. 北京市特级教师推荐指标表（略）

2. 北京市特级教师申报表（略）

3. 北京市特级教师推荐人选民主测评结果表（略）

4. 北京市特级教师人选推荐名册表样（略）

2014 年 2 月 21 日

北京市教育委员会

关于调整城六区中小学教师人事档案管理模式的通知

京教人〔2014〕3号

各相关区教委，北京市教育系统人才交流服务中心：

自2000年起，受市教委委托，北京市教育系统人才交流服务中心（以下简称“中心”）承担东城、西城、朝阳、海淀、丰台、石景山等六个城区（原城八区）中小学新聘用教师人事档案管理工作。为适应我市人事制度改革以及事业单位分类改革的需要，经研究决定，将现由中心管理的城六区教师人事档案分步转回各区教委管理。现将具体事项通知如下：

一、停收档案时间

自2014年2月1日起，中心不再接收城六区教委所辖单位新聘用教师的人事档案，由各区教委根据本区情况进行管理。

二、移交档案安排

现由中心管理的教师档案，原则上在三年内分批完成移交。移交时间、移交方式等具体事宜，由中心和城六区教委商定。中心和各区教委商定移交时间后，档案移交前半年停止接收存档人员的档案新材料。

三、其他事项

（一）自2014年2月1日起，中心不再负责接收城六区教委新聘用教师的集体户口落户工作。现由中心管理的集体户口人员，由用人单位告知本人，于人事档案正式移交前转出。

（二）从今年起，各区教委新接收的高校毕业生档案不再机要交换至中心。请各区教委提前落实好机要档案接收单位，并告知相关高校及毕业生，以确保接收的毕业生档案能顺利转递。

（三）教师档案转回各区教委管理后，服务期内市属免费师范毕业生违约后培养费的追缴，由各区教委负责按政策收缴。

（四）教育部直属师范大学免费师范毕业生的档案管理以及服务期内违约管理仍由中心负责。

四、有关要求

（一）中心应提前做好移交工作的准备和告知事宜，做好档案交接之前的整理、分类和装订等工作，交接时保障档案文本材料、目录清单和电子数据完整一致。在现有人事档案移交之前，中心仍要继续提供相应服务。

（二）各区教委要安排好后续档案接收及相关管理工作，保障人事管理工作正常良好运行。

2014年3月13日

北京市教育委员会

关于转发《中小学教师违反职业道德行为处理办法》的通知

京教人〔2014〕4号

各区县教委、燕山教委，各有关直属单位：

现将教育部制定的《中小学教师违反职业道德行为处理办法》（教师〔2014〕1号）转发给你们，请遵照执行。

2014年3月13日

教育部

关于印发《中小学教师违反职业道德行为处理办法》的通知

教师〔2014〕1号

各省、自治区、直辖市教育厅（教委），新疆生产建设兵团教育局：

现将《中小学教师违反职业道德行为处理办法》印发给你们，请遵照执行。

2014年1月11日

中小学教师违反职业道德行为处理办法

第一条 为规范教师职业行为，保障教师、学生的合法权益，根据《中华人民共和国教育法》《中华人民共和国未成年人保护法》《中华人民共和国教师法》《教师资格条例》等法律法规，制定本办法。

第二条 本办法所称中小学教师是指幼儿园、特殊教育机构、普通中小学、中等职业学校、少年宫以及地方教研室、电化教育等机构的教师。

前款所称中小学教师包括民办学校教师。

第三条 本办法所称处分包括警告、记过、降低专业技术职务等级、撤销专业技术职务或者行政职务、开除或者解除聘用合同。其中，警告期限为 6 个月，记过期限为 12 个月，降低专业技术职务等级、撤销专业技术职务或者行政职务期限为 24 个月。

第四条　教师有下列行为之一的，视情节轻重分别给予相应处分：

（一）在教育教学活动中有违背党和国家方针政策言行的；

（二）在教育教学活动中遇突发事件时，不履行保护学生人身安全职责的；

（三）在教育教学活动和学生管理、评价中不公平公正对待学生，产生明显负面影响的；

（四）在招生、考试、考核评价、职务评审、教研科研中弄虚作假、营私舞弊的；

（五）体罚学生的和以侮辱、歧视等方式变相体罚学生，造成学生身心伤害的；

（六）对学生实施性骚扰或者与学生发生不正当关系的；

（七）索要或者违反规定收受家长、学生财物的；

（八）组织或者参与针对学生的经营性活动，或者强制学生订购教辅资料、报刊等谋取利益的；

（九）组织、要求学生参加校内外有偿补课，或者组织、参与校外培训机构对学生有偿补课的；

（十）其他严重违反职业道德的行为应当给予相应处分的。

第五条　学校及学校主管教育部门发现教师可能存在第四条列举行为的，应当及时组织调查，核实有关事实。作出处理决定前，应当听取教师的陈述和申辩，听取学生、其他教师、家长委员会或者家长代表意见，并告知教师有要求举行听证的权利。对于拟给予降低专业技术职务等级以上的处分，教师要求听证的，拟作出处理决定的部门应当组织听证。

第六条　给予教师处分，应当坚持公正、公平和教育与惩处相结合的原则；应当与其违反职业道德行为的性质、情节、危害程度相适应；应当事实清楚、证据确凿、定性准确、处理恰当、程序合法、手续完备。

第七条 给予教师处分按照以下权限决定：

（一）警告和记过处分，公办学校教师由所在学校提出建议，学校主管教育部门决定。民办学校教师由所在学校决定，报主管教育部门备案。

（二）降低专业技术职务等级、撤销专业技术职务或者行政职务处分，由教师所在学校提出建议，学校主管教育部门决定并报同级人事部门备案。

（三）开除处分，公办学校教师由所在学校提出建议，学校主管教育部门决定并报同级人事部门备案；民办学校教师或者未纳入人事编制管理的教师由所在学校决定并解除其聘任合同，报主管教育部门备案。

第八条 处分决定应当书面通知教师本人并载明认定的事实、理由、依据、期限及救济途径等内容。

第九条 教师有第四条列举行为受到处分的，符合《教师资格条例》第十九条规定的，由县级以上教育行政部门依法撤销其教师资格。教师受处分期间暂缓教师资格定期注册。依据《中华人民共和国教师法》第十四条规定丧失教师资格的，不能重新取得教师资格。教师受降低专业技术职务等级处分期间不能申报高一级专业技术职务。教师受撤销专业技术职务处分期间不能重新申报专业技术职务。

第十条 教师不服处分决定的，可以向学校主管教育部门申请复核。对复核结果不服的，可以向学校主管教育部门的上一级行政部门提出申诉。

第十一条 学校及主管教育部门拒不处分、拖延处分或者推诿隐瞒造成不良影响或者严重后果的，上一级行政部门应当追究有关领导责任。

第十二条 教师被依法判处刑罚的，依据《事业单位工作人员处分暂行规定》给予撤销专业技术职务或者行政职务以上处分。教师受到剥夺政治权利或者故意犯罪受到有期徒刑以上刑事处罚的，丧失教师资格。

第十三条　省级教育行政部门应当结合当地实际情况制定实施细则，并报国务院教育行政部门备案。

第十四条　本办法自发布之日起施行。

北京市教育委员会

关于公布2013年幼儿园、中小学、中等职业学校市级学科教学带头人、骨干教师和农村骨干教师名单的通知

京教人〔2014〕5号

各区县教委、燕山教委、市教委有关直属单位：

根据市教委《关于开展2013年本市幼儿园、中小学、中等职业学校学科教学带头人和骨干教师评选工作的通知》（京教函〔2013〕144号）和《关于开展北京市农村中小学骨干教师评选工作的通知》（京教函〔2013〕137号），按照《北京市幼儿园、中小学、中等职业学校学科教学带头人、骨干教师选拔和管理暂行办法》（京教人〔2003〕15号），经北京市学科教学带头人和骨干教师评选委员会评审及市教委审定，批准许美琳等416名同志为市级

学科教学带头人，批准张艳清等 2005 名同志为市级骨干教师、周立霞等 219 名同志为市级农村骨干教师（名单另发），批准时间为 2013 年 11 月 12 日。

市教委对市级学科教学带头人和骨干教师实行动态管理，每三年评定一次。本次评选的市级学科教学带头人、骨干教师的任期为 2014 年 1 月 1 日至 2016 年 12 月 31 日。到达退休年龄的市级学科教学带头人和骨干教师，自办理退休手续之日起终止其享受的相关待遇。

各区县和有关直属单位要加强对学科教学带头人和骨干教师的管理，按照我市教师队伍建设相关文件要求，积极创造条件不断提高其师德水平和业务能力，充分发挥市级学科教学带头人和骨干教师的示范引领及辐射作用，有计划地组织他们到农村中小学及基础教育师资薄弱的学校开展支教活动，不断提高本市基础教育师资队伍的整体水平，为首都基础教育均衡和高质量发展发挥积极作用。

附件：1. 市级学科教学带头人名单（略）

2. 市级骨干教师名单（略）

3. 市级农村骨干教师名单（略）

2014 年 3 月 13 日

北京市教育委员会

关于开展市属高校高层次人才引进和特聘教授遴选工作的通知

京教函〔2014〕72号

各市属高校：

2014年，市教委决定继续开展高层次人才引进计划和特聘教授计划人选遴选工作。现就有关事项通知如下：

一、遴选条件

（一）高层次人才引进计划

高层次人才引进计划根据北京市属高等学校事业发展需要，在北京市经济社会发展有重大需求的学科领域，设置引进岗位。

引进条件与标准：

1. 在国内外知名高校、科研院所担任相当于教授职务的专家学者，具有一流的研究水平，在相关领域已取得突出学术成就；

2. 系北京市科技、产业发展和学科建设急需、紧缺领域的领军人才或学术技术带头人；

3. 身体健康，年龄原则上不超过50周岁（两院院士除外）；

4. 引进后全职在校工作，签订不少于3年的聘任合同。

（二）特聘教授计划

特聘教授岗位一般应设置在国家级及北京市重点学科、重点实验室、工程技术（研究）中心、重大攻关项目，以及北京市经济社会发展有重大需求的学科领域。

遴选条件与标准：

1. 学术造诣高深，在本学科领域具有较大影响，取得国内外同行公认的学术成就；

2. 两院院士、国家重点实验室和工程技术（研究）中心主要负责人、国内外高水平大学学术带头人等高端领军人才；

3. 聘期为3年，聘期内每年在校工作时间应不少于2个月。

二、遴选程序

（一）本计划以市属高校为单位统一申报，不接受个人申报。市属高校要按照通知要求组织推荐工作，按规定时间向市教委报送推荐材料。

（二）北京市属高校高层次人才引进与培养计划领导小组组织专家对推荐人选进行答辩评议（时间地点另行通知）。

（三）北京市属高校高层次人才引进与培养计划领导小组综合专家评议意见，拟定本计划入选者，并在北京市教委网站公示，公示期为7个工作日。确无不良反映后确定本计划入选名单。

三、组织领导

遴选工作由北京市属高校高层次人才引进与培养计划领导小组负责组织实施。领导小组下设办公室，办公室设在市教委人事处。

四、申报材料

《北京市属高等学校“高层次人才引进”计划项目申请表》和《北京市属高等学校“特聘教授”计划项目申请表》一式5份，支撑材料一份。

五、遴选工作要求

各单位要高度重视高层次人才引进计划和特聘教授计划人选计划遴选工作，切实加强领导，确保遴选工作公平、公开、公正。

（一）认真部署推选工作，广泛进行宣传并组织好推选条件的学习。

（二）遴选工作要坚持民主推荐、实事求是，好中选优、宁缺毋滥的原则，严格按照推选条件推荐。拟聘特聘教授人选须经学校学术委员会评议、校领导班子审定。

（三）遴选人选的推荐材料须在所在学校进行公示，公示期不少于7天。确保推荐工作的公平、公正和透明。

（四）申报材料请于2014年5月16日前报市教委人事处，申报材料电子版发至jqm@bjedu.gov.cn。申请表电子版可从市教委人事处网站下载。

2014年3月17日

北京市教育委员会

关于做好2014年市属高校长城学者培养计划遴选工作的通知

京教函〔2014〕74号

各市属高校：

2014年，市教委决定继续开展“长城学者”培养计划遴选工作。现就有关事项通知如下：

一、遴选范围和名额

2014年5月31日北京市属高等学校在教育教学和科学研究工作中取得显著成绩的在职在岗教师和研究人员。

2014年计划遴选“长城学者”培养计划入选者30名左右，每所高校可推荐人选2名，规模大的学校可推荐3名。

二、遴选条件

“长城学者”培养对象推选条件按照《北京市属高等学校高层次人才引进与培养三年行动计划》文件相关规定执行。

三、遴选程序

（一）本计划以北京市属高等学校为单位统一申报，不接受个人申报。市属高校要按照通知要求组织推荐工作，按规定时间向市教委报送推荐材料。

（二）北京市属高校高层次人才引进与培养计划领导小组组织专家对推荐人选进行答辩评议（时间地点另行通知）。

（三）北京市属高校高层次人才引进与培养计划领导小组综合专家评议意见，拟定本计划入选者，并在北京市教委网站公示，公示期为7个工作日。确无不良反映后确定本计划入选名单。

四、组织领导

（一）遴选“长城学者”培养计划工作由北京市属高校高层次人才引进与培养计划领导小组负责组织实施。

（二）领导小组下设办公室，办公室设在市教委人事处。

五、申报材料

（一）《北京市属高等学校“长城学者”培养计划项目申请表》一式5份；

（二）推荐人选的事迹材料一式1份，材料要求准确、翔实，字数在3000字左右。

六、遴选工作要求

各单位要高度重视“长城学者”培养计划人才遴选工作切实加强领导，确保遴选工作公平、公开、公正。

（一）认真部署遴选工作，广泛进行宣传并组织好推选条件的学习。

（二）坚持民主推荐、实事求是，好中选优、宁缺毋滥的原则，严格按照遴选条件推荐。

（三）推荐人选的推荐材料须在所在学校进行公示，公示期不少于5天。确保推荐工作的公平、公正和透明。

（四）申报材料请于2014年5月16日前报市教委人事处。申请表电子版可从市教委人事处网站下载。

2014年3月17日

北京市教育委员会

关于做好2014春季北京地区高等学校教师资格认定工作的通知

京教函〔2014〕103号

各高等学校：

为了加强高校教师资格认定工作，根据市教委《关于进一步做好高等学校教师资格认定工作的通知》（京教人〔2013〕4号）精神，现将2014年北京地区高等学校教师资格认定工作的有关事项通知如下：

一、认定范围

北京地区高等学校中专门从事教学工作，拟受聘于高校教师职务的在编在岗教师（含高等学校附属医院临床教学人员、高校专职辅导员）。

二、时间安排

4月4日至11日，申请人登录www.bjtcc.org.cn（北京市教师资格网）进行网上申报；

4月14日至18日，高校对申请人员进行公示；

4月22日至23日，非授权委托认定高校集体报送申请人员材料；

4月25日前，授权委托认定高校完成申报人员体检、认定材料审核、教育教学能力测试、专家审查委员会表决等相关工作；

4月28日至29日，授权委托认定高校集体报送申请人员材料；

5月16日起，非授权委托认定高校申请人员教育教学能力测试准考证下载打印；

5月底至6月初，非授权委托认定高校申请人员教育教学能力测试（以准考证上测试时间为准）；

6月11日，非授权委托认定高校申请人员教育教学能力测试成绩查询；

6月23日至27日，教师资格证书发放。

三、报送材料要求

（一）授权委托认定高校

1.《教师资格认定申请表》（含思想品德鉴定表）原件一式2份；

2.北京市申请高等学校教师资格人员情况汇总表一式1份（见附件1，略）；

3. 高校拟申请认定教师资格人员公示名单（见附件3，略）；

4.高校拟申请认定教师资格人员公示结果（见附件4，略）。

（二）非授权委托认定高校

1.《教师资格认定申请表》（含思想品德鉴定表）原件一式2份；

2.修学高等教育学、高等教育心理学证明原件及复印件；

3.学历证明复印件；

4.体检证明原件及复印件；

5.普通话水平证明原件及复印件；

6. 身份证明复印件；

7. 小二寸证件照1张；

8. 提供申请人1年内列入教学计划的教学工作量统计及计划表（加盖教务部门和人事部门公章）（见附件2，略）；

9. 高校专职辅导员需提供学校人事部门出具的相关证明；

10. 高校拟申请认定教师资格人员公示名单（见附件3，略）；

11. 高校拟申请认定教师资格人员公示结果（见附件4，略）；

遗失和毁损的证书需要补发和换发的，相关材料于春季集体报送认定申请材料时一并受理。

四、工作要求

（一）教师资格认定作为教育行政许可事项，程序合法性和办结的时效性较强，各高校要高度重视，要加强领导，人事处要确定专人负责，要认真学习相关政策，了解程序要求，要严格按照全市统一部署和精心组织，周密安排，积极做好相关政策的宣传和解释工作，确保今年认定工作的顺利开展。

（二）各授权委托高校要严格按照教师资格认定工作程序，制定本年度的教师资格认定工作方案，做好本校申请人员的申请及受理、面试与试讲、审核与认定等相关工作。各类表格填报内容完整，资料齐全。

（三）各非委托高校要做好信息发布，人员组织管理等工作，做好申请资格审查、材料收集及初审等，掌握各时间节点，及时通知本校需要参加教育教学能力测试人员按时参加测试并做好后期测试结果的反馈。

（四）各高校应安排专人作为网络系统管理员负责核实和确认本校申请人的网报信息。要按要求规范操作，核实和确认本校申请人员网报信息的真实性以及与报送的《教师资格认定申请表》内容的一致性。要妥善保管登录账户和密码，确保申请人信息安全。

（五）各高校要做好申请人申请认定资料整理归档，及时将《教师资格认定申请表》归入个人人事档案。

（六）各高校在开展教师资格认定工作中，严禁弄虚作假。对违反规定，损害申请人利益、甚至影响教师资格制度依法实施，并造成严重后果的，将按照相关法律、法规追究有关人员的责任。

（七）教师资格认定的相关政策请查询北京市教师资格网（http：//bjtcc.org.cn）。

五、联系方式（略）

附件：1. 北京市申请高等学校教师资格人员情况汇总表（样表，略）

2. 申请高校教师资格人员教学工作量统计表（2013～2014 学年第一学期）（样表，略）

申请高校教师资格人员教学计划表（2013～2014 学年第二学期）（样表，略）

3. 高校拟申请认定教师资格人员公示名单（样表，略）

4. 高校拟认定教师资格人员公示结果（公示无异议模板，略）

2014 年 3 月 25 日

北京市教育委员会

关于做好第十届北京市高等学校教学名师奖评选工作的通知

京教函〔2014〕161号

各普通高等学校：

为发挥教学名师的示范榜样作用，深化教育教学改革，促进教育质量内涵发展，根据市教委《关于进一步提高北京高等学校人才培养质量的意见》（京教高〔2012〕26号），经研究，市教委决定组织开展第十届北京市高等学校教学名师奖的评选表彰工作。现将有关事项通知如下：

一、评选范围

普通高等学校（经教育部正式批准或核准）中承担本科、高职高专教学任务的专任教师。

各校在规定限额内（附件1，略）推荐候选人，前九届市级教学名师奖获得者不参加本届市级教学名师奖评选。

已退休参评教师须为学校返聘教师，并由学校出具返聘证明。

二、表彰奖励

本届拟表彰的北京市级教学名师奖获得者为100名左右，获奖教师由市教委颁发荣誉证书。

三、评选条件

（一）本届教学名师奖评选优先考虑长期承担基础课教学任务、

教学效果好、学生评价高、同行专家认可的一线教师，特别是为低年级学生讲授基础课的优秀教师。

（二）各高校现任校级领导原则上不参加本届评审，现任校级领导最终入选比例将严格控制在5%以内，且现任校级领导不作为今后国家级教学名师奖评选的推荐人选。

（三）本科院校市级教学名师奖候选人一般应具有20年以上（含20年，统计时间截止到2013年12月31日）高等教育教学经历，特别优秀者可放宽至15年；具有高级专业技术职称；2011～2013年度，面向本校本科学生实际课堂教学平均不少于64学时/年（临床医学类实际授课学时计算可包括临床带教学时数）。

（四）高职高专院校候选人一般应具有10年（含10年，统计时间截止到2013年12月31日）以上高职高专教学经历；2011～2013年度，承担本校教学任务平均不少于240学时/年。

（五）其它条件请参照《第十届北京市高等学校教学名师奖评选指标体系（本科部分）》（附件2，略）和《第十届北京市高等学校教学名师奖评选指标体系（高职高专部分）》（附件3，略）。

四、评选程序

（一）符合上述评选条件的教师向所在学校提出申请，由学校择优向市教委推荐。

（二）为真实反映候选人的教学水平和教学效果，本届教学名师奖评选将采取评价课堂教学录像、查阅文字资料、听取现场授课和会议终评等方式确定第十届北京市高等学校教学名师奖名单。

（三）申报教学名师奖的候选人要提交其主讲的一门课程中5学时课堂的教学录像。评审期间，市教委将在北京市教学名师奖建设项目专题网站（网址：http：//mstd. bnu. edu. cn/）上公开各候选人的教学录像，并接受专家、教师、学生的评价。

（四）各高校推荐的市级教学名师奖候选人还须准备20分钟的现场观摩课。观摩课时间安排等相关事宜另行通知。

（五）请各高校在2014年5月16日前，将下列申报材料报送至北京师范大学教务处，逾期不报视为放弃。

1. 纸质版材料：

（1）候选人汇总表（加盖学校公章，附件 4，略）一式 1 份；

（2）候选人推荐表一式 6 份（含一份原件），如有附件请单独装订成册，并限报 1 份；

（3）候选人本年度承担教学任务的课表复印件（加盖学校公章）；

2. 电子版材料：（前三项电子版文件用 U 盘拷贝，课堂教学录像刻录在一张光盘上）

（1）候选人汇总表电子版（附件 4，略）；

（2）候选人推荐表电子版；

（3）候选人个人资料电子版（资料符合附件 5 要求）；

（4）候选人 5 学时课堂教学录像光盘（教学录像符合附件 6 要求）；

候选人推荐表及相关表格可登录北京市教委高等教育处网站 http：//gjc. bjedu. gov. cn 查看下载。

（六）申报教师须如实填写申报表，提交有关材料。凡存在弄虚作假、徇私舞弊行为者，一经查实，取消其评选资格，且连续三届不得申报“教学名师奖”。

（七）评审结果将在市教委网站进行公示。各高等学校在评选、推荐过程中，也须设立公示环节。各高等学校要高度重视教学名师奖评审工作，并认真组织，坚持标准，宁缺毋滥。

（八）请各高校上报 1 名教学名师奖工作联系人，并于 4 月 30 日前，通过电子邮件将联系人有关情况（附件 7，略）发至市教委高教处信箱 fuxingfeng@bjedu. gov. cn。

附件：1. 第十届北京市高等学校教学名师奖候选人名额分配方案（略）

2. 第十届北京市高等学校教学名师奖评选指标体系（本科部分）（略）

3. 第十届北京市高等学校教学名师奖评选指标体系（高职高专部分）（略）
4. 第十届北京市高等学校教学名师奖候选人（本科部分/高职高专部分）汇总表（略）
5. 第十届北京市高等学校教学名师奖候选人个人资料清单（略）
6. 课堂教学录像要求（略）
7. 第十届北京市高等学校教学名师奖评选表彰工作联系人信息表（略）

以上附件电子版可登录北京市教委高等教育处网站 http://gjc.bjedu.gov.cn 查看下载。

2014 年 4 月 18 日

北京市教育委员会

转发市委组织部等 2 部门关于开展 2014 年北京市享受政府特殊津贴人员选拔工作文件的通知

京教人〔2014〕6 号

各市属高等学校，各直属单位：

现将市委组织部、市人力社保局《关于开展 2014 年北京市享受政府特殊津贴人员选拔工作的通知》（京人社专家发〔2014〕79号）转发给你们，并提出如下要求，请一并贯彻落实。

一、享受政府特殊津贴人员选拔是加强本市高层次人才队伍建设的一项重要工作，各单位要高度重视，精心组织，切实做好本次选拔推荐工作。

二、各单位上报人员数量不受限制。

三、各单位要于5月9日（星期五）前将下列材料按照每人独立成册的要求报送市教委人事处：

（一）综合报告一式1份，内容包括：人选推荐情况、专家评议情况及评议（排序）结果等，并附参加评议人员名单，加盖单位公章。

（二）《享受政府特殊津贴人员候选人情况表》一式6份。登陆市 www. bjld. gov. cn 按照“办事服务－网上下载－人才队伍建设”的路径下载，A4纸打印装订，填写好加盖推荐人选所在单位公章。

（三）推荐人选1寸证件照电子版文件。文件名为推荐人选姓名。

（四）推荐人选相关证明附件材料1套。奖励证书复印件需与《享受政府特殊津贴人员候选人情况表》填写内容一致；每人独立装订。

一至三项材料同时报送电子版。

2014年5月6日

附件

中共北京市委组织部
北京市人力资源和社会保障局

关于开展2014年北京市享受政府特殊津贴人员选拔工作的通知

京人社专家发〔2014〕79号

各区县委组织部、人力社保局，市属有关部委办局、直属机构人事（干部）部门，有关市属国有企业：

根据《人力资源社会保障部关于开展2014年享受政府特殊津贴人员选拔工作的通知》（人社部函〔2014〕28号），为做好我市2014年享受政府特殊津贴人员选拔工作，现将有关事项通知如下：

一、推荐人选范围

推荐人选应是具有中国国籍，热爱祖国，遵纪守法，在本市市属国有企事业单位或本市行政区域内非公有制企事业单位中长期从事专业技术或技能工作，有良好的职业道德和敬业精神，模范履行岗位职责，为首都经济社会发展努力工作的在职人员。

以下人员原则上不进行推荐：不再直接从事专业技术或技能工作的企事业单位领导；担任副省（部）级及其以上领导职务和享受副省（部）级以上待遇的人员；党、政、群机关工作人员；已获国务院政府特殊津贴人员；人事档案关系不在我市单位的人员。

二、推荐人选条件

（一）专业技术人才

近5年在专业技术岗位上取得突出业绩、成果和贡献，并得到同行专家的认可，一般应具有高级职称，并具备下列条件之一：

1. 在自然科学研究和哲学社会科学研究中，有较高学术造诣，对学科建设、人才培养、事业发展做出重要贡献，是本学科领域的带头人；或研究成果有开创性和重大科学价值，达到国内领先水平。

2. 在工程技术领域有重大发明创造、重大技术突破或取得重要研究成果，在科技成果转化、推广应用及高新技术产业化方面做出重要贡献，创造了显著的经济效益或社会效益。

3. 在医疗卫生、教育、教练执训、经济、文化创意以及其他领域一线工作，业绩突出，能力和水平处于国内领先地位，为首都经济社会发展、民生建设做出突出贡献。

（二）高技能人才

长期工作在生产服务岗位第一线，技艺精湛，贡献突出，一般应为高级技师（国家职业资格一级）或具有相应高级职业技能水平，并具备下列条件之一：

1. 获得过中华技能大奖、全国技术能手、全国劳动模范、全国五一劳动奖章等荣誉称号，业绩突出，影响广泛。

2. 在技术革新、技术改造上有重大贡献，获得过省部级以上科技进步奖、国家专利等。

3. 在本行业中具有领先的技术技能水平或有重大技术革新，在某一生产工作领域总结出先进的操作技术方法并为同行业公认。

4. 在促进科技成果转化、推广应用或在新技术、新工艺、新方法推广等方面做出突出贡献，取得重大经济效益和社会效益。

5. 在本职业（工种）中具有绝招绝技，在国际国内同类职业（工种）中产生重要影响。

6. 有丰富的实践经验，能够解决生产过程中的重点或关键性操作技术问题。

7. 在国际上获得有影响的技能大赛、技术比武等奖项，为国家争得荣誉。

8. 在培养技能人才和传授技艺等方面成绩突出，在国内、行业内有较大影响。

三、选拔程序

（一）专业技术人才

人选所在单位领导集体研究确定推荐人选后，按照隶属关系（非公有制企业按照属地原则）报区县人力社保局，市属部委办局、国有企业人事（干部、人力资源）部门。

各区县人力社保局会同组织部门，市属部委办局、国有企业对推荐人选进行综合评议后，研究确定本地区、本系统的推荐人选，报送市人力社保局。

市委组织部、市人力社保局组织专家对推荐人选进行评审，评审结果公示后，经市政府批准，报人力资源社会保障部。

（二）高技能人才

不进行逐级推荐。由市人力社保局从近年来获得中华技能大奖、全国技术能手以及北京市有突出贡献的高技能人才和享受市政府技师特殊津贴人员中采取差额方式确定推荐人选，并组织专家进行综合评审，评审结果公示后，经市政府批准，报人力资源社会保障部。

四、报送时间和材料

属专业技术人才的，各主管单位应于 5 月 23 日前将推荐人选及相关材料报送市人力社保局专家与博士后工作处（逾期不再接受材料）。报送材料包括：

（一）主管单位综合报告一份，内容包括人选推荐情况、综合评议和研究确定情况等，加盖主管区县人力社保局，市属部委办局、国有企业公章。

（二）《享受政府特殊津贴人员候选人情况表》一式 6 份及 WORD 电子版文件（从 www. bjld. gov. cn“办事服务－网上下载－人才队伍建设”栏目下载填写，A4 纸打印并简单装订），加盖推荐人选所在单位以及主管区县人力社保局，市属部委办局、国有企业公章。

（三）推荐人选 1 寸证件照电子版文件（文件名称为推荐人选姓名）。

（四）推荐人选相关证明附件材料1套（奖励证书复印件需与《享受政府特殊津贴人员候选人情况表》填写内容一致）。

五、有关要求

选拔享受政府特殊津贴人员是加强我市高层次人才队伍建设的一项重要工作，各单位要高度重视，精心组织，切实做好选拔推荐工作；要严格推荐条件和程序，确保推荐工作严肃、认真，公平、公正。

2014年4月14日

中共北京市委教育工作委员会
北　京　市　教　育　委　员　会
北京市人力资源和社会保障局

关于做好2014年“全国模范教师”、“全国教育系统先进工作者”、“全国优秀教师”、“全国优秀教育工作者”和“全国教育系统先进集体”评选推荐工作的通知

京教人〔2014〕9号

各区县委教育工委、区县教委、人力社保局，各高等学校，市教委直属单位：

为做好“全国教育系统先进集体”、“全国模范教师”、“全国教育系统先进工作者”和“全国优秀教师”、“全国优秀教育工作者”的评选推荐工作，根据人力资源和社会保障部、教育部《关于评选年全国教育系统先进集体和全国模范教师、全国教育系统先进工作者的通知》（人社部函〔2014〕89号）和教育部《关于评选2014年全国优秀教师和全国优秀教育工作者的通知》（教人〔2014〕2号），现将有关事项通知如下：

一、评选的荣誉称号及评选范围

（一）全国教育系统先进集体

各级各类学校和其他教育机构，其中高等学校的参评对象为内设二级机构，如院（系、所）、处、重点教学科研基地或团队等。

（二）全国模范教师、全国教育系统先进工作者、全国优秀教师、全国优秀教育工作者

在我市教育系统从事教育教学、科学研究、管理服务等工作5年以上，近几年来取得显著成绩的各级各类学校专任教师、学校校长、教育行政部门干部和其他教育机构管理人员。

曾经获得过省部级以上荣誉称号的人员近5年有新的突出贡献的，可以参加评选。教育行政部门、学校及其他教育机构中担任厅局级（含）以上职务的领导干部不参加评选。

推荐人选原则上从2012年获得“北京市人民教师”奖和提名奖及2013年获得“北京市优秀教师”、“北京市优秀教育工作者”称号的人员中产生。

（三）德育和思想政治工作先进个人

为深入贯彻落实中央精神，进一步推进中小学生德育工作和大学生思想政治工作，今年将从推荐的全国模范教师、全国教育系统先进工作者、全国优秀教师、全国优秀教育工作者的人选中，推荐产生全国中小学优秀班主任、全国中小学优秀德育课教师、全国中小学德育先进工作者、全国高校优秀辅导员、全国高校优秀思想政治理论课教师、全国高校优秀思想政治教育工作者的表彰人选。

二、推荐名额

按照全国教育系统评选表彰工作领导小组办公室要求，今年上报的各类评选表彰名额中，“全国模范”系列为差额；“全国优秀”系列为等额：

（一）全国教育系统先进集体17个，其中：基础教育9个、中等职业教育2个、高等教育6个。

（二）“全国模范教师”21名、“全国教育系统先进工作者”为3名；“全国优秀教师”41名、“全国优秀教育工作者”为4名。

（三）优秀德育和优秀思想政治工作个人的17名（其中：全国中小学优秀班主任5名、全国中小学优秀德育课教师3名、全国中小学德育先进工作者3名、全国高校优秀辅导员2名、全国高校优秀思想政治理论课教师2名、全国高校优秀思想政治教育工作者2名）人选均从推荐的全国模范教师、全国教育系统先进工作者、全国优秀教师、全国优秀教育工作者的人选中产生。

三、推荐程序

（一）各单位根据推荐要求和推荐指标，按照本通知要求组织本单位或本区县的评选推荐工作。评选推荐采取自下而上、民主推荐、逐级审核的申报方式。对推荐的人选，征求相关纪检（监察）部门的意见，并经在本系统、本单位公示（公示时间为5个工作日）无异议后，按规定的时间报北京市教育系统评选表彰工作领导小组（以下简称“领导小组”）办公室。上报材料需注明推荐人选的推荐荣誉称号。

（二）领导小组进行遴选、审议，确定推荐初步人选，并通过北京教育信息网在全市范围进行公示（公示时间为5个工作日），确无不良反映后，由领导小组确定推荐人选，报全国教育系统评选表彰工作领导小组办公室。

四、组织领导

由市委教育工委、市教委、市人力社保局成立北京市教育系统评选表彰工作领导小组。领导小组下设办公室，办公室设在市教委人事处。

五、申报材料及申报要求

（一）申报材料

1.《全国教育系统先进集体》审批表一式5份。

2.《全国模范教师、全国教育系统先进工作者审批表》一式5份。

3.《全国优秀教师和全国优秀教育工作者审批表》一式3份。

4.《全国模范教师和全国教育系统先进工作者推荐人选一览表》、《全国优秀教师和全国优秀教育工作者推荐人选一览表》、《全国教育系统先进集体推荐单位一览表》一式1份。

5. 报送推荐人选典型事迹材料，字数控制在2000字以内；材料要求准确、生动、翔实，具有代表性、典型性。

（二）申报要求

1.6月25日前，将上述材料报送至领导小组办公室（市教委人事处），同时报送电子版。

2. 经领导小组审定名单后，申报单位登录“全国优秀教师教育工作者表彰奖励申报评审系统”提交相关信息，网址为：http：//www.jybz.edu.cn。

3. 相关表格请登录市教委网站下载。

4. 教人〔2014〕2号和人社部函〔2014〕89号文件请登录http：//www.moe.edu.cn下载。

六、评选工作要求

（一）认真部署评选表彰工作，并在教职工中进行广泛宣传。

（二）评选工作坚持实事求是、好中选优、宁缺勿滥的原则，严格按各类称号的评选条件推荐，确保推荐质量。

（三）先进集体和先进个人评选的具体条件详见教育部的文件，先进个人评选推荐除具备文件规定的综合条件外，还要符合各项荣誉称号应达到的具体要求。

（四）评选推荐人选要注意向教学第一线倾斜，向条件艰苦的地区、学校倾斜，县镇以下（不含县镇）的农村中小学教师应占推荐总数的15%以上；中小学教师的推荐人选原则上从义务教育学校的教师中产生；高等学校教授、副教授参评全国优秀教师，必须完成学校规定的本科教学工作量。

（五）保证评选推荐工作的公正性和透明度，做到民主评选，公正推荐，使推荐人选有较好的群众基础并得到群众的公认。

附件：1. 北京市教育系统评选表彰工作领导小组及办公室成员名单

2. 各类教育推荐名额分配表

2014 年 6 月 13 日

附件 1

北京市教育系统评选表彰工作领导小组及办公室成员名单

组　长：线联平　市委教育工委副书记、市教委主任

刘建　市委教育工委常务副书记

副组长：杨晋京　市人力社保局副局长

罗洁　市委教育工委委员、市教委委员（正局级）

成　员：高永辉　市人力社保局考核奖惩处处长

周彤　市教委办公室主任

王达品　市委教育工委宣教处处长

吴武　市教委人事处处长

张小红　市教委学前处处长

张凤华　教委基础教育一处处长

徐建姝　市教委基础教育二处副处长

王东江　市教委职成处处长

金红莲　市教委高教处副处长

李丽晖　市教委民办教育处副处长

王军　市教委体育美育处副处长

办公室主任：吴武（兼）

办公室成员：刘国庆、郭宏伟

附件2

全国模范教师、全国教育系统先进工作者和全国优秀教师、全国优秀教育工作者推荐名额分配表

类别	名额总数	全国模范教师和全国教育系统先进工作者	全国优秀教师和全国优秀教育工作者
高等教育	22	7	15
基础教育	34	12	22
中等职业教育（含技校）	6	2	4
学前教育	5	2	3
其他	2	1	1
总计	69	24	45

北京市教育委员会

关于公布第十届北京市高等学校教学名师奖获奖名单的通知

京教高〔2014〕11号

各普通高等学校：

根据市教委《关于做好第十届北京市高等学校教学名师奖评选工作的通知》（京教高〔2014〕161号），经学校推荐、课堂教学录像评价、现场教学观摩课评价、评审专家组评议、评审委员会投票、市教委审核并公示，决定授予北京大学叶沿林等92名教师第十届北京市高等学校教学名师奖，现将获奖名单予以公布。

各高等学校要深入贯彻落实党的十八大和十八届三中全会精神，积极发挥教学名师奖获得者的示范榜样作用和对年轻教师的传、帮、带作用，激励和帮助年轻教师的成长，引导广大教师积极投身教育教学改革，增强师资队伍水平，提高人才培养质量。

附件：第十届北京市高等学校教学名师奖获奖名单

2014年7月7日

附件

第十届北京市高等学校教学名师奖获奖名单

北京大学　叶沿林　邓辉　郝卫东　吴艳红

中国人民大学　黄京平　瞿强　龙永红

清华大学　李强　张国刚　李当岐　姚可夫

北京师范大学　李芒　范楼珍　王立军　熊晓琳

北京交通大学　马忠　刘颖

北京科技大学　郭汉杰　郑连存

北京化工大学　刘伟　王志华

北京邮电大学　田辉　艾文宝

中国农业大学　李连芳　谭彧

北京林业大学　田呈明　丁国栋

北京中医药大学　李峰

北京外国语大学　冯玉培

北京语言大学　罗林

中国传媒大学　李兴国

中央财经大学　崔新健

对外经济贸易大学　鲍禄　王永贵

中国政法大学　张树义

国际关系学院　王文华

中央美术学院　周至禹

中央戏剧学院　武亚军

华北电力大学　王学棉　杜冬梅

中国矿业大学（北京）　刘波

中国石油大学（北京）　刘慧卿

中国地质大学（北京）　黄文辉

北京电子科技学院　吴培群

外交学院　赵怀普

北京航空航天大学　郭卫东　孟庆春　张有光

北京理工大学　崔建霞　高飞　陈一宏

中央民族大学　苏玉成

中国人民公安大学　刘万奇

北京协和医学院　崔丽英

北京体育大学　曲峰

中国青年政治学院　钟德寿

中华女子学院　孙晓梅

北京工业大学　杨庆生　程维虎

北方工业大学　刘喜波

北京工商大学　杨益民

首都医科大学　郭秀花　孙正

首都师范大学　王南

首都经济贸易大学　蒋薇　陈立平

北京联合大学　许家成　张耘

北京印刷学院　张舍茹

首都体育学院　阎守扶

北京第二外国语学院　白远

北京物资学院　郝玉柱

中国音乐学院　马秋华

北京舞蹈学院　庞丹

北京信息科技大学　厉虹

北京城市学院　吴继娟

北京工业职业技术学院　王佼　张谛

北京财贸职业学院　裴斐　杜莉

北京电子科技职业学院　陈小荣　杨洪雪

北京农业职业学院　李玉冰

北京青年政治学院　杨文杰
北京社会管理职业学院　方新
北京体育职业学院　李建亚
北京交通职业技术学院　陈薇薇
北京经济管理职业学院　陈晓燕
北京汇佳职业学院　范丽萍
北京吉利大学　李敏
北京科技职业学院　翁珲珲
北京劳动保障职业学院　陈頔

北京市教育委员会

关于做好2014年秋季北京地区高等学校教师资格认定工作的通知

京教函〔2014〕421号

各高等学校：

2014年秋季高等学校教师资格认定工作即将开始，为了保证此项工作的顺利进行，现将有关事项通知如下：

一、认定范围

北京地区高等学校中专门从事教学工作，拟受聘于高校教师职务的在编在岗教师（含高等学校附属医院临床教学人员、高校专职辅导员）。

二、时间安排

9月19日至26日，申请人登录www.bjtcc.org.cn（北京市教师资格网）进行网上申报；

10月8日至14日，高校对申请人员进行公示；

10月15日至17日，非授权委托认定高校集体报送申请人员材料；

10月18日前，授权委托认定高校完成申报人员体检、认定材料审核、教育教学能力测试、专家审查委员会表决等相关工作；

10月20日至22日，授权委托认定高校集体报送申请人员材料；

10月30日起，非授权委托认定高校申请人员教育教学能力测试准考证下载打印；

11月8日至9日，非授权委托认定高校申请人员教育教学能力测试；

11月14日，非授权委托认定高校申请人员教育教学能力测试成绩查询；

12月8日至12日，教师资格证书发放。

三、报送材料要求

（一）授权委托认定高校

1.《教师资格认定申请表》（含思想品德鉴定表）原件一式2份；

2.北京市申请高等学校教师资格人员情况汇总表一式1份（见附件1，略）；

3.高校拟申请认定教师资格人员公示名单（见附件3，略）

4.高校拟申请认定教师资格人员公示结果（见附件4，略）。

（二）非授权委托认定高校

1.《教师资格认定申请表》（含思想品德鉴定表）原件一式2份；

2.修学高等教育学、高等教育心理学证明原件及复印件；

3.学历证明复印件；

4. 体检证明原件及复印件；

5. 普通话水平证明原件及复印件；

6. 身份证明复印件；

7. 标准一寸证件照1张；

8. 北京市申请高等学校教师资格人员情况汇总表一式1份（见附件1，略）；

9. 提供申请人1年内列入教学计划的教学工作量统计及计划表（加盖教务部门和人事部门公章）（见附件2，略）；

10. 高校专职辅导员需提供学校人事部门出具的相关证明；

11. 高校拟申请认定教师资格人员公示名单（见附件3，略）；

12. 高校拟申请认定教师资格人员公示结果（见附件4，略）。

遗失和毁损的证书需要补发和换发的，相关材料于秋季集体报送认定申请材料时一并受理。

四、工作要求

（一）教师资格认定作为教育行政许可事项，程序合法性和办结的时效性较强，各高校要高度重视，加强领导。人事处要确定专人负责，要认真学习相关政策，了解程序要求。要严格按照全市统一部署和精心组织，周密安排，积极做好相关政策的宣传和解释工作，确保今年秋季认定工作的顺利开展。

（二）各授权委托高校要严格按照教师资格认定工作程序，制定今年秋季教师资格认定工作方案，做好本校申请人员的申请及受理、面试与试讲、审核与认定等相关工作。各类表格填报内容完整，资料齐全。

（三）各非授权委托高校要做好信息发布，人员组织管理等工作，做好申请资格审查、材料收集及初审等，掌握各时间节点，及时通知本校需要参加教育教学能力测试人员按时参加测试并做好后期测试结果的反馈。

（四）各高校应安排专人作为网络系统管理员负责核实和确认本校申请人的网报信息。要按要求规范操作，核实和确认本校申请人员网报信息的真实性以及与报送的《教师资格认定申请表》内容的一致性。要妥善保管登录账户和密码，确保申请人信息安全。

《教师资格认定申请表》中“现从事职业”一栏，高校教师应填写“在职教学人员”；高校专职辅导员应填写“其他专业技术和管理人员”。

（五）各高校要做好申请人申请认定资料整理归档，及时将《教师资格认定申请表》归入个人人事档案。

（六）各高校在开展教师资格认定工作中，严禁弄虚作假。对违反规定，损害申请人利益、甚至影响教师资格制度依法实施，并造成严重后果的，将按照相关法律、法规追究有关人员的责任。

（七）教师资格认定的相关政策请查询北京市教师资格网（http：//bjtcc.org.cn）。

五、联系方式

北京市教师资格认定事务中心（略）

附件：1. 北京市申请高等学校教师资格人员情况汇总表（样表，略）

2. 申请高校教师资格人员教学工作量统计表（2013～2014 学年第二学期）（样表，略）

申请高校教师资格人员教学计划表（2014～2015 学年第一学期）（样表，略）

3. 高校拟申请认定教师资格人员公示名单（样表，略）

4. 高校拟申请认定教师资格人员公示结果（公示无异议模板，略）

2014 年 9 月 10 日

北京市教育委员会

关于普通高等学校编制发布2013年本科教学质量报告的通知

京教函〔2014〕479号

各普通本科高校：

为进一步推动高等教育内涵发展、提高质量，教育部建立了普通高等学校本科教学质量年度报告发布制度，根据教育部办公厅《关于普通高等学校编制发布2013年〈本科教学质量报告〉的通知》（教高厅函〔2014〕35号），我委决定组织北京地区普通高校编制发布2013年《本科教学质量报告》。现将有关事项通知如下：

一、各高校要高度重视本科教学质量报告编制工作，实行主要领导负责制，认真总结深化教学改革、提高教学质量的有效经验，并以此为契机切实提高人才培养质量。

二、各高校可在参考本校年初根据《北京市教育委员会办公室关于开展2013年度高等学校本科教育教学质量调研工作的通知》（京教办函〔2014〕20号）提交的《2013年度学校本科教学质量报告》的基础上，按照教育部2013年度本科教学质量报告基本要求（附件1），结合本校的实际情况，认真编制本科教学质量报告。本科教学质量报告内容要详略得当，格式可灵活多样，报告中要完整、如实体现相应支撑数据（见附件2），字数一般不超过1.5万字。

三、2013年度本科教学质量报告须加盖学校公章，并于2014年10月28日前将纸质材料（一式2份）报送至市教委高教处，同时发电子版至zxl@bjedu.gov.cn。

附件：1. 普通高等学校2013年度本科教学质量报告基本要求

2. 普通高等学校2013年度本科教学质量报告支撑数据目录

2014年10月8日

附件1

普通高等学校2013年度本科教学质量报告基本要求

各高校要根据自身办学特点，在充分分析和认真总结提炼的基础上，紧扣本科教学工作，分析教学基本状态，突出教学改革亮点、成就和经验，准确把握存在的问题，实事求是撰写质量年度报告，全面展示本科教学质量和人才培养状况。

本科教学质量报告应重点体现以下内容：

（一）本科教育基本情况。包括本科人才培养目标及服务面向、本科专业设置情况，各类全日制在校学生情况及本科生所占比例，本科生源质量情况等。

（二）师资与教学条件。描述学校师资队伍数量及结构情况、生师比、本科生主讲教师情况、教授承担本科课程情况，教学经费投入情况，教学用房、图书、设备、信息资源及其应用情况等。

（三）教学建设与改革。揭示教学过程各主要方面和关键环节，包括专业建设、课程建设、教材建设、教学改革等。特别是培养方案特点、开设课程门数及选修课程开设情况、课堂教学规模、实践教学、毕业论文（设计）以及学生创新创业教育等。

（四）质量保障体系。阐述学校人才培养中心地位落实情况、校领导班子研究本科教学工作情况、出台的相关政策措施，教学质量保障体系建设、日常监控及运行情况，本科教学基本状态分析，开展专业评估、专业认证、国际评估情况等。

（五）学生学习效果。呈现学生学习满意度、应届本科生毕业情况、学位授予情况、攻读研究生情况、就业情况、社会用人单位对毕业生评价、毕业生成就等。

（六）特色发展。总结学校在本科教育教学工作中的特色和经验。

（七）需要解决的问题。针对影响教学质量的突出问题，分析主要原因，提出解决问题的措施及建议。

附件 2

普通高等学校 2013 年度
本科教学质量报告支撑数据目录

1. 本科生占全日制在校生总数的比例
2. 教师数量及结构
3. 专业设置情况（全校本科专业总数、当年本科招生专业总数以及当年新增专业、停招专业名单）
4. 生师比
5. 生均教学科研仪器设备值
6. 当年新增教学科研仪器设备值
7. 生均图书
8. 电子图书、电子期刊种数
9. 生均教学行政用房（其中生均实验室面积）

10. 生均本科教学日常运行支出

11. 本科专项教学经费（自然年度内学校立项用于本科教学改革和建设的专项经费总额）

12. 生均本科实验经费（自然年度内学校用于实验教学运行、维护经费生均值）

13. 生均本科实习经费（自然年度内用于本科培养方案内的实习环节支出经费生均值）

14. 全校开设课程总门数（学年度内实际开设的本科培养计划内课程总数，跨学期讲授的同一门课程计一门）

15. 实践教学学分占总学分比例（可按学科门类）

16. 选修课学分占总学分比例（可按学科门类）

17. 主讲本科课程的教授占教授总数的比例（不含讲座）

18. 教授讲授本科课程占课程总门次数的比例（一门课程的全部课时均由教授授课，计为1，由多名教师共同承担的，按教授实际承担学时比例计算）

19. 应届本科生毕业率

20. 应届本科生学位授予率

21. 应届本科生初次就业率

22. 体质测试达标率

23. 学生学习满意度（调查方法与结果）

24. 用人单位对毕业生满意度（调查方法与结果）

25. 其它与本科教学质量相关数据

说明：1. 数据的计算方法参照《教育部关于印发〈普通高等学校基本办学条件指标（试行）〉的通知》教发〔2004〕2号文件。

2. 第10项数据参照《教育部办公厅关于开展普通高等学校本科教学工作合格评估的通知》教高厅〔2011〕2号文件，是指学校开展普通本科教学活动及其辅助活动发生的支出，仅指教学基本支出中的商品和服务支出（302类）（不含教学专项拨款支出），具体包括：教学教辅部门发生的办公费（含考试考务费、手续费等）、印刷费、咨询费、邮电费、交通费、差旅费、出国费、维修（护）费、租赁费、会议费、培训费、专用材料费（含体育维持费等）、劳务费、其他教学商品和服务支出（含学生活动费、教学咨询研究机构会员费、教学改革科研业务费、委托业务费等）。取会计决算数。

3. 第23、24两项数据本次可视本校此项工作基础酌情公布。

北京市教育委员会

关于组织开展2014年北京市高层次创新创业人才支持计划教学名师评选工作的通知

京教人〔2014〕14号

各市属有关高校：

根据市委组织部、市委宣传部、市教委、市科委、市人力社保局《关于印发〈北京市高层次创新创业人才支持计划〉的通知》（京组发〔2014〕3号）和《关于开展2014年“高创计划”遴选工作的通知》（京人才办发〔2014〕1号），北京市高层次创新创业人才支持计划（以下简称“高创计划”）教学名师项目由市教委组织进行评选。现将有关事宜通知如下：

一、工作目标

围绕北京建设创新型城市的战略部署，有计划、有重点地在市属高校中遴选一批在高等教育教学改革和人才培养方面做出突出贡献的教师，支持其在教育教学领域进一步发挥作用，推动市属高校教育教学人才工作体制机制创新，营造有利于教师投身高等教育教学改革和教学创新的良好环境和氛围。高创计划教学名师入选者应对教育思想和教学方法有重要创新，在首都教育领域和社会上享有较高声誉，为人师表，师德高尚，在学生和同行中得到广泛认可。

北京市高创计划教学名师计划支持 200 名，分批遴选。2014 年拟评选支持 20 名。

二、评选范围

北京市高创计划教学名师项目依托北京市高等学校教学名师奖等评选项目，候选人需为北京市属高校中长期承担本科、高职高专教学任务的在职专任教师，并已获得国家级或北京市高等学校教学名师奖。

三、申报名额及条件

2014 年各高校在规定限额（附件 1）内择优推荐候选人。候选人应满足长期从事一线教育教学工作，教学改革成果丰硕，培养优秀大学生有突出贡献，学生和同行广泛认可，在教育领域和社会上享有盛誉等要求，同时应具备以下条件：

（一）申报教学名师的本科高校人选原则上须具有 15 年以上（含 15 年，统计时间截止到 2014 年的 12 月 31 日）高等教育教学经历，具有正高级专业技术职务，近 6 学年主讲课程的平均课堂教学工作量不少于 96 学时/学年，其中每学年必须为本科生主讲一门课程（医学专业任课教师按教学时数计算，本科教学工作量平均不少于 60 学时/学年，含案例教学和临床带教）。

（二）申报教学名师的高职院校人选须具有 10 年（含 10 年，统计时间截止到申报当年的 12 月 31 日）以上高职高专教学经历，具有相关企事业单位一线实践工作经历，并具有高级专业技术职务，近 3 学年承担本校教学任务（包括实训、实习等实践课程）不少于 180 学时/学年。

（三）现任校级领导及退休人员不参加，推荐人选年龄应不超过60周岁。

（四）非北京市高创计划其他类别申报者。

（五）其具体条件详见《北京市高创计划教学名师评选指标体系（本科）》（附件2）、《北京市高创计划教学名师评选指标体系（高职）》（附件3）。

四、申报评选程序及要求

（一）符合上述评选条件的教师向所在学校提出申请，由学校择优向市教委推荐。本科院校推荐候选人须由学校的教学指导委员会评审，并经校长办公会审议通过；高职高专院校推荐候选人须经学校理事会（或董事会、管理委员会等）审议通过。各高等学校在评选推荐过程中，须设立公示环节。

（二）市教委将组织专家进行评选，评选结果报北京市人才工作领导小组办公室审核、公示后正式发布最终入选名单。

（三）请各高校在2014年10月30日前，将下列申报材料报送至市教委高教处，同时将电子版发送至指定邮箱。逾期不报视为放弃。

1. 纸质版材料：

（1）候选人汇总表（附件4，略，一式1份）；

（2）候选人推荐表（附件5、6，略，一式5份）；

（3）其它支撑材料。可根据实际情况提供，如单独装订成册，并限报1份；

（4）候选人近三年承担教学任务的课表复印件（加盖学校公章）。

2. 电子版材料：

（1）候选人汇总表电子版；

（2）候选人推荐表电子版；

（3）候选人45分钟课堂教学录像光盘。

（四）申报教师须如实填写申报材料。凡存在弄虚作假、徇私舞弊行为者，一经查实，取消其评选资格，且连续三届不得申报

"高创计划"教学名师。

（五）市教委将对候选人材料进行公示，并组织专家进行评选。评选结果将在市教委网站进行公示。各高等学校要高度重视"高创计划"教学名师评选工作，并认真组织，坚持标准，宁缺毋滥。

（六）纸质版材料需用A4纸双面打印，厉行节约，简装即可。

（七）联系方式（略）

附件：1. 2014年北京高校高创计划教学名师名额分配方案

2. 北京高校高创计划教学名师评选指标体系（本科）

3. 北京高校高创计划教学名师评选指标体系（高职）

4. 北京高校高创计划教学名师候选人汇总表（略）

5. 北京高校高创计划教学名师候选人推荐表（本科，略）

6. 北京高校高创计划教学名师候选人推荐表（高职，略）

2014年10月17日

附件1

2014年北京市"高创计划"教学名师名额分配方案

学校名称	市级申报名额	学校名称	市级申报名额
北京工业大学	2	北方工业大学	1
北京工商大学	1	首都医科大学	1+1
首都师范大学	2	首都经济贸易大学	2
北京联合大学	1+1	北京服装学院	1

续表

学校名称	市级申报名额	学校名称	市级申报名额
北京印刷学院	1	北京石油化工学院	1
北京农学院	1	首都体育学院	1
北京第二外国语学院	1	北京物资学院	1
中国音乐学院	1	中国戏曲学院	1
北京电影学院	1	北京舞蹈学院	1
北京信息科技大学	1	北京建筑工程学院	1
北京城市学院	1	北京青年政治学院	1
北京工业职业技术学院	1	北京电子科技职业学院	1
北京财贸职业学院	1	首钢工学院	1
北京警察学院	1	北京信息职业技术学院	1
北京京北职业技术学院	1	北京交通职业技术学院	1
北京农业职业学院	1	北京政法职业学院	1
北京戏曲艺术职业学院	1	北京现代职业技术学院	1
北京劳动保障职业学院	1	北京经济管理职业学院	1
北京北大方正软件职业技术学院	1	北京经贸职业学院	1
北京经济技术职业学院	1	北京汇佳职业学院	1
北京科技经营管理学院	1	北京吉利学院	1
北京科技职业学院	1	北京培黎职业学院	1
北京社会管理职业学院	1	北京新圆明职业学院	1
北京体育职业学院	1	北京卫生职业学院	1
北京教育学院	1	北京广播电视大学	1

附件 2

北京市“高创计划”教学名师评选指标体系（本科）

<table>
<tr><th colspan="2">评选项目</th><th>分值</th><th>评选内容</th></tr>
<tr><td colspan="2">1. 教师风范</td><td>10</td><td>爱国守法，敬业爱生，教书育人，严谨治学，服务社会，为人师表，堪为大学生健康成长的指导者和引路人。</td></tr>
<tr><td rowspan="5">2. 教学能力与水平</td><td>教学思想与内容</td><td>10</td><td>遵循教育规律和人才成长规律，教育理念先进，具有国际视野。教学内容符合大学生认知特点，理论联系实际，能及时把学科最新发展和国内外教改成果转化为教学资源。</td></tr>
<tr><td>教学艺术与方法</td><td>10</td><td>教学艺术精湛，注重学思结合、知行统一、因材施教，积极开展启发式、探究式、讨论式、参与式教学，激发和鼓励学生的创造思维。有效应用现代信息技术。</td></tr>
<tr><td>教学改革与成就</td><td>15</td><td>重视教育教学研究，主持完成重要教改项目，在教育思想、教学内容、教学方法等方面取得创造性成果，并广泛应用于教育教学实践，发表过多篇高质量的教改教研论文或出版过有一定影响的教改教研专著。</td></tr>
<tr><td>教学效果</td><td>10</td><td>教学能力突出，教学风格鲜明，主讲课程达到国内同类课程领先水平，大学生评价优秀，得到同行公认，具有示范引领作用，在全国有较大影响。</td></tr>
<tr><td>教材建设</td><td>10</td><td>自编、主编的本科教材，质量高、有特色、版本新。</td></tr>
<tr><td colspan="2">3. 教学梯队建设与贡献</td><td>15</td><td>领衔高水平教学科研团队，自觉指导和帮助团队教师提高业务水平和教学能力，对确立本校该领域教学的历史地位作出重要贡献。</td></tr>
<tr><td rowspan="2">4. 科学研究与学术水平</td><td>科研能力</td><td>10</td><td>主持或承担重要科研项目。</td></tr>
<tr><td>学术成就</td><td>10</td><td>发表出版高质量的论文或专著，在国内外同领域具有较高学术地位和知名度。</td></tr>
</table>

附件 3

北京市“高创计划”教学名师评选指标体系（高职）

<table>
<tr><th colspan="2">评选项目</th><th>分值</th><th>评选内容</th></tr>
<tr><td colspan="2">1. 教师风范</td><td>10</td><td>政治立场坚定，以教书育人为己任；爱岗敬业，以全身心投入为常态；治学严谨，知行统一，师德高尚，为人师表。</td></tr>
<tr><td colspan="2">2. 企业经历与行业影响力</td><td>15</td><td>累计具有企业（单位）相关技术（或管理）岗位 3 年以上工作经历，拥有至少一项中级（国家职业资格四级）以上有效职业资格；近 3 年一直在企业（或行业协会、单位、机构等）中兼任相关技术（或管理）职务，在行业企业的技术领域具有一定影响力，且取得了行业企业公认的实质性工作成果或业绩。</td></tr>
<tr><td rowspan="4">3. 教学能力与水平</td><td>教学效果</td><td>15</td><td>教学效果好，学生评价高。注重分析学生群体及个体特点，因材施教促进学生个性化发展；以身作则，潜移默化培养学生的职业道德和职业精神；关心学生成长，引导学生着眼未来，学以致用；课堂教学灵活多样，能自由驾驭课堂教学，学生学习积极性高；有效利用信息技术和现代教育技术，改变学习形态，教学效率高。</td></tr>
<tr><td>教学研究</td><td>10</td><td>教学研究能力强，有独到见解。借鉴先进职业教育理念和经验，结合实际，研究高等职业教育教学特点与规律，发展高等职业教育理论有建树；发挥行业影响力优势，跟踪产业发展趋势和行业动态，研究校企合作人才培养有成效；重视研究成果共享与交流，在国内外学术会议上有声音。</td></tr>
<tr><td>资源建设</td><td>10</td><td>资源整合能力强，效果好。有效整合社会资源，推进校企合作育人落到实处，资源利用率高；开发各种高职数字化专业教学资源，并为行业企业和其他高职院校所共享，建设水平高，社会广泛认可。</td></tr>
<tr><td>教学管理</td><td>10</td><td>教学管理能力强，水平高。勇于探索，建立了解决校企合作人才培养难题的科学制度；敢于创新，实现了工学结合课程教学有效组织和管理；利用信息技术改革学生学业评价方式，成效显著。</td></tr>
<tr><td colspan="2">4. 社会服务能力</td><td>15</td><td>面向行业企业实际需求，开展相关生产、技术和培训服务，效果良好，服务收益高；独立或与行业企业合作开展技术应用性研究及应用推广，对学校企业贡献率大，具有较高知名度，基本形成品牌。</td></tr>
<tr><td colspan="2">5. 教学团队建设</td><td>15</td><td>榜样作用明显，教学团队建设水平高。利用自身影响力，吸引行业企业一线技术骨干参与人才培养，兼职教师队伍水平高；指导专业教师参与教学实践和企业实践，提高青年教师执教能力；有良好的“传、帮、带”团队建设文化。</td></tr>
</table>

北京市教育委员会

关于实施北京市中小学教师信息技术应用能力提升工程的意见

京教人〔2014〕15号

各区县教委：

为进一步提升我市中小学教师信息技术应用能力，更新教学观念、改进教学方法、提高教学效果，根据教育部《关于实施全国中小学教师信息技术应用能力提升工程的意见》（教师〔2013〕13号），经市教委2014年第14次主任办公会研究，决定实施北京市中小学（含幼儿园）教师信息技术应用能力提升工程（以下简称“提升工程”）。现就提升工程提出如下意见。

一、总体目标与主要任务

1. 依据教育部有关中小学教师信息技术应用能力的标准体系，充分整合首都信息技术教育的优质资源，深入研究全市中小学信息技术条件配备情况与教师的应用情况，进一步完善我市中小学教师信息技术应用能力培训的系统设计，力争在2017年底完成全市中小学教师的新一轮全员培训，并在“十三五”期间探索全市中小学教师信息技术应用能力培训的常态化机制。

2. 通过系统性设计、常态化培训，不断提升全体教师的信息技术应用能力、学科教学能力和专业自主发展能力；通过开展信息技术应用能力测评，以评促学，激发教师持续学习的积极性；通过建立教师主动应用机制，推动每位教师在课堂教学和日常工作中自觉有效地应用信息技术，并在信息技术与教育教学融合方面取得新突破。

二、面向全员与分级实施

3. 建立信息技术应用能力培训的市、区（县）、校三级管理与实施体系，将培训纳入教师培训的必修学时，原则上每年培训不少于10学时，五年累积不少于50学时，并按《北京市“十二五”期间中小学教师继续教育学分管理办法（试行）》（京教人〔2012〕7号）的规定进行学分认定。对于在“十二五”时期已经完成继续教育学习任务的教师，通过信息应用能力培训所获得的学分记入“十三五”继续教育学分。通过推动学分应用和自主选学，激发教师的参训动力。

4. 市教委组织实施北京市中小学教师信息技术应用能力全员提升培训，建设教师选学平台，完善专项培训体系，委托市级培训机构开发培训课程、咨询指导、进程监管及辅导教师培训；区县教委通过专项培训，组织开展本区域教师全员培训，负责辅导教师选送与管理、参训学员组织与管理，以及培训进程与效果的了解、反馈；中小学校要将信息技术应用能力培训作为校本研修的重要内容，具体负责落实参训教师的时间保障、学习进程监管，促进教师学用结合。

三、完善标准与模式创新

5. 依据教育部颁布的教师信息技术应用能力标准、培训课程标准和能力测评指南等政策指导性文件，针对北京市中小学校信息技术配备的实际条件与应用情况，建立北京市教师信息技术应用能力标准体系，有效引领全体教师学习和应用信息技术，指导各区县和中小学校进行培训监管、效果评价和应用推动等环节的工作。

6. 根据信息技术环境下教师学习的特点，有效利用网络研修社区，推行网络研修、现场实践与面授指导相结合的混合式培训；

进一步强化情境体验，确保实践成效，促进教师边学习、边实践、边应用、边提升；建立学习效果及时监测与反馈机制，确保培训质量。结合教育部“国培计划”网络研修与校本研修整合培训项目，推动建立以校为本的常态化培训机制。

四、课程建设与资源生成

7. 通过比较遴选或招标方式，与专业机构合作，建设培训平台；依托现有资源，汇聚各区县、中小学校和市级培训机构多年积累的课程资源，根据教育部《中小学教师信息技术应用能力培训课程标准（试行）》（教师厅函〔2014〕7号），按照技术素养类课程、综合类课程、专题类课程、教师专业发展课程等四个方面开发培训课程。

8. 加强培训过程中案例的收集与加工，探索开发微课程资源，注重生成信息技术应用的支撑性资源，以满足教师的个性化学习需求。同时，实现与兄弟省市和国家平台的资源共享。

9. 市教委负责课程审核遴选工作，依据《课程标准》，本着“公开、公正、公平”的原则，对拟纳入能力提升工程的培训课程，在专家评审的基础上，遴选出高质量的课程资源，建立优秀培训课程资源库。

五、能力测试与应用转化

10. 为提高培训的针对性和有效性，加强训前、训中、训后测评。根据教育部制定的能力测评指南，开发适合我市实际的测评工具，建立网络测评系统，主要通过教师网上自测和基于案例的情境测评，达到以评促学、以评促用的目的。

11. 根据测评数据分析教师的深层需求，并及时调整提升工程实施计划，确保全体教师应用能力得到提升；市区两级培训机构要根据测评数据制定完善的培训方案，确保按需施训；中小学校要分析测评数据，找准短板，有针对性地开展校本研修；教师要根据测评结果，分析自身差距，查漏补缺，合理选学。

12. 区县教委要将教师信息技术应用能力作为教师资格认定、

资格定期注册、职务（职称）评聘和考核奖励等的必备条件，列入中小学办学水平评估和校长考评的指标体系。中小学校要将信息技术应用成效纳入教师绩效考核指标体系，促进教师在教育教学中主动应用信息技术。

13. 我市将通过示范课评选、教学技能比赛和优秀课例征集等活动，发掘推广应用成果，形成良好应用氛围；通过建立信息技术应用示范校等举措，推动信息技术应用的综合创新。

六、组织保障与监管评估

14. 强化系统设计。根据教育部相关文件精神，市教委制订提升工程具体实施的工作计划，形成规划实施方案，向全市发布并做好充分的宣传动员工作。2014 年正式启动试点培训，力争在 2017 年底完成一轮 50 学时的培训，并建立和正式实施常态化的年度培训机制。

15. 加强组织领导。成立以市教委主要领导为组长的能力提升工程领导小组，负责能力提升工程的顶层设计、经费保障和组织领导；成立执行办公室，设在北京市中小学中等职业学校教师培训中心，负责组织管理的具体工作；成立专家组，负责研究、指导和咨询等工作；采取招投标机制，遴选具备资质的机构承担培训任务；将信息应用能力培训平台与北京市中小学教师管理信息系统有机结合，实施精细化管理。区县教委负责本地提升工程的组织管理，制定管理办法，落实相关政策。中小学校长是本校能力提升工程实施的第一责任人，要完善制度、健全机制、整合资源，为教师信息技术应用能力提升奠定坚实基础。

16. 保障经费落实。市教委安排专项经费，支持平台建设、培训实施、资源开发和测评监管等工作。区县要安排相应的配套经费，支持本地教师全员培训。中小学校要在学校公用经费中安排资金，为本校教师学习和应用信息技术创造良好条件。

17. 做好监管评估。市教委采取专家评估、网络评估和第三方评估等方式，做好提升工程实施的监管评估工作。区县教委要重点加强中小学校推动信息技术应用工作的监管评估。

附件：1. 北京市中小学教师信息技术应用能力提升工程领导小组成员名单

2. 北京市中小学教师信息技术应用能力提升工程执行办公室成员名单

3. 北京市中小学教师信息技术应用能力提升工程专家组名单

2014 年 10 月 31 日

附件 1

北京市中小学教师信息技术应用能力提升工程领导小组成员名单

组　长： 罗　洁　市教委委员（正局级）

副组长： 李　方　北京教育学院院长

成　员： 钟祖荣　北京教育学院副院长

杨志成　北京教育学院副院长

吴　武　市教委人事处处长

李海燕　市教委师资管理办公室主任、人事处副处长

汤丰林　北京市中小学中等职业学校教师培训中心主任

崔亚超　市教委人事处干部

附件 2

北京市中小学教师信息技术应用能力提升工程执行办公室成员名单

主　任：汤丰林　北京市中小学中等职业学校教师培训中心主任
副主任：吴安民　北京教育学院信息与职业教育学院院长
　　　　孟令惠　北京教育学院信息管理与服务中心主任
　　　　邱　磊　北京教育学院教务处处长
成　员：陈　捷　北京教育学院信息与职业教育学院副院长
　　　　高大明　北京教育学院信息中心总监
　　　　纪　方　北京教育学院信息与职业教育学院副教授
　　　　邹雪梅　北京市中小学中等职业学校教师培训中心信息与管理科科长
　　　　石　燕　北京市中小学中等职业学校教师培训中心信息技术应用能力提升工程主管
　　　　钟亚妮　北京市中小学中等职业学校教师培训中心教师教育研究室主任
　　　　陈　思　北京市中小学中等职业学校教师培训中心干部

附件3

北京市中小学教师信息技术应用能力提升工程专家组名单

姓名	职务/职称	专业	工作单位	备注
黄荣怀	教授	教育技术	北京师范大学	技术专家
汪　琼	教授	教育技术	北京大学	技术专家
方海光	副教授	教育技术	首都师范大学	技术专家
陈　捷	副教授	计算机应用	北京教育学院	技术专家
纪　方	副教授	计算机应用	北京教育学院	技术专家
张学虎	中学高级	信息技术	密云县信息中心	技术专家
马　涛	中学高级	信息技术	海淀区教育信息中心	技术专家
李冬梅	中学高级	信息技术	北京大学附属中学	技术专家
蒙广平	中学高级	信息技术	顺义区第一中学	技术专家
李万峰	中学高级	语文	通州区教师研修中心	学科专家
刘青岩	中学高级	数学	北京教育学院丰台分院	学科专家
张　洲	副教授	英语	北京教育学院	学科专家
丁有富	讲师	物理	北京教育学院	学科专家
黄冬芳	中学高级	化学	北京市教科院基教研中心	学科专家
石群雄	中学高级	地理	北京教育学院丰台分院	学科专家

财　务

北京市教育委员会文件选编

（2014）

北京市教育委员会
北　京　市　财　政　局
北　京　市　统　计　局
北京市发展和改革委员会
北京市科学技术委员会

关于本市2013年教育经费执行情况的公告

京教财〔2014〕12号

《中华人民共和国教育法》第五十五条规定："各级人民政府教育财政拨款的增长应当高于财政经常性收入的增长，并使按在校学生人数平均的教育费用逐步增长，保证教师工资和学生人均公用经费逐步增长"。根据北京市教育经费执行情况监测制度（试行）的规定，现将2013年北京市教育经费执行情况公告如下：

一、教育经费执行总体情况

2013年，本市地方国家财政性教育经费（包括：公共财政预算教育经费、各级政府征收用于教育的税费、企业办学中的企业拨款、校办产业和社会服务收入用于教育的经费等）894.19亿元，占全市地区生产总值19500.6亿元的4.59%，比上年增长0.36个百分点。

根据财政部、教育部新口径，本市地方各级政府公共财政教育支出（包括公共财政预算教育事业费拨款、基建拨款、教育费附加）699.14亿元，比上年增长14.25%。财政部于2004年1月印发了《关于统一界定地方经常性收入口径的意见》（财预〔2004〕20号），对财政经常性收入口径做出了界定，按此口径调整2013年财政经常性收入2978.46亿元，比上年增长6.61%，公共财政教育支出增长比例高于财政经常性收入增长比例7.64个百分点。

2013年公共财政支出4173.66亿元，公共财政教育支出占公共财政支出的比例为16.75%，比上年增长0.15个百分点。

二、各级教育生均公共财政预算教育事业费支出增长情况

（一）普通小学：生均公共财政预算教育事业费支出21727.88元，比上年的20407.62元增长6.47%。

（二）普通初中：生均公共财政预算教育事业费支出32544.37元，比上年的28822.01元增长12.91%。

（三）普通高中：生均公共财政预算教育事业费支出36763.03元，比上年的31883.79元增长15.30%。

（四）职业高中：生均公共财政预算教育事业费支出20211.24元，比上年的18981.26元增长6.48%。

（五）普通高等学校：生均公共财政预算教育事业费支出47629.14元，比上年的47623.53元增长0.01%。

（六）中等职业学校：生均公共财政预算教育事业费支出23635.72元，比上年的21700.90元增长8.92%。

三、各级教育生均公共财政预算公用经费支出增长情况

（一）普通小学：生均公共财政预算公用经费支出9938.97元，

比上年的8731.79元增长13.83%。

（二）普通初中：生均公共财政预算公用经费支出13747.01元，比上年的11268.46元增长22%。

（三）普通高中：生均公共财政预算公用经费支出16644.28元，比上年的13660.11元增长21.85%。

（四）职业高中：生均公共财政预算公用经费支出6498.51元，比上年的6247.56元增长4.02%。

（五）普通高等学校：生均公共财政预算公用经费支出27058.65元，比上年的26618.30元增长1.65%。

（六）中等职业学校：生均公共财政预算公用经费支出11108.66元，比上年的9149.75元增长21.41%。

特此公告。

2014年6月6日

北京市教育委员会

关于印发市教委机关现金管理规定的通知

京教财〔2014〕13号

市教委机关各处室：

现将《市教委机关现金管理规定》印发给你们，请遵照执行。执行中如有问题请及时与财务处联系。

2014年6月16日

北京市教育委员会机关现金管理规定

为进一步加强机关财务工作，严肃财经纪律，提高财务管理水平，促进财务工作法制化，规范现金提取和使用，根据《北京市财政局、中国人民银行营业管理部〈关于印发北京市市级预算单位现金提取和使用管理办法〉的通知》（京财国库〔2014〕775号）要求，结合市教委机关工作实际和内部控制制度对机关财务工作的要求，制定本规定。

一、现金结算的情况

符合下列条件确需使用现金支付的，可以用现金结算：

（一）因抢险救灾、突发事件等紧急情况，需要使用现金支付的；

（二）支付给遗属的抚恤金，救济费、救助金及慰问金等，需要使用现金支付的；

（三）在不具备刷公务卡条件且单笔消费在500元以下的公务支出；

（四）签证费、出租车费、停车费、举报奖励、差旅费补助等目前只能使用现金结算的支出等。

二、不允许现金支付的情况

使用财政资金向个人发放津贴补贴、取暖费、离（退）休费、购房补贴等，通过单位账户划转至个人银行账户（或转账）进行发放，不得以现金进行支付。

三、严格执行公务卡报销有关规定

（一）公务支出原则上使用公务卡或银行转账方式结算。凡具备刷卡条件的，应使用公务卡方式结算，不得以现金进行支付。不符合现金支付范围，财务不予办理报销手续。

（二）从严控制不使用公务卡结算的公务支出事项的管理，在不具备刷公务卡条件使用现金结算的公务支出，要求报销申请人提供不能使用公务卡结算的证明材料，并依次报所在处处长、主管委领导、财务处长、主管财务委领导签字批准。

四、严格大额现金报销审批程序

（一）大额现金标准：一次性使用现金5万（含5万元）以上。

（二）大额现金可以支付的范围：指因抢险救灾、突发事件等紧急情况和支付遗属的抚恤金、救济费、救助金及慰问金等支出。

（三）大额现金报销手续：现金报销达到大额现金标准的，要有所在处室处长、主管委领导、主管财务的委领导签字批准并报财务处长批准后执行。

（四）大额现金提取程序：财务人员按照大额现金提取要求，向银行提交现金提取证明材料，含提取现金的时间、金额及用途明细、内部审批手续等内容并加盖单位公章，同现金支票及电子授权支付凭证一同提交代理银行。

五、严格现金使用管理

（一）从严控制现金提取。财务处严格按照市财政局的有关要求，从严从紧控制现金提取，严格控制库存现金量，原则上不超过3天日常零星开支所需的现金量。

（二）从严控制现金使用事项及审批流程。财务人员认真履行工作职责，加强现金管理，严格执行单位内部现金提取和使用审批程序，现金保管、使用、核算等相关制度规定。

（三）建立健全现金核算相关规定。建立健全现金保管、使用、会计核算制度，设置现金日记账，如实反映现金的使用情况，做到日清月结，账款相符。建立定期现金盘库制度。

学校后勤

北京市教育委员会文件选编

（2014）

北京市教育委员会办公室

关于开展第二批北京市节约型示范学校年检工作的通知

京教办函〔2014〕16号

各区县教委、北京市什刹海体育运动学校：

为不断提升示范学校的建设水平，发挥示范学校的引领作用，市教委决定开展第二批北京市节约型示范学校年检工作。现将有关事项通知如下：

一、年检对象

第二批北京市节约型示范学校，即2011年市教委批准并授牌的学校（名单见附件1）。

二、年检时间及评估组

（一）年检时间：2014年10月15日、17日、21日、22日，共4天。每个区县年检时间为半天，各区县具体安排见附件2。（二）年检评估组：年检评估组分两组，每组由3名专家组成，成员为市教委节能减排专家组成员。

三、年检内容

根据《北京市节约型中小学校考核评价办法》，以近三年开展节约型示范学校建设基本情况及新思路、新经验、新成果等特色工作为主要内容。具体内容见《北京市节约型中小学校考核评价标准》。

四、年检程序

（一）年检筹备

1. 为确保年检工作顺利进行，各区县节约型学校建设领导小组要统筹迎检工作并做好相关准备，要为每个验收组配备1名联络员，填写联络员信息表（附件3，略），并于4月25日前传至指定邮箱 jieyuexingxuexiao@126.com。

2. 接受年检的学校应准备自评报告，自评报告需全面反映学校近三年来节约型学校建设组织与管理、节约宣传教育、节约型校园建设等各方面的工作，区县教委应进行初步审核，并在接受年检时为每位评估验收组成员提供相应的材料（区县参与学校及联系人汇总表格、学校自评报告等）。

3. 各区县年检会场由各区县教委确定，建议选择接受年检的一所学校作为年检会场。

（二）组织年检

各区县教委应按照市教委规定的年检时间召开年检工作汇报会，会议由区县教委相关领导主持，市评估组组长通报评估工作实施步骤、方法，各示范校负责人依次汇报工作情况（每校汇报时间控制在10分钟以内，要求制作 ppt）。学校汇报结束后，评估组对学校有关情况及问题进行询问，汇报人当场答复，也可现场对书面材料进行核查。

（三）评定结果

1. 评估组成员根据学校汇报及询问情况，集体做出评定结论，并向市教委提交验收报告，年检结果不当场反馈，待年检工作结束后由市教委统一向区县教委通报结果。

2. 各评估组按照达标和不达标两等次对参与年检的各学校进行评定。评估等次为达标的学校，继续保留示范校标牌，评估等次为不达标的学校，作摘牌处理，收回示范校标牌，取消示范校称号。

五、联系方式（略）

附件：1. 2011 年北京市节约型示范学校名单

2. 各区县年检时间安排表

3. 区县联络员信息表（略）

2014 年 3 月 14 日

附件 1

2011 年北京市节约型示范学校名单

东城

北京市东城区安外三条小学

北京市第十一中学

北京市国子监中学

北京国际职业教育学校

北京市东城区东四十四条小学

西城

北京市北海幼儿园

北京市西城区康乐里小学

北京市第三十一中学

北京市育才学校

北京市第十五中学

北京市第三十九中学

北京市第三十五中学

北京市西城区展览路第一小学

北京市西城区四根柏小学

朝阳

北京市朝阳区康乐园小学

北京市朝阳区平乐园小学

首都师范大学附属实验学校

北京市朝阳区新源里第四小学

北京市朝阳区望花路小学

北京市朝阳区清友实验幼儿园

北京市朝阳师范学校附属小学

北京市和平街第一中学

北京市朝阳区西坝河第一幼儿园

北京市北苑中学
北京市朝阳区日坛小学
北京市东方职业学校
北京市朝阳区团结湖第一幼儿园

海淀

北京明天幼稚集团
北京市海淀区温泉中心小学
北京市海淀区翠微小学

丰台

首都师范大学附属丽泽中学
北京市丰台区丰台第一幼儿园
北京市丰台区青塔第二幼儿园
北京市丰台区南顶中学
北京市丰台区长辛店第一小学
北京市丰台区长辛店第七小学

石景山

北京市苹果园中学

顺义

北京市顺义区第九中学
北京市顺义区第五中学
北京市顺义区李桥中心小学
北京市顺义区北石槽中学
北京市顺义区石园小学
北京市顺义区怡馨幼儿园

昌平

北京市昌平职业学校
北京市昌平区二毛学校
北京市昌平区昌盛园小学
北京市昌平区第三中学
北京市昌平区第四中学
北京市昌平区第五中学
北京市昌平区回龙观中学

门头沟

北京市第八中学分校斋堂中学
北京市门头沟区河南街小学
北京市门头沟区大台中心小学
北京市门头沟区黑山小学

大兴

北京市大兴区青云店中学
北京小学翡翠城分校
北京市大兴区第三中学
北京市第十四中学大兴安定分校
北京经济技术开发区实验学校
北京市大兴区滨河小学
北京师范大学大兴附属小学
北京市大兴区第六中学
北京市大兴区团河小学
北京市大兴区第十小学

通州

北京市通州区运河中学
北京教育科学研究院通州区第一实验小学
北京市史家小学通州分校
北京市通州区于家务乡中心小学
北京市通州区玉桥小学

北京市通州区官园小学

北京市通州区第四中学

北京市通州区玉桥中学

北京市通州区台湖学校

房山

北京市房山区良乡第二中学

北京市房山区坨里中学

北京市房山区第五中学

北京市房山区电业中学

北京市房山区第四中学

北京市房山区张坊镇中心小学

北京市房山区石楼镇中心小学

北京市房山区城关小学

延庆

北京市延庆县第二幼儿园

北京市延庆县第三中学

北京市延庆县第八中学

北京市延庆县大柏老中心小学

北京市延庆县井庄中学

怀柔

北京市怀柔区怀柔镇中心小学

北京市怀柔区杨宋镇中学

密云

北京市密云县第六幼儿园

北京市密云县太师屯镇中心小学

北京市密云县不老屯镇中心小学

北京市密云县穆家峪中学

北京市密云县第二中学

平谷

北京市平谷区城关学区

北京市平谷区第四中学

北京市平谷区第三中学

北京市平谷区第六小学

北京市平谷区黄松峪中学

燕山

北京市燕山向阳小学

单独申报

北京市什刹海体育运动学校

附件 2

各区县年检时间安排表

组别	区县	年检时间
一组	东城区	10 月 15 日上午
	朝阳区	10 月 15 日下午
	丰台区	10 月 17 日上午
	房山区（含燕山）	10 月 17 日下午
	大兴区	10 月 21 日上午
	通州区	10 月 21 日下午
	怀柔区	10 月 22 日上午
	密云县	10 月 22 日下午
二组	西城区（含单独申报学校）	10 月 15 日上午
	海淀区	10 月 15 日下午
	石景山区	10 月 17 日上午
	门头沟区	10 月 17 日下午
	昌平区	10 月 21 日上午
	延庆县	10 月 21 日下午
	顺义区	10 月 22 日上午
	平谷区	10 月 22 日下午

注：上午 9：00 开始，下午 14：00 开始。

北京市教育委员会

关于印发《北京市节约型高等学校建设考核评价办法（试行）》的通知

京教勤〔2014〕4号

各高等学校：

现将《北京市节约型高等学校建设考核评价办法（试行）》印发给你们，请遵照执行。

2014年3月19日

北京市节约型高等学校建设考核评价办法（试行）

为全面贯彻中央关于生态文明建设的战略部署，具体落实教育部关于节约型学校建设的通知精神，积极开展节约型高等学校创建工作，参照《北京节约型高等学校建设指导意见》（京教勤〔2010〕

3号）（以下简称《意见》），结合北京市节能减排全民行动计划、北京市 2013～2017 年清洁空气行动计划任务要求，特制定《北京市节约型高等学校建设考核评价办法》（以下简称《办法》）。

一、目的与原则

（一）评选节约型高等学校建设的先进校、示范校，总结推广先进经验，引领和带动全市高等学校节能减排工作的扎实有效开展，促进高等学校的可持续发展。

（二）节约型高等学校建设的考核评价工作是节约型学校建设工作的重要部分，遵循客观、全面、定性定量相结合的评价原则。

（三）节约型高等学校的考核评价工作原则上每年进行一次。2014 年、2015 年为试行阶段。

二、内容与评分方法

（一）内容

节约型高等学校建设的考核评价工作按照《北京市节约型高等学校建设考核评价标准（试行）》（以下简称《标准》）实行。《标准》分为组织机构与人员配备、节约制度、行政管理、培育人才、校园建设、校园节约效果六项内容，分别有相应的分解指标、要点、分值与评价方法。

（二）评分方法

1. 评分采取扣分办法计分，扣满该评价要素分值为止。扣分包括“缺项扣分”（如无 xx 制度，扣 1 分）和“程度扣分”（如 xx 制度不健全，扣 1～2 分）两种形式。在“程度扣分”中，在每项指标分值的范围内，依照轻、重程度，酌情扣分。

2.《标准》规定的考核评价总分值为 200 分。170 分以上（含 170 分）为优秀，130～169 分为良好，90～129 分为合格，90 分以下为不合格。

三、考核评价的程序与结果运用

（一）考评程序

1. 市教委组织成立北京市节约型高校建设考核评价工作组，

具体实施节约型高等学校建设的考核评价工作。各高等学校考评工作要在本校节约型学校建设领导小组的领导下开展。

2. 各高等学校要在全面总结节约型学校建设工作的基础上，先进行自查自评，形成自查自评报告，并向市考核评价工作组书面汇报。

3. 市考核评价工作组在听取汇报的基础上，通过实地检查、座谈等多种方式，根据评价标准对学校进行全面考核评价，提出综合评价意见。

4. 由市考核评价工作组向市教委提交考核综合报告，推荐市级节约型高等学校先进校和示范校。

（二）考评结果的运用

1. 考评结果是评选节约型先进校、示范校的重要依据。

2. 考核评价结果和学校节能降耗目标任务完成情况是年度节约型高等学校建设工作目标责任管理考评的内容。

四、工作要求

（一）要通过考核评价，及时总结工作经验，发现问题，切实加强对工作薄弱环节的改进，促进节约型高等学校建设整体水平的提高。

（二）为有利于考核评价工作的连续性，各高等学校有关职能部门应建立考核评价档案，其考评材料（含总结报告和数据资料）应及时归档。

附件：北京市节约型高等学校建设考核评价标准（试行）

附件

北京市节约型高等学校建设考核评价标准（试行）

考评项目	考评指标	考评要点	考评办法	评分标准	实际得分
组织机构与人员配备15分	1. 校级组织机构和人员配备(10分)	1.1 成立领导机构，人员结构合理，有工作职责和人员分工（6分） 1.2 设立常设机构，人员配备符合要求（4分）	1.1 查看节约型高校建设领导机构名单及结构组成，查看节约型高校建设领导机构工作计划及学校年度工作计划相关内容，查看例会记录 1.2 现场查看节约资源常设管理机构	1.1 有领导机构且结构合理得3分，机构的工作职责以及人员分工明确得3分，无领导机构不得分，结构不合理扣1分，职责与人员分工不明确扣1分 1.2 有常设机构，人员配备符合要求得4分，无常设机构扣4分，人员配备不符合要求扣1分	
	2. 二级单位组织机构和人员配备（5分）	2.1 二级单位成立管理机构（2分） 2.2 主要领导兼任机构负责人（1分） 2.3 指定正式或兼职管理人员，且工作责任明确(2分)	2.1 查看节约资源管理机构名单 2.2 查看节约资源管理机构名单和相关会议决定 2.3 查看节约资源管理机构名单和相关会议决定	2.1 有节约资源管理机构得2分，无机构不得分 2.2 部门正职或副职兼任机构负责人得1分，不兼任不得分 2.3 有正式或兼职管理人员，且工作任务、职权和责任明确得2分，无正式或兼职管理人员扣2分，工作任务、职权和责任不明确的扣1分	
节约制度32分	1. 规划与计划（10分）	1.1 高校事业发展规划、学科建设规划、校园建设规划中有节约原则和保障措施(6分) 1.2 行政工作计划、党委工作计划有节约原则和具体措施（4分）	1.1 查看学校事业发展规划、学科建设规划、校园建设规划 1.2 查看学校行政工作计划、党委工作计划	1.1 三大规划中有节约原则，在保障措施中有具体体现得6分，每个规划无节约原则扣2分，有节约原则，但在措施中无具体体现扣1分 1.2 两大计划有节约原则并在内容中有体现得4分，每个计划无节约原则扣2分，有节约原则，但在措施中无具体体现扣1分	

续表1

考评项目	考评指标	考评要点	考评办法	评分标准	实际得分
	2. 配制与使用制度（18分）	2.1 物资与能源管理制度，采购与仓库管理规定、物资设备配置规定（12分） 2.2 设备运行与修缮管理规定（2分） 2.3 新建项目和既有建筑节水节能规定（2分） 2.4 投资管理规定，新建项目资金管理和改造项目资金管理（2分）	2.1 查看学校和节能管理部门、资产管理部门、后勤管理部门、饮食服务部门制定的相关制度 2.2 查看节能管理部门和物业管理部门的相关制度 2.3 查看学校和基建部门物业管理部门的相关制度 2.4 查看财务和基建部门相关制度	2.1 水与能源管理制度4分，办公耗材管理制度2分，节粮制度2分，采购与仓库管理制度2分，物资设备配备制度2分，无制度不得分，不完善扣1分 2.2 有设备运行与修缮管理规定得2分，无管理规定不得分，不完善扣1分 2.3 有新建项目和既有建筑节水节能规定得2分，无规定不得分，不完善扣1分 2.4 有投资管理规定得2分，无规定不得分，不完善扣1分	
	3. 统计、公示与审计制度（4分）	3.1 资源与能源统计规定（2分） 3.2 水与能源公示规定（1分） 3.3 物资与能源审计规定（1分）	3.1 查看资产、节能管理和物业部门相关制度和统计报表 3.2 查看相关制度和公示报表及方式 3.3 查看相关制度和审计部门有关审计报告	3.1 资源与能源统计规定2分，无规定不得分，不完善扣1分 3.2 水与能源公示规定1分，无规定不得分 3.3 物资与能源审计规定1分，无规定不得分	
行政管理15分	1. 工作部署和总结表彰（6分）	1.1 党委常委会、校长办公会定期研究节约工作（1分） 1.2 领导小组召开会议（2分） 1.3 下发有关制度和工作安排的通知（1分） 1.4 按照年度进行工作总结，至少两年对先进单位和个人进行表彰（2分）	1.1 查看党委常委会、校长办公会会议记录 1.2 查看节约型校园建设领导会议记录 1.3 查看相关通知和制度 1.4 查看年度节约资源工作总结和表彰决定	1.1 党委会或校长办公会每年研究节约工作会议有记录得1分，无会议记录不得分 1.2 领导小组每年至少召开2次会议，有一次会议记录得1分（共2分），无记录不得分 1.3 下发有关规章制度或具体工作安排的通知1分，无通知不得分 1.4 有年度总结1分，无总结不得分，有表彰决定1分，无表彰决定不得分	

续表 2

考评项目	考评指标	考评要点	考评办法	评分标准	实际得分
	2. 管理模式（6分）	2.1 水与能源定额控制、指标分解（2分） 2.2 水与能源分户安表、分户计量（2分） 2.3 全面实行按计量和收费标准进行收费（2分）	2.1 查看学校相关制度和指标分解安排情况图表 2.2 实地查看分户安表、分户计量情况 2.3 查看计量台帐和收费报表	2.1 水与电定额控制、指标分解得2分，无定额控制和指标分解不得分，部分实施得1分 2.2 对二级单位水电分户安表、分户计量得2分，未全实施分户安表、计量扣1～2分 2.3 对二级单位水电计量收费得2分，未全实施水电计量收费扣1～2分	
	3. 档案管理（3分）	3.1 文件资料做到规范整洁，资料齐全（1分） 3.2 日常工作材料规范齐全，包括水电气等地下管网图（1分） 3.3 研究成果材料有成果目录和原件复印件（1分）	3.1 查看节能管理机构和物业管理机构收存的文件 3.2 查看节能管理机构、物业管理部门、学生管理和宣传部门相关记录、报表及活动总结材料 3.3 查看节能管理机构有关节约研究成果目录和原件复印件	3.1 有重要文件，资料整洁、齐全得1分，无重要文件不得分 3.2 节能和物业管理部门日常工作材料规范齐全得1分，材料不规范齐全不得分 3.3 学校有节能研究成果材料得1分，无研究成果材料不得分	
培育人才50分	1. 培育目标（5分）	1.1 使学生掌握科学发展观，具有正确的节约观和环保观（2分） 1.2 使学生具有系统的节约理论知识（1分） 1.3 使学生具有系统的节约技术和较强的技能（1分） 1.4 使学生具有知识创新精神（1分）	该项指标的四个要点（1.1～1.4）通过查阅学校发展规划、专业培养计划、“两课”教学计划和专业教学计划以及教材建设情况进行评判	1.1 规划或计划中有表述2分，无表述不得分 1.2 规划或计划中有表述1分，无表述不得分 1.3 规划或计划中有表述1分，无表述不得分 1.4 规划或计划中有表述1分，无表述不得分	
	2. 培育规格（5分）	2.1 使学生成为具有节约品行的合格公民（2分） 2.2 使学生成为节约管理与技术应用的专门人才（2分） 2.3 使学生成为节约科学研究和技术研发的专门人才（1分）	该项指标的三个要点通过查阅相关规划、计划、教材、教学课件，采用听课和召开教师、学生座谈会及走访毕业生等方式综合进行评判	2.1 综合评判方式中有节约教育内容得2分，无节约教育内容不得分 2.2 综合评判方式中有节约教育内容得2分，无节约教育内容不得分 2.3 综合评判方式中有节约教育内容得1分，无节约教育内容不得分	

续表 3

考评项目	考评指标	考评要点	考评办法	评分标准	实际得分
	3. 培育体制（5分）	3.1领导体制，建立党委与行政分工负责的领导体制（1分） 3.2管理体制，建立党委领导下的以行政实施为主的管理体制（2分） 3.3运行机制，党政齐抓共管，以教务、科研、学生管理部门为主体，其他部门为辅助，明确分工和工作职责，形成各部门既分工负责，又密切配合，相互协作的运行机制（1分） 3.4节约教育工作队伍建设（1分）	3.1查看党委文件和会议记录 3.2查看行政文件和校长办公会议记录 3.3查看学校节约教育领导小组办公室工作材料 3.4查看学校有关文件和相关业务培训情况记录	3.1建立领导体制得1分，无领导体制不得分 3.2建立管理体制得2分，无管理体制不得分 3.3建立运行机制得1分，无运行机制不得分 3.4对节约教育工作队伍尤其是教师、学生工作干部每年进行一次以上（含一次）相关培训得1分，无培训不得分	
	4. 培育方案（10分）	4.1制定培育方案，建立“教学、科研、实践”三位一体的教育模式。主要是学科性节约教育、组织学生开展节约科研和节约主题实践活动等方面的计划。建立节约型校园“管理、服务、环境”的育人工作格局。主要是指建立节约型校园的管理体制和运行机制，成立组织机构，完善节约的规章制度，建设节约型校园物质和文化环境，围绕育人开展节约工作（8分） 4.2对培育方案进行优化，总结新的培养人才的理念和先进做法，培育新的学科增长点，推进以节约知识、节水节能技术为核心的新兴交叉学科的建设与发展，完善节约教育的培养模式和培养措施（2分）	4.1查看教务部门节约教学方面的计划，包括两课计划、专业教学计划，科研部门科研计划和学生工作部门学生活动计划；查看校部机关、教辅单位、后勤部门节约工作计划或方案 4.2查看教务、科研、学生工作部门对节约教育计划或方案的补充、修改和完善情况，查看校部机关、教辅单位、后勤部门的节约工作方案的修订情况	4.1各类教学计划中有节约教学要求得3分，无节约教学要求不得分；科研计划有节约项目得1分，无节约项目不得分；学生活动方案中有节约内容得2分，无节约内容则不得分；校部机关、教辅单位、后勤部门工作计划有节约内容得2分，无节约内容不得分 4.2教务、科研、学生工作部门对节约教育计划有补充修订得1分，无补充修订不得分；校部机关、教辅单位、后勤部门对节约计划内容修订完善得1分，节约计划内容不完善不得分	

续表 4

考评项目	考评指标	考评要点	考评办法	评分标准	实际得分
	5. 实施培育方案（25分）	5.1 教学，节约教育在各个专业学科中的覆盖情况，开展节约教育的课堂教学、讲座、实践教学和教材建设情况（6分） 5.2 科研，教师带领学生开展研究，学生科研工作机制以及学生自主开展节约科研情况（3分） 5.3 主题实践活动，组织学生开展知识技能应用性、学习拓展性实践活动情况，开展节约型学生组织创建活动情况（4分） 5.4 社会服务，学校组织、引导或鼓励学生为国家发展战略、地方节约型社会建设、部门和行业、街道与社区节约工作服务情况（4分） 5.5 管理育人，学校的节约型部门建设情况，节约型工作运行情况（2分） 5.6 后勤服务育人，后勤职工的节约思想与品行，工作态度与作风；节约规章制度宣传情况，开展检查评比活动情况（3分） 5.7 环境育人，建立节约型的校园物质环境，确立节约光荣，浪费可耻的校园主导意识，用节约思想占领校园文化阵地，开展节约宣传普及活动情况（3分）	5.1 查看教务部门教学计划和相关教材建设情况，听有关课程 5.2 查看科研、学生工作部门组织学生开展节约研究情况 5.3 查看学生工作部门组织学生开展节约主题实践活动情况 5.4 查看科研、院系组织学生开展节约社会服务情况 5.5 查看校部机关、教辅单位节约型部门建设和运行情况 5.6 查看后勤部门开展节约宣传教育和有关活动情况 5.7 现场查看校园环境，听各部门有关节约校园文化建设和活动情况汇报	5.1 相关教材、课程教学、讲座有节约教育内容得6分，不全酌情扣1～2分，无节约教育内容不得分 5.2 科研、学生管理部门有节约研究项目得3分，无节约研究项目不得分 5.3 学生工作部门开展节约主题实践活动4分，无节约主题实践活动不得分 5.4 科研部门、院系组织学生开展节约方面的社会服务4分，无节约方面的社会服务不得分 5.5 校部机关、教辅单位各部门按照节约型学校建设要求，有节约方面的工作运行机制2分，无节约方面工作运行机制不得分 5.6 后勤部门开展节约宣传和有关节约活动3分，无节约宣传和有关节约活动不得分 5.7 校园设施符合节约原则，校园文化环境中有节约因素（包括宣传条幅、橱窗、电视、广播专题节目校报专栏稿件等）3分，无校园文化环境中节约因素不得分	

续表 5

考评项目	考评指标	考评要点	考评办法	评分标准	实际得分
校园建设47分	1. 节约型设备(12分)	1.1 节水型设备安装与使用,校园设施用水处安装感应节水器、感应阀门、智能冲水器、节水控制器、节水式水箱冲便器、感应节水产品等(3分) 1.2 节电型设备安装与使用,包括智能IC电卡、照明节电器、节能灯、智能控制开关等节电型设备的安装与使用(3分) 1.3 节能型设备安装与使用,主要指空调、锅炉等大型用能设备的节能控制的安装及改造(3分) 1.4 学生IC卡的使用,在浴室、宿舍、教学楼等学生集中用水、用电的场所,安装IC卡计量设备,实现IC卡计量收费(3分)	1.1 现场查看节水型设备安装与使用情况 1.2 现场查看节电型设备安装使用情况 1.3 现场查看节能型设备安装使用情况 1.4 现场查看学生IC卡的使用情况	1.1 全面安装节水型设备3分,节水型设备的安装超过一半以上2分,低于一半得1分,无节水型设备不得分 1.2 全面安装节电型设备3分,节电型设备的安装超过一半以上2分,低于一半得1分,无节电型设备不得分 1.3 全面安装节能型设备3分,节能型设备的安装超过一半以上2分,低于一半得1分,无节能型设备不得分 1.4 全面安装IC卡计量设备3分,安装过半得2分,低于一半得1分,无IC卡计量设备不得分	
	2. 计量设备(10分)	2.1 院系和部处耗电计量设备,校内行政办公楼安装耗电计量设备(2分) 2.2 院系和部处耗水计量设备,校内行政办公楼安装耗水计量设备(2分) 2.3 学生宿舍楼、公寓安装耗电计量设备(2分) 2.4 学生宿舍楼、公寓安装耗水计量设备(2分) 2.5 校内教学楼、实验室、图书馆、体育馆等公共建筑、设施安装耗电耗水计量设备(2分)	2.1 现场查看院系和行政办公楼耗电计量设备 2.2 现场查看院系和行政办公楼耗水计量设备 2.3 现场查看学生宿舍、公寓楼耗电计量设备 2.4 现场查看学生宿舍、公寓楼耗水计量设备 2.5 现场查看教学楼、实验室、图书馆、体育馆等耗电耗水计量设备	2.1 院系和部处安装耗电计量设备2分,无耗电计量设备不得分 2.2 院系和部处安装耗水计量设备2分,无耗水计量设备不得分 2.3 学生宿舍公寓楼安装耗电计量设备2分,无耗电计量设备不得分 2.4 学生宿舍公寓楼安装耗水计量设备2分,无耗水计量设备不得分 2.5 校内公共设施安装耗电耗水计量设备2分,无耗电计量设备扣1分,无耗水计量设备扣1分,无耗电耗水计量设备不得分	

续表 6

考评项目	考评指标	考评要点	考评办法	评分标准	实际得分
	3. 可再生资源使用(8分)	3.1 建设校园中水利用设施和雨水收集系统(2分) 3.2 太阳能光伏利用设备,太阳能发电装置(2分) 3.3 太阳能热利用设备,集中式太阳能热水装置系统(2分) 3.4 其它可再生资源设备,包括地热、风能、生物质能等(2分)	3.1 查阅设计图纸,现场查看中水等设备运行情况 3.2 现场查看太阳能发电设备 3.3 现场查看太阳能热利用设备 3.4 现场查看其它可再生资源设备	3.1 有中水利用设施和雨水收集系统 2 分,缺一项扣 1 分,无中水回用设备和雨水收集系统不得分 3.2 有太阳能发电设备 2 分,无太阳能发电设备不得分 3.3 有太阳能热利用设备 2 分,无太阳能热利用设备不得分 3.4 有其它可再生资源设备中的其中一项 2 分,无可再生资源设备利用不得分	
	4. 专项组织实施工作(17分)	4.1 教学建筑:主要包括建筑主体、教学设备、照明、空调系统节能管理措施和技术手段(3分) 4.2 办公、管理建筑:减少办公室用电设备、合理使用空调、设置节能模式(3分) 4.3 科研实验楼,本着"谁用能,谁付费"的原则,能源费用计入科研业务成本(2分) 4.4 学生宿舍:开展节水节能宣传和主题教育活动,采用节水、节能设备、器具;强化宿舍能耗管理,禁止学生使用电炉、电暖气、电饭锅、热得快等电器(3分) 4.5 学生食堂加强内部管理,降低损耗,倡导科学饮食,节约粮食,实施光盘行动(2分)	4.1 现场查看教学建筑主体、教学设备、照明、空调等节能节电管理措施和技术手段 4.2 抽查办公建筑部分房间照明、空调、办公设备节能情况 4.3 查看科研实验楼用能管理和收费台账 4.4～4.7 查看学生宿舍、食堂、物业等管理部门有关节能节约管理文件制度和教育活动的工作记录等	4.1 教学建筑有完善的节能节电管理措施和技术手段 3 分,无完善的节能节电管理措施和技术手段不得分 4.2 办公、管理建筑有减少办公室用电设备、合理使用空调、设置节能模式得 3 分,无减少办公室用电设备、合理使用空调、设置节能模式不得分 4.3 科研实验楼用水用能费用计入科研业务成本,按照使用量付费原则管理得 3 分,无使用量付费原则管理不得分 4.4 学生宿舍安装节水节电设备,严格执行节水节能管理制度 3 分,节水节能设备安装不齐备扣 2 分,不能严格执行节水节能管理制度,有违规使用大功率电器的扣 1 分 4.5 管理规范,学生文明就餐,能够节约粮食得 2 分,有浪费现象扣 1～2 分	

续表 7

考评项目	考评指标	考评要点	考评办法	评分标准	实际得分
		4.6 建设绿色校园：校园室内外环境干净卫生，空气清新，植被覆盖率符合要求，校园内的水塘、池沼水不劣于四类水质(2 分) 4.7 垃圾分类投放处置，对有毒有害废物妥善安置，采取垃圾减量措施，并对可利用的废物采取资源化处理(重复使用或送废品收购站)(2 分)		4.6 各项指标符合要求得 2 分，有一项不合格扣 1 分，全部不合格扣 2 分 4.7 垃圾分类处置，进行资源化处理得 1 分，对有毒有害废物妥善安置得 1 分	
校园节约效果 41 分	1. 资源节约效果(23 分)	1.1 校园节电效果，按生均耗电量指标(5 分) 1.2 校园节水效果，按生均耗水量指标(5 分) 1.3 校园节热(冷)效果，按生均耗热(冷)量指标(5 分) 1.4 中水使用量，指中水在校园道路洒水、浇灌绿地、冲洗厕所等方面的用水量比例(4 分) 1.5 其它资源节约效果，包括节地、节材等方面内容(4 分)	1.1 查看总用电量和正式注册的各类在校生数 1.2 查看总用水量和正式注册的各类在校生数 1.3 查看总用热(冷)量和正式注册的各类在校生数 1.4 查看中水在校园道路洒水、浇灌绿地、冲洗厕所方面的用水量 1.5 查看学校的容积率、绿化率和人均耗材情况	1.1 生均耗电指标低于往年得 5 分，与往年持平得 3 分，高于往年得 1 分 1.2 生均耗水指标低于往年得 5 分，与往年持平得 3 分，高于往年得 1 分 1.3 生均耗热(冷)指标低于往年得 5 分，与往年持平得 3 分，高于往年得 1 分 1.4 年度中水使用比例有上升得 4 分，与往年持平得 3 分，使用比例下降得 1 分 1.5 校园土地利用合理得 1 分，土地利用不合理不得分；年度人均耗材量低得 3 分，年度耗材量高不得分	
	2. 建设项目落实情况(18 分)	2.1 新建项目节约制度落实情况，包括执行国家相关节能设计规范，落实能耗分项计量措施等(2 分)	2.1 实地查看新建项目节能设计和能耗分项计量措施落实情况	2.1 新建项目执行国家节能规定得 2 分，没有执行国家节能规定不得分	

续表 8

考评项目	考评指标	考评要点	考评办法	评分标准	实际得分
		2.2 既有建筑改造中节约制度落实情况，对历史建筑的保护改造，充分考虑建筑物的寿命周期、可行性和投入收益比，注重与周围人文环境及自然环境的协调(2 分) 2.3 设备运行及维护情况，包括空调系统的变频控制及运行情况、锅炉采暖系统及管网的运行情况、照明系统的运行及维护、水系统的管理及维护等内容(2 分) 2.4 校园分散设施能耗远程监控系统建设情况，分类分项计量把握校园设施能耗状况，确定重点用能部位或设施，采用现代化通信、网络技术建立校园设施能耗远程监控，对高耗能建筑或设施以及校园能耗的主要参数实施实时在线监测情况(2 分) 2.5 四年以内被市级部门评为节水先进单位、节能先进单位或绿色校园示范校等荣誉称号(3 分) 2.6 在落实节约制度方面有创新性做法并取得显著成效的(3 分) 2.7 五年内通过水量平衡测试的(2 分) 2.8 三年内通过能源审计或清洁生产审核的(2 分)	2.2 查看既有建筑改造规划或方案，并查看实施情况 2.3 抽查锅炉采暖系统及管网的运行、水系统的管理及维护情况 2.4 现场查看校园分散设施能耗远程监控系统规划和建设实施情况 2.5～2.8 查看获奖证书和节约、节能等有关文件；查看水平衡测试材料、能源审计和清洁生产审核材料	2.2 既有建筑改造执行国家节能规定得 2 分，没有执行国家节能规定不得分 2.3 设备运行符合节水节能规范得 2 分，不符合节水节能规范不得分 2.4 校园分散设施能耗远程监控系统已经建成运行 2 分，正在建设当中 1 分，没有进行建设不得分 2.5 有一项（含一项）以上获奖证书得 5 分，无获奖证书不得分 2.6 有创新性做法取得显著成效得 3 分，无创新做法不得分 2.7 通过水平衡测试得 2 分，没有通过水平衡测试不得分 2.8 通过能源审计或清洁生产审核得 2 分，没有通过能源审计或清洁生产审核不得分	

北京市教育委员会

关于开通使用北京市教育系统节能减排应用平台的通知

京教函〔2014〕266号

各区县教委、各高校、市教委各直管直属单位：

为推动全市节约型学校建设工作，根据《北京市节约型中小学校建设指导意见》、《北京市节约型高等学校建设指导意见》和《北京市教育系统“十二五”节能减排学校行动计划》的有关要求，我委组织有关单位和专家开发建立了北京市教育系统节能减排应用平台。为做好该平台的使用和管理，现将有关事项通知如下：

一、平台的应用功能

北京市教育系统节能减排应用平台于2014年7月1日正式启用试运行，登录网址为http：//jnjp. bjedu. cn。平台将实现如下功能：

（一）开展国家和本市各项节能减排、低碳环保政策法规的宣传教育工作；在全市大、中、小、幼师生中加大节能减排、低碳环保教育力度，提高广大师生节能减排的参与意识，推动本市节约型学校建设工作。

（二）开展区县之间、学校之间和广大师生的交流与沟通；开展校企之间的交流与合作，推动新技术、新设备使用。

（三）通过在线监测和人工填报相结合的方式，实现对教育系统所有用能单位的水、电、气、热、油、煤等用能数据采集与监控；汇总记录各单位的能耗数据，为教育系统制定节能减排方针政策和任务目标提供数据参考。同时，为各单位适时了解相关能源使用情况提供具体数据支持。

二、工作要求

（一）加强宣传

要积极宣传市教委节能减排应用平台的使用功能，组织广大师生参与政策、法规的应用和节能减排、低碳生活相关实践活动。

（二）填报数据

1. 高度重视

要高度重视用能数据的填报工作，比照市教委的能源监测平台模式完善各用能单位应用平台的建设工作。充分利用能源使用统计工作中已掌握的用能基本情况，结合实际，充分研究各项数据，为本部门的节能减排工作提供数据和理论支持。

2. 填报内容

填报的数据中涉及单位基本信息的共有15项（学校区县、名称、教师人数、学生人数、建筑面积、公车数量等）；涉及能耗使用情况的共有38项（水、电、煤、气、油、热力和其他能源消耗情况等），具体填报事宜见北京市教育系统节能减排应用平台数据上报表。

3. 专人负责

各单位要安排专人负责填报工作，落实工作责任，按时优质完成数据上报工作。

各用能单位进入北京市教育系统节能减排应用平台登录界面，要通过输入用户名和密码登录到数据报送平台，各单位用户名和密码，将由市教委统一制定分发。

4. 按时填报

各区县教委每年上、下半年各上报一次用能数据。上半年数据于下半年8月底前填报完成，下半年数据于次年2月底前填报完成。

各高校和市教委直属直管单位用能上报周期为每季度上报一次，每季度的第一个月底前要填报完成上一个季度的用能数据。

三、联系人及电话（略）

2014年6月20日

北京市教育委员会

关于做好新学期学校后勤服务保障工作确保校园安全的通知

京教函〔2014〕386号

各区县教委，各高等院校、中等职业学校：

为做好各级各类学校新学期的后勤服务保障工作，现将有关事项通知如下：

一、深入开展校园安全隐患排查

加强校园安全工作领导，制定校园安全工作保障方案，明确落实各部门、各岗位安全职责。开学前，对校园安全措施落实情况进行疏理，对消防安全、校舍安全、交通安全、饮食安全、安全生产等工作以及技防物防设备设施、取暖设备设施等进行全过程、全覆盖的认真排查，对排查出的隐患和问题及时进行整改。

要指定专人负责学校疾病、疫情防控工作。特别是对近三周内已入境或即将入境的埃博拉病毒疫情国的师生进行重点监护。

二、突出抓好消防安全工作

严格落实各项火灾防控措施，将消防安全责任落实到人、落实到岗。加大对实验室、食堂、学生公寓、变电场所等重点部位和地下空间、高层建筑、施工现场、易燃易爆危险场所、人员密集场所、校内居民区等重点场所的检查和管理，防范各类火险、火灾发生。特别是APEC会议场馆、会议人员驻地及会议活动相关场所附近的学校，要坚决防止发生火灾事故。

三、严密加强校园治安防范

建立健全大中小学、幼儿园内部治安保卫制度，落实相关责任，加强人防、技防、物防建设。中小学、幼儿园要建立严格的门卫制度和接送制度，防止无关人员进入校园威胁师生安全。学校要加强校园治安巡逻，有住宿生的学校和幼儿园要加强值班，防止发生治安案事件。各区县教委和学校要加强与公安部门的联系，建立健全联合会商和情况通报制度，协助公安部门严厉打击恐怖活动。加强反恐演练，防止发生涉校涉生恐怖活动，确保师生安全。

四、持续做好高校后勤服务保障

对后勤各类设备设施和消防器材提前调试、检修，对存在的安全隐患进行整改，确保校园水电气暖等设施设备安全平稳运行。对校园、教室楼、学生公寓等各类区域进行全面保洁，营造整洁安全、温馨和谐的校园环境。

全面开展食品卫生安全排查，认真细致做好开学后的餐饮工作。积极参加“农校对接”直供基地采购，提前做好原材料储备和各项准备工作。努力提高饭菜质量和服务水平，确保饭菜卫生安全和价格稳定。

按照培育和践行社会主义核心价值观的要求，广泛开展节俭养德宣传教育活动，不断增强师生节约意识。积极开展“光盘行动”，宣传倡导学生理性点餐，厉行节约，反对浪费。

五、强化校内用餐食品安全管理

各区县教委要按照市教委《关于进一步规范中小学校饮食管理工作的通知》要求，规范中小学、幼儿园就餐和饮用水管理，坚持安全第一原则，明确学校管理责任人。确保食品原材料采购来自正规渠道并索证取票，严格按照工作流程加工操作，特别是要对就餐场所进行彻底消毒，严防食物中毒事故和食源性疾患发生。食堂无论是由学校自办还是社会企业承办，学校作为管理主体都要负主要责任。

有外供餐的区县，要严格按照市教委《关于调整完善本市中小学营养餐管理工作的通知》要求，进一步完善外供餐管理。区县在选择学生营养餐供餐服务单位时，要强化监督管理，将食品安全作为企业资质遴选的重要内容，不能以包带管。市教委将与市食药监部门一起严格学校集体用餐配送企业准入许可管理。

六、规范管理校园交通安全

各级各类学校要对学校所有自有车辆特别是校车定期进行全面彻底的维护检修。加强校内交通安全管理，配合有关部门维护学校周边交通秩序。学校组织的师生外出集体活动要严格审批并签订协议，严密组织，确保安全。

七、落实安全生产及危险化学品管理

加强校园安全生产管理，对施工现场和水、电、气、热的安全使用提出要求，加大检查，落实责任。督促校内施工现场的施工单位按照安全生产规定和施工程序施工，同时学校要派专人加强对校园内工地周边的监管，在工地外围一定安全距离处设置警示牌或警戒线，让非施工人员远离施工工地。在水、电、气、热的检修过程中要杜绝中毒、触电等人身伤亡事故。

加强校园危险化学物品的管理，严格管理制度和管理责任，严防管理失控，确保不因危险化学物品出现安全隐患及事故。

八、切实开展好安全教育

开学前后，结合本地区和学校实际，利用多种形式，重点对师生人身财产安全、消防安全、交通安全、食品安全进行全员教育，不断强化教职工和学生的安全意识。按规定组织师生演练，切实提高自救自护和互救能力，组织后勤干部员工进行安全生产培训，切实防范各类安全生产事故。

进入秋冬季节，各区县教委、各级各类学校要提前准备，早作安排，妥善做好应对极端天气、预防煤气中毒、预防滑冰溺水、扫雪铲冰、森林防火教育和依法安全燃放烟花等季节性安全工作。

2014年8月26日

北京市教育委员会
北京市水务局

关于开展2014年北京市教育系统节水主题系列活动的通知

京教函〔2014〕481号

各区县教委，各高等学校、中等专业学校，各有关单位：

为贯彻国家生态文明建设发展战略，落实“节水优先”的指示，按照《北京市节约用水办法》和关于进一步推动节约型学校建设要求，市教委、市水务局决定共同举办2014年北京市教育系统节水主题系列活动，由北京教育科学研究院、北京学校后勤事务中心承办。现将有关事项通知如下：

一、活动目的

本次活动在各高等学校、中等职业学校、中小学校、幼儿园全体师生及北京市属、区县属相关教育机构范围内举行，倡导学生家庭、市民自愿参加。

通过组织和开展节水相关主题系列活动，宣传普及以节水为主的环保和可持续发展相关知识，进一步提高全市广大师生节水意识，培养学生创新实践能力及节水、可持续发展的社会责任感，带动社会、家庭共同关注节水型学校与节水型社会建设。

二、活动内容与要求

（一）北京市节水宣传员教育培训

9月18日，与市节水管理部门联合开展全市高校北京市节水宣传员双千人教育培训工作（学生、教职工各1000人）。

（二）开展节水讲堂活动

各中小学要开展上一堂节水课、做一次节水实验、提一个节水建议的“三个一”活动。

（三）节水创新成果征集活动

A类：节水征文（与节水相关的故事、调查报告、金点子、标语、诗歌等），撰写模板见附件1（略）。

B类：节水优秀方案征集（针对学校、家庭、社区节水实际问题提出的具体解决方案），撰写模板见附件2（略）。

C类：节水标识征集（以节水为主题的、适合在学校悬挂的标识），本次活动暂不接受实物作品，请参赛人员按照组委会相关要求撰写创意设计、作品说明并提供照片等辅助材料，撰写模板见附件3（略）。

学校、学生组织、个人或学生家庭等均可参加节水创新成果征集活动。各区县教委及各高校要组织本系统、本单位师生及家长等积极参与，使广大师生再接受一次俭以养德，节水、节电和节粮的实践教育。参赛作品要以电子文档形式于11月20日前统一发至指定邮箱：sjwjnjp@163.com。

活动组委会将组织相关机构和专家，对相关征文、设计方案等创新成果进行集中评审，并分别为节水征文、优秀方案及标识作品征集设立一等奖、二等奖和三等奖若干名，市教委、市水务局向获奖单位与个人颁发证书。

（四）节水先进学校与个人评选

依据《北京市节约用水管理办法》，市教委与市水务局共同在北京市节约型示范学校评选的基础上，开展教育系统节约用水先进校和节水先进个人评选活动。11 月 30 日前。各区县教委，各高等学校、中等专业学校，各有关单位，把申报材料电子版发至指定邮箱：sjwjnjp@163.com，申报表见附件 4、5（略）。

四、有关事项

（一）各区县教委、各区县节水管理部门、各学校及教育机构应高度重视，安排专人负责，确保此项工作落实到位，并组织本区域内学校以学校为单位参赛，同时鼓励社会各界、家庭积极参赛。

（二）活动组委会设在北京教育科学研究院可持续发展教育研究中心。参赛资料电子版也可直接报送至活动组委会。

（三）联系方式（略）。

（四）本通知及附件电子版可登陆北京市教育系统节能减排应用平台网站“通知公告”栏目（http：//jnjp. bjedu. cn）下载。

附件：1. 2014 年北京市教育系统节水创新成果征集活动申报表（征文类，略）

2. 2014 年北京市教育系统节水创新成果征集活动申报表（方案类，略）

3. 2014 年北京市教育系统节水创新成果征集活动申报表（标识设计类，略）

4. 2014 年北京市教育系统节水先进单位申报表（略）

5. 2014 年北京市教育系统节水先进个人申报表（略）

2014 年 9 月 29 日

安全·保卫

北京市教育委员会文件选编

(2014)

北京市教育委员会办公室

关于贯彻落实《中小学幼儿园应急疏散演练指南》的通知

京教勤办〔2014〕1号

各区县教委：

为进一步落实国家对应急疏散演练的要求，根据《教育部办公厅关于印发〈中小学幼儿园应急疏散演练指南〉的通知》（教基一司〔2014〕2号），结合本市实际，现将贯彻落实《中小学幼儿园应急疏散演练指南》（以下简称《指南》）的有关事项通知如下：

一、高度重视，认真组织培训学习

随着社会进步和经济发展，中小学幼儿园（以下简称“学校”）安全工作面临新形势新要求。学校组织应急疏散演练（以下简称“演练”）是社会进步、以人为本的重要标志，是增强师生安全意识普及安全常识的有效途径，是提高防范技能开展自救互救的重要手段。要充分认识演练是学校安全工作的一部分，是学校教书育人的职责所在。各区县教委和学校要高度重视，组织相关人员认真学习《指南》内容。

市教委将组织区县教委主管部门负责人进行专题培训。区县教委要对学校学习贯彻落实《指南》进行指导，通过不同形式组织对有关人员进行专题培训。

二、加强指导，科学制定演练方案

各区县教委要发挥主导作用，结合本区域特点，科学制定区县演练工作的总体方案。

学校是演练工作的基本单位和主责部门。要以学生、幼儿为主体，科学制定本学校演练工作方案，细化流程，明确各岗位责任。实际演练前进行必要的桌面推演，对各环节进行必要完善。

三、周密组织，安全有效实施演练

（一）学校要对师生进行宣传教育和培训，使师生对本学校的演练方案和演练要求知晓率达到100%。

（二）学校要完善基础设施建设，包括疏散图、疏散通道、广播系统、报警、呼叫系统等设施设备建设。对校园的路面、楼梯护栏、疏散标识等进行检修并达到安全要求。

（三）要将一般性演练与火灾、地震、防恐、治安等专项演练相结合。邀请消防、地震、治安等领域的专业人员到校指导，在一般性演练的基础上开展专项演练。专项演练可根据专项演练内容进行场景设置（如某一疏散通道是着火点、楼梯坍塌使个别疏散通道受阻等），以检验突发意外情况的处置能力。

（四）学校组织演练要符合学生、幼儿年龄特点，循序渐进、反复演习。开始要以熟悉演练路线、掌握演练要领的一般性演练为主，还可分楼层、分年级的开展局部演练；在此基础上再求疏散速度和开展专项演练。

（五）演练工作频次高、涉及人员多，要严格按学校演练方案认真组织实施，切忌走过场。

（六）寄宿制学校要有针对性的开展对寄宿学生的演练。

各区县教委要结合实际加强对演练工作的督促指导，做到突出重点、注重实效。

四、加强检查交流，确保演练要求落到实处

（一）各区县教委要对学校贯彻落实《指南》情况进行督导检查。督导检查重点是：演练方案制订情况，一般性演练和专项演练实施情况，协调解决学校在开展演练存在的困难和问题。

（二）各区县教委要及时总结经验，树立典型，查找不足，完善本区县演练方案。

（三）各区县要将演练提升为学校安全工作的常态标志性的内容，并适时开展检查交流。

（四）在执行中的有关工作情况及时报市教委学校后勤处。

附件：中小学幼儿园应急疏散演练指南

2014 年 3 月 27 日

附件

中小学幼儿园应急疏散演练指南

为加强对中小学幼儿园（以下简称学校）应急疏散演练工作的指导，提升学校应急疏散演练的组织和管理水平，强化师生安全意识和应急避险能力，培养学生终身受益的安全素养，特制定本指南。

一、编制依据

《中华人民共和国突发事件应对法》《国家突发公共事件总体应急预案》《国务院生产安全事故报告与调查处理条例》《教育系统突发公共事件应急预案》《中小学公共安全教育指导纲要》《中小学幼儿园安全管理办法》《学生伤害事故处理办法》等法律法规。

二、目的意义

本指南立足于提升应急疏散演练的实际效果，明确应急疏散演练的适用范围、基本原则，涵盖演练的准备阶段、实施阶段、总结阶段等全过程，供学校在日常安全管理和集中组织应急疏散演练时参考。通过实战型应急疏散演练，进一步增强师生安全意识，提高逃生自救能力，在发生紧急情况时，能有序、迅速地安全疏散，确保师生的生命安全。

三、适用范围

本指南对演练的各个环节、步骤提出了明确的指导性意见和规范性要求，适用于全国普通中小学幼儿园在开展针对地震、火灾、校车事故等的应急疏散演练时参考。

四、基本原则

（一）精心准备，科学组织。学校要确保参演师生的生命安全，严防拥挤踩踏事故发生。要提前谋划，提出预案及早做好相关准备工作，尽量避开雨雪等恶劣天气，在保证安全的前提下，通过科学、合理的组织，保证疏散演练既安全有序又有效快速。

（二）着眼实战，注重细节。演练要立足于模拟紧急事件发生时的真实情景，要着眼于提高学校应急指挥人员的指挥协调能力、各部门的应急处置能力和师生的应急避险、自救互救能力。学校要制定科学合理的演练方案并将其细化、落实到演练的各个环节，保障演练的整体组织及每个环节科学合理。

（三）明确目标，循序渐进。地震、火灾等灾害留给人们的逃生时间是有限的，一般是 2 分钟左右，应急疏散演练应明确最终的时间目标，原则上中学生 2 分钟以内，小学生 3 分钟以内完成。要从学校实际出发，设定合理的时间要求，通过经常性的演练逐步提升，最终达到设定的目标。

（四）立足实际，务求实效。演练要紧密结合学校自身实际，明确演练的主题，合理确定演练的时间、地点、参演人员、形式、内容、规模、疏散路线和保障措施等。要重视对演练效果及组织工作的评估、考核和总结，及时整改存在的问题，务求到达实效。

五、演练准备阶段

演练准备阶段应包括：制定演练方案，成立演练组织结构，演练前安全教育及其他准备工作。

（一）制定演练方案

应急疏散演练方案应根据学校自身性质、地理位置、周边环境、教职工和学生人数、校园内建（构）筑物类型和数量等实际情况，依据《国家突发公共事件总体应急预案》《教育系统突发公共事件应急预案》等相应应急预案制定。

演练方案一般应包括以下内容：演练主题、演练目的意义、演练时间和地点、参与演练人员、演练组织结构及人员分工、演练准备工作、疏散路线、演练流程、保障措施、善后处置和信息报告等。演练方案应做到：内容完整、简洁规范、责任明确、路线科学、措施具体、便于操作。

相关要求：

1. 应急疏散场所：通常利用操场、广场等设立应急疏散场所，应通风通畅，相对宽阔。应急疏散场所应远离高大建（构）筑物，与建（构）筑物的距离应大于其高度的三分之一；应避开有对人身安全可能产生影响的地段，如毒气体储放地、易燃易爆物或核放射物储放地、高压输变电线路等设施；避开陡坡等易发生地质灾害的地段；疏散场地应有方向不同的两条以上与外界相通的疏散道路。

2. 应急疏散通道：保持疏散通道、安全出口畅通，禁止占用疏散通道；禁止将安全出口和教室、实验室、宿舍等安全门上锁或堵塞；应将房间的老式内开窗户改成外开式或平移式窗户，一楼窗户的防护栏应符合消防要求，应急情况下防护栏能迅速打开。

3. 应急疏散路线：根据学生分布和建筑物结构，合理确定各班级疏散路线，合理分流。要建立规范，细化措施，保障大量学生在楼道相遇或意外情况发生等情况下不发生拥堵甚至踩踏。疏散路线要避免穿越公路、交通密集和易发生危险的路段。

4. 应急疏散用语：教职工在组织学生避险、疏散的整个过程中，应使用规范、简短、明确的疏散用语。

5. 应急警报信号：警报信号应具备很强的覆盖性、独立性和差异性，并考虑在断电等特殊情况下的备选方案。覆盖性：警报信号能有效的覆盖到学校的每个地点；独立性：在无法或不能及时采取广播等辅助手段的情况下，警报信号能独立向师生传递准确信息；差异性：与学校日常的铃声、广播声等声音要有所差异。避险信号和疏散信号也应有明显区分。

6. 疏散时间：从疏散信号发出到全体师生（除伤病师生外）疏散完成，原则上楼层较低（4 层以下）、安全出口合理、通道通畅的学校应控制在 2 分钟之内。

7. 应急演练次数：中小学校每月至少要开展一次应急疏散演练，幼儿园每季度至少要开展一次应急疏散演练。应急疏散演练可与学校升旗、课间操、集体活动等相结合。在校生较多的城镇中小学、农村寄宿制学校要适当增加应急疏散演练的次数。应急疏散演练工作基础较好的学校要加强随机性应急疏散演练。在确保安全的基础上，有住宿学生和晚自习学生的学校要重点加强就餐时间、午休时间和夜间应急疏散演练。使用校车的学校，还应定期组织学生进行校车安全事故应急处理演练。可根据演练内容，以组、班或年级为单位进行小规模应急演练。

（二）建立演练组织机构

学校应根据演练方案的要求，建立健全演练组织机构。成立由校长、有关校领导及工作人员组成的演练指挥部（领导小组），全面负责演练活动的组织领导和协调指挥工作，同时落实每位成员在演练中的具体工作。设总指挥、副总指挥及相关成员。

主要职责：

1. 全面负责应急疏散演练工作。总指挥要亲自组织，现场指挥，确保演练效果。

2. 执行上级有关指示和命令，领导小组成员按其所在部门的职能、职责各负其责，认真做好应急疏散工作。

3. 合理划定学校及周边应急疏散场地（避险场所）、疏散通道，明确应急疏散信号，设立应急疏散指示标志，教育学生熟悉和掌握应急疏散方案。

演练指挥部应下设若干小组，明确职责，落实人员。

1. 组织协调组：负责演练方案的制定；演练过程的协调指挥；信息的上传下达、对外联系等。

2. 宣传报道组：负责安排演练前的宣传教育、演练的摄影、记录、计时、总结等。

3. 疏散引导组：负责科学编制和张贴学校应急疏散路线图、班级应急疏散路线等；引导、组织师生安全有序疏散；帮助伤病学生疏散并妥善安置；疏散完成后协助其他各组工作。

4. 抢险救护组：负责第一时间组织实施自救互救，抢救遇险师生，视情况抢救重要财产、档案等；检查学生身心状况、进行临时救治和必要的心理疏导；演练中发生意外事故，负责将受伤师生尽快运送到指定安全区域，并迅速联系急救中心或拨打120，在专业医务人员到达之前，救护组应对受伤师生采取必要的救助措施，为救治伤者赢得时间。预防次生灾害发生。

5. 后勤保障组：负责治安保卫工作，布设演练场地，维护演练秩序，拉响演练警报；通讯、标识、广播、救助等演练所需物资装备的准备；检查、恢复学校水电、通讯等后勤保障设施。

各小组应设立负责人，统一协调本组工作。各小组演练前应充分了解本小组职责，并将职责落实到每位成员；演练中按照职责开展工作，在疏散完成后各小组负责人应及时向总指挥进行反馈、汇报。学校可视演练主题和学校实际情况调整演练组织结构，以保证演练质量。

（三）演练前宣传教育

学校应根据演练的主题，在演练前要依托校园网、校园广播、宣传橱窗、板报等传播载体，通过专题会议、班、校会等多种途径和方式，向全校师生宣讲疏散演练方案，让师生明确演练的必要性和基本步骤，熟悉疏散程序、疏散信号、疏散路线、疏散顺序、疏散后的集合场地和时间要求等。有针对性的组织师生学习安全知识，掌握避险、撤离、疏散和自救互救的方法、技能。

（四）演练前师生身体问询检查

演练前要对师生身体情况做一次问询检查，凡有特异体质（先天性心脏病、癫痫等）的师生，演练前发烧、腿受伤等不宜进行紧张和奔跑活动的师生，要给予特殊考虑和安排。

（五）其他准备工作

1. 加强协调宣传工作。演练前学校应向教育主管部门报告。根据不同演练主题，教育部门、中小学要加强与公安、交管、地震、消防等部门的沟通协调，邀请专业人员到校指导，帮助学校完善方案，加强过程指导。学校可视情况通报相关部门和周边单位，并通过广播、网站、横幅标语等方式，预告演练的时间、地点、内容，避免发生误解、谣传和恐慌，保证演练安全顺利进行。

2. 印制演练相关文件。包括演练方案、演练人员手册、演练脚本等；酌情配备需要的装备器材，如：胸挂式应急工作证和指挥员、安全疏导员标志，手电、应急灯、口哨、对讲机、手持扩音器、医疗急救箱、灭火器材、警戒线等。

3. 张贴疏散线路图和指示标志。在每个教室、宿舍、办公室内或门后张贴应急疏散示意图，在教学楼、宿舍楼、办公楼、实验楼等场所疏导通道的适当位置张贴应急疏散示意图和到达避险场的指示标识，避险场所应设置标有文字说明的指示标识、平面图和疏散示意图。指示标识、平面图和疏散示意图应当清晰完整、简洁规范、美观大方。

4. 准备演练器材。演练前后勤保障组要提出演练经费申请计划，根据需要购置或准备演练所需的烟雾发生器、警报器、场地标志等物品。

六、演练实施阶段

演练实施包括避险科目、疏散科目。一般情况下，防震疏散演练依次实施避险科目、疏散科目；消防疏散演练直接实施疏散科目；其他应急疏散演练应结合实际进行具体安排。学校可根据实际，酌情增加或强化医疗救护、卫生防疫、人员搜救、治安维护、火灾处置、危化品处置等科目及内容。

（一）避险科目

1. 总指挥宣布演练开始，广播响起："现在地震来袭，实施紧急避险"，同时避险警报信号（电铃声、警报声、哨声等）响起，长鸣 60 秒。

2. 听到信号后，在教室、实验室、宿舍的教职工应第一时间通知学生地震来袭，进行避震。在实验室等地点的教职工应迅速关闭火源、电源、气源等，处理好易燃、易爆、易起化学反应的物品等。

3. 师生避险要求：保持镇静，头脑清醒；就近蹲或躺在课桌、实验台、床铺的旁边或承重墙的墙根、墙角；用手或其它柔软物品等保护好头部，尽量蜷曲身体，降低身体重心，缩小面积，不要靠近窗口，避开灯扇，避免被砸；视情况就近关闭火源、电源等。避险动作原则上在 12 秒内完成。

（二）疏散科目

1. 火灾发生后或者地震暂停后，需要进行疏散时，广播响起："现在发生火灾（现在紧急避险结束），全体师生立即疏散"，同时，疏散警报信号（电铃声、警报声、哨声等）长鸣，长鸣 60 秒，停 30 秒，反复两遍为一个周期，时间共 3 分钟。

2. 在教室、实验室、宿舍等地点的教职工立即告知学生"按照疏散路线，快速疏散"，组织学生从前后门有序进行疏散，并且根据教室、实验室、宿舍等的位置，按照不同楼层，就近从疏散楼梯向下疏散。

3. 学生立即向避险场所疏散，要求：沉着冷静，服从指挥；所有学生应做到快速、猫腰、护头、掩鼻（遇到浓烟时，可利用衣服、毛巾或者其他可利用的东西捂住口鼻，并尽量降低行走姿势，以免烟气进入呼吸道。如果烟气特别浓而使人感到呼吸困难，可贴近墙边爬行，因为近地处往往残留清新空气）；不拥挤，不推搡他人，不起哄，不高声喧哗，不争先恐后，不拉手搭肩，不嬉戏打闹，不弯腰拾物，不逆流而行；在拥挤的人群中，注意双肘撑开平放胸前，形成一定空间保证呼吸；当发现自己前面有人摔倒了，马上要停下脚步，同时大声呼救，告知后面的人不要向前靠近；当自己摔倒时，应尽快爬起；当被踩踏时，要两手十指交叉相扣、护住后脑和颈部，两肘向前，护住双侧太阳穴，双膝尽量前屈，护住胸腔和腹腔的重要脏器。

4. 中高层楼房消防疏散逃生的有关要求：在 7 层以上中高层建筑物进行消防疏散时，严禁乘坐普通电梯（有条件的可以乘坐消防电梯）或跳楼逃生；处在 10 楼以下的学生可视情况利用楼梯道走廊向下逃生；12 楼以上的学生，可视情况用湿毛巾捂住口鼻后向天台奔跑或尽快寻找阳台等安全的地方躲避，等待专业人员的救援。有条件的学校可自备高空缓降器或救生绳，学生可以通过这些设施离开危险楼层，也可用身边的绳索、床单、窗帘、衣服自制简易救生绳，并用水打湿，从窗台或阳台沿绳缓滑到下面楼层，从而逃离起火层。

5. 疏散引导组在第一时间赶到指定位置（楼梯口、转角处、楼门口等）引导疏散，指挥学生保持秩序，控制速度，逐次疏散。同时视实际情况可喊“大家注意脚下，防止滑倒；保持秩序，不要拥挤；注意保护头部，小心坠物；有人摔倒了，大家小心；不要向回跑、不要捡东西”等提示语。帮助有困难的人员疏散。如出现拥挤摔倒等突发情况，负责疏散引导的老师应立即向指挥部报告，等险情排除后，再组织学生有序撤出。待学生疏散完毕后，方可撤离。

组织协调组做好演练指挥、协调等工作；宣传报道组做好演练的记录（摄像、摄影等）和计时等工作；后勤保障组做好报警等工作；抢险救护组做好伤员救治等工作。

6. 学生疏散到避险场所后，应按照班级形成队列在指定位置站好，避免混乱。班主任或负责统计的人员进行班级、年级人员统计；抢险救护组检查学生身体、心理状况，进行临时救治、心理疏导；后勤保障组检查学校各项设施、物资等。完成后，各小组负责人及时向总指挥报告，并根据总指挥的指令采取下一步行动。

7. 总指挥宣布演练结束。

七、演练总结阶段

（一）总指挥对演练进行现场总结讲评，内容主要包括演练组织情况，演练目标及效果，演练中暴露的问题及解决办法等。

（二）结合演练的主题和目的，可适当开展相应的安全教育。

（三）对演练场地进行清理恢复，回收整理演练物资装备。

（四）对演练进行总结评估，各部门和有关人员通过访谈、填写评价表、提交报告等方式，进行总结评估。有条件的学校可建立独立评价机制，聘请相关人员为整个演练进行测评。

（五）将演练文字及视频资料进行整理、保存。

北京市教育委员会

转发教育部关于在全国各级各类学校禁烟有关事项文件的通知

京教函〔2014〕124号

各区县教委，各高等学校、中等专业学校：

现将《教育部关于在全国各级各类学校禁烟有关事项的通知》（基教一函〔2014〕1号）转发给你们，并结合我市实际情况提出如下要求，请一并贯彻执行。

一、高度重视，加强领导，切实保障学校控烟工作在各级各类学校有效落实

吸烟问题已经是严重危害广大师生身体健康的大问题，也是严重影响公众健康的公共卫生问题之一。因此，各级各类学校、托幼机构要高度重视学校控烟问题。要充分认识加强学校控烟工作的重要性，以保证广大师生的健康为前提，把创建平安校园、文明校园、绿色校园、和谐校园为目标，科学有效的开展学校控烟工作。要建立健全控烟管理制度，落实责任人，并把控烟工作与学生德育工作和师德师风建设工作结合起来，纳入到安全文明校园和创建精神文明单位的重点工作考核的内容。

二、广泛开展控烟宣传教育，让控烟工作成为学校文化的一部分

各级各类学校要针对学生的心理状况有针对性的开展控烟宣传教育，并纳入学校健康教育计划。通过课堂教学、讲座、校园网、班会、知识竞赛、板报等多种形式向师生传授烟草危害、不尝试吸烟、劝阻他人吸烟、拒绝吸二手烟等控烟核心知识和技能。戒烟宣传要准确、简洁、科学、因人而异。

三、要充分发挥学校领导、教师及学生家长的表率作用，掐灭学生手中的第一支烟

学校领导、教师在学校的禁烟活动中应以身作则、带头戒烟，教育、带动学生自觉抵制烟草的诱惑。教师不得在学生面前吸烟，并做到相互之间不敬烟、不劝烟，发现学生吸烟，应及时劝阻和教育，掐灭学生手中的第一支烟。学校应积极倡导和帮助吸烟的教职员工戒烟，摒弃不健康的生活方式。同时，还要通过学生指导家长共同开展控烟行动，为学生创造健康、快乐的学习和生活环境。

四、成立一支校内控烟志愿者队伍，对校内抽烟行为进行劝阻

教育系统拒绝烟草生产企业和销售单位的任何赞助和活动，校园内禁止任何形式的烟草广告宣传。各级各类学校校园主要区域要有明显的禁烟标志，要成立一支校内控烟志愿者队伍，在校内开展监督、劝阻工作。托幼机构、中小学校、中等专业学校要做到禁止任何人在校园内吸烟，校内不得有烟具和烟蒂。高等学校任何人都不得在校园内指定的禁止吸烟的区域吸烟。同时要设有兼职控烟监督员或巡视员队伍，并有明确的工作职责。将履行控烟职责的情况作为师生员工评优评先的参考指标之一。要制定鼓励或帮助教职员工戒烟的具体办法，引导教职员工积极参与控烟、戒烟，养成健康的生活方式。

2014 年 4 月 1 日

教育部

关于在全国各级各类学校禁烟有关事项的通知

教基一函〔2014〕1 号

各省、自治区、直辖市教育厅（教委），新疆生产建设兵团教育局，部属各高等学校：

吸烟有害健康。在校园里吸烟，不利于广大青少年学生从小养成良好行为习惯，也有损于营造教书育人的清新校园环境。加强学校禁烟控烟工作，对于建立健康向上的社会风尚，整体提高国民健康水平具有极为重要意义。根据中央关于公共场所禁烟的有关要求，结合教育系统实际，现就各级各类学校禁烟有关事项通知如下：

一、禁止在中小学幼儿园内吸烟。凡进入中小学、中职学校、幼儿园，任何人、任何地点、任何时间一律不准吸烟。校长是学校禁烟第一责任人，不但要率先垂范，还要认真做好具体组织实施工作，加强学校治理，完善禁烟措施。要在校门口显眼处设立“无烟校园”或禁烟标志。学校不设置吸烟区，不摆放烟具，不出现烟草广告或以烟草品牌冠名学校、教学楼。学校小卖部不得销售烟草制品。要做好校外人员进入校园时的禁烟解释和劝导工作。

二、严格限制在高等学校内吸烟。所有高等学校建筑物内一律禁止吸烟，也不得设置吸烟室，在醒目位置要设置禁烟标识和学校禁烟监督电话。根据实际情况可在室外露天区域设置少量吸烟区，并要设置明显的引导标识和“吸烟有害健康”等提醒标识。吸烟区设置应符合消防要求，远离师生集中场地和必经通道。有条件的学校要安装烟雾报警、视频设备等装置，加强对吸烟的监控，防止有人在相对独立的办公室或实验室内吸烟。采取有效措施，鼓励引导有吸烟习惯的师生戒烟。

三、加强吸烟有害宣传教育。地方各级教育部门和学校要采取多种形式，利用世界无烟日、新生入学等重要时间节点，利用课堂、讲座、党团活动等对学生开展禁烟教育。讲透吸烟的危害性，普及基本医学知识，让远离烟草成为广大教职员工和学生的自觉行为，让吸烟者争相戒烟成为时尚，劝阻吸烟，拒绝二手烟，共同创造一个良好的无烟氛围。

四、建立禁烟工作长效机制。各地要结合实际广泛开展“无烟校园”创建活动，建立督导检查机制，加强对行政区域内学校禁烟工作的检查和指导，对禁烟工作措施落实不力的学校要进行查处通报。学校要建立健全规章制度，将履行禁烟职责纳入教职工考核和学生评价体系。设立禁烟监督员，加强禁烟日常动态监督。

2014 年 1 月 17 日

北京市教育委员会
北京市公安局
北京市交通委员会
北京市安全生产监督管理局
北京市财政局

关于印发《北京市校车安全管理暂行规定》的通知

京教勤〔2014〕2号

各区县人民政府：

经市政府同意，现将《北京市校车安全管理暂行规定》印发给你们，请结合本区县实际认真贯彻执行。

2014年4月2日

北京市校车安全管理暂行规定

第一条　为加强本市校车安全管理，保障乘坐校车的中小学生的人身安全，根据《校车安全管理条例》（以下简称《条例》），制定本规定。

第二条　本规定所称校车，是指本市行政区域内依照本规定取得使用许可，用于接送接受义务教育的学生上下学的 7 座以上的载客汽车。

接送小学生的校车应当是按照专用校车国家标准设计和制造的专用小学生校车。

学校可以配备校车。依法设立的道路旅客运输经营企业、城市公共交通企业，以及根据县级以上地方人民政府规定设立的校车运营单位，可以提供校车服务。

第三条　取得校车使用许可应符合下列条件：

（一）车辆符合校车安全国家标准，取得机动车检验合格证明，并已在本市公安机关交通管理部门办理注册登记；

（二）有取得校车驾驶资格的驾驶员；

（三）有包括行驶路线、开行时间和停靠站点的合理可行的校车运行方案；

（四）有健全的安全管理制度；

（五）已经投保机动车承运人责任保险。

第四条　校车应当具备以下基本要求：

（一）必须符合国家关于车辆的安全技术标准；

（二）车窗不得粘贴不透明和带任何镜面反光材料的色纸或隔热纸；

（三）应当具有行驶记录功能的卫星定位和视频功能装置以及座椅安全带、逃生锤、ABC 干粉灭火器、急救箱等安全设施设备，安全设备放置在安全且便于取用的位置，并确保性能良好、有效适用；

（四）公安机关交通管理部门可以按规定在校车上加装交通技术监控设备，记录校车及其他车辆的道路交通安全行为；

（五）专用小学生校车应符合《专用校车安全技术条件》；

（六）使用年限或行驶公里应当符合国家规定。

第五条 校车驾驶人应当符合下列条件：

（一）取得相应准驾车型驾驶证并具有3年以上驾驶经历，年龄在25周岁以上、不超过60周岁；

（二）最近连续3个记分周期内没有被记满分记录；

（三）无致人死亡或者重伤的交通事故责任记录；

（四）无饮酒后驾驶或者醉酒驾驶机动车的记录，最近1年内无驾驶客运车辆超员、超速等严重交通违法行为记录；

（五）无犯罪记录；

（六）身心健康，无传染性疾病，无癫痫、精神病等可能危及行车安全的疾病病史，无酗酒、吸毒行为记录。

机动车驾驶人申请取得校车驾驶资格，应当向区县公安机关交通管理部门提交书面申请和证明其符合第五条规定条件的材料。区县公安机关交通管理部门应当自收到申请材料之日起5个工作日内审查完毕。对符合条件的，在机动车驾驶证上签注准许驾驶校车；不符合条件的，书面说明理由。

第六条 申请校车使用许可具体程序如下：

（一）学校或校车服务提供者向所在地区县教育部门申领校车使用申请表，如实填报相关信息。

（二）学校自购校车，应当向区县教育部门提交以下材料：

1. 区县教育部门签发的校车使用申请表；

2. 机动车所有人《组织机构代码证书》；

3. 机动车登记证书；

4. 机动车行驶证；

5. 机动车安全技术检验合格证明；

6. 取得校车驾驶资格的驾驶人的机动车驾驶证；

7. 驾驶员、随车照管人员身份证，本市公安机关或者派出机构出具的无犯罪、吸毒行为记录证明，本市驾驶员体检机构或二甲以上医院出具的有关身体条件的证明；

8. 校车安全管理制度；

9. 机动车承运人责任保险证明。

（三）学校租赁的校车除向区县教育部门提交前项所列材料之外，还应当提交租赁合同。

（四）区县教育部门对申请材料进行初审，材料齐全的，应当在收到之日起3个工作日内，送本区县同级公安机关交通管理部门征求意见，如使用具有道路旅客运输资质车辆提供校车服务的，还应送本区县同级运输管理部门征求意见。

（五）公安机关交通管理部门和运输管理部门应当在3个工作日内回复意见。

（六）区县教育部门应当自收到回复意见之日起5个工作日内提出审查意见，报本区县政府审批。区县政府决定批准的，出具校车使用许可证明，由区县公安机关交通管理部门发给校车标牌。

（七）对于跨区县运行校车许可的审批，由学校所在区县负责。

第七条　校车通行和乘坐安全

（一）校车运载学生时，配备校车的学校、校车服务提供者应当指派随车照管人员随校车全程照管乘车学生。校车服务提供者为学校提供校车服务的，双方可以约定由学校指派随车照管人员。

随车照管人员应当符合如下条件：具有较强的组织沟通能力；身体健康，无传染性疾病，无癫痫、精神病等可能危及照管安全的疾病病史，无酗酒、吸毒行为记录；无犯罪记录。

（二）校车的副驾驶座位不得安排学生乘坐。

校车运载学生过程中，禁止除驾驶人、随车照管人员以外的人员乘坐。

（三）校车运载学生时，应当在规定的位置悬挂校车标牌；按规定路线、规定时间行驶；在规定站点停靠；可在公交专用车道及其他禁止社会车辆通行但允许公共交通车辆通行的路段行驶，但不得在非机动车道上行驶。

（四）不得违反《条例》规定的限速要求。

（五）校车行驶应与运载易燃易爆化学品以及剧毒、放射性等危险物品的车辆保持安全距离。

（六）严禁校车驾驶人疲劳驾驶。

（七）校车驾驶人应当每年接受公安机关交通管理部门的审验。

（八）相关部门应确保校车经过的道路无安全隐患，有安全隐患应及时排除，并在危险路段设置标志牌和警示标志。

（九）配备校车的学校和校车服务提供者应当按照国家规定做好校车的安全维护，建立安全维护档案，保证校车处于良好技术状态。不符合安全技术条件的校车，应当停运维修，消除安全隐患。

校车应当由依法取得相应资质的维修企业维修。承接校车维修业务的企业应当按照规定的维修技术规范维修校车，并按照国务院交通运输主管部门的规定对所维修的校车实行质量保证期制度，在质量保证期内对校车的维修质量负责。

（十）校车驾驶人驾驶校车上道路行驶前，应当对校车的制动、转向、外部照明、轮胎、安全门、座椅、安全带等车况是否符合安全技术要求进行检查，不得驾驶存在安全隐患的校车上道路行驶。

校车驾驶人不得在校车载有学生时给车辆加油，不得在校车发动机引擎熄灭前离开驾驶座位。

（十一）校车发生交通等意外事故，驾驶人、随车照管人员应当立即报警，设置警示标志。乘车学生继续留在校车内有危险的，随车照管人员应当将学生撤离到安全区域，并及时与学校、校车服务提供者、学生的监护人联系处理后续事宜。

（十二）校车应当每半年接受一次机动车安全技术检验。

第八条 各级政府、各相关部门和单位管理职责如下：

（一）根据《条例》“保障学生就近入学、寄宿制学校入学、公共交通入学、提供校车服务”依次优先的原则，本市继续推进义务教育均衡发展，保障就近入学；城区优化公交线路，以公交为主解决学生交通需求；以区县政府为主导，重点解决农村、山区中小学学生上下学交通问题。区县政府应当科学规划学校的布局，保障学生就近入学或在寄宿制学校入学，减少学生上下学的交通风险。

区县政府对本行政区域的校车安全管理工作负总责。由区县政府统一组织、协调本区县有关部门履行校车安全管理职责。

（二）区县教育、公安、交通运输、安监等部门依照本规定履行校车安全管理的相关职责，建立完善校车安全管理信息共享机制、工作会商机制和联合抽查机制，设立并公布举报电话、举报网络平台，方便群众举报违反校车安全管理规定的行为。接到举报的部门应当及时依法处理，对不属于本部门管理职责的举报，应当及时移送有关部门处理。

（三）区县教育部门指导、监督学校建立校车安全管理制度，落实校车安全管理责任，组织学校开展交通安全教育；区县教育部门受理、审核校车使用申请；依职能处理校车违规行为以及按照国家和本市有关规定处理相关学校责任人。

（四）公安机关交通管理部门依法对校车许可申请提出意见，做好校车标牌发放回收工作；做好校车驾驶人资格申请的受理、审查和认定工作，校车驾驶人审验和校车安全技术检验工作；加强对校车行驶线路的道路交通秩序管理，加强对校车运行情况的监督检查；依法查处校车道路交通安全违法行为。

（五）运输管理部门应当发展公共交通，完善公交线网，为需要乘车上下学的学生提供方便；督促取得道路运输经营许可的校车服务提供者落实安全生产主体责任；依法对取得道路运输经营许可的校车企业的违法行为进行处罚。

（六）安监部门负责校车安全管理的综合监管工作，参加校车安全管理工作协调机制；参加校车安全管理工作督导检查。

（七）由校车服务提供者提供校车服务的，学校应当与校车服务提供者签订校车安全管理责任书，明确各自的安全管理责任，落实校车运行安全管理措施。

学校应当将校车安全管理责任书报区县教育部门备案。

（八）学校应当对教师、学生及其监护人进行交通安全教育，向学生讲解校车安全乘坐知识。

学生的监护人应当履行监护义务，配合学校或者校车服务提供者的校车安全管理工作。学生的监护人应当拒绝使用不符合安全要求的车辆接送学生上下学。

（九）使用校车的学校和校车服务提供者定期对校车驾驶人、随车照管人员进行安全教育，开展道路交通安全法律法规、应急处置和应急救援知识技能的学习培训。安全教育培训记录要至少保存2年，每年至少组织1次应急疏散演练。

（十）随车照管人员应当履行下列职责：

1. 发现驾驶人无校车驾驶资格，或饮酒、醉酒后驾驶，或疲劳驾驶、身体严重不适以及校车超员等明显妨碍行车安全情形的，制止校车开行；督促校车驾驶人在行车前对校车安全检查。

2. 学生上下车时，在车下引导、指挥、维护上下车秩序，制止学生携带易燃、易爆、易碎物品及管制刀具等上车。发现学生无故缺席，及时与学生监护人或学校分管领导取得联系。

3. 帮助、指导学生安全落座，系好安全带，确认车门关闭后示意驾驶人启动校车。

4. 制止学生在校车行驶途中离开座位、嬉戏打闹或将头、手伸出车窗外等危险行为。

5. 核实学生上下车人数，确认乘车学生已经全部离车后本人方可离车。

第九条 学生乘坐校车，应当由其监护人向学校提出书面申请，经学校审核同意后，监护人应当与校车服务提供者签订协议。

监护人应当配合学校或者校车服务提供者做好校车安全教育和

管理工作；发现校车违反本规定的，有权制止，有权拒乘，并向教育部门、公安交通管理部门或运输管理部门举报。

第十条　学校违反《条例》的，除依照国家规定予以处罚外，由教育行政部门给予通报批评；造成学生人身伤害的，学校依法承担民事责任；构成犯罪的，依法追究刑事责任；对民办学校由审批机关责令暂停招生，情节严重的，吊销其办学许可证，并由教育行政部门责令负有责任的领导人员和直接责任人员5年内不得从事学校管理事务。

第十一条　取得校车标牌的车辆因故不再作为校车使用的，学校或校车服务提供者应当在15天内到所在区县教育部门办理注销手续，同时将校车标牌交回公安交通管理部门。

第十二条　本市建立北京市校车安全管理联席会议制度，各区县可参照北京市校车安全管理联席会议制度成立适合本区县实际的校车安全管理协调机构。

第十三条　本规定自实施之日起设3年过渡期，过渡期后本市接送小学生校车必须是按专用校车国家标准设计和制造的专用小学生校车。

第十四条　本市外籍人员子女学校校车管理参照本规定执行。

第十五条　本规定自2014年9月1日起施行。

北京市教育委员会

关于集中开展打非治违专项行动做好校园安全工作的通知

京教函〔2014〕471号

各区县教委，各高等学校、中等职业学校，市教委直属单位：

为有效防范校园安全事故，确保校园安全，按照《教育部关于开展打非治违专项行动做好学校安全工作的通知》（教发厅〔2014〕2号）要求和市委、市政府的部署，从2014年9月至12月在全市教育系统集中开展“打非治违”专项行动。现将有关事项通知如下：

一、总体要求和工作目标

以习近平总书记等中央领导同志关于安全生产的重要指示精神为指导，深入贯彻落实教育部和市委、市政府的工作部署，坚持“安全第一、预防为主、综合治理”的工作原则，按照“全覆盖、零容忍、严执法、重实效”的总要求，落实安全责任和安全管理制度，全面排查治理安全隐患，集中整改当前学校安全管理工作中的隐患，进一步健全安全责任体系，提高学校安全管理能力，确保首都校园安全。

二、工作范围

各级各类学校、幼儿园、直属单位（以下简称“学校”）。

三、工作重点

（一）集中开展安全隐患排查

结合本学校实际，各学校要全面开展以消防安全、治安安全、水电气热等基础设施安全、交通安全、饮食安全、校舍安全、危险化学品安全、电梯锅炉等特种设备安全、教育教学设施安全等方面的隐患排查，在排查中，进一步对校园安全责任、安全制度的落实进行梳理，对存在的安全隐患逐一登记，建档立案明确责任人并进行整改，确保国庆假期和APEC会议期间的安全稳定。

各区县教委和学校要认真组织对图书馆、学生宿舍、教学楼、实验室、礼堂、食堂等人员密集场所的通道及出入口进行排查和清理，确保畅通；要进一步完善课间安全措施，完善应对极端天气的预案；加强大型活动的管理，防止发生踩踏事故。

（二）加强校园治安防范

各区县教委和学校要健全完善会商联动机制和情况通报机制，积极协调有关部门定期对校园周边进行治理；积极配合属地公安等有关部门对校园周边重点人员进行排查，并做好校园防护措施，防止发生涉校涉生案事件；学校要加强门口管控，配合有关部门做好校园门口秩序管理和疏导，保持校园门口及周边良好秩序；中小学、幼儿园要严格落实门卫制度、防止无关人员进入校园威胁到师生安全，严格落实接送制度和手递手制度，确保学生和幼儿安全。

（三）切实做好校园防火工作

冬季即将来临，要高度重视校园消防安全工作。在图书馆、学生宿舍、教学楼、实验室、礼堂、食堂等人员密集场所按照标准配齐配全消防器材，保持完好有效；对消防通道进行清理，保持畅通；组织建筑外立面、楼顶、阳台及房前屋后易燃可燃物清理，视情喷水增湿，防止可燃物堆积发生火灾；切实加强学生宿舍管理，在提高人性化服务的基础上（例如在公共区域提供学生常用大功率电器），禁止学生在宿舍内使用大功率电器、吸烟等，做好学生宿舍充电器的管理，防止学生宿舍发生火灾；进一步完善消防疏散应急预案，在11.9消防宣传日前后组织消防应急演练。

（四）努力做好交通安全工作

结合冬季交通特点，进一步加强学校师生员工遵守交通安全的专项宣传和教育，要着重加强校内机动车驾驶员的安全教育和培训，督促司机遵纪守法。把交通安全工作纳入学校的日常教育之中，切实提高师生员工遵守交通安全法规的自觉性和自我保护的能力。

各学校对班车司机要定期进行培训，对班车要定期进行检修，做到司机文明守法驾驶，车辆保持良好的技术状况，确保班车行驶安全。

各区县教委要按照《北京市校车安全管理暂行规定》的要求，要求校车服务提供者和学校对校车驾驶人和随车照管人员加强教育培训，做到守法驾驶，落实好接送学生交接制度；严格落实校车出车前检查制度，并做好登记，以备公安交通管理部门执法检查。

（五）积极做好师生饮食安全工作

各学校要针对秋冬季特点，加强对从业人员培训，规范食品原材料采购、贮存、加工、售卖工作流程，保证校园饮食安全；要加强食堂操作间的管控，除食堂工作人员外，严禁无关人员进入食堂操作间。

各区县教委要与属地食品药品监督部门紧密联系，加强对外供餐单位的监管；学校要监督送餐的质量，确保外供餐的安全，并为学生提供卫生的就餐环境。

四、时间步骤

（一）动员部署、自查自纠阶段（9月底至10月上旬）

要结合自身实际，制定实施方案，广泛宣传发动。按照职责分工，认真开展自查自纠，对排查出的安全隐患和问题建立台账，立即整改，切实消除影响学校安全稳定的事故隐患。

（二）集中整治阶段（10月中旬至10月底）

各学校要按照专项行动统一要求，对隐患突出和重点部位深入开展集中整治，确保专项行动落到实处。在对排查的隐患进行登记、归类、建档的基础上，建立完善分级监管制度，实行重大安全隐患分级分层监管。通过建立安全隐患排查、治理制度，完善学校安全管理工作台帐、日常检查记录台帐和隐患整改治理台帐。

（三）重点抽查阶段（11月）

各区县教委要通过采取突击检查、重点抽查、跟踪检查等方式，加强督促检查和工作指导，及时发现和解决工作不深入、治理不彻底等问题，堵塞漏洞，推动打非治违专项行动深入开展。

（四）巩固提高阶段（12月）

对开展打非治违专项行动情况进行总结，进一步完善制度措施，推动建立常态化打非治违工作机制。

五、工作要求

（一）加强组织领导

要统一思想，提高认识，加强领导，周密部署，精心组织开展好专项行动。各级领导要高度重视，亲自研究、督促、检查，要深入一线，认真了解学校安全情况，及时发现和解决学校安全管理工作中存在的问题，采取有效措施，把安全隐患的排查与整改工作落到实处。要明确时间步骤、内容、治理标准，加大督促、检查和指导力度，确保打非治违专项行动工作稳步推进。

（二）强化责任落实

各区县教委和学校要以本次专项行动为契机，认真排查治理本地本校的安全隐患，狠抓落实，不留死角，切实消除影响学校安全稳定的事故隐患，从讲政治的高度出发，各司其职，各负其责，狠抓落实，不留死角，对重大隐患治理要落实责任、措施、预案、时间，并加强监控，确保及时得到有效治理。

（三）广泛宣传动员

要充分利用各种宣传媒体深入宣传，形成良好的舆论氛围，充分调动广大师生和学生的积极性，组织广大师生全面细致地查找各种事故隐患，积极主动参与，并对师生开展好防火、防煤气中毒、依法燃放烟花爆竹、防滑冰溺水、交通安全、森林防火、防人员踩踏等宣传教育。

（四）做好总结

要及时掌握专项行动工作进展，对工作情况进行督促检查，按时上报总结材料。11月28日前，将贯彻落实打非治违专项行动工作情况总结（电子版）报送市教委。

教育部和市教委将于10月份组织检查组对专项行动进展情况进行督导检查。

2014年9月29日

北京市教育委员会

关于做好本市教育系统2015年烟花爆竹安全管理工作的通知

京教函〔2014〕634号

各区县教委，高等学校、民办高等教育机构、中等职业学校，市教委直属单位：

2015年是实施《北京市烟花爆竹安全管理规定》的第十年，按照市烟花爆竹安全管理工作领导小组的工作部署，为确保本市教育系统不因燃放烟花爆竹引发重大事故，全力保障校园和广大师生员工安全，现将做好2015年教育系统烟花爆竹安全管理工作有关要求通知如下：

一、提高认识，落实管理责任

根据维护稳定和反恐防暴的形势要求，要进一步提高对烟花爆竹安全管理工作的认识，严格落实安全主体责任，明确责任单位、责任领导、责任部门、责任力量、责任时间、责任岗位、责任措施、责任效果等“八个责任”。以实现“确保禁放点、燃放点安全”为目标，落实“组织部署、宣传发动、安全监管、隐患排查、秩序维护、禁放看护、应急处置”等规定动作，确保校园安全。

二、加强宣传教育，落实工作要求

将烟花爆竹安全管理工作的宣传发动与创建“平安校园”相结合，与建设“绿色北京”相结合，与培养和践行社会主义核心价值观相结合，充分利用校内电视台、广播、报纸、论坛、宣传栏、板报等各种宣传手段和召开专题工作会、校会、班会及致家长的一封信等形式开展宣传教育活动。提倡“少燃放一组烟花爆竹，多呼吸一口新鲜空气”的环保理念，引导广大师生员工勤俭节约、少放、不放烟花爆竹，提高广大师生员工的自律意识、公德意识、安全意识和环保意识。

按照“依法、文明、安全燃放”要求，在12月下旬和寒假放假前集中进行宣传教育，把正确的燃放方法、禁放时间、禁放点作为宣传教育的主要内容，通过案例、图片、现身说法等多种形式开展，告知广大师生员工违法违章燃放烟花爆竹的严重危害性，引导广大师生员工远离非法、伪劣超标品种，并自觉杜绝酒后燃放，加强对在校未成年人及其家长的安全燃放知识的教育、宣传，敦促家长尽到监护义务，防止青少年、儿童因燃放烟花爆竹致伤事故的发生。

三、加强禁放点管理，确保禁放点安全

按照《北京市烟花爆竹安全管理规定》和市政府公告发布的十六类禁放点的要求，加强对禁放点的看护，一是坚决杜绝禁放点储存、燃放烟花爆竹；二是在禁放点安全距离内设立统一、永久的禁放标识；三是有家属区的校园，要按规定划定可燃放区域；四是与消防、医疗部门和周边社区建立协作配合机制，组织人员劝阻群众，不要在禁放点安全距离内燃放；五是及时清理禁放点周边烟花爆竹残屑，防止引发火情；六是成立火灾事故处置队，组织消防灭火演练，要在发现火情的第一时间进行控制、扑救。

四、加强隐患排查，严防发生火灾

在元旦、春节前集中开展隐患排查，一是及时清理可燃物，适时采取浇湿阻燃措施；二是确保疏散通道和消防通道畅通；三是对各类消防设施设备进行全面检查，确保消防设施设备齐全、完好有效。

五、制定完善应急预案，提高应急能力

结合自身特点，制定和完善燃放烟花爆竹安全管理应急工作预案，加强重点时段秩序的维护。组织单位内部安全保卫力量和居（家）委会等社会组织，及时查处违规燃放行为，配备扫帚、沙袋、铁锹等器具，遇有火情，第一时间进行扑救。

六、加强值班和信息报送

严格值班制度，坚持应急值班和领导24小时带班制度，并全天候值守，加强巡逻检查，做好应急准备。信息报送要按照“先口头，后书面”的原则立即报告有关部门和上级教育部门，严防漏报、瞒报事件发生。

烟花爆竹安全管理工作中出现的情况、存在的问题和遇到的困难，应要及时报告市教委。

2014年12月24日

监察·审计

北京市教育委员会文件选编

(2014)

北京市教育委员会办公室

转发教育部办公厅关于做好2014年普通高等学校招生考试执法监察工作文件的通知

京教监办〔2014〕1号

各高等学校：

现将教育部办公厅《关于做好2014年普通高等学校招生考试执法监察工作的通知》（教监厅〔2014〕2号）转发给你们，并提出如下要求，请一并贯彻落实。

一、认真贯彻落实《通知》有关精神，按照《通知》要求逐项开展执法监察工作，做好工作记录。市教委将适时对各校工作开展情况进行检查。

二、对招生考试中违规违纪违法案件，纪检监察部门要进行严肃处理。

三、9月10日前，将学校开展招生考试监察工作总结报市教委监察处。

2014年5月29日

教育部办公厅

关于做好 2014 年普通高校招生考试执法监察工作的通知

教监厅〔2014〕2 号

各省、自治区、直辖市教育厅（教委），新疆生产建设兵团教育局，部属各高等学校：

为进一步强化对高等学校、招生考试机构及工作人员招生行为的监督制约，保障 2014 年普通高校招生考试各项工作安全、有序、顺利进行，切实维护高校招生考试的严肃性、权威性和公平性，2014 年要进一步加强招生考试执法监察工作，为全面推进高考制度改革营造风清气正的育人环境。现将有关事项通知如下：

一、建立完善高校招生监督制约机制，确保招生权力规范运行

各级教育纪检监察部门要积极推动各招生考试机构、各高校建立完善“结构合理、配置科学、程序严密、制约有效”的招生权力运行机制。

1. 加强对招生权力监督制约体系建设情况的监督检查。高度重视高校招生组织管理、决策程序和决策执行情况的监督，重点监督各高校是否按教育部相关规定成立的招生委员会，其决策机制是否健全，决策依据是否充分，决策程序是否规范。学校招办作为招生委员会的执行机构，是否严格执行各项既定的决策。纪检监察部门要加强对招生管理部门履行监管职责情况的监督，负责对招生考试工作的决策、组织、执行工作进行全员、全程、全方位监督。

2. 加强招生录取重大事项集体决策机制建设和执行情况的监督检查。各高校应把本校招生计划编制、招考办法、录取标准、预留计划使用原则和标准、特殊类型考生入选资格名单、录取结果等招生工作中的重大事项纳入集体决策范畴，经学校招生委员会按照集体决策议事规则和程序进行决策，对表决情况进行如实、详细记录，表决人对自己的表决意见进行签字确认。集体决策事项涉及违规的，按照表决情况进行追责。

3. 加强招生管理制度完备性、合规性和廉洁性监督检查。要建立健全考试安全保密制度、集体决策制度、利益冲突回避制度、重要事项报告制度、信息公开制度、新生入学抽查复核制度等招生管理制度，确保把招生权力关进制度笼子。加强对招生管理制度合规性审核把关，其内容不得违背国家招生考试政策相关规定，不得有令不行、有禁不止。加强招生执法监察，强化对招生权力运行的监督，保障招生权力的规范运行。

二、加强考务安全的监督检查，确保考试安全平稳进行

各级教育纪检监察部门要加强对 2014 年高考安全工作方案落实情况的监督检查，确保硬件建设、队伍建设、制度建设、责任落实机制建设等各项建设都落实到位。

4. 加大对硬件设施配备情况的监督检查力度。确保保密室达标率达 100%，确保标准化考场使用率达 100%，保障学生全部在标准化考点参加考试，配足配齐保密设备。确保作弊防控系统、视频及网络监控系统等能够正常使用。各考点配足配齐第二代身份证识别仪、信号屏蔽仪、金属探测仪等必要的防作弊的设备。

5. 严格对考务人员选用的把关。确保选拔政治可靠、法纪意识强、责任意识强的工作人员负责有关考务工作。加强对考务人员的警示教育和业务培训，落实全员培训要求，经培训合格后方能上岗，使其牢固树立“考试安全是第一要务，安全保密是生命线”的意识，全面掌握考务安全操作的应知应会。

6. 加强安全保密制度建设的监管。督促招生考试部门按照

《保密法》规定，建立健全考试安全保密制度体系。强化制度落实，加强对命题、制卷、运送、保管、分发等关键环节考务安全制度及操作规范执行情况的监督检查，使制度成为可执行的办法、可操作的措施，使工作人员内化于心、外化于行、牢固掌握、熟练运用，切实提高制度的执行力。

7. 强化责任落实机制。将考务安全保密责任逐一分解，落实到岗，责任到人，层层签订安全保密责任书，明确保密工作要求和保密内容。会同考试管理有关部门落实巡考制度，通过考试指挥平台视频监控和实地抽查相结合的方式，加强对考风考纪及考务人员、监考人员履职尽责情况的监督检查。积极督促教育行政部门和考试管理部门按照《国家教育考试违规处理办法》（教育部令第33号）等相关规定，对考试违纪、作弊考生及失职渎职工作人员进行严肃处理，确保高考平稳有序进行。

8. 加强考试数据安全性的监督。试卷扫描数据光盘要按照纸质试卷同等密级设密，试卷扫描数据光盘、考试成绩数据光盘要及时报同级教育纪检监察部门备案保存。自主招生等特殊类型招生的面试过程须全程录像，考生报名申请、笔试答卷材料及面试录像要报本校纪检监察部门备案备查。

三、加强招生录取政策及执行情况的执法监察，维护高考公平公正

教育纪检监察部门在招生录取执法监察的过程中，要聚焦重点部位和关键环节，以容易发生问题的薄弱环节和人民群众反映突出的问题为重点，开展有针对性的监督检查。

9. 加强对招生录取政策执行情况的监督检查。要督促教育行政部门、招生考试部门不折不扣执行国家高考政策，维护高考制度的权威性，不得出台含有违规“点招”录取等与国家招生政策相违背的招生办法，决不允许“上有政策，下有对策”。对出台违反国家招生政策的，一律责令限期整改，严肃问责。

10. 加强对招生管理部门履职尽责情况的监督检查。督促招生管理部门加强对招生简章及录取方案的审核，尤其要加强对自主招生等特殊类型招生简章考核办法、工作程序、入选考生确定规则、录取优惠分值设置等内容的审核把关。督促招生管理部门加强高校招生简章及录取方案报送核准备案并据此开展工作情况的监管。

11. 督促招生主管部门加强对自主招生和特殊类型招生的监管。普遍检查与重点抽查相结合，对自主招生和特殊类型招生集体决策、安全保密、回避、信息公开等制度的建设及其执行情况进行严格检查。凡是发现制度不健全或执行不严格的高校，视情节分别给予通报批评、暂停招生、取消资格等处理。对于发现有暗箱操作、徇私舞弊、权钱交易等问题的人员，一律立案查处，严肃处理。加强对自主招生初试、面试及特殊类型招生专业测试等各个环节的考务管理、工作程序、工作纪律等方面的过程监督，加强廉政风险防控，确保规范操作和廉洁运作。

12. 完善招生录取结果复查制度。教育纪检监察部门要会同招生主管部门，组织专家对录取结果尤其是自主招生等特殊类型招生录取结果进行抽查，抽查高校比例原则上不低于10%。高校纪检监察部门要加强对体育艺术类专业或体育艺术特长生等特殊类型考生录取结果监督，开展入学专业测试复核。对于在抽查和复核中不达标或通过“点招”等途径违规录取的学生，一律不予学籍注册；已经注册学籍的，要坚决予以取消，对相关责任人，实行倒查追责。

四、进一步加大信息公开力度，深入推进高考“阳光工程”

教育纪检监察部门要推动和督促招生考试机构、各高校切实履行教育部实施高校招生“阳光工程”的相关规定，主动、全面、准确公开招生录取相关信息。

13. 推动完善信息公开制度。督促建立和完善分级负责、规范有效的国家、地方、高校、中学等多级高校招生信息公开制度，确保信息采集准确、公开程序规范、内容发布及时。凡涉及考生切身利益的，需要公众知晓和参与的，反映招生考试机构办事程序的，法律法规规定应当公布的信息等属主动公开的招生信息都要及时、主动公开，并依法依规、积极稳妥开展依申请公开工作。建立信息公开监督和保障制度，对信息公开工作进行考核评议、监督检查。

14. 扩大信息公开范围。督促各招生考试机构、学校严格按照《教育部关于进一步推进高校招生信息公开工作的通知》（教学函〔2013〕9号）的要求和职责分工，进一步扩大信息公开范围，规范公开程序和内容，确保招生信息“十公开”。加强对高校招生信息公开工作的监督检查，重点检查各高校在所有省（区、市）录取考生的最低成绩公示情况（分省、分批次、分专业、分科类）。未经公示的，不得上报录取数据，一律不予学籍注册。要将信息公开与加强社会监督相结合，各级教育纪检监察部门要设立监督举报电话，及时受理群众投诉、举报。

15. 落实信息公开责任。对未认真履行信息公开职责、公开工作不到位的单位，要责令其限时纠正或改进，并依据《中华人民共和国政府信息公开条例》追究有关责任人责任。要按照“谁公开、谁负责解疑释惑”的原则，及时回应处理公众质疑和问题，督促建立健全舆论引导机制、虚假信息澄清机制和非法招生预警机制。

五、严格落实招生工作责任制，严肃查办违纪违法案件

教育纪检监察部门要按照“谁主管、谁负责”的原则，加强对招生考试职能部门履职尽责情况的监督，强化招生责任制的落实，严肃查处违纪违法案件。

16. 加强对招生工作纪律执行情况的监督检查。高校党政领导干部和招生考试工作人员要严格落实招生工作责任制相关规定，依法正确履行各自的职责，认真执行“六不准”、“十严禁”等纪律要求。对在高校招生考试中的违纪违规行为，要依照《行政机关公务员处分条例》《事业单位工作人员处分暂行规定》《教育部关于实行高等学校招生工作责任制及责任追究暂行办法》等有关规定，严肃追究相关人员的责任。涉嫌犯罪的，一律移送司法机关依法严惩。

17. 严格执行“一案双查”制度。严肃查处招生考试领域利用职权徇私舞弊的案件、公职人员失职渎职案件和其他损害人民群众利益等案件，特别是对泄露高考试题等泄露国家秘密案件、“点招”违规录取案件及通过自主招生等特殊类型招生“钱权交易”违规录取的案件，对造成严重后果和恶劣影响的，不但要追究直接责任人的责任，还要按照党风廉政建设责任制及党政领导干部问责的相关规定，追究主要领导责任和重要领导责任。

18. 强化各级教育纪检监察部门监督职责。增强各级纪检监察部门的责任意识，牢固树立“有问题发现不了是失职，发现问题不及时处理就是渎职”的观念，一旦发现违规行为，要严肃执纪、严格问责，决不能妥协通融、说情开脱。对本部门、本地区、本学校监督不力或不履行监督职责的，要严肃追究相关部门及主要领导的责任。

2014 年 5 月 7 日

北京市教育委员会

转发教育部关于印发严禁教师违规收受学生及家长礼品礼金等行为规定文件的通知

京教监〔2014〕1 号

各区县教委、燕山教委，各高校，各直属单位：

现将教育部《关于印发〈严禁教师违规收受学生及家长礼品礼

金等行为的规定〉的通知》（教监〔2014〕4号）转发给你们，请遵照执行。

2014年8月5日

教育部

关于印发《严禁教师违规收受学生及家长礼品礼金等行为的规定》的通知

教监〔2014〕4号

各省、自治区、直辖市教育厅（教委），新疆生产建设兵团教育局，部属各高等学校：

当前，有些学校存在着教师违规收受学生及家长礼品礼金等不正之风，人民群众对此反映强烈。问题虽然发生在少数学校、教师身上，但严重损害人民教师形象，危害不可小视，必须坚决纠正。为进一步加强师德师风建设，努力办好人民满意教育，现将《严禁教师违规收受学生及家长礼品礼金等行为的规定》印发给你们，请认真贯彻执行。

1. 加强组织领导。严禁教师违规收受礼品礼金等行为是教育系统深入解决“四风”问题重要举措之一，各地教育部门和学校务必高度重视，加强领导，精心部署。要与培育和践行社会主义核心价值观相结合，与深入开展党的群众路线教育实践活动相结合，与建立健全师德建设长效机制相结合，研究制定具体的实施方案和配套措施，建立健全领导责任制和工作机制，做到常抓不懈、警钟长鸣，深入持久地开展师德师风建设。

2. 加大宣传教育。各地教育部门和学校要迅速将《规定》要求传达到教职员工、学生及家长。要加大师德先进典型的宣传力度，充分展现当代教师的良好形象和精神风貌。要大力推进廉政文化进校园活动，提高广大教师廉洁从教的意识，自觉把清正廉洁的要求内化于心、外化于行。要主动做好宣传引导工作，争取社会的支持，接受群众的监督，积极倡导学生及家长通过文明健康的方式向教师表达感恩、感谢之情，引领社会新风尚。

3. 强化监督检查。各地教育部门和学校要针对《规定》禁止的6种行为开展监督检查，要抓住重要节假日和时间段，特别是教师节及学校开学、学生毕业等重要节点有针对性地开展专项治理。各级教育纪检监察部门要加强对《规定》落实的监督检查，做到有诉必查，有错必纠，坚决查处顶风违纪的行为，对典型案件及时通报曝光。要畅通和公开举报渠道，自觉接受社会监督。

各地教育部门和部属高校请于秋季开学前将《规定》的贯彻落实情况报送我部教师工作司和驻部监察局。

2014年7月8日

严禁教师违规收受学生及家长礼品礼金等行为的规定

为纠正教师利用职务便利违规收受学生及家长礼品礼金等不正之风，特作如下规定：

一、严禁以任何方式索要或接受学生及家长赠送的礼品礼金、有价证券和支付凭证等财物。

二、严禁参加由学生及家长安排的可能影响考试、考核评价的宴请。

三、严禁参加由学生及家长安排支付费用的旅游、健身休闲等娱乐活动。

四、严禁让学生及家长支付或报销应由教师个人或亲属承担的费用。

五、严禁通过向学生推销图书、报刊、生活用品、社会保险等商业服务获取回扣。

六、严禁利用职务之便谋取不正当利益的其他行为。

学校领导干部要严于律已，带头执行规定，切实负起管理和监督职责。广大教师要大力弘扬高尚师德师风，自觉抵制收受学生及家长礼品礼金等不正之风。对违规违纪的，发现一起、查处一起，对典型案件要点名道姓公开通报曝光。情节严重的，依法依规给予开除处分，并撤销其教师资格；涉嫌犯罪的，依法移送司法机关处理。

北京市教育委员会

关于开展基础教育阶段招生收费、违规收费或变相收费问题检查整改工作的通知

京教函〔2014〕371号

各区县教委：

根据市委要求，为切实解决中央巡视组对北京巡视反馈的招生

收费中存在的不公开、不透明、不规矩问题，在第二批群众路线教育实践活动开展好教育系统违规收费或变相收费问题专项整治工作，我委决定开展相关问题的自查自纠和深入整改工作。现将有关事项通知如下：

一、目标任务

各区县教委、中小学、幼儿园招生收费中存在的不公开、不透明、不规矩等问题得到有效纠正，违规收费或变相收费问题得到有效整治，各层面规章制度进一步完善，长效机制建设进一步完善。

二、文件依据

检查整改工作的主要依据是：

教育部等五部门《关于2014年规范教育收费治理教育乱收费工作的实施意见》（教办〔2014〕6号）；

市教委、市发展改革委、市财政局、市审计局、市新闻出版广电局《关于2014年北京市进一步规范教育收费工作的意见》（京教办〔2014〕11号）；

市教委《关于2014年义务教育阶段入学工作的意见》（京教基二〔2014〕10号）；

市教委《关于做好2014年高级中等学校考试招生工作的意见》（京教计〔2014〕2号）；

市委教育工委市教委《关于印发在义务教育阶段入学工作中严明纪律若干规定的通知》（京教工〔2014〕23号）；

市教委、市发展改革委、市财政局《关于印发北京市教育系统代收费、服务型收费管理办法的通知》（京教财〔2010〕29号）。

三、整改范围与整改内容

（一）整改范围

各区县教委及中小学校、幼儿园。

（二）整改内容

1. 切实解决基础教育各学段招生收费中存在的不公开、不透明、不规矩的问题。

2. 中小学及幼儿园的违规收费或变相收费问题。

四、实施步骤和时间安排

（一）成立领导小组，严格落实责任（2014 年 8 月 19 日前）

为确保自查和整改工作达到预期目标，各区县教委要成立专项工作小组，建立整改工作机制，制定工作方案，明确任务分工，落实责任到人。

（二）开展问题自查和整改（2014 年 8 月 19 日～8 月 26 日）

各区县教委要围绕整改内容集中进行自查和整改。

（三）构建长效机制（2014 年 8 月 26 日～9 月 4 日）

针对自查和整改工作中暴露出的问题，结合实际，建立健全规章制度和工作机制。各区县教委主任是本区域治理基础教育阶段招生收费、违规收费或变相收费问题的第一责任人，各幼儿园园长、中小学校校长对本单位有关工作负总责。各区县要健全对基础教育阶段招生收费、违规收费或变相收费问题的监督举报机制和责任追究机制。

（四）形成工作总结（2014 年 9 月 4 日前）

各区县教委要高度重视，迅速行动，查找问题，制定措施，推动整改。9 月 4 日前，各区县教委要形成自查和整改工作报告，盖章后报送市教委基础教育二处。市教委将适时组织抽查。

2014 年 8 月 13 日

交流合作

北京市教育委员会文件选编
（2014）

北京市教育委员会办公室

关于印发教育部2013年中外合作办学评估结果的通知

京教外办〔2014〕1号

各有关学校：

我市1个机构和30个项目参加了2013年教育部中外合作办学评估。教外司办学〔2014〕153号文件通报了评估结果，北京大学与香港理工大学合作举办社会工作硕士学位教育项目等27个项目评估结果为合格，北京理工大学与英国瑞丁大学合作举办信息科学专业硕士学位教育项目等3个项目和中国政法大学中欧法学院1个机构评估结果为有条件合格。现将评估结果印发给你们。

评估合格的项目要认真总结办学经验，进一步提高办学质量。我委将选择部分典型项目适时进行宣传。

有条件合格的机构和项目要认真整改，并于一年后再参加评估。整改方案于4月15日前报送我委国际合作交流处。

附件：中外合作办学评估结果

2014年2月25日

附件

中外合作办学评估结果

中国政法大学

机构名称：中国政法大学中欧法学院

机构类型：新批

批准书编号：MOE11DEA02DNR20080015

评估结果：有条件合格

北京大学

项目名称：北京大学与比利时弗拉瑞克－鲁汶－根特管理学院合作举办工商管理硕士学位教育项目

批准书编号：MOE11BE1A20030415O

项目类型：复核

评估结果：合格

北京大学

项目名称：北京大学与香港理工大学合作举办中国社会工作文学硕士学位教育项目

批准书编号：MOE11HK1A20030459O

项目类型：复核

评估结果：合格

北京工业大学

项目名称：北京工业大学与美国新泽西理工大学合作举办理学硕士学位教育项目

批准书编号：MOE11US1A20060143N

项目类型：新批

评估结果：合格

北京科技大学

项目名称：北京科技大学与美国德克萨斯大学阿灵顿分校合作举办工商管理硕士学位教育项目

批准书编号：MOE11US1A20030422O

项目类型：复核

评估结果：合格

北京理工大学

项目名称：北京理工大学与德国德累斯顿工业大学合作举办职业技术教育硕士学位教育项目

批准书编号：MOE11DE1A20020427O

项目类型：复核

评估结果：合格

北京理工大学

项目名称：北京理工大学与美国犹他州立大学合作举办国际经济专业学士学位教育项目

批准书编号：MOE11US2A20020445O

项目类型：复核

评估结果：合格

北京林业大学

项目名称：北京林业大学与美国密西根州立大学合作举办草业科学专业本科教育项目

批准书编号：MOE11US2A20030439O

项目类型：复核

评估结果：合格

北京农学院

项目名称：北京农学院与英国哈珀？亚当斯大学学院合作举办国际经济与贸易（国际商务管理）专业本科教育项目

批准书编号：MOE11GB2A20030442O

项目类型：复核

评估结果：合格

北京农学院

项目名称：北京农学院与英国哈珀？亚当斯大学学院合作举办食品科学与工程（食品质量与零售管理）专业本科教育项目

批准书编号：MOE11GB2A20030443O

项目类型：复核

评估结果：合格

北京邮电大学

项目名称：北京邮电大学与英国伦敦大学玛丽女王学院合作举办电信工程及管理本科教育项目

批准书编号：MOE11GB2A20040435O

项目类型：复核

评估结果：合格

北京邮电大学

项目名称：北京邮电大学与英国伦敦大学玛丽女王学院合作举办电子商务及法律本科教育项目

批准书编号：MOE11GB2A20040436O

项目类型：复核

评估结果：合格

对外经济贸易大学

项目名称：对外经济贸易大学与法国兰斯高等工商管理学院合作举办零售管理硕士学位教育项目

批准书编号：MOE11FR1A20060140N

项目类型：新批

评估结果：合格

对外经济贸易大学

项目名称：对外经济贸易大学与美国马里兰大学合作举办工商管理硕士学位教育项目

批准书编号：MOE11US1A20010423O

项目类型：复核

评估结果：合格

对外经济贸易大学

项目名称：对外经济贸易大学与美国西雅图城市大学合作举办工商管理硕士学位教育项目

批准书编号：MOE11US1A20101111N

项目类型：新批

评估结果：合格

华北电力大学

项目名称：华北电力大学与英国斯莱斯克莱德大学、英国曼切斯特大学合作举办电气工程及其自动化专业本科教育项目

批准书编号：MOE11GB2A20041000N

项目类型：新批

评估结果：合格

清华大学

项目名称：清华大学与澳大利亚国立大学合作举办管理硕士学位教育项目

批准书编号：MOE11AU1A20030416O

项目类型：复核

评估结果：合格

清华大学

项目名称：清华大学与澳大利亚麦考瑞大学合作举办应用金融硕士学位教育项目

批准书编号：MOE11AU1A20041001N

项目类型：新批

评估结果：合格

清华大学

项目名称：清华大学与法国英士国际商学院（INSEAD）合作举

办高级管理人员工商管理硕士学位教育项目

批准书编号：MOE11FR1A20101052N

项目类型：新批

评估结果：合格

清华大学

项目名称：清华大学与香港中文大学合作举办工商管理硕士学位教育项目

批准书编号：MOE11HK1A20030460O

项目类型：复核

评估结果：合格

首都师范大学

项目名称：首都师范大学与澳大利亚弗林德斯大学合作举办教育硕士学位教育项目

批准书编号：MOE11AU1A20030432O

项目类型：复核

评估结果：合格

首都医科大学

项目名称：首都医科大学与澳大利亚迪肯大学合作举办护理学专业本科教育项目

批准书编号：MOE11AU2A20111136N

项目类型：新批

评估结果：合格

中国科学院大学

项目名称：中国科学院研究生院与香港理工大学合作举办软件科技理学硕士学位教育项目

批准书编号：MOE11HK1A20101080N

项目类型：新批

评估结果：合格

中国农业大学

项目名称：中国农业大学与美国科罗拉多大学（丹佛）合作举办传播学专业本科教育项目

批准书编号：MOE11US2A19950438O

项目类型：复核

评估结果：合格

中国农业大学

项目名称：中国农业大学与美国科罗拉多大学（丹佛）合作举办国际经济与贸易专业本科教育项目

批准书编号：MOE11US2A19950437O

项目类型：复核

评估结果：合格

中国人民大学

项目名称：中国人民大学与香港理工大学合作举办管理学博士学位教育项目

批准书编号：MOE11HK1A20030470O

项目类型：复核

评估结果：合格

中央财经大学

项目名称：中央财经大学与澳大利亚维多利亚大学合作举办国际经济与贸易专业本科教育项目

批准书编号：MOE11AU2A20040440O

项目类型：复核

评估结果：合格

中央财经大学

项目名称：中央财经大学与美国史蒂文斯理工学院合作举办项目管理理学硕士学位教育项目

批准书编号：MOE11US1A20060145N

项目类型：新批

评估结果：合格

北京工业大学

项目名称：北京工业大学与澳大利亚詹姆斯？库克大学合作举办信息技术学士学位教育项目

批准书编号：MOE11US2A20030447O

项目类型：复核

评估结果：有条件合格

北京理工大学

项目名称：北京理工大学与英国瑞丁大学合作举办信息科学硕士学位教育项目

批准书编号：MOE11GB1A20060137N

项目类型：新批

评估结果：有条件合格

华北电力大学

项目名称：华北电力大学与法国格勒诺布尔国立理工学院合作举办核工程与核技术专业本科教育项目

批准书编号：MOE11FR2A20101098N

项目类型：新批

评估结果：有条件合格

教育督导

北京市教育委员会文件选编（2014）

北京市教育委员会
北京市人民政府教育督导室

关于对顺义区等七区县学前教育工作进行专项督导的通知

京教督〔2014〕2号

各有关区县人民政府、燕山办事处：

为进一步加强对学前教育工作的督导，促进区县落实学前教育三年行动计划，市教委、市政府教育督导室对全市区县学前教育三年行动计划落实情况开展了专项督导。到2013年完成了对东城区等10个区县的专项督导；2014年决定对门头沟区、密云县、顺义区、怀柔区、平谷区、延庆县和燕山办事处开展专项督导。现将有关事宜通知如下：

一、专项督导的内容

（一）落实政府责任和部门职责，完善管理体制，健全工作机制，建立督促检查、考核奖惩和问责机制的情况。

（二）加大学前教育经费投入，落实发展学前教育财政投入的相关政策，做到“预算有科目、增量有倾斜、投入有比例、拨款有标准、资助有制度”的情况。

（三）多种形式扩大学前教育资源，提供“广覆盖、保基本、多形式”的学前教育公共服务的情况。

（四）加强干部和教师队伍建设，加大培养和培训力度，确保满足师资需求的情况。

（五）建立健全各类园所的监管制度和机制，规范学前教育管理，提高学前教育质量等方面的情况。

（六）学前教育实际发展效果，“入园难”问题有效缓解程度，社会对有效缓解“入园难”问题的满意度情况。

具体内容见《北京市区县学前教育工作督导评价指标体系（试行）》。

督导工作在依据《北京市区县学前教育工作督导评价指标体系（试行）》对学前教育工作进行全面督导的基础上，重点督导以下内容：

一是北京市制定的学前教育发展的方针政策在本区县的落实情况；

二是区县学前教育三年行动计划目标任务完成情况；

三是普惠性学前教育资源的扩大和发展的情况；

四是小区配套幼儿园的建设和教育资源综合利用的情况；

五是来京务工人员子女入园和学前教育师资队伍培养培训两个热点问题的解决情况。

二、专项督导的形式

市政府教育督导室会同市教委，组成北京市学前教育工作专项督导组，组织实施区县学前教育专项督导工作。

（一）督导组主要通过深入区县听取汇报、召开不同类型座谈会、实地考察、个别访谈、问卷调查、查看文档资料等方法，全面了解区县学前教育工作发展情况。

（二）结合《北京市区县学前教育发展状况监测统计表》和北京市区县教育工作满意度入户调查的数据资料，对你区县学前教育工作发展等情况进行综合分析，撰写专项督导反馈报告。

三、专项督导日程安排

（一）督导时间

区县	督导时间
燕山办事处	2014 年 3 月 12 日（星期三）
门头沟区	2014 年 3 月 13 日（星期四）
密云县	2014 年 3 月 19 日（星期三）
怀柔区	2014 年 3 月 20 日（星期四）
平谷区	2014 年 3 月 26 日（星期三）
顺义区	2014 年 3 月 27 日（星期四）
延庆县	2014 年 4 月 2 日（星期三）

（二）具体安排

9：00～11：00 查阅相关资料

11：00～12：00 分别召开三个座谈会

第一组：相关委办局负责人座谈会

建议参加座谈会范围：政府办公室、发展改革委、教委、财政局、人力社保局、规划分局、住房城市建设委、卫生局、公安分局、政府教育督导室、街道（乡镇）等相关负责人。

第二组：教委相关科室（部门）主要负责人座谈会

建议参加座谈会范围：组干科、人事科、财务科、学前科、基建科、保卫科等相关科室主要负责人。

第三组：幼儿园园长座谈会

建议参加座谈会范围：各种不同类型幼儿园园长代表各一名。

13：30～16：00 分六个小组，分别到一所教育部门办园、一所其他部门办园、一所民办园、一所无证园、一个新建（或改扩建）居民小区、一个街道实地考察。

16：00～18：00 返回驻地，小组意见汇总。

18：00 专项督导活动结束。

（三）实地考察工作程序

1. 实地考察幼儿园的程序

主要领导介绍本单位学前教育工作情况（20分钟）；召开部分教职工座谈会；组织教职工、部分家长问卷调查；查阅学前教育相关材料；查看相关教育活动。

2. 实地考察新建或改扩建居民区的程序

主要负责人介绍本居民区规划、建设、移交和管理等情况；实地考察。

3. 实地考察街道的程序

主要负责人介绍本街道辖区内学前教育工作情况（幼儿园结构和分布、本市户籍适龄儿童入园、外来务工人员子女入园、0～3岁婴幼儿早期教育、无证幼儿园等）；组织召开街道、社区相关人员座谈会；实地考察。

四、专项督导工作要求

（一）区县政府要组织相关部门认真学习相关文件，研究制定落实《北京市区县学前教育工作督导评价指标体系（试行）》的责任分解，明确政府领导及相关委办局落实学前教育的职责和任务。建立自查、自评工作机制，督促、指导、协调相关部门有效落实各自的职责，完成各自的任务，扎实推进学前教育发展。

（二）区县政府要按照自我评价程序开展好自我评价，撰写自评报告，填写相关报表，于督导前一周报送市教育督导室综合处，同时将电子版发送至邮箱：liqiang@bjedu.gov.cn。并做好相关资料的收集、整理和管理工作。

（三）各区县政府要按照通知要求和工作安排，认真做好学前教育工作专项督导的组织实施工作。

2014年2月10日

北　京　市　教　育　委　员　会
北京市人民政府教育督导室

关于印发北京市区县政府、教委、学校（教育机构）全面实施素质教育评价方案（修订）的通知

京教督〔2014〕4号

各区县人民政府，各区县教委、政府教育督导室，各幼儿园、普通中小学、职业院校、特殊教育学校、校外教育机构：

为全面贯彻党的“十八大”和十八届三中全会精神，落实国家和北京市教育发展规划纲要的要求，努力办好人民满意的教育，全面贯彻党的教育方针，坚持立德树人，全面实施素质教育，培养德智体美全面发展的社会主义建设者和接班人，市教委、市政府教育督导室在认真总结实践经验的基础上，结合本市教育改革发展的新情况和教育督导工作的新要求，依据国家、北京市有关教育法律法规和方针政策，对《北京市区县政府、教委、中小学校、幼儿园全面实施素质教育评价方案（试行）》进行了修订，形成了新的《北京市区县政府、教委、学校（教育机构）全面实施素质教育评价方案》（以下简称《评价方案》），现印发给你们，并就贯彻落实工作提出以下意见，请一并遵照执行。

一、充分认识实施《评价方案》的重要意义

教育是民族振兴、社会进步的基石，是提高国民素质、促进人的全面发展的根本途径。坚持教育优先发展，努力办好人民满意的教育，是深化教育改革发展的时代要求。近年来，国务院先后颁布了《教育督导条例》《国家中长期教育改革和发展规划纲要（2010～2020年）》《国务院关于深入推进义务教育均衡发展的意见》等法规和重要文件，市委、市政府结合本市实际提出了实施意见，强调了各级党委、政府和各类教育机构全面实施素质教育、全面提高教育质量的重要性和必要性。

本市对区县政府、教委和中小学校已经进行了三轮全面实施素质教育督导评价工作，形成了对区县政府、教委、学校“三位一体”的教育督导评价工作机制，有力促进了教育法律法规、方针政策的落实，推进了义务教育优质均衡发展，保障了素质教育全面实施，促进了教育质量全面提高，在推进首都教育现代化进程中发挥了不可替代的作用。

实施《评价方案》，深入开展对区县政府、教委、学校（教育机构）全面实施素质教育的情况进行督导评价，是贯彻实施《义务教育法》、《教育督导条例》和党中央、国务院及市委、市政府关于实施素质教育工作部署的新要求，是加强教育督导制度建设的重要内容，是推进首都教育发展战略的重要保障。全市各区县政府、教育行政部门和学校（教育机构）要进一步提高对实施《评价方案》重要意义的认识，在总结经验的基础上，认真学习贯彻执行《评价方案》，健全督导评价工作机制，切实保障素质教育全面实施。

二、深刻理解实施《评价方案》的指导思想和基本原则

（一）实施《评价方案》的指导思想

实施《评价方案》应以党的十八大和十八届三中全会精神为指导，落实科学发展观的要求，贯彻党的教育方针，实施首都教育发展战略，全面实施素质教育；坚持和完善“督政”与“督学”相结合、综合督导评价与专项督导检查和经常性督导相结合、规范性评价与发展性评价相结合、定量评价与定性评价相结合、自我评价与督导评价相结合的工作模式，更新教育督导评价理念，创新督导评价方式，提高督导评价水平，促进区县政府、教委、学校（教育机构）依法履行教育职责，优化管理、提高质量、自主发展，为促进首都教育现代化提供监督和保障。

（二）实施《评价方案》的基本原则

1. 坚持依法督导。《评价方案》是依据国家和北京市有关教育法律法规、方针政策和规范性文件修订的，要从维护法律法规尊严、落实党的教育方针政策的高度贯彻执行《评价方案》。

2. 坚持实事求是。实施《评价方案》要遵循教育规律、教育管理规律和教育督导规律，坚持教育督导评价的科学性和客观性，坚持实事求是、求真务实，不走过场，不搞形式主义，做到公平、公正、公开。

3. 坚持因地制宜。《评价方案》对全市各区县的教育督导工作具有指导性作用，各区县在实施过程中要从本区县教育管理和教育发展的实际出发，创造性地开展工作，突出教育督导的针对性和实效性。

4. 坚持促进发展。实施《评价方案》要以推进素质教育的全面实施为根本目的，规范教育行为，提高教育质量，加快教育现代化进程，促进教育科学发展，努力办好人民满意的教育。

三、完善实施《评价方案》的工作机制

（一）市政府教育督导室和市教委在实施《评价方案》的过程中，组织学习培训和广泛宣传，深入区县加强督促检查和指导，收集、总结和推广先进经验，整体推进全市实施《评价方案》工作。

（二）市政府教育督导室组织相关部门于 2014 年依据《评价方案》对全市各区县政府、教委全面实施素质教育工作进行新一轮综合督导评价，并会同有关部门组织对市属市管职业院校进行督导评价。

（三）各区县政府教育督导室和教委在深入学习、宣传《评价方案》的基础上，结合实际研究制定本区县实施素质教育综合督导评价的实施方案。

（四）各区县政府教育督导室在组织专、兼职督导人员和相关部门和学校（教育机构）学习宣传《评价方案》的基础上，会同教委按照统一领导、统一方案、统一组织、统一实施的原则和区县的实施方案，在五年内对所属学校（教育机构）进行一轮综合督导工作。

（五）各学校（教育机构）在区县政府教育督导室和教委的指导下，建立自评领导小组，认真组织学习《评价方案》，结合本单位实际明确职责分工，建立和完善自评工作制度，实施自我评价，接受教育督导室组织的综合督导。

（六）市和区县政府教育督导室依据国家有关规定，建立和完善综合督导评价结果公报、通报制度。对区县政府、教委、学校（教育机构）综合督导评价结果要向社会公布，同时作为评价区县政府教育工作、考核相关领导干部、实施教育表彰奖励的重要依据。

四、加强对实施《评价方案》工作的组织领导

（一）加强领导，精心组织

各区县要建立健全政府主管领导为组长、政府教育督导室、教委等有关部门领导参加的“全面实施素质教育督导评价工作领导小组”，研究本区县实施《评价方案》的重要事项，抓住关键环节，突出工作重点，精心组织实施，发挥自身优势，形成督导特色。

区县政府、教委、学校（教育机构）按照《评价方案》中指标体系的内容，进行职责分解，明确各部门的责任，把贯彻执行《评价方案》与日常工作有机结合起来整体推进。区县政府教育督导室在实施《评价方案》的过程中，充分发挥监督、检查、评估、指导的职能，认真履行法律职责，督促指导《评价方案》的实施。

（二）健全制度，认真落实

在实施《评价方案》过程中，按照《义务教育法》和《教育督导条例》的规定，建立健全教育督导自评、督评、公示、公告等制度，完善督导评价工作机制，整体推进素质教育的全面实施。

（三）统筹安排，突出重点

实施素质教育综合督导是一项长期工作，妥善处理实施《评价方案》与督导中小学建设三年计划、体育工作、"减负"工作等专项工作的关系，将综合督导与专项督导有机结合，做到统筹安排、突出重点、加强协调、有序推进，既不加重学校（教育机构）负担，又能保证各项督导工作落实到位。

（四）注重反馈，督促整改

区县政府教育督导室依据《评价方案》进行综合督导之后，要针对发现的问题提出整改建议。被督导单位要认真研究区县政府教育督导室的整改建议，并向区县政府教育督导室报告整改情况。

区县政府教育督导室要加强对被督导单位整改情况的督促和检查，确保整改工作落到实处。

（五）及时总结，不断提高

各区县实施《评价方案》，不仅要结合实际创造性地开展工作，而且要坚持以教育督导科研为先导，运用现代教育督导理论不断研究新情况、新问题，深入思考，勇于实践，及时总结，不断提高，在实施《评价方案》的过程中，开创教育督导工作的新局面。

附件：北京市区县政府、教委、学校（教育机构）全面实施素质教育评价方案（修订）

2014 年 2 月 18 日

北京市区县政府、教委、学校（教育机构）全面实施素质教育评价方案（修订）

前　言

北京市自1997年试行《北京市区县政府、教委（教育局）、普通中学、小学全面实施素质教育评价方案》以来，已经完成了三轮全面实施素质教育督导评价，有效地推动了素质教育全面实施，保证了教育事业健康持续发展。市和区县教育督导部门在督导评价过程中，实行评价区县政府、教委和学校“三位一体”整体推进的工作思路，坚持“督政”与“督学”相结合、规范性评价与发展性评价相结合、定量评价与定性评价相结合、自我评价与督导评价相结合的工作模式，形成了北京教育督导评价工作的特点。

为适应首都教育发展形势需要，进一步深入推进素质教育全面实施，加强和完善教育督导制度建设，北京市教育委员会、北京市人民政府教育督导室依据2008年以来，国家和北京市颁发的教育法律法规、规范性文件以及市政府办公厅转发的《关于进一步完善对区县人民政府实施素质教育工作进行督导评估制度的意见》等文件的精神和要求，在总结经验的基础上，对《北京市区县政府、教委、普通中小学全面实施素质教育评价方案（试行）》进行了修订，形成了《北京市区县政府、教委、学校（教育机构）全面实施素质教育评价方案》（以下简称《评价方案》）。

一、《评价方案》修订的指导思想

高举中国特色社会主义伟大旗帜，以邓小平理论、“三个代表”重要思想和科学发展观为指导，坚持教育优先发展，全面贯彻党的教育方针，坚持立德树人，全面实施素质教育，努力办好人民满意教育。坚持依法治教，维护教育公平，规范教育行为，提高教育质量，坚持导向性、发展性、科学性与可行性相结合，运用现代教育管理和现代教育评价的理论、方法，尊重被评价者的主体地位，发挥教育督导导向、激励、调控、诊断和服务功能，保障素质教育全面实施和教育发展目标的实现。

二、《评价方案》修订的主要内容

（一）在修订和完善《北京市区县政府教育工作评价指标体系》《北京市区县教委教育行政管理工作评价指标体系》《北京市普通中小学校全面实施素质教育评价指标体系》和《北京市幼儿园全面实施素质教育评价指标体系》的同时，结合高等职业院校的特点，将《北京市中等职业学校全面实施素质教育评价指标体系》修订成《北京市职业院校全面实施素质教育评价指标体系》。另外，还新增加了《北京市特殊教育学校全面实施素质教育评价指标体系》和《北京市校外教育机构全面实施素质教育评价指标体系》，使《评价方案》更加完整、充实、系统。

（二）为适应首都教育发展的需要，将促进学前教育大力发展、义务教育优质均衡发展、普通高中多样化发展、现代职业教育快速发展，关心和支持特殊教育，加强校外教育，加强教师队伍建设，加大财政教育投入，深化教育督导体制机制改革等推进教育改革和发展的新内容、新要求，纳入了指标体系。

三、《评价方案》的实施

《评价方案》是市和区县政府教育督导部门对区县政府、教委和学校（教育机构）进行综合督导评价的标准，也是各区县政府、教委、学校（教育机构）在领导和规划区域教育事业发展，实施学校（教育机构）管理和组织教育教学活动，提高教育质量和办学水平等方面具有指导性作用。接受教育督导评价的各单位，要依据《评价方案》中的指标体系，进一步规范教育行为，并做好接受综合督导评价的准备。市和区县教育督导部门将《评价方案》列为教育督导学习培训的重要内容，进一步研究和探索、健全和完善综合督导评价工作的体制机制。

四、评价结果的使用

市和区县政府教育督导部门依据《评价方案》对区县政府、教委、学校（教育机构）进行综合督导的结果，将按照有关规定和程序予以公布。综合督导评价的结果是考核、奖励区县政府、教委、学校（教育机构）的重要依据，区县政府、教委、学校（教育机构）要参照综合督导评价结果研究改进教育工作。

北京市区县政府全面实施素质教育评价指标体系

<table>
<tr><th>一级指标</th><th>二级指标</th><th>三级指标</th><th>分值</th></tr>
<tr><td rowspan="8">一、领导职责 15</td><td rowspan="3">（一）教育地位 6</td><td>1. 全面贯彻党的教育方针，坚持立德树人，全面推进素质教育，把教育摆在优先发展的战略地位，将深化教育改革，促进教育公平，提高教育质量，办好人民满意的教育等工作任务，列入政府重要议事日程，完善保障教育科学发展的决策机制。</td><td>2</td></tr>
<tr><td>2. 经济社会发展规划优先安排教育发展、财政资金优先保障教育投入、公共资源优先满足教育和人力资源开发需要，保证落实到位。</td><td>2</td></tr>
<tr><td>3. 适应区域经济和社会发展需要，落实国家和本市教育政策，制定教育发展规划，推进各类教育全面协调可持续发展。</td><td>2</td></tr>
<tr><td rowspan="5">（二）制度保障 9</td><td>4. 明确政府有关部门、乡镇政府和街道办事处执行教育法律法规、全面实施素质教育的工作职责；建立和完善教育工作考核机制和问责制度，把执行教育法律法规、履行素质教育职责的情况纳入对政府有关部门、乡镇政府和街道办事处主要领导年度考核内容，列入对政府有关部门、乡镇政府和街道办事处效能监察的范围。</td><td>4</td></tr>
<tr><td>5. 建立和完善区县政府教育工作局际联席会议制度，统筹协调解决教育工作重要问题。</td><td>2</td></tr>
<tr><td>6. 完善治理教育乱收费制度，执行有关规范教育收费的各项要求。</td><td>1</td></tr>
<tr><td>7. 建立健全教育经费审计监督制度、教育投入公告制度。</td><td>1</td></tr>
<tr><td>8. 完善实施素质教育先进集体和个人表彰制度。不以升学率和学生考试成绩作为评价、表彰学校和教师的唯一标准。</td><td>1</td></tr>
</table>

续表1

一级指标	二级指标	三级指标	分值
二、经费投入12	（三）经费保障9	9. 依法增加政府教育投入，做到教育财政拨款的增长高于财政经常性收入的增长，并使按在校学生人数平均的教育费用逐步增长，保证教师工资和学生人均公用经费逐步增长。提高财政教育支出占公共财政支出的比重，提高预算内基建投资用于教育的比重。	3
		10. 完善各类教育经费保障机制。教育经费和义务教育经费在财政预算中单列，义务教育全面纳入财政保障范围，学前教育财政投入预算有科目、增量有倾斜、投入有比例、拨款有标准、资助有制度等政策落实。	2
		11. 依法足额征收教育费附加，按照国家规定全面开征地方教育附加、从土地出让收益中按比例计提教育资金，并全面用于支持教育事业发展。	2
		12. 依法保障教职工的工资和医疗、保险等福利待遇；将干部教师培训经费纳入财政预算，制定不低于市定基准的拨款标准，并根据教育事业发展需要逐步提高。	2
	（四）经费管理3	13. 建立科学化、精细化的教育预算管理机制，加强教育经费使用的规范化管理。落实市颁公用经费定额标准；按时拨付专项资金，无截留、挤占和挪用现象；强化重大项目建设和经费使用全过程审计，确保经费使用安全、有效。	3
三、办学条件14	（五）教育资源配置10	14. 按本市有关规定，统筹配置各类教育资源。制定学校（幼儿园）设置和调整方案，优化学校规模及布局；做好新建居住区教育配套设施的规划、建设、接收、使用和管理。加强校外教育活动场所和职教实训实习基地建设。	4
		15. 按本市规定的办学条件标准建设学校，推进各类学校（幼儿园）办学条件达到市颁标准。	3
		16. 执行市颁学校人员编制标准，合理配置人力资源，促进教师队伍建设。	3
	（六）教育环境4	17. 统筹协调相关部门，推进社会资源用于学生教育，发挥社区在实施素质教育中的作用，为学生健康成长创造良好的社会环境。	2
		18. 完善学校（幼儿园）及周边治安综合治理工作机制，统筹推进校园及周边环境与秩序整治，营造良好育人环境。	2

续表 2

一级指标	二级指标	三级指标	分值
四、教育管理 39	（七）教育行政 30	19. 计划管理与依法行政	5
		20. 队伍管理	8
		21. 财物管理	5
		22. 教育教学管理	8
		23. 质量评价	2
		24. 安全管理	2
	（八）教育督导 9	25. 加强教育督导体制、机制建设，探索建立相对独立的教育督导机构，保障督导机构独立行使职能，发挥教育督导的监督反馈作用。	3
		26. 根据教育规模和教育督导的需要，合理确定教育督导专职人员编制，并落实到位；依据工作需要聘任兼职督学。教育督导经费列入本级政府财政预算，教育督导机构的办公条件适应现代教育督导工作需要。	3
		27. 全面推进督政、督学和监测工作，完善教育督导结果公布制度、整改制度及问责制度，建立和完善督学选拔聘任制度、督学培训制度、督学责任区制度。	3
五、教育发展 20	（九）发展水平 20	28. 户籍适龄儿童学前三年入园率达到95％以上、常住适龄儿童学前三年学位供给率和入园率均达到90％以上；公办性质幼儿园占幼儿园总数的比例达到65％以上；“入园难”问题得到有效缓解。	4
		29. 区域内义务教育阶段中小学校达到市颁条件标准，义务教育均衡发展状况达到评估认定标准，学生体质健康状况达到国家标准；适龄残疾儿童少年义务教育入学率基本达到普通儿童少年水平；来京务工人员随迁子女接受义务教育的权利得到基本保障。依据政策解决有关教育的热点、难点问题并取得成效。	8
		30. 完成本区县教育发展规划确定的阶段性目标，各类教育协调发展，受教育者素质明显提高，学生、家长对教育工作满意度比较高。	8
六、加分指标 10	（十）创新与特色 10	31. 立足本地区实际，在教育改革和发展过程中形成具有创新性的经验和可持续发展性的优势，在全市或全国有一定知名度和影响力。	10

北京市区县教委全面实施素质教育评价指标体系

一级指标	二级指标	三级指标	分值
一、计划管理与依法行政 16	(一)计划管理 6	1. 统筹各级各类教育协调发展，依据有关教育法律法规、方针政策、实施素质教育要求和本区县教育发展规划，制定教育工作年度计划，且重点突出，目标明确，措施具体。	3
		2. 执行计划分工明确，责任落实；建有计划执行情况的检查、总结及整改制度，并纳入机关考核和效能监察范围。	3
	(二)依法行政 10	3. 建立和完善依法行政、依法治校的相关制度和机制，指导学校贯彻落实北京市有关学校管理“三个工作意见”的相关要求，完善学校管理体制，规范教育管理，促进科学发展。	3
		4. 维护学校、学生、教师、校长和举办者的合法权益。依法保障义务教育适龄儿童、少年在户籍所在地就近入学，保障来京务工人员随迁子女接受义务教育。	2
		5. 落实有关教育收费、招生等政策，及时纠正违法、违规行为。将用语用字规范化列入对学校及其他教育机构进行检查和评估的内容。积极开展教育国际合作与交流。	5
二、队伍管理 25	(三)干部队伍管理 9	6. 选优配强干部队伍，完善对学校领导干部考核和激励机制。	3
		7. 加强校长队伍建设，贯彻《义务教育学校校长专业标准》，促进校长专业化发展。探索实行校长的交流轮岗。	3
		8. 加强青年干部和后备干部的培养，干训工作针对性和实效性强，学校反映良好。	3
二、队伍管理 25	(四)教师队伍管理 16	9. 严格执行教师准入标准，研究落实教师资格证书定期登记制度；制定和完善区域内教师资源合理流动的工作方案并推进落实，形成区域内优秀教师资源共享机制；不断改善教师的工作、学习和生活条件，关心教师身心健康。	4
		10. 加强教师职业理想和职业道德教育，完善教师职业道德考核、监督、奖惩机制；加强教师继续教育，强化教师专业能力建设，促进教师的专业化发展。	4
		11. 加强青年教师、骨干教师队伍的培养，不断提高青年教师、骨干教师水平；完善骨干教师选拔和考核管理制度，形成结构、分布合理的骨干教师队伍。	3
		12. 落实职业学校教师定期到企业实践制度，促进专业素质不断提升；“双师型”教师比例逐步提高。	2
		13. 建立和完善教师的职务评定、聘任和考核评价制度；完善优秀教师表彰机制，树立先进典型，加大宣传力度，促进教师队伍建设。	3

续表1

一级指标	二级指标	三级指标	分值
三、财物管理 12	（五）教育经费管理 6	14. 科学编制教育经费预算，落实各项经费管理要求。保证转移支付资金专款专用和投资效益，建立贫困家庭子女和弱势群体教育资助制度，落实有关学生补助（资助）政策；健全学校财务管理制度，完善学校收费管理办法，加强财务监督和绩效评价。	4
		15. 依据有关要求，科学合理使用教育费附加、地方教育附加和从土地出让收益中按比例计提的教育资金。教育费附加主要用于义务教育，并按规定的比例安排用于职业教育。	2
	（六）教育资源管理 6	16. 依据市颁标准，制定各类教育机构办学条件达标的规划和年度计划，并如期落实；均衡配置义务教育资源，缩小义务教育校际差距，建立区域内教育资源共享机制。	2
		17. 加强德育、综合社会实践、通用技术教育、国防教育、职教实训等基地、实验室和校园网的建设与管理，满足需要，利用率高。	2
		18. 加强教师培训机构、信息中心和卫生保健、房管、装备等教育机构的建设和管理，不断提高服务水平。	2
四、教育教学管理 42	（七）德育工作 14	19. 加强对德育工作的组织领导，落实《北京市中小学德育工作行动计划》，结合实际制定本区县德育工作行动计划，并指导学校实施。	4
		20. 坚持育人为本，德育为先。加强社会主义核心价值体系教育，完善中华优秀传统文化教育，形成爱学习、爱劳动、爱祖国活动的有效形式和长效机制。完善德育工作体系，指导学校贴近学生实际，创新德育途径和方法，进行养成教育，开展心理健康教育、法制教育、国防教育、文明礼仪教育等专题教育活动，增强德育工作的针对性、实效性和主动性。	4
		21. 加强德育队伍建设，发挥共青团、少先队组织的积极作用；推进家庭教育和学校教育相结合，保障德育的经费投入，促进中小学德育目标的实现。	3
		22. 加强对校园文化建设的领导和管理，制定校园文化建设项目实施方案，指导学校加强校园文化建设规划和项目实施。	3

续表 2

<table>
<tr><th>一级指标</th><th>二级指标</th><th>三级指标</th><th>分值</th></tr>
<tr><td rowspan="5"></td><td rowspan="3">（八）教学工作 18</td><td>23. 严格执行国家课程计划和课程标准，加强对学校执行情况的检查、指导，保证开齐课程、开足课时，无随意增减课时现象；严格执行减轻学生过重课业负担各项规定，有实效。</td><td>6</td></tr>
<tr><td>24. 加强对课程教材改革的领导，积极建设地方课程，规范管理校（园）本课程；深化课堂教学改革，探索培养学生创新能力和实践能力的途径、方法，促进信息技术与学科教学整合，取得良好效果。指导职业学校深化教育教学改革、推进专业及教材建设，提高学生综合职业能力。</td><td>6</td></tr>
<tr><td>25. 加强对学校体育、卫生、科技、美育工作的检查和指导。切实保证在校中小学生每天一小时体育活动和在园幼儿 2 小时以上户外活动，全面提高学生和幼儿体质健康水平、科学和审美素养。</td><td>6</td></tr>
<tr><td>（九）质量评价 5</td><td>26. 落实《教育部关于推进中小学教育质量综合评价改革的意见》，建立健全教育质量监测评价制度和机制，逐步完善评价方式方法，促进教育质量不断提高。</td><td>5</td></tr>
<tr><td>（十）教研科研 5</td><td>27. 加强教研、科研机构和队伍建设，结合实际开展教研、科研活动，指导教育实践，对学校的指导作用成效明显，基层单位反映良好。</td><td>5</td></tr>
<tr><td>五、安全管理 5</td><td>（十一）安全工作 5</td><td>28. 严格执行有关安全工作规定，制度健全，职责明确，管理严格，检查到位，整改落实；不断完善各种突发事件的应急预案，保证运行有效，无重大安全责任事故。</td><td>5</td></tr>
</table>

北京市区县政府、教委综合督导评价实施办法

一、市政府教育督导室会同市教委，依据《北京市区县政府教育工作评价指标体系》、《北京市区县教委教育行政管理工作指标体系》和督导评价程序，在区县政府和教委自我评价基础上，每五年对其进行一次综合督导评价。

市政府教育督导室会同市教委根据教育形势发展需要，确定综合督导评价重点和相应加权指标，研究制定督导评价的具体工作方

案，届时专题部署。

二、区县政府依据《北京市区县政府教育工作评价指标体系》，将指标要求分解到区县教委及相关部门，每年按照自我评价程序，组织教委及相关部门进行自我评价。

区县教委和各相关单位对照指标体系职责分解内容，每年按照自我评价程序，落实工作要求，综合运用诊断性、形成性和终结性评价进行自我评价，完成本单位自评报告和自评报告单，按规定时间报本区县自评办公室。

区县政府在教委和各相关单位自评报告的基础上，完成政府自评报告，填写自评报告单，按规定时间将区县政府和区县教委的自评报告、自评报告单报市政府教育督导室。

三、综合督导评价收集信息的主要方法包括审议自评报告和自评报告单、听取领导汇报、查阅相关资料、调查问卷、实地考察、召开座谈会、个别访谈等。

四、市政府教育督导室通过各渠道采集到的相关信息，经过核实、归纳、分析和整理，对区县政府、教委教育工作的水平做出综合判断，填写督导评价量表，形成督导评价意见，并向区县政府、教委回复。

五、评价指标体系三级指标分为A、B、C三个定性评价等级，其基本标准为：A、各项要求全面落实，成效好；B、各项要求基本落实，成效较好；C、各项要求未全面落实，成效一般。区县政府、教委自我评价和督导评价均采取定性与定量评价相结合的办法，在对三级指标进行定性等级判断的基础上确定实际得分，定量评分与定性评价等级相对应，量化评分在规定取值范围内确定，并计算总分。

各区县教委督导评价量化分数，按30％比例计入政府相应三级评价指标量化得分。

六、综合等级评定办法：总分≥85分，综合等级为优；85分＞总分≥75分，综合等级为良；75分＞总分≥60分，综合等级为合格；60 分＞总分，综合等级为不合格。

七、区县政府、教委的自评结果和市政府教育督导室对区县政府、教委的督导评价结果，作为区县政府、教委等推进素质教育全面实施，规范教育管理，深化教育改革，促进教育发展的参考依据。督导评价结果作为市政府考核、奖励区县政府教育工作的重要依据。

北京市幼儿园全面实施素质教育评价指标体系

一级指标	二级指标	三级指标	分值
一、发展规划 6	(一) 规划计划的制定与实施 6	1. 依据有关教育法律、法规、方针政策和素质教育要求，结合本园实际，按照民主程序，制定发展规划，办园思路清晰，目标明确，措施具体，有年度分解，教职工知晓率高。	2
		2. 加强计划管理，依据发展规划制定园所年度工作计划，目标清楚，重点突出，措施具体可行；依据园所年度工作计划分层次制定部门计划，形成计划管理体系，教职工知晓率高。	2
		3. 运用评价机制实施目标管理，保障规划、计划的发展目标及任务的落实。	2
二、队伍建设 24	(二) 干部队伍建设 12	4. 园所领导班子健全，分工明确，责任落实，团结协作；党支部发挥政治核心作用，教代会参与民主管理和民主监督。	3
		5. 领导班子管理制度健全；理论学习、行政工作例会、民主生活会、“三重一大”决策、干部述职考核等有关干部队伍建设的制度落实到位。	3
		6. 园所领导班子成员注重提高自身的管理水平和业务能力，深入实际，指导工作，作风民主，关心教职工生活和身心健康，教职工满意度高；以身作则，廉洁勤政，无违法违纪行为。	3
		7. 重视青年干部和后备干部的培养，有目标、有计划、有措施，取得实效。	3

续表1

一级指标	二级指标	三级指标	分值
	（三）教职工队伍建设12	8. 按规定标准配备保教人员和工作人员，各岗位人员具有规定学历、资格证书、岗位培训证书和健康合格证等。	2
		9. 加强师德教育，规范教职工保教行为。教职工热爱幼教事业，树立正确儿童观、教育观，尊重、关心、热爱每一名幼儿，为人师表，认真履行岗位职责，无歧视、体罚、变相体罚和侮辱幼儿人格等违反职业道德现象；树立为家长服务意识，能提供合理有效的服务。	3
		10. 落实继续教育任务，有专人负责，有计划，有安排，组织、支持教职工参加多种形式的培训，提高教职工队伍整体的专业能力和水平。	2
		11. 重视青年教师和骨干教师的培养，有计划，有措施，有实效。	3
		12. 建立定期进行教职工工作质量评价考核制度，形成有利于调动教职工积极性的有效机制。	2
三、各项工作管理50	（四）保教工作24	13. 坚持教养并重、保教结合的原则，健全和完善符合儿童成长与发展需求的保教工作制度，保教工作管理规范。	3
		14. 以游戏为基本活动，科学、合理地安排幼儿的一日生活，确保每日2小时以上的户外活动，各项活动安全有序。	3
		15. 创设与教育目标、教育内容相适应的良好教育环境，为幼儿提供充分活动的机会和条件，因地制宜，满足幼儿发展的需要，让幼儿成为环境的主人。	3
		16. 全面落实《幼儿园教育指导纲要》《3—6岁儿童学习与发展指南》，教育内容、方法、手段符合幼儿身心发展和幼儿教育规律，防止小学化倾向。	3
		17. 在教育过程中运用多种教育方法和手段，面向全体，关注个性，因人施教。	3
		18. 对幼儿发展水平进行科学评价，注重运用评价结果调整改进保教工作。	3
		19. 教研、科研制度健全，有专人负责，有计划、有组织、有落实，教研、科研成果体现在保教工作实践过程中，并促进保教质量整体提高。	2
		20. 有效发挥家长委员会的作用，家园沟通渠道畅通，做好家园共育工作，家长满意率高。	3
		21. 配合社区提供幼儿早期教育服务。	1

续表 2

一级指标	二级指标	三级指标	分值
	（五）卫生保健工作 14	22. 卫生保健管理制度健全，岗位职责明确，保障措施具体，落实到位。	3
		23. 园内设有卫生室或保健室，卫生保健设备器材满足工作需要。按要求配备专（兼）职保健人员。	2
		24. 认真落实各项保健工作，卫生保健资料完整，数据统计科学准确。	2
		25. 有针对性地开展健康教育，有预防龋齿和保护视力的措施，有针对特殊体质儿童的护理措施，幼儿有良好的生活卫生习惯。	2
		26. 食堂环境整洁，设施完善，餐具消毒符合要求，使用前无污染。食品进货渠道正规，食品管理符合要求。幼儿伙食实行计划膳食，营养均衡合理，膳食营养管理规范，成人与儿童膳食要严格分开。	3
		27. 传染病发生率、营养不良患病率、新龋齿率、视力不良率等控制在规定范围，体质测试合格率符合要求。	2
	（六）后勤工作 8	28. 坚持后勤为幼儿保教工作服务的理念，后勤管理制度健全，落实到位。	2
		29. 严格执行收费管理规定，加强经费的使用监督，提高效益；无违反财经纪律和教育乱收费现象。	2
		30. 不断改善办园条件，设施设备配备达标，管理规范，维修及时，利用率高。玩教具、图书种类丰富、数量充足、满足幼儿发展需求。	2
		31. 园所环境安全、整洁有序、绿化美化好。	2
	（七）安全工作 4	32. 执行有关安全规定，建立健全安全责任制度和应急机制；加强日常安全管理，定期检查，及时消除隐患，无责任事故发生；加强幼儿安全教育，增强幼儿自我保护能力。	4
四、发展绩效 20	（八）幼儿发展水平 10	33. 幼儿身心和谐发展，健康、活泼，情绪安定愉快，自主自信，有良好的行为习惯，大多数幼儿各方面发展均达到本年龄阶段儿童发展水平。	10
	（九）园所发展水平 10	34. 完成发展规划年度目标和任务；在教育行政部门托幼园所分级分类验收工作中达到相应级类，年度考核合格。	5
		35. 立足实际，挖掘潜力，发挥优势，注重园所文化建设，形成办园经验、创建办园特色，取得一定成效，得到家长、社会及有关部门认可。	5

北京市幼儿园综合督导评价实施办法

一、区县政府教育督导室依据《北京市幼儿园全面实施素质教育评价指标体系》，结合实际，制定本区县实施细则。

依据《北京市幼儿园全面实施素质教育评价指标体系》和本区县的实施细则，区县政府教育督导室会同区县教委，按照统一方案、统一领导、统一组织、统一实施的原则，在幼儿园自评的基础上，每五年对辖区内幼儿园进行一轮综合督导评价。

二、幼儿园依据《北京市幼儿园全面实施素质教育评价指标体系》和本区县实施细则，将指标要求分解到本园有关部门，每年按照自我评价程序，组织相关部门对照指标体系职责分解内容，结合本单位工作过程，综合运用诊断性、形成性和终结性评价，及时反馈调控，落实工作要求，完成自我评价，写出专项自评报告。幼儿园在各部门专项自评的基础上，完成本园整体自评工作，撰写自评报告，填写自评报告单，按时报送区县政府教育督导室。

三、评价指标体系三级指标分为A、B、C三个定性评价等级，其基本标准为：A、各项要求全面落实，成效好；B、各项要求基本落实，成效较好；C、各项要求未全面落实，成效一般。幼儿园自我评价和督导评价均采取定性与定量评价相结合的办法，在对三级指标进行定性等级判断的基础上确定实际得分，定量评分与定性评价等级相对应，量化评分在规定取值范围内确定，并计算总分。

四、综合等级评定办法：总分≥85分，综合等级为优；85分＞总分≥75分，综合等级为良；75分＞总分≥60分，综合等级为合格；60分＞总分，综合等级为不合格。

五、综合督导评价收集信息的主要方法包括审议自评报告和自评报告单、听取领导汇报、发放调查问卷、查阅相关资料、随堂听课、检查教师教案和幼儿作品、实地考察、观摩教育活动、召开座谈会、个别访谈等。

六、区县政府教育督导室通过各渠道收集到的相关信息，经过核实、分析、归纳和整理，对幼儿园的保教水平、管理水平和发展绩效等做出综合判断，填写督导评价量表，形成督导评价意见，并向幼儿园回复。

七、区县政府教育督导室对幼儿园综合督导评价的结果，作为政府和教委研究教育工作的参考依据和考核、奖励幼儿园及园长的重要依据。

北京市普通中小学校全面实施素质教育评价指标体系

一级指标	二级指标	三级指标	分值
一、发展规划 4	(一)办学思想与学校规划 4	1. 依据教育法律法规、方针政策和素质教育的要求，立足本校实际，制定学校发展规划；办学理念科学，办学目标明确，工作思路清晰；制定实施方案及年度目标，并经教代会审议通过。	2
		2. 年度工作计划阶段性目标明确，工作重点突出，责任分解明确，保障措施具体，可操作性和可检测性强；教职工知晓率高。	2
二、队伍建设 18	(二)干部队伍建设 8	3. 学校领导体制健全，落实本区干部人事制度改革方案，领导班子年龄、专业结构合理，干部分工职责明确；落实北京市有关学校管理体制“三个工作意见”① 要求，党支部发挥政治核心作用，教代会参与民主管理和民主监督，工作程序规范；校长对学校的教育教学和行政管理工作全面负责，校长的决策能力和领导力较强。	2
		4. 学校领导班子有关理论学习、工作例会、民主生活会、“三重一大”决策、干部述职、考核等管理制度健全并落实到位。	2
		5. 学校领导干部深入实际，作风民主，团结协作，以身作则，廉洁勤政，认真履行工作职责，做到令行禁止，无违法违纪行为。教职工满意度达到90%以上。	2
		6. 发挥中层干部作用，重视青年干部和后备干部培养，健全青年干部和后备干部的选拔、培训机制，制定培训计划和实施方案，注重在实践中锻炼和考察青年干部、后备干部，并取得实效。	2

① “三个工作意见”指北京市委组织部、市教育工委、市教委和市教育工会2004年4月5日联合下发的《北京市中小学党支部（总支）工作意见》、《北京市中小学校长工作意见》、《北京市中小学教职工代表大会工作意见》。

续表 1

一级指标	二级指标	三级指标	分值
	（三）教师队伍建设 10	7. 加强师德建设，规范教师的教育教学行为；教师热爱学生，尊重学生人格，无体罚和变相体罚学生现象；教职工无品行不良和违法违纪行为。	3
		8. 按照中小学教师专业标准，有计划地组织教师参加校本研修、校本课程开发、教育科研等活动；为教师参加继续教育、教师培训、教育教学展示交流等活动提供必要的保证条件；研究和探索教师发展性评价工作，引领教师规划职业生涯，促进教师专业化发展。	4
		9. 有计划地加强青年教师和骨干教师的培养，目标明确，措施具体，工作落实，效果明显；形成本校的骨干教师梯队，在引领教师队伍提高施教能力、科研水平等方面，作用突出并得到教师的肯定。	3
三、教育管理 54	（四）行政工作 10	10. 坚持依法治校，建立健全学校章程和各项管理制度，岗位职责明确，检查落实到位，日常管理有序。	2
		11. 依据有关政策文件要求，深化教师人事制度改革，完善和落实教师聘任制、岗位合同制和绩效工资制等；学校不以考试成绩和升学率作为对师生表彰奖励的唯一依据，鼓励师生全面发展，激发师生积极进取。	2
		12. 认真执行学籍管理制度，严格控制学生辍学，义务教育阶段无开除学生现象，不设重点班和实验班；按有关政策接收随迁子女接受义务教育，安排具有接受普通教育能力的残疾适龄儿童少年随班就读。	2
		13. 学校实施素质教育的经费做到专款专用，厉行节约，提高效益；严格执行学校收费管理程序，无违反财经纪律和教育乱收费现象；教育教学设施设备管理制度健全，专人负责，帐物相符，使用保管妥善，利用率高。	2
		14. 加强学校文化建设，形成具有本校特点的育人环境；注重校园环境绿化、美化；学风、教风、校风良好，得到学生、教师和家长的好评。	2
	（五）德育工作 10	15. 坚持立德树人，德育管理系统健全，职责明确，指挥畅通，德育有时间和经费保证；德育目标明确，符合学生实际、体现本校特点。	2
		16. 坚持全员育人，发挥共青团、少先队、学生会和班主任的作用；定期召开班主任工作例会和德育工作会议，加强班主任培训和德育研究，引导教师树立正确的德育观念。	2

续表 2

一级指标	二级指标	三级指标	分值
	(五)德育工作10	17. 坚持全过程育人，发挥课堂教学育德主渠道功能，挖掘整合德育资源，落实社会大课堂实践活动要求；根据学生身心发展特点，贴近学生实际，以社会主义核心价值体系为重点，弘扬“北京精神”，开展养成教育、国防教育、法制教育、礼仪教育、国际理解教育、中华经典诵写讲活动及组织中小学生志愿者活动等主题教育活动，德育的主动性、针对性和实效性突出，师生和家长反映良好。	2
		18. 贯彻《教育部关于推进中小学教育质量综合评价改革的意见》，做好学生综合素质评价工作；建立和完善家长学校，构建学校、家庭、社会三结合教育网络并发挥作用，社区和家长反映良好。	2
		19. 加强心理健康教育，组织心理健康教育培训和辅导活动，创造条件开设心理健康教育课程，发挥心理健康咨询室的功能，提高师生心理健康水平。	2
	(六)教学工作17	20. 执行国家课程计划，开齐课程，开足课时，无随意增减现象；按规定要求选用教科书及教辅资料；执行国家和北京市减轻学生过重课业负担的相关规定，切实减轻学生课业负担；学校活动以普通话为基本用语，以规范汉字为基本用字。	3
		21. 教学管理系统健全，指挥畅通，职责明确，管理到位；教研组、备课组的教研活动有要求、有保障，有实效；结合本校实际，有针对性地开展研究课、观摩课、基本功达标等教学研究工作，并取得实效。	2
		22. 校长及主管教学领导的主要精力用于教学，聚焦课堂，深入教学一线指导工作；校长每学期兼课、听课不少于40节，主管教学领导兼课、听课不少于60节。	2
		23. 深化课程教材改革，形成具有本校特点的校本课程体系；推进课堂教学改革，启发和调动学生的学习积极性，指导学生学习方法，关注学生差异；合理使用信息化教学手段，提高课堂教学效率，教学质量达到课标要求；积极探索培养学生创新和实践能力的有效途径、方法。	4
		24. 按照课程方案要求，开发和挖掘教育资源，组织学生参加各种形式的综合实践活动，不断提高综合实践活动的质量，学生反映良好。	2
		25. 建立和完善教学常规检查、课堂教学评价、教学质量监控等制度，教学秩序良好，课堂教学有效性不断增强。	2
		26. 实施教育科研制度，结合本校实际，确定科研课题，组织研修活动，取得成果并指导教育教学工作。	2

续表 3

一级指标	二级指标	三级指标	分值
	(七)体育美育卫生健康教育 15	27. 贯彻有关体育工作要求，完善学校体育工作制度。保障“两操一课”质量，积极开展课外体育活动；确保学生每天体育活动时间不少于 1 小时，学生养成良好的体育锻炼习惯；每学年举办学校运动会或体育节，并组织多种形式的体育竞赛活动。	8
		28. 积极创建“健康促进学校”。学校卫生管理规范，学生常见病、传染病防控工作有具体措施并落实到位；引导学生养成良好卫生习惯和生活习惯，通过积极干预使学生超重检出率及视力不良新发率有所下降。	3
		29. 加强学校美育和艺术教育，培养学生审美情趣，提高学生艺术素养；开展科技教育，培养学生的科学态度、创新精神和实践能力。	4
	(八)安全工作 2	30. 执行市区有关保障学校安全的规定，建立健全安全责任制度和应急机制；加强日常安全管理，及时消除隐患；定期开展安全教育，增强学生自护、自救防范能力和意识；无重大安全责任事故发生。	2
四、发展绩效 24	(九)学生发展 16	31. 学生有理想、有正确的价值取向；学生行为习惯符合北京市中、小学生规范要求；遵纪守法、诚实守信、合作乐群；讲文明，懂礼貌，勤俭节约、热爱劳动、爱护环境；自尊自信、尊重他人、乐观向上。	4
		32. 学生学习态度端正，具有独立思考、合作学习、认真探究等良好的学习习惯，学习能力、创新能力和实践能力有所提高；学生具有较好的语言文字应用能力与语文素养；学生的乐学程度和整体学业成绩不断提高。	4
		33. 学生身高、体重、肺活量和身体运动能力等达到《国家学生体质健康标准》，学生体质健康测试达到合格以上标准人数的比例稳步提高。	4
		34. 学生具有体育（至少两项）、艺术（至少一项）等健康的兴趣爱好，学有专长的学生达到较高比例。	4
	(十)学校发展 8	35. 学校发展规划和年度实施计划如期完成；学校在发展过程中，继承优良传统，努力发挥优势，形成办学特色，产生一定影响。	3
		36. 本校培养的骨干教师人数有所增加，骨干教师的示范和引领作用突出。	2
		37. 学校教师、学生、家长及社会对学校工作和发展水平满意度达到 90%以上。	3
五、加分指标 10	(十一)创新与特色 10	38. 学校创造出具有本校特点的典型经验，在本区县、全市乃至全国有重要影响。	5
		39. 学校文化建设和办学特色突出，得到行业内广泛认可。	5

北京市普通中小学校综合督导评价实施办法

一、区县政府教育督导室依据《北京市普通中小学全面实施素质教育评价指标体系》，结合实际制定本区县实施细则。

依据《北京市普通中小学全面实施素质教育评价指标体系》和本区县的实施细则，区县政府教育督导室会同区县教委，按照统一方案、统一领导、统一组织、统一实施的原则，在学校自评的基础上，每五年对辖区内学校进行一轮综合督导评价。

二、学校依据《北京市普通中小学实施素质教育评价指标体系》和本区县实施细则，将指标要求分解到本校有关部门，每年按照自我评价程序，组织相关部门对照指标体系职责分解内容，结合本单位工作过程，综合运用诊断性、形成性和终结性评价，及时反馈调控，落实工作要求，完成自我评价，写出专项自评报告。学校在各部门专项自评的基础上，完成学校整体自评工作，撰写自评报告，填写自评报告单，按时报送区县政府教育督导室。

三、评价指标体系三级指标分为A、B、C三个定性评价等级，其基本标准为：A、各项要求全面落实，成效好；B、各项要求基本落实，成效较好；C、各项要求未全面落实，成效一般。普通中小学自我评价和督导评价均采取定性与定量评价相结合的办法，在对三级指标进行定性等级判断的基础上确定实际得分，定量评分与定性评价等级相对应，量化评分在规定取值范围内确定，并计算总分。

四、综合等级评定办法：总分≥85分，综合等级为优；85分>总分≥75分，综合等级为良；75分>总分≥60分，综合等级为合格；60分>总分，综合等级为不合格。

五、综合督导评价收集信息的主要方法包括审议自评报告和自评报告单、听取领导汇报、调查问卷、查阅相关资料、随堂听课、检查教师教案和学生作业、实地考察、观摩教育活动、召开座谈会、个别访谈等。

六、区县政府教育督导室通过各渠道收集到的相关信息，经过核实、分析、归纳和整理，对普通中小学全面实施素质教育、管理水平和发展绩效等做出综合判断，填写督导评价量表，形成督导评价意见，并向学校回复。

七、区县政府教育督导室对学校综合督导评价结果，作为政府和教委研究教育工作的参考依据和考核、奖励学校及校长的重要依据。

北京市职业院校全面实施素质教育评价指标体系

一级指标	二级指标	三级指标	分值
一、发展规划 23	（一）办学思想 3	1. 适应首都经济和社会发展需要，坚持“以服务为宗旨，以就业为导向”的职业教育办学方针。	2
		2. 深化产教融合、校企合作，深入开展本地区、本行业对职业教育人才需求的调研，满足首都和区域经济社会发展需要，体现积极推进职业教育改革创新的精神。	1
	（二）规划计划 5	3. 发展目标定位清晰、准确、合理，具有较强针对性、可行性、科学性，符合职教特点、首都特色和本校实际。	1
		4. 调研分析论证材料充分，有行业、企业、教职工参与制定；充分利用学校优势，阶段性目标、任务分解合理，责任落实，保障措施有力。	2
		5. 制定年度工作计划，目标任务明确，可操作性强；建立检查、调控、考核、总结制度，符合年度学校实际工作需要。	2
	（三）办学模式 15	6. 实行工学结合、校企合作、顶岗实习等人才培养模式，扎实稳妥地开展学生顶岗实习和订单培养；完善顶岗实习制度，加强并规范实习管理和服务。	3
		7. 建立稳定的校企合作关系，学校与企业在教育教学层面深度合作，资源共享、合作共赢；开展集团化办学。	4
		8. 加大招生宣传，拓宽并规范招生渠道，招生规模与办学定位相适应；发挥学校招生、就业机构作用，加强创业教育和就业指导，为学生就业、创业提供更加有效的指导和服务。	4
		9. 开展各类社会培训，尤其是以提高职业技能为重点的成人继续教育和再就业培训，办成面向社会、服务社区和行业企业的多功能培训基地。	3
		10. 加强国际交流与合作，积极开拓合作项目，开展互派交流，引进课程、证书等国际优质职业教育资源，不断增强职业人才的国际竞争力。	1

续表 1

一级指标	二级指标	三级指标	分值
二、基础能力 23	（四）干部队伍 5	11. 落实上级关于学校领导干部队伍建设与管理的各项要求，坚持民主、公开、竞争、择优选拔任用领导干部机制，落实编制，结构合理；完善学校领导干部考核评价体系和管理办法。	1
		12. 按计划加强学校领导班子和干部队伍的培养与培训，加强后备干部选拔和培养；不断提高领导干部的整体素质和管理水平，建设高水平的学校管理团队，取得实效；所需经费和时间有保障。	2
		13. 思想政治素质高，团结协作，廉政勤政，改革创新意识强，管理水平高；学校管理体制机制创新，形成自我发展与自我约束机制，依法治校，运转正常、高效。	2
	（五）教师队伍 10	14. 健全教师聘用、管理和培训制度，完善激励机制，加强人才引进和兼职教师聘任管理，措施得力，落实好；教师队伍建设经费满足需要。	2
		15. 落实上级关于教师队伍建设与管理要求，按专业学科配备，学历、专业、职称、年龄、双师型（一体化）等结构合理，专兼结合的教师队伍；教师师德水平、信息化教学能力、专业教学能力、专业实践能力、教科研能力和适应素质教育能力显著提高，教学理念、方法创新，能胜任学校发展所赋予的教育教学和专业技术指导与推广任务。	5
		16. 制定教师队伍建设的规划和计划，有措施、有保障；完善教师培训体系，加强新教师、骨干教师、双师型（一体化）教师、专业带头人、职教名师的培养与培训，加强班主任、德育教师以及创新团队等的培训，建设高素质的教师队伍，取得实效。	3
	（六）办学物质条件 8	17. 达到国家和本市办学条件标准要求；学校规范化、现代化建设水平逐年提高。	2
		18. 加强实习实训基地建设，对接生产岗位、装备先进、管理规范，提高实训基地使用效益，实训设备开出率高，满足工学结合、课程改革和实训教学的需要；发挥辐射作用，服务社会、企业；加强稳定的校外实训基地建设，支撑学生实习实训效果显著。	4
		19. 建有设备先进、功能齐全的校园网；加快数字化资源建设，计算机数量、多媒体设备满足教学需要，信息化资源使用效益高。	2

续表 2

一级指标	二级指标	三级指标	分值
三、管理水平 35	（七）行政管理 1	20. 实行校长负责制和聘任制，健全校长全面负责、学校基层党组织保障监督、教代会参与民主管理的内部管理机制；合理设置内部管理机构，全面实行聘任制和岗位管理制度，完善目标管理和绩效管理，确定科学的考核评价和激励机制；各项管理和奖惩制度完善。	1
	（八）经费管理 1	21. 落实上级关于依法多渠道筹措教育经费和经费管理的各项要求，完善财务管理制度和保证措施；建立预警机制，实施阳光财务工程，防范学校财务风险；加强国有资产管理，完善奖、助学金体系和收费规范管理，杜绝乱收费。	1
	（九）安全管理 1	22. 建立健全学校安全管理制度，完善各种突发事件的应急预案；保障学校设施设备安全，消除安全隐患，协调执法机构和社区，加强校园和周边环境治安综合治理；加强安全教育和科技创安，明确安全责任，严格管理，杜绝安全责任事故。	1
	（十）专业建设 6	23. 根据上级部门的专业指导目录，主动适应区域经济社会发展和企业用人需求，科学设置专业和培训项目；优化专业结构，拓宽专业方向，根据产业发展需求以及企业岗位变化动态调整专业。	3
		24. 骨干专业建设成效明显、特色鲜明；依托企业建立理实一体、教学内容与岗位需求相适应的课程体系；开发适应人才培养模式的校本教材。	3
	（十一）教育教学 20	25. 推进课程体系改革；采用行动导向教学，探索多种教学模式、方法和手段；突出职业能力考核评价；教学文件齐全、科学、规范；明确核心技能标准，强化实训和技能训练，健全技能竞赛制度；按规定开展毕业生获取职业资格证书工作；严格教学常规管理，推进教学管理制度改革创新。	6
		26. 坚持立德树人，加强社会主义核心价值体系教育；机构健全、队伍职责明确、目标清晰、工作到位；加强思想教育、政治教育、法制教育、职业道德教育、职业行为习惯养成教育和心理教育；发挥学校教育、家庭教育和社会教育的作用；突出时代性、针对性、实效性和吸引力。	5
		27. 加强校园文化建设，组织管理机构健全、制度完善；引进和融合优秀企业文化；校园环境建设有特色，文化活动丰富多彩；校风、教风、学风建设成果显著；有必要的经费保障；校园文化建设有影响力。	2
		28. 加强体育、卫生、美育、心理健康工作常规管理，建立健全学校体育卫生工作机制；强化体育课和课外锻炼，改进美育教学，开展带有职业教育特点的体育、文艺、科技、卫生课余活动。	2
		29. 针对全面实施素质教育、校企合作、教育教学改革、学校自主发展等，制定科研计划和课题研究方案；加强科研过程管理，奖励并推广研究成果；保证经费和人力的有力支撑。	5

续表 3

一级指标	二级指标	三级指标	分值
	(十二)质量监控 6	30. 建立健全教育教学质量监控与评价体系，建立学校、企业、社会共同参与的教育教学评价机制；改革学生评价模式，将行业规范和职业标准作为学生评价的重要依据，以职业能力和综合素质评价为核心；突出能力与贡献，以教学效果评价教师；将评价结果作为考核、奖励干部、教师的重要依据。	6
四、发展绩效 19	(十三)学生素质 8	31. 学生遵守学生守则、行为规范、社会公德；树立正确的人生观、价值观、荣辱观；以诚信、责任、敬业为重点的职业道德和职业行为习惯良好；学生综合素质明显提高。	4
		32. 学生整体水平达到国家和市颁文化课教学计划、教学大纲、课程标准以及专业培养目标要求；学生专业理论知识适用，职业技能基本功过硬，具有一定的可持续发展的能力。	2
		33. 学生群体体质不断增强，掌握一定运动技能，养成科学的体育锻炼习惯和良好的卫生习惯，提高学生的个性品质、心理素质和人文素养。	2
	(十四)升学就业 5	34. 毕业生合格率高，取得双证书比率高，取得的职业资格证书与所学专业密切相关。	2
		35. 毕业生就业率高；当年对口就业率高，就业质量高；拓宽毕业生继续学习渠道，探索中高职衔接对口升学。	3
	(十五)发展程度 1	36. 如期完成学校发展的年度阶段性目标，总体发展目标任务完成率高，办学质量与水平稳步提升。	1
	(十六)社会效益 5	37. 为首都经济社会发展培养大批优秀的技能型人才和高素质劳动者；积极承担区域以及相关行业、企业技能型人才培养、培训的重大任务，对当地经济社会发展贡献大。	2
		38. 行业、企业、社会、家长、学生评价满意程度高，毕业生岗位适应能力、自主发展能力、学习能力、创业能力强，典型业绩多，经济效益好。	3
五、加分指标 10	(十七)特色创新 10	39. 学校或专业建设成效显著，优势特色明显，示范性强，社会知名度高；学校管理有创新；学校在教育教学改革、人才培养等方面有突出的成果；名教师、名学生多。	10

北京市职业院校综合督导评价实施办法

一、市政府教育督导室依据《北京市职业院校全面实施素质教育评价指标体系》，会同有关部门组成督导组，每三至五年对市管中、高等职业院校、全市技工学校进行一次综合督导评价。

区县政府教育督导室依据《北京市职业院校全面实施素质教育评价指标体系》，制定本区县实施细则，每三至五年对区管所有中、高等职业院校至少进行一次综合督导评价。

市政府教育督导室根据职业教育改革发展的不同阶段，确定督导评价的重点，研究制定督导评价的具体工作方案，事先向被督导单位发出书面督导通知，并指导区县政府教育督导室开展好督导评价工作。

二、全市各级各类职业院校要成立和完善校内督导机构，建立相关评价制度，依据《北京市职业院校全面实施素质教育评价指标体系》进行自我评价。明确部门人员分工，制定工作计划，按照自我评价程序开展评价，并及时反馈调控，改进工作。学校自评工作要做好相关文件资料的整理归档，便于上级教育督导部门检查。

社会力量举办的职业院校根据隶属关系分别接受市、区县政府教育督导室的指导，完成自评工作，接受督导评价。

三、综合督导评价收集信息的主要方法包括审议自评报告、听取汇报、督评前随访指导、查阅相关资料、召开座谈会、个别访谈及实地考察等。

教育督导部门通过对督导评价信息的分析整理，并听取用人单位、家长、学校、在校学生及毕业生代表等的意见，对学校全面实施素质教育情况进行综合判断，形成书面督导评价意见，向学校回复或向社会公布。根据督导评价结果，教育督导室可向政府主管部门、学校举办者提出对被督导单位或相关负责人给予奖惩的建议。

被督导单位应当根据督导意见书进行整改，并将整改情况报告教育督导机构。

四、督导评价的三级指标分为A、B、C三个定性评价等级，其基本标准为：A、各项要求全面落实，成效好；B、各项要求基本落实，成效较好；C、各项要求未全面落实，成效一般。职业院校的自我评价和督导评价均采取定性与定量评价相结合的办法，在对三级指标进行定性等级判断的基础上确定实际得分，定量评分与定性评价等级相对应，量化评分在规定取值范围内确定，并计算总分。

督导评价指标体系中增加了“加分指标”，前四个一级指标对应的所有三级指标的分值合计为100分，“加分指标”对应的三级指标的分值为10分。

五、综合等级评定办法：总分≥85分，综合等级为优；85分>总分≥75分，综合等级为良；75分>总分≥60分，综合等级为合格；总分<60分，综合等级为不合格。其中，总分中不含加分指标的分值。

六、职业院校的自评结果和市、区县政府教育督导室对学校综合督导评价的结果，作为政府考核相关部门、校长、评价学校主要工作的重要依据和研究发展职业教育工作的重要参考。

北京市特殊教育学校全面实施素质教育评价指标体系

一级指标	二级指标	三级指标	分值
一、发展规划 5	（一）规划与年度计划 5	1. 依据有关教育的法律法规、方针政策和素质教育的要求，遵循残疾学生身心发展特点和规律，制定学校发展规划，目标明确，思路清晰，措施具体，符合实际，有年度分解；教职工按规定程序参与规划制定。	3
		2. 学年工作计划阶段性目标清楚，工作重点突出，责任分解明确，保障措施得力，可操作性和可检测性强；教职工知晓率高。	2

续表 1

一级指标	二级指标	三级指标	分值
二、队伍建设24	（二）干部队伍建设12	3. 学校领导体制健全，学校党委（支部）发挥政治核心作用，校长对学校的教育教学和行政管理工作全面负责，统一领导，教代会参与民主管理和民主监督，工作程序规范；领导班子年龄、专业结构合理，分工明确，责任落实，团结协作。	3
		4. 领导班子管理制度健全；理论学习、行政工作例会、民主生活会、“三重一大”决策、干部述职考核等有关制度落实到位。	3
		5. 领导班子成员热爱特教事业，树立现代特殊教育理念，掌握特教学校办学规律，注重提高自身的管理水平和业务能力；深入实际，作风民主，指导教职工工作，关心教职工生活和身心健康，教职工满意度高；以身作则，廉洁勤政，做到令行禁止，无违法违纪行为。	3
		6. 重视青年干部和后备干部的培养，有重点培养目标和培养计划，注重特殊教育专业素养、管理能力等综合素养的提升，注重在工作实践中锻炼和考察，并取得实效。	3
	（三）教师队伍建设12	7. 根据《北京市特殊教育学校办学条件标准》配备教师，教师持证上岗，学历达标，年龄、职称结构合理。	3
		8. 加强教师职业道德教育，规范教师的教育教学行为。教师热爱特教事业，在教育教学过程中尊重学生人格，热爱学生，爱岗敬业，全心全意为学生服务，为家庭教育提供咨询和指导。有本校的师德先进典型，无体罚和变相体罚学生现象。教职工无违法违纪行为。	3
		9. 保证教师继续教育，加强教师教育教学基本功训练，引导教师树立正确的教育教学观念，不断提高教师队伍整体素质和能力，促进教师专业化发展。	3
		10. 重视青年教师和骨干教师的培养，制定计划，认真实施，效果明显，骨干教师形成梯队，并发挥作用。	3
三、条件保障17	（四）教育经费管理6	11. 严格执行经费管理相关规定，无违反财经纪律现象；无向学生推销或变相推销商品、服务等方式谋取利益的现象。	3
		12. 加强教育经费的使用监督，做到专款专用，提高效益；严格管理社会捐助项目，做到公开透明。	3
	（五）校舍、设施设备建设与管理6	13. 办学条件达标，校园环境建设、校舍使用、设施设备配备等符合残疾学生学习、生活和康复的需要。无障碍基础设施齐全。	3
		14. 校园维护、设施设备管理制度健全，有专人负责，校舍和设施设备得到充分利用。	3

续表 2

一级指标	二级指标	三级指标	分值
	(六)安全工作 5	15. 执行有关安全规定，建立健全安全责任制度和应急机制；加强日常安全管理，定期组织安全检查，及时消除安全隐患；定期对师生进行安全教育和安全演练，增强学生自我保护能力。无重大安全责任事故发生。	5
四、教育教学工作 32	(七)德育工作 9	16. 德育管理系统健全、职责明确、管理到位；构建学校、家庭、社会三结合教育网络，充分发挥家庭教育和社区教育资源的作用，效果好。	3
		17. 坚持立德树人，加强社会主义核心价值体系教育，充分发挥课堂教学主渠道作用，挖掘、利用各种德育资源，根据残疾学生特点，开展内容丰富、形式多样的德育活动；德育工作的主动性、针对性和实效性突出，得到家长的认可。	3
		18. 开展心理健康教育辅导活动；加强学生社会适应性的培养，采用多元化的方式、方法，积极开展人际沟通、交往的训练和指导。	3
	(八)教学工作 15	19. 教学管理系统健全、职责明确、管理到位；校长及主管教学领导的主要精力用于深入实际指导教学工作。	3
		20. 按照特教学校义务教育课程设置实验方案，根据个别化教育思想，并结合学校实际，制定学校课程实施方案。依据残疾学生的个体差异，开展个别化的教育，注重残疾学生康复和潜能开发。	3
		21. 积极探索特殊教育课堂教学模式，促进课堂教学改革，提高课堂教学实效。	3
		22. 建立和完善教学质量监控与评价体系，全面提高教学质量。	3
		23. 重视特殊教育的研究和实践，结合本校实际积极开展教、科研活动，教师参与率高。	3
	(九)体育美育卫生工作 8	24. 按特教学校义务教育课程设置实验方案上好体育课，开展课外体育活动，确保学生在校每天不少于 1 小时体育活动时间，帮助学生养成良好的体育锻炼习惯。	3
		25. 按特教学校义务教育课程设置实验方案上好艺术类课程，各科教学活动渗透美育。	2
		26. 健全卫生保健工作制度，帮助学生养成良好卫生习惯；定期对学生进行健康检查、学生健康档案齐全。	3
五、发展绩效 22	(十)学生综合素质 11	27. 学生爱祖国、爱人民，遵守国家法律和社会公德，具有乐观进取、自尊、自信、自强、自立的精神和良好的文明行为习惯。无违法犯罪现象。	3

续表 3

一级指标	二级指标	三级指标	分值
		28. 学生基础知识和基本技能达到特教学校义务教育课程设置实验方案的要求。学生学习态度端正，具有良好的学习习惯，具有生活自理能力、社会适应能力和职业技能。	3
		29. 通过有针对性的教育康复训练，多数学生身心缺陷得到有效补偿，潜能得到开发，养成良好的健康卫生习惯。	3
		30. 多数学生具有自己的兴趣、爱好和一定的审美情趣。	2
	（十一）学校文化与办学特色 11	31. 重视学校文化建设，确立以残疾学生为本的教育理念，为师生健康成长与发展创设良好的文化环境。校园环境整洁、美观，体现特教学校的特点，校风良好。	4
		32. 充分发挥特教学校的骨干、示范作用和资源优势，积极承担普通中小学随班就读、附设特教班（点）、早期干预、送教上门的指导与培训工作，为社区残疾人教育需要提供资源服务。	2
		33. 积极探索对残疾学生实施素质教育的有效途径，不断提高教育质量和办学水平，在教育教学等方面有所创新，办学有特色，在全国或全市有一定的知名度和影响力。	5

北京市特殊教育学校综合督导评价实施办法

一、区县政府教育督导室依据《北京市特殊教育学校全面实施素质教育评价指标体系》，结合实际，制定本区县实施细则。

依据《北京市特殊教育学校全面实施素质教育评价指标体系》和本区县的实施细则，区县政府教育督导室会同区县教委，按照统一方案、统一领导、统一组织、统一实施的原则，在特殊教育学校自评的基础上，每五年对辖区内特殊教育学校进行一轮综合督导评价。

二、特殊教育学校依据《北京市特殊教育学校全面实施素质教育评价指标体系》和本区县实施细则，将指标要求分解到本校有关部门，每年按照自我评价程序，组织相关部门对照指标体系职责分解内容，结合本校工作过程，综合运用诊断性、形成性和终结性评价，及时反馈调控，落实工作要求，完成自我评价，写出专项自评报告。特殊教育学校在各部门专项自评的基础上，完成本校整体自评工作，撰写自评报告，填写自评报告单，按时报送区县政府教育督导室。

三、评价指标体系三级指标分为A、B、C三个定性评价等级，其基本标准为：A、各项要求全面落实，成效好；B、各项要求基本落实，成效较好；C、各项要求未全面落实，成效一般。特殊教育学校自我评价和督导评价均采取定性与定量评价相结合的办法，在对三级指标进行定性等级判断的基础上确定实际得分，定量评分与定性评价等级相对应，量化评分在规定取值范围内确定，并计算总分。

四、综合等级评定办法：总分≥85分，综合等级为优；85分＞总分≥75分，综合等级为良；75分＞总分≥60分，综合等级为合格；60分＞总分，综合等级为不合格。

五、综合督导评价收集信息的主要方法包括审议自评报告和自评报告单、听取领导汇报、发放调查问卷、查阅相关资料、随堂听课、检查教师教案和学生作业、实地考察、观摩教育活动、召开座谈会、个别访谈等。

六、区县政府教育督导室通过各渠道收集到的相关信息，经过核实、分析、归纳和整理，对特殊教育学校的教育水平、管理水平和发展绩效等做出综合判断，填写督导评价量表，形成督导评价意见，并向特殊教育学校回复。

七、区县政府教育督导室对特殊教育学校综合督导评价的结果，作为政府和教委研究教育工作的参考依据和考核、奖励特殊教育学校及主要领导的重要依据。

北京市校外教育机构全面实施素质教育评价指标体系

<table>
<tr><th>一级指标</th><th>二级指标</th><th>三级指标</th><th>分值</th></tr>
<tr><td rowspan="2">一、规划与计划 5</td><td>(一)发展规划 3</td><td>1. 结合实际制定发展规划，理念正确，思路清晰，目标明确，有年度分解；教职工按规定程序参与规划制定。</td><td>3</td></tr>
<tr><td>(二)年度计划 2</td><td>2. 年度工作计划阶段性目标清楚，工作重点突出，责任分解明确，保障措施得力，可操作性和可检测性强。教职工知晓率高。</td><td>2</td></tr>
<tr><td rowspan="9">二、队伍建设 24</td><td rowspan="5">(三)干部队伍 12</td><td>3. 领导班子结构合理，责权明确，团结协作，教职工满意度高。</td><td>3</td></tr>
<tr><td>4. 领导班子管理制度健全；理论中心组学习、行政工作例会、民主生活会、“三重一大”决策、干部述职考核等有关干部队伍建设的制度落实到位。</td><td>3</td></tr>
<tr><td>5. 领导班子成员业务素质和管理水平高，作风民主，深入实际，指导工作，关注教职工身体和心理健康，教职工满意度高。</td><td>2</td></tr>
<tr><td>6. 干部依法履行工作职责，以身作则，廉洁勤政，做到令行禁止，无违法违纪行为。</td><td>2</td></tr>
<tr><td>7. 重视青年干部和后备干部的培养，有重点培养目标和培养计划，在工作实践中锻炼和培养青年干部、后备干部，并取得实效。</td><td>2</td></tr>
<tr><td rowspan="4">(四)教师队伍 12</td><td>8. 依照岗位需要和规定程序聘用教师。教师具有国家认定的教师资格和相应专业的资质，其他工作人员符合国家规定的任职资格。教师队伍结构合理（年龄、专业），在编专业技术人员比例达到教职工总数的85%。</td><td>4</td></tr>
<tr><td>9. 加强教师职业道德教育，提高师德修养，规范教师的教育教学行为，在开展教育活动过程中尊重学生人格，无体罚和变相体罚学生现象；教职工无品行不良和违法违纪行为。</td><td>3</td></tr>
<tr><td>10. 建立教师培训制度，加强教师专业培训，支持和组织教师参加社会实践活动和国内外的专业交流活动，提高教师专业化水平。</td><td>3</td></tr>
<tr><td>11. 重视青年教师和骨干教师的培养，明确培训目标，制定培训计划，组织培训活动。有一定比例的市、区（县）和单位的骨干教师，并发挥作用。</td><td>2</td></tr>
</table>

续表 1

一级指标	二级指标	三级指标	分值
	（五）组织机构 3	12. 内设管理部门（岗位）设置合理，职责明确，落实到位；部门之间工作协调，运行有效。	3
	（六）制度管理 9	13. 主任（馆长）对机构的教育教学和行政管理工作全面负责，统一领导；发挥党支部（总支）政治核心作用；发挥教代会民主管理、民主监督作用。	3
		14. 建立健全各项管理制度，岗位职责明确。日常管理有序。	3
		15. 落实和完善教职工聘用合同制和岗位合同制。建立健全兼职教师聘用和管理机制。	3
三、管理工作 56	（七）教育活动管理 24	16. 按时制定教育活动年度计划和学期计划，定期检查落实。	2
		17. 根据未成年人的健康成长需要，按照相关规定开设兴趣小组，注重兴趣和能力培养，突出实践性，普及与提高效果好。	3
		18. 设计开展内容丰富、形式多样的主题教育活动、文化活动等。年活动覆盖率达到所辖区域中小学校总数的50%以上。	3
		19. 有计划地组织适合未成年人特点的游戏讲座、游戏推介、游戏比赛等活动。	3
		20. 艺术、文化、科技、体育等方面的社团有计划、有组织、有成效地开展工作（含专业俱乐部），定期组织实践活动，学生综合素质和专业素养得到提升。	3
		21. 根据学生和社会的需要，利用重要节日和结合重大事件开展了解社会、服务社会的实践活动，有条件的应建立社会实践基地。	3
		22. 坚持校内外教育有效衔接，有计划地为学校开展校外活动服务，为学校的课外活动提供指导和示范，效果好。	2
		23. 深入社区开展活动，为社区教育活动提供咨询和指导，效果好。	2
		24. 坚持公益性原则，措施具体，落实到位。	3
	（八）资源管理 10	25. 教育活动场地、设施设备符合《北京市校外教育机构办学条件标准》，安全有效，管理规范，利用率高；注重现代信息技术的管理和应用。	3
		26. 合理使用教育经费，使用效益高，加强监督，公开透明。无违反财经纪律现象。	3
		27. 注重文化建设，形成具有校外教育特点的育人氛围。	2
		28. 充分利用各种社会资源设计开发活动项目、创新活动形式与模式，并受到家长、学员和社会认可。	2

续表 2

一级指标	二级指标	三级指标	分值
	(九)教科研管理 5	29. 有专人负责教科研工作，按计划组织教科研活动，确定不同层次、不同领域的教研专题和科研课题，注重研究成果的应用。	5
	(十)安全管理 5	30. 建立健全安全管理制度和安全应急机制，岗位职责明确，检查落实到位。无重大安全责任事故。	2
		31. 采取多种手段和形式对教职工和参加活动的学生及其他人员进行安全教育。	1
		32. 坚持教育活动的安全预案制度，确保分工明确，措施到位。	2
四、发展绩效 15	(十一)工作绩效 10	33. 近三年来取得的主要工作绩效。	10
	(十二)工作特色 5	34. 在开展校外教育工作过程中所形成的具有独特性、稳定性、普及性、发展性等特性的校外教育工作特色。	5

北京市校外教育机构综合督导评价实施办法

一、区县政府教育督导室依据《北京市校外教育机构全面实施素质教育评价指标体系》，结合实际，制定本区县实施细则。

依据《北京市校外教育机构全面实施素质教育评价指标体系》和本区县的实施细则，区县政府教育督导室会同区县教委，按照统一方案、统一领导、统一组织、统一实施的原则，在校外教育机构自评的基础上，每五年对辖区内校外教育机构进行一轮综合督导评价。

二、校外教育机构依据《北京市校外教育机构全面实施素质教育评价指标体系》和本区县实施细则，将指标要求分解到本机构有关部门，每年按照自我评价程序，组织相关部门对照指标体系职责分解内容，结合本单位工作过程，综合运用诊断性、形成性和终结性评价，及时反馈调控，落实工作要求，完成自我评价，写出专项自评报告。校外教育机构在各部门专项自评的基础上，完成本机构整体自评工作，撰写自评报告，填写自评报告单，按时报送区县政府教育督导室。

三、评价指标体系三级指标分为A、B、C三个定性评价等级，其基本标准为：A、各项要求全面落实，成效好；B、各项要求基本落实，成效较好；C、各项要求未全面落实，成效一般。校外教育机构自我评价和督导评价均采取定性与定量评价相结合的办法，在对三级指标进行定性等级判断的基础上确定实际得分，定量评分与定性评价等级相对应，量化评分在规定取值范围内确定，并计算总分。

四、综合等级评定办法：总分≥85分，综合等级为优；85分＞总分≥75分，综合等级为良；75分＞总分≥60分，综合等级为合格；60分＞总分，综合等级为不合格。

五、综合督导评价收集信息的主要方法包括审议自评报告和自评报告单、听取领导汇报、发放调查问卷、查阅相关资料、检查教师教案和学生学习成果、实地考察、观摩教育活动、召开座谈会、个别访谈等。

六、区县政府教育督导室通过各渠道收集到的相关信息，经过核实、分析、归纳和整理，对校外教育机构的教育水平、管理水平和发展绩效等做出综合判断，填写督导评价量表，形成督导评价意见，并向校外教育机构回复。

七、区县政府教育督导室对机构综合督导评价的结果，作为政府和教委研究教育工作的参考依据和绩效考核、奖励校外教育机构及主要负责人的重要依据。

北京市人民政府教育督导室

关于开展2014年教育法律法规执行情况督导检查的通知

京督导〔2014〕19号

各区县人民政府、燕山地区办事处：

为贯彻落实《中华人民共和国义务教育法》和《中华人民共和国职业教育法》及本市实施办法、《中共中央、国务院关于加强青少年体育增强青少年体质的意见》（中发〔2007〕7号）、《国务院办公厅转发教育部等部门〈关于进一步加强学校体育工作若干意见的通知〉》（国办发〔2012〕53号）、《北京市人民政府关于大力发展职业教育的决定》（京政发〔2006〕11号）等相关教育法律法规和规范性文件，根据市政府办公厅转发的市教委等部门《关于进一步加强和改进教育督导和教育评价工作若干意见的通知》（京政办发〔2007〕37号）精神，市政府教育督导室决定对各区县政府教育法律法规执行情况进行督导检查，现将有关事项通知如下：

一、督导检查的重点内容

（一）贯彻执行义务教育相关法律法规和规范性文件情况

依据《北京市实施〈中华人民共和国义务教育法〉办法》第五章第四十三条“学校应当按照素质教育的要求，组织学生开展体育、文艺、科技和社会实践活动。”“学校应当保证学生每天体育锻炼的时间不少于1小时。”“社会公共文化体育设施应当为学校开展教育教学活动提供条件和便利”；《中共中央国务院关于加强青少年体育增强青少年体质的意见》第七条“确保学生每天锻炼一小时。中小学要认真执行国家课程标准，保质保量上好体育课，其中小学1～2年级每周4课时，小学3～6年级和初中每周3课时，高中每周2课时；没有体育课的当天，学校必须在下午课后组织学生进行一小时集体体育锻炼并将其列入教学计划；全面实行大课间体育活动制度，每天上午统一安排25～30分钟的大课间体育活动，认真组织学生做好广播体操、开展集体体育活动；寄宿制学校要坚持每天出早操”；《国务院办公厅转发教育部等部门〈关于进一步加强学校体育工作若干意见的通知〉》（国办发〔2012〕53号）第十二条“加强学校体育工作领导和管理。各地人民政府要认真履行发展学校体育的职责，将学校体育发展纳入本级政府年度工作报告，建立健全教育部门牵头、有关部门分工负责和社会参与的学校体育工作机制。教育部门要完善政策，制定标准，加强监督管理和科学指导，将学校体育纳入义务教育、普通高中、职业教育、高等教育等各类教育规划。发展改革部门要把提高青少年身心健康水平纳入当地经济社会发展规划，支持学校体育发展。财政部门要完善支持学校体育的投入政策。体育部门要把学校体育作为全民健身计划的重点，在技术、人才、场地和体育组织建设等方面加大对学校体育工作的支持。校长是所在学校体育工作的第一责任人，要确保学校体育各项工作任务的具体落实”的规定，检查区县政府统筹领导学校体育工作，教育部门牵头、相关部门分工负责、社会广泛参与的学校体育工作机制建立落实情况；学校确保学生每天体育锻炼时间，开设体育课，开展体育、文艺、科技和社会实践活动及其他体育锻炼、大课间活动情况；社会公共文化体育设施主动对学校提供服务的情况。

（二）贯彻执行《北京市实施〈职业教育法〉办法》的情况

1. 依据第五条“市和区县人民政府应当加强对本行政区域内职业教育工作的领导，把发展职业教育纳入国民经济和社会发展规划，并制定本地区改革和发展职业教育的规划、计划和措施”的规定，检查区县政府统筹领导职业教育工作，将职业教育纳入区县“十二五”经济社会发展规划和教育发展规划的情况。

2. 依据第十八条“市和区县人民政府、有关部门应当把职业教育教师的培养和培训工作，纳入教师队伍建设规划，并组织实施”和《北京市人民政府关于大力发展职业教育的决定》（京政发〔2006〕11号）中第二十条“市及区县两级财政每年要安排专项资金支持职业院校师资培养和培训工作，全面提高教师职业能力和专业水平”的规定，检查区县政府组织实施职业院校教师培养、培训工作和职业院校教师职业能力提升情况。

3. 依据第二十一条“本市依法征收的教育费附加，应当安排一定比例用于发展职业教育”和《北京市人民政府关于大力发展职业教育的决定》（京政发〔2006〕11号）中第二十条“每年教育费附加中要安排不低于30%的经费用于支持市属重点职业学校、区县职业学校、成人文化技术学校、社区教育中心的发展建设以及农村劳动者培训”的规定，检查区县政府教育费附加用于职业教育的情况。

二、督导检查的组织实施

市政府教育督导室成立北京市2014年教育法律法规执行情况督导检查组。市委教育工委副书记、市政府教育督导室主任唐立军任组长，市政府教育督导室副主任刘莉、关国珍、张军任副组长，成员由市专兼职督学、市政府特约教育督导员以及市政府有关委办局特邀人员组成。

本次督导检查采取区县政府自查与市政府教育督导室实地抽查相结合的方式进行。各区县政府按照本次督导检查的重点内容，组织相关部门开展自查，形成自查报告并报送市政府教育督导室。市教育法律法规执行情况督导检查组审阅自查报告，分别深入到西城、海淀、大兴、平谷、怀柔等5个区进行实地检查（与素质教育综合督导结合进行）。最后，根据各单位自查和市教育法律法规执行情况督导检查组实地抽查的结果，形成市政府教育督导室“关于北京市 2014 教育法律法规执行情况督导检查报告”，报送市政府及其有关部门。

三、督导检查的时间安排

（一）6 月，市政府教育督导室下发北京市 2014 年教育法律法规执行情况督导检查通知。

（二）6～9 月，各区县、燕山地区进行自查，并于 10 月 10 日前，将自查报告一式三份报送市政府教育督导室综合处。

（三）10 月～11 月，市教育法律法规执行情况督导检查组会同全面实施素质教育综合督导，一并对相关区县教育法律法规执行情况进行督导检查。

（四）2015 年 1 月，市政府教育督导室向被检查的区县反馈督导检查意见，提出整改建议；区县积极落实整改。

（五）2015 年 2 月，市政府教育督导室完成“北京市 2014 年教育法律法规执行情况督导检查报告”，报送市政府及其有关部门。

四、工作要求

各区县政府要高度重视 2014 年教育法律法规执行情况督导检查工作，加强组织领导，明确职责，认真自查，按时完成各项工作任务；要坚持以查促建、以查促改的原则，切实贯彻教育法律法规的各项要求，落实教育优先发展的战略地位，促进本区县教育的科学健康发展。

2014 年 5 月 19 日

北 京 市 教 育 委 员 会
北京市人民政府教育督导室

关于对区县政府全面实施素质教育综合督导的通知

京督导〔2014〕33号

各区县人民政府、燕山地区办事处：

依据《教育督导条例》《关于进一步完善对区县人民政府实施素质教育工作进行督导评估制度意见的通知》（京政办发〔2008〕22号）和《北京市区县政府、教委、学校（教育机构）全面实施素质教育评价方案（修订）》（京教督〔2014〕4号，以下简称《评价方案》），市教委、市政府教育督导室决定于2014年11月中旬开始，对各区县政府全面实施素质教育情况进行综合督导评价（以下简称“综合督导”）。现将有关事宜通知如下：

一、督导内容

（一）2011年以来，区县政府落实《评价方案》中“北京市区县政府全面实施素质教育评价指标体系”要求，推进各项工作的情况。

（二）2011年以来，区县教委落实《评价方案》中“北京市区县教委全面实施素质教育评价指标体系”要求，推进各项工作的情况。

（三）区县落实《北京市中小学培养和践行社会主义核心价值观实施意见》，组织开展学习、宣传和培训的情况；制定实施方案，统筹落实各项任务，加强人员、经费和制度保障的情况；推动基础教育综合改革的情况。

二、督导形式

综合督导通过深入区县听取汇报、召开不同类型座谈会、实地考察、个别访谈、问卷调查、查阅档案资料等方法，全面了解各区县政府、教委落实和推进各项工作的情况。

三、督导日程安排和工作程序

（一）督导日期安排

序号	时间（星期三）	区县		
		一组	二组	三组
1	11月12日	延庆县	平谷区	密云县
2	11月19日	昌平区	怀柔区	石景山区
3	11月26日	门头沟区	大兴区	房山区
4	12月3日	丰台区	西城区	燕山地区
5	12月10日	顺义区	海淀区	通州区
6	12月17日	东城区		朝阳区
备注	① 二组各区县在接受综合督导的同时接受教育法律法规执行情况督导检查； ② 丰台区在接受综合督导的同时接受特殊教育专项督导。			

（二）督导日程安排

时间	工作内容
9：00～9：30	听取区县政府主管领导关于全面实施素质教育工作情况汇报
9：35～10：40	召开相关委办局负责人座谈会（第一组） 建议参加单位：政府办、发展改革委、教委、财政局、审计局、监察局、人力社保局、规划分局、住房城乡建设委、综治办、公安分局、编办、教育督导室等
	召开教委相关科室（部门）主要负责人座谈会（第二组） 建议参加单位：组干科、人事科、财务科、规划科、学前科、小教科、中教科、职成科、体卫科、校外教育科、基建科、保卫科、装备中心、干训部门、教师研修部门等
	召开学校（教育机构）主要负责人座谈会（第三组） 建议参加单位：幼儿园园长、小学、中学校长各两名，职业学校校长、特教学校校长、校外教育机构主要负责人各一名
10：40～12：00	查阅相关资料
13：30～16：00	分六个小组，分别到一所幼儿园、一所小学、一所中学、一所职业学校、一所校外教育机构和街道办事处或乡镇政府实地考察
16：00	综合督导活动结束

（三）实地考察工作程序

考察学校（教育机构）程序：主要领导介绍本单位全面实施素质教育工作情况（15分钟）；召开部分教师座谈会；听课；组织学校（教育机构）部分干部、教师、学生问卷调查；查阅相关材料；巡视校园。

考察街道或乡镇政府程序：主管领导介绍本单位全面实施素质教育工作情况（15分钟）；召开相关人员座谈会；查阅相关材料。

四、督导工作要求

（一）区县政府要高度重视素质教育综合督导工作，提高认识，统一思想，切实加强组织领导，明确职责分工。本次综合督导要坚持立德树人根本导向，突出体现培育和践行社会主义核心价值观，落实教育综合改革的各项要求，全面实施素质教育，促进教育公平，提高教育质量，努力办好人民满意教育。

（二）区县政府、教委要认真学习贯彻“北京市区县政府全面实施素质教育评价指标体系”“北京市区县教委全面实施素质教育评价指标体系”“北京市中小学培育和践行社会主义核心价值观实施意见”，坚持“以督促建、以督促改、以督促发展”的思路，对照指标体系和实施意见，全面总结成绩、经验和特色，认真查找存在的不足，明确今后工作努力的方向，深化教育综合改革，推进素质教育全面实施。

（三）区县政府、教委要认真做好自评工作，坚持实事求是、客观公正的原则，发扬求真务实、严谨扎实的作风，落实自评工作要求，保证自评内容真实，相关数据准确。2014年11月5日前，将政府、教委的自评报告和自评报告单及规定报表一式20份（含电子版）报市政府教育督导室。

市政府教育督导室综合督导联系人及联系方式（略）

附件：1. 北京市区县政府、教委全面实施素质教育自评报告单（略）

2. 北京市区县政府全面实施素质教育综合督导统计报表（略）

3. 北京市区县政府全面实施素质教育综合督导座谈内容

4. 北京市区县政府、教委全面实施素质教育综合督导查阅档案资料目录

5. 北京市区县政府全面实施素质教育评价指标检测要点

6. 北京市区县教委全面实施素质教育评价指标检测要点

2014 年 9 月 12 日

附件 3

北京市区县政府全面实施素质教育综合督导座谈内容

第一组：委办局领导座谈会

一、参加单位

政府办、发展改革委、教委、财政局、审计局、监察局、人力社保局、规划分局、住房城乡建设委、综治办、公安分局、编办、教育督导室等。

二、座谈内容

1. 优先保障教育经费投入、建立各类教育经费保障机制的情况，以及教育费附加、地方教育附加征收和从土地出让收益中计提教育资金的情况；有关教育经费和重大教育项目的审计情况。

2. 将各相关部门执行教育法律法规、履行素质教育工作目标责任情况纳入年终绩效考核和效能监察的做法、效果。

3. 在推进学校（幼儿园）布局调整和落实新建居住区教育配套设施规划、建设、接收、使用和管理等方面的主要做法、成效、问题和建议。

4. 落实北京市《中小学建设三年行动计划（2012～2014）》和推进各类学校办学条件达到市（国家）颁标准的情况，取得的成效及存在的问题。

5. 在引进优秀教师和按照学校人员编制标准核定编制方面的政策、机制和做法、效果及存在的问题。

6. 关于校园周边环境治理工作的措施和效果，问题及建议。

第二组：教委科室领导座谈会

一、参加单位

组干科、人事科、财务科、规划科、学前科、小教科、中教科、职成科、体卫科、校外教育科、基建科、保卫科、装备中心、干训部门、教师研修部门等。

二、座谈内容

1. 学校领导干部选配、培养、考核、管理的做法及存在的问题。

2. 在教师管理、流动和激励等方面的政策规定、经验及存在的问题。

3. 在加强骨干教师队伍建设方面的做法、经验及存在的问题。

4. 教育经费拨付、安排使用和对学校财务、收费加强管理的情况及存在的问题和建议。

5. 贯彻《北京市中小学培育和践行社会主义核心价值观的实施意见》的情况，落实《北京市中小学德育工作行动计划》取得的主要成效及存在问题。

6. 落实《关于进一步规范义务教育阶段教学行为的意见》，减轻学生过重课业负担和加强学校体育工作的做法、成效、经验及存在问题。

7. 加强学校安全工作的机制建设，落实职业教育、学前教育、校外教育等联席会议制度的情况。

8. 按政策规定解决来京务工人员随迁子女入学情况，目前存在的问题和困难。

9. 各类学校办学条件达到市（国家）颁标准的情况，取得的成效及存在的问题。

第三组：学校（教育机构）领导座谈会

一、参加单位

幼儿园园长、小学、中学校长各两名，职业学校校长、特教学校校长、校外教育机构主要负责人各一名。

二、座谈内容

1. 您认为本区县在贯彻落实《北京市中小学培育和践行社会主义核心价值观实施意见》方面有哪些好的做法，还有哪些意见和建议？

2. 您认为本区县在教师队伍建设方面有哪些好的做法，还有哪些意见和建议？

3. 您认为本区县在改善办学条件、满足教育教学需要方面有哪些好的做法，还有哪些意见和建议？

4. 您认为本区县在推进、指导教育教学改革方面有哪些好的做法，还有哪些意见和建议？

5. 您认为本区县在加强校园文化建设方面有哪些好的做法，还有哪些意见和建议？

6. 您认为本区县在贯彻落实《关于进一步规范义务教育阶段教学行为的意见》，减轻学生过重课业负担和增强学生体质健康方面有哪些好的做法，还有哪些意见和建议？

7. 您认为本区县在继续教育和教研、科研工作等方面有哪些好的做法，还有哪些意见和建议？

8. 您认为本区县在社会资源用于学生教育，发挥社区作用方面有哪些好的做法，还有哪些意见和建议？

9. 您认为本区县在校园周边环境治理方面有哪些好的做法，还有哪些意见和建议？

附件 4

北京市区县政府、教委全面实施素质教育综合督导查阅档案资料目录

一、区县政府全面实施素质教育综合督导查阅档案资料目录

1. 政府颁布的有关教育工作的文件。（如：义务教育均衡发展、全面实施素质教育等）

2. 政府研究教育工作的相关会议纪要。

3. 区县经济社会发展规划。

4. 区县教育发展规划。

5. 区县政府关于有关部门、乡镇政府和街道办事处执行教育法律法规、全面实施素质教育职责的相关文件。

6. 区县政府对有关部门、乡镇政府和街道办事处执行教育法律法规、全面实施素质教育工作进行考核和效能监察的相关资料。

7. 政府关于教育工作局际联席会议的文件、会议纪要等相关资料。

8. 政府关于治理教育乱收费的相关文件和资料。

9. 教育投入公告，教育经费审计资料，有关重大项目建设和经费使用审计资料。

10. 政府关于表彰实施素质教育先进集体和个人的相关资料。

11. 2010 年以来区县落实教育经费“三个增长”的统计资料。

12. 区县落实“两个提高”（提高财政教育支出占公共财政支出的比重，提高预算内基建投资用于教育的比重）的相关统计资料。

13. 2011 年以来教育经费、义务教育经费预算、决算资料。

14. 2011 年以来有关学前教育经费投入情况统计表。

15. 2011 年以来教育费附加征收、上解、支出的年度报表。

16. 2012年以来有关开征地方教育附加及使用情况的相关资料。

17. 2012年以来有关从土地出让使用收益中计提教育资金的相关资料。

18. 2011年以来关于落实干部和教师培训经费预算、拨付的文件和资料。

19. 区县《教育设施专项规划》，教育结构布局调整的方案、年度实施计划及落实情况的相关资料。

20. 有关新建、改建居住区教育配套设施规划、建设、接收、使用和管理的相关资料。

21. 有关校外教育场所建设和职教实训实习基地建设的相关资料。

22. 关于学校办学条件达标的规划和年度实施计划。

23. 引进教育人才的相关资料。

24. 统筹协调相关部门推动社会资源用于学生教育的相关资料。

25. 学校（幼儿园）及周边治安综合治理、环境与秩序整治的相关资料。

26. 政府有关加强教育督导工作的文件及研究教育督导工作的相关资料。

27. 区县教委三定方案及督导室专兼职督学的名册。

28. 2011年以来教育督导经费预算和决算账目（另制表格）。

29. 2011年以来教育督导年度工作计划和总结。

30. 2011年以来有关督政、督学的回复意见及督导报告。

31. 督学选拔、聘任、培训、管理的相关资料。

32. 督学责任区制度建设和中小学校责任督学挂牌督导制度建设的相关资料。

33. 2011年以来中、小学生体质健康测试合格及以上的人数和比例。

34. 解决来京务工人员随迁子女接受义务教育的相关资料。

35. 有关增强学生体质、控制学生近视新发率、降低学生超重率、减轻学生课业负担、缓解择校等热点和难点问题的措施、效果等相关资料。

36. 区县“十二五”教育发展规划阶段性工作目标落实情况的相关资料。

37. 2011 年以来反映本区县教育工作满意度的相关资料。

38. 2011 年以来在推进教育发展、加强教育管理、深化教育改革等方面在全国、全市所作经验介绍的相关资料。

39. 2011 年以来在国家、本市相关媒体刊登的介绍本区县典型经验、特色活动等报道材料。

40. 2011 年以来本区县在教育方面荣获的国家级、市级奖项的资料。

二、区县教委全面实施素质教育综合督导查阅档案资料目录

1. 2011 年以来教委及各相关科室（部门）年度工作计划和总结。

2. 2011 年以来年度教育工作计划执行情况检查、整改及纳入机关考核和效能监察的相关资料。

3. 依法行政、依法治校的相关制度文件。

4. 指导学校贯彻落实“三个工作意见”的相关文件。

5. 2014 年小学入学和初中招生工作的相关文件。

6. 落实有关教育收费、招生等政策，纠正违法违规行为的相关资料。

7. 检查学校（教育机构）规范使用语言文字的相关资料。

8. 开展教育国际合作与交流的相关资料。

9. 干部选拔、任用、考核和激励制度文件及 2011 年以来学校领导干部考核情况的相关资料。

10. 贯彻《义务教育学校校长专业标准》的相关资料。

11. 校长交流轮岗的相关文件资料。

12. 青年干部和后备干部培养计划及总结等资料。

13. 干部培训年度计划及总结等资料。

14. 执行教师准入标准，贯彻教师资格证书定期登记制度的相关资料。

15. 教师合理流动、优秀教师资源共享的制度、方案及落实情况等资料。

16. 加强师德教育的文件及师德考核、监督、奖惩等相关资料。

17. 教师继续教育规划及年度计划、总结等相关资料。

18. 青年教师、骨干教师（含特级教师、市级学科带头人、市级骨干教师、区级学科带头人、区级骨干教师）的培养方案、计划及总结等资料。

19. 骨干教师选拔、考核、管理等制度文件资料及骨干教师队伍结构、分布情况的资料。

20. 职业学校教师定期到企业实践的相关资料。

21. 教师职务评定、聘任和考核等制度文件。

22. 优秀教师表彰制度文件和树立、宣传先进教师典型的相关资料。

23. 教育经费预算管理的相关资料。

24. 2011 年以来转移支付专项资金专款专用情况的相关资料。

25. 落实贫困家庭子女和弱势群体教育资助政策的相关文件资料。

26. 加强学校财务管理、规范收费工作的文件资料。

27. 2011 年以来实施财务监督和绩效评价的相关资料。

28. 2011 年以来教育费附加、地方教育附加和从土地出让收益中按比例计提的教育资金使用情况的审计资料。

29. 各类学校（教育机构）办学条件达标落实情况的相关资料。

30. 推进教育资源共享和均衡配置义务教育资源、缩小义务教育校际差距的相关文件资料。

31. 德育、综合社会实践、通用技术教育、国防教育等基地和实验室、校园网建设与管理的相关文件资料。

32. 职业教育实训基地建设与管理的相关文件资料。

33. 加强教师培训机构、信息中心和卫生保健、房管、装备等教育机构建设与规范管理、保证服务质量的相关资料。

34. 中小学德育工作行动计划及落实市德育工作要求的相关文件资料。

35. 进行养成教育、开展专题教育活动的计划、总结等相关资料。

36. 德育工作先进经验或典型事例的资料。

37. 加强德育队伍建设的相关资料。

38. 加强家庭、学校和社会三结合教育，推进家长教师协会和家长委员会建设的相关资料。

39. 2011 年以来德育工作经费投入的相关资料。

40. 加强校园文化建设的文件及实施方案和发挥校园文化示范校示范引领作用的相关资料。

41. 落实国家课程计划和课程标准及减轻学生过重课业负担的文件资料。

42. 有关检查、指导学校执行国家课程标准、课程计划及减负增效工作的相关资料。

43. 开发地方课程、规范校（园）本课程管理的相关资料。

44. 深化课堂教学改革的经验等相关资料。

45. 职业教育教学改革、专业及教材建设、学生综合职业能力培养等相关资料。

46. 落实国家和本市关于加强学校体育、卫生、科技、美育工作要求的文件资料。

47. 2011 年以来学生体质健康监测和学生体检情况统计资料。

48. 落实中小学教育质量综合评价改革工作的相关文件资料。

49. 建立健全教育质量监测评价制度的相关资料。

50. 教研、科研机构和队伍建设的相关资料。

51. 2011年以来年度教研工作计划和总结等相关资料。

52. "十二五"时期教育科研规划、组织开展课题研究及研究成果的相关资料。

53. 学校安全工作和突发事件应急预案的相关文件资料。

附件5

北京市区县政府全面实施素质教育评价指标检测要点

指标序号	三级指标	分值	检测要点
1—1—1	1. 全面贯彻党的教育方针，坚持立德树人，全面推进素质教育，把教育摆在优先发展的战略地位，将深化教育改革，促进教育公平，提高教育质量，办好人民满意的教育等工作任务，列入政府重要议事日程，完善保障教育科学发展的决策机制。	2	① 政府文件体现全面贯彻党的教育方针，坚持立德树人，全面实施素质教育，把教育摆在优先发展的战略地位。 ② 将深化教育改革，促进教育公平，提高教育质量，办好人民满意的教育等工作任务，列入政府重要议事日程。 ③ 重大教育决策经过调查研究、征求意见、民主讨论、论证评估等程序，形成完善的教育科学发展决策机制。
1—1—2	2. 经济社会发展规划优先安排教育发展、财政资金优先保障教育投入、公共资源优先满足教育和人力资源开发需要，保证落实到位。	2	① 经济社会发展规划优先安排教育发展。 ② 财政资金优先保障教育投入。 ③ 公共资源优先满足教育和人力资源开发需要。
1—1—3	3. 适应区域经济和社会发展需要，落实国家和本市教育政策，制定教育发展规划，推进各类教育全面协调可持续发展。	2	① 教育发展规划适应区域经济和社会发展需要。 ② 教育发展规划符合国家和本市的教育政策。 ③ 教育发展规划能推动各类教育全面协调可持续发展。

续表 1

指标序号	三级指标	分值	检测要点
1—2—4	4. 明确政府有关部门、乡镇政府和街道办事处执行教育法律法规、全面实施素质教育的工作职责；建立和完善教育工作考核机制和问责制度，把执行教育法律法规、履行素质教育职责的情况纳入对政府有关部门、乡镇政府和街道办事处主要领导年度考核内容，列入对政府有关部门、乡镇政府和街道办事处效能监察的范围。	4	① 有政府有关部门、乡镇政府和街道办事处执行教育法律法规、全面实施素质教育的职责分解。 ② 把政府有关部门、乡镇政府和街道办事处执行教育法律法规、履行素质教育职责情况纳入对其主要领导年度考核内容；列入效能监察范围；建立问责制度。
1—2—5	5. 建立和完善区县政府教育工作局际联席会议制度，统筹协调解决教育工作重要问题。	2	① 按规定建立和完善政府有关教育工作局际联席会议制度。 ② 每年定期召开政府教育工作局际联席会议，研究解决教育工作的重要问题。
1—2—6	6. 完善治理教育乱收费制度，执行有关规范教育收费的各项要求。	1	① 完善治理教育乱收费制度。 ② 执行有关规范教育收费的各项要求。
1—2—7	7. 建立健全教育经费审计监督制度、教育投入公告制度。	1	① 建立健全教育经费审计监督制度。 ② 建立健全教育投入公告制度。
1—2—8	8. 完善实施素质教育先进集体和个人表彰制度。不以升学率和学生考试成绩作为评价、表彰学校和教师的唯一标准。	1	① 完善实施素质教育先进集体和个人表彰制度。 ② 不以升学率和学生考试成绩作为评价、表彰学校和教师的唯一标准。
2—2—9	9. 依法增加政府教育投入，做到教育财政拨款的增长高于财政经常性收入的增长，并使按在校学生人数平均的教育费用逐步增长，保证教师工资和学生人均公用经费逐步增长。提高财政教育支出占公共财政支出的比重，提高预算内基建投资用于教育的比重。	3	① 财政教育投入依法做到“三个增长”。 ② 财政教育支出做到“两个提高”：占公共财政支出的比重提高，预算内基建投资用于教育的比重提高。
2—3—10	10. 完善各类教育经费保障机制。教育经费和义务教育经费在财政预算中单列，义务教育全面纳入财政保障范围，学前教育财政投入预算有科目、增量有倾斜、投入有比例、拨款有标准、资助有制度等政策落实。	2	① 教育经费和义务教育经费在财政预算中单列，义务教育全面纳入财政保障范围。 ② 学前教育财政投入预算有科目、增量有倾斜、投入有比例、拨款有标准、资助有制度等政策落实到位。

续表 2

指标序号	三级指标	分值	检测要点
2－3－11	11. 依法足额征收教育费附加，按照国家规定全面开征地方教育附加、从土地出让收益中按比例计提教育资金，并全面用于支持教育事业发展。	2	① 依法足额征收教育费附加；全面开征地方教育附加；从土地出让收益中按比例计提教育资金。 ② 教育费附加、地方教育附加和计提教育资金全面用于教育事业。
2－3－12	12. 依法保障教职工的工资和医疗、保险等福利待遇；将干部教师培训经费纳入财政预算，制定不低于市定基准的拨款标准，并根据教育事业发展需要逐步提高。	2	① 教职工工资和医疗、保险等福利待遇相关政策落实到位。 ② 干部教师培训经费纳入财政预算，标准不低于市规定基准，满足教师培训需要，并逐步提高。
2－4－13	13. 建立科学化、精细化的教育预算管理机制，加强教育经费使用的规范化管理。落实市颁公用经费定额标准；按时拨付专项资金，无截留、挤占和挪用现象；强化重大项目建设和经费使用全过程审计，确保经费使用安全、有效。	3	① 教育预算管理机制科学化、精细化，教育经费使用规范。 ② 市颁公用经费定额标准落实。 ③ 专项教育经费及时拨付到位，无截留、挤占和挪用现象。 ④ 教育重大项目建设经费使用全过程审计，确保经费使用安全、有效。
3－5－14	14. 按本市有关规定，统筹配置各类教育资源。制定学校（幼儿园）设置和调整方案，优化学校规模及布局；做好新建居住区教育配套设施的规划、建设、接收、使用和管理。加强校外教育活动场所和职教实训实习基地建设。	4	① 按市级规定，结合实际，统筹配置各类教育资源。 ② 教育布局调整有规划，年度实施有计划，布局优化，学校规模符合市规定。 ③ 新建、改建居住区有完整的教育配套设施规划，按照规划和标准建设，依据相关规定及时交付教育部门管理和使用。 ④ 按相关规定和标准建设校外教育活动场所和职教实训实习基地。
3－5－15	15. 按本市规定的办学条件标准建设学校，推进各类学校（幼儿园）办学条件达到市颁标准。	3	① 依据市颁标准建设学校，按相关文件推进学校办学条件达标工作有规划。 ② 推进学校办学条件达标工作有年度实施计划。
3－5－16	16. 执行市颁学校人员编制标准，合理配置人力资源，促进教师队伍建设。	3	① 按市颁学校人员编制标准，核定各级各类学校教职工编制。 ② 合理配置人力资源，按编制配齐教师，加强教师队伍建设。
3－6－17	17. 统筹协调相关部门，推进社会资源用于学生教育，发挥社区在实施素质教育中的作用，为学生健康成长创造良好的社会环境。	2	① 统筹协调相关部门，推进社会资源用于学生教育。 ② 发挥社区作用，为学生健康成长创造良好社会环境。

续表 3

指标序号	三级指标	分值	检测要点
3－6－18	18. 完善学校（幼儿园）及周边治安综合治理工作机制，统筹推进校园及周边环境与秩序整治，营造良好育人环境。	2	① 完善学校（幼儿园）及周边治安综合治理工作机制。 ② 统筹推进校园及周边环境与秩序整治，营造良好的育人环境。
4－7－19	19. 略	5	略
4－7－20	20. 略	8	略
4－7－21	21. 略	5	略
4－7－22	22. 略	8	略
4－7－23	23. 略	2	略
4－7－24	24. 略	2	略
4－8－25	25. 加强教育督导体制、机制建设，探索建立相对独立的教育督导机构，保障督导机构独立行使职能，发挥教育督导的监督反馈作用。	3	① 政府将教育督导工作列入议事日程，主管领导每年听取教育督导工作汇报，研究解决重要问题。 ② 探索建立相对独立的教育督导机构，独立发挥教育督导职能，有相应的研究和举措。
4－8－26	26. 根据教育规模和教育督导的需要，合理确定教育督导专职人员编制，并落实到位；依据工作需要聘任兼职督学。教育督导经费列入本级政府财政预算，教育督导机构的办公条件适应现代教育督导工作需要。	3	① 根据教育规模和教育督导的需要，合理确定教育督导人员编制，并落实到位。 ② 聘任兼职督学的数量与辖区教育规模相适应，达到每五校配备一名兼职督学。 ③ 教育督导经费列入本级政府财政预算，能满足教育督导需要。 ④ 教育督导室办公条件能满足工作需要。
4－8－27	27. 全面推进督政、督学和监测工作，完善教育督导结果公布制度、整改制度及问责制度，建立和完善督学选拔聘任制度、督学培训制度、督学责任区制度。	3	① 全面实施督政、督学和监测工作。 ② 教育督导结果公布、整改、问责等项制度健全，落实到位。 ③ 督学选拔、聘任、培训和管理的制度健全，落实到位。 ④ 督学责任区制度、挂牌督导制度健全，落实到位。

续表 4

指标序号	三级指标	分值	检测要点
5—9—28	28. 户籍适龄儿童学前三年入园率达到 95％以上、常住适龄儿童学前三年学位供给率和入园率均达到 90％以上；公办性质幼儿园占幼儿园总数的比例达到 65％以上；“入园难”问题得到有效缓解。	4	① 户籍适龄儿童学前三年入园率达到 95％以上。 ② 常住适龄儿童学前三年学位供给率和入园率均达到 90％以上。 ③ 公办性质幼儿园占幼儿园总数的比例达到 65％以上。 ④“入园难”问题得到有效缓解。
5—9—29	29. 区域内义务教育阶段中小学校达到市颁条件标准，义务教育均衡发展状况达到评估认定标准，学生体质健康状况达到国家标准；适龄残疾儿童少年义务教育入学率基本达到普通儿童少年水平；来京务工人员随迁子女接受义务教育的权利得到基本保障。依据政策解决有关教育的热点、难点问题并取得成效。	8	① 义务教育阶段学校办学条件达到市颁标准。 ② 义务教育均衡发展状况达到国家评估认定标准。 ③ 学生体质健康达标情况达到国家标准的比例达到 85％以上。若学生体质健康水平连续三年下降扣两分 ④ 适龄残疾儿童少年义务教育入学率基本达到普通儿童少年水平。 ⑤ 来京务工人员随迁子女接受义务教育的权利得到基本保障。 ⑥ 维护师生安全、增强学生体质、减轻学生课业负担等热点、难点问题得到有效缓解。
5—9—30	30. 完成本区县教育发展规划确定的阶段性目标，各类教育协调发展，受教育者素质明显提高，学生、家长对教育工作满意度比较高。	8	① 教育发展规划确定的阶段性目标在规定时限内达成。 ② 各级各类教育协调发展。 ③ 受教育者综合素质明显提高。 ④ 学生、家长对教育工作满意度比较高。
6—10—31	31. 立足本地区实际，在教育改革和发展过程中形成具有创新性的经验和可持续发展性的优势，在全市或全国有一定知名度和影响力。	10	① 在教育改革和发展过程中，形成了可持续发展性的优势。 ② 在教育改革和发展过程中，总结出具有本区县特点和创新性的经验，在全市或全国有一定知名度和影响力。

附件 6

北京市区县教委全面实施素质教育评价指标检测要点

指标序号	三级指标	分值	检测要点
1—1—1	1. 统筹各级各类教育协调发展，依据有关教育法律法规、方针政策、实施素质教育要求和本区县教育发展规划，制定教育工作年度计划，且重点突出，目标明确，措施具体。	3	① 依据教育发展规划，制定教育工作年度计划。 ② 教育工作年度计划重点突出，目标明确，措施具体。
1—1—2	2. 执行计划分工明确，责任落实；建有计划执行情况的检查、总结及整改制度，并纳入机关考核和效能监察范围。	3	① 执行教育工作年度计划分工明确，责任落实。 ② 有计划执行情况的检查、总结及整改制度。 ③ 计划执行情况纳入机关考核和效能监察范围。
1—2—3	3. 建立和完善依法行政、依法治校的相关制度和机制，指导学校贯彻落实北京市有关学校管理“三个工作意见”的相关要求，完善学校管理体制，规范教育管理，促进科学发展。	3	① 建立和完善依法行政、依法治校的相关制度和机制。 ② 指导学校贯彻落实北京市有关学校管理的“三个工作意见”。
1—2—4	4. 维护学校、学生、教师、校长和举办者的合法权益。依法保障义务教育适龄儿童、少年在户籍所在地就近入学，保障来京务工人员随迁子女接受义务教育。	2	① 维护学校、学生、教师、校长和举办者的合法权益。 ② 依法保障义务教育适龄儿童、少年就近入学。 ③ 按政策规定保障来京务工人员随迁子女接受义务教育。
1—2—5	5. 落实有关教育收费、招生等政策，及时纠正违法、违规行为。将用语用字规范化列入对学校及其他教育机构进行检查和评估的内容。积极开展教育国际合作与交流。	5	① 落实有关教育收费、招生等政策，及时纠正违法、违规行为。 ② 将规范用语用字列入对学校（教育机构）的检查和评估内容。 ③ 积极开展教育国际合作与交流。

续表 1

指标序号	三级指标	分值	检测要点
2—3—6	6. 选优配强干部队伍，完善对学校领导干部考核和激励机制。	3	① 坚持干部选拔任用标准，选优配强干部队伍。 ② 学校领导干部考核和激励机制健全，工作落实到位。
2—3—7	7. 加强校长队伍建设，贯彻《义务教育学校校长专业标准》，促进校长专业化发展。探索实行校长的交流轮岗。	3	① 贯彻《义务教育学校校长专业标准》，制定实施方案，促进校长专业化发展。 ② 探索实行校长交流轮岗，有实效。
2—3—8	8. 加强青年干部和后备干部的培养，干训工作针对性和实效性强，学校反映良好。	3	① 青年干部和后备干部培养有目标、有计划，措施具体。 ② 干部培训工作针对性与实效性强，有典型事例和经验。 ③ 学校对干训工作实际效果反映良好。
2—4—9	9. 严格执行教师准入标准，研究落实教师资格证书定期登记制度；制定和完善区域内教师资源合理流动的工作方案并推进落实，形成区域内优秀教师资源共享机制；不断改善教师的工作、学习和生活条件，关心教师身心健康。	4	① 严格执行教师准入标准，研究落实教师资格证书定期登记制度。 ② 制定和完善区域内教师合理流动制度且落实到位。 ③ 形成区域内优秀教师资源共享机制。 ④ 改善教师工作学习生活条件，关心教师身心健康。
2—4—10	10. 加强教师职业理想和职业道德教育，完善教师职业道德考核、监督、奖惩机制；加强教师继续教育，强化教师专业能力建设，促进教师的专业化发展。	4	① 教师职业理想和职业道德教育有计划、有实效。 ② 师德考核、监督、奖惩等制度健全且落实到位。 ③ 继续教育有规划，有计划，针对性、实效性强，教师反映良好
2—4—11	11. 加强青年教师、骨干教师队伍的培养，不断提高青年教师、骨干教师水平；完善骨干教师选拔和考核管理制度，形成结构、分布合理的骨干教师队伍。	3	① 骨干教师、青年教师培养有规划、有实施方案，落实到位。 ② 骨干教师选拔、培养、考核、管理等项制度健全且落实。 ③ 骨干教师队伍结构合理，分布均衡程度有所提高。

续表 2

指标序号	三级指标	分值	检测要点
2—4—12	12. 落实职业学校教师定期到企业实践制度，促进专业素质不断提升；“双师型”教师比例逐步提高。	2	① 职业学校教师定期到企业实践制度落实到位。 ②“双师型”教师比例逐步提高。
2—4—13	13. 建立和完善教师的职务评定、聘任和考核评价制度；完善优秀教师表彰机制，树立先进典型，加大宣传力度，促进教师队伍建设。	3	① 教师职务评定、聘任和考核等制度健全，工作规范。 ② 优秀教师表彰制度健全且落实到位。 ③ 树立先进教师典型，宣传力度较大。
3—5—14	14. 科学编制教育经费预算，落实各项经费管理要求。保证转移支付资金专款专用和投资效益，建立贫困家庭子女和弱势群体教育资助制度，落实有关学生补助(资助)政策；健全学校财务管理制度，完善学校收费管理办法，加强财务监督和绩效评价。	4	① 科学编制教育经费预算，落实各项经费管理要求。 ② 转移支付资金使用规范、合理、有效，专款专用。 ③ 执行贫困家庭子女和弱势群体教育资助政策，制度健全，落实到位。 ④ 学校财务管理制度健全，收费管理规范。 ⑤ 财务监督和绩效评价制度落实，无违纪行为。
3—5—15	15. 依据有关要求，科学合理使用教育费附加、地方教育附加和从土地出让收益中按比例计提的教育资金。教育费附加主要用于义务教育，并按规定的比例安排用于职业教育。	2	① 依据有关规定科学合理使用教育费附加、地方教育附加和计提教育资金。 ② 教育费附加主要用于义务教育，并按规定比例用于职业教育。
3—6—16	16. 依据市颁标准，制定各类教育机构办学条件达标的规划和年度计划，并如期落实；均衡配置义务教育资源，缩小义务教育校际差距，建立区域内教育资源共享机制。	2	① 各类教育机构办学条件达标规划和年度计划落实到位。 ② 均衡配置义务教育资源，缩小义务教育校际差距，建立教育资源共享机制。

续表 3

指标序号	三级指标	分值	检测要点
3—6—17	17. 加强德育、综合社会实践、通用技术教育、国防教育、职教实训等基地、实验室和校园网的建设与管理，满足需要，利用率高。	2	① 德育、综合社会实践、通用技术教育、国防教育、职教实训等基地和实验室、校园网配置完善，满足学校需要。 ② 各项教育基地、实验室、校园网等管理制度健全、规范，利用率高。
3—6—18	18. 加强教师培训机构、信息中心和卫生保健、房管、装备等教育机构的建设和管理，不断提高服务水平。	2	① 教师培训机构、信息中心和卫生保健、房管、装备等教育机构资源配置满足需要，管理制度健全。 ② 相关机构服务到位，学校（教育机构）满意度高。
4—7—19	19. 加强对德育工作的组织领导，落实《北京市中小学德育工作行动计划》，结合实际制定本区县德育工作行动计划，并指导学校实施。	4	① 德育工作实行“一把手”负责、主管部门统筹、学校实施、专人专岗的工作机制，制度健全，保障到位。 ② 制定德育工作行动计划，目标明确，操作性强，具有本区县特点。 ③ 指导学校实施德育工作行动计划，有部署、有检查、有成效。
4—7—20	20. 坚持育人为本，德育为先。加强社会主义核心价值体系教育，完善中华优秀传统文化教育，形成爱学习、爱劳动、爱祖国活动的有效形式和长效机制。完善德育工作体系，指导学校贴近学生实际，创新德育途径和方法，进行养成教育，开展心理健康教育、法制教育、国防教育、文明礼仪教育等专题教育活动，增强德育工作的针对性、实效性和主动性。	4	① 加强社会主义核心价值体系教育，完善中华优秀传统文化教育，形成爱学习、爱劳动、爱祖国活动的有效形式和长效机制。 ② 德育工作体系完善，有年度德育工作会议制度，总结出具有本区县特点的德育经验或典型事例。 ③ 指导学校贴近学生实际，创新德育途径和方法，开展养成教育和各项专题教育活动，德育工作的针对性、实效性强。
4—7—21	21. 加强德育队伍建设，发挥共青团、少先队组织的积极作用；推进家庭教育和学校教育相结合，保障德育的经费投入，促进中小学德育目标的实现。	3	① 加强德育队伍建设，德育骨干队伍培养目标明确，计划落实，措施具体；共青团、少先队组织作用明显。 ② 推进家长教师协会和家长委员会建设，完善家庭教育和学校教育相结合的育人机制，工作成效明显。 ③ 德育经费有保证，能满足德育工作需要，并逐年有所提高。

续表 4

指标序号	三级指标	分值	检测要点
4—7—22	22. 加强对校园文化建设的领导和管理，制定校园文化建设项目实施方案，指导学校加强校园文化建设规划和项目实施。	3	① 加强对校园文化建设的领导，制定校园文化建设项目实施方案。 ② 对学校实施校园文化建设项目有指导、有检查，校园文化建设取得实效。 ③ 学校文化示范校引领作用突出。
4—8—23	23. 严格执行国家课程计划和课程标准，加强对学校执行情况的检查、指导，保证开齐课程、开足课时，无随意增减课时现象；严格执行减轻学生过重课业负担各项规定，有实效。	6	① 严格执行国家课程计划和课程标准，保证开齐课程、开足课时，无随意增减课时现象。 ② 对学校执行国家课程计划和课程标准情况进行检查指导，督促落实到位。 ③ 严格执行减轻学生过重课业负担各项规定，有实效。
4—8—24	24. 加强对课程教材改革的领导，积极建设地方课程，规范管理校（园）本课程；深化课堂教学改革，探索培养学生创新能力和实践能力的途径、方法，促进信息技术与学科教学整合，取得良好效果。指导职业学校深化教育教学改革、推进专业及教材建设，提高学生综合职业能力。	6	① 对课程教材改革加强组织领导，积极建设具有地域特色、适合学生需求的地方课程，规范管理校（园）本课程。 ② 深化课堂教学改革，指导学校转变教学方式和学习方式，探索培养学生创新能力和实践能力的途径、方法，促进信息技术与学科教学整合，取得良好效果。 ③ 深化职业教育的教学改革，在专业及教材建设、提高学生综合职业能力等方面取得实效。
4—8—25	25. 加强对学校体育、卫生、科技、美育工作的检查和指导。切实保证在校中小学生每天一小时体育活动和在园幼儿 2 小时以上户外活动，全面提高学生和幼儿体质健康水平、科学和审美素养。	6	① 落实国家和市教委要求，制定学校体育、卫生、科技、美育工作文件，对落实情况有指导、有检查。 ② 中小学生在校每天一小时体育活动和幼儿在园 2 小时以上户外活动时间落实到位。 ③ 六病防治落实到位，学生视力低下和肥胖检出率的增长幅度有所降低。

续表5

指标序号	三级指标	分值	检测要点
4—9—26	26. 落实《教育部关于推进中小学教育质量综合评价改革的意见》，建立健全教育质量监测评价制度和机制，逐步完善评价方式方法，促进教育质量不断提高。	5	① 落实《教育部关于推进中小学教育质量综合评价改革的意见》，建立学生综合素质评价的工作机制和制度。 ② 建立健全教育质量监测评价制度和机制，逐步完善评价方式方法，促进教育质量不断提高。
4—10—27	27. 加强教研、科研机构和队伍建设，结合实际开展教研、科研活动，指导教育实践，对学校的指导作用成效明显，基层单位反映良好。	5	① 教研、科研机构健全，建有一支结构合理、数量充足、专业水平较高的教研、科研队伍。 ② 结合实际开展教研活动，指导实践，效果显著，基层反映良好。 ③ 制定教育科研规划和年度计划，组织开展课题研究，并取得成果。
5—11—28	28. 严格执行有关安全工作规定，制度健全，职责明确，管理严格，检查到位，整改落实；不断完善各种突发事件的应急预案，保证运行有效，无重大安全责任事故。	5	① 教委和学校设有安全工作领导机构，分工明确、责任落实。 ② 教委和学校各项安全工作制度健全，职责明确，检查到位，整改落实。 ③ 教委和学校各种突发事件应急预案不断完善，按规定定期演练，确保运行有效。 ④ 如有重大安全责任事故，减5分。

语言文字

北京市教育委员会文件选编

（2014）

北 京 市 教 育 委 员 会
北京市语言文字工作委员会

关于第八批语言文字规范化示范校创建评估工作的通知

京教语〔2014〕1号

各区县教委、语委：

根据教育部、国家语委有关工作安排及《北京市实施〈国家中长期语言文字事业改革与发展规划纲要（2012～2020年）〉的意见》，为推动本市语言文字规范化示范校创建活动持续深入开展，市教委、市语委决定继续开展语言文字规范化示范校创建活动，2014年将认定第八批北京市语言文字规范化示范校30所。现将迎评工作有关事项通知如下：

一、评估调研工作组

市语委评估调研工作组由市语委办、区县语委办工作人员及语言文字专家组成。

二、工作内容和标准

评估调研内容和标准按照《北京市中小学语言文字规范化示范校评估标准》执行。评定标准总分为100分。量化评价结果，得分在85分以上方能评为北京市级语言文字规范化示范校。

三、工作方式

（一）听取学校关于创建语言文字规范化示范校情况汇报；

（二）查阅有关档案资料；

（三）随堂听课；

（四）实地考查校园用语用字情况；

（五）召开师生座谈会，并测试语言文字法律法规掌握情况和普通话水平；

（六）反馈评价意见。

四、时间安排

（一）学校自评（6月30日前）

各区县语委办动员部署中小学、幼儿园积极开展语言文字规范化示范校创建活动。各申报学校对照评估标准的要求，制定实施计划，落实责任分工，开展自查自评和整改工作，并向区县语委办提出迎检申请。

（二）区县初评（9月30日前）

各区县语委办依据评估标准，认真选拔，按照市语委办规定的名额提出北京市市级语言文字规范化示范校申报名单，于10月30日前将《北京市中小学语言文字规范化示范校申报表》（一式3份）报送市语委办。

（三）市级评估调研（11月）

市语委评估调研工作组根据评估标准对申报学校进行评估调研，赴各区县调研的具体时间另行通知。

五、核准认定

市语委于12月上旬审核批准第八批北京市语言文字规范化示范校名单。对经认定的示范校授予标牌，列入2013年至2015年北京市语言文字工作先进单位表彰名单，并给予引导鼓励性经费支持。

附件：1. 北京市中小学语言文字规范化示范校评估标准

2. 北京市中小学语言文字规范化示范校分配名额

3. 北京市中小学语言文字规范化示范校申报表（略）

2014年4月3日

附件 1

北京市中小学语言文字规范化示范校评估标准

评估项目	评估要素	评估细则	分值	评估依据
A 管理工作 24分	A1 组织机构	1. 成立领导小组，2分	7	查阅文件及相关资料，听汇报
		2. 有规章制度，1分		
		3. 配备工作人员，1分		
		4. 工作体系健全，1分		
		5. 有工作计划和总结，2分		
	A2 管理措施	6. 将普及普通话和用字规范化的要求纳入培养目标和学校管理的内容，2分	10	查阅文件及相关资料、档案，听汇报，开座谈会
		7. 对普及普通话和用字规范化工作定期检查并有记录，1分		
		8. 将语言文字规范化纳入教师基本功训练和业务考核，2分		
		9. 作为教师评优评先的条件，1分		
		10. 作为录用教师的资格条件并已实施，1分		
		11. 作为学生评优评先的条件，1分		
		12. 有关语言文字工作的文件、计划及总结等资料齐全，管理规范，2分		
	A3 宣传工作	13. 校内有长期性的宣传标语牌和橱窗，并与校园文化融为一体，2分	7	检查校园环境
		14. 日常组织开展相关宣传活动，1分		查阅文件及资料，听汇报
		15. 推广普通话宣传周活动丰富多彩，面向社会开展语言文字规范化宣传工作，2分		查阅文件及资料，听汇报
		16. 宣传效果好，全体师生员工了解《国家通用语言文字法》的内容，2分		抽查

续表

评估项目	评估要素	评估细则	分值	评估依据
B 普及普通话 36分	B1 教学语言	17. 教师在教学活动中均使用普通话，8分 课上有一个教师或学生使用方言，扣0.5分	8	听课
	B2 校园语言	18. 集体活动、会议等场合使用普通话，2分	5	开座谈会，实地了解情况
		19. 教师与教师之间交流使用普通话，1分		
		20. 教师与学生之间交流使用普通话，1分		
		21. 学生与学生之间交流使用普通话，1分		
	B3 普通话培训测试	22. 教师全员参加普通话培训和测试，3分	3	查阅培训计划、教师普通话测试成绩表
	B4 教师普通话水平	23. 教师100％测试达标，5分 教师测试成绩100％达到二级甲等，5分，达到二级甲等成绩百分率每降低20％扣1分	10	查阅普通话水平测试成绩表
	B5 学生普通话水平	24. 95％的学生普通话水平达到课程标准对听、说、读的要求，6分	6	抽查
	B6 管理人员普通话水平	25. 学校领导普通话水平达标，2分 学校职员普通话水平达标，2分	4	查阅普通话水平测试成绩表
C 规范用字 40分	C1 校园用字	26. 名称牌、标志牌、标语用字规范，6分	14	实地考查
		27. 校刊、板报、橱窗及各种宣传栏用字规范，6分		
		28. 指示牌、电子屏幕用字规范，2分		
	C2 公文、印章用字	29. 公文、印章用字规范，6分	6	查看实物
	C3 教学用字	30. 教案用字规范，2分	14	抽查
		31. 试卷用字规范，2分		抽查
		32. 多媒体、幻灯、投影等用字规范，2分		听课或查看幻灯片
		33. 板书用字规范，4分听课		听课
		34. 批改作业、书写评语用字规范，4分		抽查
	C4 学生用字	35. 100％的学生能够正确认读应掌握的规范字，3分	6	抽查
		36. 100％的学生能够正确书写应掌握的规范字，字形、笔顺规范，3分		

附件 2

北京市中小学语言文字规范化示范校分配名额

区县	名额	区县	名额
东城	2	房山	3
西城	2	通州	2
朝阳	5	顺义	1
海淀	3	昌平	2
丰台	2	怀柔	1
石景山	1	平谷	1
门头沟	1	密云	1
大兴	2	延庆	1

北京市教育委员会办公室
北京市语言文字工作委员会办公室

关于2014年中小学教师普通话水平提升培训工作的通知

京教语办〔2014〕1号

各区县教委、语委，北京语言文化建设促进会，北京市语言文字测试中心：

为贯彻落实《北京市实施〈国家中长期语言文字事业改革与发展规划纲要（2012～2020年）〉的意见》，市语委、市教委决定启动中小学教师普通话水平提升培训工作，现将有关事项通知如下：

一、培训对象、名额

拟在四年内分期分批提升中小学教师普通话水平等级，促进中小学教师职业语言素养的提高，逐步实现《实施意见》提出的“语文教师普通话水平普遍达到一级乙等，其他学科教师普通话水平普遍达到二级甲等”的工作目标，培训对象为本市普通话水平未达一级乙等的中小学语文教师及未达二级甲等的其他学科教师。

2014年计划培训2400名教师，培训名额分配给东城区700人、西城区700人、朝阳区1000人。其他区县将于今后三年内陆续安排。

二、培训时间

2014年培训工作定于9月至11月进行。

三、培训内容

培训内容包括四个教学模块：普通话语音知识及训练，北京话、方言与普通话的辨正及训练，教师的朗诵艺术训练及语言魅力提升，普通话水平测试专题训练及上机练习。每个教学模块授课3学时（一个教学单元）。

四、培训方式

采取集中培训的方式，每批次培训2天（四个教学单元），每批次培训人数宜在100人左右。为保障正常的教学秩序，建议安排在周六、周日两天进行。

培训课程设置、授课专家名单由市语委办统一规定（分别见附件1、附件2）。

培训教材使用《新编普通话水平测试应试指南》（首都师范大学出版社）。

由各区县语委办和承担培训任务的单位按照《北京市中小学教师普通话水平提升培训专家名单》（见附件2）自行邀请授课专家。

五、其他事项

（一）中小学教师普通话水平提升专项，市教委、市语委委托北京语言文化建设促进会执行。北京语言文化建设促进会负责培训经费的支出和培训质量的监督，并参与培训工作的组织。根据培训任务的安排，2014年培训经费的分配为：东城区50万元，西城区50万元，朝阳区78.6万元。专项经费用于培训期间的场租、食宿和培训资料、专家授课、普通话水平测试等支出。

（二）承担培训任务的单位由各区县语委办在社区学院、职工大学、广播电视大学分校、教育学院分院、教师进修学校、教师研修中心、成人教育中心等具有培训资质和条件的教育机构中选定。教师调训由各区县教委师资部门、语言文字工作部门共同负责落实。

（三）各区县语委办和承担培训任务的单位向本区县语言文字测试分中心提出申请，为培训学员组织专场测试。测试工作安排在2014年11月和12月进行。报名、测试等相关手续按市语委关于普通话水平测试的规定办理。北京市语言文字测试中心负责指导测试工作。

（四）各区县教委、语委要加强对此项工作的领导，相关部门要密切配合，精心组织，如期完成培训任务，并不断总结经验，提高培训实效。实施中遇到的问题，请及时向市语委办报告。

附件：1. 北京市中小学教师普通话水平提升培训课程安排

2. 北京市中小学教师普通话水平提升培训专家名单

2014年5月23日

附件 1

北京市中小学教师普通话水平提升培训课程安排

时间		内容
第一天	上午	普通话语音知识及训练
	下午	北京话、方言与普通话的辨正及训练
第二天	上午	教师的朗诵艺术训练及语言魅力提升
	下午	普通话水平测试专题训练及上机练习

附件 2

北京市中小学教师普通话水平提升培训专家名单

普通话语音知识及训练

汪大昌　首都师范大学

周海兵　东城区教师研修中心

齐军华　北京市语言文字测试中心

王红　首都师范大学

王济民　首钢技师学院

北京话、方言与普通话的辨正及训练

范燕生　市语言文字测试中心专家委员会

杨晓麟　北京联合大学

易敏　　北京师范大学
胡洁　　首都师范大学

教师的朗诵艺术训练及语言魅力提升

杜敏　　北京人民广播电台
季燕　　北京人民广播电台
王薇　　北京人民广播电台
袁钟瑞　中国语文现代化学会
张凤霞　首都师范大学

普通话水平测试专题训练及上机练习

杜琪方　北京市语委办公室
韩向国　通州区漷县镇中心小学
李红芸　首都师范大学
兰竞彦　首都师范大学
刘征　　海淀区教委
孙银新　北京师范大学
许小颖　北京师范大学
杨丽彬　北京电子科技职业学院
赵晴　　北京市语言文字测试中心

北京市教育委员会等八部门关于开展第17届全国推广普通话宣传周活动文件的通知

京教语〔2014〕2号

各区县教委、党委宣传部、人力社保局、文委、广电局（广电中心）、语委，卫戍区各单位，团委，各市属高校：

根据全国推普周领导小组工作安排，第17届全国推广普通话宣传周活动时间定于2014年9月15日至21日。现将教育部等九部门《关于开展第17届全国推广普通话宣传周活动的通知》（教语用函〔2014〕2号）转发给你们，并就有关事项通知如下。

一、突出主题

今年是新中国成立65周年，本届推普周要以此为契机，紧紧围绕“说好普通话，圆梦你我他”的宣传主题，以宣传国家通用语言文字的法律法规、方针政策和语言文字规范标准知识为主要内容，贯彻落实《国家中长期语言文字事业改革和发展规划纲要(2012～2020年)》、《北京市实施〈国家中长期语言文字事业改革和发展规划纲要〉的意见》，使其成为弘扬中华民族优秀文化、增强广大市民文化自觉、文化自信的宣传教育活动，以灿烂的中华语言“讲述好中国故事，传播好中国声音”。

二、创新方式

各区县、各系统要依托学校、党政机关、新闻媒体、公共服务行业等重点领域，广泛发动社会各界群众，组织开展具有地方或行业特色的宣传教育活动。注重拓展活动的载体和途径，积极运用网络、微信、微博、手机报等新形式，探索开展投入少、效果好、人民群众乐于接受的活动方式，要贯彻落实中央八项规定，厉行节约，反对浪费，节俭举办各项活动。

三、注重实效

各单位、各部门要高度重视，认真策划，精心组织，使广大群众通过活动树立依法、规范应用国家通用语言文字的意识，并不断提高国家通用语言文字应用水平。各区县语委应结合本地实际制定推普周活动方案，明确各委员单位的责任分工。各高校推普周活动由本校语言文字工作领导小组负责组织实施。推普周活动方案请于8月30日前报市语委办公室。

四、做好总结

市语委决定9月21日为全市集中宣传活动日。各区县语委可自行开展各具特色的宣传。推普周活动结束后，各区县语委、各高校语言文字工作机构要及时总结并于9月30日前报市语委办公室。

北京市教育委员会
中共北京市委宣传部
北京市人力资源和社会保障局
北京市文化局
北京市新闻出版广电局
北京市语言文字工作委员会
北京卫戍区政治部
共青团北京市委员会
2014年6月24日

教育部等九部门关于开展第17届全国推广普通话宣传周活动的通知

教语用函〔2014〕2号

各省、自治区、直辖市教育厅（教委）、党委宣传部、人力资源社会保障厅（局）、公务员局、文化厅（局）、新闻出版广电局、语委、团委，各军区、各军兵种、各总部、军事科学院、国防大学、国防科学技术大学、武警部队政治部，新疆生产建设兵团教育局、党委宣传部、人力资源社会保障局、公务员局、文化局、新闻出版广电局、语委、团委，教育部直属各高等学校：

经国务院批准，自1998年起，每年9月第三周为全国推广普通话宣传周（以下简称“推普周”）。2014年9月15至21日是第17届全国推普周，现就有关事项通知如下。

一、活动主题

说好普通话，圆梦你我他。

二、主要内容

（一）推普周期间，全国推普周领导小组将分别在福建厦门市、贵州贵阳市和河北滦平县组织举办重点宣传活动，并组织领导小组成员单位赴有关重点城市和重点行业进行巡视、观摩、检查。

（二）各省级语言文字工作、宣传、教育、人社、文化、新闻出版广电、共青团、少先队等部门，部队各级政治机关，结合实际情况开展各具特色的宣传活动。

（三）全国推普周领导小组办公室继续制发宣传海报和公益广告，各省（区、市）和各行业系统也可结合本届推普周主题及各地特色，自行设计制作各种宣传品，并通过媒体广泛宣传。

三、工作要求

（一）紧扣主题，务求实效。今年适逢新中国成立65周年，本届推普周应以此为契机，紧扣主题，大力宣传国家语言文字政策法规和规范标准，弘扬爱国主义精神。要加大宣传力度，拓宽覆盖面，扩大影响力，切实增强宣传效果。

（二）加强统筹，城乡并重。要加强领导，统筹谋划，协调联动。充分发挥推普周整合引领作用，将推普周宣传活动与日常工作有机结合。在做好城市推普工作同时，加大农村、边远、少数民族地区推普工作的力度，不断提升城乡人民群众规范使用国家通用语言文字的意识和水平。

（三）着力创新，厉行节约。要继续将全面贯彻落实语言文字规划纲要作为当前最重要的工作和抓手，推动语言文字工作改革创新。不断拓展活动载体和途径，积极运用微博、微信、手机报等新媒体，探索开展投入少、效果好、人民群众乐于接受的活动形式。要严格贯彻落实中央八项规定精神，厉行节约，反对浪费，节俭举办各项活动。

四、相关事项

（一）各省级语言文字工作部门，要根据本通知要求，积极会同宣传、教育、人社、文化、新闻出版广电、共青团、少先队等部门、组织，尽快制订本届推普周活动方案，并于推普周后对活动成效及时进行总结。请将活动方案和活动总结分别于7月30日前、10月15日前报送全国推普周领导小组办公室。

（二）各省级宣传、人社、文化、新闻出版广电、共青团等部门、组织，军队和武警部队相关部门，请将各自活动方案及有关总结情况及时报中央各部门和总政治部宣传部，并抄送全国推普周领导小组办公室。

（三）各地教育部门要大力支持、配合开展推普周相关活动，各级各类学校要根据自身特点认真组织开展推普周宣传活动，充分发挥学校主阵地作用。

教育部
中共中央宣传部
人力资源社会保障部
文化部
国家新闻出版广电总局
国家公务员局
国家语言文字工作委员会
中国人民解放军总政治部
中国共产主义青年团中央委员会
2014 年 4 月 30 日

文件字拼音索引

说明：本索引依据文件字第一个拼音字母，按汉语拼音字母顺序排列（相同文件字以编号为序）。文件字后用“/”隔开标明该文件所在的页码。

后　记

《北京市教育委员会文件选编》为各级各类教育机构从事教育教学活动及行政管理提供政策指导，也为北京教育系统史志部门存史修志工作提供重要资料信息。

该书出版工作由北京市教育委员会主持，市教委办公室负责文件的搜集、筛选和终审；北京教育志编纂委员会办公室负责编辑、出版和发行工作。参加2014卷文件选编组稿、编审、编校、索引等工作的有周彤、钱进军、陈晓莉、李晓秋、邱小培及北京教育志编纂委员会办公室的有关同志。

该书入选文件范围广、数量多，在文件核对过程中难免有疏漏和错误的地方，敬请使用单位和读者原谅，并提出宝贵意见。

《北京市教育委员会文件选编》编写组

2015年6月

声　　明

本书如有印刷、装订等质量问题，请与《北京市教育委员会文件选编》编写组联系调换。

编写组地址：北京市东城区夕照寺街

东玖大厦 B 座 802 室

邮 政 编 码：100061

电　　　话：87194371

传　　　真：87194370

电 子 信 箱：szb@bjedu.gov.cn

ISBN 978-7-80252-573-3

图书在版编目（CIP）数据

北京市教委文件选编．2014/北京市教委编．—北京：华艺出版社，2015.12

ISBN 978—7—80252—573—3

Ⅰ.①北… Ⅱ.①北… Ⅲ.①教育工作—文件—汇编—北京市—2014 Ⅳ.①G527.1

中国版本图书馆CIP数据核字（2015）第295659号

责任编辑：梅　雨

华艺出版社出版发行

（北京市北四环中路229号海泰大厦10层　100083）

北京友谊印刷有限公司印装

全国各地新华书店经销

2015年11月第1版　　2015年11月第1次印刷

开本：850×1168　印张：35　字数：650千字

印数：1—3000　　定价：50.00元

ISBN 978—7—80252—573—3